소방설비 기사

기출문제정복

필기[전기분야]

KB158756

PREFACE

머리말

경제가 발전하고 규모가 커짐에 따라 도시에 지어지는 건축물은 점점 대형화 및 첨단 지능화되어가는 추세이다. 이러한 기능 및 규모를 감당하기 위해서는 건축물에서 이용되는 여러 가지 에너지는 점점 증가하기 마련이다.

인간의 편안함을 만족시키기 위해 사용되는 여러 가지 에너지는 잘 사용하면 인류에게 매우 유익한 도움을 주지만 잘못 관리되거나 사용되면 인간에게 매우 치명적인 영향을 주기도 하는 것을 우리는 경험을 통하여 알고 있다.

화재의 발생은 인간에게 경제적인 것은 물론 모든 인간이 가지고 있는 모든 것들을 한 순간에 송두리째 앗아갈 수 있는 매우 치명적인 사건이 된다.

이는 인간이 사용하는 여러 가지 에너지를 잘못 관리하고 이용하는데서 비롯된다고 할 수 있다. 그러므로 우리 인간을 위한 모든 건축물 및 거주공간에 대하여 항상 화재에 대한 철저한 예방과 대처방안을 강구해 놓을 필요가 있는 것이다. 우리가 사는 사회는 이러한 위험성을 인지하고 있기 때문에 나라가 부흥하고 발전할수록 화재에 대한 대비를 철저히 하고 있는 것이다.

본 교재는 화재에 대한 대비를 철저히 하기 위하여 반드시 필요한 전문 소방안전관리자가 가지고 있어야 할 소방설비기사 자격증 취득을 위한 교재이다.

이 교재는 소방설비기사 전기분야 자격증을 취득할 수 있도록 최대한 효율적으로 구성하고 있으며 수검자들에게 자격증 시험 대비에 큰 도움이 될 수 있도록 과거 수년간의 출제경향과 그 내용을 분석하여 요점 정리된 본문과 문제해설 등을 효과적으로 구성하여 제작하였다.

소방설비기사 전기분야 자격증 시험을 준비하는 모든 수검자들이 본 교재를 통하여 성실히 준비하고 학습한다면 충분히 소방설비기사 필기시험(1차)에 합격할 것으로 믿으며 시험을 준비하는 모든 분들의 성공적인 자격증 취득을 기원하는 바이다.

이 교재를 출판하기까지 도움을 주신 서원각 출판사 정보영대표님을 비롯한 참여한 모든 직원 여러분께 감사드립니다.

소방원론

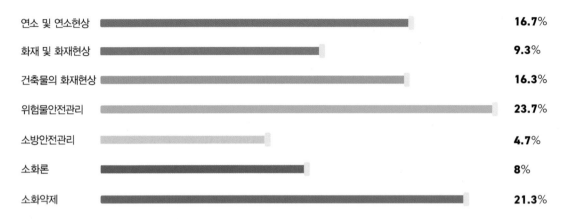

단원	비율
연소 및 연소현상	16.7%
화재 및 화재현상	9.3%
건축물의 화재현상	16.3%
위험물안전관리	23.7%
소방안전관리	4.7%
소화론	8%
소화약제	21.3%

소방전기일반

단원	비율
전기이론의 기초	9.3%
전기와 자계	3.6%
전류의 열작용 및 화학작용	1.7%
교류이론	11.6%
교류회로 및 교류전력	7.3%
3상 회로	2%
자동제어계 & 시퀀스제어	21.6%
전기기기 및 옥내배선	16%
전기계측 및 반도체 소자	24.2%
기타 (라플라스 변환 외)	2.7%

🔥 소방관계법규

항목	비율
소방기본법	**25**%
화재예방, 소방시설 설치 · 유지 및 안전관리에 관한 법률	**40.7**%
소방시설공사업법	**13.3**%
위험물안전관리법	**21**%

🔥 소방전기시설의 구조 및 원리

항목	비율
자동화재탐지설비	**22.1**%
비상경보설비	**9.8**%
비상방송설비	**8**%
누전경보기	**11.6**%
자동화재속보설비	**4.6**%
가스누설경보설비	**0.4**%
피난유도설비	**9.8**%
비상조명등	**5.3**%
피난기구	**6**%
비상콘센트설비	**9.8**%
무선통신보조설비	**10.5**%
제연설비	**2.1**%

최근 5개년 연도별 출제문항수

01 소방원론	2019	2018	2017	2016	2015
연소 및 연소현상	9	12	11	10	8
화재 및 화재현상	8	3	6	5	6
건축물의 화재현상	12	11	8	8	10
위험물안전관리	10	17	15	16	13
소방안전관리	2	2	2	3	5
소화론	3	2	8	7	4
소화약제	16	13	10	11	14

02 소방전기일반	2019	2018	2017	2016	2015
전기이론의 기초	6	4	4	9	5
전기와 자계	1	3	2	1	4
전류의 열작용 및 화학작용	2	1	0	0	2
교류이론	4	9	9	9	4
교류회로 및 교류전력	5	8	3	4	2
3상 회로	2	2	1	0	1
자동제어계 & 시퀀스제어	13	11	14	12	14
전기기기 및 옥내배선	6	9	7	12	13
전기계측 및 반도체 소자	18	13	17	12	14
기타 (라플라스 변환 외)	3	0	3	1	1

03 소방관계법규	2019	2018	2017	2016	2015
소방기본법	17	17	12	15	14
화재예방, 소방시설 설치·유지 및 안전관리에 관한 법률	26	25	28	21	22
소방시설공사업법	5	6	9	10	10
위험물안전관리법	12	12	11	14	14

04 소방전기시설의 구조 및 원리	2019	2018	2017	2016	2015
자동화재탐지설비	14	11	16	14	15
비상경보설비	8	9	5	3	3
비상방송설비	5	4	4	4	6
누전경보기	6	6	5	9	8
자동화재속보설비	3	3	3	1	3
가스누설경보설비	0	1	0	1	0
피난유도설비	6	5	5	8	5
비상조명등	3	3	3	3	5
피난기구	0	7	7	2	3
비상콘센트설비	6	5	6	6	6
무선통신보조설비	6	6	6	8	5
제연설비	3	0	0	1	1

STRUCTURE
특징 및 구성

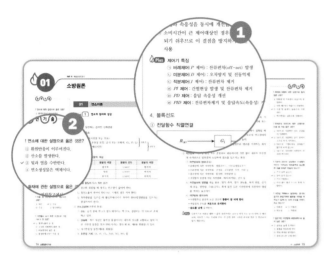

핵심만 콕 집은 이론

> ① 알짜 이론 포인트
> ② 관련 기출문제

시험에 자주 출제되는 내용을 핵심 요약하여 이론에 대한 학습이 한 번에 이루어지도록 하였으며, 이론 옆에 2013~2014년 관련 기출문제를 수록하여 이론에 대한 깊이 있는 이해를 도왔습니다.

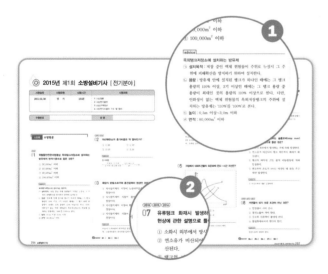

연도별 기출문제

> ① 한 눈에 확인 가능한 해설
> ② 출제 연도 표기

각 문제마다 최근 출제 연도를 표시하여 주의깊게 볼 수 있도록 하였으며 각 문제마다 상세한 해설을 첨부하였습니다. 용어에 대한 해설도 첨부하여 문제를 쉽게 이해하며 답안 작성이 용이하도록 했습니다.

CONTENTS
차례

소방설비기사
전기분야

🜂 개요

건물이 점차 대형화, 고층화, 밀집화되어 감에 따라 화재발생시 진화보다는 화재의 예방과 초기 진압에 중점을 둠으로써 국민의 생명, 신체 및 재산을 보호하는 방법이 더 효과적인 방법이다. 이에 따라 소방설비에 대한 전문인력을 양성하기 위하여 소방설비기사 자격제도를 제정하게 되었다.

🜂 수행직무

소방시설공사 또는 정비업체 등에서 소방시설공사의 설계도면을 작성하거나 소방시설공사를 시공, 관리하며, 소방시설의 점검·정비와 화기의 사용 및 취급 등 방화안전관리에 대한 감독, 소방계획에 의한 소화, 통보 및 피난 등의 훈련을 실시하는 방화관리자의 직무를 수행한다.

🜂 진로 및 전망

① 소방공사, 대한주택공사, 전기공사 등 정부투자기관, 각종 건설회사, 소방전문업체 및 학계, 연구소 등으로 진출 가능

② 산업구조의 대형화 및 다양화로 소방대상물(건축물, 시설물)이 고층·심층화되고, 고압가스나 위험물을 이용한 에너지 소비량의 증가 등으로 재해발생 위험요소가 많아지면서 소방과 관련한 인력수요가 급증하고 있다. 소방설비 관련 주요 업무 중 하나인 화재관련 건수와 그로 인한 재산피해액도 당연히 증가할 수 밖에 없어 소방 관련 인력에 대한 수요는 더욱 더 증가할 것으로 전망

www.goseowon.co.kr

출제경향

① 필답형 실기시험이므로 시험과목 및 출제기준을 참조하여 수험을 준비하여야 한다.

② 관련 법령 및 화재안전기준이 자주 개정됨으로 수시로 관련 법령 및 고시를 확인하여야 한다.

취득방법

시행처 ▶▷ 한국산업인력공단

관련학과 ▶▷ 대학 및 전문대학의 소방학, 건축설비공학, 기계설비학, 가스냉동학, 공조냉동학 관련학과

시험과목 ▶▷ 필기시험 : 소방원론, 소방전기일반, 소방관계법규, 소방전기시설의 구조 및 원리
실기시험 : 소방전기시설 설계 및 시공업무

검정방법 ▶▷ 필기시험 : 객관식 4지 택일형, 과목당 20문항(과목당 30분)
실기시험 : 필답형(3시간)

합격기준 ▶▷ 필기시험 : 100점을 만점으로 하여 과목당 40점 이상, 전과목 평균 60점 이상
실기시험 : 100점을 만점으로 하여 60점 이상

PART 01

핵심이론정리

소방원론

관련기출

연소에 대한 설명으로 옳은 것은?
① 환원반응이 이루어진다.
② 산소를 발생한다.
✓ ③ 빛과 열을 수반한다.
④ 연소생성물은 액체이다.

화재에 관한 설명으로 옳은 것은?
① PVC 저장창고에서 발생한 화재는 D급화재이다.
② PVC 저장창고에서 발생한 화재는 B급화재이다.
✓ ③ 연소의 색상과 온도와의 관계를 고려할 때 일반적으로 암적색보다는 휘적색의 온도가 높다.
④ 연소의 색상과 온도와의 관계를 고려할 때 일반적으로 휘백색보다는 휘적색의 온도가 높다.

일반적인 화재에서 연소 불꽃 온도가 1500℃이었을 때의 연소 불꽃의 색상은?
① 적색   ✓ ② 휘백색
③ 휘적색   ④ 암적색

다음 중 조연성 가스에 해당하는 것은?
① 부탄   ✓ ② 산소
③ 수소   ④ 일산화탄소

가연물이 되기 위한 조건으로 가장 거리가 먼 것은?
✓ ① 열전도율이 클 것
② 산소와 친화력이 좋을 것
③ 비표면적이 넓을 것
④ 활성화에너지가 작을 것

01 연소이론

section 1 연소의 원리와 성상

(1) 연소
열과 빛을 동반하는 급격한 산화반응

(2) 연소의 요소

① 가연성 물질(가연물 또는 연료)
② 산소공급원(= 조연성 물질 : 공기 또는 산화제, Cl_2, F_2 등) ⎫ 3요소 ⎫
③ 점화원(열원 = 에너지원)   ⎬   ⎬ 4요소
④ 연쇄반응   ⎭

(3) 온도에 따른 불꽃의 색상

불꽃의 온도	불꽃의 색깔	불꽃의 온도	불꽃의 색깔
700℃	암적색	1,100℃	황적색
850℃	적색	1,300℃	백적색
950℃	휘적색	1,500℃	휘백색

① 가연성 물질이 되기 위한 조건
　㉠ 산소와 화합될 때 생기는 연소열이 많아야 한다.
　㉡ 열전도율이 작아야 한다.(단, 기체의 경우 커야 한다)
　㉢ 화학반응을 일으킬 때 활성화에너지가 작아야 한다(발열반응을 일으키는 물질이어야 한다).

② 산소공급원(조연성 물질)
　㉠ **산소** : 공기 중에 약 1/5 정도(체적비는 약 21%, 중량비는 약 23%)로 존재하고 있다.
　㉡ **산화제** : 자기 자신은 불연성 물질이지만 내부에 산소를 포함하고 있어 다른 가연성 물질을 연소(산화)시키는 경우(제1류, 제6류 위험물)가 있다.
　㉢ 자기반응성 물질(제5류 위험물)
　㉣ **조연성 기체** : O_3, F_2, Cl_2, N_2O, NO, NO_2 등

③ **점화원**(source of heat) : 화기, 전기, 정전기, 마찰, 충격, 산화열, 화염, 고열물, 용접 화염, 가스의 단열압축에 의한 고열 등

④ **연쇄반응**(chain reaction) : 에너지에 의해 연소가 용이한 라디칼의 형성은 연쇄적으로 이루어지며, 점화원이 제거되어도 생성된 라디칼이 완전하게 소실되는 시점까지 연소를 지속시킬 수 있는 현상

(4) 인화점, 연소점, 발화점, 자연발화 등

① **인화점** : 가연성 증기를 발생하는 액체 또는 고체와 공기의 계에 있어서, 기체상 부분에 다른 불꽃이 닿았을 때 연소가 일어나는데 필요한 액체 또는 고체의 최저 온도

② **연소점** : 액체의 온도가 인화점을 넘어 상승하면, 온도는 액체가 점화될 때 연소를 계속하는 데에 충분한 양의 증기를 발생하는 온도로서 연소점이라 부르며 통상적으로 인화점보다 10℃ 내지 20℃ 가량 높다.

③ **발화점** : 화염이 존재하지 않는 상태에서 가열만으로 연소를 시작하는 최저 온도를 발화점 또는 발화온도라 한다.

④ **자연발화** : 가연성 물질 또는 혼합물이 외부에서의 가열 없이 내부의 반응열의 축적만으로 발화점에 도달하여 연소를 일으키는 현상

　㉠ **자연발화의 형태**(분류)
　　• 분해열에 의한 자연발화 : 셀룰로이드, 니트로셀룰로오스
　　• 산화열에 의한 자연발화 : 건성유, 고무분말, 원면, 석탄 등
　　• 흡착열에 의한 자연발화 : 활성탄, 목탄분말 등
　　• 미생물의 발열에 의한 자연발화 : 퇴비(퇴적물), 먼지 등

　㉡ **자연발화에 영향을 주는 요소** : 열의 축적, 열의 전도율, 퇴적 방법, 공기의 유동, 발열량, 수분(습도), 촉매 물질 등은 자연발화에 직접적인 영향을 끼치는 요소이다.

　㉢ **자연발화 방지대책**
　　• 자연발화성 물질의 보관 장소의 **통풍이 잘 되게 한다.**
　　• 저장실의 온도를 **저온으로 유지한다.**
　　• **습도를 낮게** 유지한다.

Plus 일반적으로 여름날 해만 뜨겁게 내리쪼이는 날보다 비가 오는 날 더 땀이 잘 배출되며, 더위를 느끼는 원리와 같다. 즉 습한 경우 그만큼 축적된 열은 잘 방산되지 않기 때문이다.

화재의 위험에 대한 설명으로 옳지 않은 것은?
① 인화점 및 착화점이 낮을수록 위험하다.
② 착화 에너지가 작을수록 위험하다.
✔③ 비점 및 융점이 높을수록 위험하다.
④ 연소범위는 넓을수록 위험하다.

발화온도 500℃에 대한 설명으로 다음 중 가장 옳은 것은?
① 500℃로 가열하면 산소 공급없이 인화한다.
✔② 500℃로 가열하면 공기 중에서 스스로 타기 시작한다.
③ 500℃로 가열하여도 점화원이 없으면 타지 않는다.
④ 500℃로 가열하면 마찰열에 의하여 연소한다.

기온이 20℃인 실내에서 인화점이 70℃인 가연성의 액체표면에 성냥불 한 개를 던지면 어떻게 되는가?
① 즉시 불이 붙는다.
✔② 불이 붙지 않는다.
③ 즉시 폭발한다.
④ 즉시 불이 붙고 3~5초 후에 폭발한다.

가연성 액체에서 발생하는 증기와 공기의 혼합기체에 불꽃을 대었을 때 연소가 일어나는 최저 온도를 무엇이라고 하는가?
① 발화점　　✔② 인화점
③ 연소점　　④ 착화점

일반적인 자연발화 예방대책으로 옳지 않은 것은?
✔① 습도를 높게 유지한다.
② 통풍을 양호하게 한다.
③ 열의 축적을 방지한다.
④ 주위 온도를 낮게 한다.

: 다음 물질 중 공기 중에서의 연소 범위가 가장 넓은 것은?

① 부탄   ② 프로판
③ 메탄   ✓④ 수소

: 가스 A가 40vol%, 가스 B가 60vol%로 혼합된 가스의 연소 하한계는 몇 vol%인가? (단, 가스 A의 연소하한계는 4.9vol%이며, 가스 B의 연소하한계는 4.15vol%이다.)

① 1.82   ② 2.02
③ 3.22   ✓④ 4.42

(5) 연소범위(폭발범위)

연소가 일어나는 데 필요한 공기 중의 가연성 가스의 농도[vol%]

가스	하한계	상한계	위험도	가스	하한계	상한계	위험도
수소	4.0	75.0	17.75	벤젠	1.4	7.1	4.07
일산화탄소	12.5	74.0	4.92	이황화탄소	1.0	50.0	43
메탄	5.0	15.0	2.00	가솔린	1.2	7.6	4.43
프로판	2.1	9.5	3.31	아세틸렌	2.5	81.0	31.4

① **온도의 영향** : 온도가 올라가면 기체 분자의 운동이 증가하여 반응성이 활발해져 연소하한은 낮아지고 연소상한은 높아지는 경향에 의해 연소범위는 넓어진다.

② **압력의 영향** : 일반적으로 압력이 증가할수록 연소하한은 변하지 않으나 연소상한이 증가하여 연소범위는 넓어진다.

③ **농도의 영향** : 산소 농도가 증가할수록 연소상한이 증가하므로 연소범위는 넓어진다.

④ 불활성 기체를 첨가하면 연소범위는 좁아진다.

⑤ 일산화탄소나 수소는 압력이 상승하게 되면 연소범위는 좁아진다.

⑥ **르 샤틀리에(Le Chatelier)의 혼합 가스 폭발 범위를 구하는 식**

$$\frac{100}{L} = \frac{V_1}{L_1} + \frac{V_2}{L_2} + \frac{V_3}{L_3} + \cdots$$

$$L = \frac{100}{\left(\dfrac{V_1}{L_1} + \dfrac{V_2}{L_2} + \dfrac{V_3}{L_3} + \cdots \right)}$$

여기서, L : 혼합 가스의 폭발 한계치

L_1, L_2, L_3 : 각 성분의 단독 폭발 한계치[vol%]

V_1, V_2, V_3 : 각 성분의 체적[vol%]

⑦ **위험도(H)** : 가연성 혼합 가스의 연소 범위에 의해 결정되는 값

$$H = \frac{U - L}{L}$$

여기서, H : 위험도

U : 연소 상한치(UEL)

L : 연소 하한치(LEL)

(6) 연소의 형태

① 기체연료의 연소

   ㉠ 확산연소 : 가연성 가스를 대기 중에 분출 및 확산시켜 연소하는 방식으로 불꽃은 있으나 불티가 없는 연소이다.

   ㉡ 혼합연소 : 가연성 가스와 공기가 적당히 잘 혼합되어 있는 방식으로 반응이 빠르고 온도도 높아 폭발적인 연소가 일어나기도 한다.

② 액체연료의 연소

   ㉠ 증발연소 : 가연성 액체를 외부에서 가열하거나 연소열이 미치면 그 액 표면에 가연가스(증기)가 증발하여 연소되는 현상(예 휘발유, 아세톤 등의 연소)

   ㉡ 분해연소 : 비휘발성이거나 끓는점이 높은 가연성 액체가 연소할 때는 먼저 열분해하여 탄소가 석출되면서 연소되는 현상(예 중유, 타르 등의 연소)

③ 고체연료의 연소

   ㉠ 표면연소 : 열분해에 의하여 가연성 가스를 발생치 않고 그 자체가 연소하는 형태(연소반응이 고체의 표면에서 이루어지는 형태)(예 목탄 · 코크스 · 금속분 등)

   ㉡ 분해연소 : 고체인 유기물질을 가열하면 분해하여 여러 종류의 분해 "가스"가 발생되는데 이것을 열분해라고 하며 이 가연성 "가스"가 공기 중에서 산소와 혼합되어 타는 현상(예 목재, 석탄 등)

   ㉢ 증발연소 : 고체 위험물을 가열하면 열분해를 일으키지 않고 증발하여 그 증기가 연소하거나 열에 의한 상태 변화를 일으켜 액체가 된 후 어떤 일정한 온도에서 발생된 가연성 증기가 연소하는 형태(예 양초, 유황, 나프탈렌, 장뇌 등)

   ㉣ 자기연소 : 물질 자체의 분자(分子) 안에 산소를 함유(含有)하고 있는 물질은 연소시 물질 자체가 갖고 있는 산소를 소비하여 연소하는 형태(예 니트로화합물류, 히드라진 유도체류 등)

관 련 기 출

공기 중의 산소를 필요로 하지 않고 물질 자체에 포함되어 있는 산소에 의하여 연소하는 것은?
① 확산연소　　② 분해연소
✔③ 자기연소　　④ 표면연소

주된 연소의 형태가 표면연소에 해당하는 물질이 아닌 것은?
① 숯　　　　✔② 나프탈렌
③ 목탄　　　　④ 금속분

촛불이 주된 연소형태에 해당하는 것은?
① 표면연소　　② 분해연소
✔③ 증발연소　　④ 자기연소

section 2 연소생성물과 특성

(1) 연소가스(fire gas)

연소생성 가스	연소 물질
일산화탄소 및 탄산가스	탄화수소류 등
질소산화물	셀룰로이드, 폴리우레탄 등
시안화수소	질소성분을 갖고 있는 모사, 비단, 피혁 등
아크롤레인	합성수지, 레이온 등
아황산가스	나무, 종이 등
수소의 할로겐화물 (HF, HCl, HBr, 포스겐 등)	나무, 치오콜 등
	PVC, 방염수지, 불소수지류 등의 할로겐화물
암모니아	멜라민, 나일론, 요소수지 등
알데히드류(RCHO)	페놀수지, 나무, 나일론, 폴리에스테르수지 등
벤젠	폴리스티렌(스티로폼) 등

(2) 연소가스의 종류

① 일산화탄소(CO : carbon monoxide) : 무색, 무취, 무미의 환원성을 가진 가연성 기체이다. 비중은 0.97로 공기보다 가벼우며(분자량=28), 폭발범위는 12.5~74%이고, 물에 녹기는 어렵고 **공기 속에서 점화하면 청색 불꽃을 내면서** 타서 이산화탄소가 된다. 일산화탄소는 혈액 중의 산소운반 물질인 헤모글로빈과 결합하여 카르복시헤모글로빈을 만듦으로써 산소의 혈중 농도를 저하시키고 질식을 일으키게 된다. 헤모글로빈의 산소와의 결합력보다 일산화탄소와의 결합력이 약 250~300배 높다.

② 염화수소가스(HCl) : 잠깐 동안 HCl 50ppm에 노출되면 피난능력을 상실하게 된다. 또한 이 가스는 사람의 축축한 눈에 닿아 염산이 된다.

③ 질소산화물(NO_x) : 고농도의 경우 눈, 코, 목을 강하게 자극하여 기침, 인후통을 일으키고 흡입량이 많으면 입술이 파랗게 되고 지아노제 증상을 일으켜 폐수종을 초래한다.

④ 이산화탄소(CO_2 : carbon dioxide) : 무색, 무취, 불연성, 비조연성 가스이다. 1~2%의 공기 중에서는 수 시간, 3~4%에서는 1시간 동안 안전하지만 5~7%에서는 30분~1시간으로 위험하고, 20%에서는 단시간 내에 사망한다.

⑤ 황화수소(H_2S : hydrogen sulfide) : 달걀 썩는 냄새와 같은 특유한 냄새가 있어 쉽게 감지할 수가 있으나, 0.02% 이상의 농도에서는 후각이 바로 마비된다.

다음 중 가연성 물질에 해당하는 것은?
① 질소
② 이산화탄소
③ 아황산가스
✓ ④ 일산화탄소

화재시 발생하는 연소가스 중 인체에서 혈액의 산소운반을 저해하고 두통, 근육조절의 장애를 일으키는 것은?
① CO_2 ✓ ② CO
③ HCN   ④ H_2S

⑥ 아황산가스(SO_2 : sulfur dioxide) : 공기보다 훨씬 무겁고 무색이며 자극성이 있는 냄새를 가진 기체로서 이산화황이라고도 한다. 아황산가스는 자극성이 있어 눈 및 호흡기 등의 점막을 상하게 하기 때문에 약 0.05%의 농도에 단시간 노출되어도 위험하다.

⑦ 포스겐($COCl_2$) : 2차 세계대전 당시 독일군이 유태인의 대량 학살에 이 가스를 사용한 것으로 알려진 인명살상용 독가스이다.

---

section 3 열 및 연기의 유동 특성

1 열(heat)

(1) 전도(conduction)

열전달 경로를 구성하는 물질이 균질성(homogeneous)의 것이면서 그 경로를 통해 정상열류(steady−state flow of heat)가 일어날 경우, 이 물리적인 양들 간에는 다음과 같은 비교적 간단한 관계식이 성립되는데 이것을 '푸리에(Fourier)의 방정식'이라고 한다.

$$\frac{dQ}{dt} = -kA\frac{dT}{dx}$$

여기서, Q : 전도열[cal]

　　　　t : 전도시간[sec]

　　　　k : 열전도율[cal/sec · cm · ℃]

　　　　A : 열전달 경로의 단면적[cm^2]

　　　　T : 경로 양단 간의 온도차[℃]

　　　　x : 경로의 길이[cm]

　　　　$\frac{dT}{dx}$: 열전달 경로의 온도구배[℃/cm]

(2) 대류(convection)

증기를 포함한 기체류, 안개와 같이 공간에 분산되어 농무상태를 형성하고 있는 액체상태의 미세 입자들, 그리고 액체류에 있어서 고온의 분자(또는 응축입자)들이 한 장소에서 다른 장소로 움직임으로써 열을 이동시키는 것을 대류라고 한다.

관 련 기 출

열전달의 대표적인 3가지 방법에 해당하지 않는 것은?
① 전도　　② 복사
③ 대류　✓④ 대전

Fourier 법칙(전도)에 대한 설명으로 틀린 것은?
① 이동열량은 전열체의 단면적에 비례한다.
✓② 이동열량은 전열체의 두께에 비례한다.
③ 이동열량은 전열체의 열전도도에 비례한다.
④ 이동열량은 전열체 내·외부의 온도차에 비례한다.

관련기출

: 물체의 표면온도가 250℃에서 650℃로 상승하면 열복사량은 약 몇 배 정도 상승하는가?

① 2.5 　　② 5.7
③ 7.5 　✓④ 9.7

: 열의 전달현상 중 복사현상과 가장 관계 깊은 것은?

① 푸리에 법칙
✓② 스테판-볼츠만의 법칙
③ 뉴튼의 법칙
④ 옴의 법칙

: 건물 내부의 화재시 발생한 연기의 농도(감광계수)와 가시거리의 관계를 나타낸 것으로 틀린 것은?

① 감광계수 0.1일 때 가시거리는 20~30m이다.
✓② 감광계수 0.3일 때 가시거리는 10~20m이다.
③ 감광계수 1.0일 때 가시거리는 1~2m이다.
④ 감광계수 10일 때 가시거리는 0.2~0.5m이다.

: 연기의 감광계수(m^{-1})에 대한 설명으로 옳은 것은?

① 0.5는 거의 앞이 보이지 않을 정도이다.
✓② 10은 화재 최성기 때의 농도이다.
③ 0.5는 가시거리가 20~30m 정도이다.
④ 10은 연기감지기가 작동하기 직전의 농도이다.

(3) 복사(radiation)

열에너지가 전자파의 한 형태로 이동되는 에너지전달이며, 복사체로부터 방사되는 복사열은 복사체의 단위표면적당 방사열로 정의하여 정량적으로 파악하게 되는데, 그 양은 복사표면의 절대온도의 4승에 비례한다. 이것을 **스테판-볼츠만(Stefan-Boltzman)의 법칙**이라고 하며, 다음과 같은 식으로 나타낸다.

$$q = \varepsilon\sigma T^4 = \sigma AF(T_1^4 - T_2^4)$$

여기서, q : 복사체의 단위표면적으로부터 단위시간당 방사되는 복사에너지 [Watts/cm^2]

　　　　ε : 보정계수(적외선 파장범위에서 비금속 물질의 경우에는 거의 1에 가까운 값이므로 무시할 수 있다)

　　　　σ : 스테판-볼츠만 상수($\fallingdotseq 5.67 \times 10^{-8}$ Watts/cm$^2 \cdot$ K^4)

　　　　T : 절대온도[K]

　　　　A : 단면적

　　　　F : 기하학적 factor

② 연기(smoke)

(1) 연기의 이동속도 🔥🔥🔥

① 수평방향으로의 연기의 진행속도 : 평균 약 0.5~1.0m/sec

② 수직방향으로의 연기의 진행속도 : 평균 약 2~3.0m/sec

③ 계단방향으로의 연기의 진행속도 : 평균 약 3~5.0m/sec

(2) 연기의 농도

화재 시 연기는 광선을 흡수하기 때문에 시야를 차단하고, 고온이며 유동 확산이 빨라 화재전파의 원인이 된다.

Plus 투과율법

연기 속을 투과한 빛의 양으로 구하는 광학적 표시로 일반적으로 감광계수[m^{-1}]로 나타낸다.

$$C_s = (1/L)\ln(I_o/I)$$

여기서, C_s : 감광계수[m^{-1}]

　　　　L : 가시거리[m]

　　　　I_o : 연기가 없을 때 빛의 세기[lux]

　　　　I : 연기가 있을 때 빛의 세기[lux]

감광계수[m⁻¹]	가시거리[m]	상황
0.1	20 ~ 30	연기감지기가 작동할 때의 농도
0.3	5	건물 내부에 익숙한 사람이 피난할 정도의 농도
0.5	3	어두운 것을 느낄 정도의 농도
1	1 ~ 2	앞이 거의 보이지 않을 정도의 농도
10	0.2 ~ 0.5	화재 최성기 때의 농도
30	—	출화실에서 연기가 분출할 때의 농도

section 4 열에너지원과 특성

1 화학적 에너지

(1) 연소열

어떤 물질 1mol이 완전연소 과정(= 완전 산화과정)에서 발생되는 열

(2) 자연발화

어떤 물질이 외부로부터 열을 공급받지 않고 내부 반응열의 축적만으로 온도가 상승하여 발화점에 도달하여 연소를 일으키는 현상

(3) 분해열

어떤 화합물 1몰이 상온에서 가장 안정한 상태의 성분원소로 분해할 때 발생하는 열

(4) 용해열

어떤 물질이 액체에 용해될 때 발생되는 열(진한 황산이 물로 희석되는 과정에서 발생되는 열)

2 전기에너지

(1) 저항열

물체에 전류를 흘려보내면 각 물질이 갖는 전기저항 때문에 전기에너지의 일부가 열로 변하게 된다.

⁝ 열원으로서 화학적 에너지에 해당되지 않는 것은?

① 연소열
② 분해열
✔③ 마찰열
④ 용해열

⁝ 다음 중 인화성 액체의 발화원으로 가장 거리가 먼 것은?

① 전기불꽃
✔② 냉매
③ 마찰 스파크
④ 화염

: 다음 중 점화원 중 기계적인 원인으로만 구성된 것은?

① 산화, 중합
② 산화, 분해
③ 중합, 화합
✓ ④ 충격, 마찰

: 정전기 화재사고의 예방대책으로 틀린 것은?

① 제전기를 설치한다.
✓ ② 공기를 되도록 건조하게 유지시킨다.
③ 접지를 한다.
④ 공기를 이온화한다.

(2) 유도열

유도된 전류가 흐르는 도체에 그 유도전류의 크기에 적당한 전류용량을 갖지 못하는 경우 저항 때문에 열이 발생

(3) 유전열

절연 물질로 사용되는 물질도 완전한 절연능력을 갖고 있지는 못한데, 절연 물질에 누설전류가 흐르고 이 누설전류에 의해 발생되는 열

(4) 아크열

보통 전류가 흐르는 회로나 나이프스위치에 의하여 또는 우발적인 접촉 또는 접점이 느슨하여 전류가 단락될 때 발생한다.

(5) 정전기열

정전기 또는 마찰전기는 서로 다른 두 물질이 접촉하였다가 떨어질 때 한쪽 표면에는 양의 전하가 다른 한쪽에는 음의 전하가 모이게 된다. 두 물체가 접지되지 않으면 그 물체에는 충분한 양의 전하량이 축전되어 스파크 방전이 일어난다. 이러한 정전기 방전에 의해 가연성 증기나 기체 또는 분진을 점화시킬 수 있다.

$$E = \frac{1}{2}CV^2 = \frac{1}{2}QV$$

여기서, E : 정전기에너지[J]
C : 정전용량[F]
V : 전압[V]
Q : 전기량[C], $Q = CV$

Plus 정전기 발생방지 방법 🔥🔥🔥
• 적당한 접지 시설을 하는 방법
• 공기를 이온화시키는 방법
• 상대습도를 70% 이상으로 하는 방법
• 전기도체의 물질을 사용하는 방법
• 제진기를 설치하는 방법

(6) 낙뢰에 의한 열

번개는 구름에 축적된 전하가 다른 구름이나 반대 전하를 가진 지면으로의 방전현상이다.

❸ 기계적 에너지

(1) 마찰열

두 물체를 마찰시키면 운동에 대한 저항현상으로 열이 발생

(2) 마찰 스파크

두 물체가 충돌에 의해 발생되는 것으로 주로 금속 물체에서 잘 발생

02 화재

section 1 화재의 분류 및 국내 화재 통계

❶ 화재의 분류

화재 분류	명칭	형태	소화
A급 화재	일반화재	연소 후 재를 남기는 화재	냉각소화
B급 화재	유류화재	연소 후 재를 남기지 않는 화재	질식소화
C급 화재	전기화재	전기에 의한 발열체가 발화원이 되는 화재	질식소화
D급 화재	금속화재	금속 및 금속의 분, 박, 리본 등에 의해서 발생되는 화재	피복소화
K급 화재 (또는 F급 화재)	주방화재	가연성 튀김 기름을 포함한 조리로 인한 화재	냉각·질식소화

➤➤ 국내 화재안전기준에 따르면 D급(금속화재)과 E급(가스화재)에 대한 분류기준은 없으며, 각 화재에 대한 색상기준도 없다.

❷ 화재 발생원인별 순서

부주의 > 전기적 요인 > 미상 > 기계적 요인 > 방화의심 > 기타 > 방화 > 교통사고 > 자연적인 요인 > 화학적 요인 > 가스누출(폭발)

관련기출

⋮ 가연물질의 종류에 따라 분류하면 섬유류 화재는 무슨 화재에 속하는가?
✔ ① A급 화재
② B급 화재
③ C급 화재
④ D급 화재

⋮ 화재 분류에서 C급 화재에 해당하는 것은?
✔ ① 전기화재
② 차량화재
③ 일반화재
④ 유류화재

분진폭발을 일으키는 물질이 아닌 것은?
✓ ① 시멘트 분말
② 마그네슘 분말
③ 석탄 분말
④ 알루미늄 분말

보일오버(boil over) 현상에 대한 설명으로 옳은 것은?
① 아래층에서 발생한 화재가 위층으로 급격히 옮겨 가는 현상
② 연소유의 표면이 급격히 증발하는 현상
✓ ③ 탱크 저부의 물이 급격히 증발하여 기름이 탱크 밖으로 화재를 동반하여 방출하는 현상
④ 기름이 뜨거운 물표면 아래에서 끓는 현상

유류 탱크의 화재시 탱크 저부의 물이 뜨거운 열류층에 의하여 수증기로 변하면서 급작스런 부피 팽창을 일으켜 유류가 탱크 외부로 분출하는 현상을 무엇이라고 하는가?
✓ ① 보일오버   ② 슬롭오버
③ 블레이브   ④ 파이어볼

가연성 액화가스의 용기가 과열로 파손되어 가스가 분출된 후 불이 붙어 폭발하는 현상을 무엇이라 하는가?
✓ ① 블레비(BLEVE)
② 보일오버(boil over)
③ 슬롭오버(slop over)
④ 플래시오버(flash over)

section 2 폭발

❶ 폭발의 종류

(1) 가스폭발

폭발범위에 있을 것, 발화원(불씨, 정전기 불꽃 등)이 존재할 것

(2) 분무폭발

가연성 액체가 공기 중에 분출되어 미세한 액적이 되어 무상으로 되고 공기 중에 현탁하여 존재할 때에 착화에너지가 주어지면 발생

(3) 분진폭발

가연성 고체의 미분이 공기 중에 부유하고 있을 때에 어떤 착화원에 의해 폭발하는 현상(에 밀가루, 석탄가루, 먼지, 전분, 금속분 등)

(4) 분해폭발

분해에 의해 생성된 가스가 열팽창되고 이때 생기는 압력상승과 방출에 의해 폭발

(5) 폭굉(detonation)

폭발 중에서도 격렬한 폭발로서 화염의 전파속도가 음속보다 빠른 경우로 파면선단에 충격파(압력파)가 진행되는 현상으로 연소속도는 1,000 ~ 3,500m/sec, 연소속도가 음속 이상으로 충격파를 갖고 있다.

🔥 **Plus** 폭연(deflagration) ⋯ 연소속도가 음속 이하로 충격파가 없다.

❷ 유류 탱크 및 가스 탱크에서 발생하는 폭발현상

(1) 보일오버(boil-over)

연소유면으로부터 100℃ 이상의 열파가 탱크 저부에 고여 있는 물을 비등하게 하면서 연소유를 탱크 밖으로 비산시키며 연소하는 현상

(2) 슬롭오버(slop-over)

물이 연소유의 뜨거운 표면에 들어갈 때, 기름 표면에서 화재가 발생하는 현상

(3) 블레비(Boiling Liquid Expanding Vapor Explosion ; BLEVE) 현상

가연성 액체 저장 탱크 주위에서 화재 등이 발생하여 기상부의 탱크 강판이 국부적으로 가열되면 그 부분의 강도가 약해져 그로 인해 탱크가 파열된다. 이때 내부에서 가열된 액화가스가 급격히 유출 팽창되어 화구(fire ball)를 형성하며 폭발하는 형태

03 건축물의 화재현상

section 1 건축물의 화재현상

1 건축물의 화재 진행과정

(1) 목조건축물의 화재 진행과정

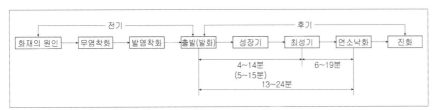

(2) 내화건축물의 화재 진행과정

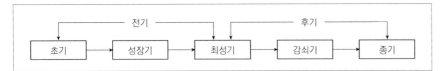

2 목조건축물, 내화건축물의 표준 화재 온도곡선의 비교

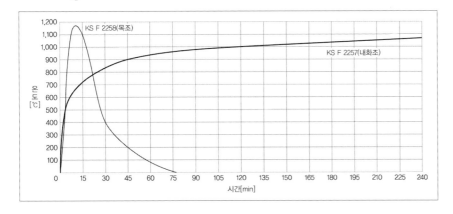

(1) 목조건축물

고온단기형

(2) 내화건축물

저온장기형

관련기출

∷ 다음 중 플래시오버(flash over)를 가장 옳게 설명한 것은?

① 도시가스의 폭발적 연소를 말한다.

② 휘발유 등 가연성 액체가 넓게 흘러서 발화한 상태를 말한다.

✔③ 옥내화재가 서서히 진행하여 열 및 가연성 기체가 축적되었다가 일시에 연소하여 화염이 크게 발생하는 상태를 말한다.

④ 화재층의 불이 상부층으로 올라가는 현상을 말한다.

∷ 내화건축물 화재의 진행과정으로 가장 옳은 것은?

① 화원→최성기→성장기→감퇴기

② 화원→감퇴기→성장기→최성기

✔③ 초기→성장기→최성기→감퇴기 →종기

④ 초기→감퇴기→최성기→성장기 →종기

∷ 건물화재의 표준시간-온도곡선에서 화재발생 후 1시간이 경과할 경우 내부 온도는 약 몇 ℃ 정도 되는가?

① 225   ② 625

③ 840   ✔④ 925

: 건축물에 화재가 발생하여 일정 시간이 경과하게 되면 일정 공간 안에 열과 가연성 가스가 축적되고 한순간에 폭발적으로 화재가 확산되는 현상을 무엇이라 하는가?

① 보일오버현상
✓ ② 플래시오버현상
③ 패닉현상
④ 리프팅현상

: 내화건축물과 비교한 목조건축물 화재의 일반적인 특징을 옳게 나타낸 것은?

✓ ① 고온, 단시간형
② 저온, 단시간형
③ 고온, 장시간형
④ 저온, 장시간형

: 다음 중 화재하중을 나타내는 단위는?

① kcal/kg   ② ℃/m²
✓ ③ kg/m²   ④ kg/kcal

③ 건축물의 화재

(1) 플래시오버(flash over)

화재로 인하여 실내의 온도가 급격히 상승하여 가연물이 일시에 폭발적으로 착화현상을 일으켜 화재가 순간적으로 실내 전체에 확산되는 현상(=순발연소, 순간연소)

➤ 실내온도 : 약 400~500℃

(2) 백드래프트(back draft)

밀폐된 공간에서 화재가 발생하여 산소 농도 저하로 불꽃을 내지 못하고 가연성 물질의 열분해로 인하여 발생한 가연성 가스가 축적되게 된다. 이때 진화를 위해 출입문 등이 개방되어 개구부가 생겨 신선한 공기의 유입으로 폭발적인 연소가 다시 시작되는 현상

---

section 2 화재하중

일정 구역 내에 있는 예상 최대가연물질의 양을 뜻하며 등가 가연물량을 화재구획에서 단위면적당으로 나타낸다.

$$q = \frac{\Sigma(G_t \cdot H_t)}{H_o A} = \frac{\Sigma G_t}{4,500 A}$$

여기서, q : 화재하중[kg/m²]

G_t : 가연물량[kg]

H_t : 가연물 단위발열량[kcal/kg]

H_o : 목재 단위발열량[4,500kcal/kg]

A : 화재실, 화재구획의 바닥면적[m²]

ΣG_t : 화재실, 화재구획의 가연물 전체발열량[kcal]

section 3 건축구조 및 건축내장제

① 건축물의 주요구조부(= 건물의 구조내력상 주요한 부분)

(1) 내력벽

(2) 기둥

(3) 바닥

(4) 보

(5) 지붕틀 및 주계단

사잇기둥, 지하층바닥, 작은보, 차양, 옥외계단, 그 밖에 이와 유사한 것으로 건축물의 구조상 중요하지 아니한 부분은 제외한다.

② 건축물의 내화구조의 종류

(1) 철근콘크리트조

(2) 연와조
건축물의 벽체를 구운 벽돌로 쌓아올린 조적식구조(組積式構造)

(3) 석조
돌로 만든 조각물

③ 건축물의 방화구조 기준

(1) 철망모르타르 바르기로 바름두께가 2cm 이상인 것

(2) 석면시멘트판 또는 석고판 위에 시멘트모르타르 또는 회반죽을 바른 것으로 두께의 합계가 2.5cm 이상인 것

(3) 시멘트모르타르 위에 타일을 붙인 것으로서 그 두께의 합계가 2.5cm 이상인 것

(4) 심벽에 흙으로 맞벽치기 한 것

관련기출

⋮ 건물의 주요 구조부에 해당되지 않는 것은?
① 바닥
✓ ② 천장
③ 기둥
④ 주계단

⋮ 건축물에서 주요 구조부가 아닌 것은?
✓ ① 차양
② 주계단
③ 내력벽
④ 기둥

‡ 연면적이 1,000m² 이상인 건축물에 설치하는 방화벽이 갖추어야 할 기준으로 틀린 것은?

① 내화구조로서 홀로 설 수 있는 구조일 것
✓② 방화벽의 양쪽 끝과 위쪽 끝을 건축물의 외벽면 및 지붕면으로부터 0.1m 이상 튀어나오게 할 것
③ 방화벽에 설치하는 출입문의 너비는 2.5m 이하로 할 것
④ 방화벽에 설치하는 출입문의 높이는 2.5m 이하로 할 것

‡ 건축물에 설치하는 방화벽의 구조에 대한 기준 중 틀린 것은?

① 내화구조로서 홀로 설 수 있는 구조이어야 한다.
✓② 방화벽의 양쪽 끝은 지붕면으로부터 0.2m 이상 튀어 나오게 하여야 한다.
③ 방화벽의 위쪽 끝은 지붕면으로부터 0.5m 이상 튀어 나오게 하여야 한다.
④ 방화벽에 설치하는 출입문은 너비 및 높이가 각각 2.5m 이하인 갑종방화문을 설치하여야 한다.

‡ 건축물에 설치하는 방화구획의 설치기준 중 스프링클러설비를 설치한 11층 이상의 층은 바닥면적 몇 m² 이내마다 방화구획을 하여야 하는가? (단, 벽 및 반자의 실내에 접하는 부분의 마감은 불연재료가 아닌 경우이다.)

① 200   ✓② 600
③ 1,000   ④ 3,000

section 4 건축물의 방화상 유효한 구획 및 방화설비

1 방화구획의 기준

대상 건축물	구획 종류	구획 단위	구획부분의 구조
주요 구조부가 내화구조 또는 불연재료로서 연면적 1,000m² 이상인 건축물	면적단위	(10층 이하 층) 바닥면적 1,000m² 이내마다	내화구조의 바닥, 벽 및 갑종방화문 또는 자동방화셔터
	층단위	3층 이상 또는 지하층 부분에서는 층마다	
	층·면적 단위	11층 이상의 모든 층에서 바닥면적 200m² 이내마다(내장재가 불연재료이면 500m² 이내마다)	
건축물의 일부를 내화구조로 하여야 할 건축물	용도단위	그 부분과 기타 부분의 경계	

≫ 면적 적용시 S.P 등 자동식 소화설비를 한 것은 그 면적의 3배로 적용한다.

2 방화벽 설치기준

대상 건축물	구획 단위	구획부분의 구조	설치기준
목조건축물 등 (주요 구조부가 내화구조 또는 불연재료가 아닌 것)	연면적 1,000m² 이내마다	• 자립할 수 있는 내화구조 • 개구부의 폭 및 높이는 2.5×2.5m 이하로 하고, 갑종방화문 설치	① 방화벽의 양단 및 상단은 외벽면이나 지붕면으로부터 50cm 이상 돌출시킬 것 ② 급수관, 배전관 기타 관의 관통부에는 시멘트모르타르, 불연재료로 충전할 것 ③ 환기, 난방, 냉방 시설의 풍도에는 방화댐퍼 설치 ④ 개구부에 설치하는 갑종방화문은 항상 닫힌상태를 유지하거나, 화재시 자동으로 닫히는 구조로 할 것

피난공간계획 및 피난동선

❶ 인간의 본능적 피난행동

피난계획은 인간의 본능을 고려하여 혼란을 최소한으로 하기 위하여 수립되어야 하며 피난계획에 고려해야 할 인간의 본능적 행동은 다음과 같다.

(1) 피난시 인간의 본능적 행동 특성

귀소 본능	피난시 인간은 평소에 사용하는 문, 길, 통로를 사용한다든가, 자신이 왔던 길로 되돌아가려는 경향이 있다.
퇴피 본능	화재 초기에는 주변상황의 확인을 위하여 서로서로 모이지만 화재의 급격한 확대로 각자의 공포감이 증가되면 발화지점의 반대방향으로 이동한다. 즉, 반사적으로 위험으로부터 멀어지려는 경향이 있다.
지광 본능	화재시 발생되는 연기와 정전 등으로 가시거리가 짧아져 시야가 흐려진다. 이때 인간은 어두운 곳에서 개구부, 조명부 등의 불빛을 따라 행동하는 경향이 있다.
추종 본능	화재가 발생하면 판단력의 약화로 한 사람의 지도자에 의해 최초로 행동을 함으로써 전체가 이끌려지는 습성이다. 때로는 인명피해가 확대되는 경우가 있다.

(2) 패닉 상태와 군집보행

① **패닉(panic) 상태** : 인간이 극도로 긴장되어 돌출 행동을 할 수 있는 상태로서 연기에 의한 시계 제한, 유독가스에 의한 호흡장애가 생길 수 있다. 외부와 단절되어 고립될 때 발생한다.

② **군집보행** : 군집보행이란 뒤에 있는 보행자가 빠져나가기가 어려워 앞의 보행자의 보행속도에 동조하는 상태를 말하며 자유보행은 아무런 제약을 받지 않고 걷는 것을 말한다.

 ㉠ **자유보행속도** : 0.5~2m/sec(보통의 경우 1.3m/sec, 빠른 경우 2m/sec)

 ㉡ **군집보행속도** : 1m/sec(느린 보행자의 보행속도 정도이다.)

관련기출

건축물의 화재발생 시 인간의 피난 특성으로 틀린 것은?

① 평상시 사용하는 출입구나 통로를 사용하는 경향이 있다.

✓ ② 화재의 공포감으로 인하여 빛을 피해 어두운 곳으로 몸을 숨기는 경향이 있다.

③ 화염, 연기에 대한 공포감으로 발화지점의 반대방향으로 이동하는 경향이 있다.

④ 화재 시 최초로 행동을 개시한 사람을 따라 전체가 움직이는 경향이 있다

건물의 피난동선에 대한 설명으로 옳지 않은 것은?

① 피난동선은 가급적 단순한 형태가 좋다.
② 피난동선은 가급적 상호 반대방향으로 다수의 출구와 연결되는 것이 좋다.
③ 피난동선은 수평동선과 수직동선으로 구분된다.
✓ ④ 피난동선은 복도, 계단을 제외한 엘리베이터와 같은 피난전용의 통팽구조를 말한다.

피난계획의 일반원칙 중 Fool Proof 원칙에 해당하는 것은?

✓ ① 저지능인 상태에서도 쉽게 식별이 가능하도록 그림이나 색채를 이용하는 원칙
② 피난설비를 반드시 이동식으로 하는 원칙
③ 한 가지 피난기구가 고장이 나도 다른 수단을 이용할 수 있도록 고려하는 원칙
④ 피난설비를 첨단화된 전자식으로 하는 원칙

❷ 피난대책(시설계획)의 일반적인 원칙

(1) 피난경로는 **간단명료**하게 한다.

(2) 피난설비는 **고정적인 시설에 의한 것을 원칙**으로 해야 하며 가구식의 기구나 장치 등은 피난이 늦어진 소수의 사람들에 대한 극히 예외적인 보조수단으로 생각해야 한다.

(3) 피난의 수단은 **원시적 방법에 의하는 것**을 원칙으로 한다.

(4) **2방향의 피난통로**를 확보한다.

(5) **피난통로는 완전불연화**를 해야 하며 항시 사용할 수 있도록 하고 관리상의 이유로 자물쇠 등으로 잠가두는 것은 피해야 한다.

(6) 피난경로에 따라서 일정한 구획을 한정하여 피난 Zone을 설정하고 최종적으로 안전성을 높이는 것이 합리적이다.

(7) 피난로에는 **정전시에도 피난방향을 명백히 할 수 있는 표시**를 한다.

(8) 피난대책은 **Fool-Proof와 Fail-Safe의 원칙을 중시**해야 한다.

Tip ····· Fool-Proof와 Fail-Safe의 원칙

• Fool-Proof : 바보라도 틀리지 않고 할 수 있도록 한다는 말. 비상사태 대비책을 의미하는 것으로서 화재 발생시 사람의 심리상태는 긴장상태가 되므로 인간의 행동 특성에 따라 피난설비는 원시적이고 간단명료하게 설치하며 피난대책은 누구나 알기 쉬운 방법을 선택하는 것을 의미한다. 피난 및 유도표지는 문자보다는 색과 형태를 사용하고 피난방향으로 문을 열 수 있도록 하는 것이 이에 해당된다.

• Fail-Safe : 이중 안전장치를 의미하는 것으로서 피난시 하나의 수단이 고장 등으로 사용이 불가능하더라도 다른 수단 및 방법을 통해서 피난할 수 있도록 하는 것을 뜻한다. 2방향 이상의 피난통로를 확보하는 피난대책이 이에 해당된다.

04 위험물의 안전관리

(1) 밀도 $=\dfrac{\text{질량}}{\text{부피}}$ 또는 $\rho=\dfrac{M}{V}$

(2) 증기의 비중

$$\dfrac{\text{증기의 분자량}}{\text{공기의 분자량}}=\dfrac{\text{증기의 분자량}}{28.84(\text{또는 }29)}$$

(3) 현열

물질의 상태는 그대로이고 온도의 변화가 생기는데 출입되는 열

$$Q = c \quad m \quad \Delta T$$
$$\text{열량} \quad \text{비열} \ \text{질량} \quad \text{온도변화}$$

(4) 보일의 법칙

$$P_1 V_1 = P_2 V_2 (\text{기체의 몰수와 온도는 일정})$$

(5) 샤를의 법칙

$$V=kT, \quad \dfrac{V_1}{T_1}=\dfrac{V_2}{T_2} \ (T[\text{K}]=t[\text{℃}]+273.15)$$

(6) 보일-샤를의 법칙

$$\dfrac{P_1 V_1}{T_1}=\dfrac{P_2 V_2}{T_2}$$

(7) 이상기체의 상태방정식

$$PV=nRT \quad [R=(\text{기체})\text{상수}:0.082\text{L}\cdot\text{atm/K}\cdot\text{mol}]$$

(8) 그레이엄의 확산법칙

$$\dfrac{V_A}{V_B}=\sqrt{\dfrac{M_B}{M_A}}=\sqrt{\dfrac{d_B}{d_A}}$$

관련기출

:1기압, 0℃의 어느 밀폐된 공간 1m³ 내에 Halon 1301 약제가 0.32kg 방사되었다. 이때 Halon 1301의 농도는 약 몇 vol%인가? (단, 원자량은 C=12, F=19, Br=80, Cl=35.5이다.)

✓ ① 4.8%   ② 5.5%
③ 8%   ④ 10%

: 실내에서 화재가 발생하여 실내의 온도가 21℃에서 650℃로 되었다면, 공기의 팽창은 처음의 약 몇 배가 되는가? (단, 대기압은 공기가 유동하여 화재 전후가 같다고 가정한다.)

✓ ① 3.14   ② 4.27
③ 5.69   ④ 6.01

: 0℃, 1기압에서 11.2L의 기체질량이 22g이었다면 이 기체의 분자량은 얼마인가? (단, 이상기체를 가정한다)

① 22   ② 35
✓ ③ 44   ④ 56

: 공기의 평균 분자량이 29일 때 이산화탄소 기체의 증기비중은 얼마인가?

① 1.44   ✓② 1.52
③ 2.88   ④ 3.24

⋮ 제4류 위험물의 성질에 해당하는
  것은?

① 가연성 고체
② 산화성 고체
✓ ③ 인화성 액체
④ 자기반응성 물질

⋮ 제5류 위험물인 자기반응성물질의
  성질 및 소화에 관한 사항으로 가장
  거리가 먼 것은?

① 대부분 산소를 함유하고 있어 자
   기연소 또는 내부연소를 일으키
   기 쉽다.
② 연소속도가 빨라 폭발적인 경우가
   많다.
✓ ③ 질식소화가 효과적이며, 냉각소화
   는 불가능하다.
④ 가열, 충격, 마찰에 의해 폭발의
   위험이 있는 것이 있다.

(9) 위험물

위험물이란 대통령령이 정하는 인화성 또는 발화성 등의 물품을 말한다. (위험물 안전관리법 제2조 제1항)

▌ 위험물의 분류

분류	공통 성질	소화 방법
제1류 (산화성 고체)	① 불연성, 산소 다량함유, 조연성 ② 비중 > 1, 수용성 ③ 반응성 풍부(가열, 충격, 마찰 등에 의해 산소 방출) ④ 알칼리금속의 과산화물은 물과 접촉하여 발열 및 산소 발생	가연성 물질의 성질에 따라 주수에 의한 냉각소화(단, 알칼리 금속의 과산화물은 모래 또는 소다재)
제2류 (가연성 고체)	① 이연성, 속연성 ② 유독한 것 또는 연소시 유독가스 발생 ③ 철분, Mg, 금속분류는 물과 접촉시 발열	주수에 의한 냉각소화(단, 철분, Mg, 금속분류는 모래 또는 소다재)
제3류 (자연발화성 물질 및 금수성 물질)	① 물과 접촉시 발열, 발화 ② 공기 또는 물과 접촉하여 자연발화 ③ 대부분 무기물 고체지만, 알킬알루미늄과 같은 액체도 있다.	팽창질석 또는 팽창진주암에 의한 질식소화
제4류 (인화성 액체)	① 인화하기 매우 쉽다. ② 물보다 가볍고, 물에 녹지 않는다. ③ 증기는 공기보다 무겁다. ④ 착화온도가 낮은 것은 위험하다. ⑤ 증기는 공기와 약간 혼합시 연소	포말에 의한 질식소화, 안개상의 주수소화
제5류 (자기반응성 물질)	① 가연성 물질로 산소함유로 재연소 우려 (내부연소) ② 가열, 충격, 마찰로 폭발의 위험 ③ 산화반응으로 열분해에 의해 자연발화	다량의 주수에 의한 냉각소화
제6류 (산화성 액체)	① 불연성, 강산화제, 조연성 ② 비중 > 1, 물에 잘 녹고 물과 접촉시 발열 ③ 가연물, 유기물 등과의 혼합으로 발화 ④ 부식성이 강하여 증기는 유독	가연성 물질의 성질에 따라 마른모래, 분말소화약제

🔥 Plus 1류, 6류 위험물이 불연성인 이유
   이미 물질 자체가 산화반응을 끝냈기 때문에 산화반응을 하지 않는다.

유별 / 지정수량	1류 산화성 고체	2류 가연성 고체	3류 자연발화성 및 금수성 물질	4류 인화성 액체	5류 자기반응성 물질	6류 산화성 액체
10kg		I등급	칼륨 나트륨 알킬알루미늄 알킬리튬		유기과산화물 질산에스테르류	
20kg			황린			
50kg	아염소산염류 염소산염류 과염소산염류 무기과산화물		알칼리금속 및 알칼리토금속 유기금속화합물	특수인화물 (50l)		
100kg		황화린 적린 유황			히드록실아민 히드록실아민염류	
200kg		II등급		제1석유류 (200~400l) 알코올류 (400l)	니트로화합물 니트로소화합물 아조화합물 디아조화합물 히드라진 유도체	
300kg	브롬산염류 요오드산염류 질산염류		금속의 수소화물 금속의 인화물 칼슘 또는 알루미늄의 탄화물			과염소산 과산화수소 질산
500kg		철분 금속분 마그네슘				
1,000kg	과망간산염류 중크롬산염류	인화성 고체		제2석유류 (1,000~2,000l)		
		III등급		제3석유류 (2,000~4,000l)		
				제4석유류 (6,000l)		
				동식물유류 (10,000l)		

⁞ 위험물안전관리법령에 의한 제2류 위험물이 아닌 것은?

① 철분 ② 유황
③ 적린 ✔④ 황린

⁞ 다음 중 제1류 위험물로 그 성질이 산화성 고체인 것은?

① 황린 ✔② 아염소산염류
③ 금속분 ④ 유황

⁞ 물질의 연소시 산소 공급원이 될 수 없는 것은?

✔① 탄화칼슘
② 과산화나트륨
③ 질산나트륨
④ 압축공기

⁞ 다음 중 위험물안전관리법령상 제1류 위험물에 해당하는 것은?

✔① 염소산나트륨
② 과염소산
③ 나트륨
④ 황린

: 위험물안전관리법상 과산화수소는 몇 중량퍼센트 이상인 경우 위험물에 해당하는가?

① 1.49   ② 30

✓ ③ 36   ④ 60

: 위험물안전관리법상 석유류를 분류하는 기준은?

✓ ① 인화점   ② 연소점

③ 발화점   ④ 비점

: 다음 중 위험물안전관리법상 알코올류에 해당하지 않는 것은?

① 메틸알코올

② 에틸알코올

③ 이소프로필알코올

✓ ④ 부틸알코올

: 위험물안전관리법상 유황은 순도가 몇 중량퍼센트 이상인 것을 말하는가?

① 20   ② 40

✓ ③ 60   ④ 80

용어정리

1. 유황은 순도가 60중량퍼센트 이상인 것을 말한다. 이 경우 순도측정에 있어서 불순물은 활석 등 불연성 물질과 수분에 한한다.
2. "철분"이라 함은 철의 분말로서 53마이크로미터의 표준체를 통과하는 것이 50중량퍼센트 미만인 것은 제외한다.
3. "금속분"이라 함은 알칼리금속·알칼리토류금속·철 및 마그네슘 외의 금속의 분말을 말하고, 구리분·니켈분 및 150마이크로미터의 체를 통과하는 것이 50중량퍼센트 미만인 것은 제외한다.
4. 마그네슘 및 제2류의 물품 중 마그네슘을 함유한 것에 있어서는 다음의 어느 하나에 해당하는 것은 제외한다.
   가. 2밀리미터의 체를 통과하지 아니하는 덩어리상태의 것
   나. 직경 2밀리미터 이상의 막대모양의 것
5. "인화성 고체"라 함은 고형알코올, 그 밖에 1기압에서 인화점이 섭씨 40도 미만인 고체를 말한다.
6. "특수인화물"이라 함은 이황화탄소, 디에틸에테르, 그 밖에 1기압에서 발화점이 섭씨 100도 이하인 것 또는 인화점이 섭씨 영하 20도 이하이고 비점이 섭씨 40도 이하인 것을 말한다.
7. "제1석유류"라 함은 아세톤, 휘발유, 그 밖에 1기압에서 인화점이 섭씨 21도 미만인 것을 말한다.
8. "알코올류"라 함은 1분자를 구성하는 탄소원자의 수가 1개부터 3개까지인 포화 1가 알코올(변성알코올을 포함한다)을 말한다.
9. "제2석유류"라 함은 등유, 경유, 그 밖에 1기압에서 인화점이 섭씨 21도 이상 70도 미만인 것을 말한다.
10. "제3석유류"라 함은 중유, 크레오소트유, 그 밖에 1기압에서 인화점이 섭씨 70도 이상 섭씨 200도 미만인 것을 말한다.
11. "제4석유류"라 함은 기어유, 실린더유, 그 밖에 1기압에서 인화점이 섭씨 200도 이상 섭씨 250도 미만의 것을 말한다.
12. "동식물유류"라 함은 동물의 지육 등 또는 식물의 종자나 과육으로부터 추출한 것으로서 1기압에서 인화점이 섭씨 250도 미만인 것을 말한다.
13. 과산화수소는 그 농도가 36중량퍼센트 이상인 것에 한하며, 산화성 액체의 성상이 있는 것으로 본다.
14. 질산은 그 비중이 1.49 이상인 것에 한하며, 산화성 액체의 성상이 있는 것으로 본다.
15. 복수성상물품 판정기준
    가. 복수성상물품이 산화성 고체의 성상 및 가연성 고체의 성상을 가지는 경우 : 제2류
    나. 복수성상물품이 산화성 고체의 성상 및 자기반응성 물질의 성상을 가지는 경우 : 제5류
    다. 복수성상물품이 가연성 고체의 성상과 자연발화성 물질의 성상 및 금수성 물질의 성상을 가지는 경우 : 제3류
    라. 복수성상물품이 자연발화성 물질의 성상, 금수성 물질의 성상 및 인화성 액체의 성상을 가지는 경우 : 제3류
    마. 복수성상물품이 인화성 액체의 성상 및 자기반응성 물질의 성상을 가지는 경우 : 제5류

■ 수납하는 위험물에 따른 주의사항

유별	구분	주의사항
제1류 위험물 (산화성 고체)	알칼리금속의 무기과산화물	"화기·충격주의" "물기엄금" "가연물접촉주의"
	그 밖의 것	"화기·충격주의" "가연물접촉주의"
제2류 위험물 (가연성 고체)	철분·금속분·마그네슘	"화기주의" "물기엄금"
	인화성 고체	"화기엄금"
	그 밖의 것	"화기주의"
제3류 위험물 (자연발화성 및 금수성 물질)	자연발화성 물질	"화기엄금" "공기접촉엄금"
	금수성 물질	"물기엄금"
제4류 위험물(인화성 액체)		"화기엄금"
제5류 위험물(자기반응성 물질)		"화기엄금" 및 "충격주의"
제6류 위험물(산화성 액체)		"가연물접촉주의"

■ 적재하는 위험물에 따른 조치사항

차광성이 있는 것으로 피복해야 하는 경우	방수성이 있는 것으로 피복해야 하는 경우
제1류 위험물 제3류 위험물 중 자연발화성 물질 제4류 위험물 중 특수인화물 제5류 위험물 제6류 위험물	제1류 위험물 중 알칼리금속의 과산화물 제2류 위험물 중 철분, 금속분, 마그네슘 제3류 위험물 중 금수성 물질

■ 유별을 달리하는 위험물의 혼재 기준

위험물의 구분	제1류	제2류	제3류	제4류	제5류	제6류
제1류		×	×	×	×	○
제2류	×		×	○	○	×
제3류	×	×		○	×	×
제4류	×	○	○		○	×
제5류	×	○	×	○		×
제6류	○	×	×	×	×	

≫ 이 표는 지정수량의 1/10 이하의 위험물에 대하여는 적용하지 아니한다.

관련기출

⁝ 위험물안전관리법령상 위험물의 적재시 혼재기준에서 다음 중 혼재가 가능한 위험물로 짝지어진 것은? (단, 각 위험물은 지정수량의 10배로 가정한다.)

① 질산칼륨과 가솔린
② 과산화수소와 황린
✓③ 철분과 유기과산화물
④ 등유와 과염소산

⁝ 제4류 위험물을 취급하는 위험물제조소에 설치하는 게시판의 주의사항으로 옳은 것은?

① 물기주의
② 화기주의
✓③ 화기엄금
④ 충격주의

⁝ 위험물안전관리법상 차광성 있는 것으로 피복할 필요가 없는 유별 위험물은?

① 제1류 위험물
✓② 제2류 위험물
③ 제3류 위험물
④ 제4류 위험물

⁝ 위험물안전관리법상 운반시 제4류 위험물과 혼재해서는 안되는 것은?

✓① 제1류 위험물
② 제2류 위험물
③ 제3류 위험물
④ 제5류 위험물

물과 반응하여 가연성 기체를 발생하지 않는 것은?

① 칼륨
② 인화아연
✓③ 산화칼슘
④ 탄화알루미늄

칼륨에 화재가 발생할 경우에 주수를 하면 안 되는 이유로 가장 옳은 것은?

✓① 수소가 발생하기 때문에
② 산소가 발생하기 때문에
③ 질소가 발생하기 때문에
④ 수증기가 발생하기 때문에

다음 위험물 중 물과 접촉시 위험성이 가장 높은 것은?

① $NaClO_3$ ② P
③ TNT   ✓④ Na_2O_2

인화칼슘과 물이 반응할 때 생성되는 가스는?

① 아세틸렌   ② 황화수소
③ 황산   ✓④ 포스핀

다음 중 연소 시 아황산가스를 발생시키는 것은?

① 적린
✓② 유황
③ 트리에틸알루미늄
④ 황린

▌중요 화학반응식

물과의 반응식(물질+H₂O → 금속의 수산화물+가스)	
제1류	
과산화칼륨	$2K_2O_2 + 2H_2O \rightarrow 4KOH + O_2$
과산화나트륨	$2Na_2O_2 + 2H_2O \rightarrow 4NaOH + O_2$
제2류	
철분	$2Fe + 3H_2O \rightarrow Fe_2O_3 + 3H_2$
마그네슘	$Mg + 2H_2O \rightarrow Mg(OH)_2 + H_2$
알루미늄	$2Al + 6H_2O \rightarrow 2Al(OH)_3 + 3H_2$
제3류	
칼륨	$2K + 2H_2O \rightarrow 2KOH + H_2$
나트륨	$2Na + 2H_2O \rightarrow 2NaOH + H_2$
트리에틸알루미늄	$(C_2H_5)_3Al + 3H_2O \rightarrow Al(OH)_3 + 3C_2H_6$
칼슘	$Ca + 2H_2O \rightarrow Ca(OH)_2 + H_2$
수소화리튬	$LiH + H_2O \rightarrow LiOH + H_2$
수소화나트륨	$NaH + H_2O \rightarrow NaOH + H_2$
인화칼슘	$Ca_3P_2 + 6H_2O \rightarrow 3Ca(OH)_2 + 2PH_3$
탄화칼슘	$CaC_2 + 2H_2O \rightarrow Ca(OH)_2 + C_2H_2$
인화알루미늄	$AlP + 3H_2O \rightarrow Al(OH)_3 + PH_3$
탄화알루미늄	$Al_4C_3 + 12H_2O \rightarrow 4Al(OH)_3 + 3CH_4$

연소반응식	
제2류	
삼황화린	$P_4S_3 + 8O_2 \rightarrow 2P_2O_5 + 3SO_2$
적린	$4P + 5O_2 \rightarrow 2P_2O_5$
마그네슘	$2Mg + O_2 \rightarrow 2MgO$
알루미늄	$4Al + 3O_2 \rightarrow 2Al_2O_3$
황	$S + O_2 \rightarrow SO_2$
제3류	
트리에틸알루미늄	$2(C_2H_5)_3Al + 21O_2 \rightarrow 12CO_2 + Al_2O_3 + 15H_2O$
황린	$P_4 + 5O_2 \rightarrow 2P_2O_5$
제4류	
이황화탄소	$CS_2 + 3O_2 \rightarrow CO_2 + 2SO_2$
벤젠	$2C_6H_6 + 15O_2 \rightarrow 12CO_2 + 6H_2O$

05 소화론

section 1 소화

① 소화의 원리

(1) 제거소화

연소에 필요한 **가연성 물질을 없게** 하여 소화

(2) 질식소화

공기 중의 **산소의 양을 15% 이하**가 되게 하여 산소공급원의 양을 변화시켜 소화

(3) 냉각소화

연소 중인 가연성 물질의 온도를 **인화점 이하로 냉각**시켜 소화

(4) 부촉매(화학)소화

가연성 물질의 연소 시 **연속적인 연쇄반응을 억제·방해 또는 차단**시켜 소화

(5) 희석소화

수용성 가연성 물질 화재 시 다량의 물을 일시에 방사하여 연소범위의 하한계 이하로 희석하여 화재를 소화

② 소화약제의 구비조건

(1) 가격이 저렴하고 구하기 쉬워야 하며 연소의 4요소 중 하나 이상을 제거하는 능력이 있어야 한다.

(2) 인체 독성이 낮고 환경 오염성이 없어야 한다.

관련기출

◦ 다음 중 제거소화방법과 무관한 것은?
① 산불의 확산방지를 위하여 산림의 일부를 벌채한다.
② 화학반응기의 화재시 원료공급관의 밸브를 잠근다.
✔③ 유류화재시 가연물을 포(泡)로 덮는다.
④ 유류탱크 화재시 주변에 있는 유류탱크의 유류를 다른 곳으로 이동시킨다.

◦ 화재를 소화하는 방법 중 물리적 방법에 의한 소화라고 볼 수 없는 것은?
✔① 억제소화   ② 제거소화
③ 질식소화   ④ 냉각소화

◦ 가연성의 기체나 액체, 고체에서 나오는 분해가스의 농도를 엷게 하여 소화하는 방법은?
① 냉각소화   ② 제거소화
③ 부촉매소화   ✔④ 희석소화

◦ 소화의 원리로 가장 거리가 먼 것은?
① 가연성 물질을 제거한다.
② 불연성 가스의 공기 중 농도를 높인다.
③ 가연성 물질을 냉각시킨다.
✔④ 산소의 공급을 원활히 한다.

◦ 일반적으로 공기 중 산소농도를 몇 vol% 이하로 감소시키면 연소상태의 중지 및 질식소화가 가능하겠는가?
✔① 15   ② 21
③ 25   ④ 31

관련기출

: 물이 소화약제로서 사용되는 장점으로 가장 거리가 먼 것은?

① 가격이 저렴하다.
② 많은 양을 구할 수 있다.
③ 증발잠열이 크다.
✓ ④ 가연물과 화학반응이 일어나지 않는다.

: 1기압, 100℃에서의 물 1g의 기화잠열은 약 몇 cal인가?

① 425   ✓ ② 539
③ 647   ④ 734

section 2 물 및 강화액 소화약제

① 물소화약제

(1) 인체에 무해하며 다른 약제와 혼합 사용이 가능하고 가격이 저렴하며 장기보존이 가능하다.

(2) 모든 소화약제 중에서 가장 많이 사용되고 있으며 냉각의 효과가 우수하며, 무상주수일 때는 질식, 유화효과가 있다.

(3) 0℃ 이하의 온도에서는 동절기에 동파 및 응고현상이 있고 물소화약제 방사 후 물에 의한 2차 피해의 우려가 있다. 전기화재나 금속화재에는 적응성이 없다.

② 강화액(强化液)소화약제(wet chemical agent)

(1) 강화액소화약제는 물소화약제의 성능을 강화시킨 소화약제로서 물에 탄산칼륨(K_2CO_3)을 용해시킨 소화약제이다.

(2) **강화액은 −30℃에서도 동결되지 않으므로 한랭지에서도 보온이 필요가 없다.**

(3) 탈수·탄화작용으로 목재, 종이 등을 불연화하고 재연방지의 효과도 있어서 A급 화재에 대한 소화능력이 증가된다.

section 3 포소화약제

① 포소화약제

포소화약제는 주제인 화학물질에 포 안정제 및 기타 약제를 첨가한 혼합화학물질로 물과 일정한 비율 및 농도를 유지하여 화학반응에 일어나는 기체나 공기와 불활성 기체(N_2, CO_2 등)를 기계적으로 혼입시켜 소화에 사용하는 약제이다.

■ 성분상 포소화약제의 분류

화학포	화학물질을 반응시켜 이로 인해 나오는 기체가 포 형성
기계포(=공기포)	기계적 방법으로 공기를 유입시켜 공기로 포 형성

■ 팽창률에 따른 포소화약제의 분류

팽창 형식	팽창률	약제
저팽창	20 미만	단백포소화약제 불화단백포소화약제 수성막포소화약제 화학포소화약제
고팽창	제1종 : 80~250 제2종 : 250~500 제3종 : 500~1,000	합성계면활성제포소화약제

2 포소화약제의 구비조건

(1) 포의 안정성이 좋아야 한다.

(2) 포의 유동성이 좋아야 한다.

(3) 독성이 적어야 한다.

(4) 유류와의 접착성이 좋아야 한다.

(5) 유류의 표면에 잘 분산되어야 한다.

(6) 포가 소포성이 적어야 한다.

3 기계포(공기포) 소화약제

(1) 단백포소화약제

소의 뿔, 발톱, 동물의 피 등 단백질의 가수분해 생성물을 기제로 하고 여기에 포 안정제로 황산제1철($FeSO_4$)염이나 염화철($FeCl_2$) 등의 철염을 물에 혼입시켜 규정농도(3%형과 6%형)의 수용액에 방부제를 첨가하고, 동결방지제로서 에틸렌 글리콜, 모노부틸에테르를 첨가 처리한 것이다. 색상은 흑갈색으로 특이한 냄새가 나며 끈끈한 액체로서 pH 6 ~ 7.5, 비중은 1.10 이상 1.20 이하이다.

(2) 불화단백포소화약제

단백포소화약제의 장점인 우수한 내열성과 밀봉성에 높은 유동성을 지니면서 장기보관성(8~10년)을 지닌 포소화약제이며, 주성분이 단백질 분해액이며, 여기에 불소계면활성제를 첨가하여 단백질과 불소계면활성제를 잘 결속시켜 이들 두 성분의 장점을 모두 갖춘 액면하방출방식(SSI)을 할 수 있는 포소화약제이다.

관련기출

∴ 포소화설비의 국가화재안전기준에서 정한 포의 종류 중 저발포라 함은?
✔ ① 팽창비가 20 이하인 것
② 팽창비가 120 이하인 것
③ 팽창비가 250 이하인 것
④ 팽창비가 1000 이하인 것

∴ 포소화약제 중 고팽창포로 사용할 수 있는 것은?
① 단백포
② 불화단백포
③ 내알코올포
✔ ④ 합성계면활성제포

॥ Twin agent system으로 분말소화약제와 병용하여 소화효과를 증진시킬 수 있는 소화약제로 다음 중 가장 적합한 것은?

✓ ① 수성막포
  ② 이산화탄소
  ③ 단백포
  ④ 합성계면활성제포

॥ 다음 중 이산화탄소의 3중점에 가장 가까운 온도는?

  ① −48℃   ✓② −57℃
  ③ −62℃   ④ −75℃

॥ 소화를 하기 위한 산소농도를 알 수 있다면 CO₂ 소화약제 사용시 최소 소화농도를 구하는 식은?

① $CO_2[\%] = 21 \times \left(\dfrac{100 - O_2\%}{100}\right)$

✓ ② $CO_2[\%] = \left(\dfrac{21 - O_2\%}{21}\right) \times 100$

③ $CO_2[\%] = 21 \times \left(\dfrac{O_2\%}{100} - 1\right)$

④ $CO_2[\%] = \left(\dfrac{21 \times O_2\%}{100} - 1\right)$

(3) 불소계 계면활성제포(수성막포)소화약제

AFFF(Aqueous Film Forming Foam)라고도 하며, 저장탱크나 그 밖의 시설물을 부식하지 않는다. 또한 피 연소물질에 피해를 최소화할 수 있는 장점이 있으며, 방사 후의 처리도 용이하다. **유류화재에 탁월한 소화성능**이 있으며, 3%형과 6%형이 있고 **라이트워터(가벼운 물)**라고도 불린다. 분말소화약제와 병행사용 시 소화효과가 배가 된다(twin agent system).

(4) 합성계면활성제포소화약제

계면활성제를 기제로 하고 여기에 안정제 등을 첨가한 것이다. 역시 단백포와 마찬가지로 물과 혼합하여 사용한다. 이 약제는 3%, 6%형은 저발포용으로, 1%, 1.5%, 2%의 것은 고발포용으로 사용된다.

합성계면활성제포소화약제는 유류 표면을 가벼운 거품(포말)으로 덮어 질식소화하는 동시에 포말과 유류 표면 사이에 유화층인 유화막을 형성하여 화염의 재연을 방지하는 포소화약제로서 소화성능은 수성막포에 비하여 낮은 편이다.

(5) 수용성 · 가연성 액체용 포소화약제(알코올형 포소화약제)

알코올류, 케톤류, 에스테르류, 아민류, 초산글리콜류 등과 같이 물에 용해되면서 불이 잘 붙는 물질 즉, 수용성 · 가연성 액체의 소화용 소화약제를 말하며, 이러한 물질의 화재에 포소화약제의 거품이 닿으면 거품이 순식간에 소멸되므로 이런 화재에는 특별히 제조된 포소화약제가 사용되는데 이것을 알코올포(alcohol foam)라고도 한다.

section 4 이산화탄소소화약제

① 물리적 특성

(1) 무색, 무미, 무취이나 고체상태의 이산화탄소인 드라이아이스의 경우 반투명 백색으로 약간 자극성 냄새를 나타낸다.

(2) 지구온난화를 유발하는 대표적인 물질이며, 기체, 액체, 고체의 3가지 상태의 존재가 가능한 유일한 물질로 **삼중점**을 가지고 있다(**−56.5℃ 및 5.11kg/cm²**).

(3) 불연성인 동시에 화학적으로 안정되어 있어서 방호대상물에 화학적 변화를 일으킬 우려가 거의 없다.

(4) 소화 후 오염과 잔유물이 남지 않는 점이 편리하다.

(5) 소화기 또는 소화설비에 충전 시 고압을 필요로 하며, **질식 및 동상의 우려**가 있으므로 저장, 취급 및 사용 시 많은 주위가 필요하다.

❷ 장·단점

(1) 장점
① 진화 후 소화약제의 잔존물이 없으며, 심부 화재에 효과적
② 약제의 수명이 반영구적이며 가격이 저렴
③ 전기의 부도체로서 C급 화재에 매우 효과적
④ 기화잠열이 크므로 열흡수에 의한 냉각작용 큼

(2) 단점
① 질식의 피해
② 기화시 온도가 급랭하여 동결 위험

❸ 소화원리

공기 중의 산소를 15% 이하로 저하시켜 소화하는 **질식작용**과 CO_2가스 방출 시 **Joule-Thomson 효과**[기체 또는 액체가 가는 관을 통과하여 방출될 때 온도가 급강하(약 $-78℃$)하여 고체로 되는 현상]에 의해 기화열의 흡수로 인하여 소화하는 냉각작용이다.

$$이산화탄소의\ 최소소화농도(vol\%) = \frac{21 - 한계산소농도}{21} \times 100$$

>> 최소설계농도는 상기 식에 의해 구해진 최소소화농도값에 20%를 더하여 산출한다.

▌ 일반적인 가연물질의 한계산소농도

가연물질의 종류		한계산소농도
고체 가연물질	종이	10vol% 이하
	섬유류	
액체 가연물질	가솔린	15vol% 이하
	등유	
기체 가연물질	수소	8vol% 이하

┋ 탄산가스에 대한 일반적인 설명으로 옳은 것은?
① 산소와 반응시 흡열반응을 일으킨다.
② 산소와 반응하여 불연성 물질을 발생시킨다.
③ 산화하지 않으나 산소와는 반응한다.
✔ ④ 산소와 반응하지 않는다.

┋ 이산화탄소 소화약제를 방출하였을 때 방호구역 내에서 산소농도가 18vol.%가 되기 위한 이산화탄소의 농도는 약 몇 vol.%인가?
① 3   ② 7
③ 6   ✔ ④ 14

관련기출

: Halon 1301의 화학기호로 옳은 것은?

✓① CBrF₃ ② CClBr

③ CF₂ClBr ④ C₂Br₂F₄

: 상온, 상압에서 액체인 물질은?

① CO₂

② Halon 1301

③ Halon 1211

✓④ Halon 2402

: Halon 2402의 화학식은?

① C₂H₄Cl₂ ② C₂Br₄F₂

③ C₂Cl₄Br₂ ✓④ C₂F₄Br₂

: 다음 중 할로겐화합물 소화약제의 가장 주된 소화효과에 해당하는 것은?

① 냉각효과 ② 제거효과

✓③ 부촉매효과 ④ 분해효과

---

section 5 할론소화약제

1 개요

지방족 탄화수소인 메탄, 에탄 등의 수소 일부 또는 전부가 할로겐원소(F, Cl, Br, I 등)로 치환된 화합물을 말하며, 할론이라 부르고 있다.

2 Halon 소화약제

할론소화약제는 탄소수 1~2개의 포화탄화수소의 수소 일부 또는 전부를 할로겐원소로 치환하여 제조한 소화약제로서 할론의 번호는 탄소수, 불소수, 염소수, 브롬수, 아이오딘 순으로 한다. 할론소화약제의 소화성능효과는 F(불소) < Cl(염소) < Br(브롬) < I(아이오딘)의 순서이며, 할로겐화합물의 안정성은 소화성능과 반대로 F(불소) > Cl(염소) > Br(브롬) > I(아이오딘) 순이다.

Halon No.	분자식	이름	비고
할론 104	CCl₄	Carbon Tetrachloride (사염화탄소)	법적 사용 금지 (∵ 유독가스 COCl₂ 방출)
할론 1011	CClBrH₂	Bromo Chloro Methane (일취화일염화메탄)	
할론 1211	CF₂ClBr	Bromo Chloro Difluoro Methane (일취화일염화이불화메탄)	상온에서 기체, 증기비중 : 5.7 액비중 : 1.83, 소화기용 방사거리 : 4~5m
할론 1301	CF₃Br	Bromo Trifluoro Methane (일취화삼불화메탄)	상온에서 기체, 증기비중 : 5.1 액비중 : 1.57, 소화설비용 인체에 가장 무해함 방사거리 : 3~4m
할론 2402	C₂F₄Br₂	Dibromo Tetrafluoro Ethane (이취화사불화에탄)	상온에서 액체(단, 독성으로 인해 국내외 생산되는 곳이 없으므로 사용 불가)

≫ 할론 소화약제 명명법

할론 X A B C D

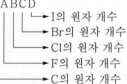

- I의 원자 개수
- Br의 원자 개수
- Cl의 원자 개수
- F의 원자 개수
- C의 원자 개수

그러나 할론의 경우 지하층, 무창층, 거실 또는 사무실로서 바닥 면적이 $20m^2$ 미만인 곳에는 설치를 금지한다.(할론 1301 또는 청정소화약제는 제외)

할론 104는 공기 중 산소 및 수분과 접촉하여 유독한 포스겐가스를 발생시킨다.

$$2CCl_4 + O_2 \rightarrow 2COCl_2 + 2Cl_2 \text{ (공기 중)}$$
$$CCl_4 + H_2O \rightarrow COCl_2 + 2HCl \text{ (습기 중)}$$

할로겐화합물 소화약제 중 HCFC BLEND A를 구성하는 성분이 아닌 것은?

① HCFC -22
② HCFC -124
③ HCFC -123
✓ ④ Ar

할로겐화합물 소화약제인 HCFC-124의 화학식은?

① CHF_3
② CF_3CHFCF_3
✓ ③ $CHClFCF_3$
④ C_4H_{10}

section 6 할로겐화합물 및 불활성기체소화약제

① 할로겐화합물 및 불활성기체소화약제의 분류

(1) 정의

① "할로겐화합물 및 불활성기체소화약제"란 할로겐화합물(할론 1301, 할론 2402, 할론 1211 제외) 및 불활성기체로서 전기적으로 비전도성이며 휘발성이 있거나 증발 후 잔여물을 남기지 않는 소화약제

② "할로겐화합물소화약제"란 불소, 염소, 브롬 또는 아이오딘 중 하나 이상의 원소를 포함하고 있는 유기화합물을 기본성분으로 하는 소화약제

③ "불활성기체 소화약제"란 헬륨, 네온, 아르곤 또는 질소가스 중 하나 이상의 원소를 기본성분으로 하는 소화약제

(2) 할로겐화합물 소화약제의 종류

소화약제	화학식
퍼플루오로부탄(이하 "FC-3-1-10"이라 한다.)	C_4F_{10}
하이드로클로로플루오로카본혼화제 (이하 "HCFC BLEND A"라 한다.)	HCFC $-$ 123($CHCl_2CF_3$) : 4.75% HCFC $-$ 22($CHClF_2$) : 82% HCFC $-$ 124($CHClFCF_3$) : 9.5% $C_{10}H_{16}$: 3.75%
클로로테트라플루오로에탄(이하 "HCFC-124"라 한다.)	$CHClFCF_3$
펜타플루오로에탄(이하 "HFC-125"라 한다.)	CHF_2CF_3
헵타플루오로프로판(이하 "HFC-227ea"라 한다.)	CF_3CHFCF_3
트리플루오로메탄(이하 "HFC-23'이라 한다.)	CHF_3
헥사플루오로프로판(이하 "HFC-236fa"라 한다.)	$CF_3CH_2CF_3$
트리플루오로이오다이드(이하 "FIC-13I1"이라 한다.)	CF_3I
도데카플로오로$-2-$메틸펜탄$-3-$원 (이하 "FK-5-1-12"라 한다.)	$CF_3CF_2C(O)CF(CF_3)_2$

≫ Freon - XYZBA

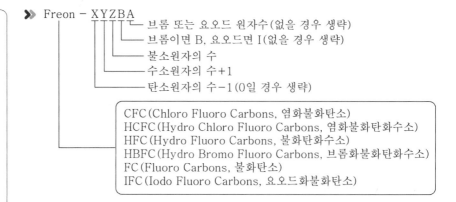

┌─ 브롬 또는 요오드 원자수(없을 경우 생략)
├─ 브롬이면 B, 요오드면 I(없을 경우 생략)
├─ 불소원자의 수
├─ 수소원자의 수+1
└─ 탄소원자의 수−1(0일 경우 생략)

CFC(Chloro Fluoro Carbons, 염화불화탄소)
HCFC(Hydro Chloro Fluoro Carbons, 염화불화탄화수소)
HFC(Hydro Fluoro Carbons, 불화탄화수소)
HBFC(Hydro Bromo Fluoro Carbons, 브롬화불화탄화수소)
FC(Fluoro Carbons, 불화탄소)
IFC(Iodo Fluoro Carbons, 요오드화불화탄소)

(3) 불활성기체 소화약제의 종류

소화약제	화학식
불연성 · 불활성 기체혼합가스 (이하 "IG−01"이라 한다.)	Ar
불연성 · 불활성 기체혼합가스 (이하 "IG−100"이라 한다.)	N_2
불연성 · 불활성 기체혼합가스 (이하 "IG−541"이라 한다.)	N_2 : 52%, Ar : 40%, CO_2 : 8%
불연성 · 불활성 기체혼합가스 (이하 "IG−55"라 한다.)	N_2 : 50%, Ar : 50%

≫ 불연성 · 불활성가스 혼합가스 IG − ABC

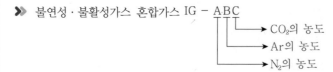

→ CO_2의 농도
→ Ar의 농도
→ N_2의 농도

(4) 할로겐화합물 및 불활성기체 소화설비 설치제외장소

① 사람이 상주하는 곳으로서 최대허용설계농도를 초과하는 장소

② 「위험물안전관리법 시행령」 별표 1의 제3류 위험물 및 제5류 위험물을 사용하는 장소. 다만, 소화성능이 인정되는 위험물은 제외한다.

❷ 용어 정리

① NOAEL(No Observed Adverse Effect Level) : 농도를 증가시킬 때 아무런 악영향도 감지할 수 없는 최대허용농도 → 최대허용설계농도

② LOAEL(Lowest Observed Adverse Effect Level) : 농도를 감소시킬 때 아무런 악영향도 감지할 수 있는 최소허용농도

③ ODP(Ozone Depletion Potential) : 오존층 파괴지수

$$\frac{\text{물질 1kg에 의해 파괴되는 오존량}}{\text{CFC}-11(\text{CFCl}_3 \text{ 1kg에 의해 파괴되는 오존량}}$$

할론 1301 : 14.1, NAFS−Ⅲ : 0.044

④ GWP(Global Warming Potential) : 지구온난화지수

$$\frac{\text{물질 1kg이 영향을 주는 지구온난화 정도}}{\text{CO}_2 \text{ 1kg이 영향을 주는 지구온난화 정도}}$$

⑤ ALT(Atmospheric Life Time) : 대기권 잔존수명

물질이 방사된 후 대기권 내에서 분해되지 않고 체류하는 잔류기간(단위 : 년)

⑥ LC_{50} : 4시간 동안 쥐에게 노출했을 때 그 중 50%가 사망하는 농도

⑦ ALC(Approximate Lethal Concentration) : 사망에 이르게 할 수 있는 최소 농도

관련기출

⦂ 대체 소화약제의 물리적 특성을 나타내는 용어 중 지구온난화 지수를 나타내는 약어는?

① OPD　　　✔② GWP
③ LOAEL　　④ NOAEL

⦂ 실험군 쥐를 15분 동안 노출시켰을 때 실험군의 절반이 사망하는 치사농도는?

① ODP　　　② GWP
③ NOAEL　　✔④ ALC

---

section 7 분말소화약제

❶ 개요

방습가공을 한 나트륨 및 칼륨의 중탄산염 기타의 염류 또는 인산염류, 그 밖의 방염성을 가진 염류를 가진 분말소화약제로서 **입자의 크기**는 최적의 소화입자 $20 \sim 25 \mu m$, 분말입자의 범위 $10 \sim 70 \mu m$이다. **인체에 미치는 영향**은 자체 독성은 없지만 방사된 분말을 다량 흡입은 피하여야 한다.

❷ 소화 원리

(1) 질식효과

분말소화약제가 방사되면 분말이 연소면을 차단하며 반응시 발생하는 이산화탄소와 수증기가 산소의 공급을 차단하는 질식작용

관련기출

(2) 부촉매효과(억제소화)

분말소화약제 방사시 약제입자의 표면에서 발생된 Na^+, K^+, NH_3^+이 활성라디칼과 반응하여 부촉매효과를 나타낸다. 이로 인하여 연쇄반응을 차단하는 억제소화

(3) 냉각소화

분말소화약제 방사시 열분해되어 생성한 반응식은 전부 흡열반응으로서 이로 인하여 주위 열을 흡수하는 작용

③ 종류 및 특성

분말 종류	주성분	분자식	성분비	착 색	적응 화재
제1종	탄산수소나트륨 (중탄산나트륨)	$NaHCO_3$	$NaHCO_3$ 90wt% 이상	–	B, C급
제2종	탄산수소칼륨 (중탄산칼륨)	$KHCO_3$	$KHCO_3$ 92wt% 이상	담회색	B, C급
제3종	제1인산암모늄	$NH_4H_2PO_4$	$NH_4H_2PO_4$ 75wt% 이상	담홍색 또는 황색	A, B, C급
제4종	탄산수소칼륨과 요소	$KHCO_3$ $+CO(NH_2)_2$	–	–	B, C급

▶▶ 제1종과 제4종 약제의 착색에 대한 법적 근거 없음.

⁞ 분말소화약제의 주성분이 아닌 것은?

✓① $C_2F_4Br_2$
② $NaHCO_3$
③ $KHCO_3$
④ $NH_4H_2PO_4$

⁞ 담홍색으로 착색된 분말소화약제의 주성분은?

① 황산알루미늄
② 탄산수소나트륨
✓③ 제1인산암모늄
④ 과산화나트륨

⁞ 다음 중 소화약제로 사용할 수 없는 것은?

① $KHCO_3$
② $NaHCO_3$
③ CO_2
✓④ NH_3

⁞ $NH_4H_2PO_4$를 주성분으로 한 분말소화약제는 제 몇 종 분말소화약제인가?

① 제1종   ② 제2종
✓③ 제3종   ④ 제4종

⁞ 제3종 분말소화약제의 열분해시 생성되는 물질과 관계없는 것은?

① NH_3 ② HPO_3
③ H_2O ✓④ CO_2

소방전기일반

01 전기이론의 기초

1. 전하

전기입자 = 전하 Q[C], 양전하와 음전하로 구분

전하의 단위는 쿨롱(coulomb:[C])

1[C] = 6.25×10^{18}개 전자의 전기량

전자 1개의 전기량은 1.602×10^{-19}[C]

Plus 쿨롱의 법칙

$$F = K \frac{Q_1 Q_2}{r^2} [\text{N}] \quad [r = \text{거리(m)}]$$

$$K = \frac{1}{4\pi\epsilon_0} = 9 \times 10^9 \quad (\text{진공상태 유전율 } \epsilon_0 = 8.855 \times 10^{-12})$$

동종 동량의 점전하가 진공 중에 1[m]의 간격으로 있을 때, 9×10^9[N]의 힘이 작용했다면, 이때 점전하의 전기량은 몇 [C]인가?

① 9×10^9 ② 9×10^5
③ 9×10^3 ✔④ 1

2. 전류

전하가 단위 시간에 이동하는 양을 전류

$$I = \frac{Q}{t} [\text{c/s}] = [\text{A}]$$

10A의 전류가 5분간 도체에 흘렀을 때 도체 단면을 지나는 전기량은 몇 [C]인가?

① 3   ② 50
✔③ 3000   ④ 5000

3. 전압

$$V = \frac{W}{Q} [\text{J/C}] = [\text{V}]$$

단면적이 10[cm²]인 도체가 있다. 이 단면을 3[초] 동안 30[C]의 전하가 이동하면 전류는 몇 (A)인가?

① 2   ✔② 10
③ 20   ④ 90

4. 저항

전하의 이동을 제한하는 정도(Resistance : R)

$$R = \rho \frac{l}{S} [\text{ohm}]$$

컨덕턴스 G는 저항과 반대의 의미, 단위는 모호[℧](mho) 또는 [S] 지멘스(Siemens)

$$G = \frac{1}{R} [\text{℧}]$$

동선의 길이를 3[배]로 고르게 늘리니 전선의 단면적이 1/3로 되었다. 이때 저항은 처음의 몇 [배]가 되는가?

① 3   ② 6
✔③ 9   ④ 12

$$R[\Omega]$$

5. Ohm의 법칙

$$I = \frac{V}{R} \qquad V = I \cdot R$$

6. 저항의 직병렬 회로

① 직렬회로

합성저항 $R_T = R_1 + R_2 + R_3 + \cdots + R_x$

각 저항에 걸리는 전압 $V_X = \frac{R_X}{R_T} \cdot V$

② 병렬회로

합성저항 $R_T = \dfrac{1}{\dfrac{1}{R_1} + \dfrac{1}{R_2} + \dfrac{1}{R_3} + \cdots\cdots + \dfrac{1}{R_X}}$

각 저항에 분배된 전류 $I_X = \frac{R_T}{R_X} \cdot I$

7. 키르히호프의 법칙

① 제1법칙 : 전류법칙 – 유입하는 전류의 합은 유출하는 전류의 합과 같다.

② 제2법칙 : 전압법칙 – 전압상승분의 합은 전압 강하분의 합과 같다.

8. 전력

$$P = \frac{W}{t}[\mathrm{J/S}](=[\mathrm{W}]) = VI = I^2 R = \frac{V^2}{R}$$

9. 전력량

① $W = P \cdot t = V \cdot I \cdot t = I^2 Rt \,[\mathrm{Ws}](=[\mathrm{J}])$

② 줄의 법칙

열량 $H = 0.24 I^2 \cdot R \cdot t[\mathrm{cal}]$

다음과 같은 회로에 흐르는 전류는 몇 [A]인가?

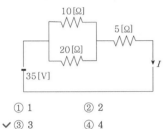

① 1 ② 2
✔③ 3 ④ 4

그림과 같은 회로에서 전체에 흐르는 전류를 I[A]라 하고 저항 R_1과 R_2에 흐르는 전류를 I_1, I_2로 표시할 때 $\dfrac{I_2}{I_1}$는 얼마가 되겠는가?

(단, $R_1 = 2[\Omega]$, $R_2 = 3[\Omega]$)

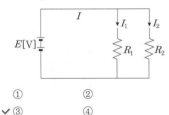

① ②
✔③ ④

3[V]의 전위차로 1[A]의 전류가 2[분] 동안 흐를 때, 한 일은 몇 [J]인가?

① 3 ② 6
③ 30 ✔④ 360

저항 2[Ω]의 도체에 2.5[A]의 전류를 흘릴 경우 1[초] 간에 발생하는 열량은 몇 [cal]인가?

① 1 ✔② 3
③ 5 ④ 7

10. 전기 소자

① 능동소자 : 정전압원, 정전류원

② 수동소자

    ⊙ 저항 $R[\Omega]$

$$R = \rho \frac{l}{S}\,[\Omega]\ (\rho : \text{고유저항율},\ l : \text{길이},\ S : \text{단면적})$$

    ⓛ 인덕턴스 $L[\text{H}]$

$$e = -N\frac{d\phi}{dt} = -L\frac{di}{dt}[\text{V}]$$

$$N\phi = L\,i,\ \ L = \frac{N\phi}{i},\ \ L = \frac{\mu S N^2}{l} = \frac{\mu_o \mu_s S \cdot N^2}{l}$$

$$W_L = \frac{1}{2}L\,i^2\,[\text{J}]$$

    ⓒ 캐패시턴스 $C[\text{F}]$

$$Q = C \cdot V[\text{C}]$$

$$W_c = \frac{1}{2}C\,V^2[\text{J}]$$

⫶ 3[F]의 콘덴서를 4[kV]로 충전하면,
저장되는 에너지는 몇 [J]인가?

① 4   ② 8

③ 16   ✔ ④ 24

---

02   전계와 자계

1. 전계

① 전계의 세기

$$E = 9 \times 10^9\,\frac{Q}{r^2}[\text{V/m}]$$

$$E = \sqrt{\frac{P}{4\pi r^2} \times 377}\,[\text{V/m}]$$

$$E = \frac{F}{Q},\ \ F = QE$$

② 전속 $\phi = Q[\text{C}]$ $(1[\text{C}] \to 1\text{개 전기력선})$

③ 전속밀도 $D = \dfrac{\phi}{S} = \dfrac{Q}{S}[\text{C/m}^2]$

④ **등전위면** : 전기력선의 전위가 같은 점을 연결하여 만들어진 면. 전계(電界) 속에서 발생하는 전기력선에 직각으로 교차하는 곡선 위의 점은 같은 전이며, 이 곡선으로 만들어진 면은 등전위면이 된다. 등전위면의 특징은 다음과 같다.

ㄱ **전기력선과 직각으로 교차**한다.

ㄴ 등전위면의 밀도가 높은 곳은 전기장의 세기도 크다.

ㄷ 전하는 등전위면과 직각으로 이동한다(전기력선은 전하의 이동 방향을 가리키므로).

ㄹ 다른 전위의 등전위면은 서로 교차하지 않는다.

ㅁ 전위의 기울기가 0인 점으로 구성된 평면이다.

2. 전위차

① 전위 $V_p = \dfrac{1}{4\pi\varepsilon_0}\dfrac{Q}{r} = 9\times10^9\dfrac{Q}{r}$[V]

② 전위차 $V_{AB} = V_B - V_A$

3. 유전체

① 유전율 : $\epsilon = \epsilon_0 \cdot \epsilon_s$[F/m]

② 진공상태의 유전율 : $\epsilon_0 = 8.855\times10^{-12}$

③ 전속 : $\phi = Q$[C]

④ 전속밀도 $D = \dfrac{\phi}{S} = \dfrac{Q}{S}$[C/m²]

단위구의 전속밀도 $D = \dfrac{Q}{4\pi r^2}$[C/m²] , $E = \dfrac{1}{4\pi\epsilon}\cdot\dfrac{Q}{r^2}$ ∴ $D = \epsilon \cdot E$

4. 자계

① 자속밀도

$B = \dfrac{\phi}{S}$ [wb/m²], ϕ : 자속, S : 단면적

② 자계의 세기

$H = K\dfrac{m}{r^2} = \dfrac{1}{4\pi\mu_0}\cdot\dfrac{m}{r^2} = 6.34\times10^4\,\dfrac{m}{r^2}$

쿨롱의 법칙 $F = \dfrac{1}{4\pi\mu_0}\cdot\dfrac{m_1 \cdot m_2}{r^2}$[N]

두 자극 간의 거리를 2배로 하면 자극 사이에 작용하는 힘은 몇 배인가?

① 4   ② 2

✓ ③ 1/4   ④ 1/2

③ 기자력

$$F = N \cdot i[\text{N}]$$

④ 비오–사바르(Biot – Savart)의 법칙

$$dH = \frac{1}{4\pi}\frac{I \cdot dl}{r^2} \cdot \sin\theta \ [\text{AT/m}] = \frac{1}{4\pi}\frac{q \cdot dv}{r^2} \cdot \sin\theta$$

$$\left(\because dv = \frac{dl}{dt}, \ I = \frac{dq}{dt} \right)$$

⑤ 전류의 자기작용

　　㉠ 암페어의 오른 나사 법칙 : 직선 도체에 전류가 흐를 경우 자속은 도체를
　　　따라 전류의 진행방향에 대하여 오른 나사가 회전하는 방향으로 회전자
　　　계를 형성하며 진행

　　　∴ 직선전류 → 회전자계 발생

　　㉡ 암페어의 주회적분 법칙

$$\int H \cdot dl = \sum N \cdot I$$

　　　• 솔레노이드(Solenoid) 현상을 일으킴
　　　• 도체에서의 회전하는 전류 → 직선 자계 발생

⑥ 전류에 의한 자계

　　㉠ 무한장 직선도체 $H = \dfrac{I}{2\pi r}$

　　㉡ 무한장 원동형 도체 $H = \dfrac{I}{2\pi r}$

⑦ 무한장 솔레노이드 $H = N \cdot I$

　　㉠ 무한장 솔레노이드 내부 $H = \dfrac{NI}{l}$

　　㉡ 무한장 솔레노이드의 자계와 수직으로 작용하는 전류에 대하여 자계는
　　　최소이며 방향과 무관

⑧ 환상 솔레노이드 $H = \dfrac{I}{2\pi r}$

⑨ 원형코일 $H = \dfrac{N \cdot I}{2 \cdot r}$

관련기출

⋮ 전류의 자기작용에서 전류에 의한
자계의 방향을 결정하는 법칙은?

✓ ① 암페어의 오른 나사 법칙
　② 플레밍의 오른손 법칙
　③ 플레밍의 왼손 법칙
　④ 패러데이의 법칙

⋮ 1[A]의 무한장 직선전류에 의한 자
계의 세기가 1[AT/m]가 되는 곳은
거리가 몇 [m]가 되는 곳인가?

✓ ① $\dfrac{1}{2}\pi$　　　② 2π

　③ $\dfrac{1}{4}\pi$　　　④ 4

⋮ 1[Cm]당 권수가 100인 무한장 솔
레노이드에 2[mA]의 전류가 흐른다
면 솔레노이드 내부의 자계의 세기는
몇 [AT/m]인가?

　① 0　　　　② 10
✓ ③ 20　　　④ 50

5. 전자력

플레밍의 왼손 법칙 : 자기장내에서 코일이 받는 힘의 방향을 결정함

$$F = Bli\sin\theta\,[\mathrm{N}]$$

6. 기전력

플레밍의 오른손 법칙 : 자기장 내에서 코일이 회전할 때 발생하는 기전력의 방향을 결정함

$$e = Blv\sin\theta\,[\mathrm{V}]$$

7. 전자유도

$$e = -N\frac{d\phi}{dt} = -L\frac{di}{dt}\,[\mathrm{V}]$$

$$N\phi = Li,\quad L = \frac{N\phi}{i}$$

8. 상호 인덕턴스

두 인덕턴스가 자기적으로 결합될 경우 상호 인덕턴스(Mutual Inductance)가 발생

① 합성 인덕턴스

$$L_T = L_1 + L_2 \pm 2M \;[\text{동일방향 (+), 반대방향 (−)}]$$

② 결합계수

$$K = \frac{M}{\sqrt{L_1 \cdot L_2}}$$

$K = 0$: 자기적 결합 없음

$K = 1$: 완전한 자기적 결합

9. 자기회로

① 자기회로에서의 기자력

$$F = N \cdot i = \phi \cdot R_m\,[\mathrm{AT}]$$

② 자기저항

$$R_m = \frac{l}{\mu_0 \cdot s}\,[\mathrm{AT/wb}]$$

::: 1회 감은 코일에서 지나가는 자속이 1/[s] 동안에 0.3[Wb]에서 0.5[Wb]로 증가하였다면 유도되는 기전력은 몇 [V]인가?

① 5 　　② 10

✓③ 20 ④ 40

::: 같은 철심 위에 동일한 권수로 자기 인덕턴스 [H]의 코일 2개를 접근해서 같은 방향으로 감고 이것을 직렬로 접속했을 때, 합성 인덕턴스는? (단, 결합계수를 1로 했다)

① 0[H] 　　② 3[H]

✓③ 4[H] ④ 5[H]

03 전류의 열작용 및 화학작용

1. 온도에 따른 저항변화

$$R_t = R_0\,(1 + \alpha_0 \cdot (t_2 - t_1))$$

α_0 : 0℃에서 온도계수

동선의 온도계수 $\alpha_0 = \dfrac{1}{234.5}$

2. 줄(Joule) 열

전력량 $W = P \cdot t = V \cdot I \cdot t = I^2 \cdot R \cdot t = \dfrac{V^2}{R} \cdot t\,[\mathrm{W \cdot S}] = [\mathrm{J}]$

열량 $H = 0.24 \cdot I^2 \cdot R \cdot t = 0.24\,P \cdot t$

$\qquad H = m \cdot C \cdot T\,(T = T_2 - T_1)\ \ (m = 질량,\ C = 비열,\ T = 온도\,)$

3. 열전현상

① 제에백 효과 : 서로 다른 두 종류의 금속을 환상으로 결합한 후 양 끝점의 한쪽 온도를 고온으로 하고 다른 한쪽을 저온으로 하여 온도차를 두면 고온에서 저온방향으로 기전력이 발생하는 현상

   *열전대의 원리 – 열전대식 열 감지기의 센서 원리

② 펠티에 효과 : 서로 다른 금속을 환상으로 결합한 임의의 폐회로에 전류를 흘리면 양쪽 끝점에서는 전류방향에 따라 한쪽은 흡열작용을 하고 다른 한쪽은 발열작용을 하게 되는 현상

   *펠티에 소자 – 소형 냉장고의 원리

③ 톰슨 효과 : 동일한 금속을 환상으로 결합하고 양 끝점에 온도차를 둔 상태에서 이 폐회로에 전류를 흘리면 한쪽 끝점에서는 발열작용을 하고 다른 한쪽 끝점에서는 흡열 작용을 하는 현상

4. 화학전지

① 1차 전지 : 망간 전지, 공기 전지, 수은 전지 등과 같이 한번 사용하면 재사용이 불가능한 전지

② 2차 전지 : 2차 전지는 납축전지 및 알칼리 축전지 등과 같이 충전과 방전을 반복하며 재사용이 가능한 전지

다음 중 차동식분포형감지기 열전대식과 관계가 있는 것은?

✔ ① 제에백 효과(Seeback effect)
  ② 펠티에 효과(Peltier effect)
  ③ 톰슨 효과(Thomson effect)
  ④ 핀치 효과(Pinch effect)

열전현상에 있어 온도차가 있는 동일한 도체의 두 점 사이에 전류가 흐르면 열의 발생 또는 흡수가 일어나는 현상을 무슨 효과라 하는가?

✔ ① Thomson 효과
  ② Seebeck 효과
  ③ Peltier 효과
  ④ Ampere 효과

관 련 기 출

⋮ 충전 시 납축전지의 양극은?

① PbO2 　✔② PbSO4
③ PbO 　　④ Pb

⊙ 납축전지

$$PbO_2 + 2H_2SO_4 + Pb \rightleftharpoons PbSO_4 + 2H_2O + PbSO_4$$

납축전지의 기전력 e는 2.05[V]~2.08[V]
공칭전압 $V = 2$[전압]

⊙ 알칼리 축전지

$$2NiO(OH) + 2H_2O + Cd \rightleftharpoons 2Ni(OH)_2 + Cd(OH)_2$$

알칼리 축전지의 기전력 e는 1.32[V]~1.35[V]
공칭전압은 $V = 1.2$[V]

⋮ 기전력은 1.5[V], 내부저항 0.1[Ω]
인 전지 10[개]를 직렬로 연결하고 2
[Ω]의 저항을 가진 전구에 연결할
때 전류에 흐르는 전류는 몇 [A]인가?

① 2 　　　② 3
③ 4 　　✔④ 5

5. 전지의 직병렬 연결

① 직렬 연결 : 전지는 기전력을 일으키는 부분과 내부 저항으로 구성

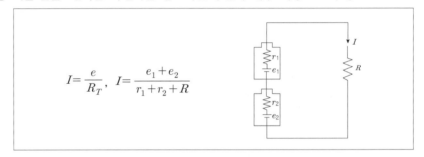

$$I = \frac{e}{R_T}, \quad I = \frac{e_1 + e_2}{r_1 + r_2 + R}$$

⋮ 같은 규격의 축전지 4개를 병렬로
연결하면?

① 전압은 4배가 되고, 용량은 1개
　인 때와 같다.
✔② 전압은 1개일 때와 같고, 용량은
　4배가 된다.
③ 전압과 용량은 모두 4개가 된다.
④ 전압과 용량 모두가 1/4배로 된다.

② 병렬 연결

$$I = \frac{e_1}{R_T}, \quad R_T = \frac{r_1}{n} + R$$

6. 전류의 화학작용

① 전기분해

음극 + 양전하 ─┐
　　　　　　　├─물질 석출
양극 + 음전하 ─┘

전기분해가 발생할 때 음극에 석출된 물질의 석출량

㉠ 석출량 $W[g]$은 전기량 $Q=[C]$에 비례

㉡ 동일 전기량에 의한 석출량 $W[g]$은 화학당량 e(원자량/원자가)에 비례한다.(패러데이의 법칙)

$$석출량 \ W = k \cdot eI \cdot t[g] = k \cdot e \cdot Q = K \cdot Q[g]$$

- k : 비례상수
- e : 화학당량

관 련 기 출

⦂ 패러데이법칙에서 같은 전기량에 의해서 석출되는 물질의 양은 각 물질의 무엇에 비례하는가?

① 원자량
✔ ② 화학당량
③ 원자가
④ 전류의 세기

---

04 교류이론

1. 교류 기전력

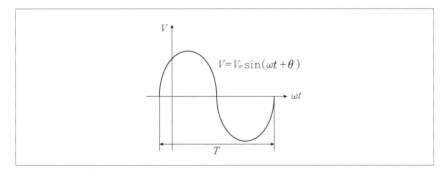

$$e = B \cdot l \cdot v \cdot \sin \omega t = E_m \sin(\omega t + \theta)$$

- e : 기전력
- B : 자속밀도
- l : 자속과 마주하는 코일 길이
- v : 코일이 회전하는 속도
- ω : 각속도($\omega = 2\pi f$)
- θ : 위상각

⦂ 교류 전류 순시값 $i = I_m \sin \omega t$로서 표시된 정현파 교류의 주파수는 몇 [Hz]인가?

① $2\pi\omega$
② ω/π
③ $2\pi/\omega$
✔ ④ $\omega/2\pi$

2. 주기와 주파수

$$T = \frac{1}{f} \, [\text{s}], \; f = \frac{1}{T} \, [\text{Hz}]$$

3. 교류발전기의 회전수와 각속도

$$N_s = \frac{120f}{P} \, [\text{rpm}] \; (P : 극수, \; f : 주파수)$$

4. 평균값과 실효값

① 평균값 : $V_{av} = \frac{2}{\pi} V_m = 0.637 V_m$

② 실효값 : $V = \frac{1}{\sqrt{2}} V_m = 0.707 V_m$

5. 파형율과 파고율

① 파형율 $= \dfrac{실효값}{평균값}$

② 파고율 $= \dfrac{최댓값}{실효값}$

구분	파고율	파형율	실효값
구형파	1.0	1.0	V_m
정현파	1.414	1.11	$\dfrac{V_m}{\sqrt{2}}$
삼각파	1.732	1.155	$\dfrac{V_m}{\sqrt{3}}$

6. 반파정류 파형

최댓값이 V_m 일 때,

실효값 : $\dfrac{V_m}{2}$, 평균값 : $\dfrac{V_m}{\pi}$

파형률 : 1.571, 파고율 : 2

:: 최대값 및 실효값이 모두 1.0인 파형은?

✓ ① 구형파
② 정현파
③ 톱니파
④ 삼각파

:: 정현파교류의 실효값은 최대값과 어떤 관계인가?

① π 배

② $\dfrac{2}{\pi}$ 배

✓ ③ $\dfrac{\sqrt{-2}}{2}$ 배

④ $\sqrt{-2}$ 배

05 교류 회로 및 교류 전력

1. 교류 회로

① 저항 회로 : 전압과 전류의 위상이 동위상인 회로

전압 $v = V_n \sin(\omega t + 0°)$

전류 $i = \dfrac{v}{R} = \dfrac{V_m}{R} \sin(\omega t + 0°)$

평균전력 $P_{av} = VI = I^2 R [\mathrm{W}]$

② 인덕턴스 회로 : 전류의 위상이 전압의 위상보다 $90°$ 늦은 회로

전압 $v = V_m \sin(\omega t + 0°)$

전류 $i = I_m \sin\left(\omega t - \dfrac{\pi}{2}\right)$

리액턴스 $X_L = \omega L,\ X_L = 2\pi f \cdot L [\Omega]$

평균전력 $P_{av} = \dfrac{1}{T} \displaystyle\int_0^T p\,dt = 0$

에너지 $W = \dfrac{1}{2} L i^2 [\mathrm{J}]$

③ 캐패시턴스 회로 : 전류의 위상이 전압의 위상보다 $90°$ 앞선 회로

전압 $v = V_m \sin(\omega t + 0°)$

전류 $i = I_m \left(\sin \omega t + \dfrac{\pi}{2}\right)$

평균전력 $P_{av} = \dfrac{1}{T} \displaystyle\int_0^T p\,dt = 0$

에너지 $W_c = \dfrac{1}{2} C V^2$

④ $R - L$ 직렬 회로

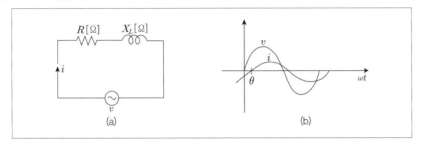

(a)　　　　　　　(b)

$$V = |V| \angle 0°,\ Z = |Z| \angle \theta,\ \theta = \tan^{-1} \dfrac{X_L}{R}$$

⁞ 교류전원이 연결된 회로에 전압을 인가했더니 흐르는 전류위상이 전압 위상과 동일한 위상이었다. 이 회로 소자는 무엇인가?

① 커패시턴스
② 인덕턴스
③ 서셉턴스
✔ ④ 저항

⁞ 교류 회로에 연결된 콘덴서 회로에서 전류와 전압과의 위상관계는?

① 전압이 전류보다 $180[°]$ 뒤진다.
② 전압이 전류보다 $90[°]$ 앞선다.
③ 전압이 전류보다 $180[°]$ 뒤진다.
✔ ④ 전압이 전류보다 $90[°]$ 뒤진다.

회로 임피던스 $|Z|=\sqrt{R^2+{X_L}^2}$

임피던스 위상각 $\theta=\tan^{-1}\dfrac{X_L}{R}$

전류 $i=\dfrac{V}{Z}=\dfrac{V\angle 0°}{Z\angle\theta}=I\angle-\theta=I_m\sin(\omega t-\theta)$

합성전압 $V=\sqrt{{V_R}^2+{V_L}^2}$

⑤ $R-C$ 직렬 회로

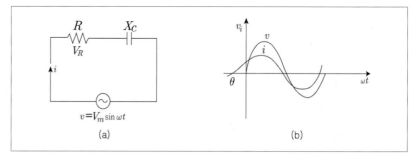

(a)   (b)

임피던스 $|Z|=\sqrt{R^2+{X_c}^2}\,[\Omega]$

임피던스 위상각 $\theta=\tan^{-1}\dfrac{X_c}{R}$

전류 $i=\dfrac{V\angle(0°)}{Z\angle-\theta}=I\angle\theta,\ i=I_m\sin(\omega t+\theta)$

합성전압 $V=\sqrt{{V_R}^2+{V_C}^2}$

⑥ $R-L-C$ 직렬 회로

임피던스 $|Z|=\sqrt{R^2+(X_L-X_C)^2}$

임피던스 위상각 $\theta=\tan^{-1}\dfrac{X}{R}$

전류 $i=\dfrac{V\angle 0°}{Z\angle\theta}=I\angle-\theta$

⑦ $R-L-C$ 병렬 회로

임피던스 $|Z|=\dfrac{1}{\sqrt{\left(\dfrac{1}{R}\right)^2+\left(\dfrac{1}{X_C}-\dfrac{1}{X_L}\right)^2}}$

임피던스 위상각 $\theta=\tan^{-1}\dfrac{\dfrac{1}{X_C}-\dfrac{1}{X_L}}{\dfrac{1}{R}}=\tan^{-1}R\left(\dfrac{1}{X_C}-\dfrac{1}{X_L}\right)=\tan^{-1}\dfrac{R}{X}$

━━━━━

[왼쪽 문제]

그림과 같은 회로의 전류는 몇 [A]인가?

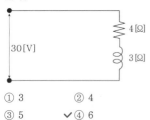

① 3   ② 4
③ 5   ✓④ 6

그림과 같은 회로에서 전압계의 지시값은 몇 [V]인가?

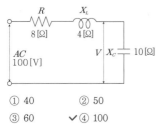

① 40   ② 50
③ 60   ✓④ 100

⑧ 직렬 공진 회로

　㉠ $Z=0$ 또는 $Z=R$이 되어 전류 $I=\infty$ 또는 전류가 최대가 되는 상태

　㉡ 공진 주파수

$$X_L = X_C$$

$$w \cdot L = \frac{1}{w \cdot C}$$

$$f = \frac{1}{2\pi \sqrt{LC}} \, [\text{Hz}]$$

　㉢ 선택도 Q : 공급 전압 V에 대한 V_L, V_C 의 비율, 전압 확대율이라고도 함

$$Q = \frac{W_O L}{R} = \frac{1}{W_O \cdot C \cdot R} = \frac{V_L}{V_O} = \frac{V_C}{V} = \frac{1}{R}\sqrt{\frac{1}{C}}$$

　㉣ 공진 임피던스

$$Z_0 = \frac{L}{RC} \, [\Omega]$$

- Z_0 : 공진 임피던스
- R : 저항
- L : 인덕턴스
- C : 캐패시턴스

⑨ 병렬 공진 회로

　㉠ $Z=\infty$ 가 되어 전류 $I=0$인 상태 또는 최소인 상태

　㉡ 공진 주파수

$$f_o = \frac{1}{2\pi \sqrt{LC}} \, [\text{Hz}]$$

　㉢ 선택도

$$Q = \frac{R}{W_O L} \, 2W_O \cdot C \cdot R$$

⠿ 그림과 같은 회로의 공진조건은?

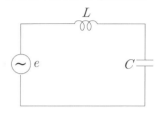

① $\dfrac{1}{wL} = wC + 1$

② $wL = wC$

✓③ $wL = \dfrac{1}{wC}$

④ $wC = \dfrac{wL}{R^2 + w^2 L}$

⠿ LC 직렬 공진 시 공진주파수를 나타낸 식으로 옳은 것은?

✓① $f_0 = \dfrac{1}{2\pi \sqrt{LC}}$

② $f_0 = \dfrac{2\pi}{\sqrt{LC}}$

③ $f_0 = \dfrac{1}{2\pi^2 \sqrt{LC}}$

④ $f_0 = \dfrac{4\pi}{\sqrt{LC}}$

⠿ RCL 회로에서 직렬공진일 때의 조건으로 틀린 것은?

✓① 임피던스분이 "0"이다.

② 리액턴스분이 "0"이다.

③ 전류와 전압의 위상이 같다.

④ 임피던스에서 저항성분만 남는다.

관련기출

: 22[kVA]의 부하에 대한 역률이 0.8 이라면, 이때 무효전력은 몇 [kVA]인가?

✔ ① 13.2   ② 15.2
  ③ 17.2   ④ 20.2

: 어느 회로의 유효전력 $P=80[\mathrm{W}]$ 이고, 무효전력 $P_r=60[\mathrm{Var}]$ 이라면 이때 역률의 값은?

✔ ① 0.8   ② 0.6
  ③ 0.5   ④ 0.45

2. 교류 전력

① 전력의 종류

유효전력 $P=v \cdot i \, \cos \theta \ [\mathrm{W}]=i^2 \cdot R$

무효전력 $P_r=v \cdot i \, \sin \theta \ [\mathrm{var}]=i^2 \cdot X$

피상전력 $P_a=v \cdot i \ [\mathrm{VA}]$

전력의 관계 $P=\sqrt{P_a-P_r^{\,2}}$

② 역률과 역률개선

㉠ 역률

$$역률 = \frac{유효전력}{피상전력} = \frac{P}{P_a} = \cos \theta$$

$$무효율 = \frac{무효전력}{피상전력} = \frac{P_r}{P_a} = \sin \theta$$

㉡ 역률개선

- 역률개선용 콘덴서의 값 $C=\dfrac{1}{(2\pi f^2 \cdot L)} \ [\mathrm{F}]$

- 역률개선용 콘덴서의 용량 $Q[\mathrm{KVA}]$

$$Q_C = P(\tan \theta_1 - \tan \theta_2) = P\left(\sqrt{\frac{1}{\cos^2 \theta_1} - 1} - \sqrt{\frac{1}{\cos^2 \theta_2} - 1} \right)$$

$$= P\left(\frac{\sin \theta_1}{\cos \theta_1} - \frac{\sin \theta_2}{\cos \theta_2} \right) \ (\cos \theta_1 : 개선 \ 전, \ \cos \theta_2 : 개선 \ 후)$$

㉢ 최대전력 전달

- 순저항 부하와 전원의 내부저항이 순저항일

$$R_g = R_L$$

- 부하만 순저항이 아닐 경우

$$R_L = \sqrt{R_g^{\,2} + X_g^{\,2}} = Z_g$$

- 모두 순저항이 아닐 경우

$$Z_L = R_g - jX_g = Z_g$$

최대전력 전달 전력 $P_{L\max} = \dfrac{V_g^{\,2}}{4R_g}$

3. 브리지 회로

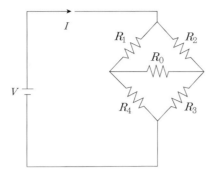

브리지회로의 평형조건 $R_1 \cdot R_3 = R_2 \cdot R_4$

4. 회로망 이론

① **중첩의 정리** : 여러 개의 전압원 또는 전류원이 포함된 회로에서 임의에 지로에 흐르는 전류는 이 회로의 전압원 또는 전류원을 각각 개별적으로 연결하여 구한 전류를 모두 합한 것과 같다.

> **Plus** 전압원 또는 전류원을 제거할 때
> ㉠ 전압원 : 단락
> ㉡ 전류원 : 개방

② **테브난의 정리** : 여러 개의 능동 및 수동 소자로 구성된 복잡한 회로를 해석하기 위하여 이 회로를 외부에서 볼 때, 한 개의 전압원과 직렬로 연결된 내부 임피던스만으로 구성되었다고 생각하고 회로를 해석하는 방법

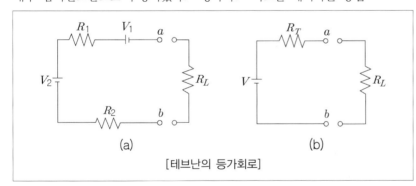

[테브난의 등가회로]

그림과 같은 브릿지 회로가 평형하기 위한 Z의 값은?

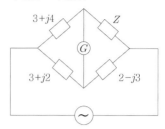

① $2 + j4$
② $-2 + j4$
③ $4 + j4$
✓④ $4 - j2$

그림에서 저항 $20[\Omega]$에 흐르는 전류는 몇 [A]인가?

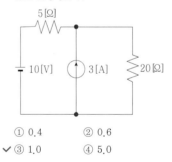

① 0.4　　② 0.6
✓③ 1.0　　④ 5.0

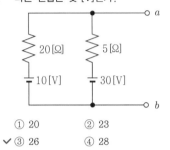

그림과 같은 회로에서 a, b에 나타나는 전압은 몇 [V]인가?

① 20 ② 23
✓ ③ 26 ④ 28

테브난의 정리와 쌍대의 관계가 있다는 것은 다음 중 어느 것인가?

① 중첩의 원리
② 키르히호프 법칙
✓ ③ 노턴의 정리
④ 밀만의 정리

③ 노턴의 정리

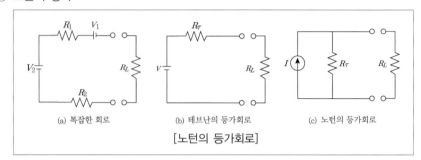

(a) 복잡한 회로   (b) 테브난의 등가회로   (c) 노턴의 등가회로

[노턴의 등가회로]

Plus 테브난의 정리와 쌍대관계 … 테브난의 정리에서는 등가 전압원과 등가 저항을 직렬로 연결하여 테브난의 등가회로로서 표현하였으나, 노턴의 등가회로에서는 동일한 회로에 대하여 등가 전류원과 등가 임피던스를 병렬로 연결하여 표현하여 회로를 해석하는 방법

④ 밀만의 정리 : 기전력 및 내부저항이 다른 여러 개의 서로 다른 전압원이 병렬로 연결된 경우 최종 단자에서의 합성 전압을 구하는 방법

$$V_{ab} = \frac{I_T}{G_T} = \frac{\dfrac{V_1}{R_1} + \dfrac{V_2}{R_2} + \cdots + \dfrac{V_X}{R_X}}{\dfrac{1}{R_1} + \dfrac{1}{R_2} + \cdots + \dfrac{1}{R_X}}$$

06 3상 회로

1. 3상 교류 발생

$$V_a = V_m \sin(\omega t + 0) = V \angle 0° = V^{j0°}$$

$$V_b = V_m \sin\left(\omega t - \frac{2\pi}{3}\right) = V \angle -120° = Ve^{j(-120°)}$$

$$= V\left(-\frac{1}{2} - j\frac{\sqrt{3}}{2}\right)$$

$$V_c = V_m \sin\left(\omega t - \frac{4\pi}{3}\right) = V \angle -240° = Ve^{j(-240°)}$$

$$= V\left(-\frac{1}{2} + j\frac{\sqrt{3}}{2}\right)$$

2. 3상 회로의 결선

① Y결선

$$V_l = \sqrt{3}\, V_p \angle \frac{\pi}{6}$$

$$I_l = I_p$$

② △ 결선

$$V_l = V_p$$

$$I_l = \sqrt{3}\, I_p \angle -\frac{\pi}{6}$$

③ Y−△ 상호변환

㉠ △→Y 변환

$$Z_a = \frac{Z_{ab} \cdot Z_{ca}}{Z_{ab} + Z_{bc} + Z_{ca}}, \quad Z_b = \frac{Z_{bc} \cdot Z_{ab}}{Z_{ab} + Z_{bc} + Z_{ca}}, \quad Z_c = \frac{Z_{ca} \cdot Z_{bc}}{Z_{ab} + Z_{bc} + Z_{ca}}$$

㉡ Y→△ 변환

$$Z_{ab} = \frac{Z_a \cdot Z_b + Z_b \cdot Z_c + Z_c \cdot Z_a}{Z_c}$$

$$Z_{bc} = \frac{Z_a \cdot Z_b + Z_b \cdot Z_c + Z_c \cdot Z_a}{Z_a}$$

$$Z_{ca} = \frac{Z_a \cdot Z_b + Z_b \cdot Z_c + Z_c \cdot Z_a}{Z_b}$$

④ 3상 회로의 전력

㉠ 상전압, 상전류에 의한 전력

피상전력 $P_a = 3 V_p \cdot I_p = 3 I_p{}^2 \cdot Z\,[\text{VA}]$

유효전력 $P = 3 V_p I_p \cos\theta = 3 I_p{}^2 \cdot R\,[\text{W}]$

무효전력 $P_r = 3 V_p I_p \sin\theta = 3 I_p \cdot X\,[\text{var}]$

㉡ 선간전압, 선전류에 의한 전력

$$P_a = \sqrt{3}\, V_l I_l\,[\text{VA}]$$

$$P = \sqrt{3}\, V_l I_l \cos\theta\,[\text{W}]$$

$$P_r = \sqrt{3}\, V_l I_l \sin\theta\,[\text{var}]$$

㉢ V결선 전력

$$P_v = \sqrt{3}\, V_p I_p \cos\theta$$

출력비 : $\dfrac{P_v}{P\triangle} = \dfrac{\sqrt{3}\, V_p I_p \cos\theta}{3 V_p I_p \cos\theta} = \dfrac{1}{\sqrt{3}} = 0.577$

변압기 이용률 : $\dfrac{\sqrt{3}\, V_p I_p \cos\theta}{2 V_p I_p \cos\theta} = \dfrac{\sqrt{3}}{2} = 0.866$

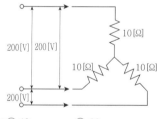

⋮ △ 결선된 부하를 Y결선으로 하면, 소비전력은 어떻게 되는가?

① 3배   ✔ ② 1/3배

③ 9배   ④ 1/9배

⋮ 3상 3선식 200[V] 회로에서 10[Ω]의 전열선을 그림과 같이 접속했을 때 선전류는 몇 [A]인가?

✔ ① 12   ② 20

③ 35   ④ 40

⋮ 단상 변압기 3대를 결선하여 △ 부하에 전력을 공급하고 있다. 변압기 1대의 고장으로 2대를 V 결선하였다면 고장 전의 몇 (%) 출력이 가능한가?

✔ ① 57.7   ② 66.7

③ 75.0   ④ 86.8

관련기출

⋮ 제어장치의 출력인 동시에 제어대상의 입력으로 제어장치가 제어대상에 가하는 제어신호는?

① 제어량   ✔② 조작량
③ 동작신호   ④ 크레인

⋮ 다음 중 조작부와 조절무로 구성된 것은?

✔① 제어요소
② 조작요소
③ 오차
④ 제어변수

07 자동제어계

1. 자동제어계의 정의

① 개회로의 제어계(open-loop system) : 출력 제어량이 다시 입력측으로 되돌아오지 않는 제어계

② 폐회로의 제어계(closed-loop system) : 출력측의 제어량 일부를 다시 입력측으로 보내서 목표값과 비교하여 다시 연산하도록 함으로써 신속히 목표값에 도달하도록 하는 제어계

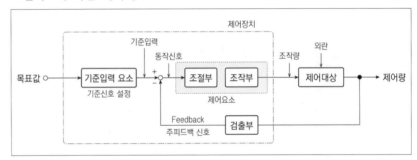

㉠ 제어계의 정확성이 향상되고 부품 성능에 영향을 적게 받는다.

㉡ 대역폭이 증가한다.

㉢ 구조가 복잡하고 비용이 고가이다.

㉣ 입력대 출력비의 감도가 감소한다.

㉤ 정확도는 증가하고 이득이 감소한다.

㉥ 외부변화에 대한 영향이 감소한다.

2. 자동제어의 분류

① 제어대상, 제어량 성질에 따른 분류

    ㉠ 프로세스 제어 : 프로세스 제어는 온도, 유량, 압력, 액위면, 농도, 밀도를 제어량으로 하는 제어로서 플랜트나 생산 공정 중의 상태량을 제어량으로 하는 제어 방법이다.

    ㉡ 서보기구(Servo-mechanism) : 서보기구는 목표값이 변화할 경우 그 변화를 추종하여 제어하는 방법을 말한다. 즉, 미사일의 추적, 레이더 등과 같이 어떤 물체의 위치, 방위, 자세 등을 제어한다.

    ㉢ 자동조정(Automatic regulation) : 자동조정 제어 방식은 전압, 주파수, 회전속도, 힘 등 전기 및 기계적 양을 주로 제어하는 방식이다. 이러한 방식은 정전압 장치, 회전속도제어 등에 이용된다.

② 목표값의 성질에 따른 분류

    ㉠ 정치 제어 : 프로세스 제어, 자동 제어가 해당되며 일정 값을 유지하며 제어

    ㉡ 추종 제어 : 서보기구 등 목표치를 따라가며 제어

    ㉢ 프로그램 제어 : 목표값 변화가 미리 정해져 있는 경우 제어

    ㉣ 비율 제어 : 정해진 비율에 의한 제어

3. 제어동작

① 비례제어(Proportional control) : P제어라고도 하며 귀환 요소를 비례적으로 제어

    ㉠ 제어계의 정상편차를 개선

    ㉡ 안정도가 나빠지고, 잔류편차가 있음

    ㉢ 설정값과 제어 결과, 즉 검출값 편차의 크기에 비례하여 조작부를 제어하는 것으로 정상 오차를 수반 사이클링은 없으나 오프셋을 일으킴

② 적분제어(Integral) : I제어라고도 하며 귀환요소를 적분하여 제어

    ㉠ P(비례)제어보다 안정도가 나쁨

    ㉡ 오차의 크기와 오차가 발생하고 있는 시간의 면적, 즉 적분 값의 크기에 비례하여 조작부를 제어하는 것으로 오프셋을 소멸시킴

③ 미분제어＝rate 제어(D제어) : 제어 오차가 검출될 때 오차가 변화하는 속도에 비례하여 조작량을 가감하는 동작으로서 오차가 커지는 것을 미연에 방지하며 오프셋을 일으킴

$$X_0 = T_D \cdot \frac{dX_i}{dt}$$

❘ 제어량이 압력, 온도 및 유량 등과 같은 공업량일 경우 제어는?

① 시퀀스제어

✓② 프로세스제어

③ 추종제어

④ 프로그램제어

❘ 프로세스제어의 제어량이 아닌 것은?

① 액위면

② 유량

③ 온도

✓④ 물체의 자세

관련기출

④ PI 제어 : 비례적분 제어방식이다. 이 제어방식의 출력식은 다음과 같다.

$$X_0 = K_p\left(X_1 + \frac{1}{T_I}\int X_i\,dt\right)$$

- $\dfrac{1}{T_I}$: reset rate라 하며 분당 반복 횟수를 나타냄.

비례 동작에 의해 발생하는 오프셋을 소멸시키기 위해 적분 동작을 부가시킨 제어동작으로서 제어결과가 진동적으로 되기 쉽다.

⑤ PD 제어 : 이 제어 방식은 비례미분 제어 방식이다. 이 제어 방식의 출력 식은 다음과 같다.

$$X_0 = K_p\left(X_i + T_D\frac{dX_i}{dt}\right)$$

㉠ 이 방식은 서보기구의 진상 요소에 적용하며 속응성 개선에 사용
㉡ 제어결과에 빨리 도달하도록 미분 동작 부가

⑥ PID 제어

㉠ 이 제어 방식은 비례미분적분 제어 방식이다. 부동작 시간 또는 전달 지연이 있는 프로세서에서도 안전성이 향상되고, 잔류편차가 제거되며 정상 특성과 속응성을 동시에 개선할 수 있음
㉡ 소비시간이 큰 제어대상인 경우 비례 적분 동작의 제어결과가 진동적으로 되기 쉬우므로 이 결점을 방지하기 위한 것으로 온도제어, 농도제어 등에 사용

🔥Plus 제어기 특징
㉠ 비례제어(P 제어) : 잔류편차(off-set) 발생
㉡ 미분제어(D 제어) : 오차방지 및 진동억제
㉢ 적분제어(I 제어) : 잔류편차 제거
㉣ PI 제어 : 간헐현상 발생 및 잔류편차 제거
㉤ PD 제어 : 응답 속응성 개선
㉥ PID 제어 : 잔류편차제거 및 응답속도(속응성) 개선

4. 블록선도

① 전달함수 직렬연결

[전달함수 직렬연결]

$C(s) = R(s) \cdot G(s)$
$G(s) = G_1 \cdot G_2(s)$

⋮ PID 제어에 해당되는 것은?
① 비례미분제어
② 비례적분제어
✓③ 비례적분미분제어
④ 비율제어

⋮ 잔류 편차가 있는 제어계는?
✓① 비례제어계(P제어계)
② 적분제어계(I제어계)
③ 비례적분제어계(PI제어계)
④ 비례적분미분제어계((PID제어계)

⋮ PID 동작에 대한 설명으로 옳은 것은?
① 응답속도는 빨리할 수 있으나 오프셋이 제거되지 않는다.
✓② 사이클링과 오프셋이 제거되고 응답속도가 빠르며 안정성이 있다.
③ 사이클링을 제거할 수 있으나 오프셋이 생기게 된다.
④ 오프셋은 제거되나 제어동작에 큰 부동작시간이 있으면 응답이 늦어지게 된다.

② 전달함수 병렬연결

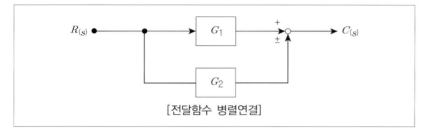

[전달함수 병렬연결]

$C(s) = R(s) \cdot G(s)$

$G(s) = G_1 \pm G_2$

③ 전달함수 피드백 요소

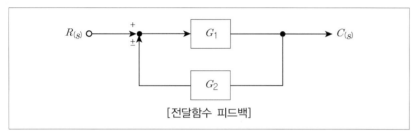

[전달함수 피드백]

$C(s) = R(s) \cdot G_1 \pm C(s) \cdot G_2 \cdot G_1$

$R(s) \cdot G_1 = C(s) \mp C(s) G_2 G_1 = C(s)(1 \mp G_2 G_1)$

$G(s) = \dfrac{C(s)}{R(s)} = \dfrac{G_1(s)}{1 \mp G_1(s) G_2(s)}$

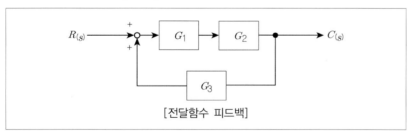

[전달함수 피드백]

$C(s) = R(s) \cdot G_1 \cdot G_2 + C(s) \cdot G_3 \cdot G_1 \cdot G_2$

$R(s) \cdot G_1 G_2 = C(s)(1 - G_1 \cdot G_2 \cdot G_3)$

$G = \dfrac{G_1 \cdot G_2}{1 - G_1 G_2 G_3} = \dfrac{C(s)}{R(s)}$

관련기출

∶ 그림에서 전달함수 $G(s)$는?

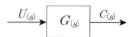

① $\dfrac{U(s)}{C(s)}$

✓② $\dfrac{C(s)}{U(s)}$

③ $U(s) \cdot C(s)$

④ $\dfrac{C^2(s)}{U^2(s)}$

∶ 종속에서 접속된 두 전달함수의 종합 전달함수를 구하시오.

① $G_1 + G_2$ ✓② $G_1 \times G_2$

③ $\dfrac{1}{G_1} + \dfrac{1}{G_2}$ ④ $\dfrac{1}{G_1} + \dfrac{1}{G_2}$

다음 블록선도의 입·출력비는?

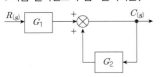

① $\dfrac{1}{1+G_1 G_2}$ ② $\dfrac{G_1 G_2}{1-G_2}$

✓③ $\dfrac{G_1}{1-G_2}$ ④ $\dfrac{G_1}{1+G_2}$

다음 진리표의 게이트는?

입력		출력
X	Y	Z
0	0	1
0	1	1
1	0	1
1	1	0

① AND   ② OR

✓③ NAND   ④ NOR

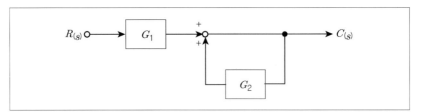

$$G = \dfrac{G_1}{1-G_2} = \dfrac{C(s)}{R(s)}$$

---

08   시퀀스 제어

1. 논리회로

① AND 논리회로

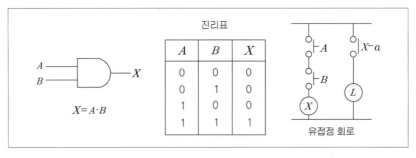

② OR 논리회로

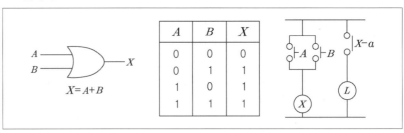

③ NOT 논리회로

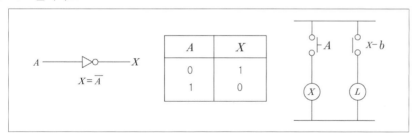

④ NAND 논리회로

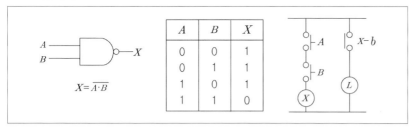

⑤ NOR 논리회로

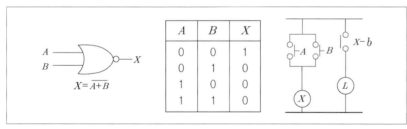

⑥ XOR 논리회로

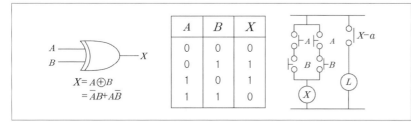

: 다음의 유접점회로를 논리회로로 바꿀 때 가장 적합한 것은?

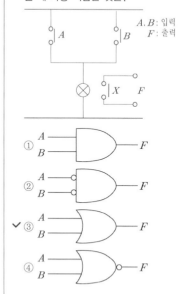

A, B : 입력
F : 출력

① A, B → F (AND)
② A, B → F (NAND)
✓ ③ A, B → F (OR)
④ A, B → F (NOR)

: 다음 게이트 중 입력이 1과 0일 때, 출력이 나오지 않는 것은?

① OR 게이트
② NAND 게이트
✓ ③ NOR 게이트
④ EXCLUSIVE OR 게이트

: 그림과 같은 릴레이 시퀀스회로의 출력식을 나타내는 것은?

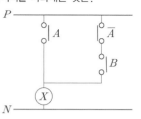

① AB ② $\overline{A}+B$
③ $\overline{A}B$ ✓④ $A+B$

2. 불대수의 정리

① 교환 법칙 $A+B=B+A$

$A \cdot B = B \cdot A$

② 결합 법칙 $(A+B)+C = A+(B+C)$

$(A \cdot B) \cdot C = A \cdot (B \cdot C)$

③ 분배 법칙 $(A+B) \cdot (C+D) = AC+AD+BC+BD$

$A \cdot (B+C) = A \cdot B + A \cdot C$

$$A+0=A \quad A \cdot 1 = A$$
$$A+A=A \quad A \cdot A = A$$
$$A+1=1 \quad A + \overline{A} = 1$$
$$A \cdot 0 = 0 \quad A \cdot \overline{A} = 0$$

④ De-Morgan의 법칙

$$\overline{A+B} = \overline{A} \cdot \overline{B} \qquad \overline{A \cdot B} = \overline{A} + \overline{B}$$

- $A + A \cdot B = A \qquad A \cdot (A+B) = A$
- $(A+\overline{B}) \cdot B = A \cdot B \quad A \cdot \overline{B} + B = A + B$

  $(A\overline{B} + B(1+A) = A \cdot \overline{B} + B + A \cdot B = A(\overline{B}+B)+B = A+B)$
- $AB + A\overline{B} = A$
- $(A+B)(A+\overline{B}) = A$
- $(A+B)(B+C)(C+A) = AB+BC+CA$

  $\{(A+B)-B+(A+B) \cdot C\}(C+A) = (B+BC+AC)(C+A)$

  $= (B+AC)(C+A) = AB+BC+CA$

논리식 $\overline{X}+XY$를 간단히 나타낸 것은?

✔① $\overline{X}+Y$　　② $X+\overline{Y}$

③ $\overline{XY}$　　④ $X\overline{Y}$

그림과 같은 유접점회로의 논리식은?

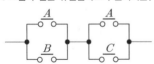

① $AB+BC$

✔② $A+BC$

③ $B+AC$

④ $AB+B$

09 전기기기 및 옥내배선

1. 직류발전기

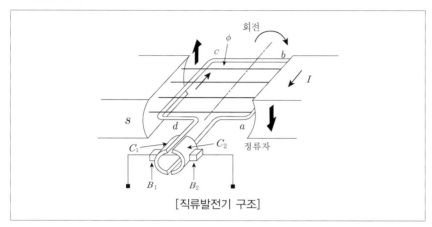

[직류발전기 구조]

- **계자** : 자속을 만들어 주는 부분
- **전기자** : 철심과 권선코일로 구성 – 기전력 유기
- **정류자** : 발생된 교류 전압을 직류로 변환하는 부분
- **브러시** : 흑연브러시가 많이 쓰임, 외부전선과 회전코일의 접촉부분

$$유도기전력\ e = K\phi N\,[\text{V}]\ \cdots\ K = \frac{PZ}{60a}$$

(a : 전기자 병렬 회전수, P : 극수, Z : 전기자 도체 총수)

① **전기자 반작용** : 전기자 전류 I_a에 의한 자속이 주 자속에 영향을 주는 현상

  ㉠ 주 자속 감소

  ㉡ 유도기전력 감소

  ㉢ 전기적 중성축 이동

  ㉣ 정류자 사이에 불꽃 발생

② **전기자 반작용에 대한 대책**

  ㉠ 보상권선 설치

  ㉡ 보극 설치

  ㉢ 계자기자력 강화

③ **직류발전기 병렬운전 조건**

  ㉠ 각 발전기 정격 단자전압이 같을 것

  ㉡ 각 발전기 극성이 같을 것

  ㉢ 각 발전기의 외부 특성곡선이 일치할 것

⁝ 2대의 발전기를 병렬 운전할 때 같아야 되는 조건이 아닌 것은?

① 주파수   ② 전압

③ 위상   ✔④ 용량

┆ 직류분권전동기의 부하로 가장 적
당한 것은?
✓ ① 환기용 송풍기
  ② 권상용 엘리베이터
  ③ 전동차
  ④ 크레인

┆ 4극, 60[Hz], 10[kW]인 유도전동기
에서 회전자계의 회전속도는 몇 [rpm]
인가?
  ① 900   ② 1,200
✓ ③ 1,800   ④ 2,400

2. 직류전동기

① 타여자 전동기 : 압연기, 대형권상기, 크레인, 엘리베이터

② 자여자 전동기

  ㉠ 분권전동기 : 선박, 환기용 송풍기

  속도 $N = \dfrac{V - I_a R_a}{K\phi}$ [rpm]

  ㉡ 직권전동기 : 전차, 권상기, 크레인

  속도 $N = \dfrac{V - I_a R_a}{K\phi}$ [rpm]

  ㉢ 복권전동기(가동복권기, 차동복권) : 크레인, 엘리베이터, 공작기계, 공기압축기

③ 직류전동기 속도제어

  ㉠ 계자제어 : 효율 양호, 정류 불량, 정출력 가변속도

  ㉡ 저항제어 : 효율 불량, 분권 및 타여자는 정속도 특성 감소

  ㉢ 전압제어 : 광범위한 속도제어, 정토크 가변속도

④ 전기제동

  ㉠ 발전제동 : 부하전류로 역토크를 발생시켜 제동

  ㉡ 회생제동 : 전력을 전원으로 되돌려 보내면서 제동(유도기전력을 전원보다 크게)

  ㉢ 플러깅 : 전기자 접촉을 반대로 하여 회전방향과 반대의 토크 발생, 급정지 또는 역전시키는 방법

3. 유도전동기

① "아라고의 원판의 원리"를 이용한 것으로 자기장이 회전함에 따라 발생하는 와전류와 힘이 원판에 작용하여 회전자인 원판이 회전하는 원리

  ㉠ 고정자 : 성층 철심(권선법 : 2층, 중권의 3층 권선)

  ㉡ 회전자 : 농형 회전자, 권선형 회전자

② 동기속도와 슬립

  ㉠ 동기속도 : $N_S = \dfrac{120f}{P}$ [rpm]

  ㉡ 슬립 : $S = \dfrac{N_S - N}{N_S}$

  ㉢ 회전자의 속도 : $N = (1 - S)N_S$

  • 회전자 정지 시 : $S = 1$

  • 회전자 동기속도 : $S = 0$

  • 회전자 정상속도 : $0 < S < 1$

③ 유도전동기 기동 및 운전 : 3상 농형유도전동기 기동법

　㉠ **전전압 기동법**(전전압기동법) : 5kW 이하의 소용량

　㉡ **Y−△ 기동법** : 10~15kW 기동전류 및 기동토크 감소, Y−△ 기동법은 기동전류를 줄이기 위하여 기동시 Y결선으로 기동하고 기동 후 △결선으로 운전하는 방식

　　Y결선할 때의 선전류 $I_Y = \dfrac{1}{\sqrt{3}} \cdot \dfrac{V}{R}$ [A]

　　△결선할 때의 선전류 $I_\triangle = \sqrt{3}\,\dfrac{V}{R}$ [A]

　㉢ **리액터법**

　㉣ **기동보상기법** : 15kW 이상−고압전동기에 적용

　㉤ **콘도르퍼 기동법**

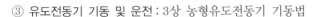 **Plus** 3상 권선형유도전동기 기동법

　　㉠ 2차 저항법(2차 저항 기동법)
　　㉡ 게르게스법

④ 속도제어

　㉠ **전원주파수 및 극수 변환법**

　　$N = N_S(1-S) = \dfrac{120f}{P}(1-S)$

　㉡ **2차 저항 제어법** : 권선형의 비례추이 원리를 이용한 제어법으로 큰 기동토크를 발생시킬 수 있으며, 기동전류를 억제시키는 특징이 있다.

　㉢ **정역운전** : 3상 유도전동기의 회전 방향을 바꾸기 위해서는 전동기에 입력되는 3상 전원 3선 중 2선을 서로 바꾸면 회전 방향이 바뀌어진다.

　㉣ **제동** : 유도전동기의 제동 방식에는 회생제동, 발전제동, 역상제동 및 단상제동 등의 방식이 있다.

⑤ 전동기 용량산정

　㉠ **펌프용 전동기**

$$P = \frac{9.8\,KQH}{\eta}\ \text{[kW]}$$

- Q : 양수량[m³/sec]
- K : 계수(1.1~1.2)
- H : 양수길이[m]
- η : 펌프 효율

 관련기출

15[kW] 이상의 농형유도전동기에 가장 많이 이용되는 기동방식은?

① Y−△기동기
② 기동저항기
✔③ 기동보상기
④ 직접기동

농형유도전동기의 기동 방법으로 옳지 않은 것은?

① 전압 기동
② 스타델타 기동
③ 리액터 기동
✔④ auto transformer 기동

ⓛ 송풍기의 전동기

$$P = \frac{9.8\,KQHW}{\eta}\ [\text{kW}]$$

- Q : 풍량$[\text{m}^3/\text{sec}]$
- H : 풍압$[\text{mmHg}]$
- W : 기체밀도$[\text{kg}/\text{m}^3]$
- K : 계수$(1.1{\sim}1.5)$
- η : 송풍기 효율

ⓒ 권상기용 전동기

$$P = \frac{WV}{6.1\eta}$$

- W : 권상하중$[\text{ton}]$
- V : 권상속도$[\text{m/min}]$
- η : 권상기 효율

4. 변압기

① 변압기 권선비

$$a = \frac{E_1}{E_2} = \frac{N_1}{N_2} = \frac{I_2}{I_1}$$

② 변압기 유기기전력

$$E = 4.44 K\Phi N[\text{V}]$$

③ 변압기 전압변동율

$$E = \frac{V_{20} - V_{2n}}{V_{2n}}\ [\text{V}]$$

- V_{20} : 무부하 2차 전압
- V_{2n} : 정격 2차 전압

④ **변압기 결선** : 변압기 결선은 Y결선, △결선, V결선 등이 변압기의 기본적인 결선이며, 3상에서 2상으로 변환하는 결선방식은 스코트결선(T결선), 메이어 결선, 우드브릿지결선 등이 있으며, 3상을 6상으로 변환하는 결선은 환상결선, 2중 3각결선, 2중 성형결선, 대각결선, 포크결선 등이 있다.

⁚ 권수비가 그림과 같은 변압기의 1차측에 100[V], 60[Hz]의 교류전압을 인가할 때 2차측 개방전압은 몇 [V]인가?

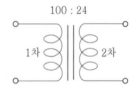

100 : 24

1차　2차

✓ ① 24
　② 48
　③ 100
　④ 200

⁚ 변압기의 정격 1차 전압이란?

　① 전부하를 걸었을 때의 1차 전압
✓ ② 정격2차전압에 권수비를 곱한 것
　③ 무부하시의 1차 전압
　④ 정격2차전압에 권수비로 나타낸 것

ⓐ 변압기 결선방식

- Δ결선 : 전류 $I_\Delta = \dfrac{\sqrt{3}\ V}{R}$

- Y 결선 : 전류 $I_Y = \dfrac{V}{\sqrt{3}\ R}$

- V 결선

이용율 $= \dfrac{\sqrt{3}\ VI\cos\theta}{2\ VI\cos\theta} = \dfrac{\sqrt{3}}{2} = 0.866$

출력비 $\dfrac{P_V}{P_\Delta} = \dfrac{\sqrt{3}\ VI\cos\theta}{3\ VI\cos\theta} = \dfrac{\sqrt{3}}{3} = 0.577$

- $\Delta - \Delta$결선 방식 : 30kV 이하 배선용에 사용
- $Y - Y$결선 방식 : 통신선에 유도장애 송전용
- $\Delta - Y$결선 방식 : 발전기의 승압용
- $Y - \Delta$결선 방식 : 수전단 변전소용

ⓑ 결선별 특징

- Y-Y 결선
- 절연등급이 낮음
- 고전압결선에 적합
- 순환전류가 흐르지 않음
- 통신선 유도장해 유발
- 제3고조파 발생하여 통신선장해 및 중성선에 고조파 전류분 흘러 과열될 가능성 있음

- $\triangle$-$\triangle$ 결선
- 기전력 왜곡을 일으키지 않음(제3고조파 흡수)
- 1대 고장시 V결선 가능, 대전류에 적합
- 중성점 접지 곤란하여 지락사고 검출 안됨
- 변압비가 다른 것을 결선시 순환전류 흐름
- 각상의 임피던스가 다를 때 부하전류 불평형

- $\triangle$-Y, Y-$\triangle$ 결선
- $\triangle$-$\triangle$ 또는 Y-Y 결선의 장점을 가질 수 있으나 1, 2차 간의 위상변위가 30°가 있으므로 변압기 1대 고장시 송전이 불가
- $\triangle$-Y는 중성점이 필요한 곳에서 결선하고, Y-$\triangle$ 결선은 중성점이 필요없는 곳에 결선이 가능

- V-V 결선
- 2대의 변압기로 3상 전력을 변환할 수 있으며 부하증설 및 고장시 긴급 대체용으로 이용
- 다만 이용율이 낮으며 2차측 전압이 불평형으로 될 수 있음

다음 중 30KV이하의 배선용 변압기 결선에 주로 이용하는 방식은 무엇인가?

✓① Δ-Δ
② Δ-Y
③ Y-Y
④ Y-Δ

▪ 다음 중 병렬운전이 불가능한 경우는 무엇인가?

① $\Delta-\Delta$ 와 $\Delta-\Delta$

② Y-Y와 Y-Y

✓ ③ Y-Y 와 Δ-Y

④ Y-Δ와 Y-Δ

▪ 방재반에서 200[m] 떨어진 곳에 델류지밸브(deluge valve)가 설치되어 있다. 델류지밸브에 부착되어 있는 솔레노이드 밸브에 전류를 흘리어 밸브를 작동시킬 때 선로의 전압 강하는 몇 [V]가 되겠는가? (단, 선로의 굵기는 5.5[mm²], 솔레노이드 작동 전류 1[A]이다)

✓ ① 1.29

② 2.29

③ 3.29

④ 4.29

▪ 직류 2선식 선로의 전압강하와 관계가 없는 것은 다음 중 어느 것인가?

① 전선로의 전선 단면적

② 전선로의 길이

③ 전선로를 흐르는 저항

✓ ④ 부하의 역률

- Y결선할 때의 선전류 $I_Y = \dfrac{1}{\sqrt{3}} \cdot \dfrac{V}{R}$[A]

- $\triangle$결선할 때의 선전류 $I_\triangle = \sqrt{3}\,\dfrac{V}{R}$[A]

- 선간전압이 일정한 경우 $\triangle$결선된 전압을 Y결선으로 바꾸면 인가되는 전압은 $\dfrac{1}{\sqrt{3}}$ 이 되며, $P = \dfrac{V^2}{R}$ 이므로 소비전력은 $\left(\dfrac{1}{\sqrt{3}}\right)^2 = \dfrac{1}{3}$

⑤ 변압기 병렬운전 조건

㉠ 1차, 2차 정격 전압 및 극성이 같을 것

㉡ 임피던스 전압이 같을 것

㉢ 저항과 누설 리액턴스 비가 같을 것

㉣ 다음과 같은 경우는 변압기 병렬운전이 불가능하다.

- $\Delta-\Delta$와 $\Delta-Y$
- $Y-Y$와 $\Delta-Y$

5. 간선 및 배선

① 간선용량

간선의 용량＝전력부하 합계용량×수용률

$$수용률 = \frac{최대\ 수용전력}{설비용량}$$

② 배전전압 구성

종류	직류	교류
저압	750[V] 이하	600[V] 이하
고압	750[V] 초과 7,000[V] 이하	600[V] 초과 7,000[V] 이하
특별고압	7,000[V] 초과	7,000[V] 초과

③ 전압강하

㉠ 직류전압 $e = \dfrac{35.6 \cdot l \cdot I}{1,000 \times A}$ [V](동선인 경우)

㉡ 교류 3상3선식 $e = \dfrac{30.8 \cdot l \cdot i}{1,000\,A}$ [V]

(l[m] : 전선의 길이, I[A] : 전류, A : 단면적[mm²])

④ 접지공사

종별	접지저항	접지선 굵기
제1종	10Ω 이하	2.6mm 이상
제2종	$\dfrac{150}{\text{1선지락전류}}$	2.6mm 이상(특고 4mm)
제3종	100Ω 이하	1.6mm 이상
특별 제3종	10Ω	1.6mm 이상

6. 옥내배선

① 옥내배선에서 전선의 굵기를 결정하는 요소

　　㉠ 허용전류

　　㉡ 전압강하

　　㉢ 기계적 강도

② 전선의 종류

　　㉠ 케이블

　　　• EV : 폴리에틸렌 절연비닐 외장 케이블

　　　• CV : 가교폴리에틸렌

　　　• CNCV : 동심 중성선 가교폴리에틸렌

　　　• BH : 부틸 고무 절연 클로로프렌 외장 케이블

　　　• RN : 고무 절연전선, 클로로프렌 외장 케이블

　　　• VV : 비닐절연 외장케이블

　　㉡ 절연전선

　　　• OW : 옥외용 비닐절연전선

　　　• DV : 인입용 비닐절연전선

　　　• IV : 600V비닐절연전선

　　　• RB : 600V고무절연전선

　　　• HIV : 600V내열비닐절연전선

③ 배관공사 : 금속관공사, 합성수지관공사, 가요전선관공사

④ 금속관 공사 자재 : 후강전선관, 박강전선관, 아웃트렛박스, 새들, 록너트, 커플링, 절연부싱, 부싱, 노멀밴드, 링레듀셔

7. 예비전원설비

① 축전지설비

　　㉠ 축전지의 용량

$$C = \frac{1}{L} KI = \frac{1}{L} \left[K_1 I_1 + K_2 (I_2 - I_1) + K_3 (I_3 - I_2) \cdots \right]$$

‖ 옥내배선의 전선의 굵기를 결정하는 요소는?

① 허용전류, 전압강하, 절연저항

② 절연저항, 통전시간, 전압강하

✔ ③ 허용전류, 전압강하, 기계적 강도

④ 절연저항, 전압강하, 기계적 강도

‖ 다음 중 절연전선의 종류가 맞는 것은?

① EV

② CNCV

③ CV

✔ ④ IV

ⓛ 허용 최저전압

$$V = \frac{V_a + V_b}{n}$$

- V_a : 부하허용 최저 전압
- V_b : 축전지와 부하 간 전압강하
- n : 직렬접속 축전지 수

⋮ 다음 중 자기 방전량만 보충하는 방
식으로 가장 많이 사용되는 충전 방식
은 어느 것인가?

① 보통충전방식
✓② 부동충전방식
③ 급속충전방식
④ 균등충전방식

② 충전방식

　㉠ **보통충전** : 필요할 때마다 표준 시간율로 충전

　㉡ **급속충전** : 보통충전의 약 2배 전류로 충전

　㉢ **부동충전** : 자기 방전량만 보충하는 방식으로 소방에서 가장 많이 사용한다. 전지의 수명을 연장시키고 축전지 용량이 작아도 되며, 방전 전압을 일정하게 유지시키고 보수가 용이하다.

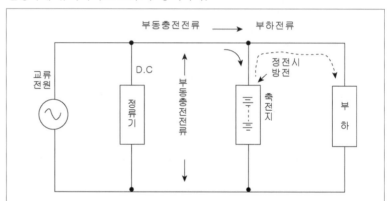

- 균등충전 : 전위차 보정
- 세류충전 : 자기 방전량만 충전

③ 자가빌진실비

　㉠ 발전기 정격용량

$$P_n > \left(\frac{1}{\Delta V} - 1 \right) X_L \cdot P$$

　㉡ 발전기용 차단기 용량

$$P_s > \frac{1.25 P_n}{X_L} \, [\text{kVA}]$$

⋮ 200[kVA]의 비상발전기용 차단기
의 차단용량은 얼마인가? (단, 발전
기 과도리액턴스는 0.25이다)

① 0.8[MVA]
✓② 1[MVA]
③ 10[MVA]
④ 25[MVA]

　㉢ 발전기 기동용량

$$P = \sqrt{3} \times V \times I \times 10^{-3} [\text{kVA}]$$

10 　전기계측 및 반도체소자

1. 계측기 분류

① 열전형

② 가동코일형

③ 가동철편형

④ 전류력계형

⑤ 정류형

⑥ 유도형

⑦ 정전형

⑧ 진동편형

2. 전압, 전류, 전력 측정

① **전압측정** : 부하와 병렬 연결

② **전류측정** : 부하와 직렬 연결

③ **전력측정**

　　㉠ 단상전력측정

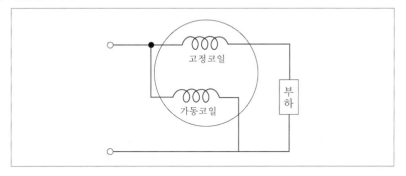

⋮ 다음 중 직류전압을 측정할 수 없는 계기는?

① 가동코일형
② 정전형
✔ ③ 유도형
④ 열전형

⋮ 다음은 부하 전압과 전류를 측정하기 위한 방법이다. 옳은 것은?

✔ ① 전압계 : 부하와 병렬
　　전류계 : 부하와 직렬
② 전압계 : 부하와 병렬
　　전류계 : 부하와 병렬
③ 전압계 : 부하와 직렬
　　전류계 : 부하와 직렬
④ 전압계 : 부하와 직렬
　　전류계 : 부하와 병렬

그림과 같은 회로에서 전압계 3개로 단상 전력을 측정하고자 할 때의 유효전력은?

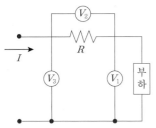

✓ ① $\dfrac{1}{2R}(V_3{}^2 - V_1{}^2 - V_2{}^2)$

② $\dfrac{1}{2R}(V_3{}^2 - V_1{}^2)$

③ $\dfrac{R}{2}(V_3{}^2 - V_1{}^2 - V_2{}^2)$

④ $\dfrac{R}{2}(V_2{}^2 - V_1{}^2 - V_3{}^2)$

2전력계법을 써서 3상전력을 측정하였더니 각 전력계가 +500[W], +300[W]를 지시하였다. 전 전력[W]은?

✓ ① 800   ② 200

③ 500   ④ 300

ⓛ 3상 전력측정 : 단상 전력계를 이용하여 3상 전력을 측정하기 위한 방법은 1전력계법, 2전력계법, 3전력계법 등이 있다.

• 1전력계법 : $W_1 = \dfrac{\sqrt{3}\,EI}{2}$ [W] $\therefore I = \dfrac{2W}{\sqrt{3}\,E}$

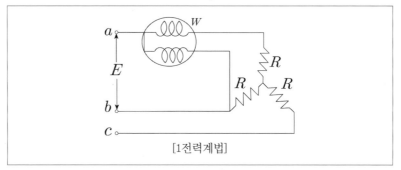

[1전력계법]

• 2전력계법 : $W_1 + W_2 = \sqrt{3}\,EI$

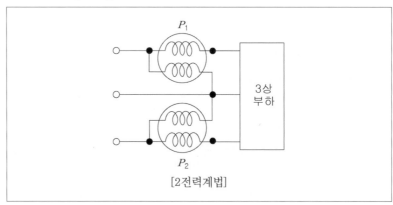

[2전력계법]

3상 전력 $P = P_1 + P_2$

• 3전력계법 : $W_1 + W_2 + W_3 = \sqrt{3}\,E\,I$

• 3전압계법 : $P = \dfrac{1}{2R}\left(V_3{}^2 - V_1{}^2 - V_2{}^2\right)$ [W]

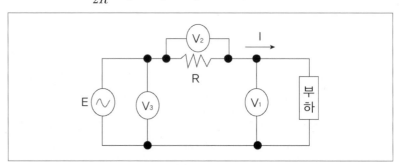

3. 분류기와 배율기

① 분류기 : 분류기는 저항을 이용하여 전류계의 계측범위를 높이는 것으로서 저항의 비율에 따라 분류기의 배율이 결정됨

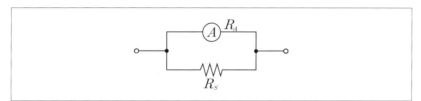

 ㉠ 분류기의 배율

$$m = \frac{I}{I_A} = \frac{R_s + R_A}{R_s} = 1 + \frac{R_A}{R_s}$$

 ㉡ 분류기 저항

$$R = \frac{R_0}{m-1} \, (m : \text{배율}, \ R_0 : \text{전류계 내부저항})$$

② 배율기 : 분류기와 같이 저항을 이용하여 전압계의 계측범위를 높이는 것으로서 저항의 비율에 따라 배율기의 배율이 결정

$$V_0 = V\left(1 + \frac{R_m}{R_v}\right), \ m = \frac{V_0}{V}$$

$$m = 1 + \frac{R_m}{R_v}$$

- R_m : 배율기 저항
- V : 전압계 최대눈금
- R_v : 전압계 내부저항
- V_0 : 측정전압

4. 반도체 소자

① 정류다이오드 : PN접합구조, 한쪽 방향으로만 전류를 흘림

② 제너다이오드 : 제너 효과를 이용한 정전압 소자. 정전압 다이오드, 전압 표준 다이오드 2가지가 있으며 정전압 전압회로에 쓰이는 소자

③ 발광다이오드 : LED라고도 하는 반도체 소자로서 전기신호를 빛으로 변환

④ 트랜지스터 : PNP형과 NPN형으로 구분하고, 스위칭 동작과 증폭 작용을 한다.
 ㉠ 이상적인 트랜지스터의 베이스접지 전류증폭률 α는 '1'
 ㉡ $\alpha = \frac{\beta}{1+\beta}$ (β : 이미터 접지 전류증폭률)

다음과 같은 회로에서 분류기의 배율은? (단, 전류계 A의 내부저항은 R_a이며, R_s는 분류기 저항이다)

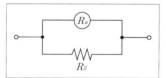

① $\dfrac{R_a}{R_a + R_s}$

② $\dfrac{R_s}{R_a + R_s}$

✓③ $\dfrac{R_a + R_s}{R_s}$

④ $\dfrac{R_a + R_s}{R_a}$

최대눈금 100[mV], 저항 20[Ω]인 직류전압계에 10[[kΩ]의 배율기를 접속하면 몇 [V]까지 측정이 가능한가?

✓① 50
② 60
③ 500
④ 600

소형이면서 대전력용 정류기로 사용하는데 적당한 것은?

① 게르마늄 정류기
② CdS
③ 셀렌 정류기
✓④ SCR

⑤ 바리스터(Variable Resistor) : 양 끝에 가해지는 전압에 의해서 저항값이 변하는 비선형(非線形) 반도체 저항소자로서 서지전압 또는 과전압에 대한 회로보호용 소자

⑥ 서미스터(Thermistor) : 온도 상승과 함께 저항값 변화, 온도 보상용 및 열감지기 센서 등으로 활용 NTC, PTC, CTR의 종류가 있다.

⑦ 사이리스터(Thyristor) : 단방향 대전류 스위칭 소자

⑧ 트라이악(TRIAC) : 양방향 스위치 소자

⑨ PUT : SCR과 유사한 특성을 가지고 있으며 게이트 레벨보다 애노드가 높아지면 동작

※ 기타 : Photo-Tr, UJT, DIAC, GTO 등의 스위칭 소자

소방관계법규

01 소방기본법(시행령, 시행규칙)

1. 목적(법 제1조)

이 법은 화재를 예방·경계하거나 진압하고 화재, 재난·재해, 그 밖의 위급한 상황에서의 구조·구급 활동 등을 통하여 국민의 생명·신체 및 재산을 보호함으로써 공공의 안녕 및 질서 유지와 복리증진에 이바지함을 목적으로 한다.

2. 정의(법 제2조)

① **소방대상물** : 건축물, 차량, 선박(「선박법」에 따른 선박으로서 항구에 매어둔 선박만 해당), 선박 건조 구조물, 산림, 그 밖의 인공 구조물 또는 물건을 말한다.

② **관계지역** : 소방대상물이 있는 장소 및 그 이웃 지역으로서 화재의 예방·경계·진압, 구조·구급 등의 활동에 필요한 지역을 말한다.

③ **관계인** : 소방대상물의 소유자·관리자 또는 점유자를 말한다.

④ **소방본부장** : 특별시·광역시·특별자치시·도 또는 특별자치도(이하 "시·도")에서 화재의 예방·경계·진압·조사 및 구조·구급 등의 업무를 담당하는 부서의 장을 말한다.

⑤ **소방대** : 화재를 진압하고 화재, 재난·재해, 그 밖의 위급한 상황에서 구조·구급 활동 등을 하기 위하여 다음의 사람으로 구성된 조직체를 말한다.

　가. 「소방공무원법」에 따른 소방공무원

　나. 「의무소방대설치법」에 따라 임용된 의무소방원

　다. 「의용소방대 설치 및 운영에 관한 법률」에 따른 의용소방대원

⑥ **소방대장** : 소방본부장 또는 소방서장 등 화재, 재난·재해, 그 밖의 위급한 상황이 발생한 현장에서 소방대를 지휘하는 사람을 말한다.

3. 119종합상황실의 설치와 운영(법 제4조)

① 소방청장, 소방본부장 및 소방서장은 화재, 재난·재해, 그 밖에 구조·구급이 필요한 상황이 발생하였을 때에 신속한 소방활동(소방업무를 위한 모든 활동을 말한다.)을 위한 정보의 수집·분석과 판단·전파, 상황관리, 현장 지휘 및 조정·통제 등의 업무를 수행하기 위하여 119종합상황실을 설치·운영하여야 한다.

관 련 기 출

소방기본법에서 정의하는 용어에 대한 설명으로 틀린 것은?

✔ ① "소방대상물"이란 건축물, 차량, 항해 중인 모든 선박과 산림 그 밖의 공작물 또는 물건을 말한다.

② "관계지역"이란 소방대상물이 있는 장소 및 그 이웃지역으로서 화재의 예방·경계·진압, 구조·구급 등의 활동에 필요한 지역을 말한다.

③ "소방본부장"이란 특별시·광역시·도 또는 특별자치도에서 화재의 예방·경계·진압·조사 및 구조·구급 등의 업무를 담당하는 부서의 장을 말한다.

④ "소방대장"이란 소방본부장 또는 소방서장 등 화재, 재난·재해 그 밖의 위급한 상황이 발생한 현장에서 소방대를 지휘하는 사람을 말한다.

다음 중 소방대에 속하지 않는 사람은?

① 의용소방대원

② 의무소방원

③ 소방공무원

✔ ④ 소방시설공사업자

② 119종합상황실의 설치·운영에 필요한 사항은 행정안전부령으로 정한다.

3-1. 종합상황실장의 업무 등(시행규칙 제3조) 🔥🔥🔥

① 종합상황실의 실장[종합상황실에 근무하는 자 중 최고직위에 있는 자(최고직위에 있는 자가 2인 이상인 경우에는 선임자)를 말한다.]은 다음의 업무를 행하고, 그에 관한 내용을 기록·관리하여야 한다.

1. 화재, 재난·재해 그 밖에 구조·구급이 필요한 상황(이하 "재난상황")의 발생의 신고접수
2. 접수된 재난상황을 검토하여 가까운 소방서에 인력 및 장비의 동원을 요청하는 등의 사고수습
3. 하급소방기관에 대한 출동지령 또는 동급 이상의 소방기관 및 유관기관에 대한 지원요청
4. 재난상황의 전파 및 보고
5. 재난상황이 발생한 현장에 대한 지휘 및 피해현황의 파악
6. 재난상황의 수습에 필요한 정보수집 및 제공

② 종합상황실의 실장은 다음의 1에 해당하는 상황이 발생하는 때에는 그 사실을 지체없이 서면·모사전송 또는 컴퓨터통신 등으로 소방서의 종합상황실의 경우는 소방본부의 종합상황실에, 소방본부의 종합상황실의 경우는 소방청의 종합상황실에 각각 보고하여야 한다.

1. 다음의 1에 해당하는 화재
   가. 사망자가 5인 이상 발생하거나 사상자가 10인 이상 발생한 화재
   나. 이재민이 100인 이상 발생한 화재
   다. 재산피해액이 50억원 이상 발생한 화재
   라. 관공서·학교·정부미도정공장·문화재·지하철 또는 지하구의 화재
   마. 관광호텔, 층수(「건축법 시행령」의 규정에 의하여 산정한 층수)가 11층 이상인 건축물, 지하상가, 시장, 백화점, 「위험물안전관리법」의 규정에 의한 지정수량의 3천배 이상의 위험물의 제조소·저장소·취급소, 층수가 5층 이상이거나 객실이 30실 이상인 숙박시설, 층수가 5층 이상이거나 병상이 30개 이상인 종합병원·정신병원·한방병원·요양소, 연면적 1만5천제곱미터 이상인 공장 또는 소방기본법 시행령에 따른 화재경계지구에서 발생한 화재
   바. 철도차량, 항구에 매어둔 총 톤수가 1천톤 이상인 선박, 항공기, 발전소 또는 변전소에서 발생한 화재
   사. 가스 및 화약류의 폭발에 의한 화재
   아. 「다중이용업소의 안전관리에 관한 특별법」에 따른 다중이용업소의 화재

2. 「긴급구조대응활동 및 현장지휘에 관한 규칙」에 의한 통제단장의 현장지 휘가 필요한 재난상황

3. 언론에 보도된 재난상황

4. 그 밖에 소방청장이 정하는 재난상황

③ 종합상황실 근무자의 근무방법 등 종합상황실의 운영에 관하여 필요한 사항은 종합상황실을 설치하는 소방청장, 소방본부장 또는 소방서장이 각각 정한다.

4. 소방방물관 등의 설립과 운영(법 제5조)

① 소방의 역사와 안전문화를 발전시키고 국민의 안전의식을 높이기 위하여 소 방청장은 소방박물관을, 시·도지사는 소방체험관(화재 현장에서의 피난 등 을 체험할 수 있는 체험관을 말한다.)을 설립하여 운영할 수 있다.

② 소방박물관의 설립과 운영에 필요한 사항은 행정안전부령으로 정하고, 소방 체험관의 설립과 운영에 필요한 사항은 행정안전부령으로 정하는 기준에 따 라 시·도의 조례로 정한다.

5. 소방력의 기준(법 제8조)

① 소방기관이 소방업무를 수행하는 데에 필요한 인력과 장비 등(이하 "소방력") 에 관한 기준은 행정안전부령으로 정한다.

② 시·도지사는 소방력의 기준에 따라 관할구역의 소방력을 확충하기 위하여 필요한 계획을 수립하여 시행하여야 한다.

③ 소방자동차 등 소방장비의 분류·표준화와 그 관리 등에 필요한 사항은 따 로 법률에서 정한다.

6. 소방장비 등에 대한 국고보조(법 제9조)

① 국가는 소방장비의 구입 등 시·도의 소방업무에 필요한 경비의 일부를 보 조한다.

② 보조 대상사업의 범위와 기준보조율은 대통령령으로 정한다.

6-1. 국고보조 대상사업의 범위와 기준보조율(시행령 제2조)

① 국고보조 대상사업의 범위는 다음과 같다.

1. 다음의 소방활동장비와 설비의 구입 및 설치

가. 소방자동차

나. 소방헬리콥터 및 소방정

다. 소방전용통신설비 및 전산설비

라. 그 밖에 방화복 등 소방활동에 필요한 소방장비

각 시·도의 소방업무에 필요한 경 비의 일부를 국가가 보조하는 대상이 아닌 것은?

① 전산설비
② 소방헬리콥터
③ 소방관서용 청사 건축
✓ ④ 소방용수시설장비

국고보조의 대상이 되는 소방활동장 비 또는 설비에 해당하지 않는 것은?

① 소방자동차
② 소방헬리콥터 및 소방정
✓ ③ 사무용 집기
④ 전산설비

2. 소방관서용 청사의 건축(「건축법」에 따른 건축을 말한다)

② 소방활동장비 및 설비의 종류와 규격은 행정안전부령으로 정한다.

③ 국고보조 대상사업의 기준보조율은 「보조금 관리에 관한 법률 시행령」에서 정하는 바에 따른다.

7. 소방용수시설의 설치 및 관리 등(법 제10조)

① 시 · 도지사는 소방활동에 필요한 소화전(消火栓) · 급수탑(給水塔) · 저수조(貯水槽)(이하 "소방용수시설")를 설치하고 유지 · 관리하여야 한다. 다만, 「수도법」에 따라 소화전을 설치하는 일반수도사업자는 관할 소방서장과 사전협의를 거친 후 소화전을 설치하여야 하며, 설치 사실을 관할 소방서장에게 통지하고, 그 소화전을 유지 · 관리하여야 한다.

② 시 · 도지사는 소방자동차의 진입이 곤란한 지역 등 화재발생 시에 초기 대응이 필요한 지역으로서 대통령령으로 정하는 지역에 소방호스 또는 호스 릴 등을 소방용수시설에 연결하여 화재를 진압하는 시설이나 장치(이하 "비상소화장치")를 설치하고 유지 · 관리할 수 있다.

③ 소방용수시설과 비상소화장치의 설치기준은 행정안전부령으로 정한다.

7-1. 소방용수시설의 설치기준(시행규칙 별표 3)

1. **공통기준**
   가. 「국토의 계획 및 이용에 관한 법률」에 의한 주거지역 · 상업지역 및 공업지역에 설치하는 경우 : 소방대상물과의 수평거리를 100미터 이하가 되도록 할 것
   나. 가목 외의 지역에 설치하는 경우 : 소방대상물과의 수평거리를 140미터 이하가 되도록 할 것

2. **소방용수시설별 설치기준**
   가. 소화전의 설치기준 : 상수도와 연결하여 지하식 또는 지상식의 구조로 하고, 소방용호스와 연결하는 소화전의 연결금속구의 구경은 65밀리미터로 할 것
   나. 급수탑의 설치기준 : 급수배관의 구경은 100밀리미터 이상으로 하고, 개폐밸브는 지상에서 1.5미터 이상 1.7미터 이하의 위치에 설치하도록 할 것
   다. 저수조의 설치기준 🔴🔴🔴
      (1) 지면으로부터의 낙차가 4.5미터 이하일 것
      (2) 흡수부분의 수심이 0.5미터 이상일 것
      (3) 소방펌프자동차가 쉽게 접근할 수 있도록 할 것
      (4) 흡수에 지장이 없도록 토사 및 쓰레기 등을 제거할 수 있는 설비를 갖출 것

∷ 소방용수시설의 저수조에 대한 설치기준으로 옳지 않은 것은?

① 지면으로부터의 낙차가 4.5m 이하일 것
✔② 흡수부분의 수심이 0.3m 이상일 것
③ 흡수관의 투입구가 사각형의 경우에는 한 변의 길이가 60cm 이상일 것
④ 흡수관의 투입구가 원형의 경우에는 지름이 60cm 이상일 것

    (5) 흡수관의 투입구가 사각형의 경우에는 한 변의 길이가 60센티미터 이상, 원형의 경우에는 지름이 60센티미터 이상일 것

    (6) 저수조에 물을 공급하는 방법은 상수도에 연결하여 자동으로 급수되는 구조일 것

7-2. 소방용수시설 및 지리조사(시행규칙 제7조)

① 소방본부장 또는 소방서장은 원활한 소방활동을 위하여 다음의 조사를 월 1회 이상 실시하여야 한다.

    1. 설치된 소방용수시설에 대한 조사

    2. 소방대상물에 인접한 도로의 폭·교통상황, 도로주변의 토지의 고저·건축물의 개황 그 밖의 소방활동에 필요한 지리에 대한 조사

② 조사결과는 전자적 처리가 불가능한 특별한 사유가 없으면 전자적 처리가 가능한 방법으로 작성·관리하여야 한다.

③ ① 1.의 조사는 소방용수조사부에 의하고, ① 2.의 조사는 지리조사부에 의하되, 그 조사결과를 2년간 보관하여야 한다.

8. 소방업무의 응원(법 제11조)

① 소방본부장이나 소방서장은 소방활동을 할 때에 긴급한 경우에는 이웃한 소방본부장 또는 소방서장에게 소방업무의 응원을 요청할 수 있다.

② 소방업무의 응원 요청을 받은 소방본부장 또는 소방서장은 정당한 사유 없이 그 요청을 거절하여서는 아니 된다.

③ 소방업무의 응원을 위하여 파견된 소방대원은 응원을 요청한 소방본부장 또는 소방서장의 지휘에 따라야 한다.

④ 시·도지사는 소방업무의 응원을 요청하는 경우를 대비하여 출동 대상지역 및 규모와 필요한 경비의 부담 등에 관하여 필요한 사항을 행정안전부령으로 정하는 바에 따라 이웃하는 시·도지사와 협의하여 미리 규약(規約)으로 정하여야 한다.

8-1. 소방업무의 상호응원협정(시행규칙 제8조) 🔥🔥🔥

시·도지사는 이웃하는 다른 시·도지사와 소방업무에 관하여 상호응원협정을 체결하고자 하는 때에는 다음의 사항이 포함되도록 하여야 한다.

    1. 다음의 소방활동에 관한 사항

      가. 화재의 경계·진압활동

      나. 구조·구급업무의 지원

      다. 화재조사활동

    2. 응원출동대상지역 및 규모

원활한 소방활동을 위하여 소방용수시설에 대한 조사를 실시하는 사람은?

① 소방청장
② 시·도지사
✔ ③ 소방본부장 또는 소방서장
④ 행정자치부장관

: 인접하고 있는 시·도간 소방업무
의 상호응원협정 사항이 아닌 것은?

① 화재조사 활동
② 응원출동의 요청방법
✓③ 소방교육 및 응원출동훈련
④ 응원출동대상지역 및 규모

3. 다음의 소요경비의 부담에 관한 사항

　가. 출동대원의 수당·식사 및 피복의 수선

　나. 소방장비 및 기구의 정비와 연료의 보급

　다. 그 밖의 경비

4. 응원출동의 요청방법

5. 응원출동훈련 및 평가

9. 화재의 예방조치 등(법 제12조)

① 소방본부장이나 소방서장은 화재의 예방상 위험하다고 인정되는 행위를 하는
사람이나 소화(消火) 활동에 지장이 있다고 인정되는 물건의 소유자·관리자
또는 점유자에게 다음의 명령을 할 수 있다.

　1. 불장난, 모닥불, 흡연, 화기 취급, 풍등 등 소형 열기구 날리기, 그 밖에
화재예방상 위험하다고 인정되는 행위의 금지 또는 제한

　2. 타고 남은 불 또는 화기가 있을 우려가 있는 재의 처리

　3. 함부로 버려두거나 그냥 둔 위험물, 그 밖에 불에 탈 수 있는 물건을 옮
기거나 치우게 하는 등의 조치

② 소방본부장이나 소방서장은 ①에 해당하는 경우로서 그 위험물 또는 물건의
소유자·관리자 또는 점유자의 주소와 성명을 알 수 없어서 필요한 명령을
할 수 없을 때에는 소속 공무원으로 하여금 그 위험물 또는 물건을 옮기거
나 치우게 할 수 있다.

③ 소방본부장이나 소방서장은 ②에 따라 옮기거나 치운 위험물 또는 물건을 보
관하여야 한다.

④ 소방본부장이나 소방서장은 ③에 따라 위험물 또는 물건을 보관하는 경우에
는 그 날부터 14일 동안 소방본부 또는 소방서의 게시판에 그 사실을 공고
하여야 한다.

⑤ ③에 따라 소방본부장이나 소방서장이 보관하는 위험물 또는 물건의 보관기
간 및 보관기간 경과 후 처리 등에 대하여는 대통령령으로 정한다.

: 소방본부장 또는 소방서장은 함부
로 버려두거나 그냥 둔 위험물 또는
물건을 옮겨 보관하는 경우 소방본부
또는 소방서게시판에 보관한 날부터
며칠 동안 공고하여야 하는가?

① 7일 동안
✓② 14일 동안
③ 21일 동안
④ 28일 동안

10. 화재경계지구의 지정 등(법 제13조) 🔥🔥🔥

① 시·도지사는 다음의 어느 하나에 해당하는 지역 중 화재가 발생할 우려가 높거나 화재가 발생하는 경우 그로 인하여 피해가 클 것으로 예상되는 지역을 화재경계지구로 지정할 수 있다.

1. 시장지역

2. 공장·창고가 밀집한 지역

3. 목조건물이 밀집한 지역

4. 위험물의 저장 및 처리 시설이 밀집한 지역

5. 석유화학제품을 생산하는 공장이 있는 지역

6. 「산업입지 및 개발에 관한 법률」에 따른 산업단지

7. 소방시설·소방용수시설 또는 소방출동로가 없는 지역

8. 그 밖에 제1호부터 제7호까지에 준하는 지역으로서 소방청장·소방본부장 또는 소방서장이 화재경계지구로 지정할 필요가 있다고 인정하는 지역

② 시·도지사가 화재경계지구로 지정할 필요가 있는 지역을 화재경계지구로 지정하지 아니하는 경우 소방청장은 해당 시·도지사에게 해당 지역의 화재경계지구 지정을 요청할 수 있다.

③ 소방본부장이나 소방서장은 대통령령으로 정하는 바에 따라 제1항에 따른 화재경계지구 안의 소방대상물의 위치·구조 및 설비 등에 대하여 「화재예방, 소방시설 설치·유지 및 안전관리에 관한 법률」에 따른 소방특별조사를 하여야 한다.

④ 소방본부장이나 소방서장은 소방특별조사를 한 결과 화재의 예방과 경계를 위하여 필요하다고 인정할 때에는 관계인에게 소방용수시설, 소화기구, 그 밖에 소방에 필요한 설비의 설치를 명할 수 있다.

⑤ 소방본부장이나 소방서장은 화재경계지구 안의 관계인에 대하여 대통령령으로 정하는 바에 따라 소방에 필요한 훈련 및 교육을 실시할 수 있다.

⑥ 시·도지사는 대통령령으로 정하는 바에 따라 화재경계지구의 지정 현황, 소방특별조사의 결과, 소방설비 설치 명령 현황, 소방교육의 현황 등이 포함된 화재경계지구에서의 화재예방 및 경계에 필요한 자료를 매년 작성·관리하여야 한다.

다음 중 대통령령으로 정하는 화재경계지구의 지정대상지역으로 옳지 않은 것은?

✓ ① 소방통로가 있는 지역
② 목조건물이 밀집한 지역
③ 공장·창고가 밀집한 지역
④ 시장지역

10-1. 화재경계지구의 관리(시행령 제4조)

① 소방본부장 또는 소방서장은 화재경계지구 안의 소방대상물의 위치 · 구조 및 설비 등에 대한 소방특별조사를 연 1회 이상 실시하여야 한다.

② 소방본부장 또는 소방서장은 화재경계지구 안의 관계인에 대하여 소방상 필요한 훈련 및 교육을 연 1회 이상 실시할 수 있다.

③ 소방본부장 또는 소방서장은 소방상 필요한 훈련 및 교육을 실시하고자 하는 때에는 화재경계지구 안의 관계인에게 훈련 또는 교육 10일 전까지 그 사실을 통보하여야 한다.

④ 시 · 도지사는 다음의 사항을 행정안전부령으로 정하는 화재경계지구 관리대장에 작성하고 관리하여야 한다.

　1. 화재경계지구의 지정 현황

　2. 소방특별조사의 결과

　3. 소방설비의 설치 명령 현황

　4. 소방교육의 실시 현황

　5. 소방훈련의 실시 현황

　6. 그 밖에 화재예방 및 경계에 필요한 사항

11. 불을 사용하는 설비 등의 관리와 특수가연물의 저장 · 취급(법 제15조)

① 보일러, 난로, 건조설비, 가스 · 전기시설, 그 밖에 화재 발생 우려가 있는 설비 또는 기구 등의 위치 · 구조 및 관리와 화재 예방을 위하여 불을 사용할 때 지켜야 하는 사항은 대통령령으로 정한다.

② 화재가 발생하는 경우 불길이 빠르게 번지는 고무류 · 면화류 · 석탄 및 목탄 등 대통령령으로 정하는 특수가연물의 저장 및 취급 기준은 대통령령으로 정한다.

[좌측 여백 기출문제]

⁝ 소방본부장 또는 소방서장은 화재경계지구 안의 관계인에 대하여 소방상 필요한 훈련 및 교육을 실시하고자 하는 때에는 관계인에게 몇 일전까지 그 사실을 통보하여야 하는가?

　① 5일

✓ ② 10일

　③ 15일

　④ 20일

⁝ 소방기본법상 보일러, 난로, 건조설비, 가스 · 전기시설, 그 밖에 화재발생 우려가 있는 설비 또는 기구 등의 위치 · 구조 및 관리와 화재예방을 위하여 불을 사용할 때 지켜야 하는 사항은 무엇으로 정하는가?

　① 총리령

✓ ② 대통령령

　③ 시 · 도 조례

　④ 행정안전부령

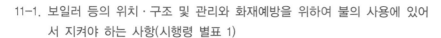

11-1. 보일러 등의 위치·구조 및 관리와 화재예방을 위하여 불의 사용에 있어서 지켜야 하는 사항(시행령 별표 1)

① 보일러

1. 가연성 벽·바닥 또는 천장과 접촉하는 증기기관 또는 연통의 부분은 규조토·석면 등 난연성 단열재로 덮어씌워야 한다.

2. 경유·등유 등 액체연료를 사용하는 경우

   가. 연료탱크는 보일러본체로부터 수평거리 1미터 이상의 간격을 두어 설치할 것

   나. 연료탱크에는 화재 등 긴급상황이 발생하는 경우 연료를 차단할 수 있는 개폐밸브를 연료탱크로부터 0.5미터 이내에 설치할 것

   다. 연료탱크 또는 연료를 공급하는 배관에는 여과장치를 설치할 것

   라. 사용이 허용된 연료 외의 것을 사용하지 아니할 것

   마. 연료탱크에는 불연재료(「건축법 시행령」의 규정에 의한 것을 말한다. 이하 이 표에서 같다)로 된 받침대를 설치하여 연료탱크가 넘어지지 아니하도록 할 것

3. 기체연료를 사용하는 경우

   가. 보일러를 설치하는 장소에는 환기구를 설치하는 등 가연성가스가 머무르지 아니하도록 할 것

   나. 연료를 공급하는 배관은 금속관으로 할 것

   다. 화재 등 긴급시 연료를 차단할 수 있는 개폐밸브를 연료용기 등으로부터 0.5미터 이내에 설치할 것

   라. 보일러가 설치된 장소에는 가스누설경보기를 설치할 것

4. 보일러와 벽·천장 사이의 거리는 0.6미터 이상 되도록 하여야 한다.

5. 보일러를 실내에 설치하는 경우에는 콘크리트바닥 또는 금속 외의 불연재료로 된 바닥 위에 설치하여야 한다.

② 난로

1. 연통은 천장으로부터 0.6미터 이상 떨어지고, 건물 밖으로 0.6미터 이상 나오게 설치하여야 한다.

2. 가연성 벽·바닥 또는 천장과 접촉하는 연통의 부분은 규조토·석면 등 난연성 단열재로 덮어씌워야 한다.

3. 이동식난로는 다음의 장소에서 사용하여서는 아니된다. 다만, 난로가 쓰러지지 아니하도록 받침대를 두어 고정시키거나 쓰러지는 경우 즉시 소화되고 연료의 누출을 차단할 수 있는 장치가 부착된 경우에는 그러하지 아니하다.

가. 「다중이용업소의 안전관리에 관한 특별법」에 따른 다중이용업의 영업소

나. 「학원의 설립·운영 및 과외교습에 관한 법률」의 규정에 의한 학원

다. 「학원의 설립·운영 및 과외교습에 관한 법률 시행령」의 규정에 의한 독서실

라. 「공중위생관리법」의 규정에 의한 숙박업·목욕장업·세탁업의 영업장

마. 「의료법」에 의한 종합병원·병원·치과병원·한방병원·요양병원·의원·치과의원·한의원 및 조산원

바. 「식품위생법 시행령」에 따른 휴게음식점영업, 일반음식점영업, 단란주점영업, 유흥주점영업 및 제과점영업의 영업장

사. 「영화 및 비디오물의 진흥에 관한 법률」에 따른 영화상영관

아. 「공연법」에 의한 공연장

자. 「박물관 및 미술관 진흥법」에 의한 박물관 및 미술관

차. 「유통산업발전법」에 의한 상점가

카. 「건축법」에 따른 가설건축물

타. 역·터미널

③ 불꽃을 사용하는 용접·용단기구 : 용접 또는 용단 작업장에서는 다음의 사항을 지켜야 한다. 다만, 「산업안전보건법」의 적용을 받는 사업장의 경우에는 적용하지 아니한다.

1. 용접 또는 용단 작업자로부터 반경 5m 이내에 소화기를 갖추어 둘 것

2. 용접 또는 용단 작업장 주변 반경 10m 이내에는 가연물을 쌓아두거나 놓아두지 말 것. 다만, 가연물의 제거가 곤란하여 방지포 등으로 방호조치를 한 경우는 제외한다.

④ 음식조리를 위하여 설치하는 설비

일반음식점에서 조리를 위하여 불을 사용하는 설비를 설치하는 경우에는 다음의 사항을 지켜야 한다.

가. 주방설비에 부속된 배기닥트는 0.5밀리미터 이상의 아연도금강판 또는 이와 동등 이상의 내식성 불연재료로 설치할 것

나. 주방시설에는 동물 또는 식물의 기름을 제거할 수 있는 필터 등을 설치할 것

다. 열을 발생하는 조리기구는 반자 또는 선반으로부터 0.6미터 이상 떨어지게 할 것

라. 열을 발생하는 조리기구로부터 0.15미터 이내의 거리에 있는 가연성 주요구조부는 석면판 또는 단열성이 있는 불연재료로 덮어 씌울 것

소방기본법령상 일반음식점에서 조리를 위하여 물을 사용하는 설비를 설치하는 경우 지켜야 하는 사항 중 다음 ( ) 안에 알맞은 것은?

• 주방설비에 부속된 배기닥트는 (㉠)mm 이상의 아연도금강판 또는 이와 동등 이상의 내식성 불연재료로 설치할 것
• 열을 발생하는 조리기구로부터 (㉠)mm 이내의 거리에 있는 가연성 주요구조부는 석면판 또는 단열성이 있는 불연재료로 덮어 씌울 것

✓ ① ㉠ 0.5, ㉡ 0.15
② ㉠ 0.5, ㉡ 0.6
③ ㉠ 0.6, ㉡ 0.15
④ ㉠ 0.6, ㉡ 0.5

11-2. 특수가연물(시행령 별표 2) 🔥🔥🔥

품명		수량
면화류		200킬로그램 이상
나무껍질 및 대팻밥		400킬로그램 이상
넝마 및 종이부스러기		1,000킬로그램 이상
사류(絲類)		1,000킬로그램 이상
볏짚류		1,000킬로그램 이상
가연성고체류		3,000킬로그램 이상
석탄·목탄류		10,000킬로그램 이상
가연성액체류		2세제곱미터 이상
목재가공품 및 나무부스러기		10세제곱미터 이상
합성수지류	발포시킨 것	20세제곱미터 이상
	그 밖의 것	3,000킬로그램 이상

11-3. 특수가연물의 저장 및 취급의 기준(시행령 제7조)

1. 특수가연물을 저장 또는 취급하는 장소에는 품명·최대수량 및 화기취급의 금지표지를 설치할 것

2. 다음의 기준에 따라 쌓아 저장할 것. 다만, 석탄·목탄류를 발전(發電)용으로 저장하는 경우에는 그러하지 아니하다.

   가. 품명별로 구분하여 쌓을 것

   나. 쌓는 높이는 10미터 이하가 되도록 하고, 쌓는 부분의 바닥면적은 50제곱미터(석탄·목탄류의 경우에는 200제곱미터) 이하가 되도록 할 것. 다만, 살수설비를 설치하거나, 방사능력 범위에 해당 특수가연물이 포함되도록 대형수동식소화기를 설치하는 경우에는 쌓는 높이를 15미터 이하, 쌓는 부분의 바닥면적을 200제곱미터(석탄·목탄류의 경우에는 300제곱미터) 이하로 할 수 있다.

   다. 쌓는 부분의 바닥면적 사이는 1미터 이상이 되도록 할 것

관련기출

⋮ 다음 중 특수가연물에 해당되지 않은 것은?

✔ ① 800kg 이상의 종이부스러기
② 1,000kg 이상의 볏짚류
③ 1,000kg 이상의 사류(絲類)
④ 400kg 이상의 나무껍질

⋮ 특수가연물을 저장 또는 취급하는 장소에 설치하는 표지의 기재사항이 아닌 것은?

① 품명
✔ ② 안전관리자 성명
③ 최대수량
④ 화기 취급의 금지

⋮ 특수가연물의 저장 및 취급의 기준으로서 옳지 않은 것은?

① 특수가연물을 저장 또는 취급하는 장소에는 품명·최대수량 및 화기취급의 금지표지를 설치하여야 한다.
② 품명별로 구분하여 쌓아야 한다.
✔ ③ 석탄이나 목탄류를 쌓는 경우에는 쌓는 부분의 바닥면적은 $20m^2$ 이하가 되도록 하여야 한다.
④ 쌓는 높이는 10m 이하가 되도록 하여야 한다.

관련기출

::: 소방기본법상 명령권자가 소방본부장, 소방서장 또는 소방대장에게 있는 사항은?

① 소방 활동을 할 때에 긴급한 경우에는 이웃한 소방본부장 또는 소방서장에게 소방 업무의 응원을 요청할 수 있다.

✓② 화재, 재난·재해, 그 밖의 위급한 상황이 발생한 현장에서 소방활동을 위하여 필요할 때에는 그 관할구역에 사는 사람 또는 그 현장에 있는 사람으로 하여금 사람을 구출하는 일 또는 불을 끄거나 불이 번지지 아니하도록 하는 일을 하게 할 수 있다.

③ 수사기관이 방화 또는 실화의 혐의가 있어서 이미 피의자를 체포하였거나 증거 물을 압수하였을 때에 화재조사를 위하여 필요한 경우에는 수사에 지장을 주지 아니하는 범위에서 그 피의자 또는 압수된 증거물에 대한 조사를 할 수 있다.

④ 화재, 재난·재해, 그 밖의 위급한 상황이 발생하였을 때에는 소방대를 현장에 신속하게 출동시켜 화재진압과 인명구조, 구급 등 소방에 필요한 활동을 하게하여야 한다.

12. 소방활동(법 제16조)

① 소방청장, 소방본부장 또는 소방서장은 화재, 재난·재해, 그 밖의 위급한 상황이 발생하였을 때에는 소방대를 현장에 신속하게 출동시켜 화재진압과 인명구조·구급 등 소방에 필요한 활동을 하게 하여야 한다.

② 누구든지 정당한 사유 없이 출동한 소방대의 화재진압 및 인명구조·구급 등 소방활동을 방해하여서는 아니 된다.

13. 소방교육·훈련(법 제17조)

① 소방청장, 소방본부장 또는 소방서장은 소방업무를 전문적이고 효과적으로 수행하기 위하여 소방대원에게 필요한 교육·훈련을 실시하여야 한다.

② 소방청장, 소방본부장 또는 소방서장은 화재를 예방하고 화재 발생 시 인명과 재산피해를 최소화하기 위하여 다음에 해당하는 사람을 대상으로 행정안전부령으로 정하는 바에 따라 소방안전에 관한 교육과 훈련을 실시할 수 있다. 이 경우 소방청장, 소방본부장 또는 소방서장은 해당 어린이집·유치원·학교의 장과 교육일정 등에 관하여 협의하여야 한다.

1. 「영유아보육법」에 따른 어린이집의 영유아

2. 「유아교육법」에 따른 유치원의 유아

3. 「초·중등교육법」에 따른 학교의 학생

③ 소방청장, 소방본부장 또는 소방서장은 국민의 안전의식을 높이기 위하여 화재 발생 시 피난 및 행동 방법 등을 홍보하여야 한다.

④ 교육·훈련의 종류 및 대상자, 그 밖에 교육·훈련의 실시에 필요한 사항은 행정안전부령으로 정한다.

13-1. 소방대원에게 실시할 교육·훈련의 종류 등(시행규칙 별표 3의2)

1. 교육·훈련의 종류 및 교육·훈련을 받아야 할 대상자

종류	교육·훈련을 받아야 할 대상자
가. 화재진압훈련	1) 화재진압업무를 담당하는 소방공무원 2) 「의무소방대설치법 시행령」에 따른 임무를 수행하는 의무소방원 3) 「의용소방대 설치 및 운영에 관한 법률」에 따라 임명된 의용소방대원
나. 인명구조훈련	1) 구조업무를 담당하는 소방공무원 2) 「의무소방대설치법 시행령」에 따른 임무를 수행하는 의무소방원 3) 「의용소방대 설치 및 운영에 관한 법률」에 따라 임명된 의용소방대원
다. 응급처치훈련	1) 구급업무를 담당하는 소방공무원 2) 「의무소방대설치법」에 따라 임용된 의무소방원 3) 「의용소방대 설치 및 운영에 관한 법률」에 따라 임명된 의용소방대원
라. 인명대피훈련	1) 소방공무원 2) 「의무소방대설치법」에 따라 임용된 의무소방원 3) 「의용소방대 설치 및 운영에 관한 법률」에 따라 임명된 의용소방대원
마. 현장지휘훈련	소방공무원 중 다음의 계급에 있는 사람 1) 지방소방정 2) 지방소방령 3) 지방소방경 4) 지방소방위

2. 교육·훈련 횟수 및 기간

횟수	기간
2년마다 1회	2주 이상

3. 규정한 사항 외에 소방대원의 교육·훈련에 필요한 사항은 소방청장이 정한다.

14. 소방활동구역의 설정(법 제23조)

① 소방대장은 화재, 재난·재해, 그 밖의 위급한 상황이 발생한 현장에 소방활동구역을 정하여 소방활동에 필요한 사람으로서 대통령령으로 정하는 사람 외에는 그 구역에 출입하는 것을 제한할 수 있다.

┇ 소방업무를 전문적이고 효과적으로 수행하기 위하여 소방대원에게 필요한 소방교육·훈련의 회수와 기간은?

① 2년마다 1회 이상 실시하되, 기간은 1주 이상
② 3년마다 1회 이상 실시하되, 기간은 1주 이상
✓③ 2년마다 1회 이상 실시하되, 기간은 2주 이상
④ 3년마다 1회 이상 실시하되, 기간은 2주 이상

┇ 소방기본법상 소방대장의 권한이 아닌 것은?

✓① 화재가 발생하였을 때에는 화재의 원인 및 피해 등에 대한 조사
② 화재, 재난·재해 그 밖의 위급한 상황이 발생한 현장에 소방활동구역을 정하여 소방활동에 필요한 사람으로서 대통령령으로 정하는 사람 외에는 그 구역에 출입하는 것을 제한
③ 사람을 구출하거나 불이 번지는 것을 막기 위하여 필요할 때에는 화재가 발생하거나 불이 번질 우려가 있는 소방대상물 및 토지를 일시적으로 사용하거나 그 사용의 제한 또는 소방활동에 필요한 처분
④ 화재 진압 등 소방활동을 위하여 필요할 때에는 소방용수 외에 댐·저수지 또는 수영장 등의 물을 사용하거나 수도의 개폐장치 등을 조작

┇ 소방기본법상 소방활동구역의 설정 권자로 옳은 것은?

① 소방본부장
② 소방서장
✓③ 소방대장
④ 시·도지사

소방대장은 화재, 재난·재해, 그 밖의 위급한 상황이 발생한 현장에 소방활동구역을 정하여 지정한 사람 외에는 그 구역에 출입하는 것을 제한 할 수 있다. 소방활동구역을 출입할 수 없는 사람은?

① 의사·간호사 그 밖의 구조·구급업무에 종사하는 사람
② 수사업무에 종사하는 사람
✓ ③ 소방활동구역 밖의 소방대상물을 소유한 사람
④ 전기·가스 등의 업무에 종사하는 사람으로서 원활한 소방활동을 위하여 필요한 사람

② 경찰공무원은 소방대가 소방활동구역에 있지 아니하거나 소방대장의 요청이 있을 때에는 제1항에 따른 조치를 할 수 있다.

14-1. 소방활동구역의 출입자(시행령 제8조)

1. 소방활동구역 안에 있는 소방대상물의 소유자·관리자 또는 점유자
2. 전기·가스·수도·통신·교통의 업무에 종사하는 사람으로서 원활한 소방활동을 위하여 필요한 사람
3. 의사·간호사 그 밖의 구조·구급업무에 종사하는 사람
4. 취재인력 등 보도업무에 종사하는 사람
5. 수사업무에 종사하는 사람
6. 그 밖에 소방대장이 소방활동을 위하여 출입을 허가한 사람

15. 소방활동 종사 명령(법 제24조)

① 소방본부장, 소방서장 또는 소방대장은 화재, 재난·재해, 그 밖의 위급한 상황이 발생한 현장에서 소방활동을 위하여 필요할 때에는 그 관할구역에 사는 사람 또는 그 현장에 있는 사람으로 하여금 사람을 구출하는 일 또는 불을 끄거나 불이 번지지 아니하도록 하는 일을 하게 할 수 있다. 이 경우 소방본부장, 소방서장 또는 소방대장은 소방활동에 필요한 보호장구를 지급하는 등 안전을 위한 조치를 하여야 한다.

② 명령에 따라 소방활동에 종사한 사람은 시·도지사로부터 소방활동의 비용을 지급받을 수 있다. 다만, 다음의 어느 하나에 해당하는 사람의 경우에는 그러하지 아니하다.

1. 소방대상물에 화재, 재난·재해, 그 밖의 위급한 상황이 발생한 경우 그 관계인
2. 고의 또는 과실로 화재 또는 구조·구급 활동이 필요한 상황을 발생시킨 사람
3. 화재 또는 구조·구급 현장에서 물건을 가져간 사람

16. 소방용수시설 또는 비상소화장치의 사용금지 등(법 제28조)

누구든지 다음의 어느 하나에 해당하는 행위를 하여서는 아니 된다.

1. 정당한 사유 없이 소방용수시설 또는 비상소화장치를 사용하는 행위
2. 정당한 사유 없이 손상·파괴, 철거 또는 그 밖의 방법으로 소방용수시설 또는 비상소화장치의 효용(效用)을 해치는 행위
3. 소방용수시설 또는 비상소화장치의 정당한 사용을 방해하는 행위

17. 화재의 원인 및 피해 조사(법 제29조)

① 소방청장, 소방본부장 또는 소방서장은 화재가 발생하였을 때에는 화재의 원인 및 피해 등에 대한 조사(이하 "화재조사"라 한다)를 하여야 한다.

② 화재조사의 방법 및 전담조사반의 운영과 화재조사자의 자격 등 화재조사에 필요한 사항은 행정안전부령으로 정한다.

17-1. 화재조사의 종류 및 조사의 범위(시행규칙 별표 5)

1. 화재원인조사

종류	조사범위
가. 발화원인 조사	화재가 발생한 과정, 화재가 발생한 지점 및 불이 붙기 시작한 물질
나. 발견·통보 및 초기 소화 상황 조사	화재의 발견·통보 및 초기소화 등 일련의 과정
다. 연소상황 조사	화재의 연소경로 및 확대원인 등의 상황
라. 피난상황 조사	피난경로, 피난상의 장애요인 등의 상황
마. 소방시설 등 조사	소방시설의 사용 또는 작동 등의 상황

2. 화재피해조사

종류	조사범위
가. 인명피해조사	(1) 소방활동중 발생한 사망자 및 부상자 (2) 그 밖에 화재로 인한 사망자 및 부상자
나. 재산피해조사	(1) 열에 의한 탄화, 용융, 파손 등의 피해 (2) 소화활동중 사용된 물로 인한 피해 (3) 그 밖에 연기, 물품반출, 화재로 인한 폭발 등에 의한 피해

18. 안전원의 업무(법 제41조)

1. 소방기술과 안전관리에 관한 교육 및 조사·연구
2. 소방기술과 안전관리에 관한 각종 간행물 발간
3. 화재 예방과 안전관리의식 고취를 위한 대국민 홍보
4. 소방업무에 관하여 행정기관이 위탁하는 업무
5. 소방안전에 관한 국제협력
6. 그 밖에 회원에 대한 기술지원 등 정관으로 정하는 사항

다음 중 화재원인조사의 종류가 아닌 것은?
① 발화원인조사
✔ ② 재산피해조사
③ 연소상황조사
④ 피난상황조사

한국소방안전원의 업무가 아닌 것은?
① 화재 예방과 안전관리의식 고취를 위한 대국민 홍보
② 소방기술과 안전관리에 관한 각종 간행물의 발간
✔ ③ 소방용 기계·기구에 대한 검정 기준의 개정
④ 소방기술과 안전관리에 관한 교육 및 조사·연구

: 소방활동 종사 명령으로 소방활동에 종사한 사람이 사망하거나 부상을 입은 경우 보상하여야 하는 사람은?

① 행정안전부장관
② 소방청장
③ 소방본부장 또는 소방서장
✓④ 시·도지사

: 소방자동차의 출동을 방해한 자는 5년 이하의 징역 또는 얼마 이하의 벌금에 처하는가?

① 1천5백만 원
② 2천만 원
③ 3천만 원
✓④ 5천만 원

19. 손실보상(법 제49조의2)

① 소방청장 또는 시·도지사는 다음의 어느 하나에 해당하는 자에게 손실보상심의위원회의 심사·의결에 따라 정당한 보상을 하여야 한다.

1. 생활안전활동에 따른 조치로 인하여 손실을 입은 자
2. 소방활동 종사 명령에 따른 소방활동 종사로 인하여 사망하거나 부상을 입은 자
3. 강제처분에 따른 처분으로 인하여 손실을 입은 자. 다만, 주차 또는 정차된 차량 및 물건 등을 제거 또는 이동시 법령을 위반하여 소방자동차의 통행과 소방활동에 방해가 된 경우는 제외한다.
4. 위험시설에 대한 긴급 조치로 인하여 손실을 입은 자
5. 그 밖에 소방기관 또는 소방대의 적법한 소방업무 또는 소방활동으로 인하여 손실을 입은 자

② 손실보상을 청구할 수 있는 권리는 손실이 있음을 안 날부터 3년, 손실이 발생한 날부터 5년간 행사하지 아니하면 시효의 완성으로 소멸한다.

③ 손실보상청구 사건을 심사·의결하기 위하여 손실보상심의위원회를 둔다.

④ 손실보상의 기준, 보상금액, 지급절차 및 방법, 제3항에 따른 손실보상심의위원회의 구성 및 운영, 그 밖에 필요한 사항은 대통령령으로 정한다.

20. 벌칙(법 제50조~제54조)

제50조

다음의 어느 하나에 해당하는 사람은 5년 이하의 징역 또는 5천만 원 이하의 벌금에 처한다.

1. 소방활동의 방해규정을 위반하여 다음의 어느 하나에 해당하는 행위를 한 사람
   가. 위력(威力)을 사용하여 출동한 소방대의 화재진압·인명구조 또는 구급활동을 방해하는 행위
   나. 소방대가 화재진압·인명구조 또는 구급활동을 위하여 현장에 출동하거나 현장에 출입하는 것을 고의로 방해하는 행위
   다. 출동한 소방대원에게 폭행 또는 협박을 행사하여 화재진압·인명구조 또는 구급활동을 방해하는 행위
   라. 출동한 소방대의 소방장비를 파손하거나 그 효용을 해하여 화재진압·인명구조 또는 구급활동을 방해하는 행위
2. 소방자동차의 출동을 방해한 사람
3. 사람을 구출하는 일 또는 불을 끄거나 불이 번지지 아니하도록 하는 일을 방해한 사람

4. 정당한 사유 없이 소방용수시설 또는 비상소화장치를 사용하거나 소방용수시설 또는 비상소화장치의 효용을 해치거나 그 정당한 사용을 방해한 사람

제51조 🔥🔥🔥

처분을 방해한 자 또는 정당한 사유 없이 그 처분에 따르지 아니한 자는 3년 이하의 징역 또는 3천만 원 이하의 벌금에 처한다.

제52조 🔥🔥🔥

다음의 어느 하나에 해당하는 자는 300만 원 이하의 벌금에 처한다.

1. 소방대상물, 토지에 대한 사용제한 처분, 주·정차 차량 및 물건의 제거·이동처분을 방해한 자 또는 정당한 사유 없이 그 처분에 따르지 아니한 자
2. 관계인의 정당한 업무를 방해하거나 화재조사를 수행하면서 알게 된 비밀을 다른 사람에게 누설한 사람

제53조

다음의 어느 하나에 해당하는 자는 200만 원 이하의 벌금에 처한다.

1. 정당한 사유 없이 화재의 예방조치에 따른 명령에 따르지 아니하거나 이를 방해한 자
2. 정당한 사유 없이 관계 공무원의 출입 또는 조사를 거부·방해 또는 기피한 자

제54조

다음의 어느 하나에 해당하는 자는 100만 원 이하의 벌금에 처한다.

1. 화재경계지구 안의 소방대상물에 대한 소방특별조사를 거부·방해 또는 기피한 자

1의2. 정당한 사유 없이 소방대의 생활안전활동을 방해한 자

2. 정당한 사유 없이 소방대가 현장에 도착할 때까지 사람을 구출하는 조치 또는 불을 끄거나 불이 번지지 아니하도록 하는 조치를 하지 아니한 사람
3. 피난 명령을 위반한 사람
4. 정당한 사유 없이 물의 사용이나 수도의 개폐장치의 사용 또는 조작을 하지 못하게 하거나 방해한 자
5. 위험시설에 대한 긴급조치를 정당한 사유 없이 방해한 자

소방대상물의 관계인은 소방대상물에 화재, 재난·재해 등이 발생한 경우 소방대가 현장에 도착할 때까지 사람을 구출하는 조치 또는 불을 끄거나 불이 번지지 않도록 조치를 하여야 한다. 정당한 사유 없이 이를 위반한 관계인에 대한 벌칙은?

① 1년 이하의 징역
② 1,000만 원 이하의 벌금
③ 500만 원 이하의 벌금
✔ ④ 100만 원 이하의 벌금

소방기본법상 관계인의 소방활동을 위반하여 정당한 사유 없이 소방대가 현장에 도착할 때까지 사람을 구출하는 조치 또는 불을 끄거나 불이 번지지 아니하도록 하는 조치를 하지 아니한 자에 대한 벌칙 기준으로 옳은 것은?

✔ ① 100만 원 이하의 벌금
② 200만 원 이하의 벌금
③ 300만 원 이하의 벌금
④ 400만 원 이하의 벌금

소방기본법상 소방용수시설, 소화기구 및 설비 등의 설치 명령을 위반한 자의 과태료는?

① 100만 원 이하
✓ ② 200만 원 이하
③ 300만 원 이하
④ 500만 원 이하

시장지역에서 화재로 오인할 만한 우려가 있는 불을 피우거나 연막소독을 하려는 자가 소방본부장 또는 소방서장에게 신고를 하지 아니하여 소방자동차를 출동하게 한 자에 대한 과태료 부과금액 기준으로 옳은 것은?

✓ ① 20만 원 이하
② 50만 원 이하
③ 100만 원 이하
④ 200만 원 이하

21. 과태료(법 제56조~제57조)

제56조

① 다음의 어느 하나에 해당하는 자에게는 200만 원 이하의 과태료를 부과한다.

1. 소방용수시설, 소화기구 및 설비 등의 설치 명령을 위반한 자
2. 불을 사용할 때 지켜야 하는 사항 및 특수가연물의 저장 및 취급 기준을 위반한 자
3. 화재 또는 구조·구급이 필요한 상황을 거짓으로 알린 사람
3의2. 소방자동차의 출동에 지장을 준 자
4. 소방활동구역을 출입한 사람
5. 명령을 위반하여 보고 또는 자료 제출을 하지 아니하거나 거짓으로 보고 또는 자료 제출을 한 자
6. 한국소방안전원 또는 이와 유사한 명칭을 사용한 자

② 소방자동차 전용구역에 차를 주차하거나 전용구역에의 진입을 가로막는 등의 방해행위를 한 자에게는 100만 원 이하의 과태료를 부과한다.

③ 과태료는 대통령령으로 정하는 바에 따라 관할 시·도지사, 소방본부장 또는 소방서장이 부과·징수한다.

제57조

① 시장, 공장·창고 밀집지역 등에서 화재로 오인할 만한 우려가 있는 불을 피우거나 연막 소독을 하려는 자가 신고를 하지 아니하여 소방자동차를 출동하게 한 자에게는 20만 원 이하의 과태료를 부과한다.

② 과태료는 조례로 정하는 바에 따라 관할 소방본부장 또는 소방서장이 부과·징수한다.

02 화재예방, 소방시설 설치·유지 및 안전관리에 관한 법률

1. 목적(법 제1조)

이 법은 화재와 재난·재해, 그 밖의 위급한 상황으로부터 국민의 생명·신체 및 재산을 보호하기 위하여 화재의 예방 및 안전관리에 관한 국가와 지방자치단체의 책무와 소방시설등의 설치·유지 및 소방대상물의 안전관리에 관하여 필요한 사항을 정함으로써 공공의 안전과 복리 증진에 이바지함을 목적으로 한다.

2. 정의(법 제2조)

1. "소방시설"이란 소화설비, 경보설비, 피난구조설비, 소화용수설비, 그 밖에 소화활동설비로서 대통령령으로 정하는 것을 말한다.

2. "소방시설등"이란 소방시설과 비상구(非常口), 그 밖에 소방 관련 시설로서 대통령령으로 정하는 것을 말한다.

3. "특정소방대상물"이란 소방시설을 설치하여야 하는 소방대상물로서 대통령령으로 정하는 것을 말한다.

4. "소방용품"이란 소방시설등을 구성하거나 소방용으로 사용되는 제품 또는 기기로서 대통령령으로 정하는 것을 말한다.

2-1. 소방시설(시행령 별표 1)

1. 소화설비 : 물 또는 그 밖의 소화약제를 사용하여 소화하는 기계·기구 또는 설비로서 다음의 것
   가. 소화기구
      1) 소화기
      2) 간이소화용구 : 에어로졸식 소화용구, 투척용 소화용구 및 소화약제 외의 것을 이용한 간이소화용구
      3) 자동확산소화기
   나. 자동소화장치
      1) 주거용 주방자동소화장치
      2) 상업용 주방자동소화장치
      3) 캐비닛형 자동소화장치
      4) 가스자동소화장치
      5) 분말자동소화장치
      6) 고체에어로졸자동소화장치
   다. 옥내소화전설비(호스릴옥내소화전설비를 포함)

소방시설을 구분하는 경우 소화설비에 해당되지 않는 것은?

① 스프링클러설비
✔ ② 제연설비
③ 자동확산소화기
④ 옥외소화전설비

라. 스프링클러설비등

   1) 스프링클러설비

   2) 간이스프링클러설비(캐비닛형 간이스프링클러설비를 포함)

   3) 화재조기진압용 스프링클러설비

마. 물분무등소화설비

   1) 물분무소화설비

   2) 미분무소화설비

   3) 포소화설비

   4) 이산화탄소소화설비

   5) 할론소화설비

   6) 할로겐화합물 및 불활성기체 소화설비

   7) 분말소화설비

   8) 강화액소화설비

바. 옥외소화전설비

2. **경보설비** : 화재발생 사실을 통보하는 기계·기구 또는 설비로서 다음의 것

  가. 단독경보형 감지기

  나. 비상경보설비

   1) 비상벨설비

   2) 자동식사이렌설비

  다. 시각경보기

  라. 자동화재탐지설비

  마. 비상방송설비

  바. 자동화재속보설비

  사. 통합감시시설

  아. 누전경보기

  자. 가스누설경보기

3. **피난구조설비** : 화재가 발생할 경우 피난하기 위하여 사용하는 기구 또는 설비로서 다음의 것

  가. 피난기구

   1) 피난사다리

   2) 구조대

   3) 완강기

   4) 그 밖에 법 제9조 제1항에 따라 소방청장이 정하여 고시하는 화재안전 기준(이하 "화재안전기준"이라 한다)으로 정하는 것

  나. 인명구조기구

   1) 방열복, 방화복(안전헬멧, 보호장갑 및 안전화를 포함한다)

   2) 공기호흡기

다음 소방시설 중 피난구조설비에 속하는 것은?

① 제연설비, 휴대용비상조명등

② 자동화재속보설비, 유도등

③ 비상방송설비. 비상벨설비

✔ ④ 비상조명등, 유도등

3) 인공소생기
      다. 유도등
            1) 피난유도선
            2) 피난구유도등
            3) 통로유도등
            4) 객석유도등
            5) 유도표지
      라. 비상조명등 및 휴대용비상조명등
   4. **소화용수설비** : 화재를 진압하는 데 필요한 물을 공급하거나 저장하는 설비로서 다음의 것
      가. 상수도소화용수설비
      나. 소화수조·저수조, 그 밖의 소화용수설비
   5. **소화활동설비** : 화재를 진압하거나 인명구조활동을 위하여 사용하는 설비로서 다음의 것
      가. 제연설비
      나. 연결송수관설비
      다. 연결살수설비
      라. 비상콘센트설비
      마. 무선통신보조설비
      바. 연소방지설비

2-2. 특정소방대상물(시행령 별표 2)

   1. **공동주택**
      가. 아파트등 : 주택으로 쓰이는 층수가 5층 이상인 주택
      나. 기숙사 : 학교 또는 공장 등에서 학생이나 종업원 등을 위하여 쓰는 것으로서 공동취사 등을 할 수 있는 구조를 갖추되, 독립된 주거의 형태를 갖추지 않은 것(「교육기본법」에 따른 학생복지주택을 포함)
   2. **근린생활시설**
      가. 슈퍼마켓과 일용품(식품, 잡화, 의류, 완구, 서적, 건축자재, 의약품, 의료기기 등) 등의 소매점으로서 같은 건축물(하나의 대지에 두 동 이상의 건축물이 있는 경우에는 이를 같은 건축물로 본다.)에 해당 용도로 쓰는 바닥면적의 합계가 1천m² 미만인 것
      나. 휴게음식점, 제과점, 일반음식점, 기원(棋院), 노래연습장 및 단란주점(단란주점은 같은 건축물에 해당 용도로 쓰는 바닥면적의 합계가 150m² 미만인 것만 해당)

⋮ 화재를 진압하거나 인명구조활동을 위하여 특정소방대상물에는 소화활동설비를 설치하여야 한다. 다음 중 소화활동설비에 해당되지 않은 것은?
① 제연설비, 비상콘센트 설비
② 연결송수관설비, 연결살수설비
③ 무선통신보조설비, 연소방지설비
✔ ④ 자동화재속보설비, 통합감시시설

⋮ 화재예방, 소방시설 설치·유지 및 안전관리에 관한 법률 시행령에서 규정하는 소화활동설비에 속하지 않는 것은?
① 제연설비
② 연결송수관설비
③ 무선통신보조설비
✔ ④ 비상방송설비

⋮ 다음 소방시설 중 소화활동설비가 아닌 것은?
① 제연설비
② 연결송수관설비
③ 무선통신보조설비
✔ ④ 자동화재탐지설비

⋮ 다음 특정소방대상물에 대한 설명으로 옳지 않은 것은?

✔ ① 의원은 근린생활시설이다.
  ② 동물원 및 식물원은 동식물관련시설이다.
  ③ 종교집회장은 면적에 상관없이 문화집회 및 운동시설이다.
  ④ 철도시설(정비창 포함)은 항공기 및 자동차관련시설이다.

⋮ 특정소방대상물의 근린생활시설에 해당되는 것은?

  ① 전시장
  ② 기숙사
  ③ 유치원
✔ ④ 의원

다. 이용원, 미용원, 목욕장 및 세탁소(공장이 부설된 것과 「대기환경보전법」, 「물환경보전법」 또는 「소음·진동관리법」에 따른 배출시설의 설치허가 또는 신고의 대상이 되는 것은 제외)

라. 의원, 치과의원, 한의원, 침술원, 접골원(接骨院), 조산원(「모자보건법」에 따른 산후조리원을 포함) 및 안마원(「의료법」에 따른 안마시술소를 포함)

마. 탁구장, 테니스장, 체육도장, 체력단련장, 에어로빅장, 볼링장, 당구장, 실내낚시터, 골프연습장, 물놀이형 시설(「관광진흥법」에 따른 안전성검사의 대상이 되는 물놀이형 시설을 말한다.), 그 밖에 이와 비슷한 것으로서 같은 건축물에 해당 용도로 쓰는 바닥면적의 합계가 500m² 미만인 것

바. 공연장(극장, 영화상영관, 연예장, 음악당, 서커스장, 「영화 및 비디오물의 진흥에 관한 법률」에 따른 비디오물감상실업의 시설, 비디오물소극장업의 시설, 그 밖에 이와 비슷한 것을 말한다.) 또는 종교집회장[교회, 성당, 사찰, 기도원, 수도원, 수녀원, 제실(祭室), 사당, 그 밖에 이와 비슷한 것을 말한다.]으로서 같은 건축물에 해당 용도로 쓰는 바닥면적의 합계가 300m² 미만인 것

사. 금융업소, 사무소, 부동산중개사무소, 결혼상담소 등 소개업소, 출판사, 서점, 그 밖에 이와 비슷한 것으로서 같은 건축물에 해당 용도로 쓰는 바닥면적의 합계가 500m² 미만인 것

아. 제조업소, 수리점, 그 밖에 이와 비슷한 것으로서 같은 건축물에 해당 용도로 쓰는 바닥면적의 합계가 500m² 미만이고, 「대기환경보전법」, 「물환경보전법」 또는 「소음·진동관리법」에 따른 배출시설의 설치허가 또는 신고의 대상이 아닌 것

자. 「게임산업진흥에 관한 법률」에 따른 청소년게임제공업 및 일반게임제공업의 시설, 인터넷컴퓨터게임시설제공업의 시설 및 복합유통게임제공업의 시설로서 같은 건축물에 해당 용도로 쓰는 바닥면적의 합계가 500m² 미만인 것

차. 사진관, 표구점, 학원(같은 건축물에 해당 용도로 쓰는 바닥면적의 합계가 500m² 미만인 것만 해당하며, 자동차학원 및 무도학원은 제외), 독서실, 고시원(「다중이용업소의 안전관리에 관한 특별법」에 따른 다중이용업 중 고시원업의 시설로서 독립된 주거의 형태를 갖추지 않은 것으로서 같은 건축물에 해당 용도로 쓰는 바닥면적의 합계가 500m² 미만인 것을 말한다), 장의사, 동물병원, 총포판매사, 그 밖에 이와 비슷한 것

카. 의약품 판매소, 의료기기 판매소 및 자동차영업소로서 같은 건축물에 해당 용도로 쓰는 바닥면적의 합계가 1천m² 미만인 것

3. 문화 및 집회시설

　가. 공연장으로서 근린생활시설에 해당하지 않는 것

　나. 집회장 : 예식장, 공회당, 회의장, 마권(馬券) 장외 발매소, 마권 전화투표소, 그 밖에 이와 비슷한 것으로서 근린생활시설에 해당하지 않는 것

　다. 관람장 : 경마장, 경륜장, 경정장, 자동차 경기장, 그 밖에 이와 비슷한 것과 체육관 및 운동장으로서 관람석의 바닥면적의 합계가 1천m^2 이상인 것

　라. 전시장 : 박물관, 미술관, 과학관, 문화관, 체험관, 기념관, 산업전시장, 박람회장, 견본주택, 그 밖에 이와 비슷한 것

　마. 동·식물원 : 동물원, 식물원, 수족관, 그 밖에 이와 비슷한 것

4. 종교시설

　가. 종교집회장으로서 근린생활시설에 해당하지 않는 것

　나. 가목의 종교집회장에 설치하는 봉안당(奉安堂)

5. 판매시설

　가. 도매시장 : 「농수산물 유통 및 가격안정에 관한 법률」에 따른 농수산물도매시장, 농수산물공판장, 그 밖에 이와 비슷한 것(그 안에 있는 근린생활시설을 포함)

　나. 소매시장 : 시장, 「유통산업발전법」에 따른 대규모점포, 그 밖에 이와 비슷한 것(그 안에 있는 근린생활시설을 포함)

　다. 전통시장 : 「전통시장 및 상점가 육성을 위한 특별법」에 따른 전통시장(그 안에 있는 근린생활시설을 포함하며, 노점형시장은 제외)

　라. 상점 : 다음의 어느 하나에 해당하는 것(그 안에 있는 근린생활시설을 포함)

　　1) 근린생활시설 중 소매점에 해당하는 용도로서 같은 건축물에 해당 용도로 쓰는 바닥면적 합계가 1천m^2 이상인 것

　　2) 게임제공업 관련시설에 해당하는 용도로서 같은 건축물에 해당 용도로 쓰는 바닥면적 합계가 500m^2 이상인 것

6. 운수시설

　가. 여객자동차터미널

　나. 철도 및 도시철도 시설(정비창 등 관련 시설을 포함)

　다. 공항시설(항공관제탑을 포함)

　라. 항만시설 및 종합여객시설

7. 의료시설 🔥🔥🔥

　가. 병원 : 종합병원, 병원, 치과병원, 한방병원, 요양병원

　나. 격리병원 : 전염병원, 마약진료소, 그 밖에 이와 비슷한 것

　다. 정신의료기관

　라. 「장애인복지법」에 따른 장애인 의료재활시설

┊ 다음의 특정소방대상물 중 의료시설에 해당 되지 않는 것은?

① 마약진료소

✔ ② 노인의료복지시설

③ 장애인 의료재활시설

④ 한방병원

8. 교육연구시설

가. 학교

1) 초등학교, 중학교, 고등학교, 특수학교, 그 밖에 이에 준하는 학교 : 「학교시설사업 촉진법」의 교사(校舍)(교실·도서실 등 교수·학습활동에 직접 또는 간접적으로 필요한 시설물을 말하되, 병설유치원으로 사용되는 부분은 제외), 체육관, 「학교급식법」에 따른 급식시설, 합숙소(학교의 운동부, 기능선수 등이 집단으로 숙식하는 장소를 말한다.)

2) 대학, 대학교, 그 밖에 이에 준하는 각종 학교 : 교사 및 합숙소

나. 교육원(연수원, 그 밖에 이와 비슷한 것을 포함)

다. 직업훈련소

라. 학원(근린생활시설에 해당하는 것과 자동차운전학원·정비학원 및 무도학원은 제외)

마. 연구소(연구소에 준하는 시험소와 계량계측소를 포함)

바. 도서관

9. **노유자시설** 🔥🔥🔥

가. 노인 관련 시설 : 「노인복지법」에 따른 노인주거복지시설, 노인의료복지시설, 노인여가복지시설, 주·야간보호서비스나 단기보호서비스를 제공하는 재가노인복지시설(「노인장기요양보험법」에 따른 재가장기요양기관을 포함), 노인보호전문기관, 그 밖에 이와 비슷한 것

나. 아동 관련 시설 : 「아동복지법」에 따른 아동복지시설, 「영유아보육법」에 따른 어린이집, 「유아교육법」에 따른 유치원(학교의 교사 중 병설유치원으로 사용되는 부분을 포함), 그 밖에 이와 비슷한 것

다. 장애인 관련 시설 : 「장애인복지법」에 따른 장애인 거주시설, 장애인 지역사회재활시설(장애인 심부름센터, 한국수어통역센터, 점자도서 및 녹음서 출판시설 등 장애인이 직접 그 시설 자체를 이용하는 것을 주된 목적으로 하지 않는 시설은 제외), 장애인 직업재활시설, 그 밖에 이와 비슷한 것

라. 정신질환자 관련 시설 : 「정신건강증진 및 정신질환자 복지서비스 지원에 관한 법률」에 따른 정신재활시설(생산품판매시설은 제외), 정신요양시설, 그 밖에 이와 비슷한 것

마. 노숙인 관련 시설 : 「노숙인 등의 복지 및 자립지원에 관한 법률」에 따른 노숙인복지시설(노숙인일시보호시설, 노숙인자활시설, 노숙인재활시설, 노숙인요양시설 및 쪽방상담소만 해당), 노숙인종합지원센터 및 그 밖에 이와 비슷한 것

관련기출

⋮ 특정소방대상물 중 노유자시설에 해당되지 않는 것은?

✔ ① 요양병원
② 아동복지시설
③ 장애인직업재활시설
④ 노인의료복지시설

바. 가목부터 마목까지에서 규정한 것 외에 「사회복지사업법」에 따른 사회복지 시설 중 결핵환자 또는 한센인 요양시설 등 다른 용도로 분류되지 않는 것

10. 수련시설

가. 생활권 수련시설 : 「청소년활동 진흥법」에 따른 청소년수련관, 청소년문화 의집, 청소년특화시설, 그 밖에 이와 비슷한 것

나. 자연권 수련시설 : 「청소년활동 진흥법」에 따른 청소년수련원, 청소년야영 장, 그 밖에 이와 비슷한 것

다. 「청소년활동 진흥법」에 따른 유스호스텔

11. 운동시설

가. 탁구장, 체육도장, 테니스장, 체력단련장, 에어로빅장, 볼링장, 당구장, 실내낚시터, 골프연습장, 물놀이형 시설, 그 밖에 이와 비슷한 것으로서 근린생활시설에 해당하지 않는 것

나. 체육관으로서 관람석이 없거나 관람석의 바닥면적이 1천m^2 미만인 것

다. 운동장 : 육상장, 구기장, 볼링장, 수영장, 스케이트장, 롤러스케이트장, 승마장, 사격장, 궁도장, 골프장 등과 이에 딸린 건축물로서 관람석이 없 거나 관람석의 바닥면적이 1천m^2 미만인 것

12. 업무시설

가. 공공업무시설 : 국가 또는 지방자치단체의 청사와 외국공관의 건축물로서 근린생활시설에 해당하지 않는 것

나. 일반업무시설 : 금융업소, 사무소, 신문사, 오피스텔(업무를 주로 하며, 분 양하거나 임대하는 구획 중 일부의 구획에서 숙식을 할 수 있도록 한 건 축물로서 국토교통부장관이 고시하는 기준에 적합한 것을 말한다), 그 밖 에 이와 비슷한 것으로서 근린생활시설에 해당하지 않는 것

다. 주민자치센터(동사무소), 경찰서, 지구대, 파출소, 소방서, 119안전센터, 우체국, 보건소, 공공도서관, 국민건강보험공단, 그 밖에 이와 비슷한 용 도로 사용하는 것

라. 마을회관, 마을공동작업소, 마을공동구판장, 그 밖에 이와 유사한 용도로 사용되는 것

마. 변전소, 양수장, 정수장, 대피소, 공중화장실, 그 밖에 이와 유사한 용도 로 사용되는 것

13. 숙박시설

가. 일반형 숙박시설 : 「공중위생관리법 시행령」에 따른 일반 숙박업의 시설

나. 생활형 숙박시설 : 「공중위생관리법 시행령」에 따른 생활 숙박업의 시설

다. 고시원(근린생활시설에 해당하지 않는 것을 말한다)

라. 그 밖에 가목부터 다목까지의 시설과 비슷한 것

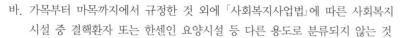
소방시설설치유지 및 안전관리에 관 한 법률상의 특정소방대상물 중 오피 스텔은 어디에 속하는가?

① 병원시설
✔ ② 업무시설
③ 공동주택시설
④ 근린생활시설

14. 위락시설

가. 단란주점으로서 근린생활시설에 해당하지 않는 것

나. 유흥주점, 그 밖에 이와 비슷한 것

다. 「관광진흥법」에 따른 유원시설업(遊園施設業)의 시설, 그 밖에 이와 비슷한 시설(근린생활시설에 해당하는 것은 제외)

라. 무도장 및 무도학원

마. 카지노영업소

15. 공장

물품의 제조·가공[세탁·염색·도장(塗裝)·표백·재봉·건조·인쇄 등을 포함] 또는 수리에 계속적으로 이용되는 건축물로서 근린생활시설, 위험물 저장 및 처리 시설, 항공기 및 자동차 관련 시설, 분뇨 및 쓰레기 처리시설, 묘지 관련 시설 등으로 따로 분류되지 않는 것

16. 창고시설(위험물 저장 및 처리 시설 또는 그 부속용도에 해당하는 것은 제외)

가. 창고(물품저장시설로서 냉장·냉동 창고를 포함)

나. 하역장

다. 「물류시설의 개발 및 운영에 관한 법률」에 따른 물류터미널

라. 「유통산업발전법」에 따른 집배송시설

17. 위험물 저장 및 처리 시설

가. 위험물 제조소등

나. 가스시설 : 산소 또는 가연성 가스를 제조·저장 또는 취급하는 시설 중 지상에 노출된 산소 또는 가연성 가스 탱크의 저장용량의 합계가 100톤 이상이거나 저장용량이 30톤 이상인 탱크가 있는 가스시설로서 다음의 어느 하나에 해당하는 것

1) 가스 제조시설

가) 「고압가스 안전관리법」에 따른 고압가스의 제조허가를 받아야 하는 시설

나) 「도시가스사업법」에 따른 도시가스사업허가를 받아야 하는 시설

2) 가스 저장시설

가) 「고압가스 안전관리법」에 따른 고압가스 저장소의 설치허가를 받아야 하는 시설

나) 「액화석유가스의 안전관리 및 사업법」에 따른 액화석유가스 저장소의 설치 허가를 받아야 하는 시설

3) 가스 취급시설

「액화석유가스의 안전관리 및 사업법」에 따른 액화석유가스 충전사업 또는 액화석유가스 집단공급사업의 허가를 받아야 하는 시설

18. **항공기 및 자동차 관련 시설**(건설기계 관련 시설을 포함)

가. 항공기격납고

나. 차고, 주차용 건축물, 철골 조립식 주차시설(바닥면이 조립식이 아닌 것을 포함) 및 기계장치에 의한 주차시설

다. 세차장

라. 폐차장

마. 자동차 검사장

바. 자동차 매매장

사. 자동차 정비공장

아. 운전학원 · 정비학원

자. 다음의 건축물을 제외한 건축물의 내부(「건축법 시행령」에 따른 필로티와 건축물 지하를 포함)에 설치된 주차장

1) 「건축법 시행령」에 따른 단독주택

2) 「건축법 시행령」에 따른 공동주택 중 50세대 미만인 연립주택 또는 50세대 미만인 다세대주택

차. 「여객자동차 운수사업법」, 「화물자동차 운수사업법」 및 「건설기계관리법」에 따른 차고 및 주기장(駐機場)

19. **동물 및 식물 관련 시설**

가. 축사[부화장(孵化場)을 포함]

나. 가축시설 : 가축용 운동시설, 인공수정센터, 관리사(管理舍), 가축용 창고, 가축시장, 동물검역소, 실험동물 사육시설, 그 밖에 이와 비슷한 것

다. 도축장

라. 도계장

마. 작물 재배사(栽培舍)

바. 종묘배양시설

사. 화초 및 분재 등의 온실

아. 식물과 관련된 마목부터 사목까지의 시설과 비슷한 것(동 · 식물원은 제외)

20. **자원순환 관련 시설**

가. 하수 등 처리시설

나. 고물상

다. 폐기물재활용시설

라. 폐기물처분시설

마. 폐기물감량화시설

: 항공기격납고는 특정소방대상물 중 어느 시설에 해당하는가?

① 위험물 저장 및 처리시설

✓ ② 항공기 및 자동차 관련 시설

③ 창고시설

④ 업무시설

21. 교정 및 군사시설

　가. 보호감호소, 교도소, 구치소 및 그 지소

　나. 보호관찰소, 갱생보호시설, 그 밖에 범죄자의 갱생·보호·교육·보건 등의 용도로 쓰는 시설

　다. 치료감호시설

　라. 소년원 및 소년분류심사원

　마. 「출입국관리법」에 따른 보호시설

　바. 「경찰관 직무집행법」에 따른 유치장

　사. 국방·군사시설

22. 방송통신시설

　가. 방송국(방송프로그램 제작시설 및 송신·수신·중계시설을 포함)

　나. 전신전화국

　다. 촬영소

　라. 통신용 시설

　마. 그 밖에 가목부터 라목까지의 시설과 비슷한 것

23. 발전시설

　가. 원자력발전소

　나. 화력발전소

　다. 수력발전소(조력발전소를 포함)

　라. 풍력발전소

　마. 그 밖에 가목부터 라목까지의 시설과 비슷한 것(집단에너지 공급시설을 포함)

24. 묘지 관련 시설

　가. 화장시설

　나. 봉안당(종교집회장의 봉안당은 제외)

　다. 묘지와 자연장지에 부수되는 건축물

　라. 동물화장시설, 동물건조장(乾燥葬)시설 및 동물 전용의 납골시설

25. 관광 휴게시설

　가. 야외음악당

　나. 야외극장

　다. 어린이회관

　라. 관망탑

　마. 휴게소

　바. 공원·유원지 또는 관광지에 부수되는 건축물

26. 장례시설

　가. 장례식장[의료시설의 부수시설(「의료법」에 따른 의료기관의 종류에 따른 시설을 말한다)은 제외]

　나. 동물 전용의 장례식장

27. 지하가

　지하의 인공구조물 안에 설치되어 있는 상점, 사무실, 그 밖에 이와 비슷한 시설이 연속하여 지하도에 면하여 설치된 것과 그 지하도를 합한 것

　가. 지하상가

　나. 터널 : 차량(궤도차량용은 제외) 등의 통행을 목적으로 지하, 해저 또는 산을 뚫어서 만든 것

28. 지하구

　가. 전력·통신용의 전선이나 가스·냉난방용의 배관 또는 이와 비슷한 것을 집합수용하기 위하여 설치한 지하 인공구조물로서 사람이 점검 또는 보수를 하기 위하여 출입이 가능한 것 중 폭 1.8m 이상이고 높이가 2m 이상이며 길이가 50m 이상(전력 또는 통신사업용인 것은 500m 이상)인 것

　나. 「국토의 계획 및 이용에 관한 법률」에 따른 공동구

29. 문화재

　「문화재보호법」에 따라 문화재로 지정된 건축물

30. 복합건축물

　가. 하나의 건축물이 1.부터 27.까지의 것 중 둘 이상의 용도로 사용되는 것. 다만, 다음의 어느 하나에 해당하는 경우에는 복합건축물로 보지 않는다.

　　1) 관계 법령에서 주된 용도의 부수시설로서 그 설치를 의무화하고 있는 용도 또는 시설

　　2) 「주택법」에 따라 주택 안에 부대시설 또는 복리시설이 설치되는 특정소방대상물

　　3) 건축물의 주된 용도의 기능에 필수적인 용도로서 다음의 어느 하나에 해당하는 용도

　　　가) 건축물의 설비, 대피 또는 위생을 위한 용도, 그 밖에 이와 비슷한 용도

　　　나) 사무, 작업, 집회, 물품저장 또는 주차를 위한 용도, 그 밖에 이와 비슷한 용도

　　　다) 구내식당, 구내세탁소, 구내운동시설 등 종업원후생복리시설(기숙사는 제외) 또는 구내소각시설의 용도, 그 밖에 이와 비슷한 용도

　나. 하나의 건축물이 근린생활시설, 판매시설, 업무시설, 숙박시설 또는 위락시설의 용도와 주택의 용도로 함께 사용되는 것

:: "소방용품"이란 소방시설 등을 구성하거나 소방용으로 사용되는 기기를 말하는데, 피난설비를 구성하는 제품 또는 기기에 속하지 않는 것은?

① 피난사다리
✓② 소화기구
③ 공기호흡기
④ 유도등

:: 화재예방, 소방시설 설치·유지 및 안전관리에 관한 법률에서 정의하는 소방용품 중 소화설비를 구성하는 제품 및 기기가 아닌 것은?

① 소화전
✓② 방염제
③ 유수제어밸브
④ 기동용 수압개폐장치

2-3. 소방용품(시행령 별표 3)

1. **소화설비를 구성하는 제품 또는 기기**

   가. 소화기구(소화약제 외의 것을 이용한 간이소화용구는 제외)

   나. 자동소화장치

   다. 소화설비를 구성하는 소화전, 관창(筒槍), 소방호스, 스프링클러헤드, 기동용 수압개폐장치, 유수제어밸브 및 가스관선택밸브

2. **경보설비를 구성하는 제품 또는 기기**

   가. 누전경보기 및 가스누설경보기

   나. 경보설비를 구성하는 발신기, 수신기, 중계기, 감지기 및 음향장치(경종만 해당)

3. **피난구조설비를 구성하는 제품 또는 기기**

   가. 피난사다리, 구조대, 완강기(간이완강기 및 지지대를 포함)

   나. 공기호흡기(충전기를 포함)

   다. 피난구유도등, 통로유도등, 객석유도등 및 예비 전원이 내장된 비상조명등

4. **소화용으로 사용하는 제품 또는 기기**

   가. 소화약(상업용 주방자동소화장치, 캐비닛형 자동소화장치)의 자동소화장치와 포소화설비, 이산화탄소소화설비, 할론소화설비, 할로겐화합물 및 불활성기체소화설비, 분말소화설비, 강화액소화설비의 소화설비용만 해당)

   나. 방염제(방염액·방염도료 및 방염성물질을 말한다)

5. 그 밖에 행정안전부령으로 정하는 소방 관련 제품 또는 기기

3. 화재안전정책기본계획 등의 수립·시행(법 제2조의3)

① 국가는 화재안전 기반 확충을 위하여 화재안전정책에 관한 기본계획(이하 "기본계획"이라 한다)을 5년마다 수립·시행하여야 한다.

② 기본계획은 대통령령으로 정하는 바에 따라 소방청장이 관계 중앙행정기관의 장과 협의하여 수립한다.

③ 기본계획에는 다음의 사항이 포함되어야 한다.

1. 화재안전정책의 기본목표 및 추진방향
2. 화재안전을 위한 법령·제도의 마련 등 기반 조성에 관한 사항
3. 화재예방을 위한 대국민 홍보·교육에 관한 사항
4. 화재안전 관련 기술의 개발·보급에 관한 사항
5. 화재안전분야 전문인력의 육성·지원 및 관리에 관한 사항
6. 화재안전분야 국제경쟁력 향상에 관한 사항
7. 그 밖에 대통령령으로 정하는 화재안전 개선에 필요한 사항

④ 소방청장은 기본계획을 시행하기 위하여 매년 시행계획을 수립·시행하여야 한다.

⑤ 소방청장은 수립된 기본계획 및 시행계획을 관계 중앙행정기관의 장, 특별시장·광역시장·특별자치시장·도지사·특별자치도지사(이하 이 조에서 "시·도지사"라 한다)에게 통보한다.

⑥ 기본계획과 시행계획을 통보받은 관계 중앙행정기관의 장 또는 시·도지사는 소관 사무의 특성을 반영한 세부 시행계획을 수립하여 시행하여야 하고, 시행결과를 소방청장에게 통보하여야 한다.

⑦ 소방청장은 기본계획 및 시행계획을 수립하기 위하여 필요한 경우에는 관계 중앙행정기관의 장 또는 시·도지사에게 관련 자료의 제출을 요청할 수 있다. 이 경우 자료제출을 요청받은 관계 중앙행정기관의 장 또는 시·도지사는 특별한 사유가 없으면 이에 따라야 한다.

⑧ 기본계획, 시행계획 및 세부시행계획 등의 수립·시행에 관하여 필요한 사항은 대통령령으로 정한다.

4. 소방특별조사(법 제4조)

① 소방청장, 소방본부장 또는 소방서장은 관할구역에 있는 소방대상물, 관계지역 또는 관계인에 대하여 소방시설등이 이 법 또는 소방 관계 법령에 적합하게 설치·유지·관리되고 있는지, 소방대상물에 화재, 재난·재해 등의 발생 위험이 있는지 등을 확인하기 위하여 관계 공무원으로 하여금 소방안전관리에 관한 특별조사(이하 "소방특별조사"라 한다)를 하게 할 수 있다. 다만, 개인의 주거에 대하여는 관계인의 승낙이 있거나 화재발생의 우려가 뚜렷하여 긴급한 필요가 있는 때에 한정한다.

② 소방특별조사는 다음의 어느 하나에 해당하는 경우에 실시한다.

1. 관계인이 이 법 또는 다른 법령에 따라 실시하는 소방시설등, 방화시설, 피난시설 등에 대한 자체점검 등이 불성실하거나 불완전하다고 인정되는 경우

2. 「소방기본법」에 따른 화재경계지구에 대한 소방특별조사 등 다른 법률에서 소방특별조사를 실시하도록 한 경우

3. 국가적 행사 등 주요 행사가 개최되는 장소 및 그 주변의 관계 지역에 대하여 소방안전관리 실태를 점검할 필요가 있는 경우

4. 화재가 자주 발생하였거나 발생할 우려가 뚜렷한 곳에 대한 점검이 필요한 경우

소방특별조사를 실시할 수 있는 경우가 아닌 것은?

① 화재가 자주 발생하였거나 발생할 우려가 뚜렷한 곳에 대한 점검이 필요한 경우

② 재난예측정보, 기상예보 등을 분석한 결과 소방대상물에 화재, 재난·재해의 발생 위험이 높다고 판단되는 경우

✔ ③ 화재, 재난·재해 등이 발생할 경우 인명 또는 재산 피해의 우려가 낮다고 판단되는 경우

④ 관계인이 실시하는 소방시설 등에 대한 자체점검 등이 불성실하거나 불완전하다고 인정되는 경우

5. 재난예측정보, 기상예보 등을 분석한 결과 소방대상물에 화재, 재난·재해의 발생 위험이 높다고 판단되는 경우

6. 제1호부터 제5호까지에서 규정한 경우 외에 화재, 재난·재해, 그 밖의 긴급한 상황이 발생할 경우 인명 또는 재산 피해의 우려가 현저하다고 판단되는 경우

③ 소방청장, 소방본부장 또는 소방서장은 객관적이고 공정한 기준에 따라 소방특별조사의 대상을 선정하여야 하며, 소방본부장은 소방특별조사의 대상을 객관적이고 공정하게 선정하기 위하여 필요하면 소방특별조사위원회를 구성하여 소방특별조사의 대상을 선정할 수 있다.

④ 소방청장은 소방특별조사를 할 때 필요하면 대통령령으로 정하는 바에 따라 중앙소방특별조사단을 편성하여 운영할 수 있다.

⑤ 소방청장은 중앙소방특별조사단의 업무수행을 위하여 필요하다고 인정하는 경우 관계 기관의 장에게 그 소속 공무원 또는 직원의 파견을 요청할 수 있다. 이 경우 공무원 또는 직원의 파견요청을 받은 관계 기관의 장은 특별한 사유가 없으면 이에 협조하여야 한다.

⑥ 소방청장, 소방본부장 또는 소방서장은 소방특별조사를 실시하는 경우 다른 목적을 위하여 조사권을 남용하여서는 아니 된다.

⑦ 소방특별조사의 세부 항목, 소방특별조사위원회의 구성·운영에 필요한 사항은 대통령령으로 정한다. 이 경우 소방특별조사의 세부 항목에는 소방시설등의 관리 상황 및 소방대상물의 화재 등의 발생 위험과 관련된 사항이 포함되어야 한다.

4-1. 소방특별조사의 방법·절차 등(법 제4조의3)

① 소방청장, 소방본부장 또는 소방서장은 소방특별조사를 하려면 7일 전에 관계인에게 조사대상, 조사기간 및 조사사유 등을 서면으로 알려야 한다. 다만, 다음의 어느 하나에 해당하는 경우에는 그러하지 아니하다.

1. 화재, 재난·재해가 발생할 우려가 뚜렷하여 긴급하게 조사할 필요가 있는 경우

2. 소방특별조사의 실시를 사전에 통지하면 조사목적을 달성할 수 없다고 인정되는 경우

② 소방특별조사는 관계인의 승낙 없이 해가 뜨기 전이나 해가 진 뒤에 할 수 없다. 다만, ①의 어느 하나에 해당하는 경우에는 그러하지 아니하다.

소방본부장 또는 소방서장이 소방특별조사를 하고자 하는 때에는 며칠 전에 관계인에게 서면으로 알려야 하는가?

① 1일
② 3일
③ 5일
✓ ④ 7일

③ 통지를 받은 관계인은 천재지변이나 그 밖에 대통령령으로 정하는 사유로 소방특별조사를 받기 곤란한 경우에는 소방특별조사를 통지한 소방청장, 소방본부장 또는 소방서장에게 대통령령으로 정하는 바에 따라 소방특별조사를 연기하여 줄 것을 신청할 수 있다.

④ 연기신청을 받은 소방청장, 소방본부장 또는 소방서장은 연기신청 승인 여부를 결정하고 그 결과를 조사 개시 전까지 관계인에게 알려주어야 한다.

⑤ 소방청장, 소방본부장 또는 소방서장은 소방특별조사를 마친 때에는 그 조사 결과를 관계인에게 서면으로 통지하여야 한다.

⑥ ①부터 ⑤까지에서 규정한 사항 외에 소방특별조사의 방법 및 절차에 필요한 사항은 대통령령으로 정한다.

4-2. 소방특별조사의 항목(시행령 제7조)

소방특별조사는 다음의 세부 항목에 대하여 실시한다. 다만, 소방특별조사의 목적을 달성하기 위하여 필요한 경우에는 소방시설, 피난시설·방화구획·방화시설 및 임시소방시설의 설치·유지 및 관리에 관한 사항을 조사할 수 있다.

1. 소방안전관리 업무 수행에 관한 사항
2. 작성한 소방계획서의 이행에 관한 사항
3. 자체점검 및 정기적 점검 등에 관한 사항
4. 「소방기본법」에 따른 화재의 예방조치 등에 관한 사항
5. 「소방기본법」에 따른 불을 사용하는 설비 등의 관리와 특수가연물의 저장·취급에 관한 사항
6. 「다중이용업소의 안전관리에 관한 특별법」에 따른 안전관리에 관한 사항
7. 「위험물안전관리법」에 따른 안전관리에 관한 사항

5. 소방특별조사 결과에 따른 조치명령(법 제5조)

① 소방청장, 소방본부장 또는 소방서장은 소방특별조사 결과 소방대상물의 위치·구조·설비 또는 관리의 상황이 화재나 재난·재해 예방을 위하여 보완될 필요가 있거나 화재가 발생하면 인명 또는 재산의 피해가 클 것으로 예상되는 때에는 행정안전부령으로 정하는 바에 따라 관계인에게 그 소방대상물의 개수(改修)·이전·제거, 사용의 금지 또는 제한, 사용폐쇄, 공사의 정지 또는 중지, 그 밖의 필요한 조치를 명할 수 있다.

② 소방청장, 소방본부장 또는 소방서장은 소방특별조사 결과 소방대상물이 법령을 위반하여 건축 또는 설비되었거나 소방시설등, 피난시설·방화구획, 방화시설 등이 법령에 적합하게 설치·유지·관리되고 있지 아니한 경우에는 관계인에게 조치를 명하거나 관계 행정기관의 장에게 필요한 조치를 하여 줄 것을 요청할 수 있다.

소방대상물에 대한 소방특별조사 결과 화재가 발생되면 인명 또는 재산의 피해가 클 것으로 예상되는 경우 소방본부장 또는 소방서장이 소방대상물 관계인에게 조치를 명할 수 있는 사항과 가장 거리가 먼 것은?

① 이전명령
② 개수명령
③ 사용금지명령
✔ ④ 증축명령

③ 소방청장, 소방본부장 또는 소방서장은 관계인이 조치명령을 받고도 이를 이행하지 아니한 때에는 그 위반사실 등을 인터넷 등에 공개할 수 있다.

④ 위반사실 등의 공개 절차, 공개 기간, 공개 방법 등 필요한 사항은 대통령령으로 정한다.

6. 손실 보상(법 제6조)

소방청장, 특별시장·광역시장·특별자치시장·도지사 또는 특별자치도지사(이하 "시·도지사"라 한다)는 소방특별조사 결과 필요한 조치에 따른 명령으로 인하여 손실을 입은 자가 있는 경우에는 대통령령으로 정하는 바에 따라 보상하여야 한다.

6-1. 손실 보상(시행령 제11조)

① 시·도지사가 손실을 보상하는 경우에는 시가(時價)로 보상하여야 한다.

② 손실 보상에 관하여는 시·도지사와 손실을 입은 자가 협의하여야 한다.

③ 보상금액에 관한 협의가 성립되지 아니한 경우에는 시·도지사는 그 보상금액을 지급하거나 공탁하고 이를 상대방에게 알려야 한다.

④ 보상금의 지급 또는 공탁의 통지에 불복하는 자는 지급 또는 공탁의 통지를 받은 날부터 30일 이내에 관할 토지수용위원회에 재결(裁決)을 신청할 수 있다.

7. 건축허가등의 동의 등(법 제7조)

① 건축물 등의 신축·증축·개축·재축(再築)·이전·용도변경 또는 대수선(大修繕)의 허가·협의 및 사용승인(「주택법」에 따른 승인 및 같은 법 제49조에 따른 사용검사, 「학교시설사업 촉진법」에 따른 승인 및 같은 법 제13조에 따른 사용승인을 포함하며, 이하 "건축허가등"이라 한다)의 권한이 있는 행정기관은 건축허가등을 할 때 미리 그 건축물 등의 시공지(施工地) 또는 소재지를 관할하는 소방본부장이나 소방서장의 동의를 받아야 한다.

② 건축물 등의 대수선·증축·개축·재축 또는 용도변경의 신고를 수리(受理)할 권한이 있는 행정기관은 그 신고를 수리하면 그 건축물 등의 시공지 또는 소재지를 관할하는 소방본부장이나 소방서장에게 지체 없이 그 사실을 알려야 한다.

⁞ 소방특별조사 결과에 따른 조치명령으로 손실을 입어 손실을 보상하는 경우 그 손실을 입은 자는 누구와 손실보상을 협의하여야 하는가?

① 소방서장
✔ ② 시·도지사
③ 소방본부장
④ 행정안전부장관

③ 건축허가등의 권한이 있는 행정기관과 신고를 수리할 권한이 있는 행정기관은 건축허가등의 동의를 받거나 신고를 수리한 사실을 알릴 때 관할 소방본부장이나 소방서장에게 건축허가등을 하거나 신고를 수리할 때 건축허가등을 받으려는 자 또는 신고를 한 자가 제출한 설계도서 중 건축물의 내부구조를 알 수 있는 설계도면을 제출하여야 한다. 다만, 국가안보상 중요하거나 국가기밀에 속하는 건축물을 건축하는 경우로서 관계 법령에 따라 행정기관이 설계도면을 확보할 수 없는 경우에는 그러하지 아니하다.

④ 소방본부장이나 소방서장은 동의를 요구받으면 그 건축물 등이 이 법 또는 이 법에 따른 명령을 따르고 있는지를 검토한 후 행정안전부령으로 정하는 기간 이내에 해당 행정기관에 동의 여부를 알려야 한다.

⑤ 사용승인에 대한 동의를 할 때에는 「소방시설공사업법」에 따른 소방시설공사의 완공검사증명서를 교부하는 것으로 동의를 갈음할 수 있다. 이 경우 건축허가등의 권한이 있는 행정기관은 소방시설공사의 완공검사증명서를 확인하여야 한다.

⑥ 건축허가등을 할 때에 소방본부장이나 소방서장의 동의를 받아야 하는 건축물 등의 범위는 대통령령으로 정한다.

⑦ 다른 법령에 따른 인가·허가 또는 신고 등(건축허가등과 ②에 따른 신고는 제외하며, 이하 이 항에서 "인허가등"이라 한다)의 시설기준에 소방시설등의 설치·유지 등에 관한 사항이 포함되어 있는 경우 해당 인허가등의 권한이 있는 행정기관은 인허가등을 할 때 미리 그 시설의 소재지를 관할하는 소방본부장이나 소방서장에게 그 시설이 이 법 또는 이 법에 따른 명령을 따르고 있는지를 확인하여 줄 것을 요청할 수 있다. 이 경우 요청을 받은 소방본부장 또는 소방서장은 행정안전부령으로 정하는 기간(7일) 이내에 확인 결과를 알려야 한다.

7-1. 건축허가등의 동의대상물의 범위 등(시행령 제12조)

① 건축허가등을 할 때 미리 소방본부장 또는 소방서장의 동의를 받아야 하는 건축물 등의 범위는 다음과 같다. 🔥🔥🔥

　1. 연면적(「건축법 시행령」에 따라 산정된 면적을 말한다.)이 400제곱미터 이상인 건축물. 다만, 다음의 어느 하나에 해당하는 시설은 해당 목에서 정한 기준 이상인 건축물로 한다.
　　가. 「학교시설사업 촉진법」에 따라 건축등을 하려는 학교시설 : 100제곱미터
　　나. 노유자시설(老幼者施設) 및 수련시설 : 200제곱미터

건축허가 등을 할 때 미리 소방본부장 또는 소방서장의 동의를 받아야 하는 대상 건축물 등이 범위로서 옳지 않은 것은?

① 승강기 등 기계장치에 의한 주차시설로서 20대 이상 주차할 수 있는 시설

✔② 지하층 또는 무창층이 있는 모든 건축물

③ 노유자시설 및 수련시설로서 연면적이 200m² 이상인 건축물

④ 항공기격납고, 관망탑, 항공관제탑 등

건축물 등의 신축·증축·개축·재축 또는 이전의 허가·협의 및 사용승인의 권한이 있는 행정기관은 건축허가 등을 함에 있어서 미리 그 건축물 등의 공사시 공지 또는 소재지를 관할하는 소방본부장 또는 소방서장의 동의를 받아야 한다. 다음 중 건축허가 등의 동의대상물의 범위로서 옳지 않은 것은?

① 주차장으로 사용되는 층 중 바닥면적이 200m² 이상인 층이 있는 시설
② 무창층이 있는 건축물로서 바닥면적이 150m² 이상인 층이 있는 시설
✔③ 승강기 등 기계장치에 의한 주차시설로서 자동차 10대 이상을 주차할 수 있는 시설
④ 수련시설로서 연면적 200m² 이상인 건축물

승강기 등 기계장치에 의한 주차시설로서 자동차 몇 대 이상 주차할 수 있는 시설을 할 경우, 소방본부장 또는 소방서장의 건축허가 등의 동의를 받아야 하는가?

① 10대 ✔② 20대
③ 30대 ④ 50대

건축허가 등을 함에 있어서 미리 소방본부장 또는 소방서장의 동의를 받아야 하는 건축물 등의 범위기준이 아닌 것은?

✔① 노유자시설 및 수련시설로서 연면적 100m² 이상인 건축물
② 지하층 또는 무창층이 있는 건축물로서 바닥면적이 150m² 이상인 층이 있는 것
③ 차고·주차장으로 사용되는 바닥면적이 200m² 이상인 층이 있는 건축물이나 주차시설
④ 장애인 의료재활시설로서 연면적 300m² 이상인 건축물

다. 「정신건강증진 및 정신질환자 복지서비스 지원에 관한 법률」에 따른 정신의료기관(입원실이 없는 정신건강의학과 의원은 제외하며, 이하 "정신의료기관"이라 한다) : 300제곱미터

라. 「장애인복지법」에 따른 장애인 의료재활시설 : 300제곱미터

1의2. 층수(「건축법 시행령」에 따라 산정된 층수를 말한다.)가 6층 이상인 건축물

2. 차고·주차장 또는 주차용도로 사용되는 시설로서 다음의 어느 하나에 해당하는 것

　가. 차고·주차장으로 사용되는 바닥면적이 200제곱미터 이상인 층이 있는 건축물이나 주차시설

　나. 승강기 등 기계장치에 의한 주차시설로서 자동차 20대 이상을 주차할 수 있는 시설

3. 항공기격납고, 관망탑, 항공관제탑, 방송용 송수신탑

4. 지하층 또는 무창층이 있는 건축물로서 바닥면적이 150제곱미터(공연장의 경우에는 100제곱미터) 이상인 층이 있는 것

5. 특정소방대상물 중 위험물 저장 및 처리시설, 지하구

6. 1.에 해당하지 않는 노유자시설 중 다음의 어느 하나에 해당하는 시설. 다만, 나목부터 바목까지의 시설 중 「건축법 시행령」의 단독주택 또는 공동주택에 설치되는 시설은 제외한다.

　가. 노인 관련 시설(「노인복지법」에 따른 노인여가복지시설 및 노인보호전문기관은 제외)

　나. 「아동복지법」에 따른 아동복지시설(아동상담소, 아동전용시설 및 지역아동센터는 제외)

　다. 「장애인복지법」에 따른 장애인 거주시설

　라. 정신질환자 관련 시설(「정신건강증진 및 정신질환자 복지서비스 지원에 관한 법률」에 따른 공동생활가정을 제외한 재활훈련시설과 같은 법 시행령에 따른 종합시설 중 24시간 주거를 제공하지 아니하는 시설은 제외)

　마. 노숙인 관련 시설 중 노숙인자활시설, 노숙인재활시설 및 노숙인요양시설

　바. 결핵환자나 한센인이 24시간 생활하는 노유자시설

7. 「의료법」에 따른 요양병원. 다만, 정신의료기관 중 정신병원과 의료재활시설은 제외한다.

② 다음의 어느 하나에 해당하는 특정소방대상물은 소방본부장 또는 소방서장의 건축허가등의 동의대상에서 제외된다.

1. 특정소방대상물에 설치되는 소화기구, 누전경보기, 피난기구, 방열복·방화복·공기호흡기 및 인공소생기, 유도등 또는 유도표지가 화재안전기준에 적합한 경우 그 특정소방대상물

2. 건축물의 증축 또는 용도변경으로 인하여 해당 특정소방대상물에 추가로 소방시설이 설치되지 아니하는 경우 그 특정소방대상물

3. 성능위주설계를 한 특정소방대상물

③ 건축허가등의 권한이 있는 행정기관은 건축허가등의 동의를 받으려는 경우에는 동의요구서에 행정안전부령으로 정하는 서류를 첨부하여 해당 건축물 등의 소재지를 관할하는 소방본부장 또는 소방서장에게 동의를 요구하여야 한다. 이 경우 동의 요구를 받은 소방본부장 또는 소방서장은 첨부서류가 미비한 경우에는 그 서류의 보완을 요구할 수 있다.

7-2. 건축허가등의 동의요구(시행규칙 제4조)

① 건축물 등의 신축·증축·개축·재축·이전·용도변경 또는 대수선의 허가·협의 및 사용승인(이하 "건축허가등")의 동의요구는 다음의 구분에 따른 기관이 건축물 등의 시공지(施工地) 또는 소재지를 관할하는 소방본부장 또는 소방서장에게 하여야 한다.

1. 연면적이 400제곱미터 이상인 건축물, 층수가 6층 이상인 건축물, 차고·주차장 또는 주차용도로 사용되는 시설, 항공기격납고·관망탑·항공관제탑·방송용 송수신탑, 지하층 또는 무창층이 있는 건축물로써 바닥면적이 150제곱미터 이상인 층이 있는 것 및 노유자시설에 따른 건축물 등과 위험물 제조소등의 경우 : 「건축법」에 따른 허가(「건축법」에 따른 협의, 「주택법」에 따른 승인, 사용검사, 「학교시설사업 촉진법」에 따른 승인 및 사용승인을 포함)의 권한이 있는 행정기관

2. 가스시설의 경우 : 「고압가스 안전관리법」, 「도시가스사업법」 및 「액화석유가스의 안전관리 및 사업법」에 따른 허가의 권한이 있는 행정기관

3. 지하구의 경우 : 「국토의 계획 및 이용에 관한 법률」에 따른 도시·군계획시설사업 실시계획 인가의 권한이 있는 행정기관

② 기관은 건축허가등의 동의를 요구하는 때에는 동의요구서(전자문서로 된 요구서를 포함)에 다음의 서류(전자문서를 포함)를 첨부하여야 한다.

1. 「건축법 시행규칙」에 의한 건축허가신청서 및 건축허가서 또는 건축·대수선·용도변경신고서 등 건축허가등을 확인할 수 있는 서류의 사본. 이 경우 동의 요구를 받은 담당공무원은 특별한 사정이 없는 한 「전자정부법」에 따른 행정정보의 공동이용을 통하여 건축허가서를 확인함으로써 첨부서류의 제출에 갈음하여야 한다.

관련기출

* 건축물 등의 신축·증축 동의요구를 소재지 관할 소방본부장 또는 소방서장에게 한 경우 소방본부장 또는 소방서장은 건축허가 등의 동의요구 서류를 접수한 날부터 며칠 이내에 건축허가 등의 동의여부를 회신하여야 하는가? (단, 허가 신청한 건축물이 연면적이 20만m² 이상의 특정소방대상물인 경우이다.)

① 5일
② 7일
✓ ③ 10일
④ 30일

* 소방본부장 또는 소방서장은 건축허가등의 동의요구서류를 접수한 날부터 최대 며칠 이내에 건축허가등의 동의여부를 회신하여야 하는가? (단, 허가 신청한 건축물은 지상으로부터 높이가 200m인 아파트이다.)

① 5일
② 7일
✓ ③ 10일
④ 15일

* 건축허가 등의 동의 대상물로서 건축허가 등의 동의를 요구하는 때 동의요구서에 첨부하여야 하는 서류로서 옳지 않은 것은?

① 건축허가신청서 및 건축허가서
✓ ② 소방시설설계업 등록증과 자본금 내역서
③ 소방시설 설치계획표
④ 소방시설(기계·전기분야)의 층별 평면도 및 층별 계통도

2. 다음의 설계도서. 다만, 가목 및 다목의 설계도서는 「소방시설공사업법 시행령」에 따른 소방시설공사 착공신고대상에 해당되는 경우에 한한다.

　가. 건축물의 단면도 및 주단면 상세도(내장재료를 명시한 것에 한한다)

　나. 소방시설(기계·전기분야의 시설을 말한다)의 층별 평면도 및 층별 계통도(시설별 계산서를 포함)

　다. 창호도

3. 소방시설 설치계획표

4. 임시소방시설 설치계획서(설치 시기·위치·종류·방법 등 임시소방시설의 설치와 관련한 세부사항을 포함)

5. 소방시설설계업등록증과 소방시설을 설계한 기술인력자의 기술자격증 사본

6. 「소방시설공사업법」에 따라 체결한 소방시설설계 계약서 사본 1부

③ 동의요구를 받은 소방본부장 또는 소방서장은 건축허가등의 동의요구서류를 접수한 날부터 5일[허가를 신청한 건축물 등이 50층 이상이거나 지상으로부터 높이가 200미터 이상인 아파트, 30층 이상이거나 지상으로부터 높이가 120미터 이상인 특정소방대상물(아파트 제외), 연면적이 20만제곱미터 이상인 특정소방대상물(아파트 제외)의 어느 하나에 해당하는 경우에는 10일] 이내에 건축허가등의 동의여부를 회신하여야 한다.

④ 소방본부장 또는 소방서장은 동의 요구서 및 첨부서류의 보완이 필요한 경우에는 4일 이내의 기간을 정하여 보완을 요구할 수 있다. 이 경우 보완기간은 회신기간에 산입하지 아니하고, 보완기간내에 보완하지 아니하는 때에는 동의요구서를 반려하여야 한다.

⑤ 건축허가등의 동의를 요구한 기관이 그 건축허가등을 취소하였을 때에는 취소한 날부터 7일 이내에 건축물 등의 시공지 또는 소재지를 관할하는 소방본부장 또는 소방서장에게 그 사실을 통보하여야 한다.

⑥ 소방본부장 또는 소방서장은 동의 여부를 회신하는 때에는 건축허가등의동의 대장에 이를 기재하고 관리하여야 한다.

8. 주택에 설치하는 소방시설(법 제8조)

① 다음 주택의 소유자는 대통령령으로 정하는 소방시설(소화기 및 단독경보형 감지기)을 설치하여야 한다.

1. 「건축법」의 단독주택

2. 「건축법」의 공동주택(아파트 및 기숙사는 제외)

② 국가 및 지방자치단체는 주택에 설치하여야 하는 소방시설(이하 "주택용 소방시설"이라 한다)의 설치 및 국민의 자율적인 안전관리를 촉진하기 위하여 필요한 시책을 마련하여야 한다.

③ 주택용 소방시설의 설치기준 및 자율적인 안전관리 등에 관한 사항은 특별시·광역시·특별자치시·도 또는 특별자치도의 조례로 정한다.

9. 특정소방대상물에 설치하는 소방시설의 유지·관리 등(법 제9조)

① 특정소방대상물의 관계인은 대통령령으로 정하는 소방시설을 소방청장이 정하여 고시하는 화재안전기준에 따라 설치 또는 유지·관리하여야 한다. 이 경우 「장애인·노인·임산부 등의 편의증진 보장에 관한 법률」에 따른 장애인등이 사용하는 소방시설(경보설비 및 피난구조설비를 말한다)은 대통령령으로 정하는 바에 따라 장애인등에 적합하게 설치 또는 유지·관리하여야 한다.

② 소방본부장이나 소방서장은 소방시설이 화재안전기준에 따라 설치 또는 유지·관리되어 있지 아니할 때에는 해당 특정소방대상물의 관계인에게 필요한 조치를 명할 수 있다.

③ 특정소방대상물의 관계인은 소방시설을 유지·관리할 때 소방시설의 기능과 성능에 지장을 줄 수 있는 폐쇄(잠금을 포함)·차단 등의 행위를 하여서는 아니 된다. 다만, 소방시설의 점검·정비를 위한 폐쇄·차단은 할 수 있다.

9-1. 특정소방대상물의 규모 등에 따라 갖추어야 하는 소방시설(시행령 제15조)

특정소방대상물의 관계인이 특정소방대상물의 규모·용도 및 별표 4에 따라 산정된 수용인원 등을 고려하여 갖추어야 하는 소방시설의 종류는 별표 5와 같다.

9-2. 수용인원의 산정 방법(시행령 별표 4)

1. 숙박시설이 있는 특정소방대상물
   가. 침대가 있는 숙박시설 : 해당 특정소방물의 종사자 수에 침대 수(2인용 침대는 2개로 산정한다)를 합한 수
   나. 침대가 없는 숙박시설 : 해당 특정소방대상물의 종사자 수에 숙박시설 바닥면적의 합계를 $3m^2$로 나누어 얻은 수를 합한 수

2. 제1호 외의 특정소방대상물
   가. 강의실·교무실·상담실·실습실·휴게실 용도로 쓰이는 특정소방대상물 : 해당 용도로 사용하는 바닥면적의 합계를 $1.9m^2$로 나누어 얻은 수
   나. 강당, 문화 및 집회시설, 운동시설, 종교시설 : 해당 용도로 사용하는 바닥면적의 합계를 $4.6m^2$로 나누어 얻은 수(관람석이 있는 경우 고정식 의자를 설치한 부분은 그 부분의 의자 수로 하고, 긴 의자의 경우에는 의자의 정면너비를 0.45m로 나누어 얻은 수로 한다)

⋮ 특정소방대상물에 소방시설이 화재안전기준에 따라 설치 또는 유지·관리되지 아니한 때 특정소방대상물의 관계인에게 필요한 조치를 명할 수 있는 사람은?

✓ ① 소방본부장 또는 소방서장
② 소방방재청장
③ 시·도지사
④ 종합상황실의 실장

⋮ 화재예방, 소방시설 설치·유지 및 안전관리에 관한 법령에 따른 특정소방대상물의 수용인원의 산정방법 기준 중 틀린 것은?

① 침대가 있는 숙박시설의 경우는 해당 특정소방대상물의 종사자 수에 침대 수(2인용 침대는 2인으로 산정)를 합한 수
② 침대가 없는 숙박시설의 경우는 해당 특정소방대상물의 종사자 수에 숙박시설 바닥면적의 합계를 $3m^2$로 나누어 얻은 수를 합한 수
③ 강의실 용도로 쓰이는 특정소방대상물의 경우는 해당 용도로 사용하는 바닥면적의 합계를 $1.9m^2$로 나누어 얻은 수
✓ ④ 문화 및 집회시설의 경우는 해당 용도로 사용하는 바닥면적의 합계를 $2.6m^2$로 나누어 얻은 수

다. 그 밖의 특정소방대상물 : 해당 용도로 사용하는 바닥면적의 합계를 3m² 로 나누어 얻은 수

9-3. 특정소방대상물의 관계인이 특정소방대상물의 규모·용도 및 수용인원 등을 고려하여 갖추어야 하는 소방시설의 종류(시행령 별표 5)

1. 소화설비

가. 화재안전기준에 따라 소화기구를 설치하여야 하는 특정소방대상물은 다음의 어느 하나와 같다.

1) 연면적 33m² 이상인 것. 다만, 노유자시설의 경우에는 투척용 소화용구 등을 화재안전기준에 따라 산정된 소화기 수량의 2분의 1 이상으로 설치할 수 있다.

2) 1)에 해당하지 않는 시설로서 지정문화재 및 가스시설

3) 터널

나. 자동소화장치를 설치하여야 하는 특정소방대상물은 다음의 어느 하나와 같다.

1) 주거용 주방자동소화장치를 설치하여야 하는 것 : 아파트등 및 30층 이상 오피스텔의 모든 층

2) 캐비닛형 자동소화장치, 가스자동소화장치, 분말자동소화장치 또는 고체에어로졸자동소화장치를 설치하여야 하는 것 : 화재안전기준에서 정하는 장소

다. 옥내소화전설비를 설치하여야 하는 특정소방대상물(위험물 저장 및 처리시설 중 가스시설, 지하구 및 방재실 등에서 스프링클러설비 또는 물분무등소화설비를 원격으로 조정할 수 있는 업무시설 중 무인변전소는 제외한다)은 다음의 어느 하나와 같다.

1) 연면적 3천m² 이상(지하가 중 터널은 제외)이거나 지하층·무창층(축사는 제외) 또는 층수가 4층 이상인 것 중 바닥면적이 600m² 이상인 층이 있는 것은 모든 층

2) 지하가 중 터널로서 다음에 해당하는 터널

가) 길이가 1천미터 이상인 터널

나) 예상교통량, 경사도 등 터널의 특성을 고려하여 총리령으로 정하는 터널

3) 1)에 해당하지 않는 근린생활시설, 판매시설, 운수시설, 의료시설, 노유자시설, 업무시설, 숙박시설, 위락시설, 공장, 창고시설, 항공기 및 자동차 관련 시설, 교정 및 군사시설 중 국방·군사시설, 방송통신시설, 발전시설, 장례시설 또는 복합건축물로서 연면적 1천5백m² 이상이거나 지하층·무창층 또는 층수가 4층 이상인 층 중 바닥면적이 300m² 이상인 층이 있는 것은 모든 층

4) 건축물의 옥상에 설치된 차고 또는 주차장으로서 차고 또는 주차의 용도로 사용되는 부분의 면적이 200m² 이상인 것

5) 1) 및 3)에 해당하지 않는 공장 또는 창고시설로서 「소방기본법 시행령」 별표 2에서 정하는 수량의 750배 이상의 특수가연물을 저장·취급하는 것

라. 스프링클러설비를 설치하여야 하는 특정소방대상물(위험물 저장 및 처리시설 중 가스시설 또는 지하구는 제외)은 다음의 어느 하나와 같다.

1) 문화 및 집회시설(동·식물원은 제외), 종교시설(주요구조부가 목조인 것은 제외), 운동시설(물놀이형 시설은 제외)로서 다음의 어느 하나에 해당하는 경우에는 모든 층

가) 수용인원이 100명 이상인 것

나) 영화상영관의 용도로 쓰이는 층의 바닥면적이 지하층 또는 무창층인 경우에는 500m² 이상, 그 밖의 층의 경우에는 1천m² 이상인 것

다) 무대부가 지하층·무창층 또는 4층 이상의 층에 있는 경우에는 무대부의 면적이 300m² 이상인 것

라) 무대부가 다) 외의 층에 있는 경우에는 무대부의 면적이 500m² 이상인 것

2) 판매시설, 운수시설 및 창고시설(물류터미널에 한정)로서 바닥면적의 합계가 5천m² 이상이거나 수용인원이 500명 이상인 경우에는 모든 층

3) 층수가 6층 이상인 특정소방대상물의 경우에는 모든 층. 다만, 주택 관련 법령에 따라 기존의 아파트등을 리모델링하는 경우로서 건축물의 연면적 및 층높이가 변경되지 않는 경우에는 해당 아파트등의 사용검사 당시의 소방시설 적용기준을 적용한다.

4) 다음의 어느 하나에 해당하는 용도로 사용되는 시설의 바닥면적의 합계가 600m² 이상인 것은 모든 층

가) 의료시설 중 정신의료기관

나) 의료시설 중 종합병원, 병원, 치과병원, 한방병원 및 요양병원(정신병원은 제외한다)

다) 노유자시설

라) 숙박이 가능한 수련시설

5) 창고시설(물류터미널은 제외)로서 바닥면적 합계가 5천m² 이상인 경우에는 모든 층

6) 천장 또는 반자(반자가 없는 경우에는 지붕의 옥내에 면하는 부분)의 높이가 10m를 넘는 랙식 창고(rack warehouse)(물건을 수납할 수 있는 선반이나 이와 비슷한 것을 갖춘 것을 말한다)로서 바닥면적의 합계가 1천5백m² 이상인 것

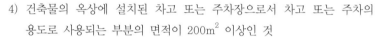

스프링클러설비를 설치하여야 할 대상의 기준으로 옳지 않은 것은?

① 문화집회 및 운동시설로서 수용인원이 100일 이상인 것

② 판매시설 및 영업시설로서 층수가 3층 이하인 건축물로서 바닥면적 합계가 6000m² 이상인 것

③ 숙박이 가능한 수련시설로서 해당용도로 사용되는 바닥면적의 합계 600m² 이상인 모든 층

✔ ④ 지하가(터널은 제외)로서 연면적 800m² 이상인 것

7) 1)부터 6)까지의 특정소방대상물에 해당하지 않는 특정소방대상물의 지하층·무창층(축사는 제외) 또는 층수가 4층 이상인 층으로서 바닥면적이 1천m² 이상인 층

8) 6)에 해당하지 않는 공장 또는 창고시설로서 다음의 어느 하나에 해당하는 시설

가) 「소방기본법 시행령」에서 정하는 수량의 1천 배 이상의 특수가연물을 저장·취급하는 시설

나) 「원자력안전법 시행령」에 따른 중·저준위방사성폐기물의 저장시설 중 소화수를 수집·처리하는 설비가 있는 저장시설

9) 지붕 또는 외벽이 불연재료가 아니거나 내화구조가 아닌 공장 또는 창고시설로서 다음의 어느 하나에 해당하는 것

가) 창고시설(물류터미널에 한정) 중 2)에 해당하지 않는 것으로서 바닥면적의 합계가 2천5백m² 이상이거나 수용인원이 250명 이상인 것

나) 창고시설(물류터미널은 제외) 중 5)에 해당하지 않는 것으로서 바닥면적의 합계가 2천5백m² 이상인 것

다) 랙식 창고시설 중 6)에 해당하지 않는 것으로서 바닥면적의 합계가 750m² 이상인 것

라) 공장 또는 창고시설 중 7)에 해당하지 않는 것으로서 지하층·무창층 또는 층수가 4층 이상인 것 중 바닥면적이 500m² 이상인 것

마) 공장 또는 창고시설 중 8)가)에 해당하지 않는 것으로서 「소방기본법 시행령」에서 정하는 수량의 500배 이상의 특수가연물을 저장·취급하는 시설

10) 지하가(터널은 제외)로서 연면적 1천m² 이상인 것

11) 기숙사(교육연구시설·수련시설 내에 있는 학생 수용을 위한 것을 말한다) 또는 복합건축물로서 연면적 5천m² 이상인 경우에는 모든 층

12) 교정 및 군사시설 중 다음의 어느 하나에 해당하는 경우에는 해당 장소

가) 보호감호소, 교도소, 구치소 및 그 지소, 보호관찰소, 갱생보호시설, 치료감호시설, 소년원 및 소년분류심사원의 수용거실

나) 「출입국관리법」에 따른 보호시설(외국인보호소의 경우에는 보호대상자의 생활공간으로 한정)로 사용하는 부분. 다만, 보호시설이 임차건물에 있는 경우는 제외

다) 「경찰관 직무집행법」에 따른 유치장

13) 1)부터 12)까지의 특정소방대상물에 부속된 보일러실 또는 연결통로 등

마. 간이스프링클러설비를 설치하여야 하는 특정소방대상물은 다음의 어느 하나와 같다.

1) 근린생활시설 중 다음의 어느 하나에 해당하는 것

　　가) 근린생활시설로 사용하는 부분의 바닥면적 합계가 1천m^2 이상인 것은 모든 층

　　나) 의원, 치과의원 및 한의원으로서 입원실이 있는 시설

2) 교육연구시설 내에 합숙소로서 연면적 100m^2 이상인 것

3) 의료시설 중 다음의 어느 하나에 해당하는 시설

　　가) 종합병원, 병원, 치과병원, 한방병원 및 요양병원(정신병원과 의료재활시설은 제외)으로 사용되는 바닥면적의 합계가 600m^2 미만인 시설

　　나) 정신의료기관 또는 의료재활시설로 사용되는 바닥면적의 합계가 300m^2 이상 600m^2 미만인 시설

　　다) 정신의료기관 또는 의료재활시설로 사용되는 바닥면적의 합계가 300m^2 미만이고, 창살(철재·플라스틱 또는 목재 등으로 사람의 탈출 등을 막기 위하여 설치한 것을 말하며, 화재 시 자동으로 열리는 구조로 되어 있는 창살은 제외)이 설치된 시설

4) 노유자시설로서 다음의 어느 하나에 해당하는 시설

　　가) 노인관련시설, 아동복지시설, 장애인거주시설, 정신질환자관련시설, 노숙인관련시설, 결핵환자나 한센인이 24시간 생활하는 노유자시설

　　나) 가)에 해당하지 않는 노유자시설로 해당 시설로 사용하는 바닥면적의 합계가 300m^2 이상 600m^2 미만인 시설

　　다) 가)에 해당하지 않는 노유자시설로 해당 시설로 사용하는 바닥면적의 합계가 300m^2 미만이고, 창살(철재·플라스틱 또는 목재 등으로 사람의 탈출 등을 막기 위하여 설치한 것을 말하며, 화재 시 자동으로 열리는 구조로 되어 있는 창살은 제외)이 설치된 시설

5) 건물을 임차하여 「출입국관리법」에 따른 보호시설로 사용하는 부분

6) 숙박시설 중 생활형 숙박시설로서 해당 용도로 사용되는 바닥면적의 합계가 600m^2 이상인 것

7) 복합건축물(하나의 건축물이 근린생활시설, 판매시설, 업무시설, 숙박시설 또는 위락시설의 용도와 주택의 용도로 함께 사용되는 복합건축물만 해당)로서 연면적 1천m^2 이상인 것은 모든 층

특정소방대상물의 규모에 관계없이 물분무등 소화설비를 설치하여야 하는 대상은? (단, 위험물저장 및 처리시설 중 가스시설 또는 지하구는 제외한다.)

① 주차용 건축물
② 전산실 및 통신기기실
③ 전기실 및 발전실
✓ ④ 항공기격납고

바. 물분무등소화설비를 설치하여야 하는 특정소방대상물(위험물 저장 및 처리시설 중 가스시설 또는 지하구는 제외)은 다음의 어느 하나와 같다.

1) 항공기 및 자동차 관련 시설 중 항공기격납고

2) 차고, 주차용 건축물 또는 철골 조립식 주차시설. 이 경우 연면적 800m² 이상인 것만 해당한다.

3) 건축물 내부에 설치된 차고 또는 주차장으로서 차고 또는 주차의 용도로 사용되는 부분의 바닥면적이 200m² 이상인 층

4) 기계장치에 의한 주차시설을 이용하여 20대 이상의 차량을 주차할 수 있는 것

5) 특정소방대상물에 설치된 전기실·발전실·변전실(가연성 절연유를 사용하지 않는 변압기·전류차단기 등의 전기기기와 가연성 피복을 사용하지 않은 전선 및 케이블만을 설치한 전기실·발전실 및 변전실은 제외)·축전지실·통신기기실 또는 전산실, 그 밖에 이와 비슷한 것으로서 바닥면적이 300m² 이상인 것[하나의 방화구획 내에 둘 이상의 실(室)이 설치되어 있는 경우에는 이를 하나의 실로 보아 바닥면적을 산정]. 다만, 내화구조로 된 공정제어실 내에 설치된 주조정실로서 양압시설이 설치되고 전기기기에 220볼트 이하인 저전압이 사용되며 종업원이 24시간 상주하는 곳은 제외한다.

6) 소화수를 수집·처리하는 설비가 설치되어 있지 않은 중·저준위방사성폐기물의 저장시설. 다만, 이 경우에는 이산화탄소소화설비, 할론소화설비 또는 할로겐화합물 및 불활성기체 소화설비를 설치하여야 한다.

7) 지하가 중 예상 교통량, 경사도 등 터널의 특성을 고려하여 행정안전부령으로 정하는 터널. 다만, 이 경우에는 물분무소화설비를 설치하여야 한다.

8) 「문화재보호법」에 따른 지정문화재 중 소방청장이 문화재청장과 협의하여 정하는 것

사. 옥외소화전설비를 설치하여야 하는 특정소방대상물(아파트등, 위험물 저장 및 처리 시설 중 가스시설, 지하구 또는 지하가 중 터널은 제외)은 다음의 어느 하나와 같다.

1) 지상 1층 및 2층의 바닥면적의 합계가 9천m² 이상인 것. 이 경우 같은 구(區) 내의 둘 이상의 특정소방대상물이 행정안전부령으로 정하는 연소(延燒) 우려가 있는 구조인 경우에는 이를 하나의 특정소방대상물로 본다.

2) 「문화재보호법」에 따라 보물 또는 국보로 지정된 목조건축물

3) 1)에 해당하지 않는 공장 또는 창고시설로서 「소방기본법 시행령」 별표 2에서 정하는 수량의 750배 이상의 특수가연물을 저장·취급하는 것

2. 경보설비

가. 비상경보설비를 설치하여야 할 특정소방대상물(지하구, 모래·석재 등 불연재료 창고 및 위험물 저장·처리 시설 중 가스시설은 제외)은 다음의 어느 하나와 같다.

1) 연면적 $400m^2$(지하가 중 터널 또는 사람이 거주하지 않거나 벽이 없는 축사 등 동·식물 관련시설은 제외) 이상이거나 지하층 또는 무창층의 바닥면적이 $150m^2$(공연장의 경우 $100m^2$) 이상인 것

2) 지하가 중 터널로서 길이가 500m 이상인 것

3) 50명 이상의 근로자가 작업하는 옥내 작업장

나. 비상방송설비를 설치하여야 하는 특정소방대상물(위험물 저장 및 처리 시설 중 가스시설, 사람이 거주하지 않는 동물 및 식물 관련 시설, 지하가 중 터널, 축사 및 지하구는 제외)은 다음의 어느 하나와 같다.

1) 연면적 3천5백m^2 이상인 것

2) 지하층을 제외한 층수가 11층 이상인 것

3) 지하층의 층수가 3층 이상인 것

다. 누전경보기는 계약전류용량(같은 건축물에 계약 종류가 다른 전기가 공급되는 경우에는 그 중 최대계약전류용량을 말한다)이 100암페어를 초과하는 특정소방대상물(내화구조가 아닌 건축물로서 벽·바닥 또는 반자의 전부나 일부를 불연재료 또는 준불연재료가 아닌 재료에 철망을 넣어 만든 것만 해당)에 설치하여야 한다. 다만, 위험물 저장 및 처리 시설 중 가스시설, 지하가 중 터널 또는 지하구의 경우에는 그러하지 아니하다.

라. 자동화재탐지설비를 설치하여야 하는 특정소방대상물은 다음의 어느 하나와 같다.

1) 근린생활시설(목욕장은 제외), 의료시설(정신의료기관 또는 요양병원은 제외), 숙박시설, 위락시설, 장례시설 및 복합건축물로서 연면적 $600m^2$ 이상인 것

2) 공동주택, 근린생활시설 중 목욕장, 문화 및 집회시설, 종교시설, 판매시설, 운수시설, 운동시설, 업무시설, 공장, 창고시설, 위험물 저장 및 처리 시설, 항공기 및 자동차 관련 시설, 교정 및 군사시설 중 국방·군사시설, 방송통신시설, 발전시설, 관광 휴게시설, 지하가(터널은 제외)로서 연면적 1천m^2 이상인 것

3) 교육연구시설(교육시설 내에 있는 기숙사 및 합숙소를 포함), 수련시설(수련시설 내에 있는 기숙사 및 합숙소를 포함하며, 숙박시설이 있는 수련시설은 제외), 동물 및 식물 관련 시설(기둥과 지붕만으로 구성되어 외부와 기류가 통하는 장소는 제외), 분뇨 및 쓰레기 처리시설, 교정 및 군사시설(국방·군사시설은 제외) 또는 묘지 관련 시설로서 연면적 2천m^2 이상인 것

관련기출

∴ 비상경보설비를 설치하여야 할 특정소방대상물이 아닌 것은?

① 지하가 중 터널로서 길이가 1,000m 이상인 것

② 사람이 거주하고 있는 연면적 $400m^2$ 이상인 건축물

③ 지하층의 바닥면적이 $100m^2$ 이상으로 공연장인 건축물

✔ ④ 35명의 근로자가 작업하는 옥내 작업장

∴ 자동화재탐지설비를 설치하여야 하는 특정소방 대상물의 기준으로 틀린 것은?

① 지하구

✔ ② 지하가 중 터널로서 길이 700m 이상인 것

③ 교정시설로서 연면적 2,000m^2 이상인 것

④ 복합건축물로서 연면적 600m^2 이상인 것

4) 지하구

5) 지하가 중 터널로서 길이가 1천m 이상인 것

6) 노유자 생활시설

7) 6)에 해당하지 않는 노유자시설로서 연면적 400m² 이상인 노유자시설 및 숙박시설이 있는 수련시설로서 수용인원 100명 이상인 것

8) 2)에 해당하지 않는 공장 및 창고시설로서 「소방기본법 시행령」 별표 2에서 정하는 수량의 500배 이상의 특수가연물을 저장·취급하는 것

9) 의료시설 중 정신의료기관 또는 요양병원으로서 다음의 어느 하나에 해당하는 시설

　　가) 요양병원(정신병원과 의료재활시설은 제외)

　　나) 정신의료기관 또는 의료재활시설로 사용되는 바닥면적의 합계가 300m² 이상인 시설

　　다) 정신의료기관 또는 의료재활시설로 사용되는 바닥면적의 합계가 300m² 미만이고, 창살(철재·플라스틱 또는 목재 등으로 사람의 탈출 등을 막기 위하여 설치한 것을 말하며, 화재 시 자동으로 열리는 구조로 되어 있는 창살은 제외)이 설치된 시설

10) 판매시설 중 전통시장

마. 자동화재속보설비를 설치하여야 하는 특정소방대상물은 다음의 어느 하나와 같다.

1) 업무시설, 공장, 창고시설, 교정 및 군사시설 중 국방·군사시설, 발전시설(사람이 근무하지 않는 시간에는 무인경비시스템으로 관리하는 시설만 해당)로서 바닥면적이 1천5백m² 이상인 층이 있는 것. 다만, 사람이 24시간 상시 근무하고 있는 경우에는 자동화재속보설비를 설치하지 않을 수 있다.

2) 노유자 생활시설

3) 2)에 해당하지 않는 노유자시설로서 바닥면적이 500m² 이상인 층이 있는 것. 다만, 사람이 24시간 상시 근무하고 있는 경우에는 자동화재속보설비를 설치하지 않을 수 있다.

4) 수련시설(숙박시설이 있는 건축물만 해당)로서 바닥면적이 500m² 이상인 층이 있는 것. 다만, 사람이 24시간 상시 근무하고 있는 경우에는 자동화재속보설비를 설치하지 않을 수 있다.

5) 「문화재보호법」에 따라 보물 또는 국보로 지정된 목조건축물. 다만, 사람이 24시간 상시 근무하고 있는 경우에는 자동화재속보설비를 설치하지 않을 수 있다.

6) 근린생활시설 중 의원, 치과의원 및 한의원으로서 입원실이 있는 시설

⁂ 자동화재속보설비를 설치하여야 하는 특정소방대상물은?

① 연면적 800m²인 아파트

② 연면적 800m²인 기숙사

③ 바닥면적이 1,000m²인 층이 있는 발전시설

✔ ④ 바닥면적이 500m²인 층이 있는 노유자시설

7) 의료시설 중 다음의 어느 하나에 해당하는 것

　　가) 종합병원, 병원, 치과병원, 한방병원 및 요양병원(정신병원과 의료재활시설은 제외)

　　나) 정신병원 및 의료재활시설로 사용되는 바닥면적의 합계가 500m² 이상인 층이 있는 것

8) 판매시설 중 전통시장

9) 1)부터 8)까지에 해당하지 않는 특정소방대상물 중 층수가 30층 이상인 것

바. 단독경보형 감지기를 설치하여야 하는 특정소방대상물은 다음의 어느 하나와 같다.

1) 연면적 1천m² 미만의 아파트등

2) 연면적 1천m² 미만의 기숙사

3) 교육연구시설 또는 수련시설 내에 있는 합숙소 또는 기숙사로서 연면적 2천m² 미만인 것

4) 연면적 600m² 미만의 숙박시설

5) 라목7)에 해당하지 않는 수련시설(숙박시설이 있는 것만 해당)

6) 연면적 400m² 미만의 유치원

사. 시각경보기를 설치하여야 하는 특정소방대상물은 자동화재탐지설비를 설치하여야 하는 특정소방대상물 중 다음의 어느 하나에 해당하는 것과 같다.

1) 근린생활시설, 문화 및 집회시설, 종교시설, 판매시설, 운수시설, 운동시설, 위락시설, 창고시설 중 물류터미널

2) 의료시설, 노유자시설, 업무시설, 숙박시설, 발전시설 및 장례시설

3) 교육연구시설 중 도서관, 방송통신시설 중 방송국

4) 지하가 중 지하상가

아. 가스누설경보기를 설치하여야 하는 특정소방대상물(가스시설이 설치된 경우만 해당)은 다음의 어느 하나와 같다.

1) 판매시설, 운수시설, 노유자시설, 숙박시설, 창고시설 중 물류터미널

2) 문화 및 집회시설, 종교시설, 의료시설, 수련시설, 운동시설, 장례시설

자. 통합감시시설을 설치하여야 하는 특정소방대상물은 지하구로 한다.

3. 피난구조설비

가. 피난기구는 특정소방대상물의 모든 층에 화재안전기준에 적합한 것으로 설치하여야 한다. 다만, 피난층, 지상 1층, 지상 2층(노유자시설 중 피난층이 아닌 지상 1층과 피난층이 아닌 지상 2층은 제외) 및 층수가 11층 이상인 층과 위험물 저장 및 처리시설 중 가스시설, 지하가 중 터널 또는 지하구의 경우에는 그러하지 아니하다.

관련기출

경보설비 중 단독경보형 감지기를 설치해야 하는 특정소방대상물의 기준으로 틀린 것은?

① 연면적 600m² 미만의 숙박시설
② 연면적 1,000m² 미만의 아파트 등
③ 연면적 1,000m² 미만의 기숙사
✓④ 교육연구시설 내에 있는 연면적 3,000m² 미만의 합숙소

나. 인명구조기구를 설치하여야 하는 특정소방대상물은 다음의 어느 하나와 같다.

1) 방열복 또는 방화복(안전헬멧, 보호장갑 및 안전화를 포함), 인공소생기 및 공기호흡기를 설치하여야 하는 특정소방대상물 : 지하층을 포함하는 층수가 7층 이상인 관광호텔

2) 방열복 또는 방화복(안전헬멧, 보호장갑 및 안전화를 포함) 및 공기호흡기를 설치하여야 하는 특정소방대상물 : 지하층을 포함하는 층수가 5층 이상인 병원

3) 공기호흡기를 설치하여야 하는 특정소방대상물은 다음의 어느 하나와 같다.

가) 수용인원 100명 이상인 문화 및 집회시설 중 영화상영관

나) 판매시설 중 대규모점포

다) 운수시설 중 지하역사

라) 지하가 중 지하상가

마) 물분무등소화설비 및 화재안전기준에 따라 이산화탄소소화설비(호스릴이산화탄소소화설비는 제외)를 설치하여야 하는 특정소방대상물

다. 유도등을 설치하여야 할 대상은 다음의 어느 하나와 같다.

1) 피난구유도등, 통로유도등 및 유도표지는 특정소방대상물에 설치한다. 다만, 다음의 어느 하나에 해당하는 경우는 제외한다.

가) 지하가 중 터널 및 지하구

나) 동물 및 식물 관련 시설 중 축사로서 가축을 직접 가두어 사육하는 부분

2) 객석유도등은 다음의 어느 하나에 해당하는 특정소방대상물에 설치한다.

가) 유흥주점영업시설(「식품위생법 시행령」의 유흥주점영업 중 손님이 춤을 출 수 있는 무대가 설치된 카바레, 나이트클럽 또는 그 밖에 이와 비슷한 영업시설만 해당)

나) 문화 및 집회시설

다) 종교시설

라) 운동시설

라. 비상조명등을 설치하여야 하는 특정소방대상물(창고시설 중 창고 및 하역장, 위험물 저장 및 처리 시설 중 가스시설은 제외)은 다음의 어느 하나와 같다.

1) 지하층을 포함하는 층수가 5층 이상인 건축물로서 연면적 3천m^2 이상인 것

2) 1)에 해당하지 않는 특정소방대상물로서 그 지하층 또는 무창층의 바닥면적이 450m^2 이상인 경우에는 그 지하층 또는 무창층

3) 지하가 중 터널로서 그 길이가 500m 이상인 것

마. 휴대용 비상조명등을 설치하여야 하는 특정소방대상물은 다음의 어느 하나와 같다.

　　1) 숙박시설

　　2) 수용인원 100명 이상의 영화상영관, 판매시설 중 대규모점포, 철도 및 도시철도 시설 중 지하역사, 지하가 중 지하상가

4. **소화용수설비**

상수도소화용수설비를 설치하여야 하는 특정소방대상물은 다음의 어느 하나와 같다. 다만, 상수도소화용수설비를 설치하여야 하는 특정소방대상물의 대지 경계선으로부터 180m 이내에 지름 75mm 이상인 상수도용 배수관이 설치되지 않은 지역의 경우에는 화재안전기준에 따른 소화수조 또는 저수조를 설치하여야 한다.

가. 연면적 5천m² 이상인 것. 다만, 위험물 저장 및 처리 시설 중 가스시설, 지하가 중 터널 또는 지하구의 경우에는 그러하지 아니하다.

나. 가스시설로서 지상에 노출된 탱크의 저장용량의 합계가 100톤 이상인 것

5. **소화활동설비**

가. 제연설비를 설치하여야 하는 특정소방대상물은 다음의 어느 하나와 같다.

　　1) 문화 및 집회시설, 종교시설, 운동시설로서 무대부의 바닥면적이 200m² 이상 또는 문화 및 집회시설 중 영화상영관으로서 수용인원 100명 이상인 것

　　2) 지하층이나 무창층에 설치된 근린생활시설, 판매시설, 운수시설, 숙박시설, 위락시설, 의료시설, 노유자시설 또는 창고시설(물류터미널만 해당)로서 해당 용도로 사용되는 바닥면적의 합계가 1천m² 이상인 층

　　3) 운수시설 중 시외버스정류장, 철도 및 도시철도 시설, 공항시설 및 항만시설의 대합실 또는 휴계시설로서 지하층 또는 무창층의 바닥면적이 1천m² 이상인 것

　　4) 지하가(터널은 제외)로서 연면적 1천m² 이상인 것

　　5) 지하가 중 예상 교통량, 경사도 등 터널의 특성을 고려하여 행정안전부령으로 정하는 터널

　　6) 특정소방대상물(갓복도형 아파트등는 제외)에 부설된 특별피난계단 또는 비상용 승강기의 승강장

나. 연결송수관설비를 설치하여야 하는 특정소방대상물(위험물 저장 및 처리 시설 중 가스시설 또는 지하구는 제외)은 다음의 어느 하나와 같다.

　　1) 층수가 5층 이상으로서 연면적 6천m² 이상인 것

　　2) 1)에 해당하지 않는 특정소방대상물로서 지하층을 포함하는 층수가 7층 이상인 것

경보설비 중 단독경보형 감지기를 설치해야 하는 특정소방대상물의 기준으로 틀린 것은?

① 연면적 600m² 미만의 숙박시설

② 연면적 1,000m² 미만의 아파트 등

③ 연면적 1,000m² 미만의 기숙사

✓④ 교육연구시설 내에 있는 연면적 3,000m² 미만의 합숙소

3) 1) 및 2)에 해당하지 않는 특정소방대상물로서 지하층의 층수가 3층 이상이고 지하층의 바닥면적의 합계가 1천m² 이상인 것

4) 지하가 중 터널로서 길이가 1천m 이상인 것

다. 연결살수설비를 설치하여야 하는 특정소방대상물(지하구는 제외)은 다음의 어느 하나와 같다.

1) 판매시설, 운수시설, 창고시설 중 물류터미널로서 해당 용도로 사용되는 부분의 바닥면적의 합계가 1천m² 이상인 것

2) 지하층(피난층으로 주된 출입구가 도로와 접한 경우는 제외)으로서 바닥면적의 합계가 150m² 이상인 것. 다만, 「주택법 시행령」에 따른 국민주택규모 이하인 아파트등의 지하층(대피시설로 사용하는 것만 해당)과 교육연구시설 중 학교의 지하층의 경우에는 700m² 이상인 것으로 한다.

3) 가스시설 중 지상에 노출된 탱크의 용량이 30톤 이상인 탱크시설

4) 1) 및 2)의 특정소방대상물에 부속된 연결통로

라. 비상콘센트설비를 설치하여야 하는 특정소방대상물(위험물 저장 및 처리시설 중 가스시설 또는 지하구는 제외)은 다음의 어느 하나와 같다.

1) 층수가 11층 이상인 특정소방대상물의 경우에는 11층 이상의 층

2) 지하층의 층수가 3층 이상이고 지하층의 바닥면적의 합계가 1천m² 이상인 것은 지하층의 모든 층

3) 지하가 중 터널로서 길이가 500m 이상인 것

마. 무선통신보조설비를 설치하여야 하는 특정소방대상물(위험물 저장 및 처리 시설 중 가스시설은 제외)은 다음의 어느 하나와 같다.

1) 지하가(터널은 제외)로서 연면적 1천m² 이상인 것

2) 지하층의 바닥면적의 합계가 3천m² 이상인 것 또는 지하층의 층수가 3층 이상이고 지하층의 바닥면적의 합계가 1천m² 이상인 것은 지하층의 모든 층

3) 지하가 중 터널로서 길이가 500m 이상인 것

4) 「국토의 계획 및 이용에 관한 법률」에 따른 공동구

5) 층수가 30층 이상인 것으로서 16층 이상 부분의 모든 층

바. 연소방지설비는 지하구(전력 또는 통신사업용인 것만 해당)에 설치하여야 한다.

10. 소방시설의 내진설계기준(법 제9조의2)

「지진·화산재해대책법」 제14조 제1항 각 호의 시설 중 대통령령으로 정하는 특정소방대상물에 대통령령으로 정하는 소방시설을 설치하려는 자는 지진이 발생할 경우 소방시설이 정상적으로 작동될 수 있도록 소방청장이 정하는 내진설계기준에 맞게 소방시설을 설치하여야 한다.

10-1. 소방시설의 내진설계(시행령 제15조의2)

① 법 제9조의2에서 "대통령령으로 정하는 특정소방대상물"이란 「건축법」 제2조 제1항 제2호에 따른 건축물로서 「지진·화산재해대책법 시행령」 제10조 제1항 각 호에 해당하는 시설을 말한다.

② 법 제9조의2에서 "대통령령으로 정하는 소방시설"이란 소방시설 중 옥내소화전설비, 스프링클러설비, 물분무등소화설비를 말한다.

11. 성능위주설계(법 제9조의3)

① 대통령령으로 정하는 특정소방대상물(신축하는 것만 해당)에 소방시설을 설치하려는 자는 그 용도, 위치, 구조, 수용 인원, 가연물(可燃物)의 종류 및 양 등을 고려하여 설계(이하 "성능위주설계"라 한다)하여야 한다.

② 성능위주설계의 기준과 그 밖에 필요한 사항은 소방청장이 정하여 고시한다.

11-1. 성능위주설계를 하여야 하는 특정소방대상물의 범위(시행령 제15조의3)

법 제9조의3 제1항에서 "대통령령으로 정하는 특정소방대상물"이란 다음의 어느 하나에 해당하는 특정소방대상물(신축하는 것만 해당)을 말한다.

1. 연면적 20만제곱미터 이상인 특정소방대상물. 다만, 공동주택 중 주택으로 쓰이는 층수가 5층 이상인 주택("아파트등")은 제외한다.

2. 다음의 어느 하나에 해당하는 특정소방대상물. 다만, 아파트등은 제외한다.
   가. 건축물의 높이가 100미터 이상인 특정소방대상물
   나. 지하층을 포함한 층수가 30층 이상인 특정소방대상물

3. 연면적 3만제곱미터 이상인 특정소방대상물로서 다음의 어느 하나에 해당하는 특정소방대상물
   가. 철도 및 도시철도 시설
   나. 공항시설

4. 하나의 건축물에 「영화 및 비디오물의 진흥에 관한 법률」에 따른 영화상영관이 10개 이상인 특정소방대상물

12. 특정소방대상물별로 설치하여야 하는 소방시설의 정비 등(법 제9조의4)

① 대통령령으로 소방시설을 정할 때에는 특정소방대상물의 규모·용도 및 수용인원 등을 고려하여야 한다.

② 소방청장은 건축 환경 및 화재위험특성 변화사항을 효과적으로 반영할 수 있도록 소방시설 규정을 3년에 1회 이상 정비하여야 한다.

③ 소방청장은 건축 환경 및 화재위험특성 변화 추세를 체계적으로 연구하여 정비를 위한 개선방안을 마련하여야 한다.

④ 연구의 수행 등에 필요한 사항은 행정안전부령으로 정한다.

: 대통령령으로 정하는 특정소방대상물의 소방시설 중 내진설계 대상이 아닌 것은?
① 옥내소화전설비
② 스프링클러설비
③ 물분무소화설비
✔ ④ 연결살수설비

: 성능위주설계를 하여야 하는 특정소방대상물의 범위의 기준으로 옳지 않은 것은?
① 연면적 3만㎡ 이상인 철도 및 도시철도 시설
② 연면적 20만㎡ 이상인 특정소방대상물
✔ ③ 아파트를 포함한 건축물의 높이가 100m 이상인 특정소방대상물
④ 하나의 건축물에 영화 및 비디오물의 진흥에 관한 법률에 따른 영화상영관이 10개 이상인 특정소방대상물

13. 소방용품의 내용연수 등(법 제9조의5)

① 특정소방대상물의 관계인은 내용연수가 경과한 소방용품을 교체하여야 한다. 이 경우 내용연수를 설정하여야 하는 소방용품의 종류 및 그 내용연수 연한에 필요한 사항은 대통령령으로 정한다.

② 행정안전부령으로 정하는 절차 및 방법 등에 따라 소방용품의 성능을 확인받은 경우에는 그 사용기한을 연장할 수 있다.

13-1. 내용연수 설정 대상 소방용품(시행령 제15조의4)

① 내용연수를 설정하여야 하는 소방용품은 분말형태의 소화약제를 사용하는 소화기로 한다.

② 소방용품의 내용연수는 10년으로 한다.

14. 피난시설, 방화구획 및 방화시설의 유지 · 관리(법 제10조)

① 특정소방대상물의 관계인은 「건축법」에 따른 피난시설, 방화구획(防火區劃) 및 방화벽, 내부 마감재료 등("방화시설")에 대하여 다음의 행위를 하여서는 아니 된다.
   1. 피난시설, 방화구획 및 방화시설을 폐쇄하거나 훼손하는 등의 행위
   2. 피난시설, 방화구획 및 방화시설의 주위에 물건을 쌓아두거나 장애물을 설치하는 행위
   3. 피난시설, 방화구획 및 방화시설의 용도에 장애를 주거나 「소방기본법」에 따른 소방활동에 지장을 주는 행위
   4. 그 밖에 피난시설, 방화구획 및 방화시설을 변경하는 행위

② 소방본부장이나 소방서장은 특정소방대상물의 관계인이 ① 각 호의 행위를 한 경우에는 피난시설, 방화구획 및 방화시설의 유지 · 관리를 위하여 필요한 조치를 명할 수 있다.

15. 소방시설기준 적용의 특례(법 제11조)

① 소방본부장이나 소방서장은 대통령령 또는 화재안전기준이 변경되어 그 기준이 강화되는 경우 기존의 특정소방대상물(건축물의 신축 · 개축 · 재축 · 이전 및 대수선 중인 특정소방대상물을 포함)의 소방시설에 대하여는 변경 전의 대통령령 또는 화재안전기준을 적용한다. 다만, 다음의 어느 하나에 해당하는 소방시설의 경우에는 대통령령 또는 화재안전기준의 변경으로 강화된 기준을 적용한다.

1. 다음 소방시설 중 대통령령으로 정하는 것

    가. 소화기구

    나. 비상경보설비

    다. 자동화재속보설비

    라. 피난구조설비

  2. 지하구 가운데 「국토의 계획 및 이용에 관한 법률」에 따른 공동구에 설치하여야 하는 소방시설

  3. 노유자(老幼者)시설, 의료시설에 설치하여야 하는 소방시설 중 대통령령으로 정하는 것

② 소방본부장이나 소방서장은 특정소방대상물에 설치하여야 하는 소방시설 가운데 기능과 성능이 유사한 물분무소화설비, 간이스프링클러설비, 비상경보설비 및 비상방송설비 등의 소방시설의 경우에는 대통령령으로 정하는 바에 따라 유사한 소방시설의 설치를 면제할 수 있다.

③ 소방본부장이나 소방서장은 기존의 특정소방대상물이 증축되거나 용도변경되는 경우에는 대통령령으로 정하는 바에 따라 증축 또는 용도변경 당시의 소방시설의 설치에 관한 대통령령 또는 화재안전기준을 적용한다.

④ 다음의 어느 하나에 해당하는 특정소방대상물 가운데 대통령령으로 정하는 특정소방대상물에는 제9조 제1항 전단에도 불구하고 대통령령으로 정하는 소방시설을 설치하지 아니할 수 있다.

  1. 화재 위험도가 낮은 특정소방대상물

  2. 화재안전기준을 적용하기 어려운 특정소방대상물

  3. 화재안전기준을 다르게 적용하여야 하는 특수한 용도 또는 구조를 가진 특정소방대상물

  4. 「위험물 안전관리법」에 따른 자체소방대가 설치된 특정소방대상물

⑤ ④ 각 호의 어느 하나에 해당하는 특정소방대상물에 구조 및 원리 등에서 공법이 특수한 설계로 인정된 소방시설을 설치하는 경우에는 중앙소방기술심의위원회의 심의를 거쳐 화재안전기준을 적용하지 아니 할 수 있다.

15-1. 특정소방대상물의 소방시설 설치의 면제기준(시행령 별표 6)

설치가 면제되는 소방시설	설치면제 기준
스프링클러설비	스프링클러설비를 설치하여야 하는 특정소방대상물에 물분무등소화설비를 화재안전기준에 적합하게 설치한 경우에는 그 설비의 유효범위(해당 소방시설이 화재를 감지·소화 또는 경보할 수 있는 부분을 말한다.)에서 설치가 면제된다.
물분무등소화설비	물분무등소화설비를 설치하여야 하는 차고·주차장에 스프링클러설비를 화재안전기준에 적합하게 설치한 경우에는 그 설비의 유효범위에서 설치가 면제된다.
간이스프링클러설비	간이스프링클러설비를 설치하여야 하는 특정소방대상물에 스프링클러설비, 물분무소화설비 또는 미분무소화설비를 화재안전기준에 적합하게 설치한 경우에는 그 설비의 유효범위에서 설치가 면제된다.
비상경보설비 또는 단독경보형 감지기	비상경보설비 또는 단독경보형 감지기를 설치하여야 하는 특정소방대상물에 자동화재탐지설비를 화재안전기준에 적합하게 설치한 경우에는 그 설비의 유효범위에서 설치가 면제된다.
비상경보설비	비상경보설비를 설치하여야 할 특정소방대상물에 단독경보형 감지기를 2개 이상의 단독경보형 감지기와 연동하여 설치하는 경우에는 그 설비의 유효범위에서 설치가 면제된다.
비상방송설비	비상방송설비를 설치하여야 하는 특정소방대상물에 자동화재탐지설비 또는 비상경보설비와 같은 수준 이상의 음향을 발하는 장치를 부설한 방송설비를 화재안전기준에 적합하게 설치한 경우에는 그 설비의 유효범위에서 설치가 면제된다.
피난구조설비	피난구조설비를 설치하여야 하는 특정소방대상물에 그 위치·구조 또는 설비의 상황에 따라 피난상 지장이 없다고 인정되는 경우에는 화재안전기준에서 정하는 바에 따라 설치가 면제된다.
연결살수설비	가. 연결살수설비를 설치하여야 하는 특정소방대상물에 송수구를 부설한 스프링클러설비, 간이스프링클러설비, 물분무소화설비 또는 미분무소화설비를 화재안전기준에 적합하게 설치한 경우에는 그 설비의 유효범위에서 설치가 면제된다. 나. 가스 관계 법령에 따라 설치되는 물분무장치 등에 소방대가 사용할 수 있는 연결송수구가 설치되거나 물분무장치 등에 6시간 이상 공급할 수 있는 수원(水源)이 확보된 경우에는 설치가 면제된다.

제연설비	가. 제연설비를 설치하여야 하는 특정소방대상물(특정소방대상물에 부설된 특별피난계단 또는 비상용 승강기의 승강장은 제외)에 다음의 어느 하나에 해당하는 설비를 설치한 경우에는 설치가 면제된다.
	  1) 공기조화설비를 화재안전기준의 제연설비기준에 적합하게 설치하고 공기조화설비가 화재 시 제연설비기능으로 자동전환되는 구조로 설치되어 있는 경우
	  2) 직접 외부 공기와 통하는 배출구의 면적의 합계가 해당 제연구역[제연경계(제연설비의 일부인 천장을 포함)에 의하여 구획된 건축물 내의 공간을 말한다] 바닥면적의 100분의 1 이상이고, 배출구부터 각 부분까지의 수평거리가 30m 이내이며, 공기유입구가 화재안전기준에 적합하게(외부 공기를 직접 자연 유입할 경우에 유입구의 크기는 배출구의 크기 이상이어야 한다) 설치되어 있는 경우
	나. 특정소방대상물에 부설된 특별피난계단 또는 비상용 승강기의 승강장은 제외 규정에 따라 제연설비를 설치하여야 하는 특정소방대상물 중 노대(露臺)와 연결된 특별피난계단 또는 노대가 설치된 비상용 승강기의 승강장에는 설치가 면제된다.

비상조명등	비상조명등을 설치하여야 하는 특정소방대상물에 피난구유도등 또는 통로유도등을 화재안전기준에 적합하게 설치한 경우에는 그 유도등의 유효범위에서 설치가 면제된다.
누전경보기	누전경보기를 설치하여야 하는 특정소방대상물 또는 그 부분에 아크경보기(옥내 배전선로의 단선이나 선로 손상 등으로 인하여 발생하는 아크를 감지하고 경보하는 장치를 말한다) 또는 전기 관련 법령에 따른 지락차단장치를 설치한 경우에는 그 설비의 유효범위에서 설치가 면제된다.
무선통신보조설비	무선통신보조설비를 설치하여야 하는 특정소방대상물에 이동통신 구내 중계기 선로설비 또는 무선이동중계기(「전파법」에 따른 적합성평가를 받은 제품만 해당) 등을 화재안전기준의 무선통신보조설비기준에 적합하게 설치한 경우에는 설치가 면제된다.
상수도소화용수설비	가. 상수도소화용수설비를 설치하여야 하는 특정소방대상물의 각 부분으로부터 수평거리 140m 이내에 공공의 소방을 위한 소화전이 화재안전기준에 적합하게 설치되어 있는 경우에는 설치가 면제된다. 나. 소방본부장 또는 소방서장이 상수도소화용수설비의 설치가 곤란하다고 인정하는 경우로서 화재안전기준에 적합한 소화수조 또는 저수조가 설치되어 있거나 이를 설치하는 경우에는 그 설비의 유효범위에서 설치가 면제된다.

연소방지설비	연소방지설비를 설치하여야 하는 특정소방대상물에 스프링클러설비, 물분무소화설비 또는 미분무소화설비를 화재안전기준에 적합하게 설치한 경우에는 그 설비의 유효범위에서 설치가 면제된다.
연결송수관설비	연결송수관설비를 설치하여야 하는 소방대상물에 옥외에 연결송수구 및 옥내에 방수구가 부설된 옥내소화전설비, 스프링클러설비, 간이스프링클러설비 또는 연결살수설비를 화재안전기준에 적합하게 설치한 경우에는 그 설비의 유효범위에서 설치가 면제된다. 다만, 지표면에서 최상층 방수구의 높이가 70m 이상인 경우에는 설치하여야 한다.
자동화재탐지설비	자동화재탐지설비의 기능(감지·수신·경보기능을 말한다)과 성능을 가진 스프링클러설비 또는 물분무등소화설비를 화재안전기준에 적합하게 설치한 경우에는 그 설비의 유효범위에서 설치가 면제된다.
옥외소화전설비	옥외소화전설비를 설치하여야 하는 보물 또는 국보로 지정된 목조문화재에 상수도소화용수설비를 옥외소화전설비의 화재안전기준에서 정하는 방수압력·방수량·옥외소화전함 및 호스의 기준에 적합하게 설치한 경우에는 설치가 면제된다.
옥내소화전설비	소방본부장 또는 소방서장이 옥내소화전설비의 설치가 곤란하다고 인정하는 경우로서 호스릴 방식의 미분무소화설비 또는 옥외소화전설비를 화재안전기준에 적합하게 설치한 경우에는 그 설비의 유효범위에서 설치가 면제된다.
자동소화장치	자동소화장치(주거용 주방자동소화장치는 제외한다)를 설치하여야 하는 특정소방대상물에 물분무등소화설비를 화재안전기준에 적합하게 설치한 경우에는 그 설비의 유효범위에서 설치가 면제된다.

15-2. 소방시설을 설치하지 아니할 수 있는 특정소방대상물 및 소방시설의 범위(시행령 별표 7)

구분	특정소방대상물	소방시설
화재위험도가 낮은 특정소방대상물	석재, 불연성금속, 불연성 건축재료 등의 가공공장·기계조립공장·주물공장 또는 불연성 물품을 저장하는 창고	옥외소화전 및 연결살수설비
	「소방기본법」에 따른 소방대(消防隊)가 조직되어 24시간 근무하고 있는 청사 및 차고	옥내소화전설비, 스프링클러설비, 물분무등소화설비, 비상방송설비, 피난기구, 소화용수설비, 연결송수관설비, 연결살수설비
화재안전기준을 적용하기 어려운 특정소방대상물	펄프공장의 작업장, 음료수 공장의 세정 또는 충전을 하는 작업장, 그 밖에 이와 비슷한 용도로 사용하는 것	스프링클러설비, 상수도소화용수설비 및 연결살수설비
	정수장, 수영장, 목욕장, 농예·축산·어류양식용 시설, 그 밖에 이와 비슷한 용도로 사용되는 것	자동화재탐지설비, 상수도소화용수설비 및 연결살수설비
화재안전기준을 달리 적용하여야 하는 특수한 용도 또는 구조를 가진 특정소방대상물	원자력발전소, 핵폐기물처리시설	연결송수관설비 및 연결살수설비
「위험물안전관리법」에 따른 자체소방대가 설치된 특정소방대상물	자체소방대가 설치된 위험물 제조소등에 부속된 사무실	옥내소화전설비, 소화용수설비, 연결살수설비 및 연결송수관설비

⋮ 화재위험도가 낮은 특정소방대상물 중 소방대가 조직되어 24시간 근무하고 있는 청사 및 차고에 설치하지 아니할 수 있는 소방시설이 아닌 것은?
✔ ① 자동화재탐지설비
② 연결송수관설비
③ 피난기구
④ 비상방송설비

⋮ 화재예방, 소방시설 설치·유지 및 안전관리에 관한 법령상 화재안전기준을 달리 적용하여야 하는 특수한 용도 또는 구조를 가진 특정소방대상물인 원자력발전소에 설치하지 아니할 수 있는 소방시설은?
① 물분무등소화설비
② 스프링클러설비
③ 상수도소화용수설비
✔ ④ 연결살수설비

16. 소방대상물의 방염 등(법 제12조)

① 대통령령으로 정하는 특정소방대상물에 실내장식 등의 목적으로 설치 또는 부착하는 물품으로서 대통령령으로 정하는 물품(이하 "방염대상물품"이라 한다)은 방염성능기준 이상의 것으로 설치하여야 한다.

② 소방본부장이나 소방서장은 방염대상물품이 방염성능기준에 미치지 못하거나 방염성능검사를 받지 아니한 것이면 소방대상물의 관계인에게 방염대상물품을 제거하도록 하거나 방염성능검사를 받도록 하는 등 필요한 조치를 명할 수 있다.

③ 방염성능기준은 대통령령으로 정한다.

16-1. 방염성능기준 이상의 실내장식물 등을 설치하여야 하는 특정소방대상물 (시행령 제19조) 🔥🔥🔥

법 제12조 제1항에서 "대통령령으로 정하는 특정소방대상물"이란 다음의 어느 하나에 해당하는 것을 말한다.

1. 근린생활시설 중 의원, 체력단련장, 공연장 및 종교집회장
2. 건축물의 옥내에 있는 시설로서 다음의 시설
   가. 문화 및 집회시설
   나. 종교시설
   다. 운동시설(수영장은 제외)
3. 의료시설
4. 교육연구시설 중 합숙소
5. 노유자시설
6. 숙박이 가능한 수련시설
7. 숙박시설
8. 방송통신시설 중 방송국 및 촬영소
9. 다중이용업소
10. 위의 시설에 해당하지 않는 것으로서 층수가 11층 이상인 것(아파트는 제외)

16-2. 방염대상물품 및 방염성능기준(시행령 제20조)

① 법 제12조 제1항에서 "대통령령으로 정하는 물품"이란 다음의 어느 하나에 해당하는 것을 말한다.

1. 제조 또는 가공 공정에서 방염처리를 한 물품(합판·목재류의 경우에는 설치 현장에서 방염처리를 한 것을 포함)으로서 다음의 어느 하나에 해당하는 것
   가. 창문에 설치하는 커튼류(블라인드를 포함)

관련기출

방염성능기준 이상의 실내장식물 등을 설치하여야 하는 특정소방대상물에 해당하지 않은 것은?
① 숙박시설
② 노유자시설
✔ ③ 층수가 11층 이상의 아파트
④ 건축물의 옥내에 있는 종교시설

방염성능기준 이상의 실내장식물 등을 설치해야 하는 특정소방대상물이 아닌 것은?
① 건축물 옥내에 있는 종교시설
② 방송통신시설 중 방송국 및 촬영소
✔ ③ 층수가 11층 이상인 아파트
④ 숙박이 가능한 수련시설

나. 카펫, 두께가 2밀리미터 미만인 벽지류(종이벽지는 제외)

다. 전시용 합판 또는 섬유판, 무대용 합판 또는 섬유판

라. 암막·무대막(「영화 및 비디오물의 진흥에 관한 법률」에 따른 영화상영관에 설치하는 스크린과 「다중이용업소의 안전관리에 관한 특별법 시행령」에 따른 골프 연습장업에 설치하는 스크린을 포함)

마. 섬유류 또는 합성수지류 등을 원료로 하여 제작된 소파·의자(「다중이용업소의 안전관리에 관한 특별법 시행령」에 따른 단란주점영업, 유흥주점영업 및 노래연습장업의 영업장에 설치하는 것만 해당)

2. 건축물 내부의 천장이나 벽에 부착하거나 설치하는 것으로서 다음의 어느 하나에 해당하는 것. 다만, 가구류(옷장, 찬장, 식탁, 식탁용 의자, 사무용 책상, 사무용 의자, 계산대 및 그 밖에 이와 비슷한 것을 말한다.)와 너비 10센티미터 이하인 반자돌림대 등과 「건축법」에 따른 내부 마감재료는 제외한다.

가. 종이류(두께 2밀리미터 이상인 것을 말한다)·합성수지류 또는 섬유류를 주원료로 한 물품

나. 합판이나 목재

다. 공간을 구획하기 위하여 설치하는 간이 칸막이(접이식 등 이동 가능한 벽체나 천장 또는 반자가 실내에 접하는 부분까지 구획하지 아니하는 벽체를 말한다)

라. 흡음(吸音)이나 방음(防音)을 위하여 설치하는 흡음재(흡음용 커튼을 포함) 또는 방음재(방음용 커튼을 포함)

② 방염성능기준은 다음의 기준에 따르되, 방염대상물품의 종류에 따른 구체적인 방염성능기준은 다음의 기준의 범위에서 소방청장이 정하여 고시하는 바에 따른다.

1. 버너의 불꽃을 제거한 때부터 불꽃을 올리며 연소하는 상태가 그칠 때까지 시간은 20초 이내일 것

2. 버너의 불꽃을 제거한 때부터 불꽃을 올리지 아니하고 연소하는 상태가 그칠 때까지 시간은 30초 이내일 것

3. 탄화(炭化)한 면적은 50제곱센티미터 이내, 탄화한 길이는 20센티미터 이내일 것

4. 불꽃에 의하여 완전히 녹을 때까지 불꽃의 접촉 횟수는 3회 이상일 것

5. 소방청장이 정하여 고시한 방법으로 발연량(發煙量)을 측정하는 경우 최대연기밀도는 400 이하일 것

관련기출

방염대상물품에 해당되지 않는 것은?

① 창문에 설치하는 블라인드
✔ ② 두께가 2mm 미만인 종이벽지
③ 카펫
④ 전시용 합판 또는 섬유판

③ 소방본부장 또는 소방서장은 ①에 따른 물품 외에 다음의 어느 하나에 해당하는 물품의 경우에는 방염처리된 물품을 사용하도록 권장할 수 있다.

1. 다중이용업소, 의료시설, 노유자시설, 숙박시설 또는 장례식장에서 사용하는 침구류·소파 및 의자

2. 건축물 내부의 천장 또는 벽에 부착하거나 설치하는 가구류

17. 특정소방대상물의 소방안전관리(법 제20조)

① 특정소방대상물의 관계인은 그 특정소방대상물에 대하여 소방안전관리 업무를 수행하여야 한다.

② 대통령령으로 정하는 특정소방대상물(이하 이 조에서 "소방안전관리대상물"이라 한다)의 관계인은 소방안전관리 업무를 수행하기 위하여 대통령령으로 정하는 자를 행정안전부령으로 정하는 바에 따라 소방안전관리자 및 소방안전관리보조자로 선임하여야 한다. 이 경우 소방안전관리보조자의 최소인원 기준 등 필요한 사항은 대통령령으로 정하고, ④·⑤ 및 ⑦은 소방안전관리보조자에 대하여 준용한다.

③ 대통령령으로 정하는 소방안전관리대상물의 관계인은 소방시설관리업의 등록을 한 자(이하 "관리업자"라 한다)로 하여금 소방안전관리 업무 중 대통령령으로 정하는 업무를 대행하게 할 수 있으며, 이 경우 소방안전관리 업무를 대행하는 자를 감독할 수 있는 자를 소방안전관리자로 선임할 수 있다.

④ 소방안전관리대상물의 관계인이 소방안전관리자를 선임한 경우에는 행정안전부령으로 정하는 바에 따라 선임한 날부터 14일 이내에 소방본부장이나 소방서장에게 신고하고, 소방안전관리대상물의 출입자가 쉽게 알 수 있도록 소방안전관리자의 성명과 그 밖에 행정안전부령으로 정하는 사항을 게시하여야 한다.

⑤ 소방안전관리대상물의 관계인이 소방안전관리자를 해임한 경우에는 그 관계인 또는 해임된 소방안전관리자는 소방본부장이나 소방서장에게 그 사실을 알려 해임한 사실의 확인을 받을 수 있다.

⑥ 특정소방대상물(소방안전관리대상물은 제외)의 관계인과 소방안전관리대상물의 소방안전관리자의 업무는 다음과 같다. 다만, 제1호·제2호 및 제4호의 업무는 소방안전관리대상물의 경우에만 해당한다.

1. 피난계획에 관한 사항과 대통령령으로 정하는 사항이 포함된 소방계획서의 작성 및 시행

2. 자위소방대(自衛消防隊) 및 초기대응체계의 구성·운영·교육

3. 피난시설, 방화구획 및 방화시설의 유지·관리

소방안전관리자 선임에 관한 설명 중 옳은 것은?

> 소방안전관리대상물의 관계인이 소방안전관리자를 선임한 경우에는 안전행정부령이 정하는 바에 따라 선임한 날부터 (㉠) 이내에 (㉡)에게 신고하여야 한다.

① ㉠ 14일
　㉡ 시·도지사
✔ ② ㉠ 14일
　㉡ 소방본부장이나 소방서장
③ ㉠ 30일
　㉡ 시·도지사
④ ㉠ 30일
　㉡ 소방본부장이나 소방서장

소방안전관리대상물의 소방안전관리자 업무에 해당하지 않는 것은?

① 소방계획서의 작성 및 시행
② 화기 취급의 감독
✔ ③ 소방용 기계·기구의 형식승인
④ 피난시설, 방화구역 및 방화시설의 유지·관리

4. 소방훈련 및 교육

5. 소방시설이나 그 밖의 소방 관련 시설의 유지·관리

6. 화기(火氣) 취급의 감독

7. 그 밖에 소방안전관리에 필요한 업무

⑦ 소방안전관리대상물의 관계인은 소방안전관리자가 소방안전관리 업무를 성실하게 수행할 수 있도록 지도·감독하여야 한다.

⑧ 소방안전관리자는 인명과 재산을 보호하기 위하여 소방시설·피난시설·방화시설 및 방화구획 등이 법령에 위반된 것을 발견한 때에는 지체 없이 소방안전관리대상물의 관계인에게 소방대상물의 개수·이전·제거·수리 등 필요한 조치를 할 것을 요구하여야 하며, 관계인이 시정하지 아니하는 경우 소방본부장 또는 소방서장에게 그 사실을 알려야 한다. 이 경우 소방안전관리자는 공정하고 객관적으로 그 업무를 수행하여야 한다.

⑨ 소방안전관리자로부터 조치요구 등을 받은 소방안전관리대상물의 관계인은 지체 없이 이에 따라야 하며 조치요구 등을 이유로 소방안전관리자를 해임하거나 보수(報酬)의 지급을 거부하는 등 불이익한 처우를 하여서는 아니 된다.

⑩ 소방안전관리 업무를 관리업자에게 대행하게 하는 경우의 대가(代價)는 「엔지니어링산업 진흥법」에 따른 엔지니어링사업의 대가 기준 가운데 행정안전부령으로 정하는 방식에 따라 산정한다.

⑪ 자위소방대와 초기대응체계의 구성, 운영 및 교육 등에 관하여 필요한 사항은 행정안전부령으로 정한다.

⑫ 소방본부장 또는 소방서장은 소방안전관리자를 선임하지 아니한 소방안전관리대상물의 관계인에게 소방안전관리자를 선임하도록 명할 수 있다.

⑬ 소방본부장 또는 소방서장은 업무를 다하지 아니하는 특정소방대상물의 관계인 또는 소방안전관리자에게 그 업무를 이행하도록 명할 수 있다.

17-1. 소방안전관리자를 두어야 하는 특정소방대상물(시행령 제22조)

① 소방안전관리자를 선임하여야 하는 특정소방대상물(이하 "소방안전관리대상물"이라 한다)은 다음의 어느 하나에 해당하는 특정소방대상물로 한다. 다만, 「공공기관의 소방안전관리에 관한 규정」을 적용받는 특정소방대상물은 제외한다.

관련기출

::: 소방안전관리대상물에 대한 소방안전관리자의 업무가 아닌 것은?
① 소방계획서의 작성
② 소방훈련 및 교육
✔ ③ 소방시설의 공사 발주
④ 자위소방대 및 초기대응체계의 구성

::: 화재예방, 소발시설 설치·유지 및 안전관리에 관한 법상 소방안전관리대상물의 소방안전관리자에게만 해당하는 업무가 아닌 것은?
✔ ① 소방훈련 및 교육
② 자위소방대 및 초기 대응체계의 구성·운영·교육
③ 피난시설, 방화구획 및 방화시설의 유지·관리
④ 피난계획에 관한 사항과 대통령령으로 정하는 사항이 포함된 소방계획서의 작성 및 시행

① 자동화재탐지설비를 설치하는 연면적 10,000m²인 소방대상물
② 전력용 또는 통신용 지하구
③ 스프링클러를 설치하는 연면적 3000m²인 소방대상물
✔ ④ 가연성 가스를 1천톤 이상 저장·취급하는 시설

∶ 다음 중 소방안전관리자를 두어야
하는 1급 소방안전관리대상물에 속하
지 않는 것은?

① 층수가 15층인 건물
② 연면적 20,000m²인 건물
✔ ③ 10층인 건물로서 연면적 10,000m²
인 건물
④ 가연성 가스 1,500톤을 저장·취급하는 시설

∶ 1급 소방안전관리 대상물에 해당하
는 건축물은?

① 연면적 15,000m² 이상인 동물원
✔ ② 층수가 15층인 업무시설
③ 층수가 20층인 아파트
④ 지하구

1. 특정소방대상물 중 다음의 어느 하나에 해당하는 것으로서 동·식물원, 철강 등 불연성 물품을 저장·취급하는 창고, 위험물 저장 및 처리 시설 중 위험물 제조소등, 지하구를 제외한 것(이하 "특급 소방안전관리대상물"이라 한다)

　가. 50층 이상(지하층은 제외)이거나 지상으로부터 높이가 200미터 이상인 아파트

　나. 30층 이상(지하층을 포함)이거나 지상으로부터 높이가 120미터 이상인 특정소방대상물(아파트는 제외)

　다. 나목에 해당하지 아니하는 특정소방대상물로서 연면적이 20만제곱미터 이상인 특정소방대상물(아파트는 제외)

2. 특정소방대상물 중 특급 소방안전관리대상물을 제외한 다음의 어느 하나에 해당하는 것으로서 동·식물원, 철강 등 불연성 물품을 저장·취급하는 창고, 위험물 저장 및 처리 시설 중 위험물 제조소등, 지하구를 제외한 것(이하 "1급 소방안전관리대상물"이라 한다)

　가. 30층 이상(지하층은 제외)이거나 지상으로부터 높이가 120미터 이상인 아파트

　나. 연면적 1만5천제곱미터 이상인 특정소방대상물(아파트는 제외)

　다. 나목에 해당하지 아니하는 특정소방대상물로서 층수가 11층 이상인 특정소방대상물(아파트는 제외)

　라. 가연성 가스를 1천톤 이상 저장·취급하는 시설

3. 특정소방대상물 중 특급 소방안전관리대상물 및 1급 소방안전관리대상물을 제외한 다음의 어느 하나에 해당하는 것(이하 "2급 소방안전관리대상물"이라 한다)

　가. 옥내소화전설비, 스프링클러설비, 간이스프링클러설비, 물분무등소화설비를 설치하여야 하는 특정소방대상물[호스릴(Hose Reel) 방식의 물분무등소화설비만을 설치한 경우는 제외]

　나. 가스 제조설비를 갖추고 도시가스사업의 허가를 받아야 하는 시설 또는 가연성 가스를 100톤 이상 1천톤 미만 저장·취급하는 시설

　다. 지하구

　라. 「공동주택관리법 시행령」에 해당하는 공동주택

　마. 「문화재보호법」에 따라 보물 또는 국보로 지정된 목조건축물

4. 특정소방대상물 중 이 항 제1호부터 제3호까지에 해당하지 아니하는 특정소방대상물로서 자동화재탐지설비를 설치하여야 하는 특정소방대상물(이하 "3급 소방안전관리대상물"이라 한다)

② 건축물대장의 건축물현황도에 표시된 대지경계선 안의 지역 또는 인접한 2개 이상의 대지에 소방안전관리자를 두어야 하는 특정소방대상물이 둘 이상 있고, 그 관리에 관한 권원(權原)을 가진 자가 동일인인 경우에는 이를 하나의 특정소방대상물로 보되, 그 특정소방대상물이 ① 제1호부터 제4호까지의 규정 중 둘 이상에 해당하는 경우에는 그 중에서 급수가 높은 특정소방대상물로 본다.

18. 소방안전 특별관리시설물의 안전관리(법 제20조의2)

① 소방청장은 화재 등 재난이 발생할 경우 사회·경제적으로 피해가 큰 다음의 시설(이하 이 조에서 "소방안전 특별관리시설물"이라 한다)에 대하여 소방안전 특별관리를 하여야 한다.

1. 「공항시설법」의 공항시설
2. 「철도산업발전기본법」의 철도시설
3. 「도시철도법」의 도시철도시설
4. 「항만법」의 항만시설
5. 「문화재보호법」의 지정문화재인 시설(시설이 아닌 지정문화재를 보호하거나 소장하고 있는 시설을 포함)
6. 「산업기술단지 지원에 관한 특례법」의 산업기술단지
7. 「산업입지 및 개발에 관한 법률」의 산업단지
8. 「초고층 및 지하연계 복합건축물 재난관리에 관한 특별법」의 초고층 건축물 및 지하연계 복합건축물
9. 「영화 및 비디오물의 진흥에 관한 법률」의 영화상영관 중 수용인원 1,000명 이상인 영화상영관
10. 전력용 및 통신용 지하구
11. 「한국석유공사법」의 석유비축시설
12. 「한국가스공사법」의 천연가스 인수기지 및 공급망
13. 「전통시장 및 상점가 육성을 위한 특별법」의 전통시장으로서 대통령령으로 정하는 전통시장
14. 그 밖에 대통령령으로 정하는 시설물

② 소방청장은 특별관리를 체계적이고 효율적으로 하기 위하여 시·도지사와 협의하여 소방안전 특별관리기본계획을 수립하여 시행하여야 한다.

③ 시·도지사는 소방안전 특별관리기본계획에 저촉되지 아니하는 범위에서 관할 구역에 있는 소방안전 특별관리시설물의 안전관리에 적합한 소방안전 특별관리시행계획을 수립하여 시행하여야 한다.

⋮ 화재예방, 소방시설 설치·유지 및 안전관리에 관한 법상 소방안전 특별관리시설물의 대상 기준 중 틀린 것은?

✔ ① 수련시설
② 항만시설
③ 전력용 및 통신용 지하구
④ 지정문화재인 시설(시설이 아닌 지정문화재를 보호하거나 소장하고 있는 시설을 포함)

공동 소방안전관리자를 선임하여야 하는 특정소방대상물의 기준으로 옳지 않은 것은?

① 소매시장
② 도매시장
✔ ③ 3층 이상인 학원
④ 연면적이 5,000m² 이상인 복합건물

공동 소방안전관리자 선임대상 특정소방대상물의 기준으로서 옳은 것은?

① 복합건축물로서 연면적이 1,000m² 이상인 것 또는 층수가 10층 이상인 것
② 복합건축물로서 연면적이 2,000m² 이상인 것 또는 층수가 10층 이상인 것
③ 복합건축물로서 연면적이 3,000m² 이상인 것 또는 층수가 5층 이상인 것
✔ ④ 복합건축물로서 연면적이 5,000m² 이상인 것 또는 층수가 5층 이상인 것

④ 그 밖에 소방안전 특별관리기본계획 및 소방안전 특별관리시행계획의 수립·시행에 필요한 사항은 대통령령으로 정한다.

19. 공동 소방안전관리(법 제21조)

다음의 어느 하나에 해당하는 특정소방대상물로서 그 관리의 권원(權原)이 분리되어 있는 것 가운데 소방본부장이나 소방서장이 지정하는 특정소방대상물의 관계인은 행정안전부령으로 정하는 바에 따라 대통령령으로 정하는 자를 공동 소방안전관리자로 선임하여야 한다.

1. 고층 건축물(지하층을 제외한 층수가 11층 이상인 건축물만 해당)
2. 지하가(지하의 인공구조물 안에 설치된 상점 및 사무실, 그 밖에 이와 비슷한 시설이 연속하여 지하도에 접하여 설치된 것과 그 지하도를 합한 것을 말한다)
3. 그 밖에 대통령령으로 정하는 특정소방대상물

19-1. 공동 소방안전관리자 선임대상 특정소방대상물(시행령 제25조)

1. 복합건축물로서 연면적이 5천제곱미터 이상인 것 또는 층수가 5층 이상인 것
2. 판매시설 중 도매시장 및 소매시장
3. 특정소방대상물 중 소방본부장 또는 소방서장이 지정하는 것

20. 피난계획의 수립 및 시행(법 제21조의2)

① 소방안전관리대상물의 관계인은 그 장소에 근무하거나 거주 또는 출입하는 사람들이 화재가 발생한 경우에 안전하게 피난할 수 있도록 피난계획을 수립하여 시행하여야 한다.
② 피난계획에는 그 특정소방대상물의 구조, 피난시설 등을 고려하여 설정한 피난경로가 포함되어야 한다.
③ 소방안전관리대상물의 관계인은 피난시설의 위치, 피난경로 또는 대피요령이 포함된 피난유도 안내정보를 근무자 또는 거주자에게 정기적으로 제공하여야 한다.
④ 피난계획의 수립·시행, 피난유도 안내정보 제공에 필요한 사항은 행정안전부령으로 정한다.

21. 특정소방대상물의 근무자 및 거주자에 대한 소방훈련 등(법 제22조)

① 대통령령으로 정하는 특정소방대상물의 관계인은 그 장소에 상시 근무하거나 거주하는 사람에게 소화 · 통보 · 피난 등의 훈련(이하 "소방훈련"이라 한다)과 소방안전관리에 필요한 교육을 하여야 한다. 이 경우 피난훈련은 그 소방대상물에 출입하는 사람을 안전한 장소로 대피시키고 유도하는 훈련을 포함하여야 한다.

② 소방본부장이나 소방서장은 특정소방대상물의 관계인이 실시하는 소방훈련을 지도 · 감독할 수 있다.

③ 소방훈련과 교육의 횟수 및 방법 등에 관하여 필요한 사항은 행정안전부령으로 정한다.

22. 특정소방대상물의 관계인에 대한 소방안전교육(법 제23조)

① 소방본부장이나 소방서장은 특정소방대상물의 근무자 및 거주자에 대한 소방훈련 규정을 적용받지 아니하는 특정소방대상물의 관계인에 대하여 특정소방대상물의 화재 예방과 소방안전을 위하여 행정안전부령으로 정하는 바에 따라 소방안전교육을 하여야 한다.

② 교육대상자 및 특정소방대상물의 범위 등에 관하여 필요한 사항은 행정안전부령으로 정한다.

23. 소방시설등의 자체점검 등(법 제25조)

① 특정소방대상물의 관계인은 그 대상물에 설치되어 있는 소방시설등에 대하여 정기적으로 자체점검을 하거나 관리업자 또는 행정안전부령으로 정하는 기술자격자로 하여금 정기적으로 점검하게 하여야 한다.

② 특정소방대상물의 관계인 등이 점검을 한 경우에는 관계인이 그 점검 결과를 행정안전부령으로 정하는 바에 따라 소방본부장이나 소방서장에게 보고하여야 한다.

③ 점검의 구분과 그 대상, 점검인력의 배치기준 및 점검자의 자격, 점검 장비, 점검 방법 및 횟수 등 필요한 사항은 행정안전부령으로 정한다.

④ 관리업자나 기술자격자로 하여금 점검하게 하는 경우의 점검 대가는 「엔지니어링산업 진흥법」에 따른 엔지니어링사업의 대가의 기준 가운데 행정안전부령으로 정하는 방식에 따라 산정한다.

24. 소방시설관리사(법 제26조)

① 소방시설관리사(이하 "관리사"라 한다)가 되려는 사람은 소방청장이 실시하는 관리사시험에 합격하여야 한다.

② 관리사시험의 응시자격, 시험 방법, 시험 과목, 시험 위원, 그 밖에 관리사 시험에 필요한 사항은 대통령령으로 정한다.

③ 소방기술사 등 대통령령으로 정하는 사람에 대하여는 관리사시험 과목 가운데 일부를 면제할 수 있다.

④ 소방청장은 관리사시험에 합격한 사람에게는 행정안전부령으로 정하는 바에 따라 소방시설관리사증을 발급하여야 한다.

⑤ 소방시설관리사증을 발급받은 사람은 소방시설관리사증을 잃어버렸거나 못 쓰게 된 경우에는 행정안전부령으로 정하는 바에 따라 소방시설관리사증을 재발급받을 수 있다.

⑥ 관리사는 소방시설관리사증을 다른 자에게 빌려주어서는 아니 된다.

⑦ 관리사는 동시에 둘 이상의 업체에 취업하여서는 아니 된다.

⑧ 기술자격자 및 관리업의 기술 인력으로 등록된 관리사는 성실하게 자체점검 업무를 수행하여야 한다.

25. 관리사의 결격사유(법 제27조)

1. 피성년후견인
2. 이 법, 「소방기본법」, 「소방시설공사업법」 또는 「위험물 안전관리법」에 따른 금고 이상의 실형을 선고받고 그 집행이 끝나거나(집행이 끝난 것으로 보는 경우를 포함) 집행이 면제된 날부터 2년이 지나지 아니한 사람
3. 이 법, 「소방기본법」, 「소방시설공사업법」 또는 「위험물 안전관리법」에 따른 금고 이상의 형의 집행유예를 선고받고 그 유예기간 중에 있는 사람
4. 자격이 취소(피성년후견인에 해당하여 자격이 취소된 경우는 제외)된 날부터 2년이 지나지 아니한 사람

26. 자격의 취소 · 정지(법 제28조)

소방청장은 관리사가 다음의 어느 하나에 해당할 때에는 행정안전부령으로 정하는 바에 따라 그 자격을 취소하거나 2년 이내의 기간을 정하여 그 자격의 정지를 명할 수 있다. 다만, 제1호, 제4호, 제5호 또는 제7호에 해당하면 그 자격을 취소하여야 한다.

1. 거짓이나 그 밖의 부정한 방법으로 시험에 합격한 경우
2. 소방안전관리 업무를 하지 아니하거나 거짓으로 한 경우

3. 점검을 하지 아니하거나 거짓으로 한 경우

4. 소방시설관리사증을 다른 자에게 빌려준 경우

5. 동시에 둘 이상의 업체에 취업한 경우

6. 성실하게 자체점검 업무를 수행하지 아니한 경우

7. 결격사유에 해당하게 된 경우

27. 소방시설관리업의 등록 등(법 제29조)

① 소방안전관리 업무의 대행 또는 소방시설등의 점검 및 유지·관리의 업을 하려는 자는 시·도지사에게 소방시설관리업(이하 "관리업"이라 한다)의 등록을 하여야 한다.

② 기술 인력, 장비 등 관리업의 등록기준에 관하여 필요한 사항은 대통령령으로 정한다.

③ 관리업의 등록신청과 등록증·등록수첩의 발급·재발급 신청, 그 밖에 관리업의 등록에 필요한 사항은 행정안전부령으로 정한다.

27-1. 소방시설관리업의 등록기준(시행령 별표 9)

1. 주된 기술인력 : 소방시설관리사 1명 이상

2. 보조 기술인력 : 다음의 어느 하나에 해당하는 사람 2명 이상. 다만, 나목부터 라목까지의 규정에 해당하는 사람은 「소방시설공사업법」에 따른 소방기술 인정 자격수첩을 발급받은 사람이어야 한다.

　가. 소방설비기사 또는 소방설비산업기사

　나. 소방공무원으로 3년 이상 근무한 사람

　다. 소방 관련 학과의 학사학위를 취득한 사람

　라. 행정안전부령으로 정하는 소방기술과 관련된 자격·경력 및 학력이 있는 사람

28. 등록의 결격사유(법 제30조)

1. 피성년후견인

2. 이 법, 「소방기본법」, 「소방시설공사업법」 또는 「위험물 안전관리법」에 따른 금고 이상의 실형을 선고받고 그 집행이 끝나거나(집행이 끝난 것으로 보는 경우를 포함) 집행이 면제된 날부터 2년이 지나지 아니한 사람

3. 이 법, 「소방기본법」, 「소방시설공사업법」 또는 「위험물 안전관리법」에 따른 금고 이상의 형의 집행유예를 선고받고 그 유예기간 중에 있는 사람

4. 관리업의 등록이 취소(피성년후견인에 해당하여 등록이 취소된 경우는 제외)된 날부터 2년이 지나지 아니한 자

5. 임원 중에 제1호부터 제4호까지의 어느 하나에 해당하는 사람이 있는 법인

⋮ 소방시설관리업의 보조 기술인력으로 등록할 수 없는 사람은?

① 소방설비기사 자격증 소지자

✔ ② 산업안전기사 자격증 소지자

③ 대학의 소방 관련학과를 졸업하고 소방기술 인정자격 수첩을 발급받은 사람

④ 소방공무원으로 3년 이상 근무하고 소방기술 인정자격 수첩을 발급받은 사람

⋮ 소방시설관리업을 등록할 수 있는 사람은?

① 피성년후견인

② 소방기본법에 따른 금고 이상의 실형을 선고받고 그 집행이 종료된 후 1년이 경과한 사람

③ 위험물안전관리법에 따른 금고 이상의 형의 집행유예를 선고받고 그 유예기간 중에 있는 사람

✔ ④ 등록하려는 소방시설업 등록이 취소된 날부터 2년이 경과한 사람

소방시설관리업 등록사항의 변경신고 사항이 아닌 것은?

① 상호
② 대표자
✔ ③ 보유설비
④ 기술인력

29. 등록사항의 변경신고(법 제31조)

관리업자는 등록한 사항 중 행정안전부령으로 정하는 중요 사항이 변경되었을 때에는 행정안전부령으로 정하는 바에 따라 시·도지사에게 변경사항을 신고하여야 한다.

29-1. 등록사항의 변경신고 사항(시행규칙 제24조)

법 제31조에서 "행정안전부령이 정하는 중요사항"이라 함은 다음의 1에 해당하는 사항을 말한다.

1. 명칭·상호 또는 영업소소재지
2. 대표자
3. 기술인력

29-2. 등록사항의 변경신고 등(시행규칙 제25조)

① 소방시설관리업자는 등록사항의 변경이 있는 때에는 변경일부터 30일 이내에 소방시설관리업등록사항변경신고서(전자문서로 된 신고서를 포함)에 그 변경사항별로 다음의 구분에 의한 서류(전자문서를 포함)를 첨부하여 시·도지사에게 제출하여야 한다.

1. 명칭·상호 또는 영업소소재지를 변경하는 경우 : 소방시설관리업등록증 및 등록수첩
2. 대표자를 변경하는 경우 : 소방시설관리업등록증 및 등록수첩
3. 기술인력을 변경하는 경우
   가. 소방시설관리업등록수첩
   나. 변경된 기술인력의 기술자격증(자격수첩)
   다. 기술인력연명부

② 신고서를 제출받은 담당 공무원은 「전자정부법」에 따라 법인등기부 등본(법인인 경우에 한한다) 또는 사업자등록증 사본(개인인 경우에 한한다)을 확인하여야 한다. 다만, 신고인이 확인에 동의하지 아니하는 경우에는 이를 첨부하도록 하여야 한다.

③ 시·도지사는 변경신고를 받은 때에는 5일 이내에 소방시설관리업등록증 및 등록수첩을 새로 교부하거나 제출된 소방시설관리업등록증 및 등록수첩과 기술인력의 기술자격증(자격수첩)에 그 변경된 사항을 기재하여 교부하여야 한다.

④ 시·도지사는 변경신고를 받은 때에는 소방시설관리업등록대장에 변경사항을 기재하고 관리하여야 한다.

30. 소방시설관리업자의 지위승계(법 제32조)

① 다음의 어느 하나에 해당하는 자는 관리업자의 지위를 승계한다.

    1. 관리업자가 사망한 경우 그 상속인

    2. 관리업자가 그 영업을 양도한 경우 그 양수인

    3. 법인인 관리업자가 합병한 경우 합병 후 존속하는 법인이나 합병으로 설립되는 법인

② 「민사집행법」에 따른 경매, 「채무자 회생 및 파산에 관한 법률」에 따른 환가, 「국세징수법」, 「관세법」 또는 「지방세징수법」에 따른 압류재산의 매각과 그 밖에 이에 준하는 절차에 따라 관리업의 시설 및 장비의 전부를 인수한 자는 그 관리업자의 지위를 승계한다.

③ 관리업자의 지위를 승계한 자는 행정안전부령으로 정하는 바에 따라 시·도지사에게 신고하여야 한다.

④ 지위승계에 관하여는 등록의 결격사유 조항을 준용한다. 다만, 상속인이 등록의 결격사유의 어느 하나에 해당하는 경우에는 상속받은 날부터 3개월 동안은 그러하지 아니하다.

31. 등록의 취소와 영업정지 등(법 제34조)

① 시·도지사는 관리업자가 다음의 어느 하나에 해당할 때에는 행정안전부령으로 정하는 바에 따라 그 등록을 취소하거나 6개월 이내의 기간을 정하여 이의 시정이나 그 영업의 정지를 명할 수 있다. 다만, 제1호·제4호 또는 제5호에 해당할 때에는 등록을 취소하여야 한다.

    1. 거짓이나 그 밖의 부정한 방법으로 등록을 한 경우

    2. 점검을 하지 아니하거나 거짓으로 한 경우

    3. 등록기준에 미달하게 된 경우

    4. 등록의 결격사유에 해당하게 된 경우. 다만, 임원 중 등록의 결격사유에 해당하는 자가 있는 법인으로서 결격사유에 해당하게 된 날부터 2개월 이내에 그 임원을 결격사유가 없는 임원으로 바꾸어 선임한 경우는 제외한다.

    5. 다른 자에게 등록증이나 등록수첩을 빌려준 경우

② 관리업자의 지위를 승계한 상속인이 등록의 결격사유의 어느 하나에 해당하는 경우에는 상속을 개시한 날부터 6개월 동안은 ① 제4호를 적용하지 아니한다.

 관련기출

소방염업자가 사망하거나 그 영업을 양도한 때 방염업자의 지위를 승계한 자의 법적 절차는?

✔ ① 시·도지사에게 신고하여야 한다.
　② 시·도지사의 허가를 받는다.
　③ 시·도지사의 인가를 받는다.
　④ 시·도지사에게 통지 한다.

소방시설관리업의 등록을 반드시 취소해야 하는 사유에 해당하지 않는 것은?

　① 거짓으로 등록을 한 경우
✔ ② 등록기준 미달하게 된 경우
　③ 다른 사람에게 등록증을 빌려준 경우
　④ 등록의 결격사유에 해당하게 된 경우

32. 소방용품의 형식승인 등(법 제36조)

① 대통령령으로 정하는 소방용품을 제조하거나 수입하려는 자는 소방청장의 형식승인을 받아야 한다. 다만, 연구개발 목적으로 제조하거나 수입하는 소방용품은 그러하지 아니하다.

② 형식승인을 받으려는 자는 행정안전부령으로 정하는 기준에 따라 형식승인을 위한 시험시설을 갖추고 소방청장의 심사를 받아야 한다. 다만, 소방용품을 수입하는 자가 판매를 목적으로 하지 아니하고 자신의 건축물에 직접 설치하거나 사용하려는 경우 등 행정안전부령으로 정하는 경우에는 시험시설을 갖추지 아니할 수 있다.

③ 형식승인을 받은 자는 그 소방용품에 대하여 소방청장이 실시하는 제품검사를 받아야 한다.

④ 형식승인의 방법·절차 등과 제품검사의 구분·방법·순서·합격표시 등에 관한 사항은 행정안전부령으로 정한다.

⑤ 소방용품의 형상·구조·재질·성분·성능 등(이하 "형상등")의 형식승인 및 제품검사의 기술기준 등에 관한 사항은 소방청장이 정하여 고시한다.

⑥ 누구든지 다음의 어느 하나에 해당하는 소방용품을 판매하거나 판매 목적으로 진열하거나 소방시설공사에 사용할 수 없다.

  1. 형식승인을 받지 아니한 것

  2. 형상등을 임의로 변경한 것

  3. 제품검사를 받지 아니하거나 합격표시를 하지 아니한 것

⑦ 소방청장은 위반한 소방용품에 대하여는 그 제조자·수입자·판매자 또는 시공자에게 수거·폐기 또는 교체 등 행정안전부령으로 정하는 필요한 조치를 명할 수 있다.

⑧ 소방청장은 소방용품의 작동기능, 제조방법, 부품 등이 소방청장이 고시하는 형식승인 및 제품검사의 기술기준에서 정하고 있는 방법이 아닌 새로운 기술이 적용된 제품의 경우에는 관련 전문가의 평가를 거쳐 행정안전부령으로 정하는 바에 따라 형식승인과 제품검사의 방법 및 절차와 다른 방법 및 절차로 형식승인을 할 수 있으며, 외국의 공인기관으로부터 인정받은 신기술 제품은 형식승인을 위한 시험 중 일부를 생략하여 형식승인을 할 수 있다.

⑨ 다음의 어느 하나에 해당하는 소방용품의 형식승인 내용에 대하여 공인기관의 평가결과가 있는 경우 형식승인 및 제품검사 시험 중 일부만을 적용하여 형식승인 및 제품검사를 할 수 있다.

  1. 「군수품관리법」에 따른 군수품

  2. 주한외국공관 또는 주한외국군 부대에서 사용되는 소방용품

3. 외국의 차관이나 국가 간의 협약 등에 의하여 건설되는 공사에 사용되는 소방용품으로서 사전에 합의된 것

4. 그 밖에 특수한 목적으로 사용되는 소방용품으로서 소방청장이 인정하는 것

⑩ 하나의 소방용품에 두 가지 이상의 형식승인 사항 또는 형식승인과 성능인증 사항이 결합된 경우에는 두 가지 이상의 형식승인 또는 형식승인과 성능인증 시험을 함께 실시하고 하나의 형식승인을 할 수 있다.

⑪ 형식승인의 방법 및 절차 등에 관하여는 행정안전부령으로 정한다.

33. 우수품질 제품에 대한 인증(법 제40조)

① 소방청장은 형식승인의 대상이 되는 소방용품 중 품질이 우수하다고 인정하는 소방용품에 대하여 인증(이하 "우수품질인증"이라 한다)을 할 수 있다.

② 우수품질인증을 받으려는 자는 행정안전부령으로 정하는 바에 따라 소방청장에게 신청하여야 한다.

③ 우수품질인증을 받은 소방용품에는 우수품질인증 표시를 할 수 있다.

④ 우수품질인증의 유효기간은 5년의 범위에서 행정안전부령으로 정한다.

⑤ 소방청장은 다음의 어느 하나에 해당하는 경우에는 우수품질인증을 취소할 수 있다. 다만, 제1호에 해당하는 경우에는 우수품질인증을 취소하여야 한다.

1. 거짓이나 그 밖의 부정한 방법으로 우수품질인증을 받은 경우

2. 우수품질인증을 받은 제품이 「발명진흥법」에 따른 산업재산권 등 타인의 권리를 침해하였다고 판단되는 경우

⑥ 규정한 사항 외에 우수품질인증을 위한 기술기준, 제품의 품질관리 평가, 우수품질인증의 갱신, 수수료, 인증표시 등 우수품질인증에 관하여 필요한 사항은 행정안전부령으로 정한다.

34. 소방안전관리자 등에 대한 교육(법 제41조)

① 다음의 어느 하나에 해당하는 자는 화재 예방 및 안전관리의 효율화, 새로운 기술의 보급과 안전의식의 향상을 위하여 행정안전부령으로 정하는 바에 따라 소방청장이 실시하는 강습 또는 실무 교육을 받아야 한다.

1. 행정안전부령으로 정하는 바에 따라 선임된 소방안전관리자 및 소방안전관리보조자

2. 업무를 대행하는 자를 감독하는 자로 선임된 소방안전관리자

3. 소방안전관리자의 자격을 인정받으려는 자로서 대통령령으로 정하는 자

② 소방본부장이나 소방서장은 소방안전관리자나 소방안전관리 업무 대행자가 정하여진 교육을 받지 아니하면 교육을 받을 때까지 행정안전부령으로 정하는 바에 따라 그 소방안전관리자나 소방안전관리 업무 대행자에 대하여 소방안전관리 업무를 제한할 수 있다.

35. 청문(법 제44조)

소방청장 또는 시·도지사는 다음의 어느 하나에 해당하는 처분을 하려면 청문을 하여야 한다.

1. 관리사 자격의 취소 및 정지
2. 따른 관리업의 등록취소 및 영업정지
3. 소방용품의 형식승인 취소 및 제품검사 중지
3의2. 성능인증의 취소
4. 우수품질인증의 취소
5. 전문기관의 지정취소 및 업무정지

36. 벌칙(법 제48조~제50조)

제48조

① 소방시설에 폐쇄·차단 등의 행위를 한 자는 5년 이하의 징역 또는 5천만 원 이하의 벌금에 처한다.

② ①의 죄를 범하여 사람을 상해에 이르게 한 때에는 7년 이하의 징역 또는 7천만 원 이하의 벌금에 처하며, 사망에 이르게 한 때에는 10년 이하의 징역 또는 1억 원 이하의 벌금에 처한다.

제48조의2 🔥🔥🔥

다음의 어느 하나에 해당하는 자는 3년 이하의 징역 또는 3천만 원 이하의 벌금에 처한다.

1. 소방특별조사 결과에 따른 조치명령, 특정소방대상물에 설치하는 소방시설의 유지·관리 조치, 피난시설, 방화구획 및 방화시설의 유지·관리 조치, 특정소방대상물의 공사 현장에 설치하는 임시소방시설의 유지·관리 조치, 방염대상물품의 제거 및 방염성능검사 관련 조치, 특정소방대상물의 소방안전관리 업무, 소방안전관리자를 선임하지 아니한 소방안전관리대상물의 관계인에게 소방안전관리자를 선임하도록 하는 명령, 업무를 다하지 아니하는 특정소방대상물의 관계인 또는 소방안전관리자에게 그 업무를 이행하도록 명령, 소방용품에 대한 제조자·수입자·판매자 또는 시공자에게 수거·폐기 또는 교체 명령, 수집검사 결과 중대한 결함이 있다고 인정되는 소방용품에 대하여 그 제조자 및 수입자에게 회수·교환·폐기 또는 판매중지의 명령을 정당한 사유 없이 위반한 자

2. 소방시설관리업의 등록규정을 위반하여 관리업의 등록을 하지 아니하고 영업을 한 자

3. 소방용품의 형식승인을 받지 아니하고 소방용품을 제조하거나 수입한 자

4. 소방용품에 대한 제품검사를 받지 아니한 자

5. 형식승인을 받지 아니하거나 형상 등을 임의로 변경하거나 제품검사를 받지 아니하거나 합격표시를 하지 아니한 소방용품을 판매·진열하거나 소방시설공사에 사용한 자

6. 제품검사를 받지 아니하거나 합격표시를 하지 아니한 소방용품을 판매·진열하거나 소방시설공사에 사용한 자

7. 거짓이나 그 밖의 부정한 방법으로 전문기관으로 지정을 받은 자

제49조 ♦♦♦

다음의 어느 하나에 해당하는 자는 1년 이하의 징역 또는 1천만 원 이하의 벌금에 처한다.

1. 관계인의 정당한 업무를 방해한 자, 조사·검사 업무를 수행하면서 알게 된 비밀을 제공 또는 누설하거나 목적 외의 용도로 사용한 자

2. 관리업의 등록증이나 등록수첩을 다른 자에게 빌려준 자

3. 영업정지처분을 받고 그 영업정지기간 중에 관리업의 업무를 한 자

4. 소방시설등에 대한 자체점검을 하지 아니하거나 관리업자 등으로 하여금 정기적으로 점검하게 하지 아니한 자

5. 소방시설관리사증을 다른 자에게 빌려주거나 같은 조 제7항을 위반하여 동시에 둘 이상의 업체에 취업한 사람

6. 제품검사에 합격하지 아니한 제품에 합격표시를 하거나 합격표시를 위조 또는 변조하여 사용한 자

7. 형식승인의 변경승인을 받지 아니한 자

8. 제품검사에 합격하지 아니한 소방용품에 성능인증을 받았다는 표시 또는 제품검사에 합격하였다는 표시를 하거나 성능인증을 받았다는 표시 또는 제품검사에 합격하였다는 표시를 위조 또는 변조하여 사용한 자

9. 성능인증의 변경인증을 받지 아니한 자

10. 우수품질인증을 받지 아니한 제품에 우수품질인증 표시를 하거나 우수품질인증 표시를 위조하거나 변조하여 사용한 자

제50조

다음의 어느 하나에 해당하는 자는 300만 원 이하의 벌금에 처한다.

1. 소방특별조사를 정당한 사유 없이 거부·방해 또는 기피한 자

2. 방염성능검사에 합격하지 아니한 물품에 합격표시를 하거나 합격표시를 위조하거나 변조하여 사용한 자

관련기출

┇ 제품검사에 합격하지 않은 제품에 합격표시를 하거나 합격표시를 위조 또는 변조하여 사용한 사람에 대한 벌칙은?

① 300만 원 이하의 벌금
② 500만 원 이하의 벌금
✓ ③ 1,000만 원 이하의 벌금
④ 1,500만 원 이하의 벌금

┇ 화재예방, 소방시설 설치·유지 및 안전관리에 관란 법상 소방시설등에 대한 자체점검을 하지 아니하거나 관리업자 등으로 하여금 정기적으로 점검하게 아니한 자에 대한 벌칙 기준으로 옳은 것은?

① 6개월 이하의 징역 또는 1,000만 원 이하의 벌금
✓ ② 1년 이하의 징역 또는 1,000만 원 이하의 벌금
③ 3년 이하의 징역 또는 1,500만 원 이하의 벌금
④ 3년 이하의 징역 또는 3,000만 원 이하의 벌금

3. 거짓 시료를 제출한 자

4. 소방안전관리자 또는 소방안전관리보조자를 선임하지 아니한 자

5. 공동 소방안전관리자를 선임하지 아니한 자

6. 소방시설 · 피난시설 · 방화시설 및 방화구획 등이 법령에 위반된 것을 발견하였음에도 필요한 조치를 할 것을 요구하지 아니한 소방안전관리자

7. 소방안전관리자에게 불이익한 처우를 한 관계인

8. 점검기록표를 거짓으로 작성하거나 해당 특정소방대상물에 부착하지 아니한 자

9. 업무를 수행하면서 알게 된 비밀을 이 법에서 정한 목적 외의 용도로 사용하거나 다른 사람 또는 기관에 제공하거나 누설한 사람

37. 과태료(법 제53조)

① 다음의 어느 하나에 해당하는 자에게는 300만 원 이하의 과태료를 부과한다.

1. 화재안전기준을 위반하여 소방시설을 설치 또는 유지 · 관리한 자

2. 피난시설, 방화구획 또는 방화시설의 폐쇄 · 훼손 · 변경 등의 행위를 한 자

② 다음의 어느 하나에 해당하는 자에게는 200만 원 이하의 과태료를 부과한다.

1. 방염성능기준 이상의 방염대상물품의 설치 규정을 위반한 자

2. 소방안전관리자, 등록사항, 지위승계에 따른 신고를 하지 아니한 자 또는 거짓으로 신고한 자

3. 특정소방대상물에 대하여 소방안전관리 업무를 수행하지 아니한 자

4. 소방안전관리 업무를 하지 아니한 특정소방대상물의 관계인 또는 소방안전관리대상물의 소방안전관리자

5. 지도와 감독을 하지 아니한 자

6. 피난유도 안내정보를 제공하지 아니한 자

7. 소방훈련 및 교육을 하지 아니한 자

8. 공공기관에서 소방안전관리 업무를 하지 아니한 자

9. 자체점검규정을 위반하여 소방시설등의 점검결과를 보고하지 아니한 자 또는 거짓으로 보고한 자

10. 지위승계, 행정처분 또는 휴업 · 폐업의 사실을 특정소방대상물의 관계인에게 알리지 아니하거나 거짓으로 알린 관리업자

11. 기술인력의 참여 없이 자체점검을 한 자

12. 서류를 거짓으로 제출한 자

13. 보고 또는 자료제출을 하지 아니하거나 거짓으로 보고 또는 자료제출을 한 자 또는 정당한 사유 없이 관계 공무원의 출입 또는 조사 · 검사를 거부 · 방해 또는 기피한 자

화재예방, 소방시설 설치 · 유지 및 안전관리에 관한 법률에 따른 소방안전관리 업무를 하지 아니한 특정소방대상물의 관계인에게는 몇 만 원 이하의 과태료를 부과하는가?

① 100

✔ ② 200

③ 300

④ 400

③ 실무 교육을 받지 아니한 소방안전관리자 및 소방안전관리보조자에게는 100 만 원 이하의 과태료를 부과한다.

④ 과태료는 대통령령으로 정하는 바에 따라 소방청장, 관할 시·도지사, 소방 본부장 또는 소방서장이 부과·징수한다.

03 소방시설공사업법(시행령, 시행규칙)]

1. 목적(법 제1조)

이 법은 소방시설공사 및 소방기술의 관리에 필요한 사항을 규정함으로써 소방 시설업을 건전하게 발전시키고 소방기술을 진흥시켜 화재로부터 공공의 안전을 확보하고 국민경제에 이바지함을 목적으로 한다.

2. 정의(법 제2조)

1. "소방시설업"이란 다음의 영업을 말한다.
   가. 소방시설설계업 : 소방시설공사에 기본이 되는 공사계획, 설계도면, 설계 설명서, 기술계산서 및 이와 관련된 서류(이하 "설계도서"라 한다)를 작 성(이하 "설계"라 한다)하는 영업
   나. 소방시설공사업 : 설계도서에 따라 소방시설을 신설, 증설, 개설, 이전 및 정비(이하 "시공"이라 한다)하는 영업
   다. 소방공사감리업 : 소방시설공사에 관한 발주자의 권한을 대행하여 소방시 설공사가 설계도서와 관계 법령에 따라 적법하게 시공되는지를 확인하 고, 품질·시공 관리에 대한 기술지도를 하는(이하 "감리"라 한다) 영업
   라. 방염처리업 : 화재예방, 소방시설 설치·유지 및 안전관리에 관한 법률」 제12조 제1항에 따른 방염대상물품에 대하여 방염처리(이하 "방염"이라 한다)하는 영업

2. "소방시설업자"란 소방시설업을 경영하기 위하여 소방시설업을 등록한 자 를 말한다.

3. "감리원"이란 소방공사감리업자에 소속된 소방기술자로서 해당 소방시설 공사를 감리하는 사람을 말한다.

소방시설공사업법상 소방시설공사에 관한 발주자의 권한을 대행하여 소방 시설공사가 설계도서 및 관계 법령에 따라 적법하게 시공되는지 여부의 확 인과 품질·시공 관리에 대한 기술지 도를 수행하는 영업은 무엇인가?

① 소방시설유지업
② 소징시설설계업
③ 소방시설공사업
✔ ④ 소방공사감리업

4. "소방기술자"란 소방기술 경력 등을 인정받은 사람과 다음의 어느 하나에 해당하는 사람으로서 소방시설업과 「화재예방, 소방시설 설치·유지 및 안전관리에 관한 법률」에 따른 소방시설관리업의 기술인력으로 등록된 사람을 말한다.

    가. 「화재예방, 소방시설 설치·유지 및 안전관리에 관한 법률」에 따른 소방시설관리사

    나. 국가기술자격 법령에 따른 소방기술사, 소방설비기사, 소방설비산업기사, 위험물기능장, 위험물산업기사, 위험물기능사

5. "발주자"란 소방시설의 설계, 시공, 감리 및 방염(이하 "소방시설공사등" 이라 한다)을 소방시설업자에게 도급하는 자를 말한다. 다만, 수급인으로서 도급받은 공사를 하도급하는 자는 제외한다.

3. 소방시설업의 등록(법 제4조)

① 특정소방대상물의 소방시설공사등을 하려는 자는 업종별로 자본금(개인인 경우에는 자산 평가액을 말한다), 기술인력 등 대통령령으로 정하는 요건을 갖추어 특별시장·광역시장·특별자치시장·도지사 또는 특별자치도지사(이하 "시·도지사"라 한다)에게 소방시설업을 등록하여야 한다.

② 소방시설업의 업종별 영업범위는 대통령령으로 정한다.

③ 소방시설업의 등록신청과 등록증·등록수첩의 발급·재발급 신청, 그 밖에 소방시설업 등록에 필요한 사항은 행정안전부령으로 정한다.

④ 「공공기관의 운영에 관한 법률」에 따른 공기업·준정부기관 및 「지방공기업법」에 따라 설립된 지방공사나 지방공단이 다음의 요건을 모두 갖춘 경우에는 시·도지사에게 등록을 하지 아니하고 자체 기술인력을 활용하여 설계·감리를 할 수 있다. 이 경우 대통령령으로 정하는 기술인력을 보유하여야 한다.

1. 주택의 건설·공급을 목적으로 설립되었을 것

2. 설계·감리 업무를 주요 업무로 규정하고 있을 것

⋮ 소방시설업의 등록권자로 옳은 것은?

① 국무총리

✓ ② 시·도지사

③ 소방서장

④ 한국소방안전협회장

3-1. 소방시설업의 업종별 등록기준 및 영업범위(시행령 별표 1)

1. 소방시설설계업

업종별 / 항목		기술인력	영업범위
전문 소방시설 설계업		가. 주된 기술인력 : 소방기술사 1명 이상 나. 보조기술인력 : 1명 이상	모든 특정소방대상물에 설치되는 소방시설의 설계
일반 소방 시설 설계업	기계 분야	가. 주된 기술인력 : 소방기술사 또는 기계분야 소방설비기사 1명 이상 나. 보조기술인력 : 1명 이상	가. 아파트에 설치되는 기계분야 소방시설(제연설비는 제외)의 설계 나. 연면적 3만제곱미터(공장의 경우에는 1만제곱미터) 미만의 특정소방대상물(제연설비가 설치되는 특정소방대상물은 제외)에 설치되는 기계분야 소방시설의 설계 다. 위험물제조소등에 설치되는 기계분야 소방시설의 설계
	전기 분야	가. 주된 기술인력 : 소방기술사 또는 전기분야 소방설비기사 1명 이상 나. 보조기술인력 : 1명 이상	가. 아파트에 설치되는 전기분야 소방시설의 설계 나. 연면적 3만제곱미터(공장의 경우에는 1만제곱미터) 미만의 특정소방대상물에 설치되는 전기분야 소방시설의 설계 다. 위험물제조소등에 설치되는 전기분야 소방시설의 설계

‡ 전문소방시설공사업의 법인의 자본
금은?

① 5천만 원 이상
✔ ② 1억 원 이상
③ 2억 원 이상
④ 3억 원 이상

2. 소방시설공사업

업종별 \ 항목		기술인력	자본금 (자산평가액)	영업범위
전문 소방시설 공사업		가. 주된 기술인력 : 소방기술사 또는 기계분야와 전기분야의 소방설비 기사 각 1명(기계분야 및 전기분야의 자격을 함께 취득한 사람 1명) 이상 나. 보조기술인력 : 2명 이상	가. 법인 : 1억 원 이상 나. 개인 : 자산평가액 1억 원 이상	특정소방대상물에 설치되는 기계분야 및 전기분야 소방시설의 공사·개설·이전 및 정비
일반 소방시설 공사업	기계 분야	가. 주된 기술인력 : 소방기술사 또는 기계분야 소방설비기사 1명 이상 나. 보조기술인력 : 1명 이상	가. 법인 : 1억 원 이상 나. 개인 : 자산평가액 1억 원 이상	가. 연면적 1만제곱미터 미만의 특정소방대상물에 설치되는 기계분야 소방시설의 공사·개설·이전 및 정비 나. 위험물제조소등에 설치되는 기계분야 소방시설의 공사·개설·이전 및 정비
	전기 분야	가. 주된 기술인력 : 소방기술사 또는 전기분야 소방설비 기사 1명 이상 나. 보조기술인력 : 1명 이상	가. 법인 : 1억 원 이상 나. 개인 : 자산평가액 1억 원 이상	가. 연면적 1만제곱미터 미만의 특정소방대상물에 설치되는 전기분야 소방시설의 공사·개설·이전·정비 나. 위험물제조소등에 설치되는 전기분야 소방시설의 공사·개설·이전·정비

3. 소방공사감리업

업종별 \ 항목		기술인력	영업범위
전문 소방공사 감리업		가. 소방기술사 1명 이상 나. 기계분야 및 전기분야의 특급 감리원 각 1명(기계분야 및 전기분야의 자격을 함께 가지고 있는 사람이 있는 경우에는 그에 해당하는 사람 1명. 이하 다목부터 마목까지에서 같다) 이상 다. 기계분야 및 전기분야의 고급 감리원 이상의 감리원 각 1명 이상 라. 기계분야 및 전기분야의 중급 감리원 이상의 감리원 각 1명 이상 마. 기계분야 및 전기분야의 초급 감리원 이상의 감리원 각 1명 이상	모든 특정소방대상물에 설치되는 소방시설공사 감리
일반 소방 공사 감리업	기계 분야	가. 기계분야 특급 감리원 1명 이상 나. 기계분야 고급 감리원 또는 중급 감리원 이상의 감리원 1명 이상 다. 기계분야 초급 감리원 이상의 감리원 1명 이상	가. 연면적 3만제곱미터(공장의 경우에는 1만제곱미터) 미만의 특정소방대상물(제연설비가 설치되는 특정소방대상물은 제외)에 설치되는 기계분야 소방시설의 감리 나. 아파트에 설치되는 기계분야 소방시설(제연설비는 제외)의 감리 다. 위험물제조소등에 설치되는 기계분야 소방시설의 감리
	전기 분야	가. 전기분야 특급 감리원 1명 이상 나. 전기분야 고급 감리원 또는 중급 감리원 이상의 감리원 1명 이상 다. 전기분야 초급 감리원 이상의 감리원 1명 이상	가. 연면적 3만제곱미터(공장의 경우에는 1만제곱미터) 미만의 특정소방대상물에 설치되는 전기분야 소방시설의 감리 나. 아파트에 설치되는 전기분야 소방시설의 감리 다. 위험물제조소등에 설치되는 전기분야 소방시설의 감리

방염처리업의 종류가 아닌 것은?

① 섬유류 방염업
② 합성수지류 방영업
③ 합판 · 목재류 방염업
✔ ④ 실내장식물류 방염업

4. 방염처리업

항목 업종별	실험실	방염처리시설 및 시험기기	영업범위
섬유류 방염업	1개 이상 갖출 것	부표에 따른 섬유류 방염업의 방염처리시설 및 시험기기를 모두 갖추어야 한다.	커튼 · 카펫 등 섬유류를 주된 원료로 하는 방염대상물품을 제조 또는 가공 공정에서 방염처리
합성수지류 방염업		부표에 따른 합성수지류 방염업의 방염처리시설 및 시험기기를 모두 갖추어야 한다.	합성수지류를 주된 원료로 하는 방염대상물품을 제조 또는 가공 공정에서 방염처리
합판 · 목재류 방염업		부표에 따른 합판 · 목재류 방염업의 방염처리시설 및 시험기기를 모두 갖추어야 한다.	합판 또는 목재류를 제조 · 가공 공정 또는 설치 현장에서 방염처리

3-2. 소방기술자의 배치기준(시행령 별표 2)

소방기술자의 배치기준	소방시설공사 현장의 기준
1. 행정안전부령으로 정하는 특급기술 자인 소방기술자(기계분야 및 전기 분야)	가. 연면적 20만제곱미터 이상인 특정소방 대상물의 공사 현장 나. 지하층을 포함한 층수가 40층 이상인 특정소방대상물의 공사 현장
2. 행정안전부령으로 정하는 고급기술 자 이상의 소방기술자(기계분야 및 전기분야)	가. 연면적 3만제곱미터 이상 20만제곱미 터 미만인 특정소방대상물(아파트는 제 외)의 공사 현장 나. 지하층을 포함한 층수가 16층 이상 40 층 미만인 특정소방대상물의 공사 현장
3. 행정안전부령으로 정하는 중급기술 자 이상의 소방기술자(기계분야 및 전기분야)	가. 물분무등소화설비(호스릴 방식의 소화 설비는 제외) 또는 제연설비가 설치되 는 특정소방대상물의 공사 현장 나. 연면적 5천제곱미터 이상 3만제곱미터 미만인 특정소방대상물(아파트는 제외) 의 공사 현장 다. 연면적 1만제곱미터 이상 20만제곱미 터 미만인 아파트의 공사 현장
4. 행정안전부령으로 정하는 초급기술 자 이상의 소방기술자(기계분야 및 전기분야)	가. 연면적 1천제곱미터 이상 5천제곱미터 미만인 특정소방대상물(아파트는 제외) 의 공사 현장 나. 연면적 1천제곱미터 이상 1만제곱미터 미만인 아파트의 공사 현장 다. 지하구(地下溝)의 공사 현장
5. 자격수첩을 발급받은 소방기술자	연면적 1천제곱미터 미만인 특정소방대상 물의 공사 현장

4. 등록의 결격사유(법 제5조)

다음의 어느 하나에 해당하는 자는 소방시설업을 등록할 수 없다.

1. 피성년후견인
2. 이 법, 「소방기본법」, 「화재예방, 소방시설 설치·유지 및 안전관리에 관한 법률」 또는 「위험물안전관리법」에 따른 금고 이상의 실형을 선고받고 그 집행이 끝나거나(집행이 끝난 것으로 보는 경우를 포함) 면제된 날부터 2년이 지나지 아니한 사람

‡ 소방시설업을 등록할 수 있는 사람은?

① 피성년후견인
② 소방기본법에 따른 금고 이상의 실형을 선고 받고 그 집행이 종료된 후 1년이 경과한 사람
③ 위험물안전관리법에 따른 금고 이상의 형의 집행유예를 선고받고 그 유예기간 중에 있는 사람
✓ ④ 등록하려는 소방시설업 등록이 취소된 날부터 2년이 경과한 사람

3. 이 법, 「소방기본법」, 「화재예방, 소방시설 설치·유지 및 안전관리에 관한 법률」 또는 「위험물안전관리법」에 따른 금고 이상의 형의 집행유예를 선고받고 그 유예기간 중에 있는 사람

4. 등록하려는 소방시설업 등록이 취소(피성년후견인에 해당하여 등록이 취소된 경우는 제외)된 날부터 2년이 지나지 아니한 자

5. 법인의 대표자가 제1호부터 제4호까지의 규정에 해당하는 경우 그 법인

6. 법인의 임원이 제2호부터 제4호까지의 규정에 해당하는 경우 그 법인

5. 등록사항의 변경신고(법 제6조)

소방시설업자는 등록한 사항 중 행정안전부령으로 정하는 중요 사항을 변경할 때에는 행정안전부령으로 정하는 바에 따라 시·도지사에게 신고하여야 한다.

5-1. 등록사항의 변경신고사항(시행규칙 제5조)

법 제6조에서 "행정안전부령으로 정하는 중요 사항"이란 다음의 어느 하나에 해당하는 사항을 말한다.

1. 상호(명칭) 또는 영업소 소재지

2. 대표자

3. 기술인력

5-2. 등록사항의 변경신고 등(시행규칙 제6조)

① 소방시설업자는 등록사항이 변경된 경우에는 변경일부터 30일 이내에 소방시설업 등록사항 변경신고서(전자문서로 된 소방시설업 등록사항 변경신고서를 포함)에 변경사항별로 다음의 구분에 따른 서류(전자문서를 포함)를 첨부하여 협회에 제출하여야 한다. 다만, 「전자정부법」에 따른 행정정보의 공동이용을 통하여 첨부서류에 대한 정보를 확인할 수 있는 경우에는 그 확인으로 첨부서류를 갈음할 수 있다.

1. 상호(명칭) 또는 영업소 소재지가 변경된 경우 : 소방시설업 등록증 및 등록수첩

2. 대표자가 변경된 경우 : 다음의 서류

가. 소방시설업 등록증 및 등록수첩

나. 변경된 대표자의 성명, 주민등록번호 및 주소지 등의 인적사항이 적힌 서류

다. 외국인인 경우에는 해당 국가에 주재하는 우리나라 영사가 확인한 서류 또는 해당 국가의 아포스티유(Apostille) 확인서 발급 권한이 있는 기관이 그 확인서를 발급한 서류의 어느 하나에 해당하는 서류

소방시설공사업의 명칭·상호를 변경하고자 하는 경우 민원인이 반드시 제출하여야 하는 서류는?

✓ ① 소방시설업 등록증 및 등록수첩
  ② 법인등기부등본 및 소방기술인력 연명부
  ③ 소방기술인력의 자격증 및 자격수첩
  ④ 사업자등록증 및 소방기술인력의 자격증

3. 기술인력이 변경된 경우 : 다음의 서류
　　가. 소방시설업 등록수첩
　　나. 기술인력 증빙서류

② 신고서를 제출받은 협회는 「전자정부법」에 따라 행정정보의 공동이용을 통하여 다음의 서류를 확인하여야 한다. 다만, 신청인이 제2호부터 제4호까지의 서류의 확인에 동의하지 아니하는 경우에는 해당 서류를 제출하도록 하여야 한다.

1. 법인등기사항 전부증명서(법인인 경우만 해당)
2. 사업자등록증(개인인 경우만 해당)
3. 「출입국관리법」에 따른 외국인등록 사실증명(외국인인 경우만 해당)
4. 국민연금가입자 증명서 또는 건강보험자격취득 확인서(기술인력을 변경하는 경우에만 해당)

③ 변경신고 서류를 제출받은 협회는 등록사항의 변경신고 내용을 확인하고 5일 이내에 제출된 소방시설업 등록증·등록수첩 및 기술인력 증빙서류에 그 변경된 사항을 기재하여 발급하여야 한다.

④ 영업소 소재지가 등록된 특별시·광역시·특별자치시·도 및 특별자치도(이하 "시·도"라 한다)에서 다른 시·도로 변경된 경우에는 제출받은 변경신고 서류를 접수일로부터 7일 이내에 해당 시·도지사에게 보내야 한다. 이 경우 해당 시·도지사는 소방시설업 등록증 및 등록수첩을 협회를 경유하여 신고인에게 새로 발급하여야 한다.

⑤ 변경신고 서류를 제출받은 협회는 소방시설업 등록대장에 변경사항을 작성하여 관리(전자문서를 포함)하여야 한다.

⑥ 협회는 등록사항의 변경신고 접수현황을 매월 말일을 기준으로 작성하여 다음 달 10일까지 등록사항 변경신고 접수현황 보고에 따라 시·도지사에게 알려야 한다.

⑦ 변경신고 서류의 보완에 관하여는 등록신청 서류의 보완 규정을 준용한다. 이 경우 "소방시설업의 등록신청 서류"는 "소방시설업의 등록사항 변경신고 서류"로 본다.

관련기출

소방시설공사업의 상호·영업소 소재지가 변경된 경우 제출하여야 하는 서류는?

① 소방기술인력의 자격증 및 자격수첩
✓ ② 소방시설업 등록증 및 등록수첩
③ 법인등기부등본 및 소방기술인력 연명부
④ 사업자등록증 및 소방기술인력의 자격증

6. 소방시설업의 운영(법 제8조)

① 소방시설업자는 소방시설업의 등록증 또는 등록수첩을 다른 자에게 빌려 주어서는 아니 된다.

② 영업정지처분이나 등록취소처분을 받은 소방시설업자는 그 날부터 소방시설공사등을 하여서는 아니 된다. 다만, 소방시설의 착공신고가 수리(受理)되어 공사를 하고 있는 자로서 도급계약이 해지되지 아니한 소방시설공사업자 또는 소방공사감리업자가 그 공사를 하는 동안이나 방염처리업을 등록한 자(이하 "방염처리업자"라 한다)가 도급을 받아 방염 중인 것으로서 도급계약이 해지되지 아니한 상태에서 그 방염을 하는 동안에는 그러하지 아니하다.

③ 소방시설업자는 다음의 어느 하나에 해당하는 경우에는 소방시설공사등을 맡긴 특정소방대상물의 관계인에게 지체 없이 그 사실을 알려야 한다.

  1. 소방시설업자의 지위를 승계한 경우

  2. 소방시설업의 등록취소처분 또는 영업정지처분을 받은 경우

  3. 휴업하거나 폐업한 경우

④ 소방시설업자는 행정안전부령으로 정하는 관계 서류를 제15조 제1항에 따른 하자보수 보증기간 동안 보관하여야 한다.

7. 등록취소와 영업정지 등(법 제9조)

① 시·도지사는 소방시설업자가 다음의 어느 하나에 해당하면 행정안전부령으로 정하는 바에 따라 그 등록을 취소하거나 6개월 이내의 기간을 정하여 시정이나 그 영업의 정지를 명할 수 있다. 다만, 제1호·제3호 또는 제6호에 해당하는 경우에는 그 등록을 취소하여야 한다.

  1. 거짓이나 그 밖의 부정한 방법으로 등록한 경우

  2. 등록기준에 미달하게 된 후 30일이 경과한 경우. 다만, 자본금기준에 미달한 경우 중 「채무자 회생 및 파산에 관한 법률」에 따라 법원이 회생절차의 개시의 결정을 하고 그 절차가 진행 중인 경우 등 대통령령으로 정하는 경우는 30일이 경과한 경우에도 예외로 한다.

  3. 등록 결격사유에 해당하게 된 경우

  4. 등록을 한 후 정당한 사유 없이 1년이 지날 때까지 영업을 시작하지 아니하거나 계속하여 1년 이상 휴업한 때

  5. 다른 자에게 등록증 또는 등록수첩을 빌려준 경우

  6. 영업정지 기간 중에 소방시설공사등을 한 경우

  7. 통지를 하지 아니하거나 관계서류를 보관하지 아니한 경우

⁞ 소방시설업의 반드시 등록 취소에 해당하는 경우는?

✔ ① 거짓이나 그 밖의 부정한 방법으로 등록한 경우

② 다른 자에게 등록증 또는 등록수첩을 빌려준 경우

③ 소속 소방기술자를 공사현장에 배치하지 아니하거나 거짓으로 한 경우

④ 등록을 한 후 정당한 사유 없이 1년이 지날 때까지 영업을 시작하지 아니하거나 계속하여 1년 이상 휴업한 경우

8. 설계, 시공규정을 위반하여 「화재예방, 소방시설 설치·유지 및 안전관리에 관한 법률」에 따른 화재안전기준 등에 적합하게 설계·시공을 하지 아니하거나, 적합하게 감리를 하지 아니한 경우

9. 설계, 시공, 감리, 방염에 따른 소방시설공사등의 업무수행의무 등을 고의 또는 과실로 위반하여 다른 자에게 상해를 입히거나 재산피해를 입힌 경우

10. 책임시공, 기술관리를 위해 소속 소방기술자를 공사현장에 배치하지 아니하거나 거짓으로 한 경우

11. 착공신고(변경신고를 포함)를 하지 아니하거나 거짓으로 한 때 또는 완공검사(부분완공검사를 포함)를 받지 아니한 경우

12. 착공신고사항 중 중요한 사항에 해당하지 아니하는 변경사항을 공사감리 결과보고서에 포함하여 보고하지 아니한 경우

13. 하자보수 기간 내에 하자보수를 하지 아니하거나 하자보수계획을 통보하지 아니한 경우

14. 공사감리자 변경시 인수·인계를 거부·방해·기피한 경우

15. 소속 감리원을 공사현장에 배치하지 아니하거나 거짓으로 한 경우

16. 감리원 배치기준을 위반한 경우

17. 위반사항에 대한 조치 요구에 따르지 아니한 경우

18. 위반사항에 대한 조치 요구 불이행 사실을 보고하지 아니한 경우

19. 감리 결과를 알리지 아니하거나 거짓으로 알린 경우 또는 공사감리 결과보고서를 제출하지 아니하거나 거짓으로 제출한 경우

20. 방염규정을 위반하여 방염을 한 경우

21. 하도급의 제한을 위반하여 하도급한 경우

22. 하도급 등에 관한 사항을 관계인과 발주자에게 알리지 아니하거나 거짓으로 알린 경우

23. 정당한 사유 없이 하수급인 또는 하도급 계약내용의 변경요구에 따르지 아니한 경우

23의2. 하수급인에게 대금을 지급하지 아니한 경우

24. 공사업자의 감리제한 규정을 위반하여 시공과 감리를 함께 한 경우

24의2. 사업수행능력 평가에 관한 서류를 위조하거나 변조하는 등 거짓이나 그 밖의 부정한 방법으로 입찰에 참여한 경우

25. 감독 규정에 따른 명령을 위반하여 보고 또는 자료 제출을 하지 아니하거나 거짓으로 보고 또는 자료 제출을 한 경우

26. 정당한 사유 없이 관계 공무원의 출입 또는 검사·조사를 거부·방해 또는 기피한 경우

② 소방시설업자의 지위를 승계한 상속인이 등록의 결격사유의 어느 하나에 해당할 때에는 상속을 개시한 날부터 6개월 동안은 등록의 결격사유 규정을 적용하지 아니한다.

③ 발주자는 소방시설업자가 등록취소 · 영업정지 규정의 어느 하나에 해당하는 경우 그 사실을 시 · 도지사에게 통보하여야 한다.

④ 시 · 도지사는 등록취소, 영업정지 또는 과징금 부과 등의 처분을 하는 경우 해당 발주자에게 그 내용을 통보하여야 한다.

8. 착공신고(법 제13조)

① 공사업자는 대통령령으로 정하는 소방시설공사를 하려면 행정안전부령으로 정하는 바에 따라 그 공사의 내용, 시공 장소, 그 밖에 필요한 사항을 소방본부장이나 소방서장에게 신고하여야 한다.

② 공사업자가 신고한 사항 가운데 행정안전부령으로 정하는 중요한 사항을 변경하였을 때에는 행정안전부령으로 정하는 바에 따라 변경신고를 하여야 한다. 이 경우 중요한 사항에 해당하지 아니하는 변경 사항은 공사감리 결과보고서에 포함하여 소방본부장이나 소방서장에게 보고하여야 한다.

8-1. 소방시설공사의 착공신고 대상(시행령 제4조)

법 제13조 제1항에서 "대통령령으로 정하는 소방시설공사"란 다음의 어느 하나에 해당하는 소방시설공사를 말한다.

1. 신축, 증축, 개축, 재축(再築), 대수선(大修繕) 또는 구조변경 · 용도변경되는 특정소방대상물(「위험물 안전관리법」에 따른 제조소등은 제외)에 다음의 어느 하나에 해당하는 설비를 신설하는 공사

   가. 옥내소화전설비(호스릴옥내소화전설비를 포함), 옥외소화전설비, 스프링클러설비 · 간이스프링클러설비(캐비닛형 간이스프링클러설비를 포함) 및 화재조기진압용 스프링클러설비(이하 "스프링클러설비등"이라 한다), 물분무소화설비 · 포소화설비 · 이산화탄소소화설비 · 할로겐화합물소화설비 · 청정소화약제소화설비 · 미분무소화설비 · 강화액소화설비 및 분말소화설비(이하 "물분무등소화설비"라 한다), 연결송수관설비, 연결살수설비, 제연설비(소방용 외의 용도와 겸용되는 제연설비를 「건설산업기본법 시행령」에 따른 기계설비공사업자가 공사하는 경우는 제외), 소화용수설비(소화용수설비를 「건설산업기본법 시행령」에 따른 기계설비공사업자 또는 상 · 하수도설비공사업자가 공사하는 경우는 제외) 또는 연소방지설비

나. 자동화재탐지설비, 비상경보설비, 비상방송설비(소방용 외의 용도와 겸용되는 비상방송설비를 「정보통신공사업법」에 따른 정보통신공사업자가 공사하는 경우는 제외), 비상콘센트설비(비상콘센트설비를 「전기공사업법」에 따른 전기공사업자가 공사하는 경우는 제외) 또는 무선통신보조설비(소방용 외의 용도와 겸용되는 무선통신보조설비를 「정보통신공사업법」에 따른 정보통신공사업자가 공사하는 경우는 제외)

2. 증축, 개축, 재축, 대수선 또는 구조변경·용도변경되는 특정소방대상물에 다음의 어느 하나에 해당하는 설비 또는 구역 등을 증설하는 공사

가. 옥내·옥외소화전설비

나. 스프링클러설비·간이스프링클러설비 또는 물분무등소화설비의 방호구역, 자동화재탐지설비의 경계구역, 제연설비의 제연구역(소방용 외의 용도와 겸용되는 제연설비를 「건설산업기본법 시행령」에 따른 기계설비공사업자가 공사하는 경우는 제외), 연결살수설비의 살수구역, 연결송수관설비의 송수구역, 비상콘센트설비의 전용회로, 연소방지설비의 살수구역

3. 특정소방대상물에 설치된 소방시설등을 구성하는 다음의 어느 하나에 해당하는 것의 전부 또는 일부를 개설(改設), 이전(移轉) 또는 정비(整備)하는 공사. 다만, 고장 또는 파손 등으로 인하여 작동시킬 수 없는 소방시설을 긴급히 교체하거나 보수하여야 하는 경우에는 신고하지 않을 수 있다.

가. 수신반(受信盤)

나. 소화펌프

다. 동력(감시)제어반

8-2. 착공신고 등(시행규칙 제12조)

① 소방시설공사업자(이하 "공사업자"라 한다)는 소방시설공사를 하려면 해당 소방시설공사의 착공 전까지 소방시설공사 착공(변경)신고서[전자문서로 된 소방시설공사 착공(변경)신고서를 포함]에 다음의 서류(전자문서를 포함)를 첨부하여 소방본부장 또는 소방서장에게 신고하여야 한다. 다만, 「전자정부법」에 따른 행정정보의 공동이용을 통하여 첨부서류에 대한 정보를 확인할 수 있는 경우에는 그 확인으로 첨부서류를 갈음할 수 있다.

1. 공사업자의 소방시설공사업 등록증 사본 1부 및 등록수첩 사본 1부

2. 해당 소방시설공사의 책임시공 및 기술관리를 하는 기술인력의 기술등급을 증명하는 서류 사본 1부

3. 체결한 소방시설공사 계약서 사본 1부

4. 설계도서(설계설명서를 포함하되, 「소방시설 설치·유지 및 안전관리에 관한 법률」에 따른 건축허가 동의 시 제출된 설계도서가 변경된 경우에만 첨부) 1부

소방시설공사업법령에 따른 소방시설공사 중 특정소방대상물에 설치된 소방시설 등을 구성하는 것의 전부 또는 일부를 개설, 이전 또는 정비하는 공사의 착공신고 대상이 아닌 것은?

① 수신반
② 소화펌프
③ 동력(감시)제어반
✓ ④ 제연설비의 제연구역

소방시설공사업법령상 특정소방대상물에 설치된 소방시설 등을 구성하는 것의 전부 또는 일부를 개설, 이전 또는 정비하는 공사의 경우 소방시설공사의 착공신고 대상이 아닌 것은? (단, 고장 또는 파손 등으로 인하여 작동시킬 수 없는 소방시설을 긴급히 교체하거나 보수하여야 하는 경우는 제외한다.)

① 수신반
② 소화펌프
③ 동력(감시)제어반
✓ ④ 압력챔버

: 소방시설공사업자는 소방시설공사를 하려면 소방시설착공(변경)신고서 등의 서류를 첨부하여 소방본부장 또는 소방서장에게 언제까지 신고하여야 하는가?

✓ ① 착공 전까지
② 착공 후 7일 이내
③ 착공 후 14일 이내
④ 착공 후 30일 이내

5. 소방시설공사 하도급통지서 사본(소방시설공사를 하도급하는 경우에만 첨부) 1부

② 법 제13조 제2항에서 "행정안전부령으로 정하는 중요한 사항"이란 다음 각 호의 어느 하나에 해당하는 사항을 말한다.

1. 시공자
2. 설치되는 소방시설의 종류
3. 책임시공 및 기술관리 소방기술자

③ 공사업자는 ②의 어느 하나에 해당하는 사항이 변경된 경우에는 변경일부터 30일 이내에 소방시설공사 착공(변경)신고서[전자문서로 된 소방시설공사 착공(변경)신고서를 포함]에 ①의 서류(전자문서를 포함) 중 변경된 해당 서류를 첨부하여 소방본부장 또는 소방서장에게 신고하여야 한다.

④ 소방본부장 또는 소방서장은 소방시설공사 착공신고 또는 변경신고를 받은 경우에는 2일 이내에 소방시설업 등록수첩에 소방시설공사현장에 배치되는 소방기술자의 자격증 번호, 성명, 시공현장의 명칭·소재지 및 현장 배치기간을 기재하여 발급하고, 그 내용을 발급한 날부터 7일 이내에 협회 또는 소방기술과 관련된 자격·학력 및 경력의 인정업무를 위탁받은 소방기술과 관련된 법인 또는 단체(이하 "소방기술자 인정자"라 한다)에 알려야 한다. 이 경우 소방본부장 또는 소방서장은 소방시설 착공 및 완공대장에 필요한 사항을 기록하여 관리하여야 한다.

⑤ 소방본부장 또는 소방서장은 소방시설공사 착공신고 또는 변경신고를 받은 경우에는 공사업자에게 소방시설공사현황 표지에 따른 소방시설공사현황의 게시를 요청할 수 있다

9. 완공검사(법 제14조)

① 공사업자는 소방시설공사를 완공하면 소방본부장 또는 소방서장의 완공검사를 받아야 한다. 다만, 공사감리자가 지정되어 있는 경우에는 공사감리 결과보고서로 완공검사를 갈음하되, 대통령령으로 정하는 특정소방대상물의 경우에는 소방본부장이나 소방서장이 소방시설공사가 공사감리 결과보고서대로 완공되었는지를 현장에서 확인할 수 있다.

② 공사업자가 소방대상물 일부분의 소방시설공사를 마친 경우로서 전체 시설이 준공되기 전에 부분적으로 사용할 필요가 있는 경우에는 그 일부분에 대하여 소방본부장이나 소방서장에게 완공검사(이하 "부분완공검사"라 한다)를 신청할 수 있다. 이 경우 소방본부장이나 소방서장은 그 일부분의 공사가 완공되었는지를 확인하여야 한다.

③ 소방본부장이나 소방서장은 완공검사나 부분완공검사를 하였을 때에는 완공검사증명서나 부분완공검사증명서를 발급하여야 한다.

④ 완공검사 및 부분완공검사의 신청과 검사증명서의 발급, 그 밖에 완공검사 및 부분완공검사에 필요한 사항은 행정안전부령으로 정한다.

9-1. 완공검사를 위한 현장확인 대상 특정소방대상물의 범위(시행령 제5조) 🔥🔥🔥

법 제14조 제1항 단서에서 "대통령령으로 정하는 특정소방대상물"이란 특정소방대상물 중 다음의 대상물을 말한다.

1. 문화 및 집회시설, 종교시설, 판매시설, 노유자(老幼者)시설, 수련시설, 운동시설, 숙박시설, 창고시설, 지하상가 및 「다중이용업소의 안전관리에 관한 특별법」에 따른 다중이용업소

2. 가스계(이산화탄소·할로겐화합물·청정소화약제)소화설비(호스릴소화설비는 제외)가 설치되는 것

3. 연면적 1만제곱미터 이상이거나 11층 이상인 특정소방대상물(아파트는 제외)

4. 가연성가스를 제조·저장 또는 취급하는 시설 중 지상에 노출된 가연성가스탱크의 저장용량 합계가 1천톤 이상인 시설

10. 공사의 하자보수 등(법 제15조)

① 공사업자는 소방시설공사 결과 자동화재탐지설비 등 대통령령으로 정하는 소방시설에 하자가 있을 때에는 대통령령으로 정하는 기간 동안 그 하자를 보수하여야 한다.

② 관계인은 하자보수 보증기간에 소방시설의 하자가 발생하였을 때에는 공사업자에게 그 사실을 알려야 하며, 통보를 받은 공사업자는 3일 이내에 하자를 보수하거나 보수 일정을 기록한 하자보수계획을 관계인에게 서면으로 알려야 한다.

③ 관계인은 공사업자가 다음의 어느 하나에 해당하는 경우에는 소방본부장이나 소방서장에게 그 사실을 알릴 수 있다.

1. 보증기간에 하자보수를 이행하지 아니한 경우
2. 보증기간에 하자보수계획을 서면으로 알리지 아니한 경우
3. 하자보수계획이 불합리하다고 인정되는 경우

④ 소방본부장이나 소방서장은 통보를 받았을 때에는 「화재예방, 소방시설 설치·유지 및 안전관리에 관한 법률」에 따른 지방소방기술심의위원회에 심의를 요청하여야 하며, 그 심의 결과의 어느 하나에 해당하는 것으로 인정할 때에는 시공자에게 기간을 정하여 하자보수를 명하여야 한다.

∷ 소방본부장이나 소방서장이 소방시설공사가 공사감리 결과보고서대로 완공되었는지 완공검사를 위한 현장확인할 수 있는 대통령령으로 정하는 특정소방대상물이 아닌 것은?

① 노유자시설
② 문화집회 및 운동시설
✓ ③ 1,000m² 미만의 공동주택
④ 지하상가

∷ 소방공사업자가 소방시설공사를 마친 때에는 완공검사를 받아야하는데 완공검사를 위한 현장확인을 할 수 있는 특정소방대상물의 범위에 속하지 않는 것은?

① 문화 및 집회시설
② 노유자시설
③ 지하상가
✓ ④ 의료시설

∷ 소방시설의 하자가 발생한 경우 통보를 받은 공사업자는 며칠 이내에 이를 보수하거나 보수 일정을 기록한 하자보수 계획을 관계인에게 서면으로 알려야 하는가?

✓ ① 3일   ② 7일
③ 14일   ④ 30일

∷ 소방시설의 하자가 발생한 경우 소방시설공사업자는 관계인으로부터 그 사실을 통보 받은 날로부터 며칠 이내에 이를 보수하거나 보수일정을 기록한 하자보수계획을 관계인에게 알려야 하는가?

✓ ① 3일 이내
② 5일 이내
③ 7일 이내
④ 14일 이내

: 하자를 보수하여야 하는 소방시설에 따른 하자보수 보증기간의 연결이 옳은 것은?

① 무선통신보조설비 : 3년
✓ ② 상수도소화용수설비 : 3년
③ 피난기구 : 3년
④ 자동화재탐지설비 : 2년

: 완공된 소방시설 등의 성능시험을 수행하는 자는?

① 소방시설공사업자
✓ ② 소방공사감리업자
③ 소방시설설계업자
④ 소방기구제조업자

10-1. 하지보수 대상 소방시설과 하자보수 보증기간(시행령 제6조) 🔥🔥🔥

하자를 보수하여야 하는 소방시설과 소방시설별 하자보수 보증기간은 다음의 구분과 같다.

1. 피난기구, 유도등, 유도표지, 비상경보설비, 비상조명등, 비상방송설비 및 무선통신보조설비 : 2년

2. 자동소화장치, 옥내소화전설비, 스프링클러설비, 간이스프링클러설비, 물분무등소화설비, 옥외소화전설비, 자동화재탐지설비, 상수도소화용수설비 및 소화활동설비(무선통신보조설비는 제외한다) : 3년

11. 감리(법 제16조)

① 소방공사감리업을 등록한 자(이하 "감리업자"라 한다)는 소방공사를 감리할 때 다음의 업무를 수행하여야 한다.

1. 소방시설등의 설치계획표의 적법성 검토
2. 소방시설등 설계도서의 적합성(적법성과 기술상의 합리성을 말한다.) 검토
3. 소방시설등 설계 변경 사항의 적합성 검토
4. 「화재예방, 소방시설 설치·유지 및 안전관리에 관한 법률」의 소방용품의 위치·규격 및 사용 자재의 적합성 검토
5. 공사업자가 한 소방시설등의 시공이 설계도서와 화재안전기준에 맞는지에 대한 지도·감독
6. 완공된 소방시설등의 성능시험
7. 공사업자가 작성한 시공 상세 도면의 적합성 검토
8. 피난시설 및 방화시설의 적법성 검토
9. 실내장식물의 불연화(不燃化)와 방염 물품의 적법성 검토

② 용도와 구조에서 특별히 안전성과 보안성이 요구되는 소방대상물로서 대통령령으로 정하는 장소에서 시공되는 소방시설물에 대한 감리는 감리업자가 아닌 자도 할 수 있다.

③ 감리의 종류, 방법 및 대상은 대통령령으로 정한다.

11-1. 소방공사 감리의 종류, 방법 및 대상(시행령 별표 3)

종류	대상	방법
상주 공사 감리	1. 연면적 3만제곱미터 이상의 특정소방대상물(아파트는 제외)에 대한 소방시설의 공사 2. 지하층을 포함한 층수가 16층 이상으로서 500세대 이상인 아파트에 대한 소방시설의 공사	1. 감리원은 행정안전부령으로 정하는 기간 동안 공사 현장에 상주하여 감리업무를 수행하고 감리일지에 기록해야 한다. 다만, 실내장식물의 불연화와 방염물품의 적법성 검토에 따른 업무는 행정안전부령으로 정하는 기간 동안 공사가 이루어지는 경우만 해당한다. 2. 감리원이 행정안전부령으로 정하는 기간 중 부득이한 사유로 1일 이상 현장을 이탈하는 경우에는 감리일지 등에 기록하여 발주청 또는 발주자의 확인을 받아야 한다. 이 경우 감리업자는 감리원의 업무를 대행할 사람을 감리현장에 배치하여 감리업무에 지장이 없도록 해야 한다. 3. 감리업자는 감리원이 행정안전부령으로 정하는 기간 중 법에 따른 교육이나 「민방위기본법」 또는 「향토예비군 설치법」에 따른 교육을 받는 경우나 「근로기준법」에 따른 유급휴가로 현장을 이탈하게 되는 경우에는 감리업무에 지장이 없도록 감리원의 업무를 대행할 사람을 감리현장에 배치해야 한다. 이 경우 감리원은 새로 배치되는 업무대행자에게 업무 인수·인계 등의 필요한 조치를 해야 한다.
일반 공사 감리	상주 공사감리에 해당하지 않는 소방시설의 공사	1. 감리원은 공사 현장에 배치되어 감리업무를 수행한다. 다만, 실내장식물의 불연화와 방염물품의 적법성 검토에 따른 업무는 행정안전부령으로 정하는 기간 동안 공사가 이루어지는 경우만 해당한다. 2. 감리원은 행정안전부령으로 정하는 기간 중에는 주 1회 이상 공사 현장에 배치되어 제1호의 업무를 수행하고 감리일지에 기록해야 한다. 3. 감리업자는 감리원이 부득이한 사유로 14일 이내의 범위에서 제2호의 업무를 수행할 수 없는 경우에는 업무대행자를 지정하여 그 업무를 수행하게 해야 한다. 4. 제3호에 따라 지정된 업무대행자는 주 2회 이상 공사 현장에 배치되어 제1호의 업무를 수행하며, 그 업무수행 내용을 감리원에게 통보하고 감리일지에 기록해야 한다.

소방시설공사업법령상 상주 공사감리 대상 기준 중 다음 ( ) 안에 알맞은 것은?

- 연면적 (㉠)m² 이상의 특정소방대상물(아파트 제외)에 대한 소방시설의 공사
- 지하층을 포함한 층수가 (㉡)층 이상으로서 (㉢)세대 이상인 아파트에 대한 소방시설의 공사

① ㉠ 10,000, ㉡ 11, ㉢ 600
② ㉠ 10,000, ㉡ 16, ㉢ 500
③ ㉠ 30,000, ㉡ 11, ㉢ 600
✔ ④ ㉠ 30,000, ㉡ 11, ㉢ 500

⋮ 연면적이 3만m² 이상 20만m² 미만인 특정소방대상물(아파트는 제외한다.) 또는 지하층을 포함한 층수가 16층 이상 40층 미만인 특정소방대상물의 공사 현장인 경우 소방공사 감리원의 배치기준은?

✓ ① 특급 감리원 이상의 소방감리원 1명 이상
② 고급 감리원 이상의 소방감리원 1명 이상
③ 중급 감리원 이상의 소방감리원 1명 이상
④ 초급 감리원 이상의 소방감리원 1명 이상

12. 감리원의 배치 등(법 제18조)

① 감리업자는 소방시설공사의 감리를 위하여 소속 감리원을 대통령령으로 정하는 바에 따라 소방시설공사 현장에 배치하여야 한다.

② 감리업자는 소속 감리원을 배치하였을 때에는 행정안전부령으로 정하는 바에 따라 소방본부장이나 소방서장에게 통보하여야 한다. 감리원의 배치를 변경하였을 때에도 또한 같다.

③ 감리원의 세부적인 배치 기준은 행정안전부령으로 정한다.

12-1. 소방공사 감리원의 배치기준(시행령 별표 4)

감리원의 배치기준		소방시설공사 현장의 기준
책임감리원	보조감리원	
행정안전부령으로 정하는 특급감리원 중 소방기술사	행정안전부령으로 정하는 초급감리원 이상의 소방공사 감리원(기계분야 및 전기분야)	가. 연면적 20만제곱미터 이상인 특정소방대상물의 공사 현장 나. 지하층을 포함한 층수가 40층 이상인 특정소방대상물의 공사 현장
행정안전부령으로 정하는 특급감리원 이상의 소방공사 감리원(기계분야 및 전기분야)	행정안전부령으로 정하는 초급감리원 이상의 소방공사 감리원(기계분야 및 전기분야)	가. 연면적 3만제곱미터 이상 20만제곱미터 미만인 특정소방대상물(아파트는 제외)의 공사 현장 나. 지하층을 포함한 층수가 16층 이상 40층 미만인 특정소방대상물의 공사 현장
행정안전부령으로 정하는 고급감리원 이상의 소방공사 감리원(기계분야 및 전기분야)	행정안전부령으로 정하는 초급감리원 이상의 소방공사 감리원(기계분야 및 전기분야)	가. 물분무등소화설비(호스릴 방식의 소화설비는 제외) 또는 제연설비가 설치되는 특정소방대상물의 공사 현장 나. 연면적 3만제곱미터 이상 20만제곱미터 미만인 아파트의 공사 현장
행정안전부령으로 정하는 중급감리원 이상의 소방공사 감리원(기계분야 및 전기분야)		연면적 5천제곱미터 이상 3만제곱미터미만인 특정소방대상물의 공사 현장
행정안전부령으로 정하는 초급감리원 이상의 소방공사 감리원(기계분야 및 전기분야)		가. 연면적 5천제곱미터 미만인 특정소방대상물의 공사 현장 나. 지하구의 공사 현장

13. 공사감리 결과의 통보 등(제20조)

감리업자는 소방공사의 감리를 마쳤을 때에는 행정안전부령으로 정하는 바에 따라 그 감리 결과를 그 특정소방대상물의 관계인, 소방시설공사의 도급인, 그 특정소방대상물의 공사를 감리한 건축사에게 서면으로 알리고, 소방본부장이나 소방서장에게 공사감리 결과보고서를 제출하여야 한다.

14. 방염(법 제20조의2)

방염처리업자는 「화재예방, 소방시설 설치·유지 및 안전관리에 관한 법률」에 따른 방염성능기준 이상이 되도록 방염을 하여야 한다.

15. 도급의 원칙 등(법 제21조의3)

① 소방시설공사등의 도급 또는 하도급의 계약당사자는 서로 대등한 입장에서 합의에 따라 공정하게 계약을 체결하고, 신의에 따라 성실하게 계약을 이행하여야 한다.

② 소방시설공사등의 도급 또는 하도급의 계약당사자는 그 계약을 체결할 때 도급 또는 하도급 금액, 공사기간, 그 밖에 대통령령으로 정하는 사항을 계약서에 분명히 밝혀야 하며, 서명날인한 계약서를 서로 내주고 보관하여야 한다.

③ 수급인은 하수급인에게 하도급과 관련하여 자재구입처의 지정 등 하수급인에게 불리하다고 인정되는 행위를 강요하여서는 아니 된다.

④ 도급을 받은 자가 해당 소방시설공사등을 하도급할 때에는 행정안전부령으로 정하는 바에 따라 미리 관계인과 발주자에게 알려야 한다. 하수급인을 변경하거나 하도급 계약을 해지할 때에도 또한 같다.

⑤ 하도급에 관하여 이 법에서 규정하는 것을 제외하고는 그 성질에 반하지 아니하는 범위에서 「하도급거래 공정화에 관한 법률」의 해당 규정을 준용한다.

16. 하도급의 제한(법 제22조)

① 도급을 받은 자는 소방시설공사의 시공을 제3자에게 하도급할 수 없다. 다만, 대통령령으로 정하는 경우에는 도급받은 소방시설공사의 일부를 한 번만 제3자에게 하도급할 수 있다.

16-1. 소방시설공사의 시공을 하도급할 수 있는 경우(시행령 제12조)

① 법 제22조 제1항 단서에서 "대통령령으로 정하는 경우"란 소방시설공사업과 다음의 어느 하나에 해당하는 사업을 함께 하는 소방시설공사업자가 소방시설공사와 해당 사업의 공사를 함께 도급받은 경우를 말한다.

1. 「주택법」에 따른 주택건설사업

소방공사의 감리를 완료하였을 경우 소방공사감리 결과를 통보하는 대상으로 옳지 않은 것은?

① 특정소방대상물의 관계인
✔ ② 특정소방대상물의 설계업자
③ 소방시설공사의 도급인
④ 특정소방대상물의 공사를 감리한 건축사

‖ 소방시설공사업법상 특정소방대상물의 관계인 또는 발주자가 해당 도급계약의 수급인을 도급계약 해지할 수 있는 경우의 기준 중 틀린 것은?

① 하도급계약의 적정성 심사 결과 하수급인 또는 하도급계약 내용의 변경 요구에 정당한 사유 없이 따르지 아니하는 경우

✓② 정당한 사유 없이 15일 이상 소방시설공사를 계속하지 아니하는 경우

③ 소방시설업이 등록취소되거나 영업정지된 경우

④ 소방시설업을 휴업하거나 폐업한 경우

2. 「건설산업기본법」에 따른 건설업

3. 「전기공사업법」에 따른 전기공사업

4. 「정보통신공사업법」에 따른 정보통신공사업

② 법 제22조 제1항 단서에서 "도급받은 소방시설공사의 일부"란 제4조 제1호 각 목의 어느 하나에 해당하는 소방설비 중 하나 이상의 소방설비를 설치하는 공사를 말한다.

17. 도급계약의 해지(법 제23조)

특정소방대상물의 관계인 또는 발주자는 해당 도급계약의 수급인이 다음의 어느 하나에 해당하는 경우에는 도급계약을 해지할 수 있다.

1. 소방시설업이 등록취소되거나 영업정지된 경우

2. 소방시설업을 휴업하거나 폐업한 경우

3. 정당한 사유 없이 30일 이상 소방시설공사를 계속하지 아니하는 경우

4. 하도급계약내용의 변경 요구에 정당한 사유 없이 따르지 아니하는 경우

18. 소방기술자의 의무(제27조)

① 소방기술자는 이 법과 이 법에 따른 명령과 「화재예방, 소방시설 설치·유지 및 안전관리에 관한 법률」및 같은 법에 따른 명령에 따라 업무를 수행하여야 한다.

② 소방기술자는 다른 사람에게 자격증(소방기술 경력 등을 인정받은 사람의 경우에는 소방기술 인정 자격수첩과 소방기술자 경력수첩을 말한다)을 빌려 주어서는 아니 된다.

③ 소방기술자는 동시에 둘 이상의 업체에 취업하여서는 아니 된다. 다만, 소방기술자 업무에 영향을 미치지 아니하는 범위에서 근무시간 외에 소방시설업이 아닌 다른 업종에 종사하는 경우는 제외한다.

19. 벌칙(법 제35조~제38조)

제35조

소방시설업 등록을 하지 아니하고 영업을 한 자는 3년 이하의 징역 또는 3천만 원 이하의 벌금에 처한다.

제36조 🔥🔥🔥

다음의 어느 하나에 해당하는 자는 1년 이하의 징역 또는 1천만 원 이하의 벌금에 처한다.

1. 영업정지처분을 받고 그 영업정지 기간에 영업을 한 자
2. 규정을 위반하여 설계나 시공을 한 자
3. 규정을 위반하여 감리를 하거나 거짓으로 감리한 자
4. 규정을 위반하여 공사감리자를 지정하지 아니한 자
4의2. 공사업자의 요구 불이행 사실에 따른 보고를 거짓으로 한 자
4의3. 공사감리 결과의 통보 또는 공사감리 결과보고서의 제출을 거짓으로 한 자
5. 해당 소방시설업자가 아닌 자에게 소방시설공사등을 도급한 자
6. 제3자에게 소방시설공사 시공을 하도급한 자
7. 소방기술자의 의무규정을 위반하여 같은 항에 따른 법 또는 명령을 따르지 아니하고 업무를 수행한 자

제37조

다음의 어느 하나에 해당하는 자는 300만 원 이하의 벌금에 처한다.

1. 등록증이나 등록수첩을 다른 자에게 빌려준 자
2. 소방시설공사 현장에 감리원을 배치하지 아니한 자
3. 감리업자의 보완 요구에 따르지 아니한 자
4. 공사감리 계약을 해지하거나 대가 지급을 거부하거나 지연시키거나 불이익을 준 자
5. 자격수첩 또는 경력수첩을 빌려 준 사람
6. 동시에 둘 이상의 업체에 취업한 사람
7. 관계인의 정당한 업무를 방해하거나 업무상 알게 된 비밀을 누설한 사람

⋮ 소방기술자가 소방시설 공사업법에 따른 명령을 따르지 아니하고 업무를 수행한 경우의 벌칙은?

① 1백만 원 이하의 벌금
② 3백만 원 이하의 벌금
✔ ③ 1년 이하의 징역 또는 1천만 원 이하의 벌금
④ 3년 이하의 징역 또는 1천5백만 원 이하의 벌금

제38조

다음의 어느 하나에 해당하는 자는 100만 원 이하의 벌금에 처한다.

1. 위탁기관의 감독업무에 따른 명령을 위반하여 보고 또는 자료 제출을 하지 아니하거나 거짓으로 한 자
2. 정당한 사유 없이 관계 공무원의 출입 또는 검사·조사를 거부·방해 또는 는 기피한 자

20. 과태료(법 제40조)

① 다음의 어느 하나에 해당하는 자에게는 200만 원 이하의 과태료를 부과한다.

1. 등록사항의 변경신고, 휴업·폐업의 신고, 지위의 승계, 착공·변경신고, 공사감리자의 지정 규정을 위반하여 신고를 하지 아니하거나 거짓으로 신고한 자
2. 소방시설업의 관계인에게 지위승계, 행정처분 또는 휴업·폐업의 사실을 거짓으로 알린 자
3. 소방시설업의 관계 서류를 보관하지 아니한 자
4. 소방기술자를 공사 현장에 배치하지 아니한 자
5. 완공검사를 받지 아니한 자
6. 3일 이내에 하자를 보수하지 아니하거나 하자보수계획을 관계인에게 거짓으로 알린 자
7. 감리 관계 서류를 인수·인계하지 아니한 자
8. 배치통보 및 변경통보를 하지 아니하거나 거짓으로 통보한 자
9. 방염성능기준 미만으로 방염을 한 자
10. 방염처리능력에 대한 자료제출을 거짓으로 한 자
11. 도급계약 체결 시 의무를 이행하지 아니한 자(하도급 계약의 경우에는 하도급 받은 소방시설업자는 제외한다)
12. 하도급 등의 통지를 하지 아니한 자
13. 시공능력 평가 관련 자료제출을 거짓으로 한 자
14. 소방시설업자나 관계인이 자료제출 및 검사, 질문에 대한 명령을 위반하여 보고 또는 자료 제출을 하지 아니하거나 거짓으로 보고 또는 자료 제출을 한 자

② 과태료는 대통령령으로 정하는 바에 따라 관할 시·도지사, 소방본부장 또는 소방서장이 부과·징수한다.

04 위험물안전관리법(시행령, 시행규칙)

1. 목적(법 제1조)

이 법은 위험물의 저장·취급 및 운반과 이에 따른 안전관리에 관한 사항을 규정함으로써 위험물로 인한 위해를 방지하여 공공의 안전을 확보함을 목적으로 한다.

2. 정의(법 제2조)

1. "위험물"이라 함은 인화성 또는 발화성 등의 성질을 가지는 것으로서 대통령령이 정하는 물품을 말한다.
2. "지정수량"이라 함은 위험물의 종류별로 위험성을 고려하여 대통령령이 정하는 수량으로서 제조소등의 설치허가 등에 있어서 최저의 기준이 되는 수량을 말한다.
3. "제조소"라 함은 위험물을 제조할 목적으로 지정수량 이상의 위험물을 취급하기 위하여 허가(허가가 면제된 경우 및 협의로써 허가를 받은 것으로 보는 경우를 포함)를 받은 장소를 말한다.
4. "저장소"라 함은 지정수량 이상의 위험물을 저장하기 위한 대통령령이 정하는 장소로서 허가를 받은 장소를 말한다.
5. "취급소"라 함은 지정수량 이상의 위험물을 제조외의 목적으로 취급하기 위한 대통령령이 정하는 장소로서 허가를 받은 장소를 말한다.
6. "제조소등"이라 함은 제조소·저장소 및 취급소를 말한다.

위험물안전관리법에서 정하는 용어의 정의에 대한 설명중 틀린 것은?

✓ ① 위험물이라 함은 인화성 또는 발화성 등의 성질을 가지는 것으로 행정안전부령이 정하는 물품을 말한다.
② 지정수량이라 함은 위험물이 종류별로 위험성을 고려하여 제조소 등의 설치허가 등에 있어서 최저 기준이 되는 수량을 말한다.
③ 제조소라 함은 위험물을 제조할 목적으로 지정수량 이상의 위험물을 취급하기 위하여 위험물설치허가를 받은 장소를 말한다.
④ 취급소라 함은 지정수량 이상의 위험물을 제조외의 목적으로 취급하기 위하여 위험물설치허가를 받은 장소를 말한다.

2-1. 위험물 및 지정수량(시행령 별표 1) 🔥🔥🔥

위험물			지정수량
유별	성질	품명	
제1류	산화성 고체	1. 아염소산염류	50킬로그램
		2. 염소산염류	50킬로그램
		3. 과염소산염류	50킬로그램
		4. 무기과산화물	50킬로그램
		5. 브롬산염류	300킬로그램
		6. 질산염류	300킬로그램
		7. 요오드산염류	300킬로그램
		8. 과망간산염류	1,000킬로그램
		9. 중크롬산염류	1,000킬로그램
		10. 그 밖에 행정안전부령으로 정하는 것 11. 제1호 내지 제10호의 1에 해당하는 어느 하나 이상을 함유한 것	50킬로그램, 300킬로그램 또는 1,000킬로그램
제2류	가연성 고체	1. 황화린	100킬로그램
		2. 적린	100킬로그램
		3. 유황	100킬로그램
		4. 철분	500킬로그램
		5. 금속분	500킬로그램
		6. 마그네슘	500킬로그램
		7. 그 밖에 행정안전부령으로 정하는 것 8. 제1호 내지 제7호의 1에 해당하는 어느 하나 이상을 함유한 것	100킬로그램 또는 500킬로그램
		9. 인화성고체	1,000킬로그램

제3류	자연 발화성 물질 및 금수성 물질	1. 칼륨		10킬로그램
		2. 나트륨		10킬로그램
		3. 알킬알루미늄		10킬로그램
		4. 알킬리튬		10킬로그램
		5. 황린		20킬로그램
		6. 알칼리금속(칼륨 및 나트륨을 제외한다) 및 알칼리토금속		50킬로그램
		7. 유기금속화합물(알킬알루미늄 및 알킬리튬을 제외한다)		50킬로그램
		8. 금속의 수소화물		300킬로그램
		9. 금속의 인화물		300킬로그램
		10. 칼슘 또는 알루미늄의 탄화물		300킬로그램
		11. 그 밖에 행정안전부령으로 정하는 것 12. 제1호 내지 제11호의 1에 해당하는 어느 하나 이상을 함유한 것		10킬로그램, 20킬로그램, 50킬로그램 또는 300킬로그램
제4류	인화성 액체	1. 특수인화물		50리터
		2. 제1석유류	비수용성액체	200리터
			수용성액체	400리터
		3. 알코올류		400리터
		4. 제2석유류	비수용성액체	1,000리터
			수용성액체	2,000리터
		5. 제3석유류	비수용성액체	2,000리터
			수용성액체	4,000리터
		6. 제4석유류		6,000리터
		7. 동식물유류		10,000리터

인화성 액체인 제4류 위험물의 품명별 지정수량으로 옳지 않은 것은?

① 특수인화물 – 50L
② 제1석유류 중 비수용성액체 – 200L
✔ ③ 알코올류 – 300L
④ 제4석유류 – 6,000L

다음 위험물 중 자기반응성 물질은 어느 것인가?

① 황린
② 염소산염류
③ 알칼리토금속
✓ ④ 질산에스테르류

제5류	자기반응성 물질	1. 유기과산화물	10킬로그램
		2. 질산에스테르류	10킬로그램
		3. 니트로화합물	200킬로그램
		4. 니트로소화합물	200킬로그램
		5. 아조화합물	200킬로그램
		6. 디아조화합물	200킬로그램
		7. 히드라진 유도체	200킬로그램
		8. 히드록실아민	100킬로그램
		9. 히드록실아민염류	100킬로그램
		10. 그 밖에 행정안전부령으로 정하는 것 11. 제1호 내지 제10호의 1에 해당하는 어느 하나 이상을 함유한 것	10킬로그램, 100킬로그램 또는 200킬로그램
제6류	산화성 액체	1. 과염소산	300킬로그램
		2. 과산화수소	300킬로그램
		3. 질산	300킬로그램
		4. 그 밖에 행정안전부령으로 정하는 것	300킬로그램
		5. 제1호 내지 제4호의 1에 해당하는 어느 하나 이상을 함유한 것	300킬로그램

2-2. 위험물을 제조외의 목적으로 취급하기 위한 장소와 그에 따른 취급소의 구분(시행령 별표 3)

위험물을 제조외의 목적으로 취급하기 위한 장소	취급소의 구분
1. 고정된 주유설비(항공기에 주유하는 경우에는 차량에 설치된 주유설비를 포함한다)에 의하여 자동차·항공기 또는 선박 등의 연료탱크에 직접 주유하기 위하여 위험물(「석유 및 석유대체연료 사업법」의 규정에 의한 가짜석유제품에 해당하는 물품을 제외)을 취급하는 장소(위험물을 용기에 옮겨 담거나 차량에 고정된 5천리터 이하의 탱크에 주입하기 위하여 고정된 급유설비를 병설한 장소를 포함)	주유취급소
2. 점포에서 위험물을 용기에 담아 판매하기 위하여 지정수량의 40배 이하의 위험물을 취급하는 장소	판매취급소
3. 배관 및 이에 부속된 설비에 의하여 위험물을 이송하는 장소. 다만, 다음에 해당하는 경우의 장소를 제외한다. 가. 「송유관 안전관리법」에 의한 송유관에 의하여 위험물을 이송하는 경우 나. 제조소등에 관계된 시설(배관을 제외) 및 그 부지가 같은 사업소안에 있고 당해 사업소안에서만 위험물을 이송하는 경우 다. 사업소와 사업소의 사이에 도로(폭 2미터 이상의 일반교통에 이용되는 도로로서 자동차의 통행이 가능한 것을 말한다)만이 있고 사업소와 사업소 사이의 이송배관이 그 도로를 횡단하는 경우 라. 사업소와 사업소 사이의 이송배관이 제3자(당해 사업소와 관련이 있거나 유사한 사업을 하는 자에 한한다)의 토지만을 통과하는 경우로서 당해 배관의 길이가 100미터 이하인 경우 마. 해상구조물에 설치된 배관(이송되는 위험물이 제4류 위험물 중 제1석유류인 경우에는 배관의 내경이 30센티미터 미만인 것에 한한다)으로서 당해 해상구조물에 설치된 배관이 길이가 30미터 이하인 경우 바. 사업소와 사업소 사이의 이송배관이 다목 내지 마목의 규정에 의한 경우 중 2이상에 해당하는 경우 사. 「농어촌 전기공급사업 촉진법」에 따라 설치된 자가발전시설에 사용되는 위험물을 이송하는 경우	이송취급소
4. 제1호 내지 제3호외의 장소(「석유 및 석유대체연료 사업법」에 의한 가짜석유제품에 해당하는 위험물을 취급하는 경우의 장소를 제외)	일반취급소

┇ 점포에서 위험물을 용기에 담아 판매하기 위하여 위험물을 취급하는 판매취급소는 위험물안전관리법상 지정수량의 몇 배 이하의 위험물까지 취급할 수 있는가?
① 지정수량의 5배 이하
② 지정수량의 10배 이하
③ 지정수량의 20배 이하
✔ ④ 지정수량의 40배 이하

지정수량 미만인 위험물의 저장 또는 취급에 관한 기술상의 기준은 무엇으로 정하는가?

① 대통령령
② 총리령
③ 행정안전부령
✓ ④ 시 · 도의 조례

시 · 도의 조례가 정하는 바에 따라 지정수량 이상의 위험물을 임시로 저장 · 취급할 수 있는 기간 (㉠)과 임시저장 승인권자 (㉡)는?

① ㉠ 30일 이내, ㉡ 시 · 도지사
② ㉠ 60일 이내, ㉡ 소방본부장
✓ ③ ㉠ 90일 이내, ㉡ 관할소방서장
④ ㉠ 120일 이내, ㉡ 행정안전부장관

3. 지정수량 미만인 위험물의 저장 · 취급(법 제4조)

지정수량 미만인 위험물의 저장 또는 취급에 관한 기술상의 기준은 특별시 · 광역시 · 특별자치시 · 도 및 특별자치도(이하 "시 · 도"라 한다)의 조례로 정한다.

4. 위험물의 저장 및 취급의 제한(법 제5조)

① 지정수량 이상의 위험물을 저장소가 아닌 장소에서 저장하거나 제조소등이 아닌 장소에서 취급하여서는 아니된다.

② 규정에도 불구하고 다음의 어느 하나에 해당하는 경우에는 제조소등이 아닌 장소에서 지정수량 이상의 위험물을 취급할 수 있다. 이 경우 임시로 저장 또는 취급하는 장소에서의 저장 또는 취급의 기준과 임시로 저장 또는 취급하는 장소의 위치 · 구조 및 설비의 기준은 시 · 도의 조례로 정한다.

1. 시 · 도의 조례가 정하는 바에 따라 관할소방서장의 승인을 받아 지정수량 이상의 위험물을 90일 이내의 기간동안 임시로 저장 또는 취급하는 경우

2. 군부대가 지정수량 이상의 위험물을 군사목적으로 임시로 저장 또는 취급하는 경우

③ 제조소등에서의 위험물의 저장 또는 취급에 관하여는 다음의 중요기준 및 세부기준에 따라야 한다.

1. **중요기준** : 화재 등 위해의 예방과 응급조치에 있어서 큰 영향을 미치거나 그 기준을 위반하는 경우 직접적으로 화재를 일으킬 가능성이 큰 기준으로서 행정안전부령이 정하는 기준

2. **세부기준** : 화재 등 위해의 예방과 응급조치에 있어서 중요기준보다 상대적으로 적은 영향을 미치거나 그 기준을 위반하는 경우 간접적으로 화재를 일으킬 수 있는 기준 및 위험물의 안전관리에 필요한 표시와 서류 · 기구 등의 비치에 관한 기준으로서 행정안전부령이 정하는 기준

④ 제조소등의 위치 · 구조 및 설비의 기술기준은 행정안전부령으로 정한다.

⑤ 둘 이상의 위험물을 같은 장소에서 저장 또는 취급하는 경우에 있어서 당해 장소에서 저장 또는 취급하는 각 위험물의 수량을 그 위험물의 지정수량으로 각각 나누어 얻은 수의 합계가 1 이상인 경우 당해 위험물은 지정수량 이상의 위험물로 본다.

4-1. 제조소의 위치·구조 및 설비의 기준 中(시행규칙 별표 4)

Ⅰ. 안전거리

1. 제조소(제6류 위험물을 취급하는 제조소를 제외)는 다음의 규정에 의한 건축물의 외벽 또는 이에 상당하는 공작물의 외측으로부터 당해 제조소의 외벽 또는 이에 상당하는 공작물의 외측까지의 사이에 다음의 규정에 의한 수평거리(이하 "안전거리"라 한다)를 두어야 한다.

   가. 나목 내지 라목의 규정에 의한 것 외의 건축물 그 밖의 공작물로서 주거용으로 사용되는 것(제조소가 설치된 부지내에 있는 것을 제외)에 있어서는 10m 이상

   나. 학교·병원·극장 그 밖에 다수인을 수용하는 시설로서 다음의 1에 해당하는 것에 있어서는 30m 이상

      1) 「초·중등교육법」 및 「고등교육법」에 정하는 학교

      2) 「의료법」에 따른 병원급 의료기관

      3) 「공연법」에 따른 공연장, 「영화 및 비디오물의 진흥에 관한 법률」에 따른 영화상영관 및 그 밖에 이와 유사한 시설로서 3백명 이상의 인원을 수용할 수 있는 것

      4) 「아동복지법」에 따른 아동복지시설, 「노인복지법」에 해당하는 노인복지시설, 「장애인복지법」에 따른 장애인복지시설, 「한부모가족지원법」에 따른 한부모가족복지시설, 「영유아보육법」에 따른 어린이집, 「성매매방지 및 피해자보호 등에 관한 법률」에 따른 성매매피해자등을 위한 지원시설, 「정신보건법」에 따른 정신보건시설, 「가정폭력방지 및 피해자보호 등에 관한 법률」에 따른 보호시설 및 그 밖에 이와 유사한 시설로서 20명 이상의 인원을 수용할 수 있는 것

   다. 「문화재보호법」의 규정에 의한 유형문화재와 기념물 중 지정문화재에 있어서는 50m 이상

   라. 고압가스, 액화석유가스 또는 도시가스를 저장 또는 취급하는 시설로서 다음의 1에 해당하는 것에 있어서는 20m 이상. 다만, 당해 시설의 배관 중 제조소가 설치된 부지 내에 있는 것은 제외한다.

      1) 「고압가스 안전관리법」의 규정에 의하여 허가를 받거나 신고를 하여야 하는 고압가스제조시설(용기에 충전하는 것을 포함) 또는 고압가스 사용시설로서 1일 $30m^3$ 이상의 용적을 취급하는 시설이 있는 것

      2) 「고압가스 안전관리법」의 규정에 의하여 허가를 받거나 신고를 하여야 하는 고압가스저장시설

      3) 「고압가스 안전관리법」의 규정에 의하여 허가를 받거나 신고를 하여야 하는 액화산소를 소비하는 시설

      4) 「액화석유가스의 안전관리 및 사업법」의 규정에 의하여 허가를 받아야 하는 액화석유가스제조시설 및 액화석유가스저장시설

관련기출

⁝ 제4류 위험물 제조소의 경우 사용전압이 22kV인 특고압 가공전선이 지니갈 때 제조소의 외벽과 가공전선 사이의 수평거리(안전거리)는 몇 m 이상이어야 하는가?

① 2
✓ ② 3
③ 5
④ 10

⁝ 위험물안전관리법령상 제조소의 위치·구조 및 설비의 기준 중 위험물을 취급하는 건축물 그 밖의 시설의 주위에는 그 취급하는 위험물을 최대수량이 지정수량의 10배 이하인 경우 보유하여야 할 공지의 너비는 몇 m 이상 이어야 하는가?

✓ ① 3   ② 5
③ 8   ④ 10

⁝ 위험물 제조소에는 보기 쉬운 곳에 "위험물 제조소"라는 표시를 한 표지를 기준에 따라 설치하여야 하는데 다음중 표지의 기준으로 적합한 것은?

✓ ① 표지의 한 변의 길이는 0.3m 이상, 다른 한 변의 길이는 0.6m이상인 직사각형으로 하며, 표지의 바탕은 백색으로 문자는 흑색으로 한다.
② 표지의 한 변의 길이는 0.2m 이상, 다른 한 변의 길이는 0.4m이상인 직사각형으로 하며, 표지의 바탕은 백색으로 문자는 흑색으로 한다.
③ 표지의 한 변의 길이는 0.2m 이상, 다른 한 변의 길이는 0.4m이상인 직사각형으로 하며, 표지의 바탕은 흑색으로 문자는 백색으로 한다.
④ 표지의 한 변의 길이는 0.3m 이상, 다른 한 변의 길이는 0.6m이상인 직사각형으로 하며, 표지의 바탕은 흑색으로 문자는 백색으로 한다.

5) 「도시가스사업법」의 규정에 의한 가스공급시설

마. 사용전압이 7,000V 초과 35,000V 이하의 특고압가공전선에 있어서는 3m 이상

바. 사용전압이 35,000V를 초과하는 특고압가공전선에 있어서는 5m 이상

2. 제1호 가목 내지 다목의 규정에 의한 건축물 등은 부표의 기준에 의하여 불연재료로 된 방화상 유효한 담 또는 벽을 설치하는 경우에는 동표의 기준에 의하여 안전거리를 단축할 수 있다.

Ⅱ. 보유공지

1. 위험물을 취급하는 건축물 그 밖의 시설(위험물을 이송하기 위한 배관 그 밖에 이와 유사한 시설을 제외)의 주위에는 그 취급하는 위험물의 최대수량에 따라 다음 표에 의한 너비의 공지를 보유하여야 한다.

취급하는 위험물의 최대수량	공지의 너비
지정수량의 10배 이하	3m 이상
지정수량의 10배 초과	5m 이상

2. 제조소의 작업공정이 다른 작업장의 작업공정과 연속되어 있어, 제조소의 건축물 그 밖의 공작물의 주위에 공지를 두게 되면 그 제조소의 작업에 현저한 지장이 생길 우려가 있는 경우 당해 제조소와 다른 작업장 사이에 다음의 기준에 따라 방화상 유효한 격벽을 설치한 때에는 당해 제조소와 다른 작업장 사이에 제1호의 규정에 의한 공지를 보유하지 아니할 수 있다.

가. 방화벽은 내화구조로 할 것, 다만 취급하는 위험물이 제6류 위험물인 경우에는 불연재료로 할 수 있다.

나. 방화벽에 설치하는 출입구 및 창 등의 개구부는 가능한 한 최소로 하고, 출입구 및 창에는 자동폐쇄식의 갑종방화문을 설치할 것

다. 방화벽의 양단 및 상단이 외벽 또는 지붕으로부터 50cm 이상 돌출하도록 할 것

Ⅲ. 표지 및 게시판 🔥🔥🔥

1. 제조소에는 보기 쉬운 곳에 다음의 기준에 따라 "위험물 제조소"라는 표시를 한 표지를 설치하여야 한다.

가. 표지는 한변의 길이가 0.3m 이상, 다른 한변의 길이가 0.6m 이상인 직사각형으로 할 것

나. 표지의 바탕은 백색으로, 문자는 흑색으로 할 것

2. 제조소에는 보기 쉬운 곳에 다음의 기준에 따라 방화에 관하여 필요한
   사항을 게시한 게시판을 설치하여야 한다.

   가. 게시판은 한변의 길이가 0.3m 이상, 다른 한변의 길이가 0.6m 이상인
       직사각형으로 할 것
   나. 게시판에는 저장 또는 취급하는 위험물의 유별·품명 및 저장최대수량
       또는 취급최대수량, 지정수량의 배수 및 안전관리자의 성명 또는 직명을
       기재할 것
   다. 나목의 게시판의 바탕은 백색으로, 문자는 흑색으로 할 것
   라. 나목의 게시판 외에 저장 또는 취급하는 위험물에 따라 다음의 규정에
       의한 주의사항을 표시한 게시판을 설치할 것
       1) 제1류 위험물 중 알칼리금속의 과산화물과 이를 함유한 것 또는 제3류
          위험물 중 금수성물질에 있어서는 "물기엄금"
       2) 제2류 위험물(인화성고체를 제외)에 있어서는 "화기주의"
       3) 제2류 위험물 중 인화성고체, 제3류 위험물 중 자연발화성물질, 제4
          류 위험물 또는 제5류 위험물에 있어서는 "화기엄금"
   마. 라목의 게시판의 색은 "물기엄금"을 표시하는 것에 있어서는 청색바탕에
       백색문자로, "화기주의" 또는 "화기엄금"을 표시하는 것에 있어서는 적색
       바탕에 백색문자로 할 것

Ⅷ. 기타설비 – 7. 피뢰설비

지정수량의 10배 이상의 위험물을 취급하는 제조소(제6류 위험물을 취급하는
위험물제조소를 제외)에는 피뢰침(「산업표준화법」에 따른 한국산업표준 중 피뢰
설비 표준에 적합한 것을 말한다.)을 설치하여야 한다. 다만, 제조소의 주위의
상황에 따라 안전상 지장이 없는 경우에는 피뢰침을 설치하지 아니할 수 있다.

4-2. 옥외탱크저장소의 위치·구조 및 설비의 기준 中(시행규칙 별표 6)

Ⅸ. 방유제

1. 인화성액체위험물(이황화탄소를 제외)의 옥외탱크저장소의 탱크 주위에는
   다음의 기준에 의하여 방유제를 설치하여야 한다.

   가. 방유제의 용량은 방유제안에 설치된 탱크가 하나인 때에는 그 탱크 용량
       의 110% 이상, 2기 이상인 때에는 그 탱크 중 용량이 최대인 것의 용량
       의 110% 이상으로 할 것. 이 경우 방유제의 용량은 당해 방유제의 내용
       적에서 용량이 최대인 탱크 외의 탱크의 방유제 높이 이하 부분의 용적,
       당해 방유제내에 있는 모든 탱크의 지반면 이상 부분의 기초의 체적, 간
       막이 둑의 체적 및 당해 방유제 내에 있는 배관 등의 체적을 뺀 것으로
       한다.

제4류 위험물을 저장하는 위험물제
조소의 주의사항을 표시한 게시판의
내용으로 적합한 것은?

✔ ① 화기엄금
② 물기엄금
③ 화기주의
④ 물기주의

지정수량의 몇 배 이상의 위험물을
취급하는 제조소에는 피뢰침을 설치
하여야 하는가? (단, 제6류 위험물을
취급하는 위험물제조소는 제외)

① 5배   ✔ ② 10배
③ 50배   ④ 100배

옥외탱크저장소에 설치하는 방유제의 설치기준으로 옳지 않은 것은?

✓ ① 방유제 내의 면적은 60,000m² 이하로 할 것

② 방유제의 높이는 0.5m 이상 3m 이하로 할 것

③ 방유제 내의 옥외저장탱크의 수는 10 이하로 할 것

④ 방유제는 철근콘크리트 또는 흙으로 만들 것

위험물안전관리법령상 인화성액체위험물(이황화탄소를 제외)의 옥외탱크저장소의 탱크 주위에 설치하여야 하는 방유제의 설치 기준 중 틀린 것은?

✓ ① 방유제 내의 면적은 60,000m² 이하로 하여야 한다.

② 방유제는 높이 0.5m 이상 3m 이하, 두께 0.2 이상, 지하매설깊이 1m 이상으로 할 것. 다만, 방유제와 옥외저장탱크 사이의 지반면 아래에 불침윤성 구조물을 설치하는 경우에는 지하매설깊이를 해당 불침윤성 구조물까지로 할 수 있다.

③ 방유제의 용량은 방유제안에 설치된 탱크가 하나인 때에는 그 탱크 용량의 110% 이상, 2기 이상인 때에는 그 탱크 중 용량이 최대인 것의 용량의 110% 이상으로 하여야 한다.

④ 방유제는 철근콘크리트로 하고, 방유제와 옥외저장탱크 사이의 지표면은 불연성과 불침윤성이 있는 구조(철근콘크리트 등)로 할 것. 다만, 누출된 위험물을 수용할 수 있는 전용유조 및 펌프 등의 설비를 갖춘 경우에는 방유제와 옥외저장탱크 사이의 지표면을 흙으로 할 수 있다

나. 방유제는 높이 0.5m 이상 3m 이하, 두께 0.2m 이상, 지하매설깊이 1m 이상으로 할 것. 다만, 방유제와 옥외저장탱크 사이의 지반면 아래에 불침윤성(不浸潤性) 구조물을 설치하는 경우에는 지하매설깊이를 해당 불침윤성 구조물까지로 할 수 있다.

다. 방유제내의 면적은 8만m² 이하로 할 것

라. 방유제내의 설치하는 옥외저장탱크의 수는 10(방유제내에 설치하는 모든 옥외저장탱크의 용량이 20만ℓ 이하이고, 당해 옥외저장탱크에 저장 또는 취급하는 위험물의 인화점이 70℃ 이상 200℃ 미만인 경우에는 20) 이하로 할 것. 다만, 인화점이 200℃ 이상인 위험물을 저장 또는 취급하는 옥외저장탱크에 있어서는 그러하지 아니하다.

마. 방유제 외면의 2분의 1 이상은 자동차 등이 통행할 수 있는 3m 이상의 노면폭을 확보한 구내도로(옥외저장탱크가 있는 부지내의 도로를 말한다)에 직접 접하도록 할 것. 다만, 방유제내에 설치하는 옥외저장탱크의 용량합계가 20만ℓ 이하인 경우에는 소화활동에 지장이 없다고 인정되는 3m 이상의 노면폭을 확보한 도로 또는 공지에 접하는 것으로 할 수 있다.

바. 방유제는 옥외저장탱크의 지름에 따라 그 탱크의 옆판으로부터 다음에 정하는 거리를 유지할 것. 다만, 인화점이 200℃ 이상인 위험물을 저장 또는 취급하는 것에 있어서는 그러하지 아니하다.

1) 지름이 15m 미만인 경우에는 탱크 높이의 3분의 1 이상

2) 지름이 15m 이상인 경우에는 탱크 높이의 2분의 1 이상

사. 방유제는 철근콘크리트로 하고, 방유제와 옥외저장탱크 사이의 지표면은 불연성과 불침윤성이 있는 구조(철근콘크리트 등)로 할 것. 다만, 누출된 위험물을 수용할 수 있는 전용유조(專用油槽) 및 펌프 등의 설비를 갖춘 경우에는 방유제와 옥외저장탱크 사이의 지표면을 흙으로 할 수 있다.

아. 용량이 1,000만ℓ 이상인 옥외저장탱크의 주위에 설치하는 방유제에는 다음의 규정에 따라 당해 탱크마다 간막이 둑을 설치할 것

1) 간막이 둑의 높이는 0.3m(방유제내에 설치되는 옥외저장탱크의 용량의 합계가 2억ℓ를 넘는 방유제에 있어서는 1m) 이상으로 하되, 방유제의 높이보다 0.2m 이상 낮게 할 것

2) 간막이 둑은 흙 또는 철근콘크리트로 할 것

3) 간막이 둑의 용량은 간막이 둑안에 설치된 탱크이 용량의 10% 이상일 것

자. 방유제내에는 당해 방유제내에 설치하는 옥외저장탱크를 위한 배관(당해 옥외저장탱크의 소화설비를 위한 배관을 포함한다), 조명설비 및 계기시스템과 이들에 부속하는 설비 그 밖의 안전확보에 지장이 없는 부속설비 외에는 다른 설비를 설치하지 아니할 것

차. 방유제 또는 간막이 둑에는 해당 방유제를 관통하는 배관을 설치하지 아니할 것. 다만, 위험물을 이송하는 배관의 경우에는 배관이 관통하는 지점의 좌우방향으로 각 1m 이상까지의 방유제 또는 간막이 둑의 외면에 두께 0.1m 이상, 지하매설깊이 0.1m 이상의 구조물을 설치하여 방유제 또는 간막이 둑을 이중구조로 하고, 그 사이에 토사를 채운 후, 관통하는 부분을 완충재 등으로 마감하는 방식으로 설치할 수 있다.

카. 방유제에는 그 내부에 고인 물을 외부로 배출하기 위한 배수구를 설치하고 이를 개폐하는 밸브 등을 방유제의 외부에 설치할 것

타. 용량이 100만ℓ 이상인 위험물을 저장하는 옥외저장탱크에 있어서는 카목의 밸브 등에 그 개폐상황을 쉽게 확인할 수 있는 장치를 설치할 것

파. 높이가 1m를 넘는 방유제 및 간막이 둑의 안팎에는 방유제내에 출입하기 위한 계단 또는 경사로를 약 50m마다 설치할 것

하. 용량이 50만리터 이상인 옥외탱크저장소가 해안 또는 강변에 설치되어 방유제 외부로 누출된 위험물이 바다 또는 강으로 유입될 우려가 있는 경우에는 해당 옥외탱크저장소가 설치된 부지 내에 전용유조(專用油槽) 등 누출위험물 수용설비를 설치할 것

4-3. 주유취급소의 위치·구조 및 설비의 기준 中(시행규칙 별표 13)

Ⅰ. 주유공지 및 급유공지

1. 주유취급소의 고정주유설비(펌프기기 및 호스기기로 되어 위험물을 자동차등에 직접 주유하기 위한 설비로서 현수식의 것을 포함)의 주위에는 주유를 받으려는 자동차 등이 출입할 수 있도록 너비 15m 이상, 길이 6m 이상의 콘크리트 등으로 포장한 공지(주유공지)를 보유하여야 하고, 고정급유설비(펌프기기 및 호스기기로 되어 위험물을 용기에 옮겨 담거나 이동저장탱크에 주입하기 위한 설비로서 현수식의 것을 포함)를 설치하는 경우에는 고정급유설비의 호스기기의 주위에 필요한 공지(급유공지)를 보유하여야 한다.

2. 공지의 바닥은 주위 지면보다 높게 하고, 그 표면을 적당하게 경사지게 하여 새어나온 기름 그 밖의 액체가 공지의 외부로 유출되지 아니하도록 배수구·집유설비 및 유분리장치를 하여야 한다.

위험물안전관리법령에 따른 인화성 액체위험물(이황화탄소를 제외)의 옥외탱크저장소의 탱크 주위에 설치하는 방유제의 설치기준 중 옳은 것은?

① 방유제의 높이는 0.5m 이상 2.0m 이하로 할 것

② 방유제내의 면적은 100,000m² 이하로 할 것

③ 방유제의 용량은 방유제안에 설치된 탱크가 2기 이상인 때에는 그 탱크 중 용량이 최대인 것의 용량의 120% 이상으로 할 것

✔ ④ 높이가 1m를 넘는 방유제 및 간막이 둑의 안팎에는 방유제내에 출입하기 위한 계단 또는 경사로를 약 50m마다 설치할 것

주유취급소의 고정주유설비의 주위에는 주유를 받으려는 자동차 등이 출입할 수 있도록 너비와 길이는 몇 m 이상의 콘크리트 등으로 포장한 공지를 보유하여야 하는가?

① 너비 10m 이상, 길이 5m 이상

② 너비 10m 이상, 길이 10m 이상

✔ ③ 너비 15m 이상, 길이 6m 이상

④ 너비 20m 이상, 길이 8m 이상

위험물 제조소 등에 자동화재탐지설비를 설치하여야 할 대상은?

① 옥내에서 지정수량 50배의 위험물을 저장·취급하고 있는 일반취급소

② 하루에 지정수량 50배의 위험물을 제조하고 있는 제조소

✔ ③ 지정수량의 100배의 위험물을 저장·취급하고 있는 옥내저장소

④ 연면적 100m² 이상의 제조소

4-4. 소화설비, 경보설비 및 피난설비의 기준 中(시행규칙 별표 17)

Ⅱ. 경보설비

1. 제조소등별로 설치하여야 하는 경보설비의 종류

제조소등의 구분	제조소등의 규모, 저장 또는 취급하는 위험물의 종류 및 최대수량 등	경보설비
1. 제조소 및 일반취급소	• 연면적 500m² 이상인 것 • 옥내에서 지정수량의 100배 이상을 취급하는 것(고인화점 위험물만을 100℃ 미만의 온도에서 취급하는 것을 제외) • 일반취급소로 사용되는 부분 외의 부분이 있는 건축물에 설치된 일반취급소(일반취급소와 일반취급소 외의 부분이 내화구조의 바닥 또는 벽으로 개구부 없이 구획된 것을 제외)	자동화재탐지설비
2. 옥내저장소	• 지정수수량의 100배 이상을 저장 또는 취급하는 것(고인화점위험물만을 저장 또는 취급하는 것을 제외) • 저장창고의 연면적이 150m²를 초과하는 것[당해저장창고가 연면적 150m² 이내마다 불연재료의 격벽으로 개구부 없이 완전히 구획된 것과 제2류 또는 제4류의 위험물(인화성고체 및 인화점이 70℃ 미만인 제4류 위험물을 제외)만을 저장 또는 취급하는 것에 있어서는 저장창고의 연면적이 500m² 이상의 것에 한한다] • 처마높이가 6m 이상인 단층건물의 것 • 옥내저장소로 사용되는 부분 외의 부분이 있는건축물에 설치된 옥내저장소[옥내저장소와 옥내저장소 외의 부분이 내화구조의 바닥 또는 벽으로 개구부 없이 구획된 것과 제2류 또는 제4류의 위험물(인화성고체 및 인화점이 70℃ 미만인 제4류 위험물을 제외)만을 저장 또는 취급 하는 것을 제외]	
3. 옥내탱크저장소	단층 건물 외의 건축물에 설치된 옥내탱크저장소로서 소화난이도등급Ⅰ에 해당하는 것	
4. 주유취급소	옥내주유취급소	
5. 제1호 내지 제4호의 자동화재탐지설비 설치 대상에 해당하지 아니하는 제조소등	지정수량의 10배 이상을 저장 또는 취급하는 것	자동화재탐지설비, 비상경보설비, 확성장치 또는 비상방송설비 중 1종 이상

2. 자동화재탐지설비의 설치기준

가. 자동화재탐지설비의 경계구역(화재가 발생한 구역을 다른 구역과 구분하여 식별할 수 있는 최소단위의 구역을 말한다.)은 건축물 그 밖의 공작물의 2 이상의 층에 걸치지 아니하도록 할 것. 다만, 하나의 경계구역의 면적이 500m^2 이하이면서 당해 경계구역이 두개의 층에 걸치는 경우이거나 계단·경사로·승강기의 승강로 그 밖에 이와 유사한 장소에 연기감지기를 설치하는 경우에는 그러하지 아니하다.

나. 하나의 경계구역의 면적은 600m^2 이하로 하고 그 한변의 길이는 50m(광전식분리형 감지기를 설치할 경우에는 100m)이하로 할 것. 다만, 당해 건축물 그 밖의 공작물의 주요한 출입구에서 그 내부의 전체를 볼 수 있는 경우에 있어서는 그 면적을 1,000m^2 이하로 할 수 있다.

다. 자동화재탐지설비의 감지기는 지붕(상층이 있는 경우에는 상층의 바닥) 또는 벽의 옥내에 면한 부분(천장이 있는 경우에는 천장 또는 벽의 옥내에 면한 부분 및 천장의 뒷 부분)에 유효하게 화재의 발생을 감지할 수 있도록 설치할 것

라. 자동화재탐지설비에는 비상전원을 설치할 것

Ⅲ. 피난설비

1. 주유취급소 중 건축물의 2층 이상의 부분을 점포·휴게음식점 또는 전시장의 용도로 사용하는 것에 있어서는 당해 건축물의 2층 이상으로부터 주유취급소의 부지 밖으로 통하는 출입구와 당해 출입구로 통하는 통로·계단 및 출입구에 유도등을 설치하여야 한다.

2. 옥내주유취급소에 있어서는 당해 사무소 등의 출입구 및 피난구와 당해 피난구로 통하는 통로·계단 및 출입구에 유도등을 설치하여야 한다.

3. 유도등에는 비상전원을 설치하여야 한다.

5. 위험물시설의 설치 및 변경 등(법 제6조)

① 제조소등을 설치하고자 하는 자는 대통령령이 정하는 바에 따라 그 설치장소를 관할하는 특별시장·광역시장·특별자치시장·도지사 또는 특별자치도지사(이하 "시·도지사"라 한다)의 허가를 받아야 한다. 제조소등의 위치·구조 또는 설비 가운데 행정안전부령이 정하는 사항을 변경하고자 하는 때에도 또한 같다.

② 제조소등의 위치·구조 또는 설비의 변경없이 당해 제조소등에서 저장하거나 취급하는 위험물의 품명·수량 또는 지정수량의 배수를 변경하고자 하는 자는 변경하고자 하는 날의 1일 전까지 행정안전부령이 정하는 바에 따라 시·도지사에게 신고하여야 한다.

관련기출

제조소 등에 설치하여야 할 자동화재탐지설비의 설치 기준으로 옳지 않은 것은?

① 하나의 경계구역의 면적은 600m^2 이하로 하고 그 한 변의 길이는 50m 이하로 한다.

② 경계구역은 건축물 그 밖의 공작물의 2 이상의 층에 걸치지 아니하도록 한다.

③ 건축물의 그 밖의 공작물의 주요한 출입구에서 그 내부의 전체를 볼 수 있는 경우에 경계구역의 면적을 1,000m^2 이하로 할 수 있다.

✓ ④ 계단·경사로·승강기의 승강로 그 밖에 이와 유사한 장소에 열감지기를 설치하는 경우 3개의 층의 걸쳐 경계구역을 설정할 수 있다.

옥내주유취급소에 있어서 당해 사무소 등의 출입구 및 피난구와 당해 피난구로 통하는 통로·계단 및 출입구에 설치해야 하는 피난설비는?

✓ ① 유도등

② 구조대

③ 피난사다리

④ 완강기

관련기출

: 위험물시설의 설치 및 변경 등에 있어서 허가를 받지 아니하고 당해 제조소 등을 설치하거나 그 위치·구조 또는 설비를 변경할 수 있으며, 신고를 하지 아니하고 위험물의 품명·수량 또는 지정수량의 배수를 변경할 수 있는 경우의 제조소 등으로 옳지 않은 것은?

✓① 주택의 난방시설을 위한 저장소 또는 취급소
② 공동주택의 중앙난방시설을 위한 저장소 또는 취급소
③ 수산용으로 필요한 건조시설을 위한 지정수량 20배 이하의 저장소
④ 농예용으로 필요한 난방시설을 위한 지정수량 20배 이하의 저장소

: 제조소 또는 일반취급소의 변경허가를 받아야 하는 경우에 해당하지 않는 것은?

① 배출설비를 신설하는 경우
✓② 소화기의 종류를 변경하는 경우
③ 불활성기체의 봉입장치를 신설하는 경우
④ 위험물취급탱크의 탱크전용실을 증설하는 경우

③ 규정에도 불구하고 다음의 어느 하나에 해당하는 제조소등의 경우에는 허가를 받지 아니하고 당해 제조소등을 설치하거나 그 위치·구조 또는 설비를 변경할 수 있으며, 신고를 하지 아니하고 위험물의 품명·수량 또는 지정수량의 배수를 변경할 수 있다.

1. 주택의 난방시설(공동주택의 중앙난방시설을 제외)을 위한 저장소 또는 취급소
2. 농예용·축산용 또는 수산용으로 필요한 난방시설 또는 건조시설을 위한 지정수량 20배 이하의 저장소

5-1. 제조소등의 변경허가를 받아야 하는 경우(시행규칙 별표 1의2)

제조소등의 구분	변경허가를 받아야 하는 경우
제조소 또는 일반취급소	가. 제조소 또는 일반취급소의 위치를 이전하는 경우 나. 건축물의 벽·기둥·바닥·보 또는 지붕을 증설 또는 철거하는 경우 다. 배출설비를 신설하는 경우 라. 위험물취급탱크를 신설·교체·철거 또는 보수(탱크의 본체를 절개하는 경우에 한한다)하는 경우 마. 위험물취급탱크의 노즐 또는 맨홀을 신설하는 경우(노즐 또는 맨홀의 직경이 250mm를 초과하는 경우에 한한다) 바. 위험물취급탱크의 방유제의 높이 또는 방유제 내의 면적을 변경하는 경우 사. 위험물취급탱크의 탱크전용실을 증설 또는 교체하는 경우 아. 300m(지상에 설치하지 아니하는 배관의 경우에는 30m)를 초과하는 위험물배관을 신설·교체·철거 또는 보수(배관을 절개하는 경우에 한한다)하는 경우 자. 불활성기체의 봉입장치를 신설하는 경우 차. 알킬알루미늄 등을 취급하는 설비의 주위에 누설범위를 국한하기 위한 설비를 신설하는 경우 카. 아세트알데히드 등을 취급하는 탱크에 냉각장치 또는 보냉장치를 신설하는 경우 타. 아세트알데히드 등을 취급하는 탱크에 탱크전용실을 증설 또는 교체하는 경우 파. 제조소 주위에 담 또는 토제를 신설·철거 또는 이설하는 경우 하. 히드록실아민 등을 취급하는 설비에 온도 및 농도의 상승에 의한 위험한 반응을 방지하기 위한 설비를 신설하는 경우 거. 히드록실아민 등을 취급하는 설비에 철이온 등의 혼입에 의한 위험한 반응을 방지하기 위한 설비를 신설하는 경우 너. 방화상 유효한 담을 신설·철거 또는 이설하는 경우

	더. 위험물의 제조설비 또는 취급설비(펌프설비를 제외)를 증설하는 경우
	러. 옥내소화전설비·옥외소화전설비·스프링클러설비·물분무등소화설비를 신설·교체(배관·밸브·압력계·소화전본체·소화약제탱크·포헤드·포방출구 등의 교체는 제외) 또는 철거하는 경우
	머. 자동화재탐지설비를 신설 또는 철거하는 경우
옥내저장소	가. 건축물의 벽·기둥·바닥·보 또는 지붕을 증설 또는 철거하는 경우
	나. 배출설비를 신설하는 경우
	다. 옥내저장소에 누설범위를 국한하기 위한 설비를 신설하는 경우
	라. 히드록실아민 등을 저장 또는 취급하는 옥내저장소에 온도의 상승에 의한 위험한 반응을 방지하기 위한 설비를 신설하는 경우
	마. 담 또는 토제를 신설·철거 또는 이설하는 경우
	바. 옥외소화전설비·스프링클러설비·물분무등소화설비를 신설·교체(배관·밸브·압력계·소화전본체·소화약제탱크·포헤드·포방출구 등의 교체는 제외) 또는 철거하는 경우
	사. 자동화재탐지설비를 신설 또는 철거하는 경우
옥외탱크 저장소	가. 옥외저장탱크의 위치를 이전하는 경우
	나. 옥외탱크저장소의 기초·지반을 정비하는 경우
	다. 물분무설비를 신설 또는 철거하는 경우
	라. 주입구의 위치를 이전하거나 신설하는 경우
	마. 300m(지상에 설치하지 아니하는 배관의 경우에는 30m)를 초과하는 위험물배관을 신설·교체·철거 또는 보수(배관을 절개하는 경우에 한한다)하는 경우
	바. 철근콘크리트의 수조를 교체하는 경우
	사. 방유제(간막이 둑을 포함)의 높이 또는 방유제 내의 면적을 변경하는 경우
	아. 옥외저장탱크의 밑판 또는 옆판을 교체하는 경우
	자. 옥외저장탱크의 노즐 또는 맨홀을 신설하는 경우(노즐 또는 맨홀의 직경이 250mm를 초과하는 경우에 한한다)
	차. 옥외저장탱크의 밑판 또는 옆판의 표면적의 20%를 초과하는 겹침보수공사 또는 육성보수공사를 하는 경우
	카. 옥외저장탱크의 에눌러판의 겹침보수공사 또는 육성보수공사를 하는 경우
	타. 옥외저장탱크의 에눌러판 또는 밑판이 옆판과 접하는 용접이음부의 겹침보수공사 또는 육성보수공사를 하는 경우(용접길이가 300mm를 초과하는 경우에 한한다)

	파. 옥외저장탱크의 옆판 또는 밑판(에뉼러판을 포함) 용접부의 절개보수공사를 하는 경우
	하. 옥외저장탱크의 지붕판 표면적 30% 이상을 교체하거나 구조·재질 또는 두께를 변경하는 경우
	거. 옥외저장탱크의 주위에 누설범위를 국한하기 위한 설비를 신설하는 경우
	너. 옥외저장탱크에 냉각장치 또는 보냉장치를 신설하는 경우
	더. 히드록실아민등의 온도의 상승에 의한 위험한 반응을 방지하기 위한 설비를 신설하는 경우
	러. 철이온 등의 혼입에 의한 위험한 반응을 방지하기 위한 설비를 신설하는 경우
	머. 불활성기체의 봉입장치를 신설하는 경우
	버. 지중탱크의 누액방지판을 교체하는 경우
	서. 해상탱크의 정치설비를 교체하는 경우
	어. 물분무등소화설비를 신설·교체(배관·밸브·압력계·소화전본체·소화약제탱크·포헤드·포방출구 등의 교체는 제외) 또는 철거하는 경우
	저. 자동화재탐지설비를 신설 또는 철거하는 경우
옥내탱크 저장소	가. 옥내저장탱크의 위치를 이전하는 경우 나. 주입구의 위치를 이전하거나 신설하는 경우 다. 300m(지상에 설치하지 아니하는 배관의 경우에는 30m)를 초과하는 위험물배관을 신설·교체·철거 또는 보수(배관을 절개하는 경우에 한한다)하는 경우 라. 옥내저장탱크를 신설·교체 또는 철거하는 경우 마. 옥내저장탱크를 보수(탱크본체를 절개하는 경우에 한한다)하는 경우 바. 옥내저장탱크의 노즐 또는 맨홀을 신설하는 경우(노즐 또는 맨홀의 직경이 250mm를 초과하는 경우에 한한다) 사. 건축물의 벽·기둥·바닥·보 또는 지붕을 증설 또는 철거하는 경우 아. 배출설비를 신설하는 경우 자. 위험물의 성질에 따른 옥내탱크저장소의 특례에 따른 누설범위를 국한하기 위한 설비·냉각장치·보냉장치·온도의 상승에 의한 위험한 반응을 방지하기 위한 설비 또는 철이온 등의 혼입에 의한 위험한 반응을 방지하기 위한 설비를 신설하는 경우 차. 불활성기체의 봉입장치를 신설하는 경우 카. 물분무등소화설비를 신설·교체(배관·밸브·압력계·소화전본체·소화약제탱크·포헤드·포방출구 등의 교체는 제외) 또는 철거하는 경우 타. 자동화재탐지설비를 신설 또는 철거하는 경우

지하탱크 저장소	가. 지하저장탱크의 위치를 이전하는 경우 나. 탱크전용실을 증설 또는 교체하는 경우 다. 지하저장탱크를 신설·교체 또는 철거하는 경우 라. 지하저장탱크를 보수(탱크본체를 절개하는 경우에 한한다)하는 경우 마. 지하저장탱크의 노즐 또는 맨홀을 신설하는 경우(노즐 또는 맨홀의 직경이 250mm를 초과하는 경우에 한한다) 바. 주입구의 위치를 이전하거나 신설하는 경우 사. 300m(지상에 설치하지 아니하는 배관의 경우에는 30m)를 초과하는 위험물배관을 신설·교체·철거 또는 보수(배관을 절개하는 경우에 한한다)하는 경우 아. 특수누설방지구조를 보수하는 경우 자. 냉각장치·보냉장치·온도의 상승에 의한 위험한 반응을 방지하기 위한설비 또는 철이온 등의 혼입에 의한 위험한 반응을 방지하기 위한 설비를 신설하는 경우 차. 불활성기체의 봉입장치를 신설하는 경우 카. 자동화재탐지설비를 신설 또는 철거하는 경우 타. 지하저장탱크의 내부에 탱크를 추가로 설치하거나 철판 등을 이용하여 탱크 내부를 구획하는 경우
간이탱크 저장소	가. 간이저장탱크의 위치를 이전하는 경우 나. 건축물의 벽·기둥·바닥·보 또는 지붕을 증설 또는 철거하는 경우 다. 간이저장탱크를 신설·교체 또는 철거하는 경우 라. 간이저장탱크를 보수(탱크본체를 절개하는 경우에 한한다)하는 경우 마. 간이저장탱크의 노즐 또는 맨홀을 신설하는 경우(노즐 또는 맨홀의 직경이 250㎜를 초과하는 경우에 한한다)
이동탱크 저장소	가. 상치장소의 위치를 이전하는 경우(같은 사업장 또는 같은 울 안에서 이전하는 경우는 제외) 나. 이동저장탱크를 보수(탱크본체를 절개하는 경우에 한한다)하는 경우 다. 이동저장탱크의 노즐 또는 맨홀을 신설하는 경우(노즐 또는 맨홀의 직경이 250mm를 초과하는 경우에 한한다) 라. 이동저장탱크의 내용적을 변경하기 위하여 구조를 변경하는 경우 마. 주입설비를 설치 또는 철거하는 경우 바. 펌프설비를 신설하는 경우
옥외 저장소	가. 옥외저장소의 면적을 변경하는 경우 나. 살수설비 등을 신설 또는 철거하는 경우 다. 옥외소화전설비·스프링클러설비·물분무등소화설비를 신설·교체(배관·밸브·압력계·소화전본체·소화약제탱크·포헤드·포방출구 등의 교체는 제외) 또는 철거하는 경우

암반탱크 저장소	가. 암반탱크저장소의 내용적을 변경하는 경우 나. 암반탱크의 내벽을 정비하는 경우 다. 배수시설·압력계 또는 안전장치를 신설하는 경우 라. 주입구의 위치를 이전하거나 신설하는 경우 마. 300m(지상에 설치하지 아니하는 배관의 경우에는 30m)를 초과하는 위험물배관을 신설·교체·철거 또는 보수(배관을 절개하는 경우에 한한다)하는 경우 바. 물분무등소화설비를 신설·교체(배관·밸브·압력계·소화전본체·소화약제탱크·포헤드·포방출구 등의 교체는 제외) 또는 철거하는 경우 사. 자동화재탐지설비를 신설 또는 철거하는 경우

주유
취급소
	가. 지하에 매설하는 탱크의 변경 중 다음의 어느 하나에 해당하는 경우
	  1) 탱크의 위치를 이전하는 경우
	  2) 탱크전용실을 보수하는 경우
	  3) 탱크를 신설·교체 또는 철거하는 경우
	  4) 탱크를 보수(탱크본체를 절개하는 경우에 한한다)하는 경우
	  5) 탱크의 노즐 또는 맨홀을 신설하는 경우(노즐 또는 맨홀의 직경이 250mm를 초과하는 경우에 한한다)
	  6) 특수누설방지구조를 보수하는 경우
	나. 옥내에 설치하는 탱크의 변경 중 다음의 어느 하나에 해당하는 경우
	  1) 탱크의 위치를 이전하는 경우
	  2) 탱크를 신설·교체 또는 철거하는 경우
	  3) 탱크를 보수(탱크본체를 절개하는 경우에 한한다)하는 경우
	  4) 탱크의 노즐 또는 맨홀을 신설하는 경우(노즐 또는 맨홀의 직경이 250mm를 초과하는 경우에 한한다)
	다. 고정주유설비 또는 고정급유설비를 신설 또는 철거하는 경우
	라. 고정주유설비 또는 고정급유설비의 위치를 이전하는 경우
	마. 건축물의 벽·기둥·바닥·보 또는 지붕을 증설 또는 철거하는 경우
	바. 담 또는 캐노피를 신설 또는 철거(유리를 부착하기 위하여 담의 일부를 철거하는 경우를 포함)하는 경우
	사. 주입구의 위치를 이전하거나 신설하는 경우
	아. 시설과 관계된 공작물(바닥면적이 4m^2 이상인 것에 한한다)을 신설 또는 증축하는 경우
	자. 개질장치(改質裝置), 압축기(壓縮機), 충전설비, 축압기(蓄壓器) 또는 수입설비(受入設備)를 신설하는 경우
	차. 자동화재탐지설비를 신설 또는 철거하는 경우

	카. 셀프용이 아닌 고정주유설비를 셀프용 고정주유설비로 변경하는 경우
	타. 주유취급소 부지의 면적 또는 위치를 변경하는 경우
	파. 300m(지상에 설치하지 않는 배관의 경우에는 30m)를 초과하는 위험물의 배관을 신설·교체·철거 또는 보수(배관을 자르는 경우만 해당한다)하는 경우
	하. 탱크의 내부에 탱크를 추가로 설치하거나 철판 등을 이용하여 탱크 내부를 구획하는 경우
판매 취급소	가. 건축물의 벽·기둥·바닥·보 또는 지붕을 증설 또는 철거하는 경우
	나. 자동화재탐지설비를 신설 또는 철거하는 경우
이송 취급소	가. 이송취급소의 위치를 이전하는 경우
	나. 300m(지상에 설치하지 아니하는 배관의 경우에는 30m)를 초과하는 위험물배관을 신설·교체·철거 또는 보수(배관을 절개하는 경우에 한한다)하는 경우
	다. 방호구조물을 신설 또는 철거하는 경우
	라. 누설확산방지조치·운전상태의 감시장치·안전제어장치·압력안전장치·누설검지장치를 신설하는 경우
	마. 주입구·토출구 또는 펌프설비의 위치를 이전하거나 신설하는 경우
	바. 옥내소화전설비·옥외소화전설비·스프링클러설비·물분무등소화설비를 신설·교체(배관·밸브·압력계·소화전본체·소화약제탱크·포헤드·포방출구 등의 교체는 제외) 또는 철거하는 경우
	사. 자동화재탐지설비를 신설 또는 철거하는 경우

6. 완공검사(법 제9조)

① 위험물시설의 설치 및 변경의 규정에 따른 허가를 받은 자가 제조소등의 설치를 마쳤거나 그 위치·구조 또는 설비의 변경을 마친 때에는 당해 제조소등마다 시·도지사가 행하는 완공검사를 받아 기술기준에 적합하다고 인정받은 후가 아니면 이를 사용하여서는 아니된다. 다만, 제조소등의 위치·구조 또는 설비를 변경함에 있어서 변경허가를 신청하는 때에 화재예방에 관한 조치사항을 기재한 서류를 제출하는 경우에는 당해 변경공사와 관계가 없는 부분은 완공검사를 받기 전에 미리 사용할 수 있다.

② 본문의 규정에 따른 완공검사를 받고자 하는 자가 제조소등의 일부에 대한 설치 또는 변경을 마친 후 그 일부를 미리 사용하고자 하는 경우에는 당해 제조소등의 일부에 대하여 완공검사를 받을 수 있다.

6-1. 완공검사의 신청시기(시행규칙 제20조)

제조소등의 완공검사 신청시기는 다음의 구분에 의한다.

1. 지하탱크가 있는 제조소등의 경우 : 당해 지하탱크를 매설하기 전

2. 이동탱크저장소의 경우 : 이동저장탱크를 완공하고 상치장소를 확보한 후

3. 이송취급소의 경우 : 이송배관 공사의 전체 또는 일부를 완료한 후. 다만, 지하·하천 등에 매설하는 이송배관의 공사의 경우에는 이송배관을 매설하기 전

4. 전체 공사가 완료된 후에는 완공검사를 실시하기 곤란한 경우 : 다음 각목에서 정하는 시기

　가. 위험물설비 또는 배관의 설치가 완료되어 기밀시험 또는 내압시험을 실시하는 시기

　나. 배관을 지하에 설치하는 경우에는 시·도지사, 소방서장 또는 기술원이 지정하는 부분을 매몰하기 직전

　다. 기술원이 지정하는 부분의 비파괴시험을 실시하는 시기

5. 제1호 내지 제4호에 해당하지 아니하는 제조소등의 경우 : 제조소등의 공사를 완료한 후

7. 제조소등 설치자의 지위승계(법 제10조)

① 제조소등의 설치자(허가를 받아 제조소등을 설치한 자를 말한다.)가 사망하거나 그 제조소등을 양도·인도한 때 또는 법인인 제조소등의 설치자의 합병이 있는 때에는 그 상속인, 제조소등을 양수·인수한 자 또는 합병 후 존속하는 법인이나 합병에 의하여 설립되는 법인은 그 설치자의 지위를 승계한다.

② 민사집행법에 의한 경매, 「채무자 회생 및 파산에 관한 법률」에 의한 환가, 국세징수법·관세법 또는 「지방세징수법」에 따른 압류재산의 매각과 그 밖에 이에 준하는 절차에 따라 제조소등의 시설의 전부를 인수한 자는 그 설치자의 지위를 승계한다.

③ 제조소등의 설치자의 지위를 승계한 자는 행정안전부령이 정하는 바에 따라 승계한 날부터 30일 이내에 시·도지사에게 그 사실을 신고하여야 한다.

8. 제조소등의 폐지(법 제11조)

제조소등의 관계인(소유자 · 점유자 또는 관리자를 말한다.)은 당해 제조소등의 용도를 폐지(장래에 대하여 위험물시설로서의 기능을 완전히 상실시키는 것을 말한다)한 때에는 행정안전부령이 정하는 바에 따라 제조소등의 용도를 폐지한 날부터 14일 이내에 시 · 도지사에게 신고하여야 한다.

9. 제조소등 설치허가의 취소와 사용정지 등(법 제12조)

시 · 도지사는 제조소등의 관계인이 다음의 어느 하나에 해당하는 때에는 행정안전부령이 정하는 바에 따라 허가를 취소하거나 6월 이내의 기간을 정하여 제조소등의 전부 또는 일부의 사용정지를 명할 수 있다.

1. 변경허가를 받지 아니하고 제조소등의 위치 · 구조 또는 설비를 변경한 때
2. 완공검사를 받지 아니하고 제조소등을 사용한 때
3. 수리 · 개조 또는 이전의 명령을 위반한 때
4. 위험물안전관리자를 선임하지 아니한 때
5. 대리자를 지정하지 아니한 때
6. 정기점검을 하지 아니한 때
7. 정기검사를 받지 아니한 때
8. 저장 · 취급기준 준수명령을 위반한 때

10. 위험물시설의 유지 · 관리(법 제14조)

① 제조소등의 관계인은 당해 제조소등의 위치 · 구조 및 설비가 기술기준에 적합하도록 유지 · 관리하여야 한다.

② 시 · 도지사, 소방본부장 또는 소방서장은 유지 · 관리의 상황이 기술기준에 부적합하다고 인정하는 때에는 그 기술기준에 적합하도록 제조소등의 위치 · 구조 및 설비의 수리 · 개조 또는 이전을 명할 수 있다.

11. 위험물안전관리자(법 제15조)

① 제조소등[허가를 받지 아니하는 제조소등과 이동탱크저장소(차량에 고정된 탱크에 위험물을 저장 또는 취급하는 저장소를 말한다)를 제외]의 관계인은 위험물의 안전관리에 관한 직무를 수행하게 하기 위하여 제조소등마다 대통령령이 정하는 위험물의 취급에 관한 자격이 있는 자(이하 "위험물취급자격자"라 한다)를 위험물안전관리자(이하 "안전관리자"라 한다)로 선임하여야 한다. 다만, 제조소등에서 저장·취급하는 위험물이 「화학물질관리법」에 따른 유독물질에 해당하는 경우 등 대통령령이 정하는 경우에는 당해 제조소등을 설치한 자는 다른 법률에 의하여 안전관리업무를 하는 자로 선임된 자 가운데 대통령령이 정하는 자를 안전관리자로 선임할 수 있다.

② 안전관리자를 선임한 제조소등의 관계인은 그 안전관리자를 해임하거나 안전관리자가 퇴직한 때에는 해임하거나 퇴직한 날부터 30일 이내에 다시 안전관리자를 선임하여야 한다.

③ 제조소등의 관계인은 안전관리자를 선임한 경우에는 선임한 날부터 14일 이내에 행정안전부령으로 정하는 바에 따라 소방본부장 또는 소방서장에게 신고하여야 한다.

④ 제조소등의 관계인이 안전관리자를 해임하거나 안전관리자가 퇴직한 경우 그 관계인 또는 안전관리자는 소방본부장이나 소방서장에게 그 사실을 알려 해임되거나 퇴직한 사실을 확인받을 수 있다.

⑤ 안전관리자를 선임한 제조소등의 관계인은 안전관리자가 여행·질병 그 밖의 사유로 인하여 일시적으로 직무를 수행할 수 없거나 안전관리자의 해임 또는 퇴직과 동시에 다른 안전관리자를 선임하지 못하는 경우에는 국가기술자격법에 따른 위험물의 취급에 관한 자격취득자 또는 위험물안전에 관한 기본지식과 경험이 있는 자로서 행정안전부령이 정하는 자를 대리자(代理者)로 지정하여 그 직무를 대행하게 하여야 한다. 이 경우 대리자가 안전관리자의 직무를 대행하는 기간은 30일을 초과할 수 없다.

⑥ 안전관리자는 위험물을 취급하는 작업을 하는 때에는 작업자에게 안전관리에 관한 필요한 지시를 하는 등 행정안전부령이 정하는 바에 따라 위험물의 취급에 관한 안전관리와 감독을 하여야 하고, 제조소등의 관계인과 그 종사자는 안전관리자의 위험물 안전관리에 관한 의견을 존중하고 그 권고에 따라야 한다.

⑦ 제조소등에 있어서 위험물취급자격자가 아닌 자는 안전관리자 또는 ⑤에 따른 대리자가 참여한 상태에서 위험물을 취급하여야 한다.

⑧ 다수의 제조소등을 동일인이 설치한 경우에는 관계인은 대통령령이 정하는 바에 따라 1인의 안전관리자를 중복하여 선임할 수 있다. 이 경우 대통령령이 정하는 제조소등의 관계인은 제5항에 따른 대리자의 자격이 있는 자를 각 제조소등별로 지정하여 안전관리자를 보조하게 하여야 한다.

⑨ 제조소등의 종류 및 규모에 따라 선임하여야 하는 안전관리자의 자격은 대통령령으로 정한다.

11-1. 1인의 안전관리자를 중복하여 선임할 수 있는 경우 등(시행령 제12조)

① 다수의 제조소등을 설치한 자가 1인의 안전관리자를 중복하여 선임할 수 있는 경우는 다음의 어느 하나와 같다.

　1. 보일러·버너 또는 이와 비슷한 것으로서 위험물을 소비하는 장치로 이루어진 7개 이하의 일반취급소와 그 일반취급소에 공급하기 위한 위험물을 저장하는 저장소[일반취급소 및 저장소가 모두 동일구내(같은 건물 안 또는 같은 울 안을 말한다.)에 있는 경우에 한한다.]를 동일인이 설치한 경우

　2. 위험물을 차량에 고정된 탱크 또는 운반용기에 옮겨 담기 위한 5개 이하의 일반취급소[일반취급소간의 거리(보행거리를 말한다.)가 300미터 이내인 경우에 한한다]와 그 일반취급소에 공급하기 위한 위험물을 저장하는 저장소를 동일인이 설치한 경우

　3. 동일구내에 있거나 상호 100미터 이내의 거리에 있는 저장소로서 저장소의 규모, 저장하는 위험물의 종류 등을 고려하여 행정안전부령이 정하는 저장소를 동일인이 설치한 경우

　4. **다음의 기준에 모두 적합한 5개 이하의 제조소등을 동일인이 설치한 경우**

　　가. 각 제조소등이 동일구내에 위치하거나 상호 100미터 이내의 거리에 있을 것

　　나. 각 제조소등에서 저장 또는 취급하는 위험물의 최대수량이 지정수량의 3천배 미만일 것. 다만, 저장소의 경우에는 그러하지 아니하다.

　5. 그 밖에 제1호 또는 제2호의 규정에 의한 제조소등과 비슷한 것으로서 행정안전부령이 정하는 제조소등을 동일인이 설치한 경우

② 법 제15조 제8항 후단에서 "대통령령이 정하는 제조소등"이란 다음의 어느 하나에 해당하는 제조소등을 말한다.

　1. 제조소

　2. 이송취급소

　3. 일반취급소. 다만, 인화점이 38도 이상인 제4류 위험물만을 지정수량의 30배 이하로 취급하는 일반취급소로서 다음의 1에 해당하는 일반취급소를 제외한다.

가. 보일러 · 버너 또는 이와 비슷한 것으로서 위험물을 소비하는 장치로 이루
어진 일반취급소

나. 위험물을 용기에 옮겨 담거나 차량에 고정된 탱크에 주입하는 일반취급소

┇ 관계인이 예방규정을 정하여야 하
는 옥외저장소는 지정 수량의 몇 배
이상의 위험물을 지장하는 것을 말하
는가?

① 10
✔ ② 100
③ 150
④ 200

┇ 지정수량의 몇 배 이상의 위험물을
취급하는 제조소에는 화재예방을 위
한 예방규정을 정하여야 하는가?

✔ ① 10배
② 20배
③ 30배
④ 50배

12. 관계인이 예방규정을 정하여야 하는 제조소등(시행령 제15조) 🔥🔥🔥

법 제17조 제1항에서 "대통령령이 정하는 제조소등"이라 함은 다음의 1에 해당
하는 제조소등을 말한다.

1. 지정수량의 10배 이상의 위험물을 취급하는 제조소
2. 지정수량의 100배 이상의 위험물을 저장하는 옥외저장소
3. 지정수량의 150배 이상의 위험물을 저장하는 옥내저장소
4. 지정수량의 200배 이상의 위험물을 저장하는 옥외탱크저장소
5. 암반탱크저장소
6. 이송취급소
7. 지정수량의 10배 이상의 위험물을 취급하는 일반취급소. 다만, 제4류 위
   험물(특수인화물을 제외)만을 지정수량의 50배 이하로 취급하는 일반취급
   소(제1석유류 · 알코올류의 취급량이 지정수량의 10배 이하인 경우에 한한
   다)로서 다음의 어느 하나에 해당하는 것을 제외한다.
   가. 보일러 · 버너 또는 이와 비슷한 것으로서 위험물을 소비하는 장치로 이루
       어진 일반취급소
   나. 위험물을 용기에 옮겨 담거나 차량에 고정된 탱크에 주입하는 일반취급소

13. 정기점검 및 정기검사(법 제18조)

① 대통령령이 정하는 제조소등의 관계인은 그 제조소등에 대하여 행정안전부령
   이 정하는 바에 따라 기술기준에 적합한지의 여부를 정기적으로 점검하고
   점검결과를 기록하여 보존하여야 한다.

② 정기점검의 대상이 되는 제조소등의 관계인 가운데 대통령령이 정하는 제조
   소등의 관계인은 행정안전부령이 정하는 바에 따라 소방본부장 또는 소방서
   장으로부터 당해 제조소등이 기술기준에 적합하게 유지되고 있는지의 여부
   에 대하여 정기적으로 검사를 받아야 한다.

13-1. 정기점검의 대상인 제조소등(시행령 제16조)

법 제18조 제1항에서 "대통령령이 정하는 제조소등"이라 함은 다음의 1에 해당하는 제조소등을 말한다.

1. 제조소등(제조소, 옥외저장소, 옥내저장소, 옥외탱크저장소, 암반탱크저장소, 이송취급소, 지정수량의 10배 이상의 위험물을 취급하는 일반취급소)
2. 지하탱크저장소
3. 이동탱크저장소
4. 위험물을 취급하는 탱크로서 지하에 매설된 탱크가 있는 제조소ㆍ주유취급소 또는 일반취급소

13-2. 정기검사의 대상인 제조소등(시행령 제17조)

법 제18조 제2항에서 "대통령령이 정하는 제조소등"이라 함은 액체위험물을 저장 또는 취급하는 50만리터 이상의 옥외탱크저장소를 말한다.

13-3. 정기점검의 횟수(시행규칙 제64조)

제조소등의 관계인은 당해 제조소등에 대하여 연 1회 이상 정기점검을 실시하여야 한다.

14. 자체소방대(법 제19조)

다량의 위험물을 저장ㆍ취급하는 제조소등으로서 대통령령이 정하는 제조소등이 있는 동일한 사업소에서 대통령령이 정하는 수량 이상의 위험물을 저장 또는 취급하는 경우 당해 사업소의 관계인은 대통령령이 정하는 바에 따라 당해 사업소에 자체소방대를 설치하여야 한다.

14-1. 자체소방대를 설치하여야 하는 사업소(시행령 제18조)

① 법 제19조에서 "대통령령이 정하는 제조소등"이라 함은 제4류 위험물을 취급하는 제조소 또는 일반취급소를 말한다. 다만, 보일러로 위험물을 소비하는 일반취급소 등 행정안전부령이 정하는 일반취급소를 제외한다.
② 법 제19조에서 "대통령령이 정하는 수량"이라 함은 지정수량의 3천배를 말한다.
③ 자체소방대를 설치하는 사업소의 관계인은 자체소방대에 화학소방자동차 및 자체소방대원을 두어야 한다. 다만, 화재 그 밖의 재난발생시 다른 사업소 등과 상호응원에 관한 협정을 체결하고 있는 사업소에 있어서는 행정안전부령이 정하는 바에 따라 화학소방자동차 및 인원의 수를 달리할 수 있다.

관련기출

정기점검의 대상이 되는 제조소등이 아닌 것은?
✔ ① 옥내탱크저장소
② 지하탱크저장소
③ 이동탱크저장소
④ 이송취급소

( ) 안의 내용으로 알맞은 것은?

> 다량의 위험물을 저장ㆍ취급하는 제조소등으로서 ( ) 위험물을 취급하는 제조소 또는 일반취급소가 있는 동일한 사업소에서 지정수량의 3천배 이상의 위험물을 저장 또는 취급하는 경우 당해 사업소의 관계인은 대통령령이 정하는 방에 따라 당해 사업소에 자체소방대를 설치하여야 한다.

① 제1류
② 제2류
③ 제3류
✔ ④ 제4류

∷ 위험물안전관리법령상 제조소 또는 일반취급소에서 취급하는 제4류 위험물의 최대 수량의 합이 지정수량의 24만배 이상 48만배 미만인 사업소의 관계인이 두어야 하는 화학소방자동차와 사제소방대원의 수의 기준으로 옳은 것은?

① 화학소방자동차-2대, 자체소방대원의 수-10인

② 화학소방자동차-3대, 자제소방대원의 수-10인

✔ ③ 화학소방자동차-3대, 자제소방대원의 수-15인

④ 화학소방자동차-4대, 자제소방대원의 수-20인

14-2. 자체소방대에 두는 화학소방자동차 및 인원(시행령 별표 8)

사업소의 구분	화학소방자동차	자체소방대원의 수
1. 제조소 또는 일반취급소에서 취급하는 제4류 위험물의 최대수량의 합이 지정수량의 12만배 미만인 사업소	1대	5인
2. 제조소 또는 일반취급소에서 취급하는 제4류 위험물의 최대수량의 합이 지정수량의 12만배 이상 24만배 미만인 사업소	2대	10인
3. 제조소 또는 일반취급소에서 취급하는 제4류 위험물의 최대수량의 합이 지정수량의 24만배 이상 48만배 미만인 사업소	3대	15인
4. 제조소 또는 일반취급소에서 취급하는 제4류 위험물의 최대수량의 합이 지정수량의 48만배 이상인 사업소	4대	20인

14-3. 화학소방자동차에 갖추어야 하는 소화능력 및 설비의 기준(시행규칙 별표 23)

화학소방자동차의 구분	소화능력 및 설비의 기준
포수용액 방사차	포수용액의 방사능력이 매분 2,000ℓ 이상일 것
	소화약액탱크 및 소화약액혼합장치를 비치할 것
	10만ℓ 이상의 포수용액을 방사할 수 있는 양의 소화약제를 비치할 것
분말 방사차	분말의 방사능력이 매초 35kg 이상일 것
	분말탱크 및 가압용가스설비를 비치할 것
	1,400kg 이상의 분말을 비치할 것
할로겐화합물 방사차	할로겐화합물의 방사능력이 매초 40kg 이상일 것
	할로겐화합물탱크 및 가압용가스설비를 비치할 것
	1,000kg 이상의 할로겐화합물을 비치할 것
이산화탄소 방사차	이산화탄소의 방사능력이 매초 40kg 이상일 것
	이산화탄소저장용기를 비치할 것
	3,000kg 이상의 이산화탄소를 비치할 것
제독차	가성소오다 및 규조토를 각각 50kg 이상 비치할 것

∷ 화학소방자동차의 소화능력 및 설비 기준에서 분말 방사차의 분말이 방사능력은 매초 몇 kg 이상이여야 하는가?

① 25kg   ② 30kg

✔ ③ 35kg   ④ 40kg

15. 위험물의 운송(법 제21조)

① 위험물의 운반은 그 용기·적재방법 및 운반방법에 관한 다음의 중요기준과 세부기준에 따라 행하여야 한다.

   1. 중요기준 : 화재 등 위해의 예방과 응급조치에 있어서 큰 영향을 미치거나 그 기준을 위반하는 경우 직접적으로 화재를 일으킬 가능성이 큰 기준으로서 행정안전부령이 정하는 기준

   2. 세부기준 : 화재 등 위해의 예방과 응급조치에 있어서 중요기준보다 상대적으로 적은 영향을 미치거나 그 기준을 위반하는 경우 간접적으로 화재를 일으킬 수 있는 기준 및 위험물의 안전관리에 필요한 표시와 서류·기구 등의 비치에 관한 기준으로서 행정안전부령이 정하는 기준

② 시·도지사는 운반용기를 제작하거나 수입한 자 등의 신청에 따라 제1항의 규정에 따른 운반용기를 검사할 수 있다. 다만, 기계에 의하여 하역하는 구조로 된 대형의 운반용기로서 행정안전부령이 정하는 것을 제작하거나 수입한 자 등은 행정안전부령이 정하는 바에 따라 당해 용기를 사용하거나 유통시키기 전에 시·도지사가 실시하는 운반용기에 대한 검사를 받아야 한다.

15-1. 운송책임자의 감독·지원을 받아 운송하여야 하는 위험물(시행령 제19조)

법 제21조 제2항에서 "대통령령이 정하는 위험물"이라 함은 다음의 1에 해당하는 위험물을 말한다.

   1. 알킬알루미늄

   2. 알킬리튬

   3. 제1호 또는 제2호의 물질을 함유하는 위험물

16. 벌칙(법 제33조~제37조)

제33조

① 제조소등에서 위험물을 유출·방출 또는 확산시켜 사람의 생명·신체 또는 재산에 대하여 위험을 발생시킨 자는 1년 이상 10년 이하의 징역에 처한다.

② ①의 규정에 따른 죄를 범하여 사람을 상해(傷害)에 이르게 한 때에는 무기 또는 3년 이상의 징역에 처하며, 사망에 이르게 한 때에는 무기 또는 5년 이상의 징역에 처한다.

제34조

① 업무상 과실로 제조소등에서 위험물을 유출·방출 또는 확산시켜 사람의 생명·신체 또는 재산에 대하여 위험을 발생시킨 자는 7년 이하의 금고 또는 7천만 원 이하의 벌금에 처한다.

② ①의 죄를 범하여 사람을 사상(死傷)에 이르게 한 자는 10년 이하의 징역 또는 금고나 1억 원 이하의 벌금에 처한다.

관련기출

⋮ 위험물안전관리법상 업무상 과실로 제조소등에서 위험물을 유출·방출 또는 확산시켜 사람의 생명·신체 또는 재산에 대하여 위험을 발생시킨 자에 대한 벌칙 기준으로 옳은 것은?

① 10년 이하의 징역 또는 금고나 1억 원 이하의 벌금

✓ ② 7년 이하의 금고 또는 7천만 원 이하의 벌금

③ 5년 이하의 징역 또는 1억 원 이하의 벌금

④ 3년 이하의 징역 또는 3천만 원 이하의 벌금

제34조의2

제조소등의 설치허가를 받지 아니하고 제조소등을 설치한 자는 5년 이하의 징역 또는 1억 원 이하의 벌금에 처한다.

제34조의3

저장소 또는 제조소등이 아닌 장소에서 지정수량 이상의 위험물을 저장 또는 취급한 자는 3년 이하의 징역 또는 3천만 원 이하의 벌금에 처한다.

제35조

다음의 어느 하나에 해당하는 자는 1년 이하의 징역 또는 1천만 원 이하의 벌금에 처한다.

1. 탱크시험자로 등록하지 아니하고 탱크시험자의 업무를 한 자
2. 정기점검을 하지 아니하거나 점검기록을 허위로 작성한 관계인으로서 허가(허가가 면제된 경우 및 협의로써 허가를 받은 것으로 보는 경우를 포함)를 받은 자
3. 정기검사를 받지 아니한 관계인으로서 허가를 받은 자
4. 자체소방대를 두지 아니한 관계인으로서 허가를 받은 자
5. 운반용기에 대한 검사를 받지 아니하고 운반용기를 사용하거나 유통시킨 자
6. 명령을 위반하여 보고 또는 자료제출을 하지 아니하거나 허위의 보고 또는 는 자료제출을 한 자 또는 관계공무원의 출입·검사 또는 수거를 거부·방해 또는 기피한 자
7. 제조소등에 대한 긴급 사용정지·제한명령을 위반한 자

제36조

다음의 어느 하나에 해당하는 자는 1천 500만 원 이하의 벌금에 처한다.

1. 위험물의 저장 또는 취급에 관한 중요기준에 따르지 아니한 자
2. 변경허가를 받지 아니하고 제조소등을 변경한 자
3. 제조소등의 완공검사를 받지 아니하고 위험물을 저장·취급한 자
4. 제조소등의 사용정지명령을 위반한 자
5. 수리·개조 또는 이전의 명령에 따르지 아니한 자
6. 안전관리자를 선임하지 아니한 관계인으로서 허가를 받은 자
7. 대리자를 지정하지 아니한 관계인으로서 허가를 받은 자
8. 업무정지명령을 위반한 자
9. 탱크안전성능시험 또는 점검에 관한 업무를 허위로 하거나 그 결과를 증명하는 서류를 허위로 교부한 자
10. 예방규정을 제출하지 아니하거나 변경명령을 위반한 관계인으로서 허가를 받은 자

11. 정지지시를 거부하거나 국가기술자격증, 교육수료증·신원확인을 위한 증명서의 제시 요구 또는 신원확인을 위한 질문에 응하지 아니한 사람
12. 명령을 위반하여 보고 또는 자료제출을 하지 아니하거나 허위의 보고 또는 자료제출을 한 자 및 관계공무원의 출입 또는 조사·검사를 거부·방해 또는 기피한 자
13. 탱크시험자에 대한 감독상 명령에 따르지 아니한 자
14. 무허가장소의 위험물에 대한 조치명령에 따르지 아니한 자
15. 저장·취급기준 준수명령 또는 응급조치명령을 위반한 자

제37조

다음의 어느 하나에 해당하는 자는 1천만 원 이하의 벌금에 처한다.

1. 위험물의 취급에 관한 안전관리와 감독을 하지 아니한 자
2. 안전관리자 또는 그 대리자가 참여하지 아니한 상태에서 위험물을 취급한 자
3. 변경한 예방규정을 제출하지 아니한 관계인으로서 허가를 받은 자
4. 위험물의 운반에 관한 중요기준에 따르지 아니한 자
5. 위험물 취급 안전교육을 받지 않은 자 또는 운송책임자의 감독, 지원을 받지 않은 위험물운송자
6. 관계인의 정당한 업무를 방해하거나 출입·검사 등을 수행하면서 알게 된 비밀을 누설한 자

17. 과태료(법 제39조)

① 다음의 어느 하나에 해당하는 자는 200만 원 이하의 과태료에 처한다.

1. 시·도 조례가 정한 규정에 따른 승인을 받지 아니한 자
2. 위험물의 저장 또는 취급에 관한 세부기준을 위반한 자
3. 품명 등의 변경신고를 기간 이내에 하지 아니하거나 허위로 한 자
4. 지위승계신고를 기간 이내에 하지 아니하거나 허위로 한 자
5. 제조소등의 폐지신고 또는 안전관리자의 선임신고를 기간 이내에 하지 아니하거나 허위로 한 자
6. 등록사항의 변경신고를 기간 이내에 하지 아니하거나 허위로 한 자
7. 점검결과를 기록·보존하지 아니한 자
8. 위험물의 운반에 관한 세부기준을 위반한 자
9. 위험물의 운송에 관한 기준을 따르지 아니한 자

② 과태료는 대통령령이 정하는 바에 따라 시·도지사, 소방본부장 또는 소방서장(이하 "부과권자"라 한다)이 부과·징수한다.

③ 시·도의 조례에는 200만 원 이하의 과태료를 정할 수 있다. 이 경우 과태료는 부과권자가 부과·징수한다.

위험물운송자 자격을 취득하지 아니한 자가 위험물 이동탱크저장소 운전 시의 벌칙으로 옳은 것은?

① 500만 원 이하의 벌금
✔ ② 1,000만 원 이하의 벌금
③ 2,000만 원 이하의 벌금
④ 3,000만 원 이하의 벌금

04 소방전기시설의 구조 및 원리

01 자동화재탐지설비

1. 자동화재탐지설비 설치대상

① 600[m²] 이상 : 근린생활시설(일반목욕장을 제외), 위락시설, 숙박시설, 의료시설 및 복합건축물 등

② 1,000[m²] 이상 : 일반목욕장·문화집회 및 운동시설·통신촬영시설·관광휴게시설·지하가(터널을 제외)·판매시설 및 영업시설·공동주택·업무시설·운송자동차 관련시설·공장 및 창고시설

③ 2,000[m²] 이상 : 교육연구시설, 동·식물관련시설, 위생 등 관련시설 및 교정시설

④ 지하구 : 모두 설치

⑤ 터널 : 길이 **1,000[m] 이상**

⑥ 400[m²] 이상 : 노유자 생활시설(모두 설치) 및 숙박시설이 있는 청소년수련시설로 수용인원 100인 이상인 곳

⑦ 공장·창고 : ②에 해당하지 아니하는 공장 및 창고시설로서 「소방기본법시행령」에서 정하는 수량의 **500배 이상**의 특수가연물을 저장·취급하는 곳

※ **지하구** : 지하구는 지하구 입구의 높이가 2[m] 이상, 가로폭 1.8[m] 이상, 길이 50[m] 이상일 경우

▌특수가연물 수량 기준

품명	수량	품명		수량
제1종 가연물	200[kg]	볏짚류		1,000[kg]
면화류	200[kg]	석탄 및 목탄		10,000[kg]
목모 및 대팻밥	400[kg]	목재가공품 및 톱밥		10[m²]
제2종 가연물	600[kg]	합성 수지류	발포시킨 것	20[m²]
사류	1,000[kg]		그 밖의 것	3,000[kg]

2. 경계구역

특정소방대상물 중 화재신호를 발신하고 그 신호를 수신 및 유효하게 제어할 수 있는 구역으로 정의하며, 자동화재탐지설비 1회로가 화재발생을 유효하게 감지할 수 있는 구역을 의미

① 경계구역설정

  ㉠ 경계구역설정 기준
  - 하나의 경계구역이 2개 이상의 건축물에 미치지 아니하도록 할 것
  - 하나의 경계구역이 2개 이상의 층에 미치지 아니하도록 할 것. 다만, **500[m²] 이하**의 범위 안에서는 2개의 층을 하나의 경계구역으로 할 수 있다.
  - 하나의 경계구역의 면적은 **600[m²] 이하**로 하고, 한 변의 길이를 **50[m] 이하**로 할 것. 당해 소방대상물의 주된 출입구에서 **내부 전체가 보이는 것**에 있어서는 한 변의 길이가 **50[m]의 범위 내**에서 **1,000[m²] 이하**로 할 수 있다.
  - 지하구의 경우 하나의 경계구역의 길이는 **700[m] 이하**로 할 것

  ㉡ 계단·경사로(에스컬레이터 경사로 포함)·엘리베이터 권상기실·린넨슈트·파이프피트 및 덕트, 기타 이와 유사한 부분에 대하여는 별도로 경계구역을 설정하되, 하나의 경계구역은 **높이 45[m] 이하**로 하고, 지하층의 계단 및 경사로는 별도로 하나의 경계구역으로 함

  ㉢ 외기에 면하여 상시 개방된 부분이 있는 차고·주차장·창고 등에 있어서는 외기에 면하는 각 부분으로부터 **5[m] 미만의 범위** 안에 있는 부분은 경계구역의 면적에 포함되지 않는다.

  ㉣ 감지기 설치가 면제된 장소도 경계구역 면적에 포함한다.

3. 수신기

① **수신기의 종류** : P형, R형, M형, GP형, GR형

② **수신기 주요기능** : 전력공급기능, 화재신호 수신기능, 기동기능, 시험기능, 복구기능

③ **수신기 표시등** : 화재표시등, 지구표시등, 전압상태 표시등, 예비전원 표시등, 예비전원감시등, 발신기등, 스위치주의등

④ **스위치류** : 예비전원시험 스위치, 주경종 정지 스위치, 지구경종 정지 스위치, 도통시험 스위치, 작동시험 스위치, 자동복구 스위치, 복구스위치, 회로선택 스위치, 전압계, 전화잭

⑤ **P형 1급과 2급 비교** : P형 2급 수신기는 도통시험기능 및 전화연락, 발신기 응답표시등이 없음

경계구역이 2개층에 미칠 경우 면적이 얼마일 때 하나의 경계구역으로 설정하는가?

✓ ① 500[m²]
② 250[m²]
③ 600[m²]
④ 350[m²]

하나의 경계구역 한 변의 길이가 얼마인가?

① 25[m] 이하
② 25[m] 이상
✓ ③ 50[m] 이하
④ 50[m] 이상

다음 중 옳지 않은 것은?

① 계단, 경사로 등은 별도의 경계구역으로 한다.
② 계단, 경사로 등의 경계구역은 높이 45[m] 이하로 한다.
③ 지하층의 계단 등은 별도로 하나의 경계구역으로 한다.
✓ ④ 하나의 건축물에 수평거리 50[m] 범위 안에 2 이상의 계단 등은 하나의 경계구역으로 한다.

자동화재탐지설비의 수신기 종류 중 옳지 않은 것은?

① P형 1급, 2급 수신기
② R형 수신기
✓ ③ A형 수신기
④ M형 수신기

⁞ 다음 중 R형 수신기의 특징으로 잘
못된 것은?

① 선로수가 적게 되어 경계적이다.
② 증설 또는 이설이 비교적 용이
하다.
✓ ③ 중계기를 거치지 않으므로 신속
하다.
④ 신호의 전달이 정확하다.

⁞ 다음 중 수신기의 설치기준으로 옳
지 않은 것은?

① 수위실 등 상시 사람이 근무하
고 있는 장소에 설치하고 그 장
소에는 경계구역 일람도를 설치
할 것
② 수신기의 음향기구는 그 음향 및
음색이 다른 기기의 소음 등과
명확히 구별될 수 있는 것으로
할 것
✓ ③ 하나의 표시등에는 두 개 이상의
경계구역이 표시되도록 할 것
④ 화재·가스·전기 등에 대한 종
합방재반을 설치할 경우에는 당
해 조작반에 수신기의 작동과
연동하여 감지기·중계기 또는
발신기가 작동하는 경계구역을
표시할 수 있는 것으로 할 것

⁞ 다음 중 도통시험의 목적은?

✓ ① 단선유무 판단
② 과전류 판단
③ 과전압 판단
④ 직접 절연저항 판단

⑥ R형 수신기의 특징

　㉠ 선로수가 적다.

　㉡ 선로의 길이연장이 용이하다.

　㉢ 화재발생지구의 표시가 명확(문자, 숫자, 그림)하다.

　㉣ 신호전달이 명확(디지털 신호전송방식)하다.

　㉤ 증설 및 이설이 용이하다.

⑦ 수신기 설치기준

　㉠ 수신기 설치 적합기준
　　• 당해 소방대상물의 경계구역을 각각 표시할 수 있는 회선수 이상의 수신기를
　　　설치
　　• **4층 이상**의 소방대상물에는 **발신기와 전화통화가 가능**한 수신기를 설치
　　• 당해 소방대상물에 가스누설탐지설비가 설치된 경우에는 가스누설탐지설비로
　　　부터 가스누설신호를 수신하여 가스누설경보를 할 수 있는 수신기를 설치할
　　　것(가스누설탐지설비의 수신부를 별도로 설치한 경우에는 제외)

　㉡ 수신기 설치기준
　　• 수위실 등 상시 사람이 근무하는 장소에 설치할 것
　　• 수신기가 설치된 장소에는 **경계구역 일람도**를 비치할 것
　　• 수신기의 음향기구는 그 **음량 및 음색**이 다른 기기의 소음 등과 명확히 구별
　　　될 수 있는 것으로 할 것
　　• 수신기는 감지기·중계기 또는 발신기가 작동하는 경계구역을 표시할 수 있는
　　　것으로 할 것
　　• 화재·가스·전기 등에 대한 종합방재반을 설치한 경우에는 당해 조작반에 수
　　　신기의 작동과 연동하여 감지기·중계기 또는 발신기가 작동하는 경계구역을
　　　표시할 수 있는 것으로 할 것
　　• 하나의 경계구역은 하나의 표시등 또는 하나의 문자로 표시되도록 할 것
　　• 수신기의 조작스위치는 바닥으로부터의 높이가 **0.8[m] 이상 1.5[m] 이하**인
　　　장소에 설치할 것
　　• 하나의 소방대상물에 **2 이상의 수신기를 설치**하는 경우에는 **수신기를 상호
　　　간 연동**하여 화재발생상황을 각 수신기마다 확인할 수 있도록 할 것

　㉢ 축적형 수신기 적용설치 : 소방대상물 또는 그 부분이 지하층, 무창층으로
　　서 환기가 잘 되지 않거나 실내면적이 **40[m²] 미만**인 장소, 감지기의 부
　　착면과 실내바닥과의 거리가 **2.3[m] 이하**인 장소

　㉣ 수신기 시험의 종류
　　• 화재표시작동시험 : 화재가 발생한 층을 정확히 표시
　　• 회로도통시험 : 지구별 회로의 단선 유무 표시
　　• 공통선시험 : 경계구역의 수가 **7선 이하**

- 예비전원시험 : 예비전원 정상작동 유무 확인
- 동시동작시험 : 동시에 5회선을 동작시키고 주음향장치 및 지구음향장치 모두 작동하고 화재 작동을 표시할 수 있는지 확인
- 지구음향장치 작동시험 : 화재발생 지구의 지구경종 명동확인

⑧ 절연저항시험 정리

절연저항계	절연저항	대상 기기
직류 250V	0.1MΩ	감지기회로 및 부속회로의 전로와 대지 사이 및 배선 상호간
직류 500V	5MΩ	누전경보기, 가스누설경보기, 수신기, 자동화재속보설비, 비상경보설비, 유도등, 비상조명등
	20MΩ	경종, 발신기, 중계기, 비상콘센트
	50MΩ	감지기(정온식 감지선형 제외), 가스누설경보기(10회로 이상), 수신기(10회로 이상)
	1,000MΩ	정온식 감지선형 감지기

4. 중계기

① 중계기 종류

　　㉠ 분산형 중계기, 집합형 중계기

　　㉡ 비축적형 중계기, 축적형 중계기(5초~60초) 축적형 감지기를 접속하는 경우 감지기축적시간, 중계기, 수신기에 설정된 축적시간의 합계는 60초를 넘지 않아야 하며, 축적형 감지기와 접속시 중계기 및 수신기에 설정된 축적시간의 합계는 20초를 넘지 않아야 함

② 중계기 설치기준

　　㉠ 수신기에서 직접 감지기회로의 도통시험을 행하지 아니하는 것에 있어서는 수신기와 감지기 사이에 설치

　　㉡ 조작 및 점검에 편리하고 화재 및 침수 등의 재해로 인한 피해를 받을 우려가 없는 장소에 설치

　　㉢ 수신기에 감시되지 않는 배선을 통하여 전력을 공급받는 것에 있어서는 전원입력측 배선에 **과전류차단기**를 설치하고, 당해 전원의 정전 즉시 수신기에 표시되는 것으로 하며, 상용전원 및 예비전원의 시험을 할 수 있도록 할 것

다음 중 중계기의 설치에 대한 설명으로 옳지 않은 것은?

① 중계기는 점검이 용이한 곳에 설치한다.

② 중계기는 조작이 편리한 곳에 설치한다.

✓ ③ 중계기에는 회로도통시험을 할 수 있는 장치를 반드시 설치한다.

④ 중계기는 화재 및 침수 등의 재해로 인한 피해를 받을 우려가 없는 장소에 설치한다.

수신기에는 직접 감지기회로의 도통시험을 행하지 아니하는 자동화재탐지설비의 중계기는 어디에 설치하는가?

✓ ① 수신기와 감지기 사이에 설치

② 감지기와 발신기 사이에 설치

③ 전원입력측의 배선에 설치

④ 종단저항과 병렬로 설치

다음 중 P형 1급 발신기의 구조나 기능이 아닌 것은?

① 응답확인램프
② 스위치
✓ ③ 회로시험
④ 전화잭

다음 중 발신기 설치기준으로 틀린 것은?

① 조작이 쉬운 장소에 설치한다.
② 소방대상물 층마다 설치한다.
✓ ③ 표시등 불빛은 15° 이하의 각도로 발산 10[m] 거리에서 식별이 용이하여야 한다.
④ 누름스위치는 0.8~1.5[m] 이하에 설치한다.

소화대상물의 각 부분과 음향장치까지의 수평거리는 얼마 이하여야 하는가?

✓ ① 25[m] 이하
② 30[m] 이하
③ 50[m] 이하
④ 60[m] 이하

5. 발신기

① 발신기 종류 : P형 1급, 2급, M형, T형

② 구성요소

  ㉠ 누름스위치 : 화재시 수동 발신

  ㉡ 전화잭 : 발신기와 수신기간 통화

  ㉢ 발신기 응답등 : 발신기 동작시 수신기에 대한 수신 응답표시

  ㉣ 기타 : 발신기 위치표시등, 보호판

③ 발신기 설치기준 정리

  ㉠ 조작이 쉬운 장소에 설치하고, 스위치는 바닥으로부터 **0.8[m] 이상 1.5[m] 이하**의 높이에 설치

  ㉠ 소방대상물의 **층마다 설치**, 각 부분으로부터 하나의 발신기까지의 수평거리가 **25[m] 이하**가 되도록 할 것. 다만, 복도 또는 별도로 구획된 실로서 보행거리가 **40[m] 이상**일 경우에는 추가로 설치

  ㉢ 기둥 또는 벽이 설치되지 아니한 대형공간의 경우 발신기는 설치대상장소의 가장 가까운 장소의 벽 또는 기둥 등에 설치

  ㉣ 발신기의 위치를 표시하는 표시등은 함의 상부에 설치하되, 그 불빛은 부착면으로 부터 **15° 이상의 범위** 안에서 부착지점으로부터 **10[m] 이내**의 어느 곳에서도 쉽게 식별할 수 있는 적색등

  ※ 지하구의 경우에는 발신기를 설치하지 아니할 수 있다.

6. 음향장치

① 경보방식 : 일제경보방식, 직상발화우선경보방식

② 설치기준

  ㉠ 주음향장치는 수신기의 내부 또는 그 직근에 설치할 것

  ㉡ 층수가 5층 이상으로 연면적이 3,000[m²]를 초과하는 특정소방대상물은 다음에 따라 경보(**직상발화우선경보방식**)

  • 2층 이상의 층에서 발화한 때에는 **발화층 및 그 직상층에 경보**

  • 1층에서 발화한 때에는 **발화층 · 그 직상층 및 지하층에 경보**

  • 지하층에서 발화한 때에는 **발화층 · 그 직상층 및 기타의 지하층에 한하여 경보**

  ㉢ 지구음향장치는 소방대상물의 층마다 설치, 소방대상물의 각 부분으로부터 하나의 음향장치까지의 **수평거리가 25[m] 이하**가 되도록 하고, 당해 층의 각 부분에 유효하게 경보를 발할 수 있도록 설치

② 음향장치 성능기준

- 정격전압의 80[%] 전압에서 음향을 발할 수 있는 것
- 음량은 부착된 음향장치의 중심으로부터 1[m] 떨어진 위치에서 **90[dB] 이상**이 되는 것

⑩ 기둥 또는 벽이 설치되지 아니한 대형공간의 경우 지구음향장치는 설치대상장소의 가장 가까운 장소의 벽 또는 기둥 등에 설치

③ 시각경보장치 설치기준

㉠ 복도·통로·청각장애인용 객실 및 공용으로 사용하는 거실(로비, 회의실, 강의실, 식당, 휴게실 등)에 설치하며, 각 부분으로부터 유효하게 경보를 발할 수 있는 위치에 설치

㉡ 공연장·집회장·관람장 또는 이와 유사한 장소에 설치하는 경우에는 시선이 집중되는 무대부 부분 등에 설치

㉢ 설치높이는 바닥으로부터 **2[m] 이상 2.5[m] 이하**의 장소에 설치할 것. 다만, 천장의 높이가 2[m] 이하인 경우에는 **천장으로부터 0.15[m] 이내**의 장소에 설치

㉣ 시각경보장치의 광원은 전용의 축전지설비에 의하여 점등되도록 할 것

㉤ 하나의 소방대상물에 2 이상의 수신기가 설치된 경우 어느 수신기에서도 지구음향장치 및 시각경보장치를 작동할 수 있도록 할 것

7. 자동화재탐지설비 전원 및 배선

① 전원

㉠ 전원은 전기가 정상적으로 공급되는 축전지, 전기저장장치(외부 전기에너지를 저장해 두었다가 필요한 때 전기를 공급하는 장치) 또는 **교류전압의 옥내 간선**으로 하고, 전원까지의 **배선은 전용**으로 할 것

㉡ 개폐기에는 '자동화재탐지설비용'이라고 표시한 표지를 할 것

㉢ 자동화재탐지설비에는 그 설비에 대한 **감시상태를 60분간 지속한 후 유효하게 10분 이상 경보할 수 있는 축전지설비**(수신기에 내장하는 경우를 포함) 또는 **전기저장장치**(외부 전기에너지를 저장해 두었다가 필요한 때 전기를 공급하는 장치)를 설치하여야 한다. 다만, 상용전원이 축전지설비인 경우에는 그러하지 아니하다.

⫶ 청각장애인용 시각경보장치의 설치 높이는 바닥으로부터 얼마인가?

① 0.8[m] 이상, 1.5[m] 이하
② 1.0[m] 이상, 1.5[m] 이하
③ 1.5[m] 이하
✓ ④ 2[m] 이상, 2.5[m] 이하

⫶ 자동화재탐지설비의 전원으로 사용되는 축전지설비는 감시상태를 일정 시간 지속한 후 몇 분 이상 경보할 수 있는 용량이어야 하는가?

① 10분
② 20분
③ 30분
✓ ④ 60분

▌기기별 축전지용량

축전지용량	설 비 의 종 류
10분 이상	**자동화재탐지설비, 비상경보설비, 자동화재속보설비**
20분 이상	**유도등, 비상콘센트, 제연설비**, 물분무소화설비, 옥내소화전설비(30층 미만), 특별피난계단의 계단실및 부속실 제연설비(30층 미만)
30분 이상	**무선통신보조설비 증폭기**
40분 이상	옥내소화전설비(30-40층 이하) 특별피난계단의 계단실 및 부속실 제연설비(30층-49층 이하) 연결송수관설비(30층-49층 이하) 스프링클러설비(30층-49층 이하)
60분 이상	**유도등, 비상조명등(지하상가 및 11층 이상)** 옥내소화전설비(50층 이상) 특별피난계단의 계단실 및 부속실 제연설비(50층 이상) 연결송수관설비(50층 이상) 스프링클러설비(50층 이상)

② 배선기준 정리

ㄱ 전원회로의 배선은 내화배선, 그 밖의 배선(감지기 상호간 또는 감지기로부터 수신기에 이르는 감지기회로의 배선을 제외)은 내화배선 또는 내열배선에 따라 설치할 것

ㄴ 감지기 상호간 또는 감지기로부터 수신기에 이르는 감지기회로의 배선은 다음의 기준에 따라 설치할 것. 다만, 감지기 상호간의 배선은 600[V] 비닐절연전선으로 설치할 수 있다.

• 아날로그식, 다신호식 감지기나 R형 수신기용으로 사용되는 것은 전자파 방해를 방지하기 위하여 **쉴드선** 등을 사용할 것. 다만 전자파 방해를 받지 아니하는 방식의 경우에는 그러하지 아니하다.

• 그 외의 일반배선을 사용할 때는 옥내소화전설비의 내화배선 또는 내열배선으로 사용할 것

ㄷ 감지기 사이의 회로배선은 **송배전식**으로 할 것

ㄹ 하나의 공통선에 접속할 수 있는 경계구역은 **7개 이하**로 할 것

ㅁ 자동화재탐지설비의 감지기회로의 전로저항은 **50[Ω] 이하**가 되도록 하여야 하며, 수신기의 각 회로별 종단에 설치되는 감지기에 접속되는 배선의 전압은 감지기 정격전압의 80[%] 이상이어야 할 것

③ 종단저항 설치기준

ㄱ 점검 및 관리가 쉬운 장소에 설치할 것

ㄴ 전용함을 설치하는 경우 그 설치높이는 **바닥으로부터 1.5[m] 이내**로 할 것

⁝ 다음 중 자동화재탐지설비의 배선 상태가 잘못된 것은?

① 스포트형 감지기 사이의 회로배선은 송배선식으로 하였다.

② 도통시험용 종단저항은 감지기회로 끝부분(발신기함, 수신기함)에 설치하고, 배선은 합성수지관공사로 하였다.

③ GP형 수신기 감지기회로의 배선에 있어서 하나의 공통선에 접속한 경계구역은 6개로 하였다.

✓④ P형 수신기의 감지기회로는 전로저항을 100[Ω]으로 하였다.

⁝ 다음 중 자동화재탐지설비 배선의 설치기준으로 옳지 않은 것은?

① 감지기 사이의 회로배선은 송배전식으로 할 것

② 감지기회로 및 부속회로의 전로와 대지 사이 및 배선 상호간의 절연저항은 1경계구역마다 직류 250[V]의 절연저항측정기를 사용하여 측정한 절연저항이 0.1[MΩ] 이상이 되도록 할 것

③ 배선은 다른 전선과 별도의 관·덕트·몰드 또는 풀박스 등에 설치할 것

✓④ P형 수신기 및 GP형 수신기의 감지기회로의 배선에 있어서 하나의 공통선에 접속할 수 있는 경계구역은 5개 이하로 할 것

ⓒ **감지기회로의 끝부분에 설치**하며, 종단감지기에 설치할 경우에는 구별이 쉽도록 해당 감지기의 기판 및 감지기 외부 등에 별도의 표시를 할 것

8. 감지기

① 감지기 분류

　ⓐ 감지방식에 따른 분류
　　• 열감지기 : 차동식, 정온식, 보상식
　　• 연기감지기 : 광전식, 이온화식, 공기흡입식
　　• 불꽃감지기 : 적외선식, 자외선식
　ⓑ 화재신호발신방법에 따른 분류 : 단신호, 다신호, 아날로그식, 어드레스식
　ⓒ 축적 여부에 따른 분류 : 축적형, 비축적형

② 감지기 설치

　ⓐ 부착높이별 감지기 설치 기준 : 지하층·무창층 등으로서 환기가 잘 되지 아니하거나 실내면적이 40[m²] 미만인 장소, 감지기의 부착면과 실내바닥과의 거리가 2.3[m] 이하인 곳으로서 일시적으로 발생한 열·연기 또는 먼지 등으로 인하여 화재신호를 발신할 우려가 있는 장소

부착높이	감지기의 종류
4[m] 미만	• 차동식(스포트형, 분포형) • 보상식 스포트형 • 정온식(스포트형, 감지선형) • 이온화식 또는 광전식(스포트형, 분리형, 공기흡입형) • 열복합형 • 연기복합형 • 열·연기복합형 • 불꽃감지기
4~8[m] 미만	• 차동식(스포트형, 분포형) • 보상식 스포트형 • 정온식(스포트형, 감지선형) 특종 또는 1종 • 이온화식 1종 또는 2종 • 열복합형 • 연기복합형 • 열·연기복합형 • 불꽃감지기
8~15[m] 미만	• 차동식 분포형 • 이온화식 1종 또는 2종 • 광전식(스포트형, 분리형, 공기흡입형) 1종 또는 2종 • 연기복합형 • 불꽃감지기

⠿ 다음 중 감지기회로의 도통시험을 위한 종단저항의 설치기준으로 옳은 것은?

✔ ① 감지기회로의 끝부분
　② 동일 층 발신기함 외부
　③ 바닥으로부터 1.8[m] 이내의 전용함
　④ 눈에 보이지 않는 폐쇄된 곳

⠿ 다음 중 자동화재탐지설비에 설치하는 감지기의 감지대상이 아닌 것은?

　① 열
　② 연기
　③ 불꽃
✔ ④ 가연

⠿ 다음 중 자동화재탐지설비의 감지기 높이 10[m]인 장소에 설치할 수 있는 감지기의 종류는?

　① 차동식 스포트형
　② 보상식 스포트형
✔ ③ 차동식 분포형
　④ 정온 스포트형

▪ 감지기는 실내 공기유입구로부터 1.5[m] 이상 떨어진 위치에 설치하여야 한다. 다음 중 이 기준에서 제외되는 감지기는?

✓ ① 차동식 분포형
② 불꽃
③ 광전식
④ 복합형

▪ 다음 중 20[m] 이상 높이에 설치할 수 없는 감지기는?

① 광전식 분리형 아날로그방식
② 광전식 공기흡입형 아날로그방식
✓ ③ 복합형 감지기
④ 불꽃감지기

▪ 주요구조부가 내화구조인 소방대상물에 차동식 스포트형 감지기 1종을 설치하려고 한다. 몇 개 이상 설치하여야 하는가? (단, 부착높이는 3.8[m]이고, 소방대상물의 바닥면적은 700[㎡]라 한다.)

✓ ① 8개
② 12개
③ 16개
④ 20개

15~20[m] 미만	• 이온화식 1종 • 광전식(스포트형, 분리형, 공기흡입형) 1종 • 연기복합형 • 불꽃감지기
20[m] 이상	• 불꽃감지기 • 광전식(분리형, 공기흡입형) 중 아날로그방식

ⓛ 면적별 감지기 설치기준

(단위 : [m²])

부착높이 및 소방대상물의 구분		감지기의 종류						
		차동식 스포트형		보상식 스포트형		정온식 스포트형		
		1종	2종	1종	2종	특종	1종	2종
4[m] 미만	주요구조부를 내화구조로 한 소방대상물 또는 그 부분	90	70	90	70	70	60	20
	기타 구조의 소방대상물 또는 그 부분	50	40	50	40	40	30	15
4~8[m] 미만	주요구조부를 내화구조로 한 소방대상물 또는 그 부분	45	35	45	35	35	30	–
	기타 구조의 소방대상물 또는 그 부분	30	25	30	25	25	15	–

③ 열 감지기

㉠ 차동식 스포트형 열 감지기

• 공기팽창식 : 다이아프램, 리크홀, 접점(PGS합금), 감열실
• 열기전력식 : 열전대, 미터릴레이, 접점(냉접점과 온접점)
• 반도체식 : NTC 서미스터(내부, 외부)를 이용한 전자회로, 접점
• 스포트형 감지기 설치기준
–감지기(차동식 분포형의 것을 제외)는 실내로의 **공기유입구로부터 1.5[m] 이상** 떨어진 위치에 설치
–감지기는 천장 또는 반자의 옥내에 면하는 부분에 설치할 것
–보상식 스포트형 감지기는 정온점이 감지기 주위의 평상시 최고온도보다 **20 [℃] 이상 높은 것**으로 설치
–정온식 감지기는 주방·보일러실 등으로서 다량의 화기를 취급하는 장소에 설치하되, 공칭작동온도가 최고 주위온도보다 20[℃] 이상 높은 것으로 설치
–스포트형 감지기는 45° 이상 경사되지 아니하도록 부착

ⓛ 차동식 분포형 감지기

ⓐ 공기관식 감지기

• 공기관식 : 공기관, 검출부

• 공기관 설치기준

−공기관의 노출부분은 감지구역마다 **20[m] 이상**

−공기관과 감지구역의 각 변과의 **수평거리는 1.5[m] 이하, 공기관 상호간의 거리는 6[m]**(주요구조부를 내화구조로 한 소방대상물 또는 그 부분에 있어서는 9[m]) 이하

−공기관은 도중에서 분기하지 아니하도록 할 것

−하나의 검출부분에 접속하는 공기관의 길이는 **100[m] 이하**

−검출부는 **5° 이상** 경사되지 아니하도록 부착

−검출부는 바닥으로부터 **0.8~1.5[m] 이하**의 위치에 설치

• 공기관 고정방법

−직선부분 : 지지금속기구의 간격은 35[cm] 이내로 한다.

−굴곡부분, 접속부분 : 굴곡부 · 접속부에서 5[cm] 이내로 고정한다.

−굴곡부 반경은 5[mm] 이상으로 한다.

−공기관의 접속은 금속슬리브 양쪽으로 공기관을 끼우고 공기가 새지 않도록 접속부분에 납땜한다.

ⓑ 열전대식 감지기

• 열전대식 감지기 : 열전대, 미터릴레이 스위치

• 열전대의 원리 : **제에벡(Seebeck effect)효과**

• 분포형 감지기 설치기준

−열전대부는 감지구역의 바닥면적 **18[m²]**(주요구조부가 내화구조로 된 소방대상물에 있어서는 22[m²])마다 1개 이상으로 할 것. 다만, 바닥면적이 72[m²](주요구조부가 내화구조로 된 소방대상물에 있어서는 88[m²]) 이하인 소방대상물에 있어서는 **4개 이상**으로 하여야 한다.

−하나의 검출부에 접속하는 열전대부는 **20개 이하**로 할 것. 다만, 각각의 열전대부에 대한 작동 여부를 검출부에서 표시할 수 있는 것(주소형)은 형식 승인 받은 성능인정범위 내의 수량으로 설치할 수 있다.

ⓒ 열반도체식 감지기

• 열반도체 특성을 이용하여 화재를 감지하는 방식

• 수열판, 열반도체소자, 동−니켈선

• 열반도체식 분포형 감지기 설치기준

⁝ 공기관식 차동식 분포형 감지기의 검출부는 몇 ° 이상 경사되지 않도록 부착하는가?

① 2°
② 3°
✔ ③ 5°
④ 7°

⁝ 다음 중 차동식 분포형 감지기의 감지방식이 아닌 것은?

① 공기관식
✔ ② 리크구멍
③ 열전대식
④ 열반도체식

⁝ 다음 중 차동식 분포형 감지기가 아닌 것은?

✔ ① 바이메탈식
② 공기관식
③ 열전대식
④ 열반도체식

• 열반도체식 감지기 설치기준

(단위 : [m²])

부착높이 및 소방대상물의 구분		감지기의 종류	
		1종	2종
8[m] 미만	주요구조부를 내화구조로 한 소방대상물 또는 그 부분	65	36
	기타 구조의 소방대상물 또는 그 부분	40	23
8~15[m] 미만	주요구조부를 내화구조로 한 소방대상물 또는 그 부분	50	36
	기타 구조의 소방대상물 또는 그 부분	30	23

※ 바닥면적이 다음 표에 따른 면적의 2배 이하인 경우에는 2개(부착높이가 8[m] 미만이고, 바닥면적이 다음 표에 따른 면적 이하인 경우에는 1개) 이상 으로 하여야 한다.
→ 하나의 검출기에 접속하는 감지부는 2~15개 이하가 되도록 할 것. 다만, 각각의 감지부에 대한 작동 여부를 검출기에서 표시할 수 있는 것(주소형) 은 형식승인 받은 성능인정범위 내의 수량으로 설치할 수 있다.

ⓒ 정온식 스포트형 열 감지기

ⓐ 정온식 스포트형 감지기 종류

• 바이메탈 이용방식
• 금속의 팽창계수 이용방식
• 액체의 팽창계수 이용방식
• 반도체 이용방식
• 가용절연물 이용방식

ⓑ 정온식 스포트형 감지기 설치기준

• 정온식 및 보상식 감지기는 평상 시 주위온도보다 20[℃] 이상 높은 것으 로 설치할 것
• 감지기의 하단과 부착면과 거리는 0.3[m] 이하일 것
• 공기유입구로부터 1.5[m] 이상 떨어진 곳 설치할 것
• 천장 또는 반자의 옥내에 면하는 부분에 설치할 것
• 스포트형 감지기는 45[℃] 이상 경사되지 않을 것

ⓒ 정온식 감지선형 감지기 설치기준

• 보조선이나 고정금구를 사용하여 감지선이 늘어지지 않도록 설치할 것
• 단자부와 마감 고정금구와의 설치간격은 10[cm] 이내로 설치할 것
• 감지선형 감지기의 **굴곡반경은 5[cm] 이상**으로 할 것
• 감지기와 감지구역의 각 부분과의 수평거리가 내화구조의 경우 **1종 4.5[m]이하, 2종 3[m] 이하**로 할 것. 기타 구조의 경우 1종 3[m] 이하, 2종 1[m] 이하로 할 것

⁝ 일국소의 주위온도가 일정한 온도 이상이 되는 경우에 작동하는 것으로 서 외관이 전선으로 되어 있는 감지 기는?

✔ ① 정온식 감지선형 감지기
② 정온식 스포트형 감지기
③ 차동식 스포트형 감지기
④ 차동식 분포형 감지기

⁝ 감지선의 굴곡반경은 몇 [cm] 이상 이어야 하는가?

① 3[cm] 이상
② 4[cm] 이상
✔ ③ 5[cm] 이상
④ 10[cm] 이상

- 케이블트레이에 감지기를 설치하는 경우에는 케이블트레이 받침대에 마감금 구를 사용하여 설치할 것
- 지하구나 창고의 천장 등에 지지물이 적당하지 않은 장소에서는 보조선을 설 치하고 그 보조선에 설치할 것
- 분전반 내부에 설치하는 경우 접착제를 이용하여 돌기를 바닥에 고정시키고 그 곳에 감지기를 설치할 것

④ 연기감지기

  ㉠ 이온화식 감지기
- 방사선 물질(아메리슘)에 의한 이온전류 이용 방식
- 구성요소 : 내부이온실, 외부이온실, 방사선원(α선), 신호증폭회로

  ㉡ 광전식 감지기
- 감광식, 산란광식
- 일체형, 분리형(수광부, 발광부 분리)
- 주요구조부 : 발광부, 수광부, 차광판, 라비린스(빛 차단)

  ㉢ 연기감지기 설치기준(장소)
- 계단 및 경사로(15[m] 미만의 것을 제외)
- 복도(30[m] 미만의 것을 제외)
- 엘리베이터권상기실 · 린넨슈트 · 파이프피트 및 덕트 기타 이와 유사한 장소
- 천장 또는 반자의 높이가 15~20[m] 미만의 장소

  ㉣ 연기감지기 설치기준(높이 및 위치)

(단위 : [m²])

부착높이	감지기의 종류	
	1종 및 2종	3종
4[m] 미만	150	50
4~20[m] 미만	75	–

- 감지기는 복도 및 통로에 있어서는 보행거리 **30[m]**(3종에 있어서는 20[m]), 계단 및 경사로에 있어서는 수직거리 **15[m]**(**3종**에 있어서는 **10[m]**)마다 1개 이상으로 할 것
- 천장 또는 반자가 낮은 실내 또는 좁은 실내에 있어서는 출입구의 가까운 부 분에 설치할 것
- 천장 또는 반자부근에 배기구가 있는 경우에는 그 부근에 설치할 것
- 감지기는 벽 또는 보로부터 **0.6[m] 이상** 떨어진 곳에 설치할 것

높이 4[m] 미만의 장소에 연기감지 기 3종을 설치할 때 감지기 하나의 감지면적은?

① 100[m²]
✔ ② 50[m²]
③ 75[m²]
④ 150[m²]

ⓜ 광전식분리형 감지기 설치기준
　　　　• 감지기의 수광면은 햇빛을 직접 받지 않도록 설치할 것
　　　　• 광축(송광면과 수광면의 중심으로 연결한 선)은 나란한 벽으로부터 0.6[m] 이상 이격하여 설치할 것
　　　　• 감지기의 송광부와 수광부는 설치된 뒷벽으로부터 1[m] 이내에 위치에 설치할 것
　　　　• 광축의 높이는 천장 등(천장의 실내에 면한 부분 또는 상층의 바닥하부면을 말한다) 높이의 80[%] 이상일 것

　⑤ 불꽃감지기
　　　㉠ 자외선 감지원리
　　　　• 광기전력효과를 이용한 방식
　　　　• 광도전효과를 이용한 방식
　　　　• 광전자방출효과를 이용한 방식

　　　㉡ 적외선 감지원리
　　　　• 탄산가스공명방식을 이용한 방식
　　　　• 플리커방식을 이용한 방식
　　　　• 정방사검출방식을 이용한 방식
　　　　• 다파장검출방식을 이용한 방식

　　　㉢ 불꽃감지기 설치기준
　　　　• 공칭감시거리 및 공칭시야각은 형식승인 내용에 따를 것
　　　　• 감지기는 공칭감시거리와 공칭시야각을 기준으로 감시구역이 모두 포용될 수 있도록 설치할 것
　　　　• 감지기는 화재감지를 유효하게 감지할 수 있는 모서리 또는 벽 등에 설치할 것
　　　　• 감지기를 천장에 설치하는 경우에는 감지기는 바닥을 향하게 설치할 것
　　　　• 수분이 많이 발생할 우려가 있는 장소에는 방수형으로 설치할 것
　　　　• 그 밖의 설치기준은 형식승인 내용에 따르며, 형식승인 사항이 아닌 것은 제조사의 시방에 따라 설치할 것

02 비상경보설비

1. 비상경보설비 설치대상

① 연면적 400[m²] 이상

② 지하층 또는 무창층의 바닥면적이 150[m²](공연장인 경우 100[m²]) 이상인 것

③ 지하가 중 터널로서 길이가 500[m] 이상인 것

④ 50인 이상의 근로자가 작업하는 옥내작업장

⑤ 가스시설 또는 지하구를 제외

2. 비상경보설비 설치기준

① 지구음향장치는 소방대상물의 층마다 설치, 당해 소방대상물의 각 부분으로부터 하나의 음향장치까지의 수평거리가 25[m] 이하가 되도록 함

② 음향장치는 정격전압의 80[%] 전압에서 음향을 발할 수 있도록 하여야 함

③ 음향장치의 음량은 부착된 음향장치의 중심으로부터 1[m] 떨어진 위치에서 90[dB] 이상

3. 발신기 설치기준

① 조작이 쉬운 장소에 설치하고, 조작스위치는 바닥으로부터 0.8[m] 이상 1.5[m] 이하의 높이에 설치할 것

② 소방대상물의 층마다 설치, 소방대상물의 각 부분으로부터 하나의 발신기까지의 수평거리가 25[m] 이하

③ 발신기의 위치표시등은 부착면으로부터 15° 이상의 범위 안에서 부착지점으로부터 10[m] 이내의 어느 곳에서도 쉽게 식별할 수 있는 적색등으로 함

4. 비상경보설비 전원

① 비상벨설비 또는 자동식사이렌설비에는 그 설비에 대한 감시상태를 60분간 지속한 후 유효하게 10분 이상 경보할 수 있는 축전지설비(수신기에 내장하는 경우를 포함) 또는 **전기저장장치**(외부 전기에너지를 저장해 두었다가 필요한 때 전기를 공급하는 장치)를 설치하여야 한다.

② 개폐기에는 '비상벨설비 또는 자동식 사이렌설비용'이라고 표시한다.

관련기출

⋮ 비상경보설비를 설치하여야 할 대상으로 옳지 않은 것은?

① 터널을 제외한 연면적 400[m²] 이상인 특정소방대상물

✓ ② 공연장의 지하층 또는 무창층의 바닥면적이 150[m²] 이상인 것

③ 지하가 중 터널의 길이가 500[m] 이상인 것

④ 50인 이상 근로자가 작업하는 옥내작업장

⋮ 다음 중 비상경보설비의 설치기준으로 틀린 것은?

① 부식성 가스 또는 습기로 인하여 부식의 우려가 없는 장소에 설치하여야 한다.

② 음향장치는 정격전압의 80[%] 전압에서 음향을 발할 수 있어야 한다.

③ 음향장치의 음량은 부착된 음향장치의 중심으로부터 1[m] 떨어진 위치에서 90[dB] 이상이어야 한다.

✓ ④ 지구음향장치는 소방설비 작동상태를 감시하는 중앙방재센터에 설치한다.

┇ 다음 중 단독경보형 감지기의 설치대상으로 옳지 않은 것은?

① 연면적 1,000[m²] 미만인 아파트
② 교육연구시설 내에 있는 합숙소 또는 기숙사로서 연면적 2,000[m²] 미만인 것
✓③ 연면적 600[m²] 이상인 숙박시설
④ 숙박시설이 있는 청소년시설

┇ 단독경보형 감지기 설치기준으로 옳지 않은 것은?

① 단독경보형 감지기라 함은 화재발생상황을 단독으로 감지하여 자체에 내장된 음향장치로 경보하는 감지기를 말한다.
② 각 실마다 설치하되, 바닥면적이 150[m²]를 초과하는 경우에는 150[m²]마다 1개 이상 설치한다.
③ 최상층의 계단실의 천장(외기가 상통하는 계단실의 경우 제외)에 설치한다.
✓④ 건전지를 주전원으로 사용하는 단독경보형 감지기는 정상적인 작동상태를 유지할 수 있도록 건전지를 1년마다 교환한다.

┇ 비상방송설비의 확성기 음성입력은 실내에 설치하는 것에 있어서는 최소 몇 [W] 이상이어야 하는가?

✓① 1[W]
② 2[W]
③ 3[W]
④ 4[W]

5. 화재경보기(단독경보형 감지기)

① 설치대상

   ㉠ 연면적 1,000[m²] 미만의 기숙사, 아파트

   ㉡ 교육연구시설 내의 합숙소, 기숙사로서 2,000[m²] 미만

   ㉢ 자동화재탐지설비가 없는 청소년시설(숙박시설이 있는 곳)

② 단독형 화재경보기 설치기준

   ㉠ 각 실(이웃하는 실내의 바닥면적이 각각 30[m²] 미만이고, 벽체 상부의 전부 또는 일부가 개방되어 이웃하는 실내와 공기가 상호유통되는 경우에는 이를 1개의 실로 본다)마다 설치하되, 바닥 면적이 150[m²]를 초과하는 경우에는 150[m²]마다 1개 이상 설치

   ㉡ 최상층의 계단실 천장(외기가 상통하는 계단실의 경우를 제외)에 설치

   ㉢ 건전지를 주전원으로 사용하는 단독경보형 감지기는 정상적인 작동상태를 유지할 수 있도록 건전지를 교환

03   비상방송설비

1. 비상방송설비 설치대상

① 연면적 3,500[m²] 이상

② 지하층 제외 11층 이상

③ 지하층의 층수가 3층 이상

④ 가스시설, 지하구 및 지하가 중 터널은 제외

2. 비상방송설비 설치기준

① 확성기의 음성입력은 **3[W](실내 1[W])** 이상일 것

② 확성기는 각 층마다 설치, 그 층의 각 부분으로부터 하나의 확성기까지의 수평거리가 25[m] 이하

③ 음량조정기를 설치하는 경우 음량조정기의 배선은 **3선식**으로 할 것

④ 조작부의 조작스위치는 바닥으로부터 0.8[m] 이상 1.5[m] 이하의 높이에 설치

⑤ 조작부는 기동장치의 작동과 연동, 작동한 층 또는 구역을 표시

⑥ 증폭기 및 조작부는 수위실 등 상시 사람이 근무하는 장소로서 점검이 편리하고 방화상 유효한 곳에 설치

⑦ **다른 방송설비와 공용**하는 것에 있어서는 화재 시 비상경보 외의 방송을 차단할 수 있는 구조로 할 것

⑧ 다른 전기회로에 따라 **유도장애**가 생기지 아니하도록 할 것

⑨ 하나의 소방대상물에 2 이상의 조작부가 설치되어 있는 때에는 상호간에 **동시통화가 가능**한 설비를 설치

⑩ 기동장치에 따른 화재신고를 수신한 후 필요한 음량으로 방송 개시될 때까지의 **소요시간은 10초 이하**

⑪ 음향장치 구조 및 성능기준

　㉠ 정격전압의 80[%] 전압에서 음향을 발할 수 있는 것으로 할 것

　㉡ 자동화재탐지설비의 작동과 연동하며 작동할 수 있는 것으로 할 것

▌기기별 동작개시 시간

화재수신 후 동작개시 시간	동작기기
5초(축적형 60초 이내)	P형, R형, P형, R형, GP형, GR형 - 복합식 포함
5초 이내	중계기
10초 이하	비상방송설비
60초 이내	가스누설경보기

3. 비상방송설비 전원

① 전원은 전기가 정상적으로 공급되는 **축전지, 전기저장장치**(외부 전기에너지를 저장해 두었다가 필요한 때 전기를 공급하는 장치) 또는 **교류전압의 옥내간선**으로 하고, 전원까지의 **배선은 전용**으로 할 것

② 개폐기에는 '비상방송설비용'이라고 표시한 표지를 할 것

4. 확성기 결선

① 2선식 결선 – 음량조절 불가능

② 3선식 결선 – 음량조절 가능

⫶ 다음 중 비상방송설비의 설치기준으로 옳지 않은 것은?

① 증폭기 및 조작부는 방화상 유효한 곳에 설치한다.

② 다른 방송설비와 공용 시, 화재 시에는 다른 방송을 차단할 수 있어야 한다.

③ 기동장치에 의한 화재신고를 수신한 후 필요한 음량으로 방송이 개시될 때까지의 소요시간은 10초 이내로 한다.

✓④ 둘 이상의 조작부가 설치됐을 시, 상호 동시 통화가 가능하고 한쪽 조작부에서만 전 구역에 방송할 수 있도록 한다.

⫶ 다음 중 비상방송설비에 음량조정기를 설치하는 경우 음량조정기의 배선방식은?

① 2선식

✓② 3선식

③ 4선식

④ 5선식

5. 비상방송설비 배선 설치기준

① 하나의 층의 확성기 또는 배선이 단락 또는 단선되어도 다른 층의 화재통보에 지장이 없을 것

② 전원회로의 배선은 내화배선, 그 밖의 배선은 내화배선 또는 내열배선 설치

③ 부속회로의 **전로와 대지 사이** 및 **배선 상호간**의 절연저항은 1경계구역마다 **직류 250V**의 절연저항측정기를 사용하여 측정한 절연저항이 **0.1MΩ 이상**

④ 비상방송설비의 배선은 다른 전선과 별도의 관·덕트 몰드 또는 풀박스 등에 설치

04	누전경보기

⋮ 누전경보기는 계약전류용량이 몇 [A]를 초과하는 내화구조가 아닌 건축물로서 벽·바닥 또는 반자의 전부나 일부를 불연재료 또는 준불연재료가 아닌 재료에 철망을 넣어 만든 특정소방대상물에 설치하는가?

① 20[A]
② 60[A]
✓ ③ 100[A]
④ 150[A]

1. 설치대상

소방대상물	기준면적
업무시설, 통신촬영시설, 교육연구시설, 전시시설	연면적 1,000[m²] 이상
기타의 장소	연면적 500[m²] 이상
계약전류 용량이 100[A]를 초과하는 것 (동일 건축물에 계약종별이 다른 전기가 공급되는 경우에는 그 중 최대계약전류용량)	면적에 관계 없음

2. 누전경보기 설치

① 60[A] 초과 : 1급

② 60[A] 이하 : 1급 또는 2급

3. 영상변류기(ZCT)

① 영상변류기 : 옥외 **인입선 제1지점 부하측** 또는 **2종 접지선측**의 점검이 쉬운 곳에 설치

② 영상변류기에 제2종 접지공사 실시

4. 누전경보기 수신기

① 구조

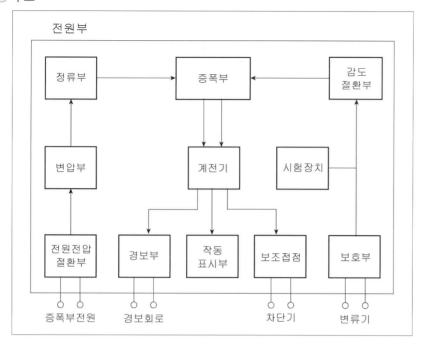

② 수신기 주요 구성요소

    ㉠ 보호부 : 바리스터 소자를 이용하여 회로보호

    ㉡ 정류부 : 브리지회로를 이용한 교류−직류 변환회로

    ㉢ ZNR : 전압충격과 서지 전압으로부터 회로보호

    ㉣ 감도절환부 : 200[mA]∼1,000[mA] (0.2[A] 0.5[A], 1[A])

    ㉤ 음향장치 : 1급 : 70[dB], 2급 : 60[dB]

③ 누전경보기 설치기준 : 누전경보기의 수신부는 옥내의 점검에 편리한 장소에 설치하되, 가연성의 증기·먼지 등이 체류할 우려가 있는 장소의 전기회로에는 당해 부분의 전기회로를 차단할 수 있는 차단 기구를 가진 수신부를 설치

    ㉠ **60A를 초과**하는 전로는 **1급** 누전경보기, **60A 이하**의 전로는 **1급 또는 2급** 누전경보기 설치

    ㉡ 변류기는 **옥외 인입선의 제1지점의 부하측 또는 제2종 접지선측**의 점검이 쉬운 위치에 설치

    ㉢ 변류기를 옥외의 전로에 설치하는 경우에는 옥외형으로 설치

다음 중 누전경보기에서 누전되는 것을 검출하는 것은?

① 차단기
② 수신기
✔ ③ 변류기
④ 경보장치

다음 중 누전경보기의 설치기준으로 옳지 않은 것은?

✔ ① 경계전로가 60[A] 이하인 회로에는 반드시 2급 누전경보기를 설치하여야 한다.
② 변류기를 옥외에 설치하는 경우 옥외형으로 설치하여야 한다.
③ 온도변화가 급격하거나 습도가 높은 장소에는 누전경보기를 설치할 수 없다.
④ 전원은 분전반으로부터 전용회로로 하고 15[A] 이하의 과전류 차단기를 설치하여야 한다.

다음 중 누전경보기의 수신기를 설치하여도 되는 곳은?

① 가연성의 증기, 먼지, 가스 등이나 부식성의 증기, 가스 등이 다량으로 체류하는 장소
② 화약류를 제조하거나 저장 또는 취급하는 장소
③ 습도가 높은 장소
✔ ④ 온도의 변화가 없는 장소

누전경보기의 전원은 분전반으로부터 전용회로로 하고, 각 극에 개폐기 및 몇 [A] 이하의 과전류차단기를 설치하여야 하는가?

① 5[A]
② 10[A]
✔ ③ 15[A]
④ 20[A]

④ 수신부 설치장소 정리

  ㉠ 가연성의 증기·먼지·가스 등이나 부식성의 증기·가스 등이 다량으로 체류하는 장소

  ㉡ 화약류를 제조하거나 저장 또는 취급하는 장소

  ㉢ 습도가 높은 장소

  ㉣ 온도의 변화가 급격한 장소

  ㉤ 대전류회로·고주파 발생회로 등에 따른 영향을 받을 우려가 있는 장소

⑤ 누전경보기 전원

  ㉠ 전원은 분전반으로부터 전용회로로 하고, 각 극에 개폐기 및 **15[A] 이하의 과전류차단기(배선용 차단기 20[A] 이하)**를 설치할 것

  ㉡ 전원을 분기할 때에는 다른 차단기에 따라 전원이 차단되지 아니하도록 할 것

⑥ 누전경보기 시험

  ㉠ 절연저항시험 및 절연내력시험

  • 절연저항시험 : **직류500[V]** 절연저항계를 이용하여 **5[MΩ] 이상**

  • **절연내력시험** : 60[Hz]의 정현파에 가까운 실효전압 500[V](정격전압이 60V 초과하고 150[V] 이하인 것은 1,000[V], 정격전압이 150[V] 초과하는 것에 있어서는 그 전압에 2를 곱하여 1,000[V]를 더한 값)의 교류전압을 가하여 **1분간** 견디어야 한다.

사용전압	인가전압	판단기준
60[V] 이하	500[V]	인가전압을 가하여 **1분간** 견디어야 한다.
60[V] 초과 150[V] 이하	1,000[V]	
150[V] 초과	**(사용전압×2)+1,000[V]**	

※ 기기별 절연저항 시험

절연저항계	절연저항	대상 기기
직류 250[V]	0.1[MΩ] 이상	감지기회로 및 부속회로의 전로와 대지사이 및 배선상호간
직류 500[V]	5[MΩ] 이상	누전경보기, 가스누설경보기, 수신기, 자동화재속보설비, 비상경보설비, 유도등, 비상조명등
	20[MΩ]	경종, 발신기, 중계기, 비상콘센트
	50[MΩ]	감지기(정온식 감지선형 제외), 가스누설경보기 (10회로 이상), 수신기(10회로 이상)
	1,000[MΩ]	정온식 감지선형 감지기

ⓛ 누전경보기 반복시험

반복시험 횟수	반복시험 기기
1,000번	감지기, 속보기
2,000번	중계기
2,500번	유도등
5,000번	전원스위치, 발신기
10,000번	비상조명등, 스위치접점, **누전경보기**

5. 누전경보기 설치 제외 장소

① 가연성의 증기 · 먼지 · 가스 등이나 부식성의 증기 · 가스 등이 다량으로 체류하는 장소

② 화약류를 제조하거나 저장 또는 취급하는 장소

③ 습도가 높은 장소

④ 온도의 변화가 급격한 장소

⑤ 대전류회로 · 고주파 발생회로 등에 따른 영향을 받을 우려가 있는 장소

**: 누전경보기 스위치를 반복시험 할 때 전원스위치의 경우에는 얼마를 반복하는가?

✔ ① 5,000회
② 10,000회
③ 2,000회
④ 3,000회

05 자동화재속보설비

1. 자동화재속보설비 설치대상

설치면적 및 조건	건축물 구분
바닥면적 500[m²] 이상	수련시설(숙박시설이 있는 것), **노유자시설**, 요양병원
바닥면적 1,500[m²] 이상	공장 및 창고시설, 업무시설, 국방 · 군사시설, 발전시설 (무인경비시스템)
국보, 보물	목조건축물
전부 해당	노유자 생활시설 30층 이상
전부 해당	전통시장

**: 노유자시설로서 바닥면적 몇 [m²] 이상인 경우 자동화재속보설비를 설치하는가?

① 350[m²]
② 400[m²]
✔ ③ 500[m²]
④ 600[m²]

: A형 자동화재속보설비의 속보기로 알맞은 것은?

✓① P형 수신기가 발하는 화재신호를 20초 이내에 관할 소방관서에 자동으로 3회 이상 통보해 주는 것

② R형 수신기나 P형 발신기가 발하는 화재신호를 20초 이내에 관할소방관서에 자동으로 1회 이상 통보해 주는 것

③ M형 수신기나 P형 발신기가 발하는 화재신호를 30초 이내에 관할 소방관서에 자동으로 3회 이상 통보해 주는 것

④ P형 수신기나 P형 발신기가 발하는 화재신호를 20초 이내에 관할소방관서에 자동으로 1회 이상 통보해 주는 것

: 다음 중 자동화재속보설비 속보기의 기능으로 적합하지 않은 것은?

✓① 자동화재탐지설비로부터 신호를 받아서 10초 이내에 소방관서로 3회 이상 계속 속보한다.

② 속보기가 작동한 시간을 표시할 수 있는 기록장치를 구비해야 한다.

③ 작동하고 있을 때 작동 중임을 표시하는 장치를 갖추어야 한다.

④ 교류를 상용전원으로 했을 때에는 정전 시에 예비전원으로 자동전환되어야 한다.

2. 자동화재속보설비 종류

① A형 자동화재속보설비 : P형, R형 수신기로부터 신호 수신

② B형 자동화재속보설비 : P형, R형 수신기와 A형 화재속보설비 성능을 복합한 것

3. 자동화재속보설비 설치기준

① 자동화재탐지설비와 연동으로 작동하여 자동적으로 화재발생상황을 소방관서에 전달

② 스위치는 바닥으로부터 0.8[m] 이상 1.5[m] 이하의 높이에 설치

③ 속보기는 소방관서에 통신망으로 통보하도록 하며, 데이터 또는 코드전송방식을 부가적으로 설치

④ **문화재**에 설치하는 자동화재속보설비는 속보기에 **감지기를 직접 연결**하는 방식(자동화재탐지설비 1개의 경계구역에 한한다)으로 할 수 있다.

⑤ 관계인이 24시간 상시 근무하고 있는 경우에는 자동화재속보설비를 설치하지 아니할 수 있다.

4. 자동화재속보설비 적합기능

① 작동신호를 수신하거나 수동으로 동작시키는 경우 **20초 이내**에 소방관서에 통보하되 **3회 이상 속보**

② 예비전원은 감시상태를 **60분간 지속한 후 10분 이상 동작**이 지속될 수 있는 용량

③ 속보기는 연동 또는 수동작동에 의한 다이얼링 후 소방관서와 전화접속이 이루어지지 않는 경우 **10회 이상 반복** 이 경우 매회 다이얼링 완료 후 호출은 **30초 이상 지속**되어야 한다.

---

06   가스누설경보설비

1. 가스누설경보설비 설치대상

① 숙박시설 · 노유자시설 · 판매시설 및 영업시설

② 교육연구시설 중 청소년시설 · 의료시설 · 문화집회 및 운동시설

2. 가스누설경보기 경보방식

① 즉시경보형, 경보지연형, 반즉시경보형

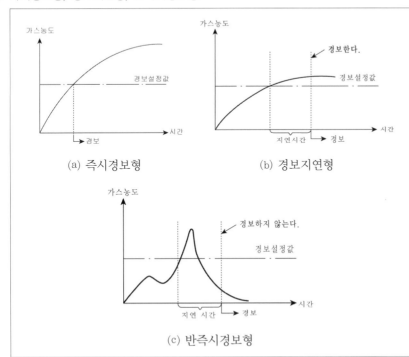

(a) 즉시경보형   (b) 경보지연형

(c) 반즉시경보형

② 음향장치

    ㉠ 주음향장치용(공업용) : 90[dB] 이상

    ㉡ 주음향장치용(단독형, 영업용) : 70[dB] 이상

    ㉢ 고장표시용 : 60[dB] 이상

③ 구조 : 단독형(가정용), 분리형(영업용 1회로, 공업용 1회로 이상)

④ 탐지부 및 수신기

    ㉠ 탐지부 : 반도체식, 접촉연소식, 기체열전도식

    ㉡ 수신기 : G형, GP형, GR형

⑤ 표시장치

    ㉠ 전구는 2개 이상 병렬할 것

    ㉡ 밝기 : 주위밝기 300[lx] – 3[m]에서 식별가능할 것

    ㉢ 화재등, 화재지구등 : 적색

    ㉣ 누설등, 누설지구등 : 황색

가스누설경보기를 용도에 따라 분류할 경우 단독형은 어떤 용도로 사용되는가?

✓ ① 가정용
② 영업용
③ 공업용
④ 산업용

단독형 및 분리형 중 영업용인 경우 주음향장치의 음압은 몇 [dB]인가?

① 60[dB]
✓ ② 70[dB]
③ 80[dB]
④ 90[dB]

：가스누설경보기는 수신기로부터 가
스누설표시까지의 소요시간이 몇 초
이내여야 하는가?

① 20초
② 40초
✓ ③ 60초
④ 90초

：가스누설경보기의 예비 전원 용량
은 2회선을 몇 분간 유효하게 작동
시키고 동시에 다른 회선을 몇 분간
감시할 수 있는 용량이어야 하는가?

✓ ① 10분, 10분
② 10분, 20분
③ 20분, 10분
④ 20분, 20분

⑥ 탐지부 설치장소

  ㉠ 수분, 증기가 체류할 우려가 없는 장소

  ㉡ 가스가 체류하기 쉬운 장소

  ㉢ 주위온도가 40[℃] 이상 되지 않는 곳

⑦ 탐지부 설치 제외장소

  ㉠ 출입구 부근, 외기의 기류가 빈번히 유통

  ㉡ 환기구 1.5[m] 이내

  ㉢ 가스연소기의 폐가스에 닿기 쉬운 장소

  ㉣ 가스기기의 직상부에 수증기나 연기가 직접 닿는 장소

  ㉤ 가구의 뒷면 등 가스유통이 어려운 장소

⑧ 가스누설경보기 수신기 기능

  ㉠ 수신 개시로부터 가스누설표시까지 소요시간은 60초 이내

  ㉡ 가스누설표시 작동시험장치 조작 중 다른 회선에서 신호를 수신하는 경우
  표시 가능

  ㉢ 2회선 동시 수신의 경우 누설표시가 가능

  ㉣ 가스누설 수신표시는 황색표시등 및 주음향장치와 지구표시등으로 표시

⑨ 가스누설경보기 전원

  ㉠ 전원은 배전반 또는 분전반에서 기기까지의 배선 도중에 다른 배선을 분
  기시키지 않아야 함

  ㉡ 개폐기는 가스누설설비 전용으로 설치하고 '가스누설경보설비용'이라는 적
  색표시

  ㉢ 예비전원을 경보기의 주전원으로 사용하여서는 안됨

  ㉣ 경보기의 예비전원 용량은 2회선을 **10분간** 유효하게 작동, 동시에 다른
  회선을 **10분간** 감시할 수 있는 용량

  ㉤ 자동충전장치 및 전기적 기구에 의한 자동 과충전방지장치를 설치하여야
  한다.

07 피난유도설비

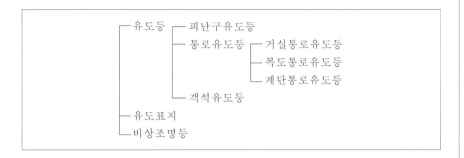

1. 피난유도등

유도등 및 유도표지 설치기준

설치장소	유도등 및 유도표지의 종류
① 공연장 · 집회장 · 관람장 · 운동시설	대형피난구유도등 통로유도등 객석유도등
② 위락시설 · 판매시설 및 영업시설 · 관광숙박시설 · 의료시설 · 통신촬영시설 · 전시장 · 지하상가 · 지하철역사	대형피난유도등 통로유도등
③ 일반숙박시설 · 오피스텔 또는 ① 및 ② 외의 지하층 · 무창층 및 11층 이상의 부분	중형피난구유도등 통로유도등
④ 근린생활시설(주택용도 제외) · 노유자시설 · 업무시설 · 종교집회장 · 교육연구시설 · 공장 · 창고시설 · 교정시설 · 기숙사 · 자동차정비공장 · 자동차운전학원 및 정비학원, ①~③ 외의 다중이용업소	소형피난구유도등 통로유도등
그 밖의 것	피난구유도표지 통로유도표지

2. 피난구유도등

① **피난구유도등 설치장소**

　　㉠ 옥내로부터 직접 지상으로 통하는 출입구 및 그 부속실의 출입구

　　㉡ 직통계단, 직통계단의 계단실 및 그 부속실의 출입구

　　㉢ 위 ㉠ 및 ㉡의 규정에 따른 출입구에 이르는 복도 또는 통로로 통하는 출입구

　　㉣ 안전구획된 거실로 통하는 출입구

　　㉤ 피난구유도등은 피난구와 바닥으로부터 높이 1.5[m] 이상의 곳에 설치

관련기출

소방대상물의 용도별로 적응하는 종류의 유도등 및 유도표지를 설치하여야 하는데, 공연장, 집회장, 관람장, 운동시설에 설치할 수 없는 것은?

① 대형피난구유도등
② 통로유도등
③ 객석유도등
✔ ④ 중형피난구유도등

다음 중 피난구유도등의 설치장소로 잘못된 것은?

① 옥내에서 지상으로 직접 통하는 출입구 및 그 부속실의 출입구
② 직통계단 · 직통계단의 계단실 및 그 부속실의 출입구
✔ ③ 복도 또는 내실로 통하는 출입구
④ 안전구획된 거실로 통하는 출입구

다음 중 피난구유도등의 설치제외 장소에 해당하지 않는 것은?

① 바닥면적이 1,000[m²] 미만인 층으로서 옥내에서 지상으로 직접 통하는 출입구가 외부의 식별이 용이한 경우
✓② 구부러지지 아니한 복도 또는 통로로서 길이가 30[m] 미만인 복도 또는 통로
③ 거실의 각 부분으로부터 쉽게 도달할 수 있는 출입구
④ 거실의 각 부분으로부터 하나의 출입구에 이르는 보행거리가 20[m] 이하이고, 비상조명 등과 유도표지가 설치된 거실의 출입구

다음 중 복도통로유도등의 설치기준으로 옳지 않은 것은?

① 복도에 설치할 것
② 구부러진 모퉁이 및 보행거리 20[m]마다 설치할 것
③ 바닥으로부터 높이 1[m] 이하의 위치에 설치할 것
✓④ 지하층 또는 무창층의 용도가 도매시장·소매시장, 여객자동차터미널, 지하역사, 지하상가인 경우에는 복도, 통로 중앙부분의 벽에 설치할 것

다음 중 통로유도등이 아닌 것은?

① 거실통로유도등
✓② 비상통로유도등
③ 계단통로유도등
④ 복도통로유도등

② 피난구유도등 설치제외 장소

   ㉠ 바닥면적이 1,000[m²] 미만인 층으로서 옥내로부터 직접 지상으로 통하는 출입구

   ㉡ 거실 각 부분으로부터 쉽게 도달할 수 있는 출입구

   ㉢ 거실 각 부분으로부터 하나의 출입구에 이르는 보행거리가 20[m] 이하이고, 비상조명등과 유도표지가 설치된 거실의 출입구

   ㉣ 출입구가 3 이상 있는 거실로서 그 거실 각 부분으로부터 하나의 출입구에 이르는 보행거리 30[m] 이하인 경우에는 주된 출입구 2개소 외의 출입구

3. 통로유도등

① 복도통로유도등 설치

   ㉠ 복도에 설치할 것

   ㉡ 구부러진 모퉁이 및 **보행거리 20[m]마다** 설치

   ㉢ 바닥으로부터 **높이 1[m] 이하**의 위치에 설치할 것. 다만, 지하층 또는 무창층의 용도가 도매시장·소매시장·여객자동차터미널·지하역사 또는 지하상가인 경우에는 복도·통로중앙부분의 바닥에 설치

② 거실통로유도등 설치

   ㉠ 거실의 통로에 설치할 것. 다만, 거실의 통로가 벽체 등으로 구획된 경우에는 복도통로유도등을 설치

   ㉡ 구부러진 모퉁이 및 **보행거리 20[m]마다** 설치

   ㉢ 바닥으로부터 **높이 1.5[m] 이상**의 위치에 설치할 것. 다만, 거실 통로에 기둥이 설치된 경우에는 기둥부분의 바닥으로부터 **높이 1.5[m] 이하**의 위치에 설치

③ 계단통로유도등 설치

   ㉠ 각 층의 경사로참 또는 계단참마다 설치

   ㉡ 바닥으로부터 **높이 1[m] 이하**의 위치에 설치

④ 통로유도등 조도 : 조도는 통로유도등의 바로 밑의 바닥으로부터 수평으로 0.5[m] 떨어진 지점에서 측정하여 1[lx] 이상(바닥에 매설한 것에 있어서는 통로유도등의 직상부 1[m]의 높이에서 측정하여 1[lx] 이상)

4. 객석유도등

① 객석유도등은 객석의 통로, 바닥 또는 벽에 설치

② 조도는 통로바닥 의 중심선 0.5[m]의 높이에서 측정하여 0.2[lx] 이상

$$설치개수 = \frac{객석통로\ 직선길이}{4} - 1$$

Tip 유도등 설치개수

- 객석유도등 설치개수 = $\dfrac{직선부분의\ 길이}{4} - 1$ 이다.

- 복도, 거실통로유도등 설치개수 = $\dfrac{직선부분의\ 길이}{20m} - 1$

- 유도표지 설치개수 = $\dfrac{직선부분의\ 길이}{15m} - 1$

5. 유도등 전원

유도등의 전원은 **축전지, 전기저장장치**(외부 전기에너지를 저장해 두었다가 필요한 때 전기를 공급하는 장치) 또는 **교류전압의 옥내간선**으로 하고, 전원까지의 **배선은 전용**으로 하여야 한다.

① 유도등을 60분 이상 유효하게 작동시킬 수 있는 용량으로 해야 할 소방대상물

　㉠ 지하층을 제외한 층수가 **11층 이상**의 층

　㉡ **지하층 또는 무창층**으로서 용도가 **도매시장·소매시장·여객자동차터미널·지하역사 또는 지하상가**

② 유도등 배선

　㉠ 2선식 배선 : 항시 점등

　㉡ 3선식 배선 : 원격스위치가 있어서 방재실 등에서 필요한 경우 점등 가능

　㉢ 3선식 배선일 경우 반드시 점등되어야 하는 경우

- 자동화재탐지설비의 감지기 또는 발신기가 작동되는 때
- 비상경보설비의 발신기가 작동되는 때
- 상용전원이 정전되거나 전원선이 단선되는 때
- 방재업무를 통제하는 곳 또는 전기실의 배전반에서 수동으로 점등하는 때
- 자동소화설비가 작동되는 때

관련기출

: 객석통로의 직선부분 거리가 50[m]일 때 몇 개의 통로유도등을 설치해야 하는가?

① 10개
② 11개
✔ ③ 12개
④ 15개

: 다음 중 3선식 배선에 따라 상시 충전되는 유도등의 전기회로에 점멸기를 설치하는 경우, 유도등이 점등되어야 할 경우와 관계없는 것은?

✔ ① 제연설비가 작동한 때
② 자동소화설비가 작동한 때
③ 비상경보설비의 발신기가 작동한 때
④ 자동화재탐지설비의 감지기가 작동한 때

③ 유도등 설치제외 장소

　㉠ 바닥면적이 **1,000[m²] 미만인 층**으로서 옥내로부터 직접 지상으로 통하는 출입구

　㉡ 거실 각 부분으로부터 쉽게 도달할 수 있는 출입구

　㉢ 하나의 출입구에 이르는 **보행거리가 20[m] 이하**이고 비상조명등과 유도표지가 설치된 거실의 출입구

　㉣ 출입구가 3 이상 있는 거실로서 그 거실 각 부분으로부터 하나의 출입구에 이르는 보행거리가 30[m] 이하인 경우에는 주된 출입구 2개소외의 출입구

6. 유도표지 설치기준

① 계단에 설치하는 것을 제외하고는 각 층마다 복도 및 통로의 각 부분으로부터 하나의 유도표지까지의 보행거리 **15[m] 이하**가 되는 곳과 구부러진 모퉁이의 벽에 설치

② 피난구유도표지는 출입구 상단에 설치하고 통로유도표지는 바닥으로부터 **높이 1[m] 이하**의 위치에 설치할 것

③ 주위에는 이와 유사한 등화 · 광고물 · 게시물 등을 설치하지 아니할 것

7. 피난유도선 설치기준

① 구획된 각 실로부터 주출입구 또는 비상구까지 설치

② 피난유도 표시부는 바닥으로부터 높이 **1[m] 이하**의 위치 또는 바닥면에 설치

③ 피난유도 표시부는 50[cm] 이내의 간격으로 연속 설치, 설치가 곤란할 경우 **1[m] 이내 설치**

④ 수신기로부터의 화재신호 및 수동조작에 의하여 광원이 점등되도록 설치

⑤ 비상전원이 상시 충전 상태를 유지하도록 설치

⑥ 바닥에 설치되는 피난유도 표시부는 매립하는 방식을 사용

⑦ 피난유도 제어부는 조작 및 관리가 용이하도록 바닥으로부터 **0.8[m] 이상 1.5[m] 이하**의 높이에 설치

관련기출

⁝ 다음 중 유도표지와 설치기준에 대한 설명으로 옳지 않은 것은?

① 계단에 설치하는 것을 제외하고 각 층 복도의 각 부분에서 유도표지까지의 보행거리는 15[m] 이하로 하였다.

② 구부러진 모퉁이의 벽에 설치하였다.

③ 바닥으로부터 높이 1[m]에 설치하였다.

✓④ 주위에 광고물, 게시물 등을 함께 설치하였다.

08 비상조명등

1. 비상조명등 설치대상

① 지하층을 포함하는 층수가 **5층 이상**인 건축물로서 연면적 **3,000[m²] 이상**인 것

② 위 ①에 해당하지 아니하는 특정소방대상물로서 그 지하층 또는 무창층의 바닥면적이 **450[m²] 이상**인 경우에는 그 지하층 또는 무창층

③ 지하가 중 터널로서 그 길이가 **500[m] 이상**인 것

2. 휴대용 비상조명등

① 휴대용 비상조명등 설치대상

  ㉠ 숙박시설

  ㉡ 수용인원 100인 이상의 지하역사 · 백화점 · 대형점 · 쇼핑센터 · 지하상가 · 영화상영관

② 휴대용 비상조명등 설치기준

  ㉠ 다음 각 목의 장소에 설치할 것

  • **숙박시설 또는 다중이용업소에는 객실 또는 영업장안의 구획된 실마다** 잘 보이는 곳(외부에 설치시 **출입문 손잡이로부터 1[m] 이내** 부분)에 **1개 이상** 설치

  • 「유통산업발전법」에 따른 대규모점포(지하상가 및 지하역사는 제외)와 영화상영관에는 **보행거리 50[m] 이내마다 3개 이상** 설치

  • 지하상가 및 지하역사에는 **보행거리 25[m] 이내마다 3개 이상** 설치

  ㉡ 설치높이는 바닥으로부터 **0.8[m] 이상 1.5[m] 이하**의 높이에 설치할 것

  ㉢ **어둠속에서 위치를 확인**할 수 있도록 할 것

  ㉣ 사용 시 **자동으로 점등되는 구조**일 것

  ㉤ 외함은 난연성능이 있을 것

  ㉥ 건전지를 사용하는 경우에는 **방전방지조치**를 하여야 하고, 충전식 밧데리의 경우에는 상시 충전되도록 할 것

  ㉦ 건전지 및 충전식 밧데리의 **용량은 20분 이상** 유효하게 사용할 수 있는 것으로 할 것

3. 비상조명등 설치기준

① 소방대상물의 각 거실과 그로부터 지상에 이르는 복도 · 계단 및 그 밖의 통로에 설치

② 조도는 바닥에서 **1[lx] 이상**

비상조명등은 지하층을 포함한 층수가 몇 층 이상으로서 연면적 얼마 이상인 경우에 설치하는가?

① 5층, 2,500[m²]

✓ ② 5층, 3,000[m²]

③ 7층, 5,000[m²]

④ 7층, 6,000[m²]

다음 중 휴대용 비상조명등의 설치 기준으로 틀린 것은?

① 설치높이는 바닥으로부터 0.8[m] 이상 1.5[m] 이하의 높이에 설치하여야 한다.

✓ ② 사용 시 자동 또는 수동으로 점등되는 구조이어야 한다.

③ 외함은 난연성이 있어야 한다.

④ 건전지 또는 배터리의 용량은 20분 이상 유효하게 사용할 수 있어야 한다.

╏ 다음 중 예비전원을 내장하지 아니하는 비상조명등의 비상전원에 대한 내용으로 옳은 것은?

① 당해 설비를 유효하게 10분 이상 작동시킬 것
② 비상전원 전용 수전설비는 타회로 등의 개폐기와 공용으로 사용할 것
✓ ③ 상용전원이 정전되면 비상전원으로 자동전환될 것
④ 비상전원을 설치하는 장소에는 점검 및 조작에 필요한 별도의 조명설비를 하지 않을 것

╏ 백화점, 대형점, 쇼핑센터 및 영화상영관에는 보행거리 50[m] 이내마다 휴대용 비상조명등을 몇 개 이상 설치해야 하는가?

① 1개
② 2개
✓ ③ 3개
④ 4개

③ 예비전원을 내장하는 비상조명등에는 점검스위치를 설치 **축전지와 예비전원 충전장치**를 내장

④ 예비전원을 내장하지 아니하는 비상조명등의 비상전원은 자가발전설비, 축전지설비 또는 전기저장장치(외부 전기에너지를 저장해 두었다가 필요한 때 전기를 공급하는 장치)를 다음의 기준에 따라 설치하여야 한다.

　㉠ 점검에 편리하고 화재 및 침수 등의 재해로 인한 피해를 받을 우려가 없는 곳에 설치할 것

　㉡ 상용전원으로부터 전력의 공급이 중단된 때에는 자동으로 비상전원으로부터 전력을 공급받을 수 있도록 할 것

　㉢ 비상전원의 설치장소는 다른 장소와 방화구획 할 것. 이 경우 그 장소에는 비상전원의 공급에 필요한 기구나 설비외의 것(열병합발전설비에 필요한 기구나 설비는 제외)을 두어서는 아니 됨

　㉣ 비상전원을 실내에 설치하는 때에는 그 실내에 비상조명등을 설치할 것

⑤ 비상전원은 비상조명등을 **20분 이상** 유효하게 작동시킬수 있는 용량 다만, 다음의 소방대상물의 경우에는 비상조명등을 **60분 이상** 유효하게 작동시킬 수 있는 용량

　㉠ 지하층을 제외한 층수가 **11층 이상**의 층

　㉡ 지하층 또는 무창층으로서 용도가 **도매시장·소매시장·여객자동차터미널·지하역사 또는 지하상가**

4. 휴대용 비상조명등 설치 개수

① 숙박시설 또는 다중 이용업소에는 객실 또는 영업장 안의 구획된 실마다 잘 보이는 곳(외부에 설치 시 출입문 손잡이로부터 1[m] 이내 부분)에 1개 이상 설치

② 백화점·대형점·쇼핑센타 및 영화상영관에는 **보행거리 50[m] 이내마다 3개 이상** 설치

③ 지하상가 및 지하역사에는 **보행거리 25[m] 이내마다 3개 이상** 설치

설치개수	설치장소
1개 이상	숙박시설 또는 다중이용업소에는 객실 또는 영업장 안의 구획된 실마다 잘보이는 곳(외부에 설치시 출입문 손잡이로부터 1[m] 이내부분)
3개 이상	– 지하상가 및 지하역사의 보행거리 25[m] 이내마다 – 대규모점포(백화점, 대형점, 쇼핑센터) 및 영화상영관의 보행거리 50[m] 이내마다

5. 비상조명등 설치제외 장소

① 거실 각 부분에서 출입구까지의 보행거리 15[m] 이내

② 공동주택, **경기장**, **의원**, **의료시설**, 학교 등의 거실

09 피난기구

1. 설치대상

면적기준	설치대상
500[m²]	숙박시설, 노유자시설, 의료시설
800[m²]	위락시설, 문화 및 집회시설, 운동시설, 판매시설, 전시시설
1,000[m²]	그 밖의 용도의 층
각 세대마다	계단실형 아파트

2. 피난기구의 종류

피난사다리, 완강기, 간이완강기, 구조대, 공기안전매트, 피난밧줄, 다수인 피난장비, 승강식 피난기, 하향식 피난구용 내림사다리

① 간이완강기 : 사용자의 몸무게에 따라 자동적으로 내려올 수 있는 기구 중 사용자가 **연속적으로 사용할 수 없는 것**

② 공기안전매트 : 화재 발생시 사람이 건축물 내에서 외부로 긴급히 뛰어 내릴 때 충격을 흡수하여 안전하게 지상에 도달할 수 있도록 포지에 공기 등을 주입하는 구조로 되어 있는 것

③ 완강기 : 사용자의 몸무게에 따라 자동적으로 내려올 수 있는 기구 중 사용자가 교대하여 연속적으로 사용할 수 있는 것

④ 승강식 피난기 : 사용자의 몸무게에 의하여 자동으로 하강하고 내려서면 스스로 상승하여 연속적으로 사용할 수 있는 무동력 승강식피난기

∷ 숙박시설, 노유자시설 및 의료시설로 사용되는 층에 있어서는 바닥면적 몇 [m²]마다 피난기구를 1개 이상 설치하는가?

① 300[m²]
✔ ② 500[m²]
③ 800[m²]
④ 1,000[m²]

∷ 다음 중 피난기구에 대한 용어의 정의로 잘못된 것은?

✔ ① 간이완강기라 함은 사용자의 몸무게에 따라 자동적으로 내려올 수 있는 기구 중 사용자가 연속적으로 사용할 수 있는 것을 말한다.
② 구조대라 함은 포지 등을 사용하여 자루형태로 만든 것으로서 화재 시 사용자가 그 내부에 들어가서 내려옴으로써 대피할 수 있는 것을 말한다.
③ 공기안전매트라 함은 화재발생시 사람이 건축물 내에서 외부로 긴급히 뛰어내릴 때 충격을 흡수하여 안전하게 지상에 도달할 수 있도록 포지에 공기 등을 주입하는 구조로 되어있는 것을 말한다.
④ 피난밧줄이라 함은 급격한 하강을 방지하기 위한 매듭 등을 만들어 놓은 밧줄을 말한다.

피난기구의 설치기준에서 소방대상물에 따라 바닥면적의 기준에 의해 1개 이상 설치하여야 한다. 다음 중 소방대상물과 바닥면적의 기준이 잘못 짝지어진 것은?

① 숙박시설 : 500[m²]마다
② 위락시설 : 800[m²]마다
③ 의료시설 : 500[m²]마다
✓ ④ 판매시설 : 500[m²]마다

소방대상물에 설치하는 피난기구 중 간이완강기 및 피난밧줄의 적응성에 대한 내용으로 옳은 것은?

✓ ① 숙박시설의 3층 이상에 있는 객실
② 아파트
③ 의료시설(장례식장 제외), 노유자시설의 지하층
④ 근린생활시설, 위락시설, 문화집회 및 운동시설의 지하층

3. 피난기구 설치개수

① 층마다 설치하되, 숙박시설·노유자시설 및 의료시설로 사용되는 층에 있어서는 그 층의 바닥면적 500[m²]마다, 위락시설·문화집회 및 운동시설·판매시설로 사용되는 층 또는 복합용도의 층에 있어서는 그 층의 바닥면적 800[m²]마다, 계단실형 아파트에 있어서는 각 세대마다, 그 밖의 용도의 층에 있어서는 그 층의 바닥면적 1,000[m²]마다 1개 이상 설치할 것

② 위 ①의 규정에 따라 설치한 피난기구 외에 숙박시설(휴양콘도미니엄을 제외)의 경우에는 추가로 객실마다 간이완강기를 설치할 것

③ 위 ①의 규정에 따라 설치한 피난기구 외에 아파트(주택법시행령의 규정에 따른 아파트에 한한다)의 경우에는 하나의 관리주체가 관리하는 아파트 구역마다 공기안전매트 1개 이상을 추가로 설치할 것. 다만, 옥상으로 피난이 가능하거나 인접세대로 피난할 수 있는 구조인 경우에는 추가로 설치하지 아니할 수 있다.

4. 피난기구 적응성

설치장소별 구분/층별	지하층	3층	4층 이상 10층 이하
의료시설(장례식장을 제외)·노유자시설·근린생활시설 중 입원실이 있는 의원·산후조리원·접골원·조산소	피난용 트랩	미끄럼대 구조대 피난교 피난용 트랩 다수인 피난장비 승강식 피난기	구조대 피난교 피난용 트랩 다수인 피난장비 승강식 피난기
근린생활시설(입원실이 있는 의원·산후조리원·접골원·조산소는 제외)·위락시설·문화집회 및 운동시설·판매시설 및 영업시설·속박시설·공동주택·업무시설·통신촬영시설·교육연구시설·공장·운수자동차 관련시설(주차용 건축물 및 차고, 세차장, 폐차장 및 주차장을 제외)·관광휴게시설(야외음악당 및 야외극장을 제외)·의료시설 중 장례식장	피난사다리 피난용 트랩	미끄럼대 피난사다리 구조대 완강기 피난교 피난용 트랩 간이완강기 피난밧줄 공기안전매트 다수인 피난장비 승강식 피난기	피난사다리 구조대 완강기 피난교 간이완강기 공기안전매트 다수인 피난장비 승강식 피난기

비고) 간이완강기의 적응성은 숙박시설의 3층 이상에 있는 객실에, 공기안전매트의 적응성은 아파트에 한한다.

5. 피난기구 설치기준

① 피난기구는 계단·피난구 기타 피난시설로부터 적당한 거리에 있는 안전한 구조로 된 피난 또는 소화활동상 유효한 개구부(가로 0.5[m] 이상 세로 1[m] 이상인 것을 말한다. 이 경우 개구부 하단이 바닥에서 1.2[m] 이상이면 발판 등을 설치하여야 하고, 밀폐된 창문은 쉽게 파괴할 수 있는 파괴장치를 비치하여야 한다)에 고정하여 설치하거나 필요한 때에 신속하고 유효하게 설치할 수 있는 상태에 둘 것

② 피난기구를 설치하는 개구부는 서로 동일직선상이 아닌 위치에 있을 것. 다만, 미끄럼봉·피난교·피난용 트랩·피난밧줄 또는 간이완강기·아파트에 설치되는 피난기구(다수인 피난장비는 제외) 기타 피난상 지장이 없는 것에 있어서는 그러하지 아니하다.

③ 피난기구는 소방대상물의 기둥·바닥·보 기타 구조상 견고한 부분에 볼트조임·매입·용접 기타의 방법으로 견고하게 부착할 것

④ 4층 이상의 층에 피난사다리(하향식 피난구용 내림식 사다리는 제외)를 설치하는 경우에는 금속성 고정사다리를 설치하고, 당해 고정사다리에는 쉽게 피난할 수 있는 구조의 노대를 설치할 것

⑤ 완강기는 강하 시 로프가 소방대상물과 접촉항 손상되지 아니하도록 할 것

⑥ 완강기, 미끄럼봉 및 피난 로프의 길이는 부착위치에서 지면 기타 피난상 유효한 착지면까지의 길이로 할 것

⑦ 미끄럼대는 안전한 강하속도를 유지하도록 하고, 전략방지를 위한 안전조치를 할 것

⑧ 구조대의 길이는 피난상 지장이 없고 안정한 강하속도를 유지할 수 있는 길이로 할 것

6. 피난기구 위치표시

① 방사성물질을 사용하는 위치표지는 쉽게 파괴되지 아니하는 재질로 처리할 것

② 위치표시는 주위조도 0[lx]에서 60분간 발광 후 직선거리 10[m] 떨어진 위치에서 보통시력으로 표시면의 문자 또는 화살표 등을 쉽게 식별할 수 있는 것으로 할 것

③ 위치표지의 표시면은 쉽게 변형·변질 또는 변색되지 아니할 것

④ 위치표지의 표지면의 휘도는 주위조도 0[lx]에서 60분간 발광 후 7[mcd/m²]로 할 것

관 련 기 출

☷ 피난기구의 설치기준으로 옳지 않은 것은?

① 피난기구는 계단, 피난구 기타 피난시설로부터 적당한 거리에 있는 안전한 구조로 된 피난 또는 소화활동상 유효한 개구부에 고정하여 설치하거나 필요한 때에 신속하고 유효하게 설치할 수 있는 상태로 둘 것

✔② 미끄럼봉, 피난교, 피난용 트랩, 피난밧줄 또는 간이완강기, 아파트에 설치되는 피난기구를 설치하는 개구부는 피난상 지장이 없는 것에 있어서는 서로 동일직선상이 아닌 위치에 있을 것

③ 피난기구는 소방대상물의 기둥, 바닥, 보 및 기타 구조상 견고한 부분에 볼트조임, 매입, 용접 및 기타의 방법으로 견고하게 부착할 것

④ 4층 이상의 층에 피난사다리를 설치하는 경우에는 금속성 고정사다리를 설치하고, 당해 고정사다리에는 쉽게 피난할 수 있는 구조의 노대를 설치할 것

☷ 피난기구를 설치한 장소에는 가까운 곳의 보기 쉬운 곳에 피난기구의 위치를 표시하는 발광식 또는 축광식 표지와 그 사용방법을 표시한 표지를 부착한다. 다음 중 축광식 표지의 설치기준으로 적합하지 않은 것은?

① 방사성 물질을 사용하는 위치표지는 쉽게 파괴되지 아니하는 재질로 처리할 것

✔② 위치표지는 주위조도 1[lx]에서 2분간 발광 후 직선거리 20[m] 떨어진 위치에서 보통 시력으로 표시면의 문자 또는 화살표 등을 쉽게 식별할 수 있는 것으로 할 것

③ 위치표지의 표시면은 쉽게 변형, 변질 또는 변색되지 아니할 것

④ 위치표지의 표시면의 휘도는 주위조도 0[lx]에서 60분간 발광 후 7[mcd/m²]로 할 것

※ 승강식피난기 및 하향식 피난구용 내림식사다리 적합기준

① 승강식피난기 및 하향식 피난구용 내림식사다리는 설치경로가 설치층에서 피난층까지 연계될 수 있는 구조로 설치할 것. 다만, 건축물의 구조 및 설치 여건상 불가피한 경우에는 그러하지 아니 한다.

② **대피실의 면적은 2[m²]**(2세대 이상일 경우에는 3[m²]) 이상으로 하고, 「건축법 시행령」의 규정에 적합하여야 하며 하강구(개구부) 규격은 **직경 60[cm] 이상**일 것. 단, 외기와 개방된 장소에는 그러하지 아니 한다.

③ 하강구 내측에는 기구의 연결 금속구 등이 없어야 하며 전개된 피난기구는 하강구 수평투영면적 공간 내의 범위를 침범하지 않는 구조이어야 할 것. 단, **직경 60[cm] 크기**의 범위를 벗어난 경우이거나, 직하층의 바닥 면으로부터 **높이 50[cm] 이하의 범위**는 제외한다.

④ 대피실의 출입문은 갑종방화문으로 설치하고, 피난방향에서 식별할 수 있는 위치에 "대피실" 표지판을 부착할 것. 단, 외기와 개방된 장소에는 그러하지 아니 한다.

⑤ **착지점과 하강구는 상호 수평거리 15[cm] 이상의 간격**을 둘 것

⑥ 대피실 내에는 **비상조명등을 설치**할 것

⑦ 대피실에는 층의 위치표시와 피난기구 사용설명서 및 주의사항 표지판을 부착

⑧ 대피실 출입문이 개방되거나, 피난기구 작동 시 **해당층 및 직하층** 거실에 설치된 표시등 및 경보장치가 작동되고, 감시 제어반에서는 피난기구의 작동을 확인 할 수 있어야 할 것

⑨ 사용 시 기울거나 흔들리지 않도록 설치할 것

: 다음 중 비상콘센트설비를 설치하여야 할 층의 기준은?

① 지하층을 포함한 7층 이상의 층
② 지하층을 포함한 9층 이상의 각 층
✓ ③ 지하층을 포함한 11층 이상의 층
④ 지하층을 포함한 13층 이상의 각 층

: 다음 중 비상콘센트 설치기준에 적합한 것은?

✓ ① 지하층 및 지하층을 포함한 층수가 11층 이상인 경우 11층 이상의 각 층마다 설치
② 바닥으로부터 1[m] 이상 1.5[m] 이하의 위치에 설치
③ 바닥면적이 1,000[m²] 미만인 층에 있어서는 계단의 출입구로부터 10[m] 이내 설치
④ 바닥면적이 1,000[m²] 이상인 층에 있어서는 계단의 부속실로부터 10[m] 이내 설치

10 비상콘센트설비

1. 비상콘센트 설치대상

① 지하층을 포함하는 층수가 11층 이상인 경우에 11층 이상의 층

② 지하층의 층수가 3개층 이상이고 지하층의 바닥면적의 합계가 1,000[m²] 이상인 것은 지하층의 전층

③ 지하가 중 터널로서 길이가 500[m] 이상인 것

2. 비상콘센트 전원

구분	사용전압	공급용량	플러그접속기
단상	220[V]	1.5[kVA]	접지형 2극

3. 비상콘센트 설치기준

① 전원회로는 각 층에 있어서 **2 이상**이 되도록 설치할 것(다만, 전압별로 설치하여할 층의 비상콘센트가 1개인 때에는 하나의 회로로 할 수 있다)

② 비상콘센트용의 풀박스 등은 방청도장을 한 것으로서, **두께 1.6[mm] 이상**의 철판으로 함

③ **하나의 전용회로**에 설치하는 비상콘센트는 **10개 이하**로 할 것. 이 경우 전선의 용량은 각 비상콘센트(비상콘센트가 3개 이상인 경우에는 3개)의 공급용량을 합한 용량 이상의 것으로 함

④ 바닥으로부터 **높이 0.8[m] 이상 1.5[m] 이하**의 위치에 설치

⑤ 비상콘센트의 배치는 아파트 또는 바닥면적이 1,000[m²] 미만인 층에 있어서는 계단의 출입구로부터 **5[m] 이내**에, 바닥면적 1,000[m²] 이상인 층(아파트를 제외)에 있어서는 각 계단의 출입구 또는 계단부속실의 출입구로부터 **5[m] 이내**에 설치

⑥ 개폐기에는 "비상콘센트"라고 표시한 표지를 할 것

⑦ 전원으로부터 각 층의 비상콘센트에 분기되는 경우에는 분기배선용 차단기를 보호함 안에 설치

⑧ 콘센트마다 배선용 차단기(KS C 8321)를 설치하여야 하며, 충전부가 노출되지 아니하도록 할 것

4. 비상콘센트 전원 설치기준

① 상용전원회로의 배선은 저압수전인 경우 인입개폐기의 직후에서, 특고압수전 또는 고압수전인 경우에는 전력용 변압기 2차측의 주차단기 1차측 또는 2차측에서 분기하여 전용배선으로 함

② 지하층을 제외한 층수가 7층 이상으로서 연면적이 2,000[m²] 이상이거나 지하층의 바닥면적의 합계가 3,000[m²] 이상인 특정소방대상물의 비상콘센트설비에는 **자가발전설비, 비상전원수전설비 또는 전기저장장치**(외부 전기에너지를 저장해 두었다가 필요한 때 전기를 공급하는 장치)를 비상전원으로 설치할 것. 다만, 둘 이상의 변전소에서 전력을 동시에 공급받을 수 있거나 하나의 변전소로부터 전력의 공급이 중단되는 때에는 자동으로 다른 변전소로부터 전력을 공급받을 수 있도록 상용전원을 설치한 경우에는 비상전원을 설치하지 아니할 수 있다.

다음 중 비상콘센트설비의 설치기준으로 옳은 것은?

① 비상콘센트는 바닥으로부터 1[m] 이상 1.5[m] 이하에 설치하여야 한다.

② 절연저항은 전원부와 외함 사이를 250[V] 절연저항계로 측정하였을 때 0.1[MΩ] 이상이어야 한다.

③ 보호함에는 함부로 개폐할 수 없는 문을 설치하여야 한다.

✓ ④ 콘센트가 하나인 층에는 전원회로를 하나만 설치할 수 있다.

다음 중 소방설비와 그 소방설비에 사용하는 비상전원을 연결한 것으로 틀린 것은?

① 자동화재탐지설비 : 축전지설비 및 전기저장장치

② 유도등설비 : 축전지설비 및 전기저장장치

③ 비상조명등설비 : 자가발전설비, 축전지설비 및 전기저장장치

✓ ④ 비상콘센트설비 : 축전지설비 및 전기저장장치, 비상전원수전설비

③ 자가발전설비 설치기준

　㉠ 점검에 편리하고 화재 및 침수 등의 재해로 인한 피해를 받을 우려가 없는 곳에 설치할 것

　㉡ 비상콘센트설비를 유효하게 20분 이상 작동시킬 수 있는 용량으로 할 것

　㉢ 상용전원으로부터 전력의 공급이 중단된 때에는 자동으로 비상전원으로부터 전력을 공급받을 수 있도록 할 것

　㉣ 비상전원의 설치장소는 다른 장소와 방화구획할 것

　㉤ 비상전원을 실내에 설치하는 때에는 그 실내에 비상조명등을 설치할 것

11　무선통신보조설비

1. 무선통신보조설비 설치대상

① 지하가(터널을 제외)로서 연면적 1,000[m²] 이상인 것

② 지하층의 바닥면적의 합계가 3,000[m²] 이상인 것 또는 지하층의 층수가 3개층 이상이고 지하층의 바닥면적의 합계가 1,000[m²] 이상인 것은 지하층의 전층

③ 지하가 중 터널로서 길이가 500[m] 이상인 것

④ 지하구로서 규정에 의한 공동구

2. 무선통신보조설비 종류 및 구성요소

① **누설동축케이블 방식** : 누설동축케이블, 분배기, 동축케이블, 무선기기접속단자, 증폭기, 무반사 종단저항, 분파기

② **안테나 방식** : 안테나, 분배기, 동축케이블, 무선기기접속단자, 증폭기, 분파기

③ 혼합 방식

3. 누설동축케이블 설치기준

① 소방전용 주파수대에서 전파의 전송 또는 복사에 적합한 것으로서 소방전용의 것. 소방대 상호간의 무선연락에 지장이 없는 경우에는 다른 용도와 겸용할 수 있음

② 누설동축케이블은 화재에 따라 당해 케이블의 피복이 소실된 경우에 케이블 본체가 떨어지지 아니하도록 **4[m] 이내**마다 금속제 또는 자기제 등의 지지금구로 벽·천장·기둥 등에 견고하게 고정시킬 것

관련기출

▪ 다음 중 무선통신보조설비에 대한 설명으로 잘못된 것은?

① 지하가의 화재 시 소방대 상호간의 무선연락을 하기 위한 설비이다.

② 누설동축케이블의 끝부분에는 무반사 종단저항을 견고하게 설치하여야 한다.

✓③ 소방전용의 주파수대에서 전파의 전송 또는 복사에 적합한 것으로서 반드시 소방전용의 것이어야 한다.

④ 누설동축케이블과 이에 접속하는 안테나 또는 동축케이블과 이에 접속하는 안테나에 의한 것으로 하여야 한다.

▪ 무선통신보조설비의 누설동축케이블은 화재에 의하여 당해 케이블의 피복이 소실된 경우에 케이블 본체에 떨어지지 아니하도록 금속제 또는 자기제 등의 지지금구로 벽, 천장, 기둥 등에 견고하게 고정하여야 하는데 몇 [m] 이내마다 고정하여야 하는가?

① 2[m]　　② 3[m]
✓③ 4[m]　　④ 5[m]

③ 누설동축케이블 및 안테나는 고압의 전로로부터 **1.5[m] 이상 떨어진 위치**에 설치할 것. 다만, 당해 전로에 정전기 차폐장치를 유효하게 설치한 경우는 제외

④ 누설동축케이블의 끝부분에는 **무반사 종단저항**을 견고하게 설치

⑤ 누설동축케이블 또는 동축케이블의 임피던스는 **50[Ω]**으로 함

4. 무선기기 접속단자 설치기준

① 지상에서 유효하게 소방활동을 할 수 있는 장소 또는 수위실 등 상시 사람이 근무하고 있는 장소에 설치

② 바닥으로부터 **높이 0.8[m] 이상 1.5[m] 이하**의 위치에 설치할 것

③ 접속단자는 **보행거리 300[m] 이내마다** 설치, 다른 용도로 사용되는 **접속단자에서 5[m] 이상**의 거리를 둘 것

5. 증폭기 및 무선이동 중계기 설치기준 정리

① 전원은 전기가 정상적으로 공급되는 **축전지, 전기저장장치**(외부 전기에너지를 저장해 두었다가 필요한 때 전기를 공급하는 장치) 또는 **교류전압 옥내간선**으로 하고, 전원까지의 **배선은 전용**으로 할 것

② 증폭기의 전면에는 주회로의 전원이 정상인지 여부를 표시할 수 있는 **표시등 및 전압계**를 설치

③ 증폭기에는 비상전원이 부착된 것으로 하고, 비상전원용량은 30분 이상 작동시킬 수 있는 것

∷ 무선통신보조설비의 누설동축케이블 끝부분에는 어떤 것을 설치하는가?

① 인덕터
② 용량형 콘덴서
③ 리액터
✓ ④ 무반사 종단저항

∷ 무선통신보조설비 증폭기의 비상전원용량은 당해 설비를 유효하게 몇 분 이상 작동시킬 수 있어야 하는가?

① 10분
② 20분
✓ ③ 30분
④ 60분

12 　제연설비

1. 제연설비 설치대상

① 문화집회 및 운동시설로서 무대부의 바닥면적이 200[m²] 이상 또는 문화집회 및 운동시설 중 영화상영관으로서 수용인원 100인 이상인 것

② 근린생활시설·위락시설·판매시설 및 영업시설, 숙박시설로서 지하층, 또는 무창층의 바닥면적이 1,000[m²] 이상인 것은 당해 용도로 사용되는 모든 층

③ 판매시설 및 영업시설 중 시외버스정류장·철도역사·공항시설·해운시설의 대합실 또는 휴게시설로서 지하층 또는 무창층의 바닥면적이 1,000[m²] 이상인 것

관련기출

④ 지하가(터널은 제외)로서 연면적 1,000[m²] 이상인 것

⑤ 지하가 중 터널로서 길이가 1,000[m] 이상인 것

⑥ 특정소방대상물(복도형 아파트를 제외)에 부설된 특별피난계단 또는 비상용 승강기의 승강장

2. 제연구획의 설정

① 하나의 제연구역의 면적은 1,000[m²] 이내로 할 것

② 거실과 통로(복도를 포함)는 상호 제연구획할 것

③ 통로상의 제연구역은 보행중심선의 길이가 60[m]를 초과하지 아니할 것

④ 하나의 제연구역은 직경 60[m] 원 내에 들어갈 수 있을 것

⑤ 하나의 제연구역은 2개 이상 층에 미치지 아니하도록 할 것

3. 제연구획 적합기준

제연구역의 구획은 보·제연 경계벽 및 벽으로 하되, 다음의 기준에 적합하여야 함

① 재질은 내화재료, 불연재료 또는 제연 경계벽으로 성능을 인정받은 것으로서 화재 시 쉽게 변형·파괴되지 아니하고 연기가 누설되지 않는 기밀성 있는 재료로 할 것

② 제연경계는 제연경계의 폭이 0.6[m] 이상이고, 수직거리는 2[m] 이내이어야 함

4. 제연설비의 종류

① 전실제연설비

② 상가제연설비 : 밀폐형 상가제연설비, 개방형 상가제연설비

③ 자동방화문

④ 방화셔터

⑤ 배연창

제연설비를 할 때 하나의 제연구역의 면적은 몇 [m²] 이내로 하여야 하는가?

① 600[m²]
② 800[m²]
✓ ③ 1,000[m²]
④ 1,200[m²]

제연설비의 설치장소를 제연구역으로 구획할 때 옳은 것은?

① 하나의 제연구역의 면적은 3,000[m²] 이내로 할 것
② 하나의 제연구역은 3개 이상 층에 미치도록 할 것
③ 하나의 제연구역은 직경 80[m] 원 내에 들어갈 수 있을 것
✓ ④ 거실과 통로는 상호 제연구획할 것

13 소화설비

1. 소화설비의 종류

① 옥내소화전설비

② 옥외소화전설비

③ 스프링클러설비

④ 이산화탄소 소화설비 및 할론 소화설비

2. 옥내소화전설비

① 옥내소화전설비 설치대상

　ㄱ 연면적 3,000[m²] 이상

　ㄴ 지하층, 무창층 또는 층수가 4층 이상인 것 중 바닥면적이 600[m²] 이상
　　인 층이 있는 것은 전층에 설치

　ㄷ 지하가 중 터널로서 길이가 1,000[m] 이상인 터널에 설치

　ㄹ 근린생활시설 · 위락시설 · 판매시설 및 영업시설 · 숙박시설 · 노유자시설 ·
　　의료시설 · 업무시설 · 통신촬영시설 공장 · 창고시설 · 운수자동차 관련시
　　설 또는 복합 건축물로서 연면적 1,500[m²] 이상이거나 지하층, 무창층
　　또는 층수가 4층 이상인 층 바닥면적이 300[m²] 이상인 층이 있는 것은
　　전층에 설치

　ㅁ 건축물의 옥상에 설치된 차고 또는 주차의 용도로 사용되는 부분의 면적
　　이 200[m²] 이상인 것에 설치.

　ㅂ 공장 또는 창고로서 750배 이상의 특수가연물을 저장 · 취급하는 것

② 옥내소화전 분류

　ㄱ 펌프방식

　ㄴ 고가수조방식

　ㄷ 압력수조방식

③ 옥내소화전 전원설비

　ㄱ 저압수전인 경우에는 인입개폐기의 직후에서 분기하여 전용배관, 배선으
　　로 구성

　ㄴ 특고압 또는 고압수전일 경우에는 전력용 변압기 2차측의 주차단기 1차
　　측에서 분기하여 전용배선으로 하되 상용전원의 상시공급에 지장이 없을
　　경우에는 주차단기 2차측에서 분기하여 전용배선으로 함

④ 제어반 설치

　ㄱ 감시제어반

　　• 각 펌프의 작동 여부를 확인할 수 있는 표시등 및 음향경보기능이 있어야
　　　할 것

　　• 각 펌프를 자동 및 수동으로 작동시키거나 작동을 중단시킬 수 있어야 할 것

　　• 비상전원을 설치한 경우에는 상용전원 및 비상전원의 공급 여부를 확인할 수
　　　있어야 할 것

관련기출

다음 중 옥내소화전설비에서 펌프
전동기의 사용전원회로배선으로 옳지
않은 것은?

① 저압수전인 경우 인입개폐기 직
　후에서 분기

② 전용배선 사용

✓③ 고압수전인 경우 전력용 변압기 2
　차측의 주차단기 2차측에서 분기

④ 전용의 차단기 사용

옥내소화전설비는 제어반을 설치하
여야 한다. 어떤 종류의 제어반으로
구분하여 설치하여야 하는가?

① 상용전원제어반과 예비전원제어반

② 상용전원제어반과 동력제어반

✓③ 감시제어반과 동력제어반

④ 감시제어반과 예비전원제어반

- 수조 또는 물올림탱크가 저수위로 될 때 표시등 및 음향으로 경보할 것
- 각 확인 회로마다 도통시험 및 작동시험을 할 수 있어야 할 것
- 예비전원이 확보되고 예비전원의 적합 여부를 시험할 수 있어야 할 것

     ⓒ 동력제어반 설치

- 앞면은 적색으로 하고 '옥내소화전설비용 동력제어반'이라고 표시한 표지를 설치할 것
- 외함은 두께 1.5[mm] 이상의 강판 또는 이와 동등 이상의 강도 및 내열성능이 있는 것으로 할 것

⑤ 옥내소화전설비 비상전원 설치

     ㉠ 지하층을 제외한 층수가 7층 이상으로서 연면적이 2,000[m^2] 이상인 것

     ㉡ ㉠에 해당하지 아니하는 소방대상물로서 지하층의 바닥면적의 합계가 3,000[m^2] 이상인 것

     ㉢ 비상전원은 **자가발전설비, 축전지설비**(내연기관에 따른 펌프를 사용하는 경우에는 내연기관의 기동 및 제어용 축전지를 말한다) 또는 **전기저장장치**(외부 전기에너지를 저장해 두었다가 필요한 때 전기를 공급하는 장치)로서 다음의 기준에 따라 설치하여야 한다.

- 점검에 편리하고 화재 및 침수 등의 재해로 인한 피해를 받을 우려가 없는 곳에 설치할 것
- 옥내소화전설비를 유효하게 20분 이상 작동할 수 있어야 할 것
- 상용전원으로부터 전력의 공급이 중단된 때에는 자동으로 비상전원으로부터 전력을 공급받을 수 있도록 할 것
- 비상전원(내연기관의 기동 및 제어용 축전기를 제외)의 설치장소는 다른 장소와 방화구획 할 것. 이 경우 그 장소에는 비상전원의 공급에 필요한 기구나 설비외의 것(열병합발전설비에 필요한 기구나 설비는 제외)을 두어서는 아니 된다.
- 비상전원을 실내에 설치하는 때에는 그 실내에 비상조명등을 설치할 것

:: 옥내소화전설비의 비상전원은 당해 설비를 유효하게 몇 분 이상 작동할 수 있는 용량이어야 하는가?

① 10분
② 15분
✓ ③ 20분
④ 30분

3. 옥외소화전설비

옥외소화전은 건축물의 화재를 진압하는 외부에 설치된 고정설비로서 건축물의 1층과 2층의 화재발생 시 또는 옆건물로의 화재확대를 방지하기 위해 설치하며, 자위소방대의 초기 소화 시 또는 소방대가 도착하여 이용할 수 있는 소화설비이다. 설비의 구성은 수원 · 가압송수장치 · 옥외소화전 · 배관 등으로 구성되며, 옥내소화전과는 방수구의 규격만 다를 뿐 거의 구성요소가 비슷하다.

① 옥외소화전 설치대상

   ㉠ 지상 1층 및 2층의 바닥면적의 합계가 9,000[m²] 이상인 것. 이 경우 동일구 내에 2 이상의 건축물이 있는 경우에는 그 건축물의 외벽 상호간의 중심선으로부터 수평거리가 지상 1층에서는 3[m] 이하, 지상 2층에서는 5[m] 이하인 것은 1개의 건축물로 본다.

   ㉡ 지정문화재로서 연면적 1,000[m²] 이상인 것

   ㉢ 공장 또는 창고로서 750배 이상의 특수가연물을 저장·취급하는 것

② 전원설치기준

   ㉠ 저압수전인 경우에는 인입개폐기의 직후에서 분기하여 전용배선으로 함

   ㉡ 특고압수전 또는 고압수전일 경우에는 전력용 변압기 2차측의 주차단기 1차측에서 분기하여 전용배선으로 하되, 상용전원의 상시공급에 지장이 없을 경우에는 주차단기 2차측에서 분기하여 전용배선으로 할 것

③ 제어반 설치

   ㉠ 감시제어반

     • 각 펌프의 작동 여부를 확인할 수 있는 표시등 및 음향경보기능이 있어야 할 것

     • 각 펌프를 자동 및 수동으로 작동시키거나 작동을 중단시킬 수 있어야 할 것

     • 비상전원을 설치한 경우에는 상용전원 및 비상전원의 공급 여부를 확인할 수 있어야 할 것

     • 수조 또는 물올림탱크가 저수위로 될 때 표시등 및 음향으로 경보할 것

     • 각 확인 회로마다 도통시험 및 작동시험을 할 수 있어야 할 것

     • 예비전원이 확보되고 예비전원의 적합 여부를 시험할 수 있어야 할 것

   ㉡ 동력제어반 설치

     • 앞면은 적색으로 하고 '옥내소화전설비용 동력제어반'이라고 표시한 표지를 설치할 것

     • 외함은 두께 1.5[mm] 이상의 강판 또는 이와 동등 이상의 강도 및 내열성능이 있는 것으로 할 것

4. 스프링클러설비

① 스프링클러설비의 종류

   ㉠ 습식 스프링클러설비

     • 습식 스프링클러설비는 평상시에는 배관 내의 물이 헤드까지 도달해 있는 상태를 유지하고, 화재가 발생하면 헤드 감열체가 열에 의해 용해되어 가압수가 화재발생지점으로 방사되도록 구성된 설비이다.

관련기출

옥외소화전설비의 비상전원은 당해 옥외소화전설비를 유효하게 몇 분 이상 작동할 수 있는 용량 이상이어야 하는가?

① 0분

② 20분

③ 60분

✔ ④ 비상전원을 치하지 않아도 된다.

국가화재안전기준상 유수검지장치에서 스프링클러헤드까지 압축공기 또는 질소 등의 기체로 충전된 스프링클러설비는?

① 습식 스프링클러설비
✓② 건식 스프링클러설비
③ 준비작동식 스프링클러설비
④ 일제살수식 스프링클러설비

• 화재 시 방수가 이루어지게 되면 배관 내 물의 유동을 유수검지장치(alarm valve)에 의해 압력스위치가 동작하고 이 신호를 경보신호로 발생한다.

• 습식 스프링클러소화설비는 동절기 배관동결 우려가 없는 장소에 설치하거나 보온대책을 세우는 것이 필수적이며, 일반적으로 많이 사용되는 스프링클러방식이다.

ⓛ 건식 스프링클러

• 건식 스프링클러설비라 함은 건식 유수검지장치 2차측에 압축공기 또는 질소 등의 기체로 충전된 배관에 폐쇄형 스프링클러헤드가 부착된 스프링클러설비로서, 폐쇄형 스프링클러헤드가 개방되어 배관 내의 압축공기 등이 방출되면 건식 유수검지장치 1차측의 수압에 의하여 건식 유수검지장치가 작동하게 되는 스프링클러설비를 말한다.

• 습식은 배관 내 물이 항상 채워져 있는 반면 건식은 밸브를 중심으로 1차측에만 물이 채워져 있고, 2차측에는 에어컴프레서에 의한 압축공기가 채워져 있다.

ⓒ 준비작동식 스프링클러

• 준비작동식 스프링클러설비라 함은 가압송수장치에서 준비작동식 유수검지장치 1차측까지 배관 내에 항상 물이 가압되어 있고 2차측에서 폐쇄형 스프링클러헤드까지 대기압 또는 저압으로 있다가 화재발생 시 감지기의 작동으로 준비작동식 유수검지장치가 작동하여 폐쇄형 스프링클러헤드까지 소화용수가 송수되어 폐쇄형 스프링클러헤드가 열에 따라 개방되는 방식의 스프링클러설비를 말한다.

• 준비작동식 스프링클러설비는 건식 스프링클러설비와 습식 스프링클러설비의 장단점을 보완한 시스템이라 할 수 있다.

② 주요 구성요소

ⓐ 솔레노이드밸브 기동스위치(SV : Solenoid Valve Switch)

ⓑ 탬퍼스위치(TS : Temper Switch)

ⓒ 압력스위치(PS : Pressure Switch)

ⓓ 수동조작함(Supervisory panel)

③ 스프링클러설비 전원

ⓐ 상용전원

• 저압수전인 경우에는 인입개폐기의 직후에서 분기하여 전용배선으로 하여야 하며, 전용의 전선관에 보호되도록 할 것

• 특고압수전 또는 고압수전일 경우에는 전력용 변압기 2차측의 주차단기 1차측에서 분기하여 전용배선으로 하되, 상용전원의 상시공급에 지장이 없을 경우에는 주차단기 2차측에서 분기하여 전용배선으로 할 것

ⓛ 비상전원

- 스프링클러설비에는 자가발전설비, 축전지설비 또는 전기저장장치에 따른 비상전원을 설치하여야 한다. 다만, 차고·주차장으로서 스프링클러설비가 설치된 부분의 바닥면적의 합계가 1,000[m²] 미만인 경우에는 비상전원수전설비로 설치할 수 있으며, 2 이상의 변전소에서 전력을 동시에 공급받을 수 있거나 하나의 변전소로부터 전력의 공급이 중단되는 때에는 자동으로 다른 변전소로부터 전력을 공급받을 수 있도록 상용전원을 설치한 경우와 가압수조방식에는 비상전원을 설치하지 아니할 수 있다

- 자가발전설비, 축전기설비 또는 전기저장장치(외부 전기에너지를 저장해 두었다가 필요한 때 전기를 공급하는 장치)는 다음의 기준을, 비상전원수전설비는 「소방시설용비상전원수전설비의 화재안전기준(NFSC 602)」에 따라 설치하여야 한다.

  − 점검에 편리하고 화재 및 침수 등의 재해로 인한 피해를 받을 우려가 없는 곳에 설치할 것
  − 스프링클러설비를 유효하게 20분 이상 작동할 수 있어야 할 것
  − 상용전원으로부터 전력의 공급이 중단된 때에는 자동으로 비상전원으로부터 전력을 공급받을 수 있도록 할 것

④ 제어반(감시제어반 기능)

ⓐ 각 펌프의 작동 여부를 확인할 수 있는 표시등 및 음향경보기능이 있어야 할 것

ⓛ 각 펌프를 자동 및 수동으로 작동시키거나 작동을 중단시킬 수 있어야 할 것

ⓒ 비상전원을 설치한 경우에는 상용전원 및 비상전원의 공급 여부를 확인할 수 있어야 할 것

ⓔ 수조 또는 물올림탱크가 저수위로 될 때 표시등 및 음향으로 경보할 것

ⓜ 예비전원이 확보되고 예비전원의 적합 여부를 시험할 수 있어야 할 것

⑤ 음향장치

ⓐ 유수검지장치를 사용하는 설비에 있어서는 헤드가 개방되면 유수검지장치가 화재신호를 발신하고 그에 따라 음향장치가 경보되도록 하여야 한다.

ⓛ 음향장치는 유수검지장치 등의 담당구역마다 설치하되 그 구역의 각 부분으로부터 하나의 음향장치까지의 수평거리는 25[m] 이하가 되도록 한다.

ⓒ 음향장치는 경종 또는 사이렌(전자식 사이렌을 포함)으로 하되, 주위의 소음 및 다른 용도의 경보와 구별이 가능한 음색으로 할 것. 이 경우 음향장치를 경종으로 설치하는 경우에는 유수검지장치 등의 부근에 유수검지장치 등이 개방되어 2차측에 유수가 있는 때 경보되는 사이렌을 1개 이상 설치하여야 하며, 그 사이렌은 자동화재탐지설비·비상벨설비 또는 자동식 사이렌설비의 음향장치와 겸용할 수 있다.

ⓔ 주음향장치는 수신의 내부 또는 그 직근에 설치할 것

관련기출

∷ 다음 중 스프링클러설비의 비상전원에 대한 설명으로 틀린 것은?

① 비상전원은 당해 설비를 20분 이상 작동시킬 수 있어야 한다.

② 상용전원 정전 시 비상전원으로 자동전환되어야 한다.

③ 비상전원의 종류는 자가발전설비와 축전지설비 등 두 가지 종류가 있다.

✔ ④ 비상전원이 설치되는 장소에는 비상조명과 비상전원표시설비를 한다.

∷ 다음 중 스프링클러설비의 감시제어반과 자동화재탐지설비의 수신기를 별도의 장소에 설치할 경우의 조치사항으로 옳은 것은?

✔ ① 상호간에 동시통화가 가능하도록 하여야 한다.

② 감시제어반 내에는 누설전류를 감지할 수 있는 설비를 하여야 한다.

③ 자동화재탐지설비의 수신기에는 스프링클러설비 헤드의 온도를 측정할 수 있는 장치가 있어야 한다.

④ 감시제어반과 수신기의 전원은 축전지설비로 하여야 한다.

∷ 스프링클러설비의 음향장치는 유수검지장치 등의 담당구역마다 설치하되, 그 구역의 각 부분으로부터 하나의 음향장치까지의 수평거리는 몇 [m] 이하가 되도록 하여야 하는가?

✔ ① 25[m]   ② 30[m]
  ③ 35[m]   ④ 40[m]

다음 중 이산화탄소소화설비 제어반의 기능이 아닌 것은?

① 감지기 신호를 수신하여 음향경보장치를 작동시킨다.

② 수동기동장치의 신호를 수신하여 소화약제를 방출시킨다.

③ 감지기 신호를 수신하여 소화약제를 방출시킨다.

✓④ 소화약제의 방출을 소방관서에 통보한다.

5. 이산화탄소 및 할론소화설비

이산화탄소소화설비 및 할론소화설비는 가스를 이용한 질식 소화방식을 이용한 소화설비이다. 화재 시 물질의 연소현상을 지속하기 위해서는 산소가 필수적으로 필요하다. 이산화탄소 또는 할론가스 등을 주입시켜 공기 중의 산소농도를 줄임으로써 더 이상 연소현상이 발생되지 못하도록 하여 소화하는 방식이다. 약제방출방식에 따라 전역방출방식과 국소방출방식 및 호스릴방식 등이 있다.

① 이산화탄소 소화설비

　㉠ 이산화탄소 소화설비 분류

　　• 전역방출방식

　　• 국소방출방식

　　• 호스릴방식

　㉡ 이산화탄소 소화설비 기동장치

　　• 수동식 기동장치 : 비상스위치(방출지연스위치)

　　－전역방출방식에 있어서는 방호구역마다, 국소방출방식에 있어서는 방호대상물마다 설치할 것

　　－당해 방호구역의 출입구부분 등 조작을 하는 자가 쉽게 피난할 수 있는 장소에 설치할 것

　　－기동장치의 조작부는 바닥으로부터 높이 0.8[m] 이상 1.5[m] 이하의 위치에 설치

　　－기동장치에는 그 가까운 곳의 보기 쉬운 곳에 '이산화탄소소화설비 기동장치'라고 표시한 표지를 할 것

　　－전기를 사용하는 기동장치에는 전원표시등을 설치할 것

　　－기동장치의 방출용 스위치는 음향경보장치와 연동하여 조작될 수 있는 것으로 할 것

　• 자동식 기동장치

　－자동식 기동장치에는 수동으로 기동할 수 있는 구조로 할 것

　－전기식 기동장치로서 7병 이상의 저장용기를 동시에 개방하는 설비에 있어서는 2병 이상의 저장용기에 전자개방밸브를 부착할 것

　－가스압력식 기동장치는 다음의 기준에 따를 것

　㉢ 비상전원 : 이산화탄소 소화설비를 20분 이상 작동할 수 있는 자가발전설비 또는 축전지설비 설치

② 할론 소화설비의 분류

㉠ 고정식 할론 설비

㉡ 패키지 시스템

이산화탄소소화설비의 전기식 기동장치로서 몇 병 이상의 저장용기를 동시에 개방하는 설비에 있어서는 2병 이상의 저장용기에 전자개방밸브를 부착하도록 되어 있는가?

① 4병

② 5병

③ 6병

✓④ 7병

14 비상전원설비 및 기타 전기설비

1. 자가용 발전설비

① 발전기 용량

    ㉠ 발전기 용량[kVA] > 총 부하용량 × 수용률

    ㉡ 발전기 용량[kVA] > $\left(\dfrac{1}{\Delta V}-1\right)\times X_L\times P$[KVA]

      P : 기동용량[KVA]

      ΔV : 부하투입 시 허용전압강하(0.2~0.25)

      X_L : 발전기 과도리액턴스(0.25~0.3)

② 발전기 기동 및 차단기 용량

    ㉠ 기동용량 $\sqrt{3}\times$ 정격전압 × 기동전류 $\times 10^{-3}$[kVA]

    ㉡ 차단기 용량 $P_S > \dfrac{P}{X_L}\times 1.25$(여유율)

      X_L : 과도리액턴스, P : 발전기 정격용량

    ㉢ 발전기실의 넓이

      $S > 1.7\sqrt{P}$[m^2]

③ 축전지설비

<table>
<tr><th colspan="2">종별</th><th colspan="2">연축전지</th><th colspan="2">알칼리축전지</th></tr>
<tr><td colspan="2">형식별</td><td>클래식
(CS형)</td><td>페이스트식
(HS형)</td><td>포켓식
(AL, AM,
AMH, AH형)</td><td>소결식
(AH, AHH형)</td></tr>
<tr><td rowspan="3">작용
물질</td><td>양극</td><td colspan="2">PbO$_2$(이산화납)</td><td colspan="2">NiOH(수산화니켈)</td></tr>
<tr><td>음극</td><td colspan="2">Pb(납)</td><td colspan="2">Cd(카드뮴)</td></tr>
<tr><td>전해액</td><td colspan="2">H$_2$SO$_4$(황산)</td><td colspan="2">KOH(수산화칼륨)</td></tr>
<tr><td colspan="2">기대수명</td><td>10~15년</td><td>5~7년</td><td colspan="2">15~20년</td></tr>
<tr><td colspan="2">반응식</td><td colspan="2">PbO$_2$+2H$_2$SO$_4$+Pb $\underset{\text{방전}}{\overset{\text{충전}}{\rightleftarrows}}$

PbSO$_4$+2H$_2$O+PbSO$_4$</td><td colspan="2">2NiO(OH)+2H$_2$O+Cd $\underset{\text{방전}}{\overset{\text{충전}}{\rightleftarrows}}$

2Ni(OH)$_2$+Cd(OH)$_2$</td></tr>
</table>

관 련 기 출

발전기 차단기 용량을 구하기 위하
여 곱해지는 여유율은 얼마로 해야
하는가?

① 1.0

✔ ② 1.25

③ 1.5

④ 1.75

: 다음 중 연축전지와 알칼리축전지의 공칭전압으로 맞게 이루어져 있는 것은?

① 2.0, 2.0
② 1.5, 2.0
✓ ③ 2.0, 1.2
④ 1.2, 2.5

: 다음 축전지 용량을 구하는 식 중 L이 뜻하는 것은 무엇인가?

$$C = \frac{1}{L}KI$$

✓ ① 보수율
② 리액턴스
③ 방전용량
④ 여유율

: 다음 중 케이블의 명칭이 아닌 것은?

① EV
② CV
③ VV
✓ ④ IV

종별	연축전지	알칼리축전지
충전시간	길다	짧다
기전력	2.05~2.08[V]	1.32[V]
공칭전압	2.0[V]	1.2[V]
공칭용량	10시간율[Ah]	5시간율[Ah]
특징	• 축전지의 셀 수가 적다. • [Ah]당 단가가 낮다. • 기계적 강도가 약하다.	• 기계적 강도가 강하다. • 과방전, 과전류에 대해 강하다.

④ 축전지용량

$$C = \frac{1}{L}KI \, (L : 보수율, \ I : 방전전류, \ K : 방전용량 \ 환산시간)$$

2. 배선 및 간선

① 전선 굵기 선정 3요소 : 전선의 기계적 강도, 전선의 허용전류, 전압강하

② 절연전선의 종류

전선명칭	주요용도
OW전선(옥외용 비닐절연전선)	저압배전선로
DV전선(인입용 비닐절연전선)	저압인입선
IV전선(600[V] 비닐절연전선)	옥내배선
RB전선(600[V] 비닐절연전선)	특수한 경우 사용
HIV전선(450/750[V] 내열 비닐절연전선)	내열성 요구 시 사용
ACSR전선(강심알루미늄전선)	송·배전용

③ 케이블의 종류

전선명칭	절연구성 및 용도
EV케이블 (폴리에틸렌 절연비닐 외장케이블)	• 절연재료 : 폴리에틸렌 • 외장 : 염화비닐수지 • 전기특성이 우수하여 저압에서 특고압까지 널리 사용
CV케이블 (가교 폴리에틸렌 케이블)	• 절연재료 : 가교 폴리에틸렌(내열성·내방수성 강화) • 외장 : 염화비닐수지 • 대표적인 전력케이블이고 저압에서 고압에 사용

NC/CV케이블 (동심중성선 가교 폴리에틸렌 케이블)	• 절연재료 : 가교 폴리에틸렌 • 외장 : 염화비닐수지 • CV케이블 사용이 곤란한 중심점 다 중접지방식에 사용
BN케이블 (부틸 고무절연 클로로프렌 외장케이블)	• 절연재료 : 합성고무 • 외장 : 클로로프렌 • 내열성이 우수하여 광범위하게 사용
RN케이블 (고무절연 클로로프렌 외장케이블)	• 절연재료 : 천연고무 • 외장 : 클로로프렌 • 기계적 특성이 우수하여 가혹한 장 소에서 사용
VV케이블 (비닐절연 외장케이블)	• 절연재료 : 염화비닐 • 외장 : 염화비닐 • 600[V] 이하 저압 옥내배선에 사용 (VVR, VVF)

④ 배선기호

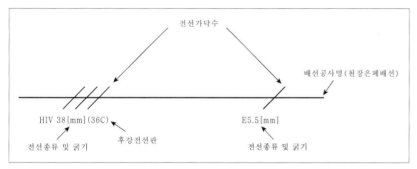

명칭	그림기호	적요
천장은폐배선	———————	천장은폐배선 중 천장 안쪽 배선을 구별하는 경우 천장 안쪽배선에 ——·——·를 이용해도 된다.
바닥은폐배선	··················	–
노출배선	— — — — — —	노출배선 중 바닥면 노출배선을 구별하는 경우에는 바닥면 노출배선에 ——··——을 이용해도 된다.
지중매설배선	—— · —— · ——	–

⑤ 배관공사 : 금속관공사, 합성수지관공사, 가요전선관공사

다음 중 합성고무 재질로 되어있는 케이블은?

① EV
✓ ② BN
③ VV
④ IV

다음 배선기호가 뜻하는 것은 무엇인가?

① 천장은폐배선
② 바닥은폐배선
③ 지중매설배선
✓ ④ 노출배선

PART
02

2015년 기출문제

2015년 제1회 소방설비기사 [전기분야]

시험일정	시험유형	시험시간	시험과목
2015.03.08	필 기	120분	1 소방원론 2 소방전기일반 3 소방관계법규 4 소방전기시설의 구조 및 원리

수험번호		성 명	

1과목 소방원론

(2014)

01 위험물안전관리법령상 옥외탱크저장소에 설치하는 방유제의 면적기준으로 옳은 것은?

① 30,000m² 이하

② 50,000m² 이하

③ 80,000m² 이하

④ 100,000m² 이하

advice

옥외탱크저장소에 설치하는 방유제
- ㉠ 설치목적 : 저장 중인 액체 위험물이 주위로 누설시 그 주위에 피해확산을 방지하기 위하여 설치한다.
- ㉡ 용량 : 방유제 안에 설치된 탱크가 하나인 때에는 그 탱크 용량의 110% 이상, 2기 이상인 때에는 그 탱크 용량 중 용량이 최대인 것의 용량의 110% 이상으로 한다. 다만, 인화성이 없는 액체 위험물의 옥외저장탱크의 주위에 설치하는 방유제는 '110%'를 '100%'로 본다.
- ㉢ 높이 : 0.5m 이상~3.0m 이하
- ㉣ 면적 : 80,000m² 이하

(2016) (2014)

02 이산화탄소의 증기비중은 약 얼마인가?

① 0.81

② 1.52

③ 2.02

④ 2.51

advice

증기비중

$$= \frac{기체의\ 분자량}{공기의\ 평균분자량} = \frac{12+16\times2}{29} = 1.52$$

03 축압식 분말소화기의 충진압력이 정상인 것은?

① 지시압력계의 지침이 노란색부분을 가리키면 정상이다.

② 지시압력계의 지침이 흰색부분을 가리키면 정상이다.

③ 지시압력계의 지침이 빨간색부분을 가리키면 정상이다.

④ 지시압력계의 지침이 녹색부분을 가리키면 정상이다.

advice

바늘이 녹색부분에 위치하면 정상, 적색부분에 위치하면 과충전, 노란색부분에 위치하면 압력이 충분하지 못한 상태이다.

Answer 01.③ 02.② 03.④

(2017)

04 할로겐화합물 소화약제에 관한 설명으로 틀린 것은?

① 비열, 기화열이 작기 때문에 냉각효과는 물보다 작다.
② 할로겐 원자는 활성기의 생성을 억제하여 연쇄반응을 차단한다.
③ 사용 후에도 화재현장을 오염시키지 않기 때문에 통신기기실 등에 적합하다.
④ 약제의 분자 중에 포함되어 있는 할로겐 원자의 소화효과는 $F > Cl > Br > I$ 순이다.

advice

비금속원소인 할로겐원소의 화합물인 경우는 $F > Cl > Br > I$의 순서로 안정성이 있다. 따라서 분해는 안정성과 반대이며, 소화의 강도는 $F < Cl < Br < I$의 순서이다.

05 그림에서 내화조건물의 표준화재 온도−시간 곡선은?

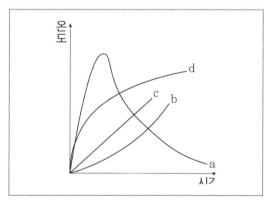

① a
② b
③ c
④ d

advice

저온장기형으로 최고온도는 약 900~1,000℃이다.

(2016) (2014)

06 화재시 불티가 바람에 날리거나 상승하는 열기류에 휩쓸려 멀리 있는 가연물에 착화되는 현상은?

① 비화
② 전도
③ 대류
④ 복사

advice

비화연소 … 불티가 바람에 날리거나 혹은 튀어서 발화점에서 떨어진 곳에 있는 대상물에 착화하여 연소되는 현상이다.

(2016) (2015) (2014)

07 유류탱크 화재시 발생하는 슬롭오버(slop over) 현상에 관한 설명으로 틀린 것은?

① 소화시 외부에서 방사하는 포에 의해 발생한다.
② 연소유가 비산되어 탱크 외부까지 화재가 확산된다.
③ 탱크의 바닥에 고인 물의 비등팽창에 의해 발생한다.
④ 연소면의 온도가 100℃ 이상일 때 물을 주수하면 발생한다.

advice

③ 보일오버에 대한 설명이다.

(2016) (2015) (2014)

08 가연물이 되기 쉬운 조건이 아닌 것은?

① 발열량이 커야 한다.
② 열전도율이 커야 한다.
③ 산소와 친화력이 좋아야 한다.
④ 활성화에너지가 작아야 한다.

advice

열전도율이 작아야 한다.

Answer 04.④ 05.④ 06.① 07.③ 08.②

(2014)

09 소방안전관리대상물에 대한 소방안전관리자의 업무가 아닌 것은?

① 소방계획서의 작성

② 자위소방대의 구성

③ 소방 훈련 및 교육

④ 소방용수시설의 지정

advice

소방안전관리자의 임무

㉠ 당해 소방대상물에 관한 소방계획의 작성

㉡ 피난시설 및 방화시설의 유지, 관리

㉢ 자위소방대의 조직

㉣ 소방 훈련 및 교육

㉤ 소방시설, 그 밖의 소방관련시설의 유지관리

㉥ 화기취급의 감독

10 가연성 물질별 소화에 필요한 이산화탄소 소화약제의 설계농도로 틀린 것은?

① 메탄 : 34vol%

② 천연가스 : 37vol%

③ 에틸렌 : 49vol%

④ 아세틸렌 : 53vol%

advice

$\%CO_2 = \dfrac{21 - 한계산소농도}{21} \times 100$ 에서 각각 물질의 한계산

소농도(MOC)를 넣고 계산하면 최소소화농도값이 계산되며, 최소설계농도는 최소소화농도값에 20%를 더하여 산출한다.

가연물질	한계산소농도 [vol%]	최소소화농도 [vol%]	최소설계농도 [vol%]
메탄	14.96	28.8	34.5
천연가스	14.49	31	37.2
에틸렌	12.39	41	49.2
아세틸렌	9.45	55	66

11 건축물의 주요 구조부에 해당되지 않는 것은?

① 기둥

② 작은 보

③ 지붕틀

④ 바닥

advice

건축물의 주요 구조부(= 건물의 구조내력상 주요한 부분)

㉠ 내력벽

㉡ 기둥(사잇기둥 제외)

㉢ 바닥(최하층 바닥 제외)

㉣ 보(작은 보 제외)

㉤ 지붕틀(차양 제외)

㉥ 주계단(옥외계단 제외)

12 위험물안전관리법령상 제4류 위험물인 알코올에 속하지 않는 것은?

① C_2H_5OH

② C_4H_9OH

③ CH_3OH

④ C_3H_7OH

advice

"알코올류"라 함은 1분자를 구성하는 탄소원자의 수가 1개부터 3개까지인 포화1가 알코올(변성알코올을 포함)을 말한다.

② 부틸알코올은 인화점 35℃로 제2석유류(비수용성)에 해당한다.

13 마그네슘에 관한 설명으로 옳지 않은 것은?

① 마그네슘의 지정수량은 500kg이다.
② 마그네슘 화재시 주수하면 폭발이 일어날 수 도 있다.
③ 마그네슘 화재시 이산화탄소 소화약제를 사용하여야 한다.
④ 마그네슘의 저장·취급시 산화제와의 접촉을 피한다.

advice

CO_2 등 질식성 가스와 접촉시에는 가연성 물질인 C와 유독성인 CO 가스를 발생한다.

$2Mg + CO_2 \rightarrow 2MgO + 2C$

$Mg + CO_2 \rightarrow MgO + CO \uparrow$

14 간이 소화용구에 해당되지 않는 것은?

① 이산화탄소소소화기
② 마른모래
③ 팽창질석
④ 팽창진주암

advice

간이 소화용구 ··· 에어로졸식 소화용구, 투척용 소화용구 및 소화약제 외의 것을 이용한 소화용구를 말한다.

(2016) (2014)

15 불활성 가스 청정소화약제인 IG−541의 성분이 아닌 것은?

① 질소   ② 아르곤
③ 헬륨   ④ 이산화탄소

advice

IG−541의 성분
$N_2 : 52\%$, $Ar : 40\%$, $CO_2 : 8\%$

(2017) (2016) (2014)

16 할로겐화합물 소화약제의 분자식이 틀린 것은?

① 할론 2402 : $C_2F_4Br_2$
② 할론 1211 : CCl_2FBr
③ 할론 1301 : CF_3Br
④ 할론 104 : CCl_4

advice

할론 명명법

Halon No.	분자식	이름	비고
할론 104	CCl_4	Carbon Tetrachloride (사염화탄소)	법적 사용 금지 (∵ 유독가스 $COCl_2$ 방출)
할론 1011	$CClBrH_2$	Bromo Chloro Methane (일취화일염화메탄)	
할론 1211	CF_2ClBr	Bromo Chloro Difluoro Methane (일취화일염화이불화메탄)	상온에서 기체, 증기 비중 : 5.7 액비중 : 1.83, 소화 기용 방사거리 : 4~5m
할론 1301	CF_3Br	Bromo Trifluoro Methane (일취화삼불화메탄)	상온에서 기체, 증기비중 : 5.1 액비중 : 1.57, 소화 설비용 인체에 가장 무해함 방사거리 : 3~4m
할론 2402	$C_2F_4Br_2$	Dibromo Tetrafluoro Ethane (이취화사불화에탄)	상온에서 액체(단, 독성으로 인해 국내외 생산되는 곳이 없으므로 사용 불가)

Answer   13.③   14.①   15.③   16.②

17 (2016) (2014)

부촉매소화에 관한 설명으로 옳은 것은?

① 산소의 농도를 낮추어 소화하는 방법이다.
② 화학반응으로 발생한 탄산가스에 의한 소화방법이다.
③ 활성기(free radical)의 생성을 억제하는 소화방법이다.
④ 용융잠열에 의한 냉각효과를 이용하여 소화하는 방법이다.

advice

부촉매소화 … 연소의 연쇄반응을 차단, 억제하여 소화하는 방법으로 억제소화, 화학소화 작용이라 한다.

18 가연성 액화가스의 용기가 과열로 파손되어 가스가 분출된 후 불이 붙어 폭발하는 현상을 무엇이라 하는가?

① 블레비(BLEVE)
② 보일오버(boil over)
③ 슬롭오버(slop over)
④ 플래시오버(flash over)

advice

① 블레비 : 연성 액체 저장탱크 주위에서 화재 등이 발생하여 기상부의 탱크 강판이 국부적으로 가열되면 그 부분의 강도가 약해져 그로 인해 탱크가 파열된다. 이때 내부에서 가열된 액화가스가 급격히 유출 팽창되어 화구(fire ball)를 형성하여 폭발하는 형태
② 보일오버 : 중질유의 탱크에서 장시간 조용히 연소하다가 탱크 내의 잔존기름이 갑자기 분출하는 현상
③ 슬롭오버 : 물이 연소유의 뜨거운 표면에 들어갈 때 기름 표면에서 화재가 발생하는 현상
④ 플래시오버 : 화재로 인하여 실내의 온도가 급격히 상승하여 가연물이 일시에 폭발적으로 착화현상을 일으켜 화재가 순간적으로 실내 전체에 확산되는 현상(=순발연소, 순간연소)

19 (2015) (2014)

착화에너지가 충분하지 않아 가연물이 발화되지 못하고 다량의 연기가 발생되는 연소형태는?

① 훈소 ② 표면연소
③ 분해연소 ④ 증발연소

advice

훈소 … 화염없이 백열과 연기를 내는 연소

20 벤젠의 소화에 필요한 CO_2의 이론소화농도가 공기가 37vol%일 때 한계산소농도는 약 몇 vol%인가?

① 13.2 ② 14.5
③ 15.5 ④ 16

advice

$\%CO_2 = \dfrac{21 - MOC}{21} \times 100 = 37$ 에서

$MOC = 13.2$

Answer 17.③ 18.① 19.① 20.①

21 다음 중 등전위면의 성질로 적당치 않은 것은?

① 전위가 같은 점들을 연결해 형성된 면이다.
② 등전위면간의 밀도가 크면 전기장의 세기는 커진다.
③ 항상 전기력선과 수평을 이룬다.
④ 유전체의 유전률이 일정하면 등전위면은 동심원을 이룬다.

advice

등전위면이란 전기력선의 전위가 같은 점을 연결하여 만들어진다. 전계(電界) 속에서 발생하는 전기력선에 직각으로 교차하는 곡선 위의 점은 같은 점이며, 이 곡선으로 만들어진 면은 등전위면이 된다.
등전위면의 특징은 다음과 같다.
• 전기력선과 직각으로 교차한다.
• 등전위면의 밀도가 높은 곳은 전기장의 세기도 크다
• 전하는 등전위면과 직각으로 이동한다(전기력선은 전하의 이동 방향을 가리키므로).
• 다른 전위의 등전위면은 서로 교차하지 않는다.
• 전위의 기울기가 0인 점으로 구성된 평면이다.

22 진동이 발생되는 장치의 진동을 억제시키는데 가장 효과적인 제어동작은?

① 온·오프동작
② 미분동작
③ 적분동작
④ 비례동작

advice

제어동작에 의한 분류에는 비례제어(P), 적분제어(I), 미분제어(D), PI제어, PD제어, PID제어 등으로 구분된다.
• 비례제어(P) : P제어라고 하며 귀환요소를 비례적으로 제어하는 방식
 –특징) 제어계의 정상편차 개선, 안정도 나쁨, 정상오차 동반, 잔류편차 존재.
• 적분제어(I) : I제어라고 하며 귀환요소를 적분하여 제어하는 방식
 –특징) 오차(잔류편차)를 제거하여 정상특성개선, P제어보다 안정도 불안
• 미분제어(D) : D제어라고 하며, 오차(잔류편차)가 커지는 것을 미연에 방지, 진동발생장치의 진동억제에 효과적
• 비례미분제어(PD) : 제어계의 응답 속응성 개선, 제어결과 빠름
• 비례적분제어(PI) : 잔류편차제거, 제어결과 진동적일 수 있음. 오프셋 제거
• 비례미적분제어(PID) : 안정성향상, 잔류편차제거, 정상특성 및 속응성개선

23 3상 전원에서 6상 전압을 얻을 수 있는 변압기의 결선방법은?

① 우드브릿지 결선
② 메이어 결선
③ 스코트 결선
④ 환상 결선

advice

변압기 결선 … 변압기 결선은 Y결선, Δ결선, V결선 등이 변압기의 기본적인 결선이며, 3상에서 2상으로 변환하는 결선방식은 스코트결선(T결선), 메이어결선, 우드브릿지결선 등이 있으며, 3상을 6상으로 변환하는 결선은 환상결선, 2중 3각결선, 2중 성형결선, 대각결선, 포크결선 등이 있다.

Answer 21.③ 22.② 23.④

24 (2019)

논리식 $\overline{X} + XY$를 간략화한 것은?

① $\overline{X} + Y$

② $X + \overline{Y}$

③ $\overline{X}Y$

④ $X\overline{Y}$

advice

$\overline{X} + \overline{X}Y = \overline{X}(1 + Y) = \overline{X}$ 이므로, 위 식에 $\overline{X}$를 대입하면,

$\overline{X} + XY = \overline{X} + \overline{X}Y + XY$

$\qquad = \overline{X} + (\overline{X} + X)Y$

$\qquad = \overline{X} + Y$

※ 흡수의 법칙

$\overline{X} + XY = \overline{X} + Y$

$X + \overline{X}Y = X + Y$

$X + \overline{X}\overline{Y} = X + \overline{Y}$

25 그림과 같은 1[kΩ]의 저항과 실리콘다이오드의 직렬회로에서 양단간의 전압 V_D는 약 몇 V인가?

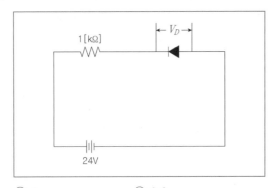

① 0

② 0.2

③ 12

④ 24

advice

다이오드의 역방향으로는 전류가 흐르지 않으므로 전압 24[V]가 다이오드에 역전압으로 걸린다. 단, 순방향일 경우 다이오드의 내부저항과 부하저항 1[kΩ]에 비례하여 분배된 전압이 걸리므로 다이오드에는 전압이 거의 걸리지 않는다.

26 그림의 회로에서 공진상태의 임피던스는 몇 Ω인가?

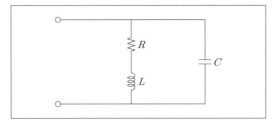

① $\dfrac{R}{CL}$

② $\dfrac{L}{CR}$

③ $\dfrac{1}{LR}$

④ $\dfrac{1}{RC}$

advice

공진 임피던스 $Z_0 = \dfrac{L}{RC}$ [Ω]

Z_0 : 공진임피던스

R : 저항

L : 인덕턴스

C : 커패시턴스

27 계측방법이 잘못된 것은?

① 훅크온 메타에 의한 전류 측정

② 회로시험기에 의한 저항 측정

③ 메거에 의한 접지저항 측정

④ 전류계, 전압계, 전력계에 의한 역률 측정

advice

• **전류측정** : 부하와 직렬로 전류계를 연결하여 측정 또는 훅크온 메타로 측정

• **저항측정** : 회로시험기(멀티테스터)를 이용한 측정

• **접지저항측정** : 접지저항계를 이용한 측정

• **절연저항측정** : 메거테스터기(절연저항계)를 이용한 측정

• **역률측정** : 역률계 또는 전압계, 전류계, 전력계를 이용한 측정

메거테스터기는 절연저항을 측정하는 기기이다.

A nswer 24.① 25.④ 26.② 27.③

28 그림과 같은 논리회로의 출력 L을 간략화한 것은?

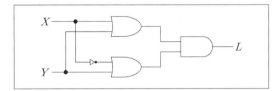

① $L = X$
② $L = Y$
③ $L = \overline{X}$
④ $L = \overline{Y}$

advice

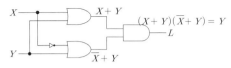

$$\therefore (X+Y)(\overline{X}+Y) = (X\overline{X} + XY + \overline{X}Y + YY)$$
$$= (0 + XY + \overline{X}Y + Y)$$
$$= (X + \overline{X} + 1)Y = Y$$

29 소형이면서 대전력용 정류기로 사용하는데 적당한 것은?

① 게르마늄정류기
② CdS
③ 셀렌정류기
④ SCR

advice

전기에서 정류기는 교류를 직류로 변환하는 기기를 말하며, 대전력의 전력변환에 적합한 스위칭 소자는 SCR이며, 사이리스터(thyristor)라고도 한다.

30 단상교류회로에 연결되어 있는 부하의 역률을 측정하는 경우 필요한 계측기의 구성은?

① 전압계, 전력계, 회전계
② 상순계, 전력계, 전류계
③ 전압계, 전류계, 전력계
④ 전류계, 전압계, 주파수계

advice

역률은 공급되는 피상전력 중 유효전력의 성분의 비, 즉 $\cos\theta = \dfrac{P}{P_a}$으로 정의되며, 이를 측정하기 위해서는 전압계와 전류계, 전력계가 필요하다.

피상전력 $P_a = V \cdot I$ (전압계, 전류계로 측정)
유효전력 $P = V \cdot I \cdot \cos\theta$ (전력계로 측정)

31 제어량이 온도, 압력, 유량 및 액면 등과 같은 일반 공업량일 때의 제어방식은?

① 추종제어
② 공정제어
③ 프로그램제어
④ 시퀀스제어

advice

① **추종제어** : 서보기구 등 목표치를 따라가며 제어하는 방식
② **공정제어**(프로세스제어) : 온도, 유량, 압력, 액위면, 농도, 밀도 등을 제어하는 방식으로 플랜트나 생산공정 중 상태량을 제어량으로 제어하는 방법
③ **프로그램제어** : 목표값 변화가 미리 정해져 있는 경우에 제어하는 방법
④ **시퀀스제어** : 미리 정해진 순서에 의한 제어로 전동기 제어 및 여러 가지 기기제어 등에 이용되는 방법

Answer 28.② 29.④ 30.③ 31.②

32 다음 중 피드백제어계에서 반드시 필요한 장치는?

① 증폭도를 향상시키는 장치
② 응답속도를 개선시키는 장치
③ 기어장치
④ 입력과 출력을 비교하는 장치

advice

Feed back 제어에서는 출력의 정확성 및 속응성을 높이기 위하여 입력측으로 다시 출력값을 되돌리는 제어계로서 목표값과의 차이를 비교하는 입출력 비교장치가 반드시 필요하다.

33 그림과 같은 회로에서 R_1과 R_2가 각각 2Ω 및 3Ω이었다. 합성저항이 4Ω이면 R_3는 몇 Ω인가?

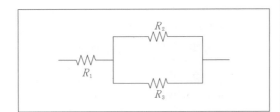

① 5
② 6
③ 7
④ 8

advice

전체저항 $R_T = R_1 + \left(\dfrac{1}{\dfrac{1}{R_2} + \dfrac{1}{R_3}} \right) = R_1 + \dfrac{R_2 R_3}{R_2 + R_3}$

그러므로,

$4 = 2 + \dfrac{3R_3}{3+R_3}$, $(4-2)(3+R_3) = 3R_3$

$6 = 3R_3 - 2R_3$ ∴ $R_3 = 6$

34 3상 3선식 전원으로부터 80m 떨어진 장소에 50A 전류가 필요해서 14mm² 전선으로 배선하였을 경우 전압강하는 몇 V인가? (단, 리액턴스 및 역률은 무시한다.)

① 10.17
② 9.6
③ 8.8
④ 5.08

advice

3상 3선식일 경우 전압강하 $V = \dfrac{30.8 \cdot l \cdot i}{1,000\,A}$ [V]이므로,

$V = \dfrac{30.8 \cdot l \cdot i}{1,000\,A} = \dfrac{30.8 \cdot 80 \cdot 50}{1,000 \cdot 14} = 8.8$

※ 참고 : 단상 2선식일 경우 전압강하

$V = \dfrac{35.6 \cdot l \cdot Ti}{1,000\,A}$ [V]

35 다음 중 회로의 단락과 같이 이상 상태에서 자동적으로 회로를 차단하여 피해를 최소화하는 기능을 가진 것은?

① 나이프 스위치
② 금속함 개폐기
③ 컷아웃 스위치
④ 서킷 브레이커

advice

④ 서킷 브레이커(CB : Circuit Breaker)는 회로의 배선용 차단기로서 회로에 전류가 흐르고 있는 상태에서 그 회로를 개폐한다든지 또는 차단기 부하측에서 단락사고 및 지락사고가 발생했을 때 신속히 회로를 차단할 수 있는 능력을 가지는 기기이다. 회로의 단락 등 전력공급 라인의 이상 상태로부터 자동으로 회로를 차단하여 전력계통을 보호하는 장치이다. OCB, ABB, MBB, VCB, GCB, ACB 등이 있다.
① 나이프 스위치 : 스위치 내에 퓨즈 등을 삽입하여 과전류로부터 회로를 보호하고 일반적으로 저압 전로의 개폐용으로 사용된다.
② 금속함 개폐기 : 금속함 안에 설치하여 사용하는 개폐기이다.
③ 컷아웃 스위치(Cut Out Switch : COS) : 회로에 일정량 이상의 전류가 흐를 때 퓨즈 등을 이용하여 회로를 차단할 때 사용하며 주로 변압기 보호 개폐용으로 많이 사용된다.

Answer 32.④ 33.② 34.③ 35.④

36 그림과 같은 논리회로의 출력 Y를 간략화한 것은?

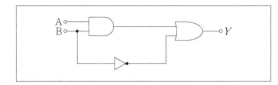

① $\overline{A}B$

② $A \cdot B + \overline{B}$

③ $\overline{A \cdot B} + B$

④ $\overline{A + B \cdot B}$

advice

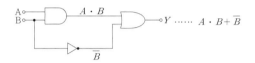

$Y \cdots\cdots A \cdot B + \overline{B}$

37 제3고조파 전류가 나타나는 결선방식은?

① Y－Y

② Y－△

③ △－△

④ △－Y

advice

- **Y-Y 결선** : 절연등급이 낮음. 고전압결선에 적합, 순환전류가 흐르지 않음. 통신선 유도장해 유발, 제3고조파 발생하여 통신선장해 및 중성선에 고조파 전류분 흘러 과열될 가능성 있음
- **△-△ 결선** : 기전력 왜곡을 일으키지 않음.(제3고조파 흡수), 1대 고장시 V결선 가능, 대전류에 적합. 중성점 접지 곤란하여 지락사고 검출 안됨, 변압비가 다른 것을 결선시 순환전류 흐름. 각상의 임피던스가 다를 때 부하전류 불평형
- **△-Y, Y-△** : △-△ 또는 Y-Y 결선의 장점을 가지나 1, 2차 간의 위상변위가 30°가 있으므로 변압기 1대 고장시 송전이 불가
  △-Y는 중성점이 필요한 곳에서 결선하고, Y-△ 결선은 중성점이 필요 없는 곳에 결선이 가능
- **V-V 결선** : 2대의 변압기로 3상 전력을 변환할 수 있으며 부하증설 및 고장시 긴급 대체용으로 이용. 다만, 이용율이 낮으며 2차측 전압이 불평형으로 될 수 있음

38 용량 $0.02\mu F$ 콘덴서 2개와 $0.01\mu F$의 콘덴서 1개를 병렬로 접속하여 24V의 전압을 가하였다. 합성용량은 몇 μF 이며, $0.01\mu F$의 콘덴서에 축적되는 전하량은 몇 C인가?

① 0.05, 0.12×10^{-6}

② 0.05, 0.24×10^{-6}

③ 0.03, 0.12×10^{-6}

④ 0.03, 0.24×10^{-6}

advice

병렬 연결된 콘덴서의 합성은 직렬 연결된 저항의 합성과 같은 방법으로 하므로, 합성 콘덴서 용량은

$0.02 + 0.02 + 0.01 = 0.05\,[\mu F]$

$Q = C \cdot V$ 이므로,

$Q = 0.01 \times 10^{-6} \times 24 = 0.24 \times 10^{-6}$ [C]

39 축전지의 부동충전 방식에 대한 일반적인 회로계통은?

① 교류→필터→변압기→정류회로→부하보상→부하
 ↳전지

② 교류→변압기→정류회로→필터→부하보상→부하
 ↳전지

③ 교류→변압기→필터→정류회로→전지→부하
 ↳부하보상

④ 교류→변압기→부하보상→정류회로→필터→부하
 ↳전지

advice

부동충전 방식의 일반적인 회로는 그림과 같다. 아래 그림에서 교류 전류는 변압기를 경유하여 정류회로를 거쳐 직류로 변환된 후 필터와 축전지로 전류가 흐르며 동시에 부하보상과 함께 부하로 전류가 흐르게 된다.

따라서 부하에 전류가 흐름과 동시에 항시 축전지에 전류를 축전할 수 있게 되어 있는 충전방식이다.

Answer 36.② 37.① 38.② 39.②

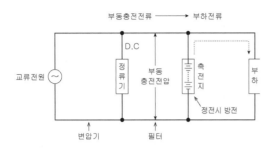

40 옥내 배선의 굵기를 결정하는 요소가 아닌 것은?

① 기계적 강도
② 허용 전류
③ 전압 강하
④ 역률

advice

전선의 굵기를 결정하는 중요 3요소 … 전선의 허용 전류, 전압 강하, 기계적 강도

3과목 소방관계법규

2016 2015 2014

41 위험물안전관리법령에서 규정하는 제3류 위험물의 품명에 속하는 것은?

① 나트륨
② 염소산염류
③ 무기과산화물
④ 유기과산화물

advice

제3류 위험물〈「위험물안전관리법 시행령」 별표 1〉

위험물			지정수량
유별	성질	품명	
제3류	자연 발화성 물질 및 금수성 물질	1. 칼륨	10킬로그램
		2. 나트륨	10킬로그램
		3. 알킬알루미늄	10킬로그램
		4. 알킬리튬	10킬로그램
		5. 황린	20킬로그램
		6. 알칼리금속(칼륨 및 나트륨을 제외한다) 및 알칼리토금속	50킬로그램
		7. 유기금속화합물(알킬알루미늄 및 알킬리튬을 제외)	50킬로그램
		8. 금속의 수소화물	300킬로그램
		9. 금속의 인화물	300킬로그램
		10. 칼슘 또는 알루미늄의 탄화물	300킬로그램
		11. 그 밖에 행정안전부령으로 정하는 것 12. 제1호 내지 제11호의 1에 해당하는 어느 하나 이상을 함유한 것	10킬로그램, 20킬로그램, 50킬로그램 또는 300킬로그램

🅰nswer 40.④ 41.①

42 소방특별조사 결과 화재예방을 위하여 필요한 때 관계인에게 소방대상물의 개수·이전·제거, 사용의 금지 또는 제한 등의 필요한 조치를 명할 수 있는 사람이 아닌 것은?

① 소방서장　　　② 소방본부장
③ 소방청장　　　④ 시·도지사

advice

소방청장, 소방본부장 또는 소방서장은 소방특별조사 결과 소방대상물의 위치·구조·설비 또는 관리의 상황이 화재나 재난·재해 예방을 위하여 보완될 필요가 있거나 화재가 발생하면 인명 또는 재산의 피해가 클 것으로 예상되는 때에는 행정안전부령으로 정하는 바에 따라 관계인에게 그 소방대상물의 개수(改修)·이전·제거, 사용의 금지 또는 제한, 사용폐쇄, 공사의 정지 또는 중지, 그 밖의 필요한 조치를 명할 수 있다 〈「화재예방, 소방시설 설치·유지 및 안전에 관한 법률」 제5조 제1항〉.

43 소방시설관리사 시험을 시행하고자 하는 때에는 응시자격 등 필요한 사항을 시험 시행일 며칠 전까지 일간신문에 공고하여야 하는가?

① 15　　　② 30
③ 60　　　④ 90

advice

시험의 시행 및 공고〈「화재예방, 소방시설 설치·유지 및 안전에 관한 법률 시행령」 제32조〉
① 관리사시험은 1년마다 1회 시행하는 것을 원칙으로 하되, 소방청장이 필요하다고 인정하는 경우에는 그 횟수를 늘리거나 줄일 수 있다.
② 소방청장은 관리사시험을 시행하려면 응시자격, 시험 과목, 일시·장소 및 응시절차 등에 관하여 필요한 사항을 모든 응시 희망자가 알 수 있도록 관리사시험 시행일 90일 전까지 소방청 홈페이지 등에 공고하여야 한다.

44 소방대장은 화재, 재난·재해, 그 밖의 위급한 상황이 발생한 현장에 소방활동구역을 정하여 지정한 사람 외에는 그 구역에 출입하는 것을 제한할 수 있다. 소방활동구역을 출입할 수 없는 사람은?

① 의사·간호사 그 밖의 구조·구급업무에 종사하는 사람
② 수사업무에 종사하는 사람
③ 소방활동구역 밖의 소방대상물을 소유한 사람
④ 전기·가스 등의 업무에 종사하는 사람으로서 원활한 소방활동을 위하여 필요한 사람

advice

소방활동구역의 출입자〈「소방기본법 시행령」 제8조〉
1. 소방활동구역 안에 있는 소방대상물의 소유자·관리자 또는 점유자
2. 전기·가스·수도·통신·교통의 업무에 종사하는 사람으로서 원활한 소방활동을 위하여 필요한 사람
3. 의사·간호사 그 밖의 구조·구급업무에 종사하는 사람
4. 취재인력 등 보도업무에 종사하는 사람
5. 수사업무에 종사하는 사람
6. 그 밖에 소방대장이 소방활동을 위하여 출입을 허가한 사람

(2017) (2014)

45 소방공사업자가 소방시설공사를 마친 때에는 완공검사를 받아야하는데 완공검사를 위한 현장 확인을 할 수 있는 특정소방대상물의 범위에 속하지 않는 것은? (단, 가스계소화설비를 설치하지 않는 경우이다.)

① 문화 및 집회시설
② 노유자시설
③ 지하상가
④ 의료시설

advice

완공검사를 위한 현장 확인 대상 특정소방대상물의 범위〈「소방시설공사업법 시행령」제5조〉

1. 문화 및 집회시설, 종교시설, 판매시설, 노유자시설, 수련시설, 운동시설, 숙박시설, 창고시설, 지하상가 및 「다중이용업소의 안전관리에 관한 특별법」에 따른 다중이용업소
2. 가스계(이산화탄소 · 할로겐화합물 · 청정소화약제)소화설비(호스릴소화설비는 제외)가 설치되는 것
3. 연면적 1만제곱미터 이상이거나 11층 이상인 특정소방대상물(아파트는 제외)
4. 가연성가스를 제조 · 저장 또는 취급하는 시설 중 지상에 노출된 가연성가스탱크의 저장용량 합계가 1천톤 이상인 시설

(2019)

46 제조소등의 위치 · 구조 또는 설비의 변경없이 당해 제조소등에서 저장하거나 취급하는 위험물의 품명 · 수량 또는 지정수량의 배수를 변경하고자 할 때는 누구에게 신고해야 하는가?

① 국무총리
② 시 · 도지사
③ 국민안전처장관
④ 관할소방서장

advice

제조소등의 위치 · 구조 또는 설비의 변경없이 당해 제조소등에서 저장하거나 취급하는 위험물의 품명 · 수량 또는 지정수량의 배수를 변경하고자 하는 자는 변경하고자 하는 날의 1일 전까지 행정안전부령이 정하는 바에 따라 시 · 도지사에게 신고하여야 한다〈「위험물안전관리법」제6조 제2항〉.

(2017)(2016)(2015)

47 하자를 보수하여야 하는 소방시설에 따른 하자보수 보증기간의 연결이 옳은 것은?

① 무선통신보조설비 : 3년
② 상수도소화용수설비 : 3년
③ 피난기구 : 3년
④ 자동화재탐지설비 : 2년

advice

하자보수 대상 소방시설과 하자보수 보증기간〈「소방시설공사업법 시행령」제6조〉

1. 피난기구, 유도등, 유도표지, 비상경보설비, 비상조명등, 비상방송설비 및 무선통신보조설비 : 2년
2. 자동소화장치, 옥내소화전설비, 스프링클러설비, 간이스프링클러설비, 물분무등소화설비, 옥외소화전설비, 자동화재탐지설비, 상수도소화용수설비 및 소화활동설비(무선통신보조설비는 제외한다) : 3년

(2016)

48 1급 소방안전관리대상물에 해당하는 건축물은?

① 연면적 $15,000m^2$ 이상인 동물원
② 층수가 15층인 업무시설
③ 층수가 20층인 아파트
④ 지하구

advice

1급 소방안전관리대상물〈「화재예방, 소방시설 설치 · 유지 및 안전관리에 관한 법률 시행령」제22조 제1항 제2호〉… 특정소방대상물 중 특급 소방안전관리대상물을 제외한 다음의 어느 하나에 해당하는 것으로서 동 · 식물원, 철강 등 불연성 물품을 저장 · 취급하는 창고, 위험물 저장 및 처리 시설 중 위험물 제조소등, 지하구를 제외한 것

가. 30층 이상(지하층은 제외)이거나 지상으로부터 높이가 120미터 이상인 아파트
나. 연면적 1만 5천제곱미터 이상인 특정소방대상물(아파트는 제외)
다. 나목에 해당하지 아니하는 특정소방대상물로서 층수가 11층 이상인 특정소방대상물(아파트는 제외)
라. 가연성 가스를 1천톤 이상 저장 · 취급하는 시설

Answer 46.② 47.② 48.②

49 피난시설, 방화구획 및 방화시설을 폐쇄 · 훼손 · 변경 등의 행위를 3차 이상 위반한 자에 대한 과태료는?

① 2백만 원

② 3백만 원

③ 5백만 원

④ 1천만 원

advice

「화재예방, 소방시설 설치 · 유지 및 안전관리에 관한 법률 시행령」 별표 10

위반행위	근거 법조문	과태료 금액(단위 : 만 원)		
		1차 위반	2차 위반	3차 이상 위반
피난시설, 방화구획 또는 방화시설을 폐쇄 · 훼손 · 변경 하는 등의 행위를 한 경우	법 제53조 제1항 제2호	100	200	300

(2015) (2014)

50 관계인이 예방규정을 정하여야 하는 옥외저장소는 지정수량의 몇 배 이상의 위험물을 저장하는 곳을 말하는가?

① 10

② 100

③ 150

④ 200

advice

관계인이 예방규정을 정하여야 하는 제조소등〈「위험물안전관리법 시행령」 제15조〉

1. 지정수량의 10배 이상의 위험물을 취급하는 제조소
2. 지정수량의 100배 이상의 위험물을 저장하는 옥외저장소
3. 지정수량의 150배 이상의 위험물을 저장하는 옥내저장소
4. 지정수량의 200배 이상의 위험물을 저장하는 옥외탱크저장소

5. 암반탱크저장소
6. 이송취급소
7. 지정수량의 10배 이상의 위험물을 취급하는 일반취급소. 다만, 제4류 위험물(특수인화물을 제외)만을 지정수량의 50배 이하로 취급하는 일반취급소(제1석유류 · 알코올류의 취급량이 지정수량의 10배 이하인 경우에 한한다)로서 다음의 어느 하나에 해당하는 것을 제외한다.
   가. 보일러 · 버너 또는 이와 비슷한 것으로서 위험물을 소비하는 장치로 이루어진 일반취급소
   나. 위험물을 용기에 옮겨 담거나 차량에 고정된 탱크에 주입하는 일반취급소

51 다음의 위험물 중에서 위험물안전관리법령에서 정하고 있는 지정수량이 가장 적은 것은?

① 브롬산염류

② 유황

③ 알칼리토금속

④ 과염소산

advice

① 브롬산염류 – 제1류 위험물 산화성고체 – 300킬로그램
② 유황 – 제2류 위험물 가연성고체 – 100킬로그램
③ 알칼리토금속 – 제3류 위험물 자연발화성물질 및 금수성물질 – 50킬로그램
④ 과염소산 – 제6류 위험물 산화성액체 – 300킬로그램

Answer 49.② 50.② 51.③

(2017)

52 소방기본법에서 규정하는 소방용수시설에 대한 설명으로 틀린 것은?

① 시·도지사는 소방활동에 필요한 소화전·급수탑·저수조를 설치하고 유지·관리하여야 한다.

② 소방본부장 또는 소방서장은 원활한 소방활동을 위하여 소방용수시설에 대한 조사를 월 1회 이상 실시하여야 한다.

③ 소방용수시설 조사의 결과는 2년간 보관하여야 한다.

④ 수도법의 규정에 따라 설치된 소화전도 시·도지사가 유지·관리해야 한다.

[advice]

시·도지사는 소방활동에 필요한 소화전·급수탑·저수조(이하 "소방용수시설"이라 한다)를 설치하고 유지·관리하여야 한다. 다만, 「수도법」 제45조에 따라 소화전을 설치하는 일반수도사업자는 관할 소방서장과 사전협의를 거친 후 소화전을 설치하여야 하며, 설치 사실을 관할 소방서장에게 통지하고, 그 소화전을 유지·관리하여야 한다〈「소방기본법」 제10조 제1항〉.

(2016)

53 무창층 여부 판단 시 개구부 요건기준으로 옳은 것은?

① 해당 층의 바닥면으로부터 개구부 밑부분까지의 높이가 1.5m 이내일 것

② 개구부의 크기가 지름 50cm 이상의 원이 내접할 수 있을 것

③ 개구부는 도로 또는 차량이 진입할 수 없는 빈터를 향할 것

④ 내부 또는 외부에서 쉽게 파괴 또는 개방할 수 없을 것

[advice]

무창층〈「화재예방, 소방시설 설치·유지 및 안전관리에 관한 법률 시행령」 제2조 제1호〉 ⋯ 무창층(無窓層)이란 지상층 중 다음의 요건을 모두 갖춘 개구부(건축물에서 채광·환기·통풍 또는 출입 등을 위하여 만든 창·출입구, 그 밖에 이와 비슷한 것을 말한다)의 면적의 합계가 해당 층의 바닥면적(「건축법 시행령」 제119조 제1항 제3호에 따라 산정된 면적을 말한다)의 30분의 1 이하가 되는 층을 말한다.

가. 크기는 지름 50센티미터 이상의 원이 내접할 수 있는 크기일 것

나. 해당 층의 바닥면으로부터 개구부 밑부분까지의 높이가 1.2미터 이내일 것

다. 도로 또는 차량이 진입할 수 있는 빈터를 향할 것

라. 화재 시 건축물로부터 쉽게 피난할 수 있도록 창살이나 그 밖의 장애물이 설치되지 아니할 것

마. 내부 또는 외부에서 쉽게 부수거나 열 수 있을 것

(2019)

54 아파트로서 층수가 20층인 특정소방대상물에는 몇 층 이상의 층에 스프링클러설비를 설치해야 하는가?

① 6층 ② 11층
③ 16층 ④ 전층

[advice]

스프링클러설비를 설치하여야 하는 특정소방대상물〈「화재예방, 소방시설 설치·유지 및 안전관리에 관한 법률 시행령」 별표 5 참고〉

1) 문화 및 집회시설(동·식물원은 제외), 종교시설(주요구조부가 목조인 것은 제외), 운동시설(물놀이형 시설은 제외)로서 다음의 어느 하나에 해당하는 경우에는 모든 층

가) 수용인원이 100명 이상인 것

나) 영화상영관의 용도로 쓰이는 층의 바닥면적이 지하층 또는 무창층인 경우에는 500m² 이상, 그 밖의 층의 경우에는 1천m² 이상인 것

다) 무대부가 지하층·무창층 또는 4층 이상의 층에 있는 경우에는 무대부의 면적이 300m² 이상인 것

라) 무대부가 다) 외의 층에 있는 경우에는 무대부의 면적이 500m² 이상인 것

Answer 52.④ 53.② 54.④

2) 판매시설, 운수시설 및 창고시설(물류터미널에 한정)로서 바닥면적의 합계가 5천m² 이상이거나 수용인원이 500명 이상인 경우에는 모든 층

3) 층수가 6층 이상인 특정소방대상물의 경우에는 모든 층. 다만, 주택 관련 법령에 따라 기존의 아파트등을 리모델링하는 경우로서 건축물의 연면적 및 층높이가 변경되지 않는 경우에는 해당 아파트등의 사용검사 당시의 소방시설 적용기준을 적용한다.

4) 다음의 어느 하나에 해당하는 용도로 사용되는 시설의 바닥면적의 합계가 600m² 이상인 것은 모든 층
   가) 의료시설 중 정신의료기관
   나) 의료시설 중 종합병원, 병원, 치과병원, 한방병원 및 요양병원(정신병원은 제외)
   다) 노유자시설
   라) 숙박이 가능한 수련시설

5) 창고시설(물류터미널은 제외)로서 바닥면적 합계가 5천m² 이상인 경우에는 모든 층

6) 천장 또는 반자(반자가 없는 경우에는 지붕의 옥내에 면하는 부분)의 높이가 10m를 넘는 랙식 창고(rack warehouse)(물건을 수납할 수 있는 선반이나 이와 비슷한 것을 갖춘 것을 말한다)로서 바닥면적의 합계가 1천 5백m² 이상인 것

7) 1)부터 6)까지의 특정소방대상물에 해당하지 않는 특정소방대상물의 지하층·무창층(축사는 제외) 또는 층수가 4층 이상인 층으로서 바닥면적이 1천m² 이상인 층

8) 6)에 해당하지 않는 공장 또는 창고시설로서 다음의 어느 하나에 해당하는 시설
   가) 「소방기본법 시행령」에서 정하는 수량의 1천 배 이상의 특수가연물을 저장·취급하는 시설
   나) 「원자력안전법 시행령」에 따른 중·저준위방사성폐기물의 저장시설 중 소화수를 수집·처리하는 설비가 있는 저장시설

9) 지붕 또는 외벽이 불연재료가 아니거나 내화구조가 아닌 공장 또는 창고시설로서 다음의 어느 하나에 해당하는 것
   가) 창고시설(물류터미널에 한정) 중 2)에 해당하지 않는 것으로서 바닥면적의 합계가 2천 5백m² 이상이거나 수용인원이 250명 이상인 것
   나) 창고시설(물류터미널은 제외) 중 5)에 해당하지 않는 것으로서 바닥면적의 합계가 2천 5백m² 이상인 것
   다) 랙식 창고시설 중 6)에 해당하지 않는 것으로서 바닥면적의 합계가 750m² 이상인 것
   라) 공장 또는 창고시설 중 7)에 해당하지 않는 것으로서 지하층·무창층 또는 층수가 4층 이상인 것 중 바닥면적이 500m² 이상인 것
   마) 공장 또는 창고시설 중 8)가)에 해당하지 않는 것으로서 「소방기본법 시행령」에서 정하는 수량의 500배 이상의 특수가연물을 저장·취급하는 시설

10) 지하가(터널은 제외)로서 연면적 1천m² 이상인 것

11) 기숙사(교육연구시설·수련시설 내에 있는 학생 수용을 위한 것을 말한다) 또는 복합건축물로서 연면적 5천m² 이상인 경우에는 모든 층

12) 교정 및 군사시설 중 다음의 어느 하나에 해당하는 경우에는 해당 장소
    가) 보호감호소, 교도소, 구치소 및 그 지소, 보호관찰소, 갱생보호시설, 치료감호시설, 소년원 및 소년분류심사원의 수용거실
    나) 「출입국관리법」에 따른 보호시설(외국인보호소의 경우에는 보호대상자의 생활공간으로 한정한다.)로 사용하는 부분. 다만, 보호시설이 임차건물에 있는 경우는 제외한다.
    다) 「경찰관 직무집행법」에 따른 유치장

13) 1)부터 12)까지의 특정소방대상물에 부속된 보일러실 또는 연결통로 등

(2015)

55 소방시설업을 등록할 수 있는 사람은?

① 피성년후견인

② 소방기본법에 따른 금고 이상의 실형을 선고 받고 그 집행이 종료된 후 1년이 경과한 사람

③ 위험물안전관리법에 따른 금고 이상의 형의 집행유예를 선고받고 그 유예기간 중에 있는 사람

④ 등록하려는 소방시설업 등록이 취소된 날부터 2년이 경과한 사람

advice

소방시설업 등록의 결격사유〈「소방시설공사업법」제5조〉… 다음의 어느 하나에 해당하는 자는 소방시설업을 등록할 수 없다.

1. 피성년후견인

2. 이 법, 「소방기본법」, 「화재예방, 소방시설 설치·유지 및 안전관리에 관한 법률」 또는 「위험물안전관리법」에 따른 금고 이상의 실형을 선고받고 그 집행이 끝나거나(집행이 끝난 것으로 보는 경우를 포함한다) 면제된 날부터 2년이 지나지 아니한 사람

3. 이 법, 「소방기본법」, 「화재예방, 소방시설 설치·유지 및 안전관리에 관한 법률」 또는 「위험물안전관리법」에 따른 금고 이상의 형의 집행유예를 선고받고 그 유예기간 중에 있는 사람

4. 등록하려는 소방시설업 등록이 취소(제1호에 해당하여 등록이 취소된 경우는 제외)된 날부터 2년이 지나지 아니한 자

5. 법인의 대표자가 제1호부터 제4호까지의 규정에 해당하는 경우 그 법인

6. 법인의 임원이 제3호부터 제4호까지의 규정에 해당하는 경우 그 법인

(2014)

56 소방시설 설치·유지 및 안전관리에 관한 법률에서 규정하는 소방용품 중 경보설비를 구성하는 제품 또는 기기에 해당하지 않는 것은?

① 비상조명등 ② 누전경보기

③ 발신기 ④ 감지기

advice

① 비상조명등은 피난구조설비를 구성하는 제품 또는 기기에 해당한다.

※ 경보설비를 구성하는 제품 또는 기기〈「화재예방, 소방시설 설치·유지 및 안전관리에 관한 법률 시행령」 별표 3 참고〉

가. 누전경보기 및 가스누설경보기

나. 경보설비를 구성하는 발신기, 수신기, 중계기, 감지기 및 음향장치(경종만 해당)

(2016)

57 제4류 위험물을 저장하는 위험물제조소의 주의사항을 표시한 게시판의 내용으로 적합한 것은?

① 화기엄금 ② 물기엄금

③ 화기주의 ④ 물기주의

advice

표지 및 게시판〈「위험물안전관리법 시행규칙」 별표 4 참고〉

1. 제조소에는 보기 쉬운 곳에 다음의 기준에 따라 "위험물제조소"라는 표시를 한 표지를 설치하여야 한다.

가. 표지는 한 변의 길이가 0.3m 이상, 다른 한 변의 길이가 0.6m 이상인 직사각형으로 할 것

나. 표지의 바탕은 백색으로, 문자는 흑색으로 할 것

2. 제조소에는 보기 쉬운 곳에 다음의 기준에 따라 방화에 관하여 필요한 사항을 게시한 게시판을 설치하여야 한다.

가. 게시판은 한 변의 길이가 0.3m 이상, 다른 한 변의 길이가 0.6m 이상인 직사각형으로 할 것

나. 게시판에는 저장 또는 취급하는 위험물의 유별·품명 및 저장최대수량 또는 취급최대수량, 지정수량의 배수 및 안전관리자의 성명 또는 직명을 기재할 것

다. 나목의 게시판의 바탕은 백색으로, 문자는 흑색으로 할 것

Answer 55.④ 56.① 57.①

라. 나목의 게시판 외에 저장 또는 취급하는 위험물에 따라 다음의 규정에 의한 주의사항을 표시한 게시판을 설치할 것
　　1) 제1류 위험물 중 알칼리금속의 과산화물과 이를 함유한 것 또는 제3류 위험물 중 금수성물질에 있어서는 "물기엄금"
　　2) 제2류 위험물(인화성고체를 제외)에 있어서는 "화기주의"
　　3) 제2류 위험물 중 인화성고체, 제3류 위험물 중 자연발화성물질, <u>제4류 위험물</u> 또는 제5류 위험물에 있어서는 "<u>화기엄금</u>"
마. 라목의 게시판의 색은 "물기엄금"을 표시하는 것에 있어서는 청색바탕에 백색문자로, "화기주의" 또는 "화기엄금"을 표시하는 것에 있어서는 적색바탕에 백색문자로 할 것

(2014)

58 위험물안전관리법령에 의하여 자체소방대에 배치해야 하는 화학소방자동차의 구분에 속하지 않는 것은?

① 포수용액 방사차　② 고가 사다리차
③ 제독차　　　　　　④ 할로겐화합물 방사차

advice

화학소방자동차에 갖추어야 하는 소화능력 및 설비의 기준〈「위험물안전관리법 시행규칙」 별표 23〉

화학소방자동차의 구분	소화능력 및 설비의 기준
포수용액 방사차	포수용액의 방사능력이 매분 2,000ℓ 이상일 것
	소화약액탱크 및 소화약액혼합장치를 비치할 것
	10만ℓ 이상의 포수용액을 방사할 수 있는 양의 소화약제를 비치할 것
분말 방사차	분말의 방사능력이 매초 35kg 이상일 것
	분말탱크 및 가압용가스설비를 비치할 것
	1,400kg 이상의 분말을 비치할 것
할로겐화합물 방사차	할로겐화합물의 방사능력이 매초 40kg 이상일 것
	할로겐화합물탱크 및 가압용가스설비를 비치할 것
	1,000kg 이상의 할로겐화합물을 비치할 것
이산화탄소 방사차	이산화탄소의 방사능력이 매초 40kg 이상일 것
	이산화탄소저장용기를 비치할 것
	3,000kg 이상의 이산화탄소를 비치할 것
제독차	가성소오다 및 규조토를 각각 50kg 이상 비치할 것

(2018)

59 소방력의 기준에 따라 관할구역 안의 소방력을 확충하기 위한 필요 계획을 수립하여 시행하는 사람은?

① 소방서장
② 소방본부장
③ 시·도지사
④ 자치소방대장

advice

소방력의 기준 등〈「소방기본법」 제8조〉
① 소방기관이 소방업무를 수행하는 데에 필요한 인력과 장비 등에 관한 기준은 행정안전부령으로 정한다.
② <u>시·도지사는 소방력의 기준에 따라 관할구역의 소방력을 확충하기 위하여 필요한 계획을 수립하여 시행하여야 한다.</u>
③ 소방자동차 등 소방장비의 분류·표준화와 그 관리 등에 필요한 사항은 따로 법률에서 정한다.

(2015)

60 다음 소방시설 중 소화활동설비가 아닌 것은?

① 제연설비
② 연결송수관설비
③ 무선통신보조설비
④ 자동화재탐지설비

advice

소화활동설비〈「화재예방, 소방시설 설치·유지 및 안전관리에 관한 법률 시행령」 별표 1 참고〉 … 화재를 진압하거나 인명구조활동을 위하여 사용하는 설비로서 다음의 것
가. <u>제연설비</u>
나. <u>연결송수관설비</u>
다. 연결살수설비
라. 비상콘센트설비
마. <u>무선통신보조설비</u>
바. 연소방지설비

Answer　58.②　59.③　60.④

4과목 소방전기시설의 구조 및 원리

61 차동식감지기에 리크구멍을 이용하는 목적으로 가장 적합한 것은?

① 비화재보를 방지하기 위하여
② 완만한 온도 상승을 감지하기 위해서
③ 감지기의 감도를 예민하게 하기 위해서
④ 급격한 전류변화를 방지하기 위해서

[advice]

차동식 감지기는 화재시 온도 상승률을 감지하는 감지기로서 완만한 온도상승에는 동작하지 않는 감지기이다. 리크구멍의 크기를 조절함으로서 감지기의 감도를 조절할 수 있고 완만한 온도 상승에 감지기가 동작하지 않도록 하여 비화재보를 방지하도록 한다.
※ 리크구멍의 역할
　　㉠ 비화재보 방지
　　㉡ 완만한 온도 상승시 부동작
　　㉢ 리크구멍의 크기 조절로 감지기 동작 감도 조절
　　㉣ 급격한 온도 상승률을 감지하여 차동식 기능 역할

(2017)
62 다음 중 객석유도등을 설치하여야 할 장소는?

① 위락시설
② 근린생활시설
③ 의료시설
④ 운동시설

[advice]

객석유도등 설치장소 … 공연장, 집회장, 관람장, 운동시설

63 경계전류의 정격전류는 최대 몇 A를 초과할 때 1급 누전경보기를 설치해야 하는가?

① 30　　　　② 60
③ 90　　　　④ 120

[advice]

누전경보기 설치
㉠ 60A 이하일 때 : 2급 누전경보기 설치
㉡ 60A 초과일 때 : 1급 누전경보기 설치

64 포지 등을 사용하여 자루형태로 만든 것으로서 화재시 사용자가 그 내부에 들어가서 내려옴으로써 대피할 수 있는 피난기구는?

① 피난사다리
② 완강기
③ 간이완강기
④ 구조대

[advice]

② 완강기 : 간이완강기와 동일한 원리로서 밧줄을 이용하여 높은 곳에서 낮은 곳으로 사람의 몸무게에 따라 일정한 속도로 자동으로 내려올 수 있도록 하여 대피하는 기구로서 연속하여 사용할 수 있는 기구
③ 간이완강기 : 밧줄을 이용하여 높은 곳에서 낮은 곳으로 사람의 몸무게에 따라 일정한 속도로 자동으로 내려올 수 있도록 하여 대피하는 기구로서 연속하여 사용할 수 없는 기구
④ 구조대 : 포지 등을 사용하여 자루형태로 만든 것으로 사용자가 내부에 들어가서 미끄럼을 타며 내려와 대피하는 기구

Answer　61.①　62.④　63.②　64.④

65 연면적 2,000m² 미만의 교육연구시설 내에 있는 합숙소 또는 기숙사에 설치하는 단독경보형감지기 설치기준으로 틀린 것은?

① 각 실마다 설치하되, 바닥면적이 150m²를 초과하는 경우에는 150m²마다 1개 이상 설치할 것
② 외기가 상통하는 최상층의 계단실의 천장에 설치할 것
③ 건전지를 주전원으로 사용하는 단독경보형감지기는 정상적인 작동상태를 유지할 수 있도록 건전지를 교환할 것
④ 상용전원을 주전원으로 사용하는 단독경보형감지기의 2차전지는 제품검사에 합격한 것을 사용할 것

advice

단독경보형 감지기 설치기준
㉠ 각 실마다 설치하되, 바닥면적이 150m²를 초과하는 경우에는 150m²마다 1개 이상 설치할 것
㉡ 최상층의 계단실의 천장에 설치할 것(외기가 상통하는 계단실 제외)
㉢ 건전지를 주전원으로 사용하는 단독경보형감지기는 정상적인 작동상태를 유지할 수 있도록 건전지를 교환할 것
㉣ 상용전원을 주전원으로 사용하는 단독경보형감지기의 2차전지는 제품검사에 합격한 것을 사용할 것

2015
66 열반도체 감지기의 구성 부분이 아닌 것은?

① 수열관
② 미터릴레이
③ 열반도체 소자
④ 열전대

advice

④ 열전대 : 제에벡효과에 의한 열기전력을 이용하는 반도체 열전소자로서 열전대식 열감지기의 열감지 센서이다.
※ 열반도체 감지기 … 수열판에 있는 열반도체에 열이 가해질 경우 그 열에 의해 발생된 기전력이 검출부 내에 있는 미터릴레이를 구동시키는 방식으로 감지기가 동작하는 원리이다.

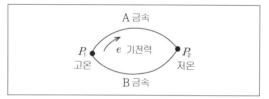

2018
67 불꽃감지기 중 도로형의 최대시야각은?

① 30° 이상
② 45° 이상
③ 90° 이상
④ 180° 이상

advice

도로에 설치하는 도로형 불꽃감지기의 최대 시야각은 180° 이상이다.

68 자동화재탐지설비의 음향장치 설치기준 중 옳은 것은?

① 지구음향장치는 당해 소방대상물의 각 부분으로부터 하나의 음향장치까지의 수평거리가 30m 이하가 되도록 한다.

② 정격전압의 80% 전압에서 음향을 발할 수 있어야 한다.

③ 음량은 부착된 음향장치의 중심으로부터 1m 떨어진 위치에서 80dB 이상이 되도록 하여야 한다.

④ 8층으로서 연면적이 3,000m² 를 초과하는 소방대상물에 있어서는 2층 이상의 층에서 발화시 발화층 및 직하층에 경보를 발하여야 한다.

advice

자동화재탐지설비 음향장치 설치기준

㉠ 지구음향장치는 당해 소방대상물의 각 부분으로부터 하나의 음향장치까지의 수평거리가 <u>25m 이하</u>가 되도록 한다.

㉡ <u>정격전압의 80% 전압</u>에서 음향을 발할 수 있어야 한다.

㉢ 음량은 부착된 음향장치의 중심으로부터 1m 떨어진 위치에서 <u>90dB 이상</u>이 되도록 하여야 한다.

㉣ <u>5층 이상(지하층 제외)</u> 연면적이 3,000m² 를 초과하는 소방대상물에 있어서는 2층 이상의 층에서 발화시 <u>발화층 및 직상층</u>에 경보를 발하여야 한다.

㉤ 감지기 · 발신기 작동과 연동하여 작동할 것

(2019)

69 무선통신보조설비의 무선기기 접속단자 중 지상에 설치하는 접속단자는 보행거리 최대 몇 m 이내마다 설치하여야 하는가?

① 5   ② 50

③ 150   ④ 300

advice

무선통신보조설비의 무선기기 접속단자 중 지상에 설치하는 접속단자는 보행거리 300m 이내마다 설치한다.

70 무선통신보조시설의 주요 구성요소가 아닌 것은?

① 누설동축케이블

② 증폭기

③ 음향장치

④ 분배기

advice

무선통신보조설비의 주요 구성요소

㉠ 누설동축케이블 또는 안테나

㉡ 증폭기

㉢ 분배기 및 분파기, 혼합기

㉣ 무선기기 접속단자

(2017) (2016) (2015) (2014)

71 비상방송설비의 설치기준에서 기동장치에 따른 화재신고를 수신한 후 필요한 음량으로 화재발생 상황 및 피난에 유효한 방송이 자동으로 개시될 때까지의 소요시간은 몇 초 이하인가?

① 10   ② 20

③ 30   ④ 40

advice

비상방송설비 방송개시까지 소요시간 : 10초 이하

화재수신 후 동작개시 시간	동작기기
5초 (축적형 60초 이내)	P형, R형, P형, R형, GP형, GR형 – 복합식 포함
5초 이내	중계기
10초 이내	비상방송설비
60초 이내	가스누설경보기

Answer   68.②   69.④   70.③   71.①

72 누전경보기에 사용하는 변압기의 정격 1차 전압은 몇 V 이하 인가?

① 100　　　　② 200

③ 300　　　　④ 400

advice

누전경보기 수신기에 설치하는 변압기 설치기준

㉠ 정격 1차 전압은 300V 이하로 할 것

㉡ 외함에는 접지단자를 설치하여야 한다.

㉢ 용량은 최대사용전류에 연속하여 견딜 수 있는 크기 이상 이어야 한다.

2019

73 경계전로의 누설전류를 자동적으로 검출하여 이를 누전경보기의 수신부에 송신하는 것은?

① 변류기　　　② 중계기

③ 검지기　　　④ 발신기

advice

누전경보기는 내화구조가 아닌 건축물로서 벽, 바다 또는 천장의 전부나 일부를 불연재료 또는 준불연재료가 아닌 재료에 철망을 넣어 만든 건물의 전기설비로부터 누설전류를 탐지하여 경보를 발하며 변류기와 수신부로 구성된 것을 말한다.

※ 변류기란 경계전로의 누설전류를 자동적으로 검출하여 이를 누전경보기의 수신부에 송신하는 것을 말한다.

74 공기관식 차동식분포형감지기의 설치기준으로 틀린 것은?

① 공기관의 노출부분은 감지구역마다 20m 이상이 되도록 할 것

② 하나의 검출부분에 접속하는 공기관의 길이는 100m 이하로 할 것

③ 검출부는 15° 이상 경사되지 아니하도록 부착할 것

④ 검출부는 바닥으로부터 0.8m 이상 1.5m 이하의 위치에 설치할 것

advice

공기관식 차동식분포형감지기의 설치기준

㉠ 공기관의 노출부분은 감지구역마다 20m 이상이 되도록 할 것

㉡ 하나의 검출부분에 접속하는 공기관의 길이는 100m 이하로 할 것

㉢ 검출부는 5° 이상 경사되지 아니하도록 부착할 것

㉣ 검출부는 바닥으로부터 0.8m 이상 1.5m 이하의 위치에 설치할 것

㉤ 공기관과 감지구역의 각 변과의 수평거리는 1.5m 이하가 되도록 하고, 공기관 상호간의 거리는 6m(내화구조 9m) 이하가 되도록 할 것

㉥ 공기관은 도중에서 분기하지 아니하도록 할 것

75 연면적 15,000m², 지하 3층 지상 20층인 소방대 (2014)
상물의 1층에서 화재가 발생한 경우 비상방송설비
에서 경보를 발하여야 하는 층은?

① 지상 1층

② 지하 전층, 지상 1층, 지상 2층

③ 지상 1층, 지상 2층

④ 지하 전층, 지상 1층

┌advice┐
5층 이상으로서 연면적이 3,000m²를 초과하는 특정소방대상물
은 다음에 따라 경보를 발할 수 있어야 한다.
㉠ 2층 이상 발화시 : 발화층 및 그 직상층
㉡ 1층에서 발화시 : 발화층, 그 직상층, 지하층
㉢ 지하층에서 발화시 : 발화층, 그 직상층, 기타의 지하층

76 휴대용비상조명등을 설치하여야 하는 특정소방대
상물에 해당하는 것은?

① 종합병원   ② 숙박시설

③ 노유자시설   ④ 집회장

┌advice┐
휴대용 비상조명등 설치대상
㉠ 숙박시설
㉡ 수용인원 100명 이상의 영화상영관, 대규모점포, 지하역사,
지하상가

77 자동화재탐지설비의 경계구역에 대한 설명 중 옳 (2018)
은 것은?

① 하나의 경계구역이 2개 이상의 건축물에 미
치지 아니하도록 하여야 한다.

② 600m² 이하의 범위 안에서는 2개의 층을 하
나의 경계구역으로 할 수 있다.

③ 하나의 경계구역의 면적은 600m², 한 변의
길이는 최대 30m 이하로 한다.

④ 지하구에 있어서는 경계구역의 길이는 최대
500m 이하로 한다.

┌advice┐
경계구역의 설정기준
㉠ 하나의 경계구역이 2개 이상의 건축물에 미치지 아니하도
록 하여야 한다.
㉡ 500m² 이하의 범위 안에서는 2개의 층을 하나의 경계구역
으로 할 수 있다.
㉢ 하나의 경계구역의 면적은 600m², 한 변의 길이는 50m 이하
로 한다.(내부전체가 보이는 것에 있어서는 1,000m² 이하)
㉣ 지하구에 있어서는 경계구역의 길이는 700m 이하로 한다.

78 비상콘센트의 플러그접속기는 단상교류 220[V]일 (2016)(2015)
경우 접지형 몇 극 플러그 접속기를 사용해야 하
는가?

① 1극   ② 2극

③ 3극   ④ 4극

┌advice┐
비상콘센트설비는 단상교류 220V, 전력용량 1.5KVA이며, 접지
형 2극 플러그접속기를 사용한다.

Answer **75.**② **76.**② **77.**① **78.**②

(2017)

79 비상콘센트설비의 전원부와 외함 사이의 절연저항은 전원부와 외함 사이를 500V 절연저항계로 측정할 때 몇 MΩ 이상이어야 하는가?

① 50   ② 40

③ 30   ④ 20

advice

비상콘센트설비의 전원부와 외함 사이의 절연저항 및 절연내력은 다음의 기준에 적합하여야 한다.

㉠ 절연저항은 전원부와 외함 사이를 500V 절연저항계로 측정할 때 20MΩ 이상일 것

㉡ 절연내력은 전원부와 외함 사이에 정격전압이 150V 이하인 경우에는 1,000V의 실효전압을, 정격전압이 150V 이상인 경우에는 그 정격전압에 2를 곱하여 1,000을 더한 실효전압을 가하는 시험에서 1분 이상 견디는 것으로 할 것

80 소방시설용 비상전원수전설비에서 전력수급용 계기용 변성기 – 주차단장치 및 그 부속기기로 정의되는 것은?

① 큐비클설비

② 배전반설비

③ 수전설비

④ 변전설비

advice

수전설비는 전력수급용 계기용 변성기 및 주차단장치와 그 부속기기를 말한다.

① **큐비클설비** : 전용큐비클식은 소방회로용으로 수전설비, 변전설비 및 그 밖의 기기 및 배선을 금속제 외함에 수납한 것이며, 공용큐비클식은 소방회로 및 일반회로 겸용의 것으로서 수전설비, 변전설비, 그 밖의 기기 및 배선을 금속제 외함에 수납한 것

② **배전반설비** : 전용배전반은 소방회로 전용의 것으로서 개폐기, 과전류차단기, 계기, 그 밖의 배선통기기 및 배선을 금속제 외함에 수납한 것이며, 공용배전반은 소방회로 및 일반회로 겸용으로 개폐기, 과전류차단기, 계기, 그 밖의 배선용기기 및 배선을 금속제 외함에 수납한 것

④ **변전설비** : 전력용 변압기 및 그 부속장치

2015년 제2회 소방설비기사 [전기분야]

시험일정	시험유형	시험시간	시험과목
2015.05.31	필 기	120분	1 소방원론 2 소방전기일반 3 소방관계법규 4 소방전기시설의 구조 및 원리

수험번호		성 명	

1과목 소방원론

(2014)

01 이산화탄소 소화약제의 주된 소화효과는?

① 제거소화　　② 억제소화
③ 질식소화　　④ 냉각소화

advice

공기보다 약 1.5배 무거우므로 연소물에 덮여져 공기 중의 산소공급을 차단하여 질식소화를 한다.

02 이산화탄소 소화설비의 적용대상이 아닌 것은?

① 가솔린
② 전기설비
③ 인화성 고체 위험물
④ 니트로셀룰로오스

advice

니트로셀룰로오스는 제5류 위험물(자기반응성 물질)로서 내부연소가 가능하므로 질식소화가 아닌 냉각소화가 유효하다.

03 소화약제로서 물에 관한 설명으로 틀린 것은?

① 수소결합을 하므로 증발잠열이 작다.
② 가스계 소화약제에 비해 사용 후 오염이 크다.
③ 무상으로 주수하면 중질유 화재에도 사용할 수 있다.
④ 타 소화약제에 비해 비열이 크기 때문에 냉각효과가 우수하다.

advice

물은 수소결합을 하며, 증발잠열이 크다.
물의 증발점열은 539cal/g이다.

(2016) (2015) (2014)

04 가연물이 공기 중에서 산화되어 산화열의 축적으로 발화되는 현상은?

① 분해연소　　② 자기연소
③ 자연발화　　④ 폭굉

advice

자연발화 … 어떤 물질이 외부로부터 열을 공급받지 않고 내부 반응열의 축적만으로 온도가 상승하여 발화점에 도달하여 연소를 일으키는 현상

Answer　01.③　02.④　03.①　04.③

05 유류탱크 화재시 기름 표면에 물을 살수하면 기름이 탱크 밖으로 비산하여 화재가 확대되는 현상은?

① 슬롭오버(slop over)

② 보일오버(boil over)

③ 프로스오버(froth over)

④ 블레비(BLEVE)

| advice |

① 슬롭오버 : 물이 연소유의 뜨거운 표면에 들어갈 때 기름 표면에서 화재가 발생하는 현상

② 보일오버 : 중질유의 탱크에서 장시간 조용히 연소하다가 탱크 내의 잔존기름이 갑자기 분출하는 현상

③ 프로스오버 : 탱크 속의 물이 점성을 가진 뜨거운 기름의 표면 아래에서 끓을 때 기름이 넘쳐 흐르는 현상

④ 블레비 : 연성 액체 저장탱크 주위에서 화재 등이 발생하여 기상부의 탱크 강판이 국부적으로 가열되면 그 부분의 강도가 약해져 그로 인해 탱크가 파열된다. 이때 내부에서 가열된 액화가스가 급격히 유출 팽창되어 화구(fire ball)를 형성하여 폭발하는 형태

06 방화구조의 기준으로 틀린 것은?

① 심벽에 흙으로 맞벽치기한 것

② 철망모르타르로서 그 바름두께가 2cm 이상인 것

③ 시멘트모르타르 위에 타일을 붙인 것으로서 그 두께의 합계가 1.5cm 이상인 것

④ 석고판 위에 시멘트모르타르 또는 회반죽을 바른 것으로서 그 두께의 합계가 2.5cm 이상인 것

| advice |

③ 시멘트모르타르 위에 타일을 붙인 것으로서 그 두께의 합계가 2.5cm 이상인 것

07 표준상태에서 메탄가스의 밀도는 몇 g/L인가?

① 0.21

② 0.41

③ 0.71

④ 0.91

| advice |

$$\frac{16g}{22.4L} = 0.71g/L$$

08 버너의 불꽃을 제거한 때부터 불꽃을 올리며 연소하는 상태가 끝날 때까지의 시간은?

① 10초 이내   ② 20초 이내

③ 30초 이내   ④ 40초 이내

| advice |

방염성능 기준

㉠ 버너의 불꽃을 제거한 때부터 불꽃을 올리며 연소하는 상태가 그칠 때까지의 시간(잔염시간)은 20초 이내

㉡ 버너의 불꽃을 제거한 때부터 불꽃을 올리지 아니하고 연소하는 상태가 그칠 때까지의 시간(잔진시간)은 30초 이내

㉢ 탄화면적은 50cm^2 이내이고, 탄화한 길이는 20cm 이내

㉣ 불꽃에 의하여 완전히 녹을 때까지 불꽃의 접촉횟수(접염횟수)는 3회 이상

㉤ 발연을 측정하는 경우 최대연기밀도는 400 이하

09 위험물안전관리법령상 가연성 고체는 제 몇 류 위험물인가?

① 제1류　　　② 제2류
③ 제3류　　　④ 제4류

advice

유별	성질
제1류 위험물	산화성 고체
제2류 위험물	가연성 고체
제3류 위험물	자연발화성 및 금수성 물질
제4류 위험물	인화성 액체
제5류 위험물	자기반응성 물질
제6류 위험물	산화성 액체

10 전기에너지에 의하여 발생되는 열원이 아닌 것은?

① 저항가열　　　② 마찰 스파크
③ 유도가열　　　④ 유전가열

advice

마찰 스파크는 기계에너지에 의한 열원이다.

11 화재시 이산화탄소를 방출하여 산소농도를 13vol%로 낮추어 소화하기 위한 공기 중의 이산화탄소의 농도는 약 몇 vol%인가?

① 9.5　　　② 25.8
③ 38.1　　　④ 61.5

advice

CO_2의 최소소화농도(vol%)

$$\frac{21 - 한계산소농도}{21} \times 100 = \frac{21-13}{21} \times 100$$
$$= 38.09$$

12 화재강도(fire intensity)와 관계가 없는 것은?

① 가연물의 비표면적
② 발화원의 온도
③ 화재실의 구조
④ 가연물의 발열량

advice

화재강도의 주요소 … 가연물의 연소열, 가연물의 비표면적, 공기 공급, 화재실의 구조(벽, 천장, 바닥), 단열성 등

13 건축물의 방재계획 중에서 공간적 대응계획에 해당되지 않는 것은?

① 도피성 대응
② 대항성 대응
③ 회피성 대응
④ 소방시설방재 대응

advice

㉠ 공간적 대응 : 대항성, 회피성, 도피성
㉡ 설비적 대응 : 자동소화설비, 자동화재탐지설비, 특수소화설비, 피난기구, 피난유도설비 등

14 분진폭발을 일으키는 물질이 아닌 것은?

① 시멘트 분말　　　② 마그네슘 분말
③ 석탄 분말　　　④ 알루미늄 분말

advice

시멘트 분말은 불연성 물질이므로 분진폭발을 일으킬 수 없다.

Answer　09.②　10.②　11.③　12.②　13.④　14.①

15 저팽창포와 고팽창포에 모두 사용할 수 있는 포 소화약제는?

① 단백포 소화약제
② 수성막포 소화약제
③ 불화단백포 소화약제
④ 합성계면활성제포 소화약제

advice

포 소화약제의 종류

포 소 화 약 제	질식 + 냉각	단백포 (3%, 6%)	• 동식물성 단백질의 가수분해 생성물 • 철분(안정제)으로 인해 포의 유동성 나쁨 • 소화속도 느림 • 재연방지효과 우수(5년 보관)	Ring fire 방지
		불화 단백포 (3%, 6%)	• 단백포에 불소계 계면활성제 첨가 개량형 • 유동성, 열안정성 보완 (8~10년 보관)	Ring fire 방지, SSI 방식 가능
		합성계면활성제포 (1%, 1.5%, 2%, 3%, 6%)	• 유동성이 우수하며, 내유성이 약하고, 소포가 빠름 • 유동성이 좋아 소화속도가 빠름(유출유 화재에 적합)	고팽창, 저팽창 가능, Ring fire 발생
		수성막포 (AFFF) (3%, 6%)	• 유류화재에 가장 탁월, 일명 라이트워터 • 단백포에 비해 1.5 내지 4배의 소화효과 있음 • Twin agent system (with 분말약제) • 유출유 화재에 적합	Ring fire 발생으로 탱크화재 부적합

16 플래시오버(flash over) 현상에 대한 설명으로 틀린 것은?

① 산소의 농도와 무관하다.
② 화재공간의 개구율과 관계가 있다.
③ 화재공간 내의 가연물의 양과 관계가 있다.
④ 화재실 내의 가연물의 종류와 관계가 있다.

advice

플래시오버 … 화재로 인하여 내부의 산소농도가 낮아지다가 외부의 신선한 공기가 유입되면서 실내의 온도가 급격히 상승하여 가연물이 일시에 폭발적으로 착화현상을 일으켜 화재가 순간적으로 실내 전체에 확산되는 현상(=순발연소, 순간연소)으로 산소의 농도와 관계가 있다.

17 목조건축물에서 발생하는 옥내 출화시기를 나타낸 것으로 옳지 않은 것은?

① 천장 속, 벽 속 등에서 발염착화할 때
② 창, 출입구 등에 발염착화할 때
③ 가옥의 구조에는 천장면에 발염착화할 때
④ 불연벽체나 불연천장인 경우 실내의 그 뒷면에 발염착화할 때

advice

출화
㉠ 옥내 출화
• 가옥 구조에서 천장면에 발염착화한 경우
• 천장 속, 벽 속 등에서 발염착화한 경우
• 불연천장이나 불연벽체인 경우 실내의 그 뒷면에 발염착화한 경우
㉡ 옥외 출화
• 창, 출입구 등에 발염착화한 경우
• 외부의 벽, 지붕 밑에서 발염착화한 경우

Answer **15.**④ **16.**① **17.**②

(2017) (2016) (2014)

18 분말소화약제의 열분해 반응식 중 옳은 것은?

① $2KHCO_3 \rightarrow KCO_3 + 2CO_2 + H_2O$

② $2NaHCO_3 \rightarrow NaCO_3 + 2CO_2 + H_2O$

③ $NH_4H_2PO_4 \rightarrow HPO_3 + NH_3 + H_2O$

④ $2KHCO_3 + (NH_2)_2CO \rightarrow K_2CO_3 + NH_2 + CO_2$

[advice]

③은 제3종 분말소화약제로서 제1인산암모늄의 열분해 반응식을 나타낸 것이다.

(2015)

19 화재시 분말소화약제와 병용하여 사용할 수 있는 포 소화약제는?

① 수성막포 소화약제

② 단백포 소화약제

③ 알코올형포 소화약제

④ 합성계면활성제포 소화약제

[advice]

수성막포 소화약제는 내약품성으로 분말소화약제와 Twin agent system이 가능하다.

20 제6류 위험물의 공통성질이 아닌 것은?

① 산화성 액체이다.

② 모두 유기화합물이다.

③ 불연성 물질이다.

④ 대부분 비중이 1보다 크다.

[advice]

제6류 위험물은 모두 무기화합물이다.

2과목 소방전기일반

21 개루프 제어계를 동작시키는 기준으로 직접제어계에 가해지는 신호는?

① 기준입력신호

② 피드백신호

③ 제어편차신호

④ 동작신호

[advice]

개루프 제어계의 기본 제어계는 다음 그림과 같으며 제어요소에 직접 기준입력 요소가 가해지게 된다.

22 반파 정류 정현파의 최댓값이 1일 때, 실효값과 평균값은?

① $\dfrac{1}{\sqrt{2}}, \dfrac{\pi}{2}$ ② $\dfrac{1}{2}, \dfrac{\pi}{2}$

③ $\dfrac{1}{\sqrt{2}}, \dfrac{\pi}{2\sqrt{2}}$ ④ $\dfrac{1}{2}, \dfrac{1}{\pi}$

[advice]

반파정류 파형에서 최댓값이 V_m일 때,

실효값 : $\dfrac{V_m}{2}$, 평균값 : $\dfrac{V_m}{\pi}$

파형률 : 1.571, 파고율 : 2이다.

∴ 실효값은 $\dfrac{1}{2}$, 평균값은 $\dfrac{1}{\pi}$ 이다.

Ⓐnswer 18.③ 19.① 20.② 21.① 22.④

23 한 코일의 전류가 매초 150A의 비율로 변화할 때 다른 코일에 10V 기전력이 발생하였다면 두 코일 상호 인덕턴스(H)는?

① $\frac{1}{3}$

② $\frac{1}{5}$

③ $\frac{1}{10}$

④ $\frac{1}{15}$

advice

$e = M \dfrac{di}{dt}$ [V], $\quad 10 = M \cdot 150$

$\therefore M = \dfrac{1}{15}$

24 반도체의 특징을 설명한 것 중 틀린 것은?

① 진성 반도체의 경우 온도가 올라갈수록 양(+)의 온도계수를 나타낸다.

② 열전현상, 광전현상, 홀효과 등이 심하다.

③ 반도체와 금속의 접촉면 또는 P형, N형 반도체의 접합면에서 정류작용을 한다.

④ 전류와 전압의 관계는 비직선형이다.

advice

일반적으로 금속에서는 온도가 상승하면 저항이 증가하고 온도계수는 양(+)이 되고, 반도체의 경우에는 온도상승에 따라 반송자 수가 현저하게 증가하며 이것이 원자와 충돌에 의해 생기는 저항의 증가를 능가하므로 저항값은 감소하게 되며 따라서 온도계수는 음(−)이 된다.

(2016) (2015) (2014)

25 서보기구에 있어서의 제어량은?

① 유량

② 위치

③ 주파수

④ 전압

advice

• 서보 기구 : 위치, 자세, 방위 등을 제어량으로 함
• 프로세스 제어 : 온도, 유량, 압력, 액면 등을 제어량으로 함
• 자동 조정 : 전압, 전류, 주파수, 회전속도, 장력 등을 제어량으로 함

(2016) (2015) (2014)

26 온도, 유량, 압력 등의 공업프로세스 상태량을 제어량으로 하는 제어계로서 외란의 억제를 주된 목적으로 하는 제어방식은?

① 서보 기구

② 자동 제어

③ 정치 제어

④ 프로세스 제어

advice

• 서보 기구 : 위치, 자세, 방위 등을 제어량으로 함
• 프로세스 제어 : 온도, 유량, 압력, 액면 등을 제어량으로 함
• 자동 조정 : 전압, 전류, 주파수, 회전속도, 장력 등을 제어량으로 함

Answer **23.**④ **24.**① **25.**② **26.**④

(2017)

27 Y-△ 기동방식인 3상 농형 유도전동기는 직입기동방식에 비해 기동전류는 어떻게 되는가?

① $\dfrac{1}{\sqrt{3}}$ 로 줄어든다.

② $\dfrac{1}{3}$ 로 줄어든다.

③ $\sqrt{3}$ 배로 증가한다.

④ 3배로 증가한다.

[advice]

3상 농형 유도전동기의 기동법 중 Y-△ 기동법은 기동전류를 줄이기 위하여 기동시 Y결선으로 기동하고 기동 후 △결선으로 운전하는 방식을 말한다.

Y결선할 때의 선전류 $I_Y = \dfrac{1}{\sqrt{3}} \cdot \dfrac{V}{R}$ [A]

△결선할 때의 선전류 $I_\triangle = \sqrt{3}\,\dfrac{V}{R}$ [A] 이므로

두 결선에 의한 전류를 비교하면, $\dfrac{1}{3}$ 로 감소한다.

$$\dfrac{I_Y}{I_\triangle} = \dfrac{\dfrac{V}{\sqrt{3}\,R}}{\dfrac{\sqrt{3}\,V}{R}} = \dfrac{1}{3}$$

(2014)

28 주파수 60Hz, 인덕턴스 50mH인 코일의 유도리액턴스는 몇 Ω인가?

① 14.14

② 18.85

③ 22.12

④ 26.86

[advice]

유도리액턴스 $X_L = w \cdot L$ [Ω], $w = 2\pi \cdot f \cdot L$ 이므로
$X_L = 2 \cdot \pi \cdot 60 \cdot 50 \cdot 10^{-3} \fallingdotseq 18.85$

(2017) (2014)

29 주로 정전압 회로용으로 사용되는 소자는?

① 터널다이오드

② 포토다이오드

③ 제너다이오드

④ 매트릭스다이오드

[advice]

• 일반적인 다이오드는 PN접합에 의해 만들어지고 한쪽 방향으로 전류가 흐르게 되는 반도체 소자이다.

• 제너다이오드는 정전압 다이오드라고도 하며 일정 전압을 유지하는데 이용되는 사용되는 다이오드이다.

• 터널다이오드는 일반 다이오드에서 나타나는 항복점과 방향성이 없고, 일정전압 이상의 전압을 가하면 전류가 감소하는 부성저항 특성을 가지고 있다.

• 포토다이오드는 수광다이오드라고도 하며 유입되는 빛을 전기신호로 변환하는 기능을 하며, 빛의 세기에 비례해서 출력전압이 발생하게 된다.

(2014)

30 논리식 $x = \overline{(A \cdot A)}$ 를 간략화한 것은?

① $\overline{A}$　　　　　② A

③ 0　　　　　④ ϕ

[advice]

$A \cdot A = A$ 이므로, $\overline{(A \cdot A)} = \overline{A}$ 이다.

Ⓐnswer 27.② 28.② 29.③ 30.①

31 실리콘 정류기(SCR)의 애노드 전류가 5A일 때 게이트 전류를 2배로 증가시키면 애노드 전류[A]는?

① 2.5

② 5

③ 10

④ 20

advice

SCR의 게이트는 SCR의 애노드와 캐소드 간을 도통시키는 기능을 하는 것으로서 일정 게이트 전류를 증가시키는 것과 애노드의 전류의 증감과는 무관하다.

32 3상 유도전동기의 회전자 철손이 작은 이유는?

① 효율, 역률이 나쁘다.

② 성층 철심을 사용한다.

③ 주파수가 낮다.

④ 2차가 권선형이다.

advice

• 3상 유도전동기는 주파수가 낮아질 경우 회전자 철손이 감소하게 된다.
• 철손이란 회전자의 철심 속에서 생기는 손실을 말한다.

(2018)

33 그림과 같은 게이트의 명칭은?

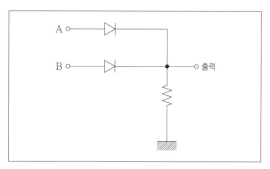

① AND　　　② OR

③ NOR　　　④ NAND

advice

A와 B 어느쪽에서 전류가 흘러도 부하측에 전류가 흐를 수 있으므로 OR 논리회로이다.

(2017) (2016)

34 피드백제어계의 일반적인 특성으로 옳은 것은?

① 계의 정확성이 떨어진다.

② 계의 특성변화에 대한 입력 대 출력비의 감도가 감소된다.

③ 비선형과 왜형에 대한 효과가 증대된다.

④ 대역폭이 감소된다.

advice

피드백제어계의 특징
• 정확성 증가, 대역폭의 증가, 시스템의 특성변화에 대한 입력/출력비 감도 감소
• 비선형성과 왜형에 대한 효과 감소, 시스템의 전체 이득 감소 등

Answer　**31.**② **32.**③ **33.**② **34.**②

(2014)

35 선간전압이 일정한 경우 △결선된 부하를 Y결선으로 바꾸면 소비전력은 어떻게 되는가?

① $\frac{1}{3}$

② $\frac{1}{9}$

③ 3배

④ 9배

advice

선간전압이 일정한 경우 △결선된 전압을 Y결선으로 바꾸면 인가되는 전압은 $\frac{1}{\sqrt{3}}$ 이 되며, $P = \frac{V^2}{R}$ 이므로 소비전력은 $\left(\frac{1}{\sqrt{3}}\right)^2 = \frac{1}{3}$ 이 된다.

(2016) (2014)

36 저항이 있는 도체에 전류를 흘리면 열이 발생되는 법칙은?

① 옴의 법칙

② 플레밍의 법칙

③ 줄의 법칙

④ 키르히호프의 법칙

advice

도체에 전류가 흐르면 열에너지가 발생하는데 이때의 열을 줄 열이라고 하며, 이 법칙을 줄의 법칙이라고 한다.

$W = i^2 R t \,[\text{J}]$ or $H = 0.24 \, i^2 R t \,[\text{cal}]$

(2016) (2014)

37 반도체를 사용한 화재감지기 중 서미스터(Thermistor)는 무엇을 측정, 제어하기 위한 반도체 소자인가?

① 온도

② 연기 농도

③ 가스 농도

④ 불꽃의 스펙트럼 강도

advice

서미스터는 온도에 따라 저항값이 변화하는 소자로서 NTC, PCT, CTR 등이 있으며 NTC소자가 선형성이 좋아 화재감지기 온도감지용 센서로 활용된다.

38 A, B 두 개의 코일에 동일 주파수, 동일 전압을 가하면 두 코일의 전류는 같고, 코일 A는 역률이 0.96, 코일 B는 역률이 0.80인 경우 코일 A에 대한 코일 B의 저항비는 얼마인가?

① 0.833

② 1.544

③ 3.211

④ 7.621

advice

역률은 코일의 저항성분인 인덕턴스 값과 비례하므로

$\frac{X_B}{X_A} = \frac{\text{역률 } B}{\text{역률 } A} = \frac{0.8}{0.96} ≒ 0.833$

Answer 35.① 36.③ 37.① 38.①

39 2Ω의 저항 5개를 직렬로 연결하면 병렬 연결 때의 몇 배가 되는가?

① 2 ② 5
③ 10 ④ 25

advice

2Ω 저항 5개 직렬 연결할 때의 합성저항은

$2+2+2+2+2=10\,[\Omega]$

2Ω 저항 5개 병렬 연결할 때의 합성저항은

$\dfrac{1}{\frac{1}{2}+\frac{1}{2}+\frac{1}{2}+\frac{1}{2}+\frac{1}{2}}=\dfrac{2}{5}$이므로 직렬연결시의 10Ω은 병렬

연결시 합성저항 $\dfrac{2}{5}$Ω의 25배이다.

(2019)

40 단상전력을 간접적으로 측정하기 위해 3전압계법을 사용하는 경우 단상교류전력 P[W]는?

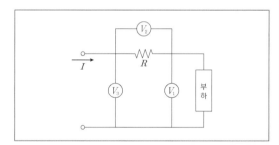

① $P=\dfrac{1}{2R}(V_3-V_2-V_1)^2$

② $P=\dfrac{1}{R}(V_3{}^2-V_1{}^2-V_2{}^2)$

③ $P=\dfrac{1}{2R}(V_3{}^2-V_1{}^2-V_2{}^2)$

④ $P=V_3 I\cos\theta$

advice

전압계 3개를 이용하여 단상전력을 측정하는 3전압계법 사용 시 전압계 3개의 전압을 측정 후 다음식과 같이 계산하여 단상교류전력을 측정한다.

$P=\dfrac{1}{2R}(V_3{}^2-V_1{}^2-V_2{}^2)$

(2016) (2015)

41 소방자동차의 출동을 방해한 자는 5년 이하의 징역 또는 얼마 이하의 벌금에 처하는가?

① 1천5백만 원
② 2천만 원
③ 3천만 원
④ 5천만 원

advice

벌칙〈「소방기본법」 제50조〉… 다음의 어느 하나에 해당하는 사람은 5년 이하의 징역 또는 5천만 원 이하의 벌금에 처한다.

1. 다음의 어느 하나에 해당하는 행위를 한 사람
   가. 위력(威力)을 사용하여 출동한 소방대의 화재진압·인명구조 또는 구급활동을 방해하는 행위
   나. 소방대가 화재진압·인명구조 또는 구급활동을 위하여 현장에 출동하거나 현장에 출입하는 것을 고의로 방해하는 행위
   다. 출동한 소방대원에게 폭행 또는 협박을 행사하여 화재진압·인명구조 또는 구급활동을 방해하는 행위
   라. 출동한 소방대의 소방장비를 파손하거나 그 효용을 해하여 화재진압·인명구조 또는 구급활동을 방해하는 행위
2. 소방자동차의 출동을 방해한 사람
3. 사람을 구출하는 일 또는 불을 끄거나 불이 번지지 아니하도록 하는 일을 방해한 사람
4. 정당한 사유 없이 소방용수시설 또는 비상소화장치를 사용하거나 소방용수시설 또는 비상소화장치의 효용을 해치거나 그 정당한 사용을 방해한 사람

Answer **39.**④ **40.**③ **41.**④

42 제4류 위험물로서 제1석유류인 수용성액체의 지정수량은 몇 리터인가?

① 100

② 200

③ 300

④ 400

advice

제4류 위험물의 지정수량〈「위험물안전관리법 시행령」 별표 1 참고〉

유별	성질	품명		지정수량
제4류	인화성 액체	1. 특수인화물		50리터
		2. 제1석유류	비수용성액체	200리터
			수용성액체	400리터
		3. 알코올류		400리터
		4. 제2석유류	비수용성액체	1,000리터
			수용성액체	2,000리터
		5. 제3석유류	비수용성액체	2,000리터
			수용성액체	4,000리터
		6. 제4석유류		6,000리터
		7. 동식물유류		10,000리터

43 (2016)
고형알코올 그 밖에 1기압 상태에서 인화점이 40℃ 미만인 고체에 해당하는 것은?

① 가연성고체

② 산화성고체

③ 인화성고체

④ 자연발화성물질

advice

① 가연성고체 : 고체로서 화염에 의한 발화의 위험성 또는 인화의 위험성을 판단하기 위하여 고시로 정하는 시험에서 고시로 정하는 성질과 상태를 나타내는 것을 말한다.

② 산화성고체 : 고체[액체(1기압 및 섭씨 20도에서 액상인 것 또는 섭씨 20도 초과 섭씨 40도 이하에서 액상인 것을 말한다)또는 기체(1기압 및 섭씨 20도에서 기상인 것을 말한다)외의 것을 말한다]로서 산화력의 잠재적인 위험성 또는 충격에 대한 민감성을 판단하기 위하여 소방청장이 정하여 고시하는 시험에서 고시로 정하는 성질과 상태를 나타내는 것을 말한다. 이 경우 "액상"이라 함은 수직으로 된 시험관(안지름 30밀리미터, 높이 120밀리미터의 원통형유리관을 말한다)에 시료를 55밀리미터까지 채운 다음 당해 시험관을 수평으로 하였을 때 시료액면의 선단이 30밀리미터를 이동하는데 걸리는 시간이 90초 이내에 있는 것을 말한다.

④ 자연발화성물질 : 고체 또는 액체로서 공기 중에서 발화의 위험성이 있는 것을 말한다.

44 소방대상물이 아닌 것은?

① 산림

② 항해중인 선박

③ 건축물

④ 차량

advice

"소방대상물"이란 <u>건축물, 차량</u>, 선박(「선박법」에 따른 <u>선박으로서 항구에 매어둔 선박만 해당</u>), 선박 건조 구조물, <u>산림</u>, 그 밖의 인공 구조물 또는 물건을 말한다〈「소방기본법」 제2조 제1호〉.

45 비상경보설비를 설치하여야 할 특정소방대상물이 아닌 것은?

① 지하가 중 터널로서 길이가 1,000m 이상인 것
② 사람이 거주하고 있는 연면적 400m² 이상인 건축물
③ 지하층의 바닥면적이 100m² 이상으로 공연장인 건축물
④ 35명의 근로자가 작업하는 옥내 작업장

advice

비상경보설비를 설치하여야 할 특정소방대상물〈「화재예방, 소방시설 설치 · 유지 및 안전관리에 관한 법률 시행령」별표 5 참고〉

1) 연면적 400m²(지하가 중 터널 또는 사람이 거주하지 않거나 벽이 없는 축사 등 동 · 식물 관련시설은 제외) 이상이 거나 지하층 또는 무창층의 바닥면적이 150m²(공연장의 경우 100m²) 이상인 것
2) 지하가 중 터널로서 길이가 500m 이상인 것
3) 50명 이상의 근로자가 작업하는 옥내 작업장

46 시 · 도지사가 소방시설업의 등록취소처분이나 영업정지처분을 하고자 할 경우 실시하여야 하는 것은?

① 청문을 실시하여야 한다.
② 징계위원회의 개최를 요구하여야 한다.
③ 직권으로 취소 처분을 결정하여야 한다.
④ 소방기술심의위원회의 개최를 요구하여야 한다.

advice

소방시설업 등록취소처분이나 영업정지처분 또는 소방기술 인정 자격취소처분을 하려면 청문을 하여야 한다〈「소방시설공사업법」제32조〉.

47 다음은 소방기본법의 목적을 기술한 것이다. ㈎, ㈏, ㈐에 들어갈 내용으로 알맞은 것은?

화재를 ㈎ · ㈏ 하거나 ㈐ 하고 화재, 재난 · 재해, 그 밖의 위급한 상황에서의 구조 · 구급 활동 등을 통하여 국민의 생명 · 신체 및 재산을 보호함으로써 공공의 안녕질서 유지와 복리증진에 이바지함을 목적으로 한다.

① ㈎ 예방, ㈏ 경계, ㈐ 복구
② ㈎ 경보, ㈏ 소화, ㈐ 복구
③ ㈎ 예방, ㈏ 경계, ㈐ 진압
④ ㈎ 경계, ㈏ 통제, ㈐ 진압

advice

소방기본법의 목적〈「소방기본법」제1조〉…이 법은 화재를 예방 · 경계하거나 진압하고 화재, 재난 · 재해, 그 밖의 위급한 상황에서의 구조 · 구급 활동 등을 통하여 국민의 생명 · 신체 및 재산을 보호함으로써 공공의 안녕 및 질서 유지와 복리증진에 이바지함을 목적으로 한다.

48 위험물 제조소 등에 자동화재탐지설비를 설치하여야 할 대상은?

① 옥내에서 지정수량 50배의 위험물을 저장 · 취급하고 있는 일반취급소
② 하루에 지정수량 50배의 위험물을 제조하고 있는 제조소
③ 지정수량의 100배의 위험물을 저장 · 취급하고 있는 옥내저장소
④ 연면적 100m² 이상의 제조소

Answer　**45.**④　**46.**①　**47.**③　**48.**③

advice

제조소등별로 설치하여야 하는 경보설비의 종류〈「위험물안전관리법 시행규칙」별표 17 참고〉

제조소등의 구분	제조소등의 규모, 저장 또는 취급하는 위험물의 종류 및 최대수량 등	경보설비
1. 제조소 및 일반취급소	• 연면적 500m² 이상인 것 • 옥내에서 지정수량의 100배 이상을 취급하는 것(고인화점 위험물만을 100℃ 미만의 온도에서 취급하는 것을 제외) • 일반취급소로 사용되는 부분 외의 부분이 있는 건축물에 설치된 일반취급소(일반취급소와 일반취급소 외의 부분이 내화구조의 바닥 또는 벽으로 개구부 없이 구획된 것을 제외)	자동화재탐지설비
2. 옥내저장소	• 지정수량의 100배 이상을 저장 또는 취급하는 것(고인화점위험물만을 저장 또는 취급하는 것을 제외) • 저장창고의 연면적이 150m²를 초과하는 것[당해저장창고가 연면적 150m² 이내마다 불연재료의 격벽으로 개구부 없이 완전히 구획된 것과 제2류 또는 제4류의 위험물(인화성고체 및 인화점이 70℃ 미만인 제4류 위험물을 제외)만을 저장 또는 취급하는 것에 있어서는 저장창고의 연면적이 500m² 이상의 것에 한한다] • 처마높이가 6m 이상인 단층건물의 것 • 옥내저장소로 사용되는 부분 외의 부분이 있는 건축물에 설치된 옥내저장소[옥내저장소와 옥내저장소 외의 부분이 내화구조의 바닥 또는 벽으로 개구부 없이 구획된 것과 제2류 또는 제4류의 위험물(인화성고체 및 인화점이 70℃ 미만인 제4류 위험물을 제외)만을 저장 또는 취급하는 것을 제외]	

49 소방시설 중 화재를 진압하거나 인명구조활동을 위하여 사용하는 설비로 나열된 것은?

① 상수도소화용설비, 연결송수관설비

② 연결살수설비, 제연설비

③ 연소방지설비, 피난설비

④ 무선통신보조설비, 통합감시시설

advice

소화활동설비〈「화재예방, 소방시설 설치·유지 및 안전관리에 관한 법률 시행령」별표 1 참고〉… 화재를 진압하거나 인명구조활동을 위하여 사용하는 설비로서 다음의 것

가. 제연설비

나. 연결송수관설비

다. 연결살수설비

라. 비상콘센트설비

마. 무선통신보조설비

바. 연소방지설비

(2014)
50 다음 중 스프링클러설비를 의무적으로 설치하여야 하는 기준으로 틀린 것은?

① 숙박시설로 6층 이상인 것

② 지하가로 연면적이 1,000m² 이상인 것

③ 판매시설로 수용인원이 300인 이상인 것

④ 복합건축물로 연면적 5,000m² 이상인 것

advice

스프링클러설비를 설치하여야 하는 특정소방대상물〈「화재예방, 소방시설 설치·유지 및 안전관리에 관한 법률 시행령」별표 5 참고〉

1) 문화 및 집회시설(동·식물원은 제외), 종교시설(주요구조부가 목조인 것은 제외), 운동시설(물놀이형 시설은 제외)로서 다음의 어느 하나에 해당하는 경우에는 모든 층
   가) 수용인원이 100명 이상인 것

Answer 49.② 50.③

나) 영화상영관의 용도로 쓰이는 층의 바닥면적이 지하층 또는 무창층인 경우에는 500m² 이상, 그 밖의 층의 경우에는 1천m² 이상인 것

다) 무대부가 지하층·무창층 또는 4층 이상의 층에 있는 경우에는 무대부의 면적이 300m² 이상인 것

라) 무대부가 다) 외의 층에 있는 경우에는 무대부의 면적이 500m² 이상인 것

2) 판매시설, 운수시설 및 창고시설(물류터미널에 한정)로서 바닥면적의 합계가 5천m² 이상이거나 수용인원이 500명 이상인 경우에는 모든 층

3) 층수가 6층 이상인 특정소방대상물의 경우에는 모든 층. 다만, 주택 관련 법령에 따라 기존의 아파트등을 리모델링하는 경우로서 건축물의 연면적 및 층높이가 변경되지 않는 경우에는 해당 아파트등의 사용검사 당시의 소방시설 적용기준을 적용한다.

4) 다음의 어느 하나에 해당하는 용도로 사용되는 시설의 바닥면적의 합계가 600m² 이상인 것은 모든 층

가) 의료시설 중 정신의료기관

나) 의료시설 중 종합병원, 병원, 치과병원, 한방병원 및 요양병원(정신병원은 제외)

다) 노유자시설

라) 숙박이 가능한 수련시설

5) 창고시설(물류터미널은 제외한다)로서 바닥면적 합계가 5천m² 이상인 경우에는 모든 층

6) 천장 또는 반자(반자가 없는 경우에는 지붕의 옥내에 면하는 부분)의 높이가 10m를 넘는 랙식 창고(rack warehouse)(물건을 수납할 수 있는 선반이나 이와 비슷한 것을 갖춘 것을 말한다)로서 바닥면적의 합계가 1천 5백m² 이상인 것

7) 1)부터 6)까지의 특정소방대상물에 해당하지 않는 특정소방대상물의 지하층·무창층(축사는 제외) 또는 층수가 4층 이상인 층으로서 바닥면적이 1천m² 이상인 층

8) 6)에 해당하지 않는 공장 또는 창고시설로서 다음의 어느 하나에 해당하는 시설

가) 「소방기본법 시행령」 별표 2에서 정하는 수량의 1천 배 이상의 특수가연물을 저장·취급하는 시설

나) 「원자력안전법 시행령」 제2조 제1호에 따른 중·저준위 방사성폐기물의 저장시설 중 소화수를 수집·처리하는 설비가 있는 저장시설

9) 지붕 또는 외벽이 불연재료가 아니거나 내화구조가 아닌 공장 또는 창고시설로서 다음의 어느 하나에 해당하는 것

가) 창고시설(물류터미널에 한정) 중 2)에 해당하지 않는 것으로서 바닥면적의 합계가 2천 5백m² 이상이거나 수용인원이 250명 이상인 것

나) 창고시설(물류터미널은 제외) 중 5)에 해당하지 않는 것으로서 바닥면적의 합계가 2천 5백m² 이상인 것

다) 랙식 창고시설 중 6)에 해당하지 않는 것으로서 바닥면적의 합계가 750m² 이상인 것

라) 공장 또는 창고시설 중 7)에 해당하지 않는 것으로서 지하층·무창층 또는 층수가 4층 이상인 것 중 바닥면적이 500m² 이상인 것

마) 공장 또는 창고시설 중 8)가)에 해당하지 않는 것으로서 「소방기본법 시행령」 별표 2에서 정하는 수량의 500배 이상의 특수가연물을 저장·취급하는 시설

10) 지하가(터널은 제외)로서 연면적 1천m² 이상인 것

11) 기숙사(교육연구시설·수련시설 내에 있는 학생 수용을 위한 것을 말한다) 또는 복합건축물로서 연면적 5천m² 이상인 경우에는 모든 층

12) 교정 및 군사시설 중 다음의 어느 하나에 해당하는 경우에는 해당 장소

가) 보호감호소, 교도소, 구치소 및 그 지소, 보호관찰소, 갱생보호시설, 치료감호시설, 소년원 및 소년분류심사원의 수용거실

나) 「출입국관리법」에 따른 보호시설(외국인보호소의 경우에는 보호대상자의 생활공간으로 한정)로 사용하는 부분. 다만, 보호시설이 임차건물에 있는 경우는 제외한다.

다) 「경찰관 직무집행법」에 따른 유치장

13) 1)부터 12)까지의 특정소방대상물에 부속된 보일러실 또는 연결통로 등

51 "무창층"이라 함은 지상층 중 개구부 면적의 합계가 해당 층의 바닥면적의 얼마 이하가 되는 층을 말하는가?

① $\dfrac{1}{3}$
② $\dfrac{1}{10}$

③ $\dfrac{1}{30}$
④ $\dfrac{1}{300}$

| advice |

무창층〈「화재예방, 소방시설 설치·유지 및 안전관리에 관한 법률 시행령」 제2조 제1호〉… 무창층(無窓層)이란 지상층 중 다음의 요건을 모두 갖춘 개구부(건축물에서 채광·환기·통풍 또는 출입 등을 위하여 만든 창·출입구, 그 밖에 이와 비슷한 것을 말한다)의 면적의 합계가 해당 층의 바닥면적(「건축법 시행령」에 따라 산정된 면적을 말한다)의 <u>30분의 1 이하</u>가 되는 층을 말한다.

가. 크기는 지름 50센티미터 이상의 원이 내접할 수 있는 크기일 것
나. 해당 층의 바닥면으로부터 개구부 밑부분까지의 높이가 1.2미터 이내일 것
다. 도로 또는 차량이 진입할 수 있는 빈터를 향할 것
라. 화재 시 건축물로부터 쉽게 피난할 수 있도록 창살이나 그 밖의 장애물이 설치되지 아니할 것
마. 내부 또는 외부에서 쉽게 부수거나 열 수 있을 것

(2015) (2014)
52 다음 중 특수가연물에 해당되지 않는 것은?

① 나무껍질 500kg
② 가연성고체류 2,000kg
③ 목재가공품 15m³
④ 가연성액체류 3m³

| advice |

특수가연물〈「소방기본법 시행령」 별표 2〉

품명		수량
면화류		200킬로그램 이상
나무껍질 및 대팻밥		400킬로그램 이상
넝마 및 종이부스러기		1,000킬로그램 이상
사류(絲類)		1,000킬로그램 이상
볏짚류		1,000킬로그램 이상
가연성고체류		3,000킬로그램 이상
석탄·목탄류		10,000킬로그램 이상
가연성액체류		2세제곱미터 이상
목재가공품 및 나무부스러기		10세제곱미터 이상
합성수지류	발포시킨 것	20세제곱미터 이상
	그 밖의 것	3,000킬로그램 이상

53 소화활동을 위한 소방용수시설 및 지리조사의 실시 횟수는?

① 주 1회 이상
② 주 2회 이상
③ 월 1회 이상
④ 분기별 1회 이상

| advice |

소방본부장 또는 소방서장은 원활한 소방활동을 위하여 다음의 조사를 <u>월 1회 이상</u> 실시하여야 한다〈「소방기본법」 제7조 제1항〉.

1. 소방용수시설에 대한 조사
2. 소방대상물에 인접한 도로의 폭·교통상황, 도로주변의 토지의 고저·건축물의 개황 그 밖의 소방활동에 필요한 지리에 대한 조사

Answer 51.③ 52.② 53.③

54 인접하고 있는 시·도간 소방업무의 상호응원협정 사항이 아닌 것은?

① 화재조사 활동
② 응원출동의 요청방법
③ 소방교육 및 응원출동훈련
④ 응원출동대상지역 및 규모

advice

소방업무의 상호응원협정〈「소방기본법 시행규칙」 제8조〉…
시·도지사는 이웃하는 다른 시·도지사와 소방업무에 관하여 상호응원협정을 체결하고자 하는 때에는 다음의 사항이 포함되도록 하여야 한다.
1. 다음의 소방활동에 관한 사항
    가. 화재의 경계·진압활동
    나. 구조·구급업무의 지원
    다. 화재조사활동
2. 응원출동대상지역 및 규모
3. 다음의 소요경비의 부담에 관한 사항
    가. 출동대원의 수당·식사 및 피복의 수선
    나. 소방장비 및 기구의 정비와 연료의 보급
    다. 그 밖의 경비
4. 응원출동의 요청방법
5. 응원출동훈련 및 평가

(2019) (2015) (2014)
55 제1류 위험물 산화성고체에 해당하는 것은?

① 질산염류
② 특수인화물
③ 과염소산
④ 유기과산화물

advice

② 특수인화물 – 제4류 인화성액체
③ 과염소산 – 제6류 산화성액체
④ 유기과산화물 – 제5류 자기반응성물질

※ 산화성고체〈「위험물안전관리법 시행령」 별표 1 위험물 및 지정수량 참고〉

유별	성질	품명	지정수량
제1류	산화성 고체	1. 아염소산염류	50킬로그램
		2. 염소산염류	50킬로그램
		3. 과염소산염류	50킬로그램
		4. 무기과산화물	50킬로그램
		5. 브롬산염류	300킬로그램
		6. 질산염류	300킬로그램
		7. 요오드산염류	300킬로그램
		8. 과망간산염류	1,000킬로그램
		9. 중크롬산염류	1,000킬로그램
		10. 그 밖에 행정안전부령으로 정하는 것 11. 제1호 내지 제10호의 1에 해당하는 어느 하나 이상을 함유한 것	50킬로그램, 300킬로그램 또는 1,000킬로그램

56 소방대상물에 대한 개수 명령권자는?

① 소방본부장 또는 소방서장
② 한국소방안전협회장
③ 시·도지사
④ 국무총리

advice

소방청장, 소방본부장 또는 소방서장은 소방특별조사 결과 소방대상물의 위치·구조·설비 또는 관리의 상황이 화재나 재난·재해 예방을 위하여 보완될 필요가 있거나 화재가 발생하면 인명 또는 재산의 피해가 클 것으로 예상되는 때에는 행정안전부령으로 정하는 바에 따라 관계인에게 그 소방대상물의 개수(改修)·이전·제거, 사용의 금지 또는 제한, 사용폐쇄, 공사의 정지 또는 중지, 그 밖의 필요한 조치를 명할 수 있다〈「화재예방, 소방시설 설치·유지 및 안전에 관한 법률」 제5조 제1항〉.

Answer **54.**③ **55.**① **56.**①

57 다음 중 소방용품에 해당되지 않는 것은?

① 방염도료
② 소방호스
③ 공기호흡기
④ 휴대용 비상조명등

advice

소방용품〈「화재예방, 소방시설 설치·유지 및 안전관리에 관한 법률 시행령」별표 3〉
1. 소화설비를 구성하는 제품 또는 기기
   가. 별표 1 제1호 가목의 소화기구(소화약제 외의 것을 이용한 간이소화용구는 제외)
   나. 별표 1 제1호 나목의 자동소화장치
   다. 소화설비를 구성하는 소화전, 관창(菅槍), 소방호스, 스프링클러헤드, 기동용 수압개폐장치, 유수제어밸브 및 가스관선택밸브
2. 경보설비를 구성하는 제품 또는 기기
   가. 누전경보기 및 가스누설경보기
   나. 경보설비를 구성하는 발신기, 수신기, 중계기, 감지기 및 음향장치(경종만 해당)
3. 피난구조설비를 구성하는 제품 또는 기기
   가. 피난사다리, 구조대, 완강기(간이완강기 및 지지대를 포함)
   나. 공기호흡기(충전기를 포함)
   다. 피난구유도등, 통로유도등, 객석유도등 및 예비 전원이 내장된 비상조명등
4. 소화용으로 사용하는 제품 또는 기기
   가. 소화약제(별표 1 제1호 나목 2)와 3)의 자동소화장치와 같은 호 마목 3)부터 8)까지의 소화설비용만 해당)
   나. 방염제(방염액·방염도료 및 방염성물질을 말한다)
5. 그 밖에 행정안전부령으로 정하는 소방 관련 제품 또는 기기

(2016) (2015)

58 다음 소방시설 중 하자보수보증기간이 다른 것은?

① 옥내소화전설비
② 비상방송설비
③ 자동화재탐지설비
④ 상수도소화용수설비

advice

하자보수 대상 소방시설과 하자보수 보증기간〈「소방시설공사업법 시행령」제6조〉
1. 피난기구, 유도등, 유도표지, 비상경보설비, 비상조명등, 비상방송설비 및 무선통신보조설비 : 2년
2. 자동소화장치, 옥내소화전설비, 스프링클러설비, 간이스프링클러설비, 물분무등소화설비, 옥외소화전설비, 자동화재탐지설비, 상수도소화용수설비 및 소화활동설비(무선통신보조설비는 제외한다) : 3년

59 소방시설업자가 특정소방대상물의 관계인에 대한 통보 의무사항이 아닌 것은?

① 지위를 승계한 때
② 등록취소 또는 영업정지 처분을 받은 때
③ 휴업 또는 폐업한 때
④ 주소지가 변경된 때

advice

소방시설업자는 다음의 어느 하나에 해당하는 경우에는 소방시설공사등을 맡긴 특정소방대상물의 관계인에게 지체 없이 그 사실을 알려야 한다〈「소방시설공사업법」제8조 제3항〉.
1. 소방시설업자의 지위를 승계한 경우
2. 소방시설업의 등록취소처분 또는 영업정지처분을 받은 경우
3. 휴업하거나 폐업한 경우

60 특정소방대상물 중 노유자시설에 해당되지 않는 것은?

① 요양병원
② 아동복지시설
③ 장애인직업재활시설
④ 노인의료복지시설

advice

노유자시설(「화재예방, 소방시설 설치·유지 및 안전관리에 관한 법률 시행령」 별표 2 참고)

가. 노인 관련 시설 : 「노인복지법」에 따른 노인주거복지시설, <u>노인의료복지시설</u>, 노인여가복지시설, 주·야간보호서비스나 단기보호서비스를 제공하는 재가노인복지시설(「노인장기요양보험법」에 따른 재가장기요양기관을 포함), 노인보호전문기관, 그 밖에 이와 비슷한 것

나. 아동 관련 시설 : 「아동복지법」에 따른 <u>아동복지시설</u>, 「영유아보육법」에 따른 어린이집, 「유아교육법」에 따른 유치원에 따른 학교의 교사 중 병설유치원으로 사용되는 부분을 포함], 그 밖에 이와 비슷한 것

다. 장애인 관련 시설 : 「장애인복지법」에 따른 장애인 거주시설, 장애인 지역사회재활시설(장애인 심부름센터, 한국수어통역센터, 점자도서 및 녹음서 출판시설 등 장애인이 직접 그 시설 자체를 이용하는 것을 주된 목적으로 하지 않는 시설은 제외), <u>장애인 직업재활시설</u>, 그 밖에 이와 비슷한 것

라. 정신질환자 관련 시설 : 「정신건강증진 및 정신질환자 복지서비스 지원에 관한 법률」에 따른 정신재활시설(생산품 판매시설은 제외), 정신요양시설, 그 밖에 이와 비슷한 것

마. 노숙인 관련 시설 : 「노숙인 등의 복지 및 자립지원에 관한 법률」 제2조 제2호에 따른 노숙인복지시설(노숙인일시보호시설, 노숙인자활시설, 노숙인재활시설, 노숙인요양시설 및 쪽방상담소만 해당), 노숙인종합지원센터 및 그 밖에 이와 비슷한 것

바. 가목부터 마목까지에서 규정한 것 외에 「사회복지사업법」에 따른 사회복지시설 중 결핵환자 또는 한센인 요양시설 등 다른 용도로 분류되지 않는 것

61 다음 ( )에 들어갈 내용으로 옳은 것은?

> "고압이라 함은 직류는 ⑺ V를, 교류는 ⑷ V를 초과하고 ⑸ kV 이하인 것을 말한다."

① ⑺ 750, ⑷ 600, ⑸ 7
② ⑺ 600, ⑷ 750, ⑸ 7
③ ⑺ 600, ⑷ 700, ⑸ 10
④ ⑺ 700, ⑷ 600, ⑸ 10

advice

전압의 구분

구분		전압
저압	교류	600V 이하
	직류	750V 이하
고압	교류	600V 이상 7,000V 이하
	직류	750V 이상 7,000V 이하
특고압		7,000V 초과

62 유도표지의 설치기준 중 틀린 것은?

① 계단에 설치하는 것을 제외하고는 각 층마다 복도 및 통로의 각 부분으로부터 하나의 유도표지까지의 보행거리가 15m 이하가 되는 곳에 설치한다.
② 피난구유도표지는 출입구 상단에 설치한다.
③ 통로유도표지는 바닥으로부터 높이 1.5m 이하의 위치에 설치한다.
④ 주위에는 이와 유사한 등화·광고물·게시물 등을 설치하지 않는다.

Answer **60.**① **61.**① **62.**③

advice

유도표지 설치기준
㉠ 계단에 설치하는 것을 제외하고는 각층마다 복도 및 통로의 각 부분으로부터 하나의 유도표지까지의 보행거리가 15m 이하가 되는 곳과 구부러진 모퉁이의 벽에 설치할 것
㉡ 피난구유도표지는 출입구 상단에 설치하고, 통로유도표지는 바닥으로부터 높이 1m 이하의 위치에 설치할 것
㉢ 주위에는 이와 유사한 등화·광고물·게시물 등을 설치하지 아니할 것
㉣ 유도표지는 부착판 등을 사용하여 쉽게 떨어지지 아니하도록 설치할 것
㉤ 축광방식의 유도표지는 외광 또는 조명장치에 의하여 상시 조명이 제공되거나 비상조명등에 의한 조명이 제공되도록 설치 할 것

63 정온식 스포트형 감지기의 구조 및 작동원리에 대한 형식이 아닌 것은?

① 가용절연물을 이용한 방식
② 줄열을 이용한 방식
③ 바이메탈의 반전을 이용한 방식
④ 금속의 팽창계수차를 이용한 방식

advice

정온식 스포트형 감지기의 동작원리별 구분
㉠ 바이메탈을 이용한 방식
㉡ 금속의 팽창계수를 이용한 방식
㉢ 액체의 팽창계수를 이용한 방식
㉣ 가용절연물을 이용한 방식

2017
64 일반전기사업자로부터 특별고압 또는 고압으로 수전하는 비상전원수전설비의 형식 중 틀린 것은?

① 큐비클(Cubicle)형
② 옥내개방형
③ 옥외개방형
④ 방화구획형

advice

특별고압 또는 고압 비상전원수전설비 형식
㉠ 방화구획형, 옥외개방형, 큐비클형 저압 비상전원수전설비
㉡ 전용배전반(1, 2종), 전용분전반 (1,2종), 공용분전반(1,2종)

2016
65 피난통로가 되는 계단이나 경사로에 설치하는 통로유도등으로 바닥면 및 디딤 바닥면을 비추어 주는 유도등은?

① 계단통로유도등
② 피난통로유도등
③ 복도통로유도등
④ 바닥통로유도등

advice

통로유도등 종류
㉠ 복도통로유도등 : 복도에 설치하며 바닥에서 1m 이하에 설치
㉡ 거실통로유도등 : 거실, 주차장 등 개방된 통로에 설치
㉢ 계단통로유도등 : 계단이나 경사로에 설치하여 바닥면 및 디딤바닥면을 비춘다.

Answer 63.② 64.② 65.①

66 비상방송설비의 음향장치 설치기준으로 옳은 것은?

① 음량조정기의 배선은 2선식으로 할 것
② 5층 건물 중 2층에서 화재발생시 1층, 2층, 3층에서 경보를 발할 수 있을 것
③ 기동장치에 의한 화재신고 수신 후 피난에 유효한 방송이 자동으로 개시될 때까지의 소요시간은 10초 이하로 할 것
④ 음향장치는 자동화재탐지설비의 작동과 별도로 작동하는 방식의 성능으로 할 것

advice

비상방송설비 음향장치 설치기준
㉠ 확성기 음성입력은 3W(실내 1W) 이상일 것
㉡ 확성기는 각층마다 설치하되, 각 부분으로부터의 수평거리 25m 이하일 것
㉢ 음량조정기는 3선식 배선일 것
㉣ 조작스위치는 바닥에서 0.8~1.5m 이하의 높이에 설치할 것
㉤ 다른 전기회로에 의하여 유도장애가 생기지 아니하도록 할 것
㉥ 비상방송 개시시간은 10초 이하일 것
㉦ 다른 방송설비와 공용으로 사용할 경우 화재시 비상경보 외의 방송을 차단할 수 있을 것
㉧ 음향장치는 자동화재탐지설비의 작동과 연동하여 작동할 수 있는 것으로 할 것
※ 2층에서 발화시 발화층(2층)과 직상층(3층)에 경보 방송을 해야 한다.

67 휴대용 비상조명등의 적합한 기준이 아닌 것은?

① 설치높이는 바닥으로부터 0.8m 이상 1.5m 이하의 높이에 설치할 것
② 사용 시 자동으로 점등되는 구조일 것
③ 외함은 난연성능이 있을 것
④ 충전식 밧데리의 용량은 10분 이상 유효하게 사용할 수 있는 것으로 할 것

advice

휴대용비상조명등 설치기준
㉠ 다음의 장소에 설치할 것
• 숙박시설 또는 다중이용업소에는 객실 또는 영업장안의 구획된 실마다 잘 보이는 곳(외부에 설치시 출입문 손잡이로부터 1m 이내 부분)에 1개 이상 설치
• 「유통산업발전법」에 따른 대규모점포(지하상가 및 지하역사는 제외)와 영화상영관에는 보행거리 50m 이내마다 3개 이상 설치
• 지하상가 및 지하역사에는 보행거리 25m 이내마다 3개 이상 설치
㉡ 설치높이는 바닥으로부터 0.8m 이상 1.5m 이하의 높이에 설치할 것
㉢ 어둠속에서 위치를 확인할 수 있도록 할 것
㉣ 사용 시 자동으로 점등되는 구조일 것
㉤ 외함은 난연성능이 있을 것
㉥ 건전지를 사용하는 경우에는 방전방지조치를 하여야 하고, 충전식 밧데리의 경우에는 상시 충전되도록 할 것
㉦ 건전지 및 충전식 밧데리의 용량은 20분 이상 유효하게 사용할 수 있는 것으로 할 것

설치개수	설치장소
1개 이상	– 숙박시설 또는 다중이용업소에는 객실 또는 영업장 안의 구획된 실마다 잘보이는 곳(외부에 설치시 출입문 손잡이로부터 1m 이내부분)
3개 이상	– 지하상가 및 지하역사의 보행거리 25m 이내마다 – 대규모점포(백화점, 대형점, 쇼핑센터) 및 영화상영관의 보행거리 50m 이내마다

Answer 66.③ 67.④

68 비상콘센트설비에 자가발전설비를 비상전원으로 설치할 때의 기준으로 틀린 것은?

① 상용전원으로부터 전력의 공급이 중단된 때에는 자동으로 비상전원으로부터 전력을 공급받도록 할 것

② 비상콘센트설비를 유효하게 10분 이상 작동시킬 수 있는 용량으로 할 것

③ 점검이 편리하고 화재 및 침수 등의 재해로 인한 피해를 받을 우려가 없는 곳에 설치할 것

④ 비상전원을 실내에 설치하는 때에는 그 실내에 비상조명등을 설치할 것

advice

비상콘센트 자가발전설비 설치기준

㉠ 점검에 편리하고 화재 및 침수 등의 재해로 인한 피해를 받을 우려가 없는 곳에 설치할 것

㉡ 비상콘센트설비를 유효하게 20분 이상 작동시킬 수 있는 용량으로 할 것

㉢ 상용전원으로부터 전력의 공급이 중단된 때에는 자동으로 비상전원으로부터 전력을 공급받을 수 있도록 할 것

㉣ 비상전원 설치장소는 다른 장소와 방화구획할 것. 이 경우 그 장소에는 비상전원의 공급에 필요한 기구나 설비 외의 것(열병합 발전설비에 필요한 기구나 설비는 제외)을 두어서는 아니된다.

㉤ 비상전원을 실내에 설치하는 때에는 그 실내에 비상조명등을 설치할 것

69 축광유도표지의 표지면의 휘도는 주위조도 0lx에서 몇 분간 발광 후 몇 mcd/m² 이상이어야 하는가?

① 30분, 20mcd/m²

② 30분, 7mcd/m²

③ 60분, 20mcd/m²

④ 60분, 7mcd/m²

advice

축광식 유도표지의 휘도는 주위조도 0[lx]에서 60분간 발광 후 7mcd/m² 이상이어야 한다.

(2016)
70 연기감지기를 설치하지 않아도 되는 장소는?

① 계단 및 경사로

② 엘리베이터 승강로

③ 파이프 피트 및 덕트

④ 20m인 복도

advice

연기감지기 설치 장소

㉠ 계단, 경사로 및 에스컬레이터 경사로

㉡ 복도(30m 미만 제외)

㉢ 엘리베이터 승강로(권상기실이 있는 것은 권상기실), 린넨 슈트, 파이프 피트 및 덕트 기타 이와 유사한 장소

㉣ 천장 또는 반자의 높이가 15~20m 미만인 장소

㉤ 공동주택, 오피스텔, 숙박시설, 노유자시설, 수련시설

(2019)
71 감지기 설치기준 중 틀린 것은?

① 감지기는 천장 또는 반자의 옥내에 면하는 부분에 설치할 것

② 차동식분포형의 것을 제외하고 감지기는 실내로의 공기유입구로부터 1.5m 이상 떨어진 위치에 설치할 것

③ 정온식감지기는 주방·보일러실 등으로서 다량의 화기를 취급하는 장소에 설치하되, 공칭작동온도가 주위온도보다 10℃ 이상 높은 것으로 설치할 것

④ 스포트형감지기는 45° 이상 경사되지 아니하도록 부착할 것

Answer **68.**② **69.**④ **70.**④ **71.**③

advice

감지기 설치기준

㉠ 감지기(차동식분포형의 것을 제외)는 <u>실내로의 공기유입구</u> <u>로부터 1.5m 이상</u> 떨어진 위치에 설치할 것

㉡ 감지기는 천장 또는 반자의 옥내에 면하는 부분에 설치할 것

㉢ 보상식스포트형감지기는 정온점이 감지기 <u>주위의 평상시</u> <u>최고온도보다 20℃ 이상 높은 것</u>으로 설치할 것

㉣ 정온식감지기는 주방·보일러실 등으로서 다량의 화기를 취급하는 장소에 설치하되, 공칭작동온도가 <u>최고주위온도</u> <u>보다 20℃ 이상 높은 것</u>으로 설치할 것

㉤ 차동식스포트형·보상식스포트형 및 정온식스포트형 감지기는 그 부착 높이 및 특정소방대상물에 따라 바닥면적마다 1개 이상을 설치할 것

㉥ 스포트형감지기는 <u>45° 이상 경사되지 아니하도록</u> 부착할 것

2016 2015 2014

72 비상방송설비에 사용되는 확성기는 각 층마다 설치하되, 그 층의 각 부분으로부터 하나의 확성기까지의 수평거리는 최대 몇 m 이하인가?

① 15 ② 20

③ 25 ④ 30

advice

비상방송설비 음향장치 설치기준

㉠ 확성기 음성입력은 3W(실내 1W) 이상일 것

㉡ 확성기는 각층마다 설치하되, <u>각 부분으로부터 하나의 확</u> <u>성기까지의 수평거리 25m 이하</u>일 것

㉢ 음량조정기는 3선식 배선일 것

㉣ 조작스위치는 바닥에서 0.8~1.5m 이하의 높이에 설치할 것

㉤ 다른 전기회로에 의하여 유도장애가 생기지 아니하도록 할 것

㉥ 비상방송 개시시간은 10초 이하일 것

㉦ 다른 방송설비와 공용으로 사용할 경우 화재시 비상경보 외의 방송을 차단할 수 있을 것

㉧ 음향장치는 자동화재탐지설비의 작동과 연동하여 작동할 수 있는 것으로 할 것

---

73 비상콘센트보호함의 설치기준으로 틀린 것은?

① 보호함 상부에 적색의 표시등을 설치하여야 한다.

② 보호함에는 쉽게 개폐할 수 있는 문을 설치하여야 한다.

③ 보호함 표면에 "비상콘센트"라고 표시한 표지를 하여야 한다.

④ 비상콘센트의 보호함을 옥내소화전함 등과 접속하여 설치하는 경우에는 옥내소화전함의 표시등과 분리하여야 한다.

advice

비상콘센트 보호함 설치기준

㉠ 보호함에는 쉽게 개폐할 수 있는 문을 설치할 것

㉡ 보호함 표면에 "비상콘센트"라고 표시한 표지를 할 것

㉢ 보호함 상부에 적색의 표시등을 설치할 것. 다만, 비상콘센트의 보호함을 옥내소화전함 등과 접속하여 설치하는 경우에는 <u>옥내소화전함 등의 표시등과 겸용할 수</u> 있다.

---

74 자동화재속보설비 설치기준으로 틀린 것은?

① 화재 시 자동으로 소방관서에 연락되는 설비여야 한다.

② 자동화재탐지설비와 연동되어야 한다.

③ 스위치는 바닥으로부터 0.8m 이상 1.5m 이하의 높이에 설치한다.

④ 관계인이 24시간 상주하고 있는 경우에는 설치하지 않을 수 있다.

---

advice

자동화재속보설비 설치기준

㉠ 자동화재탐지설비와 연동으로 작동하여 자동적으로 화재발생 상황을 소방관서에 전달되는 것으로 할 것. 이 경우 부가적으로 특정소방대상물의 관계인에게 화재발생상황을 전달되도록 할 수 있다.

㉡ 조작스위치는 바닥으로부터 0.8m 이상 1.5m 이하의 높이에 설치할 것

㉢ 속보기는 소방관서에 통신망으로 통보하도록 하며, 데이터 또는 코드전송방식을 부가적으로 설치할 수 있다. 단, 데이터 및 코드전송방식의 기준은 소방청장이 정하여 고시한 「자동화재속보설비의 속보기의 성능인증 및 제품검사의 기술기준」에 따른다.

㉣ 문화재에 설치하는 자동화재속보설비는 기준에도 불구하고 속보기에 감지기를 직접 연결하는 방식(자동화재탐지설비 1개의 경계구역에 한한다)으로 할 수 있다.

㉤ 속보기는 소방청장이 정하여 고시한 「자동화재속보설비의 속보기의 성능인증 및 제품검사의 기술기준」에 적합한 것으로 설치하여야 한다.

75 수신기를 나타내는 소방시설 도시기호로 옳은 것은?

① 　②

③ 　④

advice

① 수신기
② 해당없음
③ 부수신기(표시기)
④ 중계기

76 다음 (　)에 들어갈 내용으로 옳은 것은?

> 무선통신보조설비의 무선기기 접속단자를 지상에 설치하는 경우 접속단자는 보행거리 ㈎ 이내마다 설치하고, 다른 용도로 사용되는 접속단자에서 ㈏ 이상의 거리를 둘 것

① ㈎ 400m, ㈏ 5m
② ㈎ 300m, ㈏ 5m
③ ㈎ 400m, ㈏ 3m
④ ㈎ 300m, ㈏ 3m

advice

무선통신보조설비 접속단자 설치기준

㉠ 화재층으로부터 지면으로 떨어지는 유리창 등에 의한 지장을 받지 않고 지상에서 유효하게 소방활동을 할 수 있는 장소 또는 수위실 등 상시 사람이 근무하고 있는 장소에 설치할 것

㉡ 단자는 한국산업규격에 적합한 것으로 하고, 바닥으로부터 높이 0.8m 이상 1.5m 이하의 위치에 설치할 것

㉢ 지상에 설치하는 접속단자는 보행거리 300m 이내마다 설치하고, 다른 용도로 사용되는 접속단자에서 5m 이상의 거리를 둘 것

㉣ 지상에 설치하는 단자를 보호하기 위하여 견고하고 함부로 개폐할 수 없는 구조의 보호함을 설치하고, 먼지·습기 및 부식 등에 따라 영향을 받지 아니하도록 조치할 것

㉤ 단자의 보호함의 표면에 "무선기 접속단자"라고 표시한 표지를 할 것

77 누전경보기의 화재안전기준에서 변류기의 설치위치 기준으로 옳은 것은?

① 제1종 접지선측의 점검이 쉬운 위치에 설치
② 옥외 인입선의 제1지점의 부하측에 설치
③ 인입구에 근접한 옥외에 설치
④ 제3종 접지선측의 점검이 쉬운 위치에 설치

advice

누전경보기 변류기 설치기준 … 변류기는 특정소방대상물의 형태, 인입선의 시설방법 등에 따라 <u>옥외 인입선의 제1지점의 부하측 또는 제2종 접지선측의 점검이 쉬운 위치에 설치</u>할 것. 다만, 인입선의 형태 또는 특정소방대상물의 구조상 부득이한 경우에는 인입구에 근접한 옥내에 설치할 수 있다

78 감도조정장치를 갖는 누전경보기에 있어서 감도조정장치의 조정범위는 최대치가 몇 A이어야 하는가?

① 0.2
② 1.0
③ 1.5
④ 2.0

advice

감도조정장치를 갖는 누전경보기에 있어서 감도조정장치의 조정범위는 <u>최대치가 1A</u>이어야 한다.

79 다음 ( )에 들어갈 내용으로 옳은 것은?

> 누전경보기란 ( ) 이하인 경계전로의 누설전류 또는 지락전류를 검출하여 당해 소방대상물의 관계인에게 경보를 발하는 설비로서 변류기와 수신부로 구성된 것을 말한다.

① 사용전압 220V
② 사용전압 380V
③ 사용전압 600V
④ 사용전압 750V

advice

누전경보기란 사용전압 <u>600V 이하인 경계전로</u>의 누설전류 또는 지락전류를 검출하여 해당 소방대상물의 관계인에게 경보를 발하는 설비로서 변류기와 수신부로 구성된 것을 말한다.

80 부착높이 20m 이상에 설치되는 광전식 중 아날로그방식의 감지기 공칭감지농도 하한값의 기준은?

① 감광율 5%/m 미만
② 감광율 10%/m 미만
③ 감광율 15%/m 미만
④ 감광율 20%/m 미만

advice

부착높이 20m 이상에 설치되는 광전식 중 아날로그방식의 감지기는 공칭감지농도 하한값이 <u>감광률 5%/m 미만</u>인 것으로 한다.

Answer **77.**② **78.**② **79.**③ **80.**①

2015년 제4회 소방설비기사 [전기분야]

시험일정	시험유형	시험시간	시험과목
2015.09.19	필 기	120분	1 소방원론 2 소방전기일반 3 소방관계법규 4 소방전기시설의 구조 및 원리

수험번호		성 명	

1과목 소방원론

(2016)

01 화재하중 계산시 목재의 단위발열량은 약 몇 kcal/kg 인가?

① 3,000
② 4,500
③ 9,000
④ 12,000

advice

각종 재료의 단위발열량

재료	발열량 [Mcal/kg]	재료	발열량 [Mcal/kg]
목재	4.5	벤젠	10.5
종이	4.0	석유	10.5
연질보드	4.0	염화비닐	4.1
경질보드	4.5	페놀	6.7
Wool 섬유	5.0	폴리에스테르	7.5
리놀륨	4.0~5.0	폴리아미드	8.0
아스팔트	9.5	폴리스티렌	9.5
고무	9.0	폴리에틸렌	10.4
휘발유	10.0		

02 건축물 화재에서 플래시 오버(Flash over) 현상이 일어나는 시기는?

① 초기에서 성장기로 넘어가는 시기
② 성장기에서 최성기로 넘어가는 시기
③ 최성기에서 감쇠기로 넘어가는 시기
④ 감쇠기에서 종기로 넘어가는 시기

advice

플래시 오버 … 화재로 인하여 실내의 온도가 급격히 상승하여 가연물이 일시에 폭발적으로 착화현상을 일으켜 화재가 순간적으로 실내 전체에 확산되는 현상(= 순발연소, 순간연소)
㉠ 발생시간 : 화재 발생 후 5~6분
㉡ 발생시점 : 성장기에서 최성기로 넘어가는 사이

(2019) (2015) (2014)

03 제2류 위험물에 해당하지 않는 것은?

① 유황
② 황화린
③ 적린
④ 황린

advice

황린은 제3류 위험물에 해당한다.

Answer 01.② 02.② 03.④

04 제1인산암모늄이 주성분인 분말소화약제는?

① 1종 분말소화약제

② 2종 분말소화약제

③ 3종 분말소화약제

④ 4종 분말소화약제

advice

분말 종류	주성분	분자식	색상	적응 화재
제1종	탄산수소나트륨 (중탄산나트륨)	$NaHCO_3$	백색	B, C급
제2종	탄산수소칼륨 (중탄산칼륨)	$KHCO_3$	담회색	B, C급
제3종	제1인산암모늄	$NH_4H_2PO_4$	담홍색 또는 황색	A, B, C급
제4종	탄산수소칼륨과 요소	$KHCO_3$ $+CO(NH_2)_2$	회색	B, C급

05 비수용성 유류에 화재시 물로 소화할 수 없는 이유는?

① 인화점이 변하기 때문

② 발화점이 변하기 때문

③ 연소면이 확대되기 때문

④ 수용성으로 변화여 인하점이 상승하기 때문

advice

비수용성 유류의 경우 물보다 가벼워 주수하는 경우 물의 유동성으로 화재를 확대시킬 수 있다.

06 가연물의 종류에 따른 화재의 분류방법 중 유류화재를 나타내는 것은?

① A급 화재　　② B급 화재

③ C급 화재　　④ D급 화재

advice

A급 화재	B급 화재	C급 화재	D급 화재
일반화재	유류화재	전기화재	금속화재

07 고비점유 화재시 무상주수하여 가연성 증기의 발생을 억제함으로써 기름의 연소성을 상실시키는 소화효과는?

① 억제효과　　② 제거효과

③ 유화효과　　④ 파괴효과

advice

유화소화(emulsification extinguishment)[물분무(water spray)] … 물의 미립자가 기름의 연소면을 두드려서 표면을 유화상으로 하여 기름의 증발능력을 떨어뜨려 연소성을 상실시키는 효과. 제4류 위험물 중 제3석유류 및 제4석유류와 같은 유류의 화재시 유류의 표면에 엷은 수성막을 형성하여 유면을 덮는 유화작용(emulsion)을 이용한 것이다.

08 할로겐화합물 소화약제의 구성 원소가 아닌 것은?

① 염소   ② 브롬

③ 네온   ④ 탄소

advice

할로겐화합물 소화약제의 경우 탄소와 할로겐족 원소(F, Cl, Br, I)의 화합물 형태이다.

(2019) (2015) (2014)

09 마그네슘의 화재에 주수하였을 때 물과 마그네슘의 반응으로 인하여 생성되는 가스는?

① 산소

② 수소

③ 일산화탄소

④ 이산화탄소

advice

$Mg + 2H_2O \rightarrow Mg(OH)_2 + H_2\uparrow$

10 건물 내에서 화재가 발생하여 실내온도가 20℃에서 600℃까지 상승했다면 온도 상승만으로 건물 내의 공기 부피는 처음의 약 몇 배 정도 팽창하는가? (단, 화재로 인한 압력의 변화는 없다고 가정한다.)

① 3   ② 9

③ 15   ④ 30

advice

샤를의 법칙 … 일정한 압력에서 일정량의 기체의 부피는 절대온도에 비례한다.

$$\frac{V_1}{T_1} = \frac{V_2}{T_2} \; (T\,[K] = t\,[℃] + 273.15)$$

$$V_2 = V_1 \times \frac{T_2}{T_1} = V_1 \times \frac{T(600 + 273.15)K}{T(20 + 273.15)K} ≒ 2.98\,V_1$$

따라서 처음 부피의 약 2.98배로 팽창한다.

(2015) (2014)

11 화재에 대한 건축물의 손실 정도에 따른 화재 형태를 설명한 것으로 옳지 않은 것은?

① 부분소화재란 전소화재, 반소화재에 해당하지 않는 것을 말한다.

② 반소화재란 건축물에 화재가 발생하여 건축물의 30% 이상 70% 미만 소실된 상태를 말한다.

③ 전소화재란 건축물에 화재가 발생하여 건축물의 70% 이상이 소실된 상태를 말한다.

④ 훈소화재란 건축물에 화재가 발생하여 건축물의 10% 이하가 소실된 상태를 말한다.

advice

훈소화재란 화재 초기에 고체 가연물에서 많이 발생하며 연소에 필요한 산소 공급이 불충분하거나 가연성 분해가스의 농도가 적당하지 않아 불꽃(화염)이 발생하지 못하고 분해생성물만 발생시키는 화재이다.

Answer   08.③   09.②   10.①   11.④

12 다음 물질 중 공기에서 위험도(H)가 가장 큰 것은?

① 에테르   ② 수소

③ 에틸렌   ④ 프로판

advice

구분	에테르	수소	에틸렌	프로판
연소범위	1.9~48	4~75	3.1~32	2.2~9.5
위험도	24.26	17.75	9.32	3.31

위험도(H)는 가연성 혼합가스의 연소범위의 제한치를 나타낸다.

$$H = \frac{U - L}{L}$$

여기서, U : 연소상한치, L : 연소하한치

(2014)

13 물리적 소화방법이 아닌 것은?

① 연쇄반응의 억제에 의한 방법

② 냉각에 의한 방법

③ 공기와의 접촉 차단에 의한 방법

④ 가연물 제거에 의한 방법

advice

연쇄반응의 억제에 의한 방법은 부촉매소화로서 화학적 소화 방법에 해당한다.

(2016) (2015) (2014)

14 위험물의 유별에 따른 대표적인 성질의 연결이 옳지 않은 것은?

① 제1류 : 산화성 고체

② 제2류 : 가연성 고체

③ 제4류 : 인화성 액체

④ 제5류 : 산화성 액체

advice

제5류는 자기반응성 물질에 해당한다.

(2018)

15 갑종 방화문과 을종 방화문의 비차열 성능은 각각 얼마 이상이어야 하는가?

① 갑종 : 90분, 을종 : 40분

② 갑종 : 60분, 을종 : 30분

③ 갑종 : 45분, 을종 : 20분

④ 갑종 : 30분, 을종 : 10분

advice

방화문의 구조

구분	내용
갑종 방화문	국토교통부 장관이 고시한 시험기준에 따라 시험한 결과 비차열 1시간 이상 성능이 확보되어야 한다(즉, 1시간 동안 화재와 불이 넘어가지 않는 것이 검증되었다면 사용 가능).
을종 방화문	국토교통부 장관이 고시한 시험기준에 따라 시험한 결과 비차열 30분 이상 성능이 확보되어야 한다.

※ 비차열이란 차열성능이 없다는 뜻으로 차염성과 차염성능만 인정된다는 뜻이다.

16 같은 원액으로 만들어진 포의 특성에 관한 설명으로 옳지 않은 것은?

① 발포배율이 커지면 환원시간은 짧아진다.

② 환원시간이 길면 내열성이 떨어진다.

③ 유동성이 좋으면 내열성이 떨어진다.

④ 발포배율이 작으면 유동성이 떨어진다.

advice

② 환원시간이 길면 내열성은 높아진다.

Answer   **12.**①   **13.**①   **14.**④   **15.**②   **16.**②

2019 2014

17 다음 중 인화점이 가장 낮은 물질은?

① 경유
② 메틸알코올
③ 이황화탄소
④ 등유

advice

구분	경유	메틸알코올	이황화탄소	등유
품명	제2석유류	알코올류	특수인화물	제2석유류
인화점	50~70℃	11℃	−30℃	30~60℃

18 다음 중 방염대상물품이 아닌 것은? (단, 제조 또는 가공 공정에서 방염처리한 물품에 한함)

① 카펫
② 무대용 합판
③ 창문에 설치하는 커튼
④ 두께 2mm 미만인 종이벽지

advice

방염대상물품
㉠ 창문에 설치하는 커튼류(블라인드를 포함)
㉡ 카펫, 두께가 2mm 미만인 벽지류(종이벽지는 제외)
㉢ 전시용 합판 또는 섬유판, 무대용 합판 또는 섬유판
㉣ 암막·무대막(영화상영관에 설치하는 스크린과 골프 연습장업에 설치하는 스크린을 포함)
㉤ 섬유류 또는 합성수지류 등을 원료로 하여 제작된 소파·의자(단란주점영업, 유흥주점영업 및 노래연습장업의 영업장에 설치하는 것만 해당)

2019

19 화재의 일반적 특성이 아닌 것은?

① 확대성
② 정형성
③ 우발성
④ 불안정성

advice

화재란 "사람의 의도에 반하거나 고의에 의해 발생하는 연소현상으로서 소화시설 등을 사용하여 소화할 필요가 있거나 또는 화학적인 폭발현상"을 말하며, 일반적인 특성으로는 확대성, 우발성, 불안정성을 들 수 있다.

2017 2016

20 공기 중에서 연소상한값이 가장 큰 물질은?

① 아세틸렌
② 수소
③ 가솔린
④ 프로판

advice

구분	아세틸렌	수소	가솔린	프로판
연소범위	2.5~81	4~75	1.4~7.6	2.2~9.5
위험도	31.4	17.75	4.43	3.31

Answer 17.③ 18.④ 19.② 20.①

21 그림과 같은 정현파에서 $v = V_m\sin(\omega t + \theta)$의 주기 T로 옳은 것은?

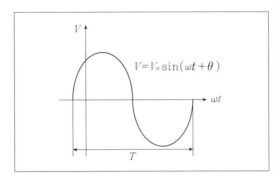

① $\dfrac{4\pi}{\omega}$

② $\dfrac{2\pi}{\omega}$

③ $\dfrac{\omega^2}{2\pi}$

④ $4\pi \cdot f^2$

advice

$\omega = 2\pi \cdot f = 2\pi \cdot \dfrac{1}{T}$ 이므로, $T = \dfrac{2\pi}{\omega}$ [s]

22 60Hz의 3상 전압을 전파정류하면 맥동주파수는?

① 120Hz

② 240Hz

③ 360Hz

④ 720Hz

advice

3상 전압을 전파정류하면, $120°$의 위상차를 갖는 R,S,T상의 파형이 모두 양(+)으로 되므로, 맥동주파수는 양(+)의 3파형과 음(−)의 3파형을 합하여져서 6배의 맥동 주파수가 된다.

$60[\text{Hz}] \times 6 = 360[\text{Hz}]$

- 단상반파의 맥동주파수 : $60[\text{Hz}](60 \times 1)$
- 단상전파의 맥동주파수 : $120[\text{Hz}](60 \times 2)$
- 3상반파의 맥동주파수 : $180[\text{Hz}](60 \times 3)$
- 3상전파의 맥동주파수 : $360[\text{Hz}](60 \times 6)$

23 $i = I_m\sin\omega t$인 정현파에서 순시값과 실효값이 같아지는 위상은 몇 도인가?

① $30°$

② $45°$

③ $50°$

④ $60°$

advice

순시값 $i = I_m\sin\omega t = \sqrt{2}\,I\sin\omega t$

(최댓값 $I_m = \sqrt{2}\,I$(실효값))이고,

$\sin 45° = \dfrac{1}{\sqrt{2}}$ 이므로,

$i = \sqrt{2}\,I\sin 45° = \sqrt{2}\,I\dfrac{1}{\sqrt{2}} = I$

즉, $45°$일 때 순시값과 실효값이 같아진다.

(2014)
24 제어요소의 구성으로 옳은 것은?

① 검출부와 비교부

② 조작부와 검출부

③ 검출부와 조절부

④ 조작부와 조절부

advice

폐루프 제어계에서 제어요소는 조절부와 조작부로 이루어진다.

2018

25 그림과 같이 전압계 V_1, V_2, V_3와 5Ω의 저항 R을 접속하였다. 전압계의 지시가 $V_1 = 20\text{V}$, $V_2 = 40\text{V}$, $V_3 = 50\text{V}$라면 부하전력은 몇 W인가?

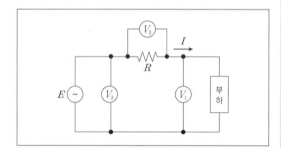

① 50
② 100
③ 150
④ 200

advice

전압계 3개를 이용하여 단상전력을 측정하는 3전압계법 사용 시 전압계 3개의 전압을 측정 후 다음식과 같이 계산하여 단상교류전력을 측정한다.

$$P = \frac{1}{2R}(V_3^2 - V_1^2 - V_2^2)$$

$$P = \frac{1}{2 \times 5}(50^2 - 20^2 - 40^2) = 50\,[\text{W}]$$

26 제어량에 따라 분류되는 자동제어로 옳은 것은?

① 정치(fixed value) 제어
② 비율(ration) 제어
③ 프로세스(process) 제어
④ 시퀀스(sequence) 제어

advice

일반적으로 자동제어계를 분류할 때 제어대상 또는 제어량에 따라 프로세스 제어, 서보 기구, 자동 조정으로 분류하고, 목표값 성질에 따라 정치 제어, 추종 제어, 프로그램 제어, 비율 제어 등으로 분류한다.

2017

27 온도보상장치에 사용되는 소자인 NCT형 서미스터의 저항값과 온도의 관계를 옳게 설명한 것은?

① 저항값은 온도에 비례한다.
② 저항값은 온도에 반비례한다.
③ 저항값은 온도의 제곱에 비례한다.
④ 저항값은 온도의 제곱에 반비례한다.

advice

서미스터는 온도에 따라 저항값이 변화되는 소자이다. 서미스터의 종류에는 온도 상승에 따라 저항값이 올라가는 PCT, 온도상승에 따라 저항값이 내려가는 NTC가 있으며 온도 상승에 따라 특정온도에서 급격이 상승하는 CTR이 있다.

28 반지름 1m인 원형 코일에서 중심점에서의 자계의 세기가 1AT/m라면 흐르는 전류는 몇 A인가?

① 1
② 2
③ 3
④ 4

advice

원형코일의 자계의 세기는 $H = \frac{N \cdot I}{2 \cdot r}$ 이므로,

$$I = \frac{H \cdot 2 \cdot r}{N} = \frac{1 \times 2 \times 1}{1} = 2\text{이다.}$$

Answer 25.① 26.③ 27.② 28.②

29 조작량(manipulated varible)은 제어요소에서 무엇에 인가되는 양인가?

① 조작대상
② 제어대상
③ 측정대상
④ 입력대상

advice

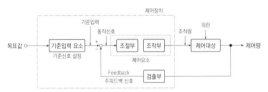

그림의 폐루프제어계에서 조작량은 제어대상에 인가되는 양이다.

30 전원을 넣자마자 곧바로 점등되는 형광등용의 안정기는?

① 글로우 스타트식
② 필라멘트 단락식
③ 래피드 스타트식
④ 점등관식

advice

전원을 넣자마자 바로 점등되는 방식의 형광등 안정기는 래피드 스타트식이다.

※ 글로우 스타트식 … 전원을 인가하면 점등관에 의해 글로우 방전이 발생되고 난 후 형광등이 점등되는 방식

31 다음 중 3상 유도전동기에 속하는 것은?

① 권선형 유동전동기
② 세이딩코일형 전동기
③ 분상기동형 전동기
④ 콘텐서기동형 전동기

advice

유도전동기의 종류
㉠ 3상유도전동기 : 권선형유도전동기, 농형유도전동기
㉡ 단상유도전동기 : 분상기동형, 콘덴서기동형, 영구콘덴서형, 세이딩코일형

32 확산형 트랜지스터에 관한 설명으로 옳지 않은 것은?

① 불활성 가스 속에서 확산시킨다.
② 단일 확산형과 2중 확산형이 있다.
③ 이미터, 베이스의 순으로 확산시킨다.
④ 기체 반도체가 용해하는 것보다 낮은 온도에서 불순불을 확산시킨다.

advice

확산형 트랜지스터의 특징
㉠ 단일 확산형과 2중 확산형
㉡ 불활성 가스 속에서 확산
㉢ 베이스 내에서 확산
㉣ 기체 반도체가 용해하는 것보다 낮은 온도에서 불순물 확산

Answer **29.**② **30.**③ **31.**① **32.**③

33 전압변동율이 20%인 정류회로에서 무부하전압이 24V인 경우 부하전압은 몇 V인가?

① 19.2
② 20
③ 21.6
④ 22.6

---advice---

전압변동률 $\epsilon = \dfrac{V_{r0} - V_r}{V_r} \times 100\,[\%]$ 에서

$20 = \dfrac{24 - V_r}{V_r} \times 100\,[\%]$, $20\,V_r = (24 - V_r) \times 100$

$0.2\,V_r + V_r = 24$ $1.2\,V_r = 24$ $V_r = 20\,[\mathrm{V}]$

34 두 종류의 금속으로 폐회로를 만들어 전류를 흘리면 양 접속점에서 한 쪽은 온도가 올라가고 다른 쪽은 온도가 내려가는 현상은?

① 펠티에 효과
② 제백 효과
③ 톰슨 효과
④ 홀 효과

---advice---

열과 기전력과의 관계를 나타내는 현상 중 대표적으로 제벡 효과, 펠티에 효과, 톰슨 효과가 있다.

㉠ **제벡 효과** : 서로 다른 두 종류의 금속을 환상으로 결합하고 양끝점에 온도차를 두면 고온에서 저온으로 기전력이 발생한다.

㉡ **펠티에 효과** : 서로 다른 두 종류의 금속을 환상으로 결합하고 전류를 흘리면 한쪽에서는 발열, 다른 한쪽에서는 흡열작용을 한다.

㉢ **톰슨 효과** : 동일한 두 금속을 환상으로 결합하고 양끝점에 전류를 흘리면 한쪽은 발열작용 다른 한쪽은 흡열작용을 한다.

35 다음 중 직류전동기의 제동법이 아닌 것은?

① 회생제동
② 정상제동
③ 발전제동
④ 역전제동

---advice---

직류전동기의 제동법 … 발전제동, 역상제동, 회생제동

36 A급 싱글 전력증폭기에 관한 설명으로 옳지 않은 것은?

① 바이어스점은 부하선이 거의 가운데인 중앙점에 취한다.
② 회로의 구성이 매우 복잡하다.
③ 출력용의 트랜지스터가 1개이다.
④ 찌그러짐이 적다.

---advice---

A급 싱글 전력증폭기는 트랜지스터 하나로 구성되므로 회로가 간단하다.
효율이 낮고 전력소비가 많은 편이다.

(2016) (2014)
37 전류계의 오차율 ±2%, 전압계의 오차율 ±1%인 계기로 저항을 측정하면 저항의 오차율은 몇 %인가?

① ±0.5%
② ±1%
③ ±3%
④ ±7%

---advice---

저항의 오차율은 전류계의 오차율과 전압계의 오차율을 합한 값이 된다.
∴ 저항 오차율 = ±2% + ±1% = ±3%

Answer **33.**② **34.**① **35.**② **36.**② **37.**③

38 다음 그림을 논리식으로 표현한 것은?

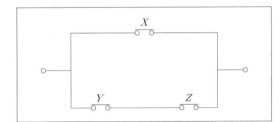

① $X(Y+Z)$

② XYZ

③ $XY+ZY$

④ $(X+Y)(X+Z)$

advice

접점이 직렬로 연결되는 경우는 AND 논리회로이고, 병렬로 연결되는 경우는 OR 논리회로로 되므로

$X+YZ$

$\therefore (X+Y)(X+Z) = XX + XZ + XY + YZ$
$= X(1+Z+Y) + YZ = X + YZ$

39 전기화재의 원인이 되는 누전전류를 검출하기 위해 사용되는 것은?

① 접지계전기

② 영상변류기

③ 계기용변압기

④ 과전류계전기

advice

영상변류기는 회로에서 유출하는 전류와 유입되는 전류를 검출하는 변류기로서 누전경보기에서 누전 검출용 기기로 사용되며, ZCT(Zero Current Transformer)라고 한다.

40 지멘스(siemens)는 무엇의 단위인가?

① 비저항

② 도전률

③ 컨덕턴스

④ 자속

advice

지멘스(siemens)는 컨덕턴스 G의 단위이며, 저항과 반비례이며 모호(mho)가 쓰이기도 한다.

$G = \dfrac{1}{R}$

3과목 소방관계법규

41 소방시설공사업의 상호·영업소 소재지가 변경된 경우 제출하여야 하는 서류는?

① 소방기술인력의 자격증 및 자격수첩
② 소방시설업 등록증 및 등록수첩
③ 법인등기부등본 및 소방기술인력 연명부
④ 사업자등록증 및 소방기술인력의 자격증

advice

등록사항의 변경신고 등「소방시설공사업법 시행규칙」제6조 제1항) … 소방시설업자는 등록사항이 변경된 경우에는 변경일 부터 30일 이내에 소방시설업 등록사항 변경신고서(전자문서 로 된 소방시설업 등록사항 변경신고서를 포함)에 변경사항별 로 다음의 구분에 따른 서류(전자문서를 포함)를 첨부하여 협 회에 제출하여야 한다. 다만, 「전자정부법」에 따른 행정정보 의 공동이용을 통하여 첨부서류에 대한 정보를 확인할 수 있 는 경우에는 그 확인으로 첨부서류를 갈음할 수 있다.
1. 상호(명칭) 또는 영업소 소재지가 변경된 경우 : 소방시설 업 등록증 및 등록수첩
2. 대표자가 변경된 경우
   가. 소방시설업 등록증 및 등록수첩
   나. 변경된 대표자의 성명, 주민등록번호 및 주소지 등의 인적사항이 적힌 서류
   다. 외국인인 경우에는 제2조 제1항 제5호 각 목의 어느 하나에 해당하는 서류
3. 기술인력이 변경된 경우
   가. 소방시설업 등록수첩
   나. 기술인력 증빙서류
   다. 삭제

42 소방기술자의 자격의 정지 및 취소에 관한 기준 중 1차 행정처분기준이 자격정지 1년 해당되는 경우는?

① 자격수첩을 다른 자에게 빌려준 경우
② 동시에 둘 이상의 업체에 취업한 경우
③ 거짓이나 그 밖의 부정한 방법으로 자격수첩을 발급받은 경우
④ 업무수행 중 해당 자격과 관련하여 중대한 과실로 다른 자에게 손해를 입히고 형의 선고를 받은 경우

advice

소방기술자의 자격의 정지 및 취소에 관한 기준〈「소방시설공사 업법 시행규칙」 별표 5〉

위반사항	근거 법령	행정처분기준		
		1차	2차	3차
가. 거짓이나 그 밖의 부정한 방법으로 자격수첩 또는 경력수첩을 발급받은 경우	법 제28조 제4항	자격 취소		
나. 자격수첩 또는 경력수첩을 다른 자에게 빌려준 경우	법 제28조 제4항	자격 취소		
다. 동시에 둘 이상의 업체에 취업한 경우	법 제28조 제4항	자격 정지 1년	자격 취소	
라. 법 또는 법에 따른 명령을 위반한 경우	법 제28조 제4항			
1) 업무수행 중 해당 자격과 관련하여 고의 또는 중대한 과실로 다른 자에게 손해를 입히고 형의 선고를 받은 경우		자격 취소		
2) 자격정지처분을 받고도 같은 기간 내에 자격증을 사용한 경우		자격 정지 1년	자격 정지 2년	자격 취소

Answer 41.② 42.②

43 소방본부장 또는 소장서장이 원활한 소방활동을 위하여 행하는 지리조사의 내용에 속하지 않는 것은?

① 소방대상물에 인접한 도로의 폭
② 소방대상물에 인접한 도로의 교통상황
③ 소방대상물에 인접한 도로주변의 토지의 고저
④ 소방대상물에 인접한 지역에 대한 유동인원의 현황

|advice|

소방본부장 또는 소방서장은 원활한 소방활동을 위하여 다음의 조사를 월 1회 이상 실시하여야 한다〈「소방기본법」 제7조 제1항〉.

1. 설치된 소방용수시설에 대한 조사
2. <u>소방대상물에 인접한 도로의 폭·교통상황, 도로주변의 토지의 고저·건축물의 개황 그 밖의 소방활동에 필요한 지리에 대한 조사</u>

44 소방시설 중 연결살수설비는 어떤 설비에 속하는가?

① 소화설비
② 구조설비
③ 피난설비
④ 소화활동설비

|advice|

소화활동설비〈「화재예방, 소방시설 설치·유지 및 안전관리에 관한 법률 시행령」 별표 1 참고〉… 화재를 진압하거나 인명구조활동을 위하여 사용하는 설비로서 다음의 것

가. 제연설비
나. 연결송수관설비
다. <u>연결살수설비</u>
라. 비상콘센트설비
마. 무선통신보조설비
바. 연소방지설비

45 소방시설관리업 등록의 결격사유에 해당되지 않는 것은?

① 피성년후견인
② 금고 이상의 형을 선고받고 그 집행이 면제된 날부터 1년이 지난 자
③ 소방시설관리업의 등록의 취소된 날로부터 2년이 지난 자
④ 금고 이상의 형의 집행유예를 선고 받고 그 유예기간 중에 있는 자

|advice|

소방시설업 등록의 결격사유〈「소방시설공사업법」 제5조〉… 다음의 어느 하나에 해당하는 자는 소방시설업을 등록할 수 없다.

1. <u>피성년후견인</u>
2. 삭제 〈2015. 7. 20.〉
3. 이 법, 「소방기본법」, 「화재예방, 소방시설 설치·유지 및 안전관리에 관한 법률」 또는 「위험물안전관리법」에 따른 <u>금고 이상의 실형을 선고받고 그 집행이 끝나거나(집행이 끝난 것으로 보는 경우를 포함한다) 면제된 날부터 2년이 지나지 아니한 사람</u>
4. 이 법, 「소방기본법」, 「화재예방, 소방시설 설치·유지 및 안전관리에 관한 법률」 또는 「위험물안전관리법」에 따른 <u>금고 이상의 형의 집행유예를 선고받고 그 유예기간 중에 있는 사람</u>
5. <u>등록하려는 소방시설업 등록이 취소(제1호에 해당하여 등록이 취소된 경우는 제외한다)된 날부터 2년이 지나지 아니한 자</u>
6. 법인의 대표자가 제1호부터 제5호까지의 규정에 해당하는 경우 그 법인
7. 법인의 임원이 제3호부터 제5호까지의 규정에 해당하는 경우 그 법인

Answer 43.④ 44.④ 45.③

2015년 제4회 소방설비기사 **315**

46 제4류 위험물 제조소의 경우 사용전압이 22kV인 특고압가공전선이 지나갈 때 제조소의 외벽과 가공전선 사이의 수평거리(안전거리)는 몇 m 이상이어야 하는가?

① 2

② 3

③ 5

④ 10

[advice]

안전거리〈「위험물안전관리법 시행규칙」 별표 4〉

1. 제조소(제6류 위험물을 취급하는 제조소를 제외)는 다음의 규정에 의한 건축물의 외벽 또는 이에 상당하는 공작물의 외측으로부터 당해 제조소의 외벽 또는 이에 상당하는 공작물의 외측까지의 사이에 다음의 규정에 의한 수평거리(이하 "안전거리"라 한다)를 두어야 한다.

　가. 나목 내지 라목의 규정에 의한 것 외의 건축물 그 밖의 공작물로서 주거용으로 사용되는 것(제조소가 설치된 부지내에 있는 것을 제외)에 있어서는 10m 이상

　나. 학교·병원·극장 그 밖에 다수인을 수용하는 시설로서 다음의 1에 해당하는 것에 있어서는 30m 이상

　　1)「초·중등교육법」및「고등교육법」에 정하는 학교

　　2)「의료법」에 따른 병원급 의료기관

　　3)「공연법」에 따른 공연장,「영화 및 비디오물의 진흥에 관한 법률」에 따른 영화상영관 및 그 밖에 이와 유사한 시설로서 3백명 이상의 인원을 수용할 수 있는 것

　　4)「아동복지법」에 따른 아동복지시설,「노인복지법」에 해당하는 노인복지시설,「장애인복지법」에 따른 장애인복지시설,「한부모가족지원법」에 따른 한부모가족복지시설,「영유아보육법」에 따른 어린이집,「성매매방지 및 피해자보호 등에 관한 법률」에 따른 성매매피해자등을 위한 지원시설,「정신보건법」에 따른 정신보건시설,「가정폭력방지 및 피해자보호 등에 관한 법률」에 따른 보호시설 및 그 밖에 이와 유사한 시설로서 20명 이상의 인원을 수용할 수 있는 것

　다.「문화재보호법」의 규정에 의한 유형문화재와 기념물 중 지정문화재에 있어서는 50m 이상

　라. 고압가스, 액화석유가스 또는 도시가스를 저장 또는 취급하는 시설로서 다음의 1에 해당하는 것에 있어서는 20m 이상. 다만, 당해 시설의 배관 중 제조소가 설치된 부지 내에 있는 것은 제외.

　　1)「고압가스 안전관리법」의 규정에 의하여 허가를 받거나 신고를 하여야 하는 고압가스제조시설(용기에 충전하는 것을 포함) 또는 고압가스 사용시설로서 1일 30㎥ 이상의 용적을 취급하는 시설이 있는 것

　　2)「고압가스 안전관리법」의 규정에 의하여 허가를 받거나 신고를 하여야 하는 고압가스저장시설

　　3)「고압가스 안전관리법」의 규정에 의하여 허가를 받거나 신고를 하여야 하는 액화산소를 소비하는 시설

　　4)「액화석유가스의 안전관리 및 사업법」의 규정에 의하여 허가를 받아야 하는 액화석유가스제조시설 및 액화석유가스저장시설

　　5)「도시가스사업법」의 규정에 의한 가스공급시설

　마. 사용전압이 7,000V 초과 35,000V 이하의 특고압가공전선에 있어서는 3m 이상

　바. 사용전압이 35,000V를 초과하는 특고압가공전선에 있어서는 5m 이상

2. 제1호 가목 내지 다목의 규정에 의한 건축물 등은 부표의 기준에 의하여 불연재료로 된 방화상 유효한 담 또는 벽을 설치하는 경우에는 동표의 기준에 의하여 안전거리를 단축할 수 있다.

Answer 46.②

47 일반음식점에서 조리를 위해 불을 사용하는 설비를 설치할 때 지켜야 할 사항의 기준으로 옳지 않은 것은?

① 주방시설에는 동물 또는 식물의 기름을 제거할 수 있는 필터 등을 설치할 것
② 열을 발생하는 조리기구는 반자 또는 선반에서 50cm 이상 떨어지게 할 것
③ 주방시설에 부속된 배기덕트는 0.5mm 이상의 아연도금강판 또는 이와 동등 이상의 내식성 불연재료로 설치할 것
④ 열을 발생하는 조리기구로부터 15cm 이내의 거리에 있는 가연성 주요구조부는 석면판 또는 단열성이 있는 불연재료로 덮어 씌울 것

advice

보일러 등의 위치·구조 및 관리와 화재예방을 위하여 불의 사용에 있어서 지켜야 하는 사항〈「소방기본법 시행령」 별표 1 참고〉

종류	내용
음식조리를 위하여 설치하는 설비	일반음식점에서 조리를 위하여 불을 사용하는 설비를 설치하는 경우에는 다음의 사항을 지켜야 한다. 가. 주방설비에 부속된 배기닥트는 0.5밀리미터 이상의 아연도금강판 또는 이와 동등 이상의 내식성 불연재료로 설치할 것 나. 주방시설에는 동물 또는 식물의 기름을 제거할 수 있는 필터 등을 설치할 것 다. <u>열을 발생하는 조리기구는 반자 또는 선반으로부터 0.6미터 이상 떨어지게 할 것</u> 라. 열을 발생하는 조리기구로부터 0.15미터 이내의 거리에 있는 가연성 주요구조부는 석면판 또는 단열성이 있는 불연재료로 덮어 씌울 것

(2016) (2014)

48 다음 중 위험물의 성질이 자기반응성물질에 속하지 않는 것은?

① 유기과산화물
② 무기과산화물
③ 히드라진 유도체
④ 니트로화합물

advice

제5류 위험물인 "자기반응성물질"은 고체 또는 액체로서 폭발의 위험성 또는 가열분해의 격렬함을 판단하기 위하여 고시로 정하는 시험에서 고시로 정하는 성질과 상태를 나타내는 것을 말한다. 자기반응성물질의 종류에는 <u>유기과산화물</u>, 질산에스테르류, <u>니트로화합물</u>, 니트로소화합물, 아조화합물, 디아조화합물, <u>히드라진 유도체</u>, 히드록실아민 등이 있다〈「위험물안전관리법 시행령 별표 1 참고」.
② 무기과산화물은 제1류 위험물 산화성고체에 해당한다.

(2017) (2015) (2014)

49 지정수량의 몇 배 이상의 위험물을 취급하는 제조소에는 화재예방을 위한 예방규정을 정하여야 하는가?

① 10배   ② 20배
③ 30배   ④ 50배

advice

관계인이 예방규정을 정하여야 하는 제조소등〈「위험물안전관리법 시행령」 제15조〉
1. <u>지정수량의 10배 이상의 위험물을 취급하는 제조소</u>
2. 지정수량의 100배 이상의 위험물을 저장하는 옥외저장소
3. 지정수량의 150배 이상의 위험물을 저장하는 옥내저장소
4. 지정수량의 200배 이상의 위험물을 저장하는 옥외탱크저장소
5. 암반탱크저장소
6. 이송취급소

Answer 47.② 48.② 49.①

7. 지정수량의 10배 이상의 위험물을 취급하는 일반취급소. 다만, 제4류 위험물(특수인화물을 제외)만을 지정수량의 50배 이하로 취급하는 일반취급소(제1석유류·알코올류의 취급량이 지정수량의 10배 이하인 경우에 한한다)로서 다음의 어느 하나에 해당하는 것을 제외한다.
가. 보일러·버너 또는 이와 비슷한 것으로서 위험물을 소비하는 장치로 이루어진 일반취급소
나. 위험물을 용기에 옮겨 담거나 차량에 고정된 탱크에 주입하는 일반취급소

50 소방기본법상 화재의 예방조치 명령이 아닌 것은?

① 불장난·모닥불·흡연 및 화기 취급의 금지 또는 제한

② 타고 남은 불 또는 화기의 우려가 있는 재의 처리

③ 함부로 버려두거나 그냥 둔 위험물, 그 밖에 탈 수 있는 물건을 옮기거나 치우게 하는 등의 조치

④ 불이 번지는 것을 막기 위하여 불이 번질 우려가 있는 소방대상물의 사용 제한

advice

화재의 예방조치 등〈「소방기본법」 제12조 제1항〉 … 소방본부장이나 소방서장은 화재의 예방상 위험하다고 인정되는 행위를 하는 사람이나 소화(消火) 활동에 지장이 있다고 인정되는 물건의 소유자·관리자 또는 점유자에게 다음의 명령을 할 수 있다.
1. 불장난, 모닥불, 흡연, 화기(火氣) 취급, 풍등 등 소형 열기구 날리기, 그 밖에 화재예방상 위험하다고 인정되는 행위의 금지 또는 제한
2. 타고 남은 불 또는 화기가 있을 우려가 있는 재의 처리
3. 함부로 버려두거나 그냥 둔 위험물, 그 밖에 불에 탈 수 있는 물건을 옮기거나 치우게 하는 등의 조치

51 (2017)
방염성능기준 이상의 실내장식물 등을 설치하여야 하는 특정소방대상물에 해당하지 않는 것은?

① 숙박시설

② 노유자시설

③ 층수 11층 이상의 아파트

④ 건축물의 옥내에 있는 종교시설

advice

방염성능기준 이상의 실내장식물 등을 설치하여야 하는 특정소방대상물〈「화재예방, 소방시설 설치·유지 및 안전관리에 관한 법률 시행령」 제19조〉
1. 근린생활시설 중 의원, 체력단련장, 공연장 및 종교집회장
2. 건축물의 옥내에 있는 시설로서 다음의 시설
가. 문화 및 집회시설
나. 종교시설
다. 운동시설(수영장은 제외)
3. 의료시설
4. 교육연구시설 중 합숙소
5. 노유자시설
6. 숙박이 가능한 수련시설
7. 숙박시설
8. 방송통신시설 중 방송국 및 촬영소
9. 다중이용업소
10. 제1호부터 제9호까지의 시설에 해당하지 않는 것으로서 층수가 11층 이상인 것(아파트는 제외)

52 특정소방대상물의 관계인이 피난시설 또는 방화시설의 폐쇄·훼손·변경 등의 행위를 했을 때 과태료 처분으로 옳은 것은?

① 100만 원 이하

② 200만 원 이하

③ 300만 원 이하

④ 500만 원 이하

Answer **50.**④ **51.**③ **52.**③

advice

과태료〈「화재예방, 소방시설 설치·유지 및 안전관리에 관한 법률」 제53조 제1항〉… 다음의 어느 하나에 해당하는 자에게는 300만 원 이하의 과태료를 부과한다.
1. 특정소방대상물에 설치하는 소방시설의 화재안전기준을 위반하여 소방시설을 설치 또는 유지·관리한 자
2. 피난시설, 방화구획 또는 방화시설의 폐쇄·훼손·변경 등의 행위를 한 자

53 소방시설공사업법상 소방시설공사에 관한 발주자의 권한을 대행하여 소방시설공사가 설계도서 및 관계 법령에 따라 적법하게 시공되는지 여부의 확인과 품질·시공 관리에 대한 기술지도를 수행하는 영업은 무엇인가?

① 소방시설유지업
② 소방시설설계업
③ 소방시설공사업
④ 소방공사감리업

advice

소방시설업〈「소방시설공사업법」 제2조 제1호〉
가. 소방시설설계업 : 소방시설공사에 기본이 되는 공사계획, 설계도면, 설계 설명서, 기술계산서 및 이와 관련된 서류를 작성하는 영업
나. 소방시설공사업 : 설계도서에 따라 소방시설을 신설, 증설, 개설, 이전 및 정비(이하 "시공"이라 한다)하는 영업
다. 소방공사감리업 : 소방시설공사에 관한 발주자의 권한을 대행하여 소방시설공사가 설계도서와 관계 법령에 따라 적법하게 시공되는지를 확인하고, 품질·시공 관리에 대한 기술지도를 하는 영업
라. 방염처리업 :「화재예방, 소방시설 설치·유지 및 안전관리에 관한 법률」에 따른 방염대상물품에 대하여 방염처리하는 영업

54 소방기본법상 5년 이하의 징역 또는 5천만 원 이하의 벌금에 해당하는 위반사항이 아닌 것은?

① 정당한 사유 없이 소방용수시설을 사용하거나 소방용수시설의 효용을 해하거나 그 정당한 사용을 방해한 자
② 화재현장에서 사람을 구출하는 일 또는 불을 끄거나 불이 번지지 아니하도록 하는 일을 방해한 자
③ 불이 번질 우려가 있는 소방대상물 및 토지를 일시적으로 사용하거나 그 사용의 제한 또는 소방활동에 필요한 처분을 방해한 자
④ 화재진압을 위하여 출동하는 소방자동차의 출동을 방해한 자

advice

벌칙〈「소방기본법」 제50조〉… 다음의 어느 하나에 해당하는 사람은 5년 이하의 징역 또는 5천만 원 이하의 벌금에 처한다.
1. 다음의 어느 하나에 해당하는 행위를 한 사람
가. 위력(威力)을 사용하여 출동한 소방대의 화재진압·인명구조 또는 구급활동을 방해하는 행위
나. 소방대가 화재진압·인명구조 또는 구급활동을 위하여 현장에 출동하거나 현장에 출입하는 것을 고의로 방해하는 행위
다. 출동한 소방대원에게 폭행 또는 협박을 행사하여 화재진압·인명구조 또는 구급활동을 방해하는 행위
라. 출동한 소방대의 소방장비를 파손하거나 그 효용을 해하여 화재진압·인명구조 또는 구급활동을 방해하는 행위
2. 소방자동차의 출동을 방해한 사람
3. 사람을 구출하는 일 또는 불을 끄거나 불이 번지지 아니하도록 하는 일을 방해한 사람
4. 정당한 사유 없이 소방용수시설 또는 비상소화장치를 사용하거나 소방용수시설 또는 비상소화장치의 효용을 해치거나 그 정당한 사용을 방해한 사람

(2016)

55 형식승인대상 소방용품에 해당하지 않는 것은?

① 관창
② 안전매트
③ 피난사다리
④ 가스누설경보기

advice

형식승인대상 소방용품〈「화재예방, 소방시설 설치·유지 및 안전관리에 관한 법률 시행령」 제37조〉… 법 제36조 제1항 본문에서 "대통령령으로 정하는 소방용품"이란 별표 3 제1호 [별표 1 제1호 나목 2)에 따른 상업용 주방소화장치는 제외한다] 및 같은 표 제2호부터 제4호까지에 해당하는 소방용품을 말한다.

※ 소방용품〈「화재예방, 소방시설 설치·유지 및 안전관리에 관한 법률 시행령」 별표 3〉

1. 소화설비를 구성하는 제품 또는 기기
   가. 별표 1 제1호 가목의 소화기구(소화약제 외의 것을 이용한 간이소화용구는 제외)
   나. 별표 1 제1호 나목의 자동소화장치
   다. 소화설비를 구성하는 소화전, 관창(管槍), 소방호스, 스프링클러헤드, 기동용 수압개폐장치, 유수제어밸브 및 가스관선택밸브

2. 경보설비를 구성하는 제품 또는 기기
   가. 누전경보기 및 가스누설경보기
   나. 경보설비를 구성하는 발신기, 수신기, 중계기, 감지기 및 음향장치(경종만 해당)

3. 피난구조설비를 구성하는 제품 또는 기기
   가. 피난사다리, 구조대, 완강기(간이완강기 및 지지대를 포함)
   나. 공기호흡기(충전기를 포함)
   다. 피난구유도등, 통로유도등, 객석유도등 및 예비 전원이 내장된 비상조명등

4. 소화용으로 사용하는 제품 또는 기기
   가. 소화약제(별표 1 제1호나목2)와 3)의 자동소화장치와 같은 호 마목3)부터 8)까지의 소화설비용만 해당)
   나. 방염제(방염액·방염도료 및 방염성물질을 말한다)

5. 그 밖에 행정안전부령으로 정하는 소방 관련 제품 또는 기기

56 소방기본법상 화재경계지구에 대한 소방특별조사 권자는 누구인가?

① 시·도지사
② 소방본부장·소방서장
③ 한국소방안전협회장
④ 국민안전처장관

advice

소방본부장이나 소방서장은 대통령령으로 정하는 바에 따라 화재경계지구 안의 소방대상물의 위치·구조 및 설비 등에 대하여 「화재예방, 소방시설 설치·유지 및 안전관리에 관한 법률」에 따른 소방특별조사를 하여야 한다〈「소방기본법」 제13조 제3항〉.

(2018) (2015) (2014)

57 다음 중 특수가연물에 해당하지 않는 것은?

① 사류 1,000kg
② 면화류 200kg
③ 나무껍질 및 대팻밥 400kg
④ 넝마 및 종이부스러기 500kg

advice

특수가연물〈「소방기본법 시행령」 별표 2〉

품명		수량
면화류		200킬로그램 이상
나무껍질 및 대팻밥		400킬로그램 이상
넝마 및 종이부스러기		1,000킬로그램 이상
사류(絲類)		1,000킬로그램 이상
볏짚류		1,000킬로그램 이상
가연성고체류		3,000킬로그램 이상
석탄목탄류		10,000킬로그램 이상
가연성액체류		2세제곱미터 이상
목재가공품 및 나무부스러기		10세제곱미터 이상
합성수지류	발포시킨 것	20세제곱미터 이상
	그 밖의 것	3,000킬로그램 이상

Answer 55.② 56.② 57.④

58 점포에서 위험물을 용기에 담아 판매하기 위하여 위험물을 취급하는 판매취급소는 위험물안전관리법상 지정수량의 몇 배 이하의 위험물까지 취급할 수 있는가?

① 지정수량의 5배 이하

② 지정수량의 10배 이하

③ 지정수량의 20배 이하

④ 지정수량의 40배 이하

advice

위험물을 제조외의 목적으로 취급하기 위한 장소와 그에 따른 취급소의 구분〈「위험물안전관리법 시행령」 별표 3 참고〉

위험물을 제조외의 목적으로 취급하기 위한 장소	취급소의 구분
1. 고정된 주유설비(항공기에 주유하는 경우에는 차량에 설치된 주유설비를 포함)에 의하여 자동차·항공기 또는 선박 등의 연료탱크에 직접 주유하기 위하여 위험물(「석유 및 석유대체연료 사업법」의 규정에 의한 가짜석유제품에 해당하는 물품을 제외)을 취급하는 장소(위험물을 용기에 옮겨 담거나 차량에 고정된 5천리터 이하의 탱크에 주입하기 위하여 고정된 급유설비를 병설한 장소를 포함)	주유취급소
2. 점포에서 위험물을 용기에 담아 판매하기 위하여 지정수량 40배 이하의 위험물을 취급하는 장소	판매취급소

59 소방안전관리자가 작성하는 소방계획서의 내용에 포함되지 않는 것은?

① 소방시설공사 하자의 판단기준에 관한 사항

② 소방시설·피난시설 및 방화시설의 점검·정비계획

③ 공동 및 분임 소방안전관리에 관한 사항

④ 소화 및 연소 방지에 관한 사항

advice

소방안전관리대상물의 소방계획서 작성 등〈「화재예방, 소방시설 설치·유지 및 안전관리에 관한 법률 시행령」 제24조 제1항〉 … 소방계획서에는 다음의 사항이 포함되어야 한다.

1. 소방안전관리대상물의 위치·구조·연면적·용도 및 수용인원 등 일반 현황
2. 소방안전관리대상물에 설치한 소방시설·방화시설(防火施設), 전기시설·가스시설 및 위험물시설의 현황
3. 화재 예방을 위한 자체점검계획 및 진압대책
4. 소방시설·피난시설 및 방화시설의 점검·정비계획
5. 피난층 및 피난시설의 위치와 피난경로의 설정, 장애인 및 노약자의 피난계획 등을 포함한 피난계획
6. 방화구획, 제연구획, 건축물의 내부 마감재료(불연재료·준불연재료 또는 난연재료로 사용된 것을 말한다) 및 방염물품의 사용현황과 그 밖의 방화구조 및 설비의 유지·관리계획
7. 소방훈련 및 교육에 관한 계획
8. 특정소방대상물의 근무자 및 거주자의 자위소방대 조직과 대원의 임무(장애인 및 노약자의 피난 보조 임무를 포함)에 관한 사항
9. 화기 취급 작업에 대한 사전 안전조치 및 감독 등 공사 중 소방안전관리에 관한 사항
10. 공동 및 분임 소방안전관리에 관한 사항
11. 소화와 연소 방지에 관한 사항
12. 위험물의 저장·취급에 관한 사항(「위험물안전관리법」에 따라 예방규정을 정하는 제조소등은 제외)
13. 그 밖에 소방안전관리를 위하여 소방본부장 또는 소방서장이 소방안전관리대상물의 위치·구조·설비 또는 관리 상황 등을 고려하여 소방안전관리에 필요하여 요청하는 사항

60 소방시설 중 화재를 진압하거나 인명구조활동을 위하여 사용하는 설비로 정의되는 것은?

① 소화활동설비
② 피난설비
③ 소화용수설비
④ 소화설비

[advice]

소화활동설비〈「화재예방, 소방시설 설치·유지 및 안전관리에 관한 법률 시행령」 별표 1 참고〉 … 화재를 진압하거나 인명구조활동을 위하여 사용하는 설비로서 다음의 것
가. 제연설비
나. 연결송수관설비
다. 연결살수설비
라. 비상콘센트설비
마. 무선통신보조설비
바. 연소방지설비

4과목 소방전기시설의 구조 및 원리

(2016)
61 다음 비상전원 및 배터리 중 최소용량이 가장 큰 것은?

① 지하층을 제외한 11층 미만의 유도등 비상전원
② 비상조명등의 비상전원
③ 휴대용 비상조명등의 충전식 배터리용량
④ 무선통신보조설비 증폭기의 비상전원

[advice]

① 20분 이상
② 20분 이상
③ 20분 이상
④ 30분 이상
※ 증폭기 및 무선이동중계기를 설치 기준
　㉠ 전원은 전기가 정상적으로 공급되는 축전지, 전기저장장치(외부 전기에너지를 저장해 두었다가 필요한 때 전기를 공급하는 장치) 또는 교류전압 옥내간선으로 하고, 전원까지의 배선은 전용으로 할 것
　㉡ 증폭기의 전면에는 주 회로의 전원이 정상인지의 여부를 표시할 수 있는 표시등 및 전압계를 설치할 것
　㉢ 증폭기에는 비상전원이 부착된 것으로 하고 해당 비상전원 용량은 무선통신보조설비를 유효하게 30분 이상 작동시킬 수 있는 것으로 할 것
　㉣ 무선이동중계기를 설치하는 경우에는 「전파법」 제58조의2에 따른 적합성평가를 받은 제품으로 설치할 것
※ 자동화재탐지설비에는 그 설비에 대한 감시상태를 60분간 지속한 후 유효하게 10분 이상 경보할 수 있는 축전지설비(수신기에 내장하는 경우를 포함) 또는 전기저장장치(외부 전기에너지를 저장해 두었다가 필요한 때 전기를 공급하는 장치)를 설치하여야 한다. 다만, 상용전원이 축전지설비인 경우에는 그러하지 아니하다.

Answer **60.**① **61.**④

62 비상경보설비함 상부에 설치하는 발신기 위치표시등의 불빛은 부착지점으로부터 몇 m 이내 떨어진 위치에서도 쉽게 식별할 수 있어야 하는가?

① 5 ② 10
③ 15 ④ 20

advice

발신기의 위치표시등은 함의 상부에 설치하되, 그 불빛은 부착 면으로부터 15° 이상의 범위 안에서 부착지점으로부터 10m 이내의 어느 곳에서도 쉽게 식별할 수 있는 적색등으로 한다.

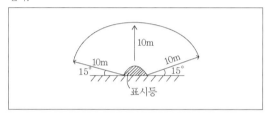

63 P형 1급 발신기에 연결해야 하는 회선은?

① 지구선, 공통선, 소화선, 전화선
② 지구선, 공통선, 응답선, 전화선
③ 지구선, 공통선, 발신기선, 응답선
④ 신호선, 공통선, 발신기선, 응답선

advice

P형 1급 발신기는 스위치기능, 전화기능, 발신기응답기능 3가지가 있다.
지구선(감지기선, 회로선, 발신기선 – 스위치기능), 전화선, (발신기)응답선, 공통선 등 4선으로 구성된다.

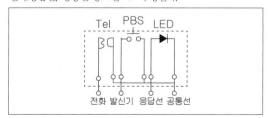

64 자동화재속보설비 속보기의 예비전원에 대한 안전장치시험을 할 경우 1/5C 이상 1C 이하의 전류로 역충전하는 경우 안전장치가 작동해야 하는 시간의 기준은?

① 1시간 이내 ② 2시간 이내
③ 3시간 이내 ④ 5시간 이내

advice

속보기 예비전원 안전장치시험 … 예비전원은 $\frac{1}{5}$C~1C 이하의 전류로 역충전하는 경우 5시간 이내에 안전장치가 작동하여야 하며, 외관이 부풀어 오르거나 누액 등이 생기지 않아야 한다.

(2016) (2014)
65 누전경보기의 기능검사 항목이 아닌 것은?

① 단락전압시험
② 절연저항시험
③ 온도특성시험
④ 단락전류감도시험

advice

누전경보기 기능검사 … 전로개폐시험, 과누전시험, 온도특성시험, 절연저항시험, 절연내력시험, 단락전류강도시험, 노화시험, 방수시험, 진동시험, 충격시험, 충격파내전압시험, 전압강하방지시험, 전원전압변동시험

Answer **62.**② **63.**② **64.**④ **65.**①

2015 2014

66 휴대용 비상조명등의 설치기준으로 옳지 않은 것은?

① 숙박시설 또는 다중이용업소에는 객실 또는 영업장 안의 구획된 실마다 잘 보이는 곳에 1개 이상 설치

② 대규모점포에는 보행거리 30m 이내마다 2개 이상 설치

③ 영화상영관에는 보행거리 50m 이내마다 3개 이상 설치

④ 지하역사에는 보행거리 25m 이내마다 3개 이상 설치

advice

대규모점포에는 보행거리 50m마다 3개 이상씩 설치해야 한다.

※ 휴대용비상조명등 설치기준
　㉠ 다음의 장소에 설치할 것
　　• 숙박시설 또는 다중이용업소에는 객실 또는 영업장안의 구획된 실마다 잘 보이는 곳(외부에 설치시 <u>출입문 손잡이로부터 1m 이내 부분</u>)에 1개 이상 설치
　　• 「유통산업발전법」에 따른 대규모점포(지하상가 및 지하역사는 제외)와 영화상영관에는 <u>보행거리 50m 이내마다 3개 이상</u> 설치
　　• 지하상가 및 지하역사에는 <u>보행거리 25m 이내마다 3개 이상</u> 설치
　㉡ 설치높이는 바닥으로부터 <u>0.8m 이상 1.5m 이하</u>의 높이에 설치할 것
　㉢ <u>어둠속에서 위치를 확인할 수 있도록</u> 할 것
　㉣ 사용 시 <u>자동으로 점등되는 구조</u>일 것
　㉤ 외함은 난연성능이 있을 것
　㉥ 건전지를 사용하는 경우에는 <u>방전방지조치</u>를 하여야 하고, 충전식 밧데리의 경우에는 상시 충전되도록 할 것
　㉦ 건전지 및 충전식 밧데리의 용량은 <u>20분 이상</u> 유효하게 사용할 수 있는 것으로 할 것

설치개수	설치장소
1개 이상	숙박시설 또는 다중이용업소에는 객실 또는 영업장 안의 구획된 실마다 잘 보이는 곳 (외부에 설치 시 출입문 손잡이로부터 1m 이내부분)
3개 이상	– 지하상가 및 지하역사의 보행거리 25m 이내마다 – 대규모점포(백화점, 대형점, 쇼핑센터) 및 영화상영관의 보행거리 50m 이내마다

2019

67 소방회로용으로 수전설비, 변전설비, 그 밖의 기기 및 배선을 금속제 외함에 수납한 것은?

① 전용분전반

② 공용분전반

③ 전용큐비클식

④ 공용큐비클식

advice

① 전용분전반 : 소방회로 전용의 것으로 분기 개폐기, 분기과전류차단기 그 밖의 배선용기기 및 배선을 금속제 외함에 수납한 것
② 공용분전반 : 소방회로 및 일반회로 겸용의 것으로 분기개폐기, 분기과전류차단기 그 밖의 배선용기기 및 배선을 금속제 외함에 수납한 것
③ 전용큐비클식 : 소방회로용으로 수전설비, 변전설비, 그 밖의 기기 및 배선을 금속제 외함에 수납한 것
④ 공용큐비클식 : 소방회로 및 일반회로 겸용의 것으로 수전설비, 변전설비 그 밖의 기기 및 배선을 금속제 외함에 수납한 것

2017

68 비상콘센트설비의 전원공급회로의 설치기준으로 옳지 않은 것은?

① 전원회로는 단상교류 220V인 것으로 한다.

② 전원회로의 공급용량은 1.5kVA 이상의 것으로 한다.

③ 전원회로는 주배전반에서 전용회로로 한다.

④ 하나의 전용회로에 설치하는 비상콘센트는 10개 이상으로 한다.

Answer　66.②　67.③　68.④

advice

비상콘센트설비 전원공급회로 설치기준

㉠ 비상콘센트설비의 전원회로는 단상교류 220V인 것으로서, 그 공급용량은 1.5KVA 이상인 것으로 할 것

㉡ 전원회로는 각층에 2 이상이 되도록 설치할 것. 다만, 설치하여야 할 층의 비상콘센트가 1개인 때에는 하나의 회로로 할 수 있다.

㉢ 전원회로는 주배전반에서 전용회로로 할 것. 다만, 다른 설비의 회로의 사고에 따른 영향을 받지 아니하도록 되어 있는 것은 그러하지 아니하다.

㉣ 전원으로부터 각 층의 비상콘센트에 분기되는 경우에는 분기배선용 차단기를 보호함안에 설치할 것

㉤ 콘센트마다 배선용 차단기(KS C 8321)를 설치하여야 하며, 충전부가 노출되지 아니하도록 할 것

㉥ 개폐기에는 "비상콘센트"라고 표시한 표지를 할 것

㉦ 비상콘센트용의 풀박스 등은 방청도장을 한 것으로서, 두께 1.6㎜ 이상의 철판으로 할 것

㉧ 하나의 전용회로에 설치하는 비상콘센트는 10개 이하로 할 것. 이 경우 전선의 용량은 각 비상콘센트(비상콘센트가 3개 이상인 경우에는 3개)의 공급용량을 합한 용량 이상의 것으로 하여야 한다.

(2014)

69 비상방송설비의 설치기준으로 옳지 않은 것은?

① 음량조정기의 배선은 3선식으로 할 것

② 확성기 음성입력은 5W 이상일 것

③ 다른 전기회로에 따라 유도장애가 생기지 아니하도록 할 것

④ 조작스위치는 바닥으로부터 0.8m 이상 1.5m 이하의 높이에 설치할 것

advice

비상방송설비 설치기준

㉠ 확성기의 음성입력은 3W(실내에 설치하는 것에 있어서는 1W) 이상일 것

㉡ 확성기는 각층마다 설치하되, 그 층의 각 부분으로부터 하나의 확성기까지의 수평거리가 25m 이하가 되도록 하고, 해당층의 각 부분에 유효하게 경보를 발할 수 있도록 설치할 것

㉢ 음량조정기를 설치하는 경우 음량조정기의 배선은 3선식으로 할 것

㉣ 조작부의 조작스위치는 바닥으로부터 0.8m 이상 1.5m 이하의 높이에 설치할 것

㉤ 조작부는 기동장치의 작동과 연동하여 해당 기동장치가 작동한 층 또는 구역을 표시할 수 있는 것으로 할 것

㉥ 증폭기 및 조작부는 수위실 등 상시 사람이 근무하는 장소로서 점검이 편리하고 방화상 유효한 곳에 설치할 것

㉦ 층수가 5층 이상으로서 연면적이 3,000m²를 초과하는 특정소방대상물은 다음에 따라 경보를 발할 수 있도록 하여야 한다.

• 2층 이상의 층에서 발화한 때에는 발화층 및 그 직상층에 경보를 발할 것

• 1층에서 발화한 때에는 발화층·그 직상층 및 지하층에 경보를 발할 것

• 지하층에서 발화한 때에는 발화층·그 직상층 및 기타의 지하층에 경보를 발할 것

㉧ 다른 방송설비와 공용하는 것에 있어서는 화재 시 비상경보외의 방송을 차단할 수 있는 구조로 할 것

㉨ 다른 전기회로에 따라 유도장애가 생기지 아니하도록 할 것

㉩ 하나의 특정소방대상물에 2 이상의 조작부가 설치되어 있는 때에는 각각의 조작부가 있는 장소 상호간에 동시통화가 가능한 설비를 설치하고, 어느 조작부에서도 해당 특정소방대상물의 전 구역에 방송을 할 수 있도록 할 것

㉪ 기동장치에 따른 화재신고를 수신한 후 필요한 음량으로 화재발생 상황 및 피난에 유효한 방송이 자동으로 개시될 때까지의 소요시간은 10초 이하로 할 것

㉫ 음향장치는 다음의 기준에 따른 구조 및 성능의 것으로 하여야 한다.

• 정격전압의 80% 전압에서 음향을 발할 수 있는 것을 할 것

• 자동화재탐지설비의 작동과 연동하여 작동할 수 있는 것으로 할 것

70 자동화재탐지설비에 있어서 지하구의 경우 하나의 경계구역의 길이는?

① 700m 이하   ② 800m 이하

③ 900m 이하   ④ 1,000m 이하

advice

지하구의 경계구역은 700m 이하를 하나의 경계구역으로 산정한다.

※ 경계구역 설정기준

　㉠ 자동화재탐지설비의 경계구역은 다음의 기준에 따라 설정하여야 한다. 다만, 감지기의 형식승인 시 감지거리, 감지면적 등에 대한 성능을 별도로 인정받은 경우에는 그 성능인정범위를 경계구역으로 할 수 있다.

　　• 하나의 경계구역이 2개 이상의 건축물에 미치지 아니하도록 할 것

　　• 하나의 경계구역이 2개 이상의 층에 미치지 아니하도록 할 것. 다만, 500m² 이하의 범위안에서는 2개의 층을 하나의 경계구역으로 할 수 있다

　　• 하나의 경계구역의 면적은 600m² 이하로 하고 한변의 길이는 50m 이하로 할 것. 다만, 해당 특정소방대상물의 주된 출입구에서 그 내부 전체가 보이는 것에 있어서는 한 변의 길이가 50m의 범위 내에서 1,000m² 이하로 할 수 있다.

　　• 지하구의 경우 하나의 경계구역의 길이는 700m 이하로 할 것

　㉡ 계단(직통계단외의 것에 있어서는 떨어져 있는 상하계단의 상호간의 수평거리가 5m 이하로서 서로 간에 구획되지 아니한 것에 한한다.) · 경사로(에스컬레이터경사로 포함) · 엘리베이터 승강로(권상기실이 있는 경우에는 권상기실) · 린넨슈트 · 파이프 피트 및 덕트 기타 이와 유사한 부분에 대하여는 별도로 경계구역을 설정하되, 하나의 경계구역은 높이 45m 이하(계단 및 경사로에 한한다)로 하고, 지하층의 계단 및 경사로(지하층의 층수가 1일 경우는 제외)는 별도로 하나의 경계구역으로 하여야 한다.

　㉢ 외기에 면하여 상시 개방된 부분이 있는 차고 · 주차장 · 창고 등에 있어서는 외기에 면하는 각 부분으로부터 5m 미만의 범위안에 있는 부분은 경계구역의 면적에 산입하지 아니한다.

　㉣ 스프링클러설비 · 물분무등소화설비 또는 제연설비의 화재감지장치로서 화재감지기를 설치한 경우의 경계구역은 해당 소화설비의 방사구역 또는 제연구역과 동일하게 설정할 수 있다.

71 무선통신보조설비의 누설동축케이블 및 안테나는 고압의 전로로부터 몇 m 이상 떨어진 위치에 설치해야 하는가?

① 1.5   ② 4.0

③ 100   ④ 300

advice

무선통신보조설비의 누설동축케이블 및 안테나선(공중선)은 고압전로로부터 1.5m 떨어진 곳에 설치한다.

※ 누설동축케이블 설치기준

　㉠ 무선통신보조설비의 누설동축케이블 등은 다음의 기준에 따라 설치하여야 한다.

　　• 소방전용주파수대에서 전파의 전송 또는 복사에 적합한 것으로서 소방전용의 것으로 할 것. 다만, 소방대 상호간의 무선연락에 지장이 없는 경우에는 다른 용도와 겸용할 수 있다.

　　• 누설동축케이블과 이에 접속하는 안테나 또는 동축케이블과 이에 접속하는 안테나로 구성할 것

　　• 누설동축케이블은 불연 또는 난연성의 것으로서 습기에 따라 전기의 특성이 변질되지 아니하는 것으로 하고, 노출하여 설치한 경우에는 피난 및 통행에 장애가 없도록 할 것

　　• 누설동축케이블은 화재에 따라 해당 케이블의 피복이 소실된 경우에 케이블 본체가 떨어지지 아니하도록 4m 이내마다 금속제 또는 자기제등의 지지금구로 벽 · 천장 · 기둥 등에 견고하게 고정시킬 것. 다만, 불연재료로 구획된 반자 안에 설치하는 경우에는 그러하지 아니하다.

　　• 누설동축케이블 및 안테나는 금속판 등에 따라 전파의 복사 또는 특성이 현저하게 저하되지 아니하는 위치에 설치할 것

　　• 누설동축케이블 및 안테나는 고압의 전로로부터 1.5m 이상 떨어진 위치에 설치할 것. 다만, 해당 전로에 정전기 차폐장치를 유효하게 설치한 경우에는 그러하지 아니하다.

　　• 누설동축케이블의 끝부분에는 무반사 종단저항을 견고하게 설치할 것

　㉡ 누설동축케이블 또는 동축케이블의 임피던스는 50Ω으로 하고, 이에 접속하는 안테나 · 분배기 기타의 장치는 해당 임피던스에 적합한 것으로 하여야 한다.

Answer **70.**① **71.**①

72 무선통신보조설비에 사용되는 용어의 설명이 틀린 것은?

① 분파기 : 임피던스 매칭과 신호 균등분배를 위해 사용하는 장치

② 혼합기 : 두 개 이상의 입력신호를 원하는 비율로 조합한 출력이 발생하도록 하는 장치

③ 증폭기 : 신호 전송 시 신호가 약해져 수신이 불가능해지는 것을 방지하기 위해서 증폭하는 장치

④ 누설동축케이블 : 동축케이블의 외부도체에 가느다란 홈을 만들어서 전파가 외부로 새어나갈 수 있도록 한 케이블

advice

㉠ **누설동축케이블** : 동축케이블의 외부도체에 가느다란 홈을 만들어서 전파가 외부로 새어나갈 수 있도록 한 케이블

㉡ **분배기** : 신호의 전송로가 분기되는 장소에 설치하는 것으로 임피던스 매칭과 신호 균등분배를 위해 사용하는 장치

㉢ **분파기** : 서로 다른 주파수의 합성된 신호를 분리하기 위해서 사용하는 장치

㉣ **혼합기** : 두개 이상의 입력신호를 원하는 비율로 조합한 출력이 발생하도록 하는 장치

㉤ **증폭기** : 신호 전송 시 신호가 약해져 수신이 불가능해지는 것을 방지하기 위해서 증폭하는 장치

73 누전경보기의 수신부는 그 정격전압에서 최소 몇 회의 누전작동 반복시험을 실시하는 경우 경보 및 기능에 이상이 생기지 않아야 하는가?

① 1만회　　　② 2만회

③ 3만회　　　④ 5만회

advice

반복시험횟수	반복시험기기
1,000번	감지기, 속보기
2,000번	중계기
2,500번	유도등
5,000번	전원스위치, 발신기
10,000번	비상조명등, 스위치접점, 누전경보기

※ 수신부는 그 정격전압에서 1만회의 누전작동시험을 실시하는 경우 그 구조 또는 기능에 이상이 생기지 아니하여야 한다.

Answer　72.①　73.①

(2016) (2015) (2014)

74 자동화재탐지설비의 발신기는 건축물의 각 부분으로부터 하나의 발신기까지 수평거리는 최대 몇 m 이하인가?

① 25m   ② 50m

③ 100m   ④ 150m

[advice]

발신기는 건축물 각 부분으로부터 하나의 발신기까지 수평거리 25m 이하 마다 하나 이상 설치해야 한다.

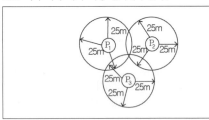

※ **발신기 설치기준**: 자동화재탐지설비의 발신기는 다음의 기준에 따라 설치하여야 한다. 다만, 지하구의 경우에는 발신기를 설치하지 아니할 수 있다.

ㄱ 조작이 쉬운 장소에 설치하고, 스위치는 바닥으로부터 0.8m 이상 1.5m 이하의 높이에 설치할 것

ㄴ 특정소방대상물의 층마다 설치하되, 해당 특정소방대상물의 각 부분으로부터 하나의 발신기까지의 <u>수평거리가 25m 이하</u>가 되도록 할 것. 다만, 복도 또는 별도로 구획된 실로서 보행거리가 40m 이상일 경우에는 추가로 설치하여야 한다.

ㄷ ㄴ에도 불구하고 기준을 초과하는 경우로서 기둥 또는 벽이 설치되지 아니한 대형공간의 경우 발신기는 설치 대상 장소의 가장 가까운 장소의 벽 또는 기둥 등에 설치할 것

ㄹ 발신기의 위치를 표시하는 표시등은 함의 상부에 설치하되, 그 불빛은 부착면으로부터 15˚ 이상의 범위 안에서 부착지점으로부터 10m 이내의 어느 곳에서도 쉽게 식별할 수 있는 적색등으로 하여야 한다.

(2017)

75 피난기구의 설치기준으로 옳지 않은 것은?

① 숙박시설 · 노유자시설 및 의료시설은 그 층의 바닥면적 500m² 마다 1개 이상 설치

② 계단실형 아파트의 경우는 각 층마다 1개 이상 설치

③ 복합용도의 층은 그 층의 바닥면적 800m² 마다 1개 이상 설치

④ 주택법 시행령 제48조에 따른 아파트의 경우 하나의 관리주체가 관리하는 아파트 구역마다 공기안전매트 1개 이상 설치

[advice]

계단실형 아파트는 각 세대마다 하나 이상씩 설치해야 한다.

※ 피난기구설치대상

면적	설치대상
500m²	숙박시설, 노유자시설, 의료시설
800m²	위락시설, 문화 및 집회시설, 운동시설, 판매시설, 전시시설
1,000m²	그 밖의 용도의 층
각 세대마다	계단실형 아파트

(2015)

76 열전대식 감지기의 구성요소가 아닌 것은?

① 열전대

② 미터릴레이

③ 접속전선

④ 공기관

[advice]

열전대식 감지기는 열 감지소자로서 열전대를 이용하고, 화재 시 열에 의해 열전대에서 기전력이 발생하여 이 기전력이 미터리레이 스위치를 기동함으로서 감지기가 동작하게 된다.

공기관은 차동식 분포형 공기관식 감지기에 사용되는 것이다.

Answer   **74.**①   **75.**②   **76.**④

(2019) (2014)

77 누전경보기의 전원은 분전반으로부터 전용회로로 하고 각 극에는 최대 몇 A 이하의 과전류 차단기를 설치해야 하는가?

① 5   ② 15

③ 25   ④ 35

advice

누전경보기의 전원은 「전기사업법」에 따른 기술기준에서 정한 것 외에 다음의 기준에 따라야 한다.
㉠ 전원은 분전반으로부터 전용회로로 하고, 각 극에 개폐기 및 15A 이하의 과전류차단기(배선용 차단기에 있어서는 20A 이하의 것으로 각 극을 개폐할 수 있는 것)를 설치할 것
㉡ 전원을 분기할 때에는 다른 차단기에 따라 전원이 차단되지 아니하도록 할 것
㉢ 전원의 개폐기에는 누전경보기용임을 표시한 표지를 할 것

(2016) (2014)

78 부착높이가 15m 이상 20m 미만에 적응성이 있는 감지기가 아닌 것은?

① 이온화식 1종 감지기
② 연기복합형감지기
③ 불꽃감지기
④ 차동식분포형감지기

advice

높이	감지기 종류
8m~15m 미만	차동식 분포형, 이온화식 1종 또는 2종, 광전식 1종 또는 2종, 연기복합형, 불꽃감지기
15m~20m 미만	이온화식 1종, 광전식 1종, 연기복합형, 불꽃감지기
20m 이상	불꽃감지기, 광전식 분리형과 공기흡입형 중 아날로그방식

(2016) (2015)

79 비상콘센트 풀박스 등의 두께는 최소 몇 mm 이상의 철판을 사용하여야 하는가?

① 1.2mm   ② 1.5mm

③ 1.6mm   ④ 2.0mm

advice

비상콘센트용의 풀박스 등은 방청도장을 한 것으로서 두께 1.6mm 이상의 철판으로 하여야 한다.

(2016)

80 다음 (㉠), (㉡)에 들어갈 내용으로 옳은 것은?

비상경보설비의 비상벨설비는 그 설비에 대한 감시상태를 (㉠)간 지속한 후 유효하게 (㉡) 이상 경보할 수 있는 축전지 설비를 설치하여야 한다.

① ㉠ 30분, ㉡ 30분
② ㉠ 30분, ㉡ 10분
③ ㉠ 60분, ㉡ 60분
④ ㉠ 60분, ㉡ 10분

advice

비상벨설비 또는 자동식사이렌설비에는 그 설비에 대한 감시상태를 60분간 지속한 후 유효하게 10분 이상 경보할 수 있는 축전지설비(수신기에 내장하는 경우를 포함) 또는 전기저장장치(외부 전기에너지를 저장해 두었다가 필요한 때 전기를 공급하는 장치)를 설치하여야 한다.

Answer   **77.**②   **78.**④   **79.**③   **80.**④

PART 03

2016년 기출문제

2016년 제1회 소방설비기사 [전기분야]

시험일정	시험유형	시험시간	시험과목
2016.03.06	필 기	120분	1 소방원론 2 소방전기일반 3 소방관계법규 4 소방전기시설의 구조 및 원리

수험번호		성 명	

1과목 소방원론

2019 2015 2014

01 증기비중의 정의로 옳은 것은? (단, 보기에서 분자, 분모의 단위는 모두 g/mol이다.)

① $\dfrac{분자량}{22.4}$

② $\dfrac{분자량}{29}$

③ $\dfrac{분자량}{44.8}$

④ $\dfrac{분자량}{100}$

advice

공기의 평균 분자량에 대한 무게비중을 의미한다.

증기비중= $\dfrac{분자량}{공기의\ 평균\ 분자량\ 29}$

02 화재 발생 시 주수소화가 적합하지 않은 물질은?

① 적린

② 마그네슘 분말

③ 과염소산칼륨

④ 유황

advice

마그네슘 분말을 주수소화하는 경우 물과 반응하여 수소(H_2)를 발생한다.

$Mg + 2H_2O \rightarrow Mg(OH)_2 + H_2$

03 위험물안전관리법령상 위험물 유별에 따른 성질이 잘못 연결된 것은?

① 제1류 위험물 – 산화성 고체

② 제2류 위험물 – 가연성 고체

③ 제4류 위험물 – 인화성 액체

④ 제6류 위험물 – 자기반응성 물질

advice

제6류 위험물 – 산화성 액체

04 위험물안전관리법령상 제4류 위험물의 화재에 적응성이 있는 것은?

① 옥내소화전설비

② 옥외소화전설비

③ 봉상수소화기

④ 물분무소화설비

advice

제4류 위험물의 경우 인화성 액체로서 질식소화가 유효하다.

Ⓐnswer 01.② 02.② 03.④ 04.④

05 이산화탄소(CO_2)에 대한 설명으로 틀린 것은?

① 임계온도는 97.5℃이다.

② 고체의 형태로 존재할 수 있다.

③ 불연성 가스로 공기보다 무겁다.

④ 상온, 상압에서 기체상태로 존재한다.

| advice |

이산화탄소의 물리적 특성

㉠ 순도 99.5% 이상, 수분 함유율 0.05% 이하이다.

㉡ 상온, 상압에서 무색, 무취의 부식성이 없는 기체로서 공기보다 1.5배 무겁다.

㉢ 기체 팽창률은 534L/kg(15℃), 기화잠열은 576kJ/kg(56.1 kcal/kg)이다.

㉣ 자체 증기압이 높으므로 심부화재까지 침투가 용이하다[증기압 60kg/cm^2(20℃)].

㉤ 액화가 용이한 불연속성 가스이다(임계점 31.35℃, 72.9atm).

㉥ 전기부도체로서 C급 화재에 적응성이 좋다.

㉦ 삼중점은 56.7℃(5.1atm), 비점은 −78.5℃이다.

㉧ 전기절연성은 공기의 1.2배이다.

(2015)

06 목조건축물에서 발생하는 옥외출화 시기를 나타낸 것으로 옳은 것은?

① 창, 출입구 등에 발염착화한 때

② 천장 속, 벽 속 등에서 발염착화한 때

③ 가옥구조에서는 천장면에 발염착화한 때

④ 불연천장인 경우 실내의 그 뒷면에 발염착화한 때

| advice |

출화

㉠ 옥내출화

• 가옥구조에서 천장면에 발염착화한 경우

• 천장 속, 벽 속 등에서 발염착화한 경우

• 불연천장이나 불연벽체인 경우 실내의 그 뒷면에 발염착화한 경우

㉡ 옥외출화

• 창, 출입구 등에 발염착화한 경우

• 외부의 벽, 지붕 밑에서 발염착화한 경우

(2015)

07 무창층 여부를 판단하는 개구부로서 갖추어야 할 조건으로 옳은 것은?

① 개구부 크기가 지름 30cm의 원이 내접할 수 있는 것

② 해당 층의 바닥면으로부터 개구부 밑부분까지의 높이가 1.5m인 것

③ 내부 또는 외부에서 쉽게 파괴 또는 개방할 수 있는 것

④ 창에 방범을 위하여 40cm 간격으로 창살을 설치한 것

| advice |

무창층에서 개구부로 인정되기 위한 조건

㉠ 화재 시 건축물로부터 쉽게 피난할 수 있도록 창살 또는 그 밖의 장애물이 설치되지 아니할 것

㉡ 개구부의 크기가 지름 50cm의 원이 내접할 수 있을 것

㉢ 그 층의 바닥면으로부터 개구부 밑부분까지의 높이가 1.2m 이내일 것

㉣ 내부 또는 외부에서 쉽게 파괴 또는 개방이 가능할 것

Answer 05.① 06.① 07.③

08 건물화재 시 패닉(panic)의 발생원인과 직접적인 관계가 없는 것은?

① 연기에 의한 시계제한
② 유독가스에 의한 호흡장애
③ 외부와 단절되어 고립
④ 불연내장재의 사용

advice

패닉(panic)의 발생원인
㉠ 연기에 의한 시계제한
㉡ 유독가스에 의한 호흡장애
㉢ 외부와 단절되어 고립

2017 2015

09 공기 중에서 수소의 연소범위로 옳은 것은?

① 0.4~4vol%　　② 1~12.5vol%
③ 4~75vol%　　④ 67~92vol%

advice

연소범위(폭발범위) … 연소가 일어나는 데 필요한 공기 중의 가연성 가스의 농도[vol%]를 말한다.
※ 수소의 연소범위는 공기 중 4.0~75vol%이며, 자연발화온도는 530℃이다.

2015 2014

10 가연성 가스나 산소의 농도를 낮추어 소화하는 방법은?

① 질식소화　　② 냉각소화
③ 제거소화　　④ 억제소화

advice

공기 중의 산소 농도를 12~15% 이하로 낮추는 경우 질식소화에 해당한다.

2016 2015 2014

11 일반적인 자연발화의 방지법으로 틀린 것은?

① 습도를 높일 것
② 저장실의 온도를 낮출 것
③ 정촉매 작용을 하는 물질을 피할 것
④ 통풍을 원활하게 하여 열 축적을 방지할 것

advice

습도가 높아지면 열의 축적이 용이해진다.

2019 2017 2016 2015 2014

12 분말소화약제 중 A급, B급, C급 화재에 모두 사용할 수 있는 것은?

① Na_2CO_3
② $NH_4H_2PO_4$
③ $KHCO_3$
④ $NaHCO_3$

advice

분말 종류	주성분	분자식	색상	적응 화재
제1종	탄산수소나트륨 (중탄산나트륨)	$NaHCO_3$	백색	B, C급
제2종	탄산수소칼륨 (중탄산칼륨)	$KHCO_3$	담회색	B, C급
제3종	제1인산암모늄	$NH_4H_2PO_4$	담홍색 또는 황색	A, B, C급
제4종	탄산수소칼륨과 요소	$KHCO_3$ $+CO(NH_2)_2$	회색	B, C급

Answer　08.④　09.③　10.①　11.①　12.②

(2017) (2016) (2014)

13 가연성 가스가 아닌 것은?

① 일산화탄소　　② 프로판

③ 수소　　　　　④ 아르곤

advice

아르곤(Ar)은 비활성 기체에 해당한다.

(2015) (2014)

14 화재발생 시 건축물의 화재를 확대시키는 주요인이 아닌 것은?

① 비화
② 복사열
③ 화염의 접촉(접염)
④ 흡착열에 의한 발화

advice

④ 자연발화의 형태에 해당한다.

15 화학적 소화방법에 해당하는 것은?

① 모닥불에 물을 뿌려 소화한다.
② 모닥불을 모래로 덮어 소화한다.
③ 유류화재를 할론 1301로 소화한다.
④ 지하실 화재를 이산화탄소로 소화한다.

advice

할론약제의 경우 부촉매소화로서 화학적 소화방법에 해당한다.

(2017) (2016)

16 황린의 보관방법으로 옳은 것은?

① 물속에 보관
② 이황화탄소 속에 보관
③ 수산화칼륨 속에 보관
④ 통풍이 잘 되는 공기 중에 보관

advice

황린은 제3류 위험물로서 자연발화성 물질(자연발화 온도 : 34℃)에 해당하며, 물속에 보관한다.

17 화재 최성기 때의 농도로 유도등이 보이지 않을 정도의 연기 농도는? (단, 감광계수로 나타낸다.)

① $0.1m^{-1}$　　② $1m^{-1}$
③ $10m^{-1}$　　④ $30m^{-1}$

advice

투과율법 … 연기 속을 투과한 빛의 양으로 구하는 광학적 표시로 일반적으로 감광계수$[m^{-1}]$로 나타낸다.

$C_s = (1/L)\ln(I_o/I)$

여기서, C_s : 감광계수[1/m]

L : 가시거리[m]

I_o : 연기가 없을 때 빛의 세기[lux]

I : 연기가 있을 때 빛의 세기[lux]

감광계수 [m^{-1}]	가시거리 [m]	상황
0.1	20~30	연기감지기가 작동할 때의 농도
0.3	5	건물 내부에 익숙한 사람이 피난할 정도의 농도
0.5	3	어두운 것을 느낄 정도의 농도
1	1~2	앞이 거의 보이지 않을 정도의 농도
10	0.2~0.5	화재 최성기 때의 농도
30	–	출화실에서 연기가 분출할 때의 농도

Answer　13.④　14.④　15.③　16.①　17.③

18 제거소화의 예가 아닌 것은?

(2014)

① 유류화재 시 다량의 포를 방사한다.
② 전기화재 시 신속하게 전원을 차단한다.
③ 가연성 가스화재 시 가스의 밸브를 닫는다.
④ 산림화재 시 확산을 막기 위하여 산림의 일부를 벌목한다.

advice

①의 경우 질식소화에 해당한다.

19 공기 중 산소의 농도는 약 몇 vol%인가?

① 10   ② 13
③ 17   ④ 21

advice

공기의 구성 성분 … 산소 21vol%, 질소 78vol%, 그 외(Ar 등) 1vol%

(2016) (2015) (2014)

20 제2종 분말소화약제가 열분해되었을 때 생성되는 물질이 아닌 것은?

① CO_2 ② H_2O
③ H_3PO_4 ④ K_2CO_3

advice

제2종 분말소화약제인 탄산수소칼륨의 열분해 반응식은 다음과 같다.

$2KHCO_3 \rightarrow K_2CO_3 + H_2O + CO_2$ …… 흡열반응
(탄산수소칼륨) (탄산칼륨) (수증기) (탄산가스)

2과목 소방전기일반

(2018)

21 저항 6Ω과 유도리액턴스 8Ω이 직렬로 접속된 회로에 100V의 교류전압을 가할 때 흐르는 전류의 크기는 몇 A인가?

① 10   ② 20
③ 50   ④ 80

advice

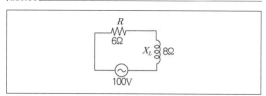

회로의 임피던스 $Z = \sqrt{R^2 + X^2} = \sqrt{6^2 + 8^2} = 10\,[\Omega]$

전류 $I = \dfrac{V}{Z} = \dfrac{100}{10}\,[A]$

(2019) (2017)

22 다음과 같은 블록선도의 전달함수는?

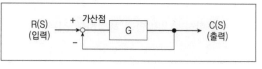

① $\dfrac{G}{(1+G)}$ ② $\dfrac{G}{(1-G)}$
③ $1+G$ ④ $1-G$

advice

그림과 같은 Feedback 요소에 대한 전달함수는

$G(s) = \dfrac{G_1}{1 - G_1 G_2}$ 이므로, $G(s) = \dfrac{G_1}{1 - G_1(-1)} = \dfrac{G}{1+G}$

Answer   18.①   19.④   20.③   21.①   22.①

23 콘덴서와 정전유도에 관한 설명으로 틀린 것은?

① 정전용량이란 콘덴서가 전하를 축적하는 능력을 말한다.
② 콘덴서에서 전압을 가하는 순간 콘덴서는 단락 상태가 된다.
③ 정전유도에 의하여 작용하는 힘은 반발력이다.
④ 같은 부호의 전하끼리는 반발력이 생긴다.

[advice]

정전유도에 의한 유도기전력은 인덕턴스에 의한 힘이다.

(2018)
24 그림과 같은 브리지 회로의 평형조건은?

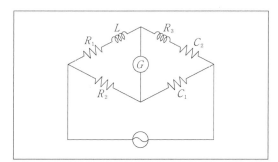

① $R_1 C_1 = R_2 C_2,\ R_2 R_3 = C_1 L$
② $R_1 C_1 = R_2 C_2,\ R_2 R_3 C_1 = L$
③ $R_1 C_2 = R_2 C_1,\ R_2 R_3 = C_1 L$
④ $R_1 C_2 = R_2 C_1,\ L = R_2 R_3 C_1$

[advice]

브리지회로의 평형조건은 검류계 G 방향으로 전류가 흐르지 않는 경우를 말한다.

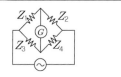

브리지회로의 평형조건 $Z_1 \cdot Z_4 = Z_2 \cdot Z_3$

$Z_1 = R_1 + j\omega L,\quad Z_2 = R_3 + \dfrac{1}{j\omega C_2}$

$Z_3 = R_2,\quad R_4 = \dfrac{1}{j\omega C_1}$

$(R_1 + j\omega L)\left(\dfrac{1}{j\omega C_1}\right) = \left(R_3 + \dfrac{1}{j\omega C_2}\right)R_2$

$\dfrac{R_1}{j\omega C_1} + \dfrac{L}{C_1} = R_2 R_3 + \dfrac{R_2}{j\omega C_2}$

이 식에서 실수부와 허수부가 각각 같게 되므로,

$\dfrac{L}{C_1} = R_2 R_3 \qquad \therefore\ L = R_2 R_3 C_1$

$\dfrac{R_1}{j\omega C_1} = \dfrac{R_2}{j\omega C_2} \quad \therefore\ R_1 C_2 = R_2 C_1$

(2016) (2015)
25 작동 신호를 조작량으로 변환하는 요소이며, 조절부와 조작부로 이루어진 것은?

① 제어요소
② 제어대상
③ 피드백요소
④ 기준입력요소

[advice]

아래 폐회로 제어계에서 조절부와 조작부는 제어요소에 해당한다.

2015 2014

26 어떤 측정계기의 참값을 T, 지시값을 M이라 할 때 보정율과 오차율이 옳은 것은?

① 보정율 $= \dfrac{(T-M)}{T}$, 오차율 $= \dfrac{(M-T)}{M}$

② 보정율 $= \dfrac{(M-T)}{M}$, 오차율 $= \dfrac{(T-M)}{T}$

③ 보정율 $= \dfrac{(T-M)}{M}$, 오차율 $= \dfrac{(M-T)}{T}$

④ 보정율 $= \dfrac{(M-T)}{T}$, 오차율 $= \dfrac{(T-M)}{M}$

advice

전기 계측기의 보정률과 오차율은 다음과 같이 계산한다.

보정율 $= \dfrac{T-M}{M} \times 100 [\%]$

오차율 $= \dfrac{M-T}{T} \times 100 [\%]$

(T : 참값, M : 보정값)

27 $R = 9\Omega$, $X_L = 10\ \Omega$, $X_C = 5\Omega$인 **직렬부하회로에** 220V의 정현파 전압을 인가시켰을 때의 유효전력은 약 몇 kW인가?

① 1.98   ② 2.41

③ 2.77   ④ 4.1

advice

RLC 직렬회로의 전체 임피던스는

$Z = \sqrt{9^2 + (10-5)^2} \fallingdotseq 10.3$

회로에 흐르는 전류는 $i = \dfrac{V}{Z} = \dfrac{220}{10.3} \fallingdotseq 21.3$

유효전력

$P = i^2 R = 21.3^2 \times 9 \times 10^{-3} \fallingdotseq 4.1 \,[\text{kW}]$

2016 2015

28 논리식을 간략화한 것 중 그 값이 다른 것은?

① $AB + A\overline{B}$

② $A(\overline{A} + B)$

③ $A(A + B)$

④ $(A+B)(A+\overline{B})$

advice

① $AB + A\overline{B} = A(B + \overline{B}) = A$

② $A(\overline{A} + B) = A\overline{A} + AB = AB$

③ $A(A + B) = AA + AB = A(1 + B) = A$

④ $(A+B)(A+\overline{B}) = AA + A\overline{B} + AB + B\overline{B}$
$\qquad\qquad = A(1 + \overline{B} + B) + 0 = A$

29 금속이나 반도체에 압력이 가해진 경우 전기저항이 변화하는 성질을 이용한 압력센서는?

① 벨로우즈

② 다이어프램

③ 가변저항기

④ 스트레인 게이지

advice

압력에 의해 전기적 저항이 변하는 것을 이용한 압력센서는 스트레인 게이지이다.

Answer 26.③ 27.④ 28.② 29.④

30 변압기의 내부고장 보호에 사용되는 계전기는 다음 중 어느 것인가?

① 비율차동 계전기
② 저전압 계전기
③ 고전압 계전기
④ 압력 계전기

advice

비율차동 계전기는 고장으로 인해 입력전류와 출력전류의 차가 발생하고 이 불평형 전류가 일정 비율 이상되었을 때 동작하는 계전기로서 변압기 보호용으로 이용된다.

31 알칼리 축전지의 음극 재료는?

① 수산화니켈　　② 카드뮴
③ 이산화연　　　④ 연

advice

알칼리 축전지 중 니켈-카드뮴 전지는 양극(+)에 니켈을 사용하고, 음극(-)에 카드뮴을 사용한다.

32 PNPN 4층 구조로 되어 있는 사이리스터 소자가 아닌 것은?

① SCR　　　　② TRIAC
③ Diode　　　 ④ GTO

advice

SCR, TRIAC, GTO 등은 게이트 신호에 의해 동작하는 스위칭소자이며, 다이오드는 PN접합구조로 이루어진 단방향성 반도체 소자이다.

33 미지의 임의 시간적 변화를 하는 목표값에 제어량을 추종시키는 것을 목적으로 하는 제어는?

① 추종제어
② 정치제어
③ 비율제어
④ 프로그래밍제어

advice

제어량에 의한 제어를 분류하면 비율제어, 추종제어, 정치제어, 프로그램제어 등이 있다.

• **추종제어**: 시간적 변화를 하는 목표값에 제어량을 추종시키는 제어로 서보기구가 이에 해당됨
• **비율제어**: 둘 이상의 제어량을 일정 비율로 제어함
• **프로그램제어**: 목표값이 미리 정해진 시간적 변화를 하는 경우 제어량을 그것에 따라가도록 하는 제어
• **정치제어**: 일정한 목표값을 유지하는 제어로 프로세스제어, 자동조정이 해당됨
- 서보기구: 제어량을 <u>위치, 자세, 방위</u> 등을 제어량으로 함
- 프로세스제어: 제어량이 온도, 유량, 압력, 액면 등을 제어량으로 함
- 자동조정: 전압, 전류, 주파수, 회전속도, 장력 등을 제어량으로 함

Answer　**30.**① 　**31.**② 　**32.**③ 　**33.**①

(2018)

34 무한장 솔레노이드 자계의 세기에 대한 설명으로 틀린 것은?

① 전류의 세기에 비례한다.
② 코일의 권수에 비례한다.
③ 솔레노이드 내부에서의 자계의 세기는 위치에 관계없이 일정한 평등자계이다.
④ 자계의 방향과 암페어 경로 간에 서로 수직인 경우 자계의 세기가 최고이다.

advice

무한장 솔레노이드 내부의 자계 세기는 $H = \dfrac{NI}{l}$ 이며, 자계와 수직으로 작용하는 전류에 대하여는 자계가 최소이며 방향과는 무관하다.
(H : 내부자계세기, N : 권수, I : 전류)

(2017)

35 저항 R_1, R_2와 인덕턴스 L이 직렬로 연결된 회로에서 시정수[s]는?

① $\dfrac{R_1 - R_2}{2L}$ ② $\dfrac{R_1 + R_2}{2L}$

③ $\dfrac{L}{R_1 - R_2}$ ④ $\dfrac{L}{R_1 + R_2}$

advice

$R-L$ 직렬회로에서 시정수 $\tau = \dfrac{L}{R}$ 이고, 저항 R_1, R_2가 직렬로 연결되었으므로 이 회로의 시정수는 $\tau = \dfrac{L}{R_1 + R_2}$ 이다.

36 아날로그와 디지털 통신에서 데시벨의 단위로 나타내는 SN비를 올바르게 풀어 쓴 것은?

① SIGN TO NUMBER RATING
② SIGNAL TO NOISE RATIO
③ SOURCE NULL RESISTANCE
④ SOURCE NETWORK RANGE

advice

SN비는 Signal과 Noise의 비로서 아날로그와 디지털 통신에서 신호와 잡음의 상대적 비율을 나타낸다.

(2018)

37 분류기를 써서 배율을 9로 하기 위한 분류기의 저항은 전류계 내부저항의 몇 배인가?

① $\dfrac{1}{8}$ ② $\dfrac{1}{9}$

③ 8 ④ 9

advice

분류기는 저항을 이용하여 전류계의 계측범위를 높이는 것으로서 저항의 비율에 따라 분류기의 배율이 결정된다.

분류기 저항 $R = \dfrac{R_0}{n-1}$

(n : 배율, R_0 : 전류계 내부저항)

배율이 9배이므로 $R = \dfrac{1}{9-1} R_0 = \dfrac{1}{8} R_0$

Answer 34.④ 35.④ 36.② 37.①

(2019) (2015)

38 전지의 자기 방전을 보충함과 동시에 상용 부하에 대한 전력 공급은 충전기가 부담하도록 하되, 충전기가 부담하기 어려운 일시적인 대전류 부하는 축전지로 하여금 부담하게 하는 충전방식은?

① 급속충전   ② 부동충전

③ 균등충전   ④ 세류충전

advice

부동충전방식 … 전지의 자기방전을 보충함과 동시에 상용부하에 대한 전력공급은 충전기가 부담하도록 하되 충전기가 부담하기 어려운 일시적인 대전류 부하는 축전지로 하여금 부담하게 하는 방식이다.

- **급속충전** : 보통 충전전류의 2배 전류로 충전하는 방식
- **보통충전** : 필요할 때마다 표준시간율로 충전하는 방식
- **균등충전** : 1-3개월 마다 1회 정전압으로 충전하는 방식
- **세류충전** : 자기방전량만 충전하는 방식으로 트리클 충전이라고도 함

39 그림과 같은 $R-C$ 필터회로에서 리플 함유율을 가장 효과적으로 줄일 수 있는 방법은?

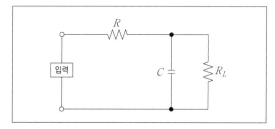

① C를 크게 한다.

② R을 크게 한다.

③ C와 R을 크게 한다.

④ C와 R을 적게 한다.

advice

$R-C$ 필터회로에서 리플 함유율을 최대로 줄이기 위해서는 R 값과 C 값을 증가시키면 리플이 감소될 수 있다.

40 그림과 같은 릴레이 시퀀스회로의 출력식을 간략화한 것은?

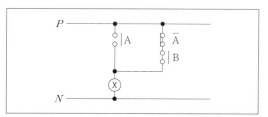

① $\overline{AB}$ ② $\overline{A+B}$

③ AB ④ $A+B$

advice

릴레이 시퀀스 회로에서 접점의 직렬 연결은 AND 회로, 병렬 연결은 OR 회로에 해당하므로,

출력 $X = A + \overline{A}B = A + B$ (흡수의 법칙)

Answer   **38**.②   **39**.③   **40**.④

3과목 소방관계법규

2019 2016

41 특정소방대상물의 관계인이 소방안전관리자를 해임한 경우 재선임 신고를 해야 하는 기준은? (단, 해임한 날부터를 기준일로 한다.)

① 10일 이내 ② 20일 이내
③ 30일 이내 ④ 40일 이내

[advice]

소방안전관리자의 선임신고 등〈「화재예방, 소방시설 설치·유지 및 안전관리에 관한 법률 시행규칙」 제14조 제1항〉 ··· 특정소방대상물의 관계인은 소방안전관리자를 다음의 어느 하나에 해당하는 날부터 30일 이내에 선임하여야 한다.

1. 신축·증축·개축·재축·대수선 또는 용도변경으로 해당 특정소방대상물의 소방안전관리자를 신규로 선임하여야 하는 경우 : 해당 특정소방대상물의 완공일(건축물의 경우에는 「건축법」에 따라 건축물을 사용할 수 있게 된 날을 말한다)

2. 증축 또는 용도변경으로 인하여 특정소방대상물이 소방안전관리대상물로 된 경우 : 증축공사의 완공일 또는 용도변경 사실을 건축물관리대장에 기재한 날

3. 특정소방대상물을 양수하거나 「민사집행법」에 의한 경매, 「채무자 회생 및 파산에 관한 법률」에 의한 환가, 「국세징수법」·「관세법」 또는 「지방세기본법」에 의한 압류재산의 매각 그 밖에 이에 준하는 절차에 의하여 관계인의 권리를 취득한 경우 : 해당 권리를 취득한 날 또는 관할 소방서장으로부터 소방안전관리자 선임 안내를 받은 날. 다만, 새로 권리를 취득한 관계인이 종전의 특정소방대상물의 관계인이 선임신고한 소방안전관리자를 해임하지 아니하는 경우를 제외한다.

4. 공동소방안전관리 규정에 따른 특정소방대상물의 경우 : 소방본부장 또는 소방서장이 공동 소방안전관리 대상으로 지정한 날

5. 소방안전관리자를 해임한 경우 : 소방안전관리자를 해임한 날

6. 소방안전관리업무를 대행하는 자를 감독하는 자를 소방안전관리자로 선임한 경우로서 그 업무대행 계약이 해지 또는 종료된 경우 : 소방안전관리업무 대행이 끝난 날

42 시·도지사가 설치하고 유지·관리하여야 하는 소방용수시설이 아닌 것은?

① 저수조 ② 상수도
③ 소화전 ④ 급수탑

[advice]

② 시·도지사는 소방활동에 필요한 소화전·급수탑·저수조를 설치하고 유지·관리하여야 한다. 다만, 「수도법」에 따라 소화전을 설치하는 일반수도사업자는 관할 소방서장과 사전협의를 거친 후 소화전을 설치하여야 하며, 설치 사실을 관할 소방서장에게 통지하고, 그 소화전을 유지·관리하여야 한다〈「소방기본법」 제10조 제1항〉.

43 ( ) 안의 내용으로 알맞은 것은?

다량의 위험물을 저장·취급하는 제조소등으로서 ( ) 위험물을 취급하는 제조소 또는 일반취급소가 있는 동일한 사업소에서 지정수량의 3천배 이상의 위험물을 저장 또는 취급하는 경우 당해 사업소의 관계인은 대통령령이 정하는 바에 따라 당해 사업소에 자체소방대를 설치하여야 한다.

① 제1류 ② 제2류
③ 제3류 ④ 제4류

[advice]

자체소방대〈「위험물안전관리법」 제19조〉 ··· 다량의 위험물을 저장·취급하는 제조소등으로서 대통령령이 정하는 제조소등이 있는 동일한 사업소에서 대통령령이 정하는 수량 이상의 위험물을 저장 또는 취급하는 경우 당해 사업소의 관계인은 대통령령이 정하는 바에 따라 당해 사업소에 자체소방대를 설치하여야 한다.

※ 법 제19조에서 "대통령령이 정하는 제조소등"이라 함은 제4류 위험물을 취급하는 제조소 또는 일반취급소를 말한다. 다만, 보일러로 위험물을 소비하는 일반취급소 등 행정안전부령이 정하는 일반취급소를 제외한다〈「위험물안전관리법 시행령」 제18조〉.

Answer 41.③ 42.② 43.④

44 소방시설공사업자의 시공능력평가 방법에 대한 설명 중 틀린 것은?

① 시공능력평가액은 실적평가액+자본금평가액+기술력평가액±신인도평가액으로 산출한다.

② 신인도평가액 산정 시 최근 1년간 국가기관으로부터 우수시공업자로 선정된 경우에는 3% 가산한다.

③ 신인도평가액 산정 시 최근 1년간 부도가 발생된 사실이 있는 경우에는 2%를 감산한다.

④ 실적평가액은 최근 5년간의 연평균공사실적액을 의미한다.

|advice|

시공능력 평가의 방법〈「소방시설공사업법 시행규칙」 별표 4〉
소방시설공사업자의 시공능력 평가는 다음 계산식으로 산정하되, 10만 원 미만의 숫자는 버린다. 이 경우 산정기준일은 평가를 하는 해의 전년도 말로 한다.

> 시공능력평가액 = 실적평가액 + 자본금평가액 + 기술력평가액 + 경력평가액 ± 신인도평가액

1. 실적평가액은 다음 계산식으로 산정한다.

> 실적평가액 = 연평균공사실적액

  가. 공사실적액(발주자가 공급하는 자재비를 제외)은 해당 업체의 수급금액중 하수급금액은 포함하고 하도급금액은 제외한다.
  나. 공사업을 한 기간이 산정일을 기준으로 3년 이상인 경우에는 최근 3년간의 공사실적을 합산하여 3으로 나눈 금액을 연평균공사실적액으로 한다.
  다. 공사업을 한 기간이 산정일을 기준으로 1년 이상 3년 미만인 경우에는 그 기간의 공사실적을 합산한 금액을 그 기간의 개월수로 나눈 금액에 12를 곱한 금액을 연평균공사실적액으로 한다.
  라. 공사업을 한 기간이 산정일을 기준으로 1년 미만인 경우에는 그 기간의 공사실적을 연평균공사실적액으로 한다.
  마. 다음의 어느 하나에 해당하는 경우에 실적은 종전 공사업자의 실적과 공사업을 승계한 자의 실적을 합산한다.
    1) 공사업자인 법인이 분할에 의하여 설립되거나 분할합병한 회사에 그가 경영하는 소방시설공사업 전부를 양도하는 경우

    2) 개인이 경영하던 소방시설공사업을 법인사업으로 전환하기 위하여 소방시설공사업을 양도하는 경우(소방시설공사업의 등록을 한 개인이 당해 법인의 대표자가 되는 경우에만 해당)
    3) 합명회사와 합자회사 간, 주식회사와 유한회사 간의 전환을 위하여 소방시설공사업을 양도하는 경우
    4) 공사업자는 법인 간에 합병을 하는 경우 또는 공사업자인 법인과 공사업자가 아닌 법인이 합병을 하는 경우
    5) 공사업자가 소방시설공사업의 업종 중 일반 소방시설공사업에서 전문 소방시설공사업으로 전환하거나 전문 소방시설공사업에서 일반 소방시설공사업으로 전환하는 경우
    6) 폐업신고로 소방시설공사업의 등록이 말소된 후 6개월 이내에 다시 소방시설공사업을 등록하는 경우

2. 자본금평가액은 다음 계산식으로 산정한다.

> 자본금평가액 = (실질자본금 × 실질자본금의 평점 + 소방청장이 지정한 금융회사 또는 소방산업공제조합에 출자·예치·담보한 금액) × 70/100

  가. 실질자본금은 해당 공사업체 최근 결산일 현재(새로 등록한 자는 등록을 위한 기업진단기준일 현재)의 총자산에서 총부채를 뺀 금액을 말하며, 소방시설공사업 외의 다른 업을 겸업하는 경우에는 실질자본금에서 겸업비율에 해당하는 금액을 공제한다.
  나. 실질자본금의 평점은 다음 표에 따른다.

실질 자본금의 규모	등록기준 자본금의 2배 미만	등록기준 자본금의 2배 이상 3배 미만	등록기준 자본금의 3배 이상 4배 미만	등록기준 자본금의 4배 이상 5배 미만	등록기준 자본금의 5배 이상
평점	1.2	1.5	1.8	2.1	2.4

  다. 출자금액은 평가연도의 직전연도 말 현재 출자한 좌수에 소방청장이 지정한 금융회사 또는 소방산업공제조합이 평가한 지분액을 곱한 금액으로 한다. 다만, 제23조 제2항 각 호의 어느 하나의 사유로 시공능력을 평가하는 경우에는 시공능력 평가의 신청일을 기준으로 한다.

3. 기술력평가액은 다음 계산식으로 산정한다.

> 기술력평가액 = 전년도 공사업계의 기술자 1인당 평균생산액 × 보유기술인력 가중치합계 × 30/100 + 전년도 기술개발투자액

  가. 전년도 공사업계의 기술자 1인당 평균생산액은 공사업계의 국내 총기성액을 공사업계에 종사하는 기술자의 총수로 나눈 금액으로 하되, 이 경우 국내 총기성액 및 기술자 총수는 협회가 관리하고 있는 정보를 기준으로 한다(전년도 공사업계 기술자 1인당 평균생산액

Answer 44.④

으로 한다(전년도 공사업계 기술자 1인당 평균생산액이 산출되지 아니하는 경우에는 전전년도 공사업계의 기술자 1인당 평균생산액을 적용)

나. 보유기술인력 가중치의 계산은 다음의 방법에 따른다.

  1) 보유기술인력은 해당 공사업체에 소속되어 6개월 이상 근무한 사람(신규등록 · 신규양도 · 합병 후 공사업을 한 기간이 6개월 미만인 경우에는 등록신청서 · 양도신고서 · 합병신고서에 적혀 있는 기술인력자로 한다)만 해당한다.

  2) 보유기술인력의 등급은 특급기술자, 고급기술자, 중급기술자 및 초급기술자로 구분하되, 등급구분의 기준은 부표와 같다.

  3) 보유기술인력의 등급별 가중치는 다음 표와 같다.

보유기술 인력	특급 기술자	고급 기술자	중급 기술자	초급 기술자
가중치	2.5	2	1.5	1

  4) 보유기술인력 1명이 기계분야 기술과 전기분야 기술을 함께 보유한 경우에는 3)의 가중치에 0.5를 가산한다.

다. 전년도 기술개발투자액은 「조세특례제한법 시행령」 별표 6에 규정된 비용 중 소방시설공사업 분야에 실제로 사용된 금액으로 한다.

4. 경력평가액은 다음 계산식으로 산정한다.

> 경력평가액 = 실적평가액 × 공사업 경영기간 평점 × 20/100

가. 공사업경영기간은 등록일 · 양도신고일 또는 합병신고일부터 산정기준일까지로 한다.

나. 종전 공사업자의 공사업 경영기간과 공사업을 승계한 자의 공사업 경영기간의 합산에 관해서는 제1호마목을 준용한다.

다. 공사업경영기간 평점은 다음 표에 따른다.

공사업 경영기간	2년 미만	2년 이상 4년 미만	4년 이상 6년 미만	6년 이상 8년 미만	8년 이상 10년 미만
평점	1.0	1.1	1.2	1.3	1.4
10년 이상 12년 미만	12년 이상 14년 미만	14년 이상 16년 미만	16년 이상 18년 미만	18년 이상 20년 미만	20년 이상
1.5	1.6	1.7	1.8	1.9	2.0

5. 신인도평가액은 다음 계산식으로 산정하되, 신인도평가액은 실적평가액 · 자본금평가액 · 기술력평가액 · 경력평가액을 합친 금액의 ±10%의 범위를 초과할 수 없으며, 가점요소와 감점요소가 있는 경우에는 이를 상계한다.

> 신인도평가액 = (실적평가액 + 자본금평가액 + 기술력평가액 + 경력평가액) × 신인도 반영비율 합계

가. 신인도 반영비율 가점요소는 다음과 같다.

  1) 최근 1년간 국가기관 · 지방자치단체 · 공공기관으로부터 우수시공업자로 선정된 경우(+3%)

  2) 최근 1년간 국가기관 · 지방자치단체 및 공공기관으로부터 공사업과 관련한 표창을 받은 경우

    – 대통령 표창(+3%)

    – 그 밖의 표창(+2%)

  3) 공사업자의 공사 시공 상 환경관리 및 공사폐기물의 처리실태가 우수하여 환경부장관으로부터 시공능력의 증액 요청이 있는 경우(+2%)

  4) 소방시설공사업에 관한 국제품질경영인증(ISO)을 받은 경우(+2%)

나. 신인도 반영비율 감점요소는 아래와 같다.

  1) 최근 1년간 국가기관 · 지방자치단체 · 공공기관으로부터 부정당업자로 제재처분을 받은 사실이 있는 경우(-3%)

  2) 최근 1년간 부도가 발생한 사실이 있는 경우(-2%)

  3) 최근 1년간 영업정지처분 및 과징금처분을 받은 사실이 있는 경우

    – 1개월 이상 3개월 이하(-2%)

    – 3개월 초과(-3%)

  4) 최근 1년간 과태료처분을 받은 사실이 있는 경우(-2%)

  5) 최근 1년간 환경관리법령에 따른 과태료 처분, 영업정지 처분 및 과징금 처분을 받은 사실이 있는 경우(-2%)

45 소방시설의 자체점검에 관한 설명으로 옳지 않은 것은?

① 작동기능점검은 소방시설 등을 인위적으로 조작하여 정상적으로 작동하는 것을 점검하는 것이다.

② 종합정밀점검은 설비별 주요 구성부품의 구조기준이 화재안전기준 및 관련 법령에 적합한지 여부를 점검하는 것이다.

③ 종합정밀점검에는 작동기능점검의 사항이 해당되지 않는다.

④ 종합정밀점검은 소방시설관리사가 참여한 경우 소방시설관리업자 또는 소방안전관리자로 선임된 소방시설관리사 · 소방기술사 1명 이상을 점검자로 한다.

Answer 45.③

advice

종합정밀점검이란 소방시설등의 작동기능점검을 포함하여 소방시설등의 설비별 주요 구성 부품의 구조기준이 소방청장이 정하여 고시하는 화재안전기준 및 「건축법」 등 관련 법령에서 정하는 기준에 적합한지 여부를 점검하는 것을 말한다〈「화재예방, 소방시설 설치·유지 및 안전관리에 관한 법률 시행규칙」 별표 1 참고〉.

46 소방시설공사의 착공신고 시 첨부서류가 아닌 것은?

① 공사업자의 소방시설공사업 등록증 사본
② 공사업자의 소방시설공사업 등록수첩 사본
③ 해당 소방시설공사의 책임시공 및 기술관리를 하는 기술인력의 기술등급을 증명하는 서류 사본
④ 해당 소방시설을 설계한 기술인력자의 기술자격증 사본

advice

착공신고 등〈「소방시설공사업법 시행규칙」 제12조 제1항〉 … 소방시설공사업자는 소방시설공사를 하려면 해당 소방시설공사의 착공 전까지 소방시설공사 착공(변경)신고서[전자문서로 된 소방시설공사 착공(변경)신고서를 포함]에 다음의 서류(전자문서를 포함)를 첨부하여 소방본부장 또는 소방서장에게 신고하여야 한다. 다만, 「전자정부법」에 따른 행정정보의 공동이용을 통하여 첨부서류에 대한 정보를 확인할 수 있는 경우에는 그 확인으로 첨부서류를 갈음할 수 있다.
1. 공사업자의 소방시설공사업 등록증 사본 1부 및 등록수첩 사본 1부
2. 해당 소방시설공사의 책임시공 및 기술관리를 하는 기술인력의 기술등급을 증명하는 서류 사본 1부
3. 체결한 소방시설공사 계약서 사본 1부
4. 설계도서(설계설명서를 포함하되, 「소방시설 설치·유지 및 안전관리에 관한 법률」에 따른 건축허가 동의 시 제출된 설계도서가 변경된 경우에만 첨부) 1부
5. 소방시설공사 하도급통지서 사본(소방시설공사를 하도급하는 경우에만 첨부) 1부

47 시·도의 조례가 정하는 바에 따라 지정수량 이상의 위험물을 임시로 저장·취급할 수 있는 기간 (㉠)과 임시저장 승인권자(㉡)는?

① ㉠ 30일 이내, ㉡ 시·도지사
② ㉠ 60일 이내, ㉡ 소방본부장
③ ㉠ 90일 이내, ㉡ 관할소방서장
④ ㉠ 120일 이내, ㉡ 국민안전처장관

advice

위험물의 저장 및 취급의 제한〈「위험물안전관리법」 제5조 제1항, 제2항〉
① 지정수량 이상의 위험물을 저장소가 아닌 장소에서 저장하거나 제조소등이 아닌 장소에서 취급하여서는 아니된다.
② 다음의 어느 하나에 해당하는 경우에는 제조소등이 아닌 장소에서 지정수량 이상의 위험물을 취급할 수 있다. 이 경우 임시로 저장 또는 취급하는 장소에서의 저장 또는 취급의 기준과 임시로 저장 또는 취급하는 장소의 위치·구조 및 설비의 기준은 시·도의 조례로 정한다.
  1. 시·도의 조례가 정하는 바에 따라 관할소방서장의 승인을 받아 지정수량 이상의 위험물을 90일 이내의 기간동안 임시로 저장 또는 취급하는 경우
  2. 군부대가 지정수량 이상의 위험물을 군사목적으로 임시로 저장 또는 취급하는 경우

Answer 46.④ 47.③

(2015)

48 연면적이 500m² 이상인 위험물 제조소 및 일반취급소에 설치하여야 하는 경보설비는?

① 자동화재탐지설비
② 확성장치
③ 비상경보설비
④ 비상방송설비

advice

제조소등별로 설치하여야 하는 경보설비의 종류〈「위험물안전관리법 시행규칙」별표 17 참고〉

제조소등의 구분	제조소등의 규모, 저장 또는 취급하는 위험물의 종류 및 최대수량 등	경보설비
제조소 및 일반취급소	• 연면적 500m² 이상인 것 • 옥내에서 지정수량의 100배 이상을 취급하는 것(고인화점 위험물만을 100℃ 미만의 온도에서 취급하는 것을 제외) • 일반취급소로 사용되는 부분 외의 부분이 있는 건축물에 설치된 일반취급소(일반취급소와 일반취급소 외의 부분이 내화구조의 바닥 또는 벽으로 개구부 없이 구획된 것을 제외)	자동화재탐지설비

(2017)

49 소방서의 종합상황실 실장이 서면, 모사전송 또는 컴퓨터통신 등으로 소방본부의 종합상황실에 보고하여야 하는 화재가 아닌 것은?

① 사상자가 10인 발생한 화재
② 이재민이 100인 발생한 화재
③ 관공서 · 학교 · 정부미도정공장의 화재
④ 재산피해액이 10억 원 발생한 일반화재

advice

종합상황실의 실장은 다음의 1에 해당하는 상황이 발생하는 때에는 그 사실을 지체 없이 서면 · 모사전송 또는 컴퓨터통신 등으로 소방서의 종합상황실의 경우는 소방본부의 종합상황실에, 소방본부의 종합상황실의 경우는 소방청의 종합상황실에 각각 보고하여야 한다〈「소방기본법 시행규칙」제3조 제2항〉.

1. 다음의 1에 해당하는 화재
    가. <u>사망자가 5인 이상 발생하거나 사상자가 10인 이상 발생한 화재</u>
    나. <u>이재민이 100인 이상 발생한 화재</u>
    다. <u>재산피해액이 50억 원 이상 발생한 화재</u>
    라. <u>관공서 · 학교 · 정부미도정공장 · 문화재 · 지하철 또는 지하구의 화재</u>
    마. 관광호텔, 층수(「건축법 시행령」의 규정에 의하여 산정한 층수를 말한다)가 11층 이상인 건축물, 지하상가, 시장, 백화점, 「위험물안전관리법」에 의한 지정수량의 3천배 이상의 위험물의 제조 · 저장소 · 취급소, 층수가 5층 이상이거나 객실이 30실 이상인 숙박시설, 층수가 5층 이상이거나 병상이 30개 이상인 종합병원 · 정신병원 · 한방병원 · 요양소, 연면적 1만 5천제곱미터 이상인 공장 또는 소방기본법 시행령 제4조 제1항 각 목에 따른 화재경계지구에서 발생한 화재
    바. 철도차량, 항구에 매어둔 총 톤수가 1천톤 이상인 선박, 항공기, 발전소 또는 변전소에서 발생한 화재
    사. 가스 및 화약류의 폭발에 의한 화재
    아. 「다중이용업소의 안전관리에 관한 특별법」에 따른 다중이용업소의 화재
2. 「긴급구조대응활동 및 현장지휘에 관한 규칙」에 의한 통제단장의 현장지휘가 필요한 재난상황
3. 언론에 보도된 재난상황
4. 그 밖에 소방청장이 정하는 재난상황

Answer **48.**① **49.**④

50 소방시설업의 등록권자로 옳은 것은?

① 국무총리
② 시·도지사
③ 소방서장
④ 한국소방안전협회장

|advice|

소방시설업의 등록⟨「소방시설공사업법」 제4조 제1항⟩ … 특정소방대상물의 소방시설공사등을 하려는 자는 업종별로 자본금(개인인 경우에는 자산 평가액을 말한다), 기술인력 등 대통령령으로 정하는 요건을 갖추어 특별시장·광역시장·특별자치시장·도지사 또는 특별자치도지사(이하 "시·도지사"라 한다)에게 소방시설업을 등록하여야 한다.

(2019)

51 제3류 위험물 중 금수성 물품에 적응성이 있는 소화약제는?

① 물
② 강화액
③ 팽창질석
④ 인산염류분말

|advice|

소화설비의 적응성⟨「위험물안전관리법 시행규칙」 별표 17 참고⟩

소화설비 구분	건축물/그 밖의 공작물	전기설비	제1류 위험물 알칼리금속과산화물등	제1류 위험물 그 밖의 것	제2류 위험물 철분/금속분/마그네슘등	제2류 위험물 인화성고체	제2류 위험물 그 밖의 것	제3류 위험물 금수성물품	제3류 위험물 그 밖의 것	제4류 위험물	제5류 위험물	제6류 위험물
옥내소화전 또는 옥외소화전설비	○			○		○	○		○		○	○
스프링클러설비	○			○		○	○		○	△	○	○
물분무등소화설비 / 물분무소화설비	○	○		○		○	○		○	○	○	○
포소화설비	○			○		○	○		○	○	○	○
불활성가스소화설비		○				○				○		
할로겐화합물소화설비		○				○				○		
분말소화설비 인산염류등	○	○		○		○	○			○		○
분말소화설비 탄산수소염류등		○	○		○	○		○		○		
분말소화설비 그 밖의 것			○		○			○				
대형/소형수동식소화기 봉상수소화기	○			○		○	○		○		○	○
무상수소화기	○	○		○		○	○		○		○	○
봉상강화액소화기	○			○		○	○		○		○	○
무상강화액소화기	○	○		○		○	○		○	○	○	○
포소화기	○			○		○	○		○	○	○	○
이산화탄소소화기		○				○				○		△
할로겐화합물소화기		○				○				○		
분말소화기 인산염류소화기	○	○		○		○	○			○		○
분말소화기 탄산수소염류소화기		○	○		○	○		○		○		
분말소화기 그 밖의 것			○		○			○				
기타 물통 또는 수조	○			○		○	○		○		○	○
건조사			○	○	○	○	○	○	○	○	○	○
팽창질석 또는 팽창진주암			○	○	○	○	○	○	○	○	○	○

52 소방시설관리업의 등록을 반드시 취소해야 하는 사유에 해당하지 않는 것은?

① 거짓으로 등록을 한 경우
② 등록기준 미달하게 된 경우
③ 다른 사람에게 등록증을 빌려준 경우
④ 등록의 결격사유에 해당하게 된 경우

advice

등록의 취소와 영업정지 등〈「화재예방, 소방시설 설치·유지 및 안전관리에 관한 법률」제34조 제1항〉… 시·도지사는 관리업자가 다음의 어느 하나에 해당할 때에는 행정안전부령으로 정하는 바에 따라 그 등록을 취소하거나 6개월 이내의 기간을 정하여 이의 시정이나 그 영업의 정지를 명할 수 있다. 다만, 제1호·제4호 또는 제5호에 해당할 때에는 등록을 취소하여야 한다.

1. 거짓이나 그 밖의 부정한 방법으로 등록을 한 경우
2. 점검을 하지 아니하거나 거짓으로 한 경우
3. 등록기준에 미달하게 된 경우
4. 등록의 결격사유에 해당하게 된 경우. 다만, 법인으로서 결격사유에 해당하게 된 날부터 2개월 이내에 그 임원을 결격사유가 없는 임원으로 바꾸어 선임한 경우는 제외한다.
5. 다른 자에게 등록증이나 등록수첩을 빌려준 경우

53 가연성가스를 저장·취급하는 시설로서 1급 소방안전관리대상물의 가연성가스 저장·취급 기준으로 옳은 것은?

① 100톤 미만
② 100톤 이상 ~ 1,000톤 미만
③ 500톤 이상 ~ 1,000톤 미만
④ 1,000톤 이상

advice

1급 소방안전관리대상물〈「화재예방, 소방시설 설치·유지 및 안전관리에 관한 법률 시행령」제22조 제1항 제2호〉… 특정소방대상물 중 특급 소방안전관리대상물을 제외한 다음의 어느 하나에 해당하는 것으로서 동·식물원, 철강 등 불연성 물품을 저장·취급하는 창고, 위험물 저장 및 처리 시설 중 위험물 제조소등, 지하구를 제외한 것

가. 30층 이상(지하층은 제외)이거나 지상으로부터 높이가 120미터 이상인 아파트
나. 연면적 1만 5천제곱미터 이상인 특정소방대상물(아파트는 제외)
다. 나목에 해당하지 아니하는 특정소방대상물로서 층수가 11층 이상인 특정소방대상물(아파트는 제외)
라. 가연성 가스를 1천톤 이상 저장·취급하는 시설

Answer 52.② 53.④

(2016) (2015)

54 소방기본법상 소방용수시설·소화기구 및 설비등의 설치명령을 위반한 자의 과태료는?

① 100만 원 이하

② 200만 원 이하

③ 300만 원 이하

④ 500만 원 이하

---

advice

과태료〈「소방기본법」 제56조 제1항〉… 다음의 어느 하나에 해당하는 자에게는 200만 원 이하의 과태료를 부과한다.

1. 소방용수시설, 소화기구 및 설비 등의 설치 명령을 위반한 자
2. 불을 사용할 때 지켜야 하는 사항 및 특수가연물의 저장 및 취급 기준을 위반한 자
3. 화재 또는 구조·구급이 필요한 상황을 거짓으로 알린 사람
3의2. 소방자동차의 출동에 지장을 준 자
4. 소방활동구역을 출입한 사람
5. 명령을 위반하여 보고 또는 자료 제출을 하지 아니하거나 거짓으로 보고 또는 자료 제출을 한 자
6. 한국소방안전원 또는 이와 유사한 명칭을 사용한 자

55 방염처리업의 종류가 아닌 것은?

① 섬유류 방염업

② 합성수지류 방영업

③ 합판·목재류 방염업

④ 실내장식물류 방염업

---

advice

방염처리업의 종류〈「소방시설공사업법 시행령」 별표 1 참고〉

항목 업종별	영업범위
섬유류 방염업	커튼·카펫 등 섬유류를 주된 원료로 하는 방염 대상물품을 제조 또는 가공 공정에서 방염처리
합성수지류 방염업	합성수지류를 주된 원료로 하는 방염대상물품을 제조 또는 가공 공정에서 방염처리
합판·목재류 방염업	합판 또는 목재류를 제조·가공 공정 또는 설치 현장에서 방염처리

(2016) (2014)

56 자동화재탐지설비를 설치하여야 하는 특정소방대상물의 기준으로 틀린 것은?

① 지하구

② 지하가 중 터널로서 길이 700m 이상인 것

③ 교정시설로서 연면적 2,000m^2 이상인 것

④ 복합건축물로서 연면적 600m^2 이상인 것

---

advice

자동화재탐지설비를 설치하여야 하는 특정소방대상물〈「화재예방, 소방시설 설치·유지 및 안전관리에 관한 법률 시행령」 별표 5 참고〉

1. 근린생활시설(목욕장은 제외), 의료시설(정신의료기관 또는 요양병원은 제외), 숙박시설, 위락시설, 장례시설 및 복합건축물로서 연면적 600m^2 이상인 것
2. 공동주택, 근린생활시설 중 목욕장, 문화 및 집회시설, 종교시설, 판매시설, 운수시설, 운동시설, 업무시설, 공장, 창고시설, 위험물 저장 및 처리 시설, 항공기 및 자동차 관련 시설, 교정 및 군사시설 중 국방·군사시설, 방송통신시설, 발전시설, 관광 휴게시설, 지하가(터널은 제외)로서 연면적 1천m^2 이상인 것
3. 교육연구시설(교육시설 내에 있는 기숙사 및 합숙소를 포함), 수련시설(수련시설 내에 있는 기숙사 및 합숙소를 포함, 숙박시설이 있는 수련시설은 제외), 동물 및 식물 관련 시설(기둥과 지붕만으로 구성되어 외부와 기류가 통하는 장소는 제외), 분뇨 및 쓰레기 처리시설, 교정 및 군사시설(국방·군사시설은 제외) 또는 묘지 관련 시설로서 연면적 2천m^2 이상인 것
4. 지하구
5. 지하가 중 터널로서 길이가 1천m 이상인 것
6. 노유자 생활시설

ⓐnswer 54.② 55.④ 56.②

(2016)

57 소방용수시설 저수조의 설치기준으로 틀린 것은?

① 지면으로부터의 낙차가 4.5m 이하일 것

② 흡수부분의 수심이 0.3m 이상일 것

③ 흡수관의 투입구가 사각형의 경우에는 한 변의 길이가 60cm 이상일 것

④ 흡수관의 투입구가 원형의 경우에는 지름이 60cm 이상일 것

advice

저수조의 설치기준〈「소방기본법 시행규칙」 별표 3 참고〉

1. 지면으로부터의 낙차가 4.5미터 이하일 것
2. <u>흡수부분의 수심이 0.5미터 이상일 것</u>
3. 소방펌프자동차가 쉽게 접근할 수 있도록 할 것
4. 흡수에 지장이 없도록 토사 및 쓰레기 등을 제거할 수 있는 설비를 갖출 것
5. 흡수관의 투입구가 사각형의 경우에는 한 변의 길이가 60센티미터 이상, 원형의 경우에는 지름이 60센티미터 이상일 것
6. 저수조에 물을 공급하는 방법은 상수도에 연결하여 자동으로 급수되는 구조일 것

(2019)

58 화재현장에서 피난 등을 체험할 수 있는 소방체험관의 설립·운영권자는?

① 시·도지사

② 국민안전처장관

③ 소방본부장 또는 소방서장

④ 한국소방안전협회장

advice

소방의 역사와 안전문화를 발전시키고 국민의 안전의식을 높이기 위하여 소방청장은 소방박물관을, <u>시·도지사는 소방체험관</u>(화재 현장에서의 피난 등을 체험할 수 있는 체험관을 말한다.)을 설립하여 운영할 수 있다〈「소방기본법」 제5조 제1항〉.

(2018)

59 공동소방안전관리자를 선임하여야 할 특정소방대상물의 기준으로 틀린 것은?

① 지하가

② 지하층을 포함한 층수가 11층 이상인 건축물

③ 복합건축물로서 층수가 5층 이상인 것

④ 판매시설 중 도매시장 또는 소매시장

advice

공동 소방안전관리자 선임대상 특정소방대상물

㉠ 고층 건축물(지하층을 제외한 층수가 11층 이상인 건축물만 해당)

㉡ 지하가(지하의 인공구조물 안에 설치된 상점 및 사무실, 그 밖에 이와 비슷한 시설이 연속하여 지하도에 접하여 설치된 것과 그 지하도를 합한 것)

㉢ 그 밖에 대통령령으로 정하는 특정소방대상물

• 복합건축물로서 연면적이 5천 제곱미터 이상인 것 또는 층수가 5층 이상인 것

• 판매시설 중 도매시장 및 소매시장

• 특정소방대상물 중 소방본부장 또는 소방서장이 지정하는 것

(2019)

60 종합정밀점검의 경우 점검인력 1단위가 하루 동안 점검할 수 있는 특정소방대상물의 연면적 기준으로 옳은 것은?

① 12,000m² ② 10,000m²

③ 8,000m² ④ 6,000m²

advice

점검인력 1단위가 하루 동안 점검할 수 있는 특정소방대상물의 연면적은 다음과 같다〈「화재예방, 소방시설 설치·유지 및 안전관리에 관한 법률 시행규칙」 별표 2 참고〉.

㉠ 종합정밀점검 : 10,000m²

㉡ 작동기능점검 : 12,000m²(소규모점검의 경우에는 3,500m²)

Answer **57**.② **58**.① **59**.② **60**.②

(2015)

61 비상방송설비의 특징에 대한 설명으로 틀린 것은?

① 다른 방송설비와 공용하는 경우에는 화재 시 비상경보외의 방송을 차단할 수 있는 구조로 하여야 한다.

② 비상방송설비의 축전지는 감시상태를 10분간 지속한 후 유효하게 60분 이상 경보할 수 있어야 한다.

③ 확성기의 음성입력은 실외에 설치한 경우 3W 이상이어야 한다.

④ 음량조정기의 배선은 3선식으로 한다.

advice

비상방송설비 축전지설비는 60분간 감시한 후 10분 이상 경보 할 수 있어야 한다.

※ 비상방송설비 전원 설치기준

ㄱ 전원은 전기가 정상적으로 공급되는 축전지, 전기저장장치(외부 전기에너지를 저장해 두었다가 필요한 때 전기를 공급하는 장치) 또는 교류전압의 옥내 간선으로 하고, 전원까지의 배선은 전용으로 한다.

ㄴ 개폐기에는 "비상방송설비용"이라고 표시한 표지를 한다.

ㄷ 비상방송설비에는 그 설비에 대한 감시상태를 60분간 지속한 후 유효하게 10분 이상 경보할 수 있는 축전지설비(수신기에 내장하는 경우를 포함) 또는 전기저장장치(외부 전기에너지를 저장해 두었다가 필요한 때 전기를 공급하는 장치)를 설치하여야 한다.

(2019)(2017)

62 자동화재탐지설비의 수신기 설치기준에 관한 사항 중, 최소 몇 층 이상의 특정소방대상물에는 발신기와 전화통화가 가능한 수신기를 설치하여야 하는가?

① 3 ② 4

③ 5 ④ 7

advice

4층 이상의 특정소방대상물에는 발신기와 전화통화가 가능한 수신기를 설치해야 한다.

※ 자동화재탐지설비 수신기 설치 적합기준

ㄱ 해당 특정소방대상물의 경계구역을 각각 표시할 수 있는 회선수 이상의 수신기를 설치할 것

ㄴ 4층 이상의 특정소방대상물에는 발신기와 전화통화가 가능한 수신기를 설치할 것

ㄷ 해당 특정소방대상물에 가스누설탐지설비가 설치된 경우에는 가스누설탐지설비로부터 가스누설신호를 수신하여 가스누설경보를 할 수 있는 수신기를 설치할 것 (가스누설탐지설비의 수신부를 별도로 설치한 경우에는 제외)

(2015)

63 지하층을 제외한 층수가 11층 이상의 층에서 피난층에 이르는 부분의 소방시설에 있어 비상전원을 60분 이상 유효하게 작동시킬 수 있는 용량으로 하여야 하는 설비들로 옳게 나열된 것은?

① 비상조명등설비, 유도등설비

② 비상조명등설비, 비상경보설비

③ 비상방송설비, 유도등설비

④ 비상방송설비, 비상경보설비

Answer 61.② 62.② 63.①

advice

유도등, 비상조명등(지하상가 및 11층 이상) 설비는 60분 이상의 축전지 설비를 갖추어야 한다.

※ 소방설비 기기별 축전지 용량

축전지용량	설비의 종류
10분 이상	자동화재탐지설비, 비상경보설비, 자동화재속보설비
20분 이상	유도등, 비상콘센트, 제연설비, 물분무소화설비, 옥내소화전설비(30층 미만),특별피난계단의 계단실 및 부속실 제연설비(30층 미만)
30분 이상	무선통신보조설비 증폭기
40분 이상	옥내소화전설비(30~40층 이하) 특별피난계단의 계단실 및 부속실 제연설비(30층~49층 이하) 연결송수관설비(30층~49층 이하) 스프링클러설비(30층~49층 이하)
60분 이상	유도등, 비상조명등(지하상가 및 11층 이상) 옥내소화전설비(50층 이상) 특별피난계단의 계단실 및 부속실 제연설비(50층 이상) 연결송수관설비(50층 이상) 스프링클러설비(50층 이상)

(2015)

64 화재안전기준에서 정하고 있는 연기감지기를 설치하지 않아도 되는 장소는?

① 에스컬레이터 경사로
② 길이가 15m인 복도
③ 엘리베이터 권상기실
④ 천장의 높이가 15m 이상 20m 미만의 장소

advice

30m 미만은 연기감지기 설치가 제외되며 천정 높이 20m 이상은 연기감지기를 설치할 수 없다.

※ 연기감지기 설치기준
　㉠ 계단·경사로 및 에스컬레이터 경사로
　㉡ 복도(30m 미만의 것을 제외)
　㉢ 엘리베이터 승강로(권상기실이 있는 경우에는 권상기실)·린넨슈트·파이프 피트 및 덕트 기타 이와 유사한 장소
　㉣ 천장 또는 반자의 높이가 15m 이상 20m 미만의 장소
　㉤ 다음의 어느 하나에 해당하는 특정소방대상물의 취침·숙박·입원 등 이와 유사한 용도로 사용되는 거실

　• 공동주택·오피스텔·숙박시설·노유자시설·수련시설
　• 교육연구시설 중 합숙소
　• 의료시설, 근린생활시설 중 입원실이 있는 의원·조산원
　• 교정 및 군사시설
　• 근린생활시설 중 고시원

(2016) (2014)

65 누전경보기의 수신부 설치 제외 장소로서 틀린 것은?

① 습도가 높은 장소
② 온도의 변화가 급격한 장소
③ 고주파 발생회로 등에 따른 영향을 받을 우려가 있는 장소
④ 부식성의 증기·가스 등이 체류하지 않는 장소

advice

누전경보기 설치 제외 장소에 부식성의 증기, 가스 등이 체류하지 않는 장소는 규정되어 있지 않다.

※ 누전경보기 설치 제외 장소 : 누전경보기의 수신부는 다음의 장소 외의 장소에 설치하여야 한다. 다만, 해당 누전경보기에 대하여 방폭·방식·방습·방온·방진 및 정전기 차폐 등의 방호조치를 한 것은 그러하지 아니하다.
　㉠ 가연성의 증기·먼지·가스 등이나 부식성의 증기·가스 등이 다량으로 체류하는 장소
　㉡ 화약류를 제조하거나 저장 또는 취급하는 장소
　㉢ 습도가 높은 장소
　㉣ 온도의 변화가 급격한 장소
　㉤ 대전류회로·고주파 발생회로 등에 따른 영향을 받을 우려가 있는 장소

Answer 64.② 65.④

66 상용전원이 서로 다른 소방시설은?

① 옥내소화전설비
② 비상방송설비
③ 비상콘센트설비
④ 스프링클러설비

advice

비상방송설비의 상용전원은 교류전압 옥내간선이며 비상전원으로는 축전지 또는 전기저장장치이다.
옥내소화전, 비상콘센트, 스프링클러설비의 상용전원은 저압수전 또는 고압, 특고압 수전이다.

(2014)
67 노유자시설로서 바닥면적이 몇 m² 이상인 층이 있는 경우에 자동화재속보설비를 설치하는가?

① 200
② 300
③ 500
④ 600

advice

자동화재속보설비 설치대상

설치면적 및 조건	건축물 구분
바닥면적 500m² 이상	수련시설(숙박시설이 있는 것) 노유자시설, 요양병원
바닥면적 1,500m² 이상	공장 및 창고시설, 업무시설, 국방·군사시설 발전시설(무인경비시스템)
국보, 보물	목조건축물
전부 해당	노유자 생활시설 30층 이상
전부 해당	전통시장

68 경계구역에 관한 다음 내용 중 ( ) 안에 맞는 것은?

> 외기에 면하여 상시 개방된 부분이 있는 차고, 주차장, 창고 등에 있어서는 외기에 면하는 각 부분으로부터 최대 ( )m 미만의 범위 안에 있는 부분은 자동화재탐지설비 경계구역의 면적에 산입하지 아니한다.

① 3
② 5
③ 7
④ 10

advice

경계구역 설정 중 외기에 면하여 상시 개방된 부분이 있는 차고·주차장·창고 등에 있어서는 외기에 면하는 각 부분으로부터 5m 미만의 범위 안에 있는 부분은 경계구역의 면적에 산입하지 아니한다.

69 축광표지의 식별도시험에 관련한 기준에서 ( )에 알맞은 것은?

> 축광유도표지는 200 lx 밝기의 광원으로 20분간 조사시킨 상태에서 다시 주위조도를 0 lx로 하여 60분간 발광시킨 후 직선거리 ( )m 떨어진 위치에서 유도표지가 있다는 것이 식별되어야 한다.

① 20
② 10
③ 5
④ 3

advice

축광유도표지는 200[lx] 밝기의 광원으로 20분간 조사시킨 상태에서 다시 주위조도를 0[lx]로 하여 60분간 발광시킨 후 직선거리 20m 떨어진 위치에서 유도표지가 있다는 것이 식별되어야 한다.

Answer 66.② 67.③ 68.② 69.①

(2017) (2016) (2014)

70 절연저항시험에 관한 기준에서 ( )에 알맞은 것은?

> 누전경보기 수신부의 절연된 충전부와 회함간 및 차단기구의 개폐부 절연저항은 직류 500V 의 절연저항계로 측정하여 최소 ( )MΩ 이상 이어야 한다.

① 0.1
② 3
③ 5
④ 10

advice

절연저항 시험은 직류 250V와 직류 500V 절연저항계를 사용하여 측정한다.

절연저항계	절연저항	대상 기기
직류 250V	0.1MΩ 이상	감지기회로 및 부속회로의 전로와 대지 사이 및 배선상호간
직류 500V	5MΩ 이상	누전경보기, 가스누설경보기, 수신기, 자동화재속보설비, 비상경보설비, 유도등, 비상조명등
	20MΩ	경종, 발신기, 중계기, 비상콘센트
	50MΩ	감지기(정온식 감지선형 제외), 가스누설경보기(10회로 이상), 수신기(10회로 이상)
	1,000MΩ	정온식 감지선형 감지기

71 환경상태가 현저하게 고온으로 되어 연기감지기를 설치할 수 없는 건조실 또는 살균실 등에 적응성 있는 열감지기가 아닌 것은?

① 정온식 1종
② 정온식 특종
③ 열아날로그식
④ 보상식 스포트형 1종

advice

환경상태가 현저하게 고온으로 되는 장소(건조실, 살균실, 보일러실, 주조실, 영사실, 스튜디오)의 적응성 있는 감지기는 정온식 1종, 특종, 열아날로그식 감지기 등이 있다.

72 누전경보기의 화재안전기준에서 규정한 용어, 설치방법, 전원 등에 관한 설명으로 틀린 것은?

① 경계전로의 정격전류가 60A를 초과하는 전로에 있어서는 1급 누전경보기를 설치한다.
② 변류기는 옥외 인입선 제1지점의 전원측에 설치한다.
③ 누전경보기 전원은 분전반으로부터 전용으로 하고, 각 극에 개폐기 및 15A 이하의 과전류 차단기를 설치한다.
④ 누전경보기는 변류기와 수신부로 구성되어 있다.

advice

변류기는 옥외 인입선 제1지점 부하측에 설치한다.

※ 누전경보기 설치(방법) 기준

ⓐ 경계전로의 정격전류가 60A를 초과하는 전로에 있어서는 1급 누전경보기를, 60A 이하의 전로에 있어서는 1급 또는 2급 누전경보기를 설치할 것. 다만, 정격전류가 60A를 초과하는 경계전로가 분기되어 각 분기회로의 정격전류가 60A 이하로 되는 경우 당해 분기회로마다 2급 누전경보기를 설치한 때에는 당해 경계전로에 1급 누전경보기를 설치한 것으로 본다.

ⓑ 변류기는 특정소방대상물의 형태, 인입선의 시설방법 등에 따라 옥외 인입선의 제1지점의 부하측 또는 제2종 접지선측의 점검이 쉬운 위치에 설치할 것. 다만, 인입선의 형태 또는 특정소방대상물의 구조상 부득이한 경우에는 인입구에 근접한 옥내에 설치할 수 있다.

ⓒ 변류기를 옥외의 전로에 설치하는 경우에는 옥외형으로 설치할 것

※ 누전경보기 전원기준

ⓐ 전원은 분전반으로부터 전용회로로 하고, 각 극에 개폐기 및 15A 이하의 과전류차단기(배선용 차단기에 있어서는 20A 이하의 것으로 각 극을 개폐할 수 있는 것)를 설치할 것

ⓑ 전원을 분기할 때에는 다른 차단기에 따라 전원이 차단되지 아니하도록 할 것

ⓒ 전원의 개폐기에는 누전경보기용임을 표시한 표지를 할 것

Answer **70.**③ **71.**④ **72.**②

73 누전경보기에서 감도조정장치의 조정범위는 최대 몇 mA인가?

① 1 　　　　② 20

③ 1,000 　　④ 1,500

advice

누전경보기의 공칭작동전류는 200mA이며, 감도조정장치를 갖는 누전경보기의 감도조정장치의 조정범위는 1,000mA(=1A)가 최대이다.

74 자동화재탐지설비의 GP형 수신기에 감지기 회로의 배선을 접속하려고 할 때 경계구역이 15개인 경우 필요한 공통선의 최소 개수는?

① 1 　　　　② 2

③ 3 　　　　④ 4

advice

피(P)형 수신기 및 지피(G.P.)형 수신기의 감지기 회로의 배선에 있어서 하나의 공통선에 접속할 수 있는 경계구역은 7개 이하로 하여야 한다.

경계구역이 15개이면, 회로도 15개이므로,

$\frac{15}{7} = 2.14$이므로 3선이 되어야 한다.

75 무선통신보조설비에 대한 설명으로 틀린 것은?

① 소화활동설비이다.

② 증폭기에는 비상전원이 부착된 것으로 하고 비상전원의 용량은 30분 이상이다.

③ 누설동축케이블의 끝부분에는 무반사 종단저항을 부착한다.

④ 누설동축케이블 또는 동축케이블의 임피던스는 100Ω의 것으로 한다.

advice

무선통신보조설비의 누설동축케이블 및 동축케이블의 임피던스는 50Ω 이하로 해야 한다.

76 비상방송설비가 기동장치에 의한 화재신고를 수신한 후 필요한 음량으로 화재발생 상황 및 피난에 유효한 방송이 자동으로 개시될 때까지의 소요시간은 최대 몇 초 이하인가?

① 5 　　　　② 10

③ 20 　　　④ 30

advice

비상방송설비의 화재신고 수신 후 방송개시까지의 시간은 10초 이내이다.

화재수신 후 동작개시 시간	동작기기
5초 (축적형 60초 이내)	P형, R형, P형, R형, GP형, GR형 - 복합식 포함
5초 이내	중계기
10초 이하	비상방송설비
60초 이내	가스누설경보기

Answer　73.③　74.③　75.④　76.②

2014

77 지하층으로서 특정소방대상물의 바닥부분 중 최소 몇 면이 지표면과 동일한 경우에 무선통신보조설비의 설치를 제외할 수 있는가?

① 1면 이상 ② 2면 이상
③ 3면 이상 ④ 4면 이상

advice

무선통신보조설비는 지하층으로서 특정소방대상물의 <u>바닥부분 2면 이상</u>이 지표면과 동일한 경우 해당층의 설치를 제외할 수 있다.
지하층으로서 지표면으로부터의 깊이가 1m 이하인 경우 해당 층의 설치를 제외할 수 있다.

2014

78 무창층의 도매시장에 설치하는 비상조명등용 비상전원은 당해 비상조명등을 몇 분 이상 유효하게 작동시킬 수 있는 용량으로 하여야 하는가?

① 10 ② 20
③ 40 ④ 60

advice

무창층의 도매시장에 설치하는 비상조명등의 비상전원은 60분 이상 용량의 축전지를 설치해야 한다.

※ 소방설비 기기별 축전지 용량

축전지용량	설비의 종류
10분 이상	자동화재탐지설비, 비상경보설비, 자동화재속보설비
20분 이상	유도등, 비상콘센트, 제연설비, 물분무소화설비, 옥내소화전설비(30층 미만), 특별피난계단의 계단실 및 부속실 제연설비(30층 미만)
30분 이상	무선통신보조설비 증폭기
40분 이상	옥내소화전설비(30~40층 이하) 특별피난계단의 계단실 및 부속실 제연설비(30층~49층 이하) 연결송수관설비(30층~49층 이하) 스프링클러설비(30층~49층 이하)
60분 이상	유도등, 비상조명등(지하상가 및 11층 이상) 옥내소화전설비(50층 이상) 특별피난계단의 계단실 및 부속실 제연설비(50층 이상) 연결송수관설비(50층 이상) 스프링클러설비(50층 이상)

2018 2014

79 청각장애인용 시각경보장치는 천장의 높이가 2m 이하인 경우 천장으로부터 몇 m 이내의 장소에 설치해야 하는가?

① 0.1 ② 0.15
③ 2.0 ④ 2.5

advice

시각경보기는 2m~2.5m에 설치하는 것이 원칙이나 천장의 높이가 2m 이하인 경우에는 천장으로부터 0.15m 이내의 장소에 설치한다.

※ 청각장애인용 시각경보장치 설치기준 … 청각장애인용 시각경보장치는 소방청장이 정하여 고시한 「시각경보장치의 성능인증 및 제품검사의 기술기준」에 적합한 것으로서 다음의 기준에 따라 설치하여야 한다.

ⓐ 복도·통로·청각장애인용 객실 및 공용으로 사용하는 거실(로비, 회의실, 강의실, 식당, 휴게실, 오락실, 대기실, 체력단련실, 접객실, 안내실, 전시실, 기타 이와 유사한 장소를 말한다)에 설치하며, 각 부분으로부터 유효하게 경보를 발할 수 있는 위치에 설치해야 한다.

ⓑ 공연장·집회장·관람장 또는 이와유사한 장소에 설치하는 경우에는 시선이 집중되는 무대부 부분 등에 설치해야 한다.

ⓒ 설치높이는 <u>바닥으로부터 2m 이상 2.5m 이하</u>의 장소에 설치할 것 다만, 천장의 높이가 2m 이하인 경우에는 천장으로부터 0.15m 이내의 장소에 설치해야 한다.

ⓓ 시각경보장치의 광원은 전용의 축전지설비 또는 전기저장장치(외부 전기에너지를 저장해 두었다가 필요한 때 전기를 공급하는 장치)에 의하여 점등되도록 할 것. 다만, 시각경보기에 작동전원을 공급할 수 있도록 형식승인을 얻은 수신기를 설치한 경우에는 그러하지 아니하다.

Answer 77.② 78.④ 79.②

80 신호의 전송로가 분기되는 장소에 설치하는 것으로 임피던스 매칭과 신호 균등분배를 위해 사용되는 장치는?

① 분배기 ② 혼합기

③ 증폭기 ④ 분파기

advice

분배기의 역할은 신호의 균등분배와 임피던스 매칭이 주 역할이다.

임피던스 매칭은 전력을 최대로 전달하기 위한 조건이다.

※ 무선통신보조설비 용어설명

㉠ "누설동축케이블"이란 동축케이블의 외부도체에 가느다란 홈을 만들어서 전파가 외부로 새어나갈 수 있도록 한 케이블을 말한다.

㉡ "분배기"란 신호의 전송로가 분기되는 장소에 설치하는 것으로 임피던스 매칭(Matching)과 신호 균등분배를 위해 사용하는 장치를 말한다.

㉢ "분파기"란 서로 다른 주파수의 합성된 신호를 분리하기 위해서 사용하는 장치를 말한다.

㉣ "혼합기"란 두개 이상의 입력신호를 원하는 비율로 조합한 출력이 발생하도록 하는 장치를 말한다.

㉤ "증폭기"란 신호 전송 시 신호가 약해져 수신이 불가능해지는 것을 방지하기 위해서 증폭하는 장치를 말한다.

2016년 제2회 소방설비기사 [전기분야]

시험일정	시험유형	시험시간	시험과목
2016.05.08	필 기	120분	1 소방원론 2 소방전기일반 3 소방관계법규 4 소방전기시설의 구조 및 원리

수험번호		성 명	

1과목 소방원론

01 물을 사용하여 소화가 가능한 물질은?

① 트리메틸알루미늄

② 나트륨

③ 칼륨

④ 적린

advice

적린은 제2류 위험물로 가연성 고체로서 주수에 의한 냉각소화에 해당한다.

02 위험물안전관리법상 위험물의 지정수량이 틀린 것은?

① 과산화나트륨 − 50kg

② 적린 − 100kg

③ 트리니트로톨루엔 − 200kg

④ 탄화알루미늄 − 400kg

advice

탄화알루미늄은 제3류 위험물로서 300kg에 해당한다.

03 스테판−볼츠만의 법칙에 의해 복사열과 절대온도와의 관계를 옳게 설명한 것은?

① 복사열은 절대온도의 제곱에 비례한다.

② 복사열은 절대온도의 4제곱에 비례한다.

③ 복사열은 절대온도의 제곱에 반비례한다.

④ 복사열은 절대온도의 4제곱에 반비례한다.

advice

$q = \varepsilon \sigma T^4 = \sigma A F(T_1{}^4 - T_2{}^4)$

여기서, q : 복사체의 단위표면적으로부터 단위시간당 방사되는 복사에너지[W/cm²]

ε : 보정계수(적외선 파장범위에서 비금속 물질의 경우에는 거의 1에 가까운 값이므로 무시할 수 있음)

σ : 스테판−볼츠만 상수
$(\fallingdotseq 5.67 \times 10^{-8} \text{W/cm}^2 \cdot \text{K}^4)$

T : 절대온도[K]

A : 단면적

F : 기하학적 factor

Answer 01.④ 02.④ 03.②

소방설비기사

04 화재 발생 시 인간의 피난 특성으로 틀린 것은?

① 본능적으로 평상시 사용하는 출입구를 사용한다.

② 최초로 행동을 개시한 사람을 따라서 움직인다.

③ 공포감으로 인해서 빛을 피하여 어두운 곳으로 몸을 숨긴다.

④ 무의식중에 발화장소의 반대쪽으로 이동한다.

advice

피난 시 인간의 본능적 행동 특성

㉠ 귀소 본능

㉡ 퇴피 본능

㉢ 지광 본능 : 밝은 불빛을 따라 피난하려는 경향

㉣ 추종 본능

05 화재 및 폭발에 관한 설명으로 틀린 것은?

① 메탄가스는 공기보다 무거우므로 가스탐지부는 가스기구의 직하부에 설치한다.

② 옥외저장탱크의 방유제는 화재 시 화재의 확대를 방지하기 위한 것이다.

③ 가연성 분진이 공기 중에 부유하면 폭발할 수도 있다.

④ 마그네슘의 화재 시 주수소화는 화재를 확대할 수 있다.

advice

메탄(CH_4)가스는 증기비중이 0.554로 공기보다 가볍다.

06 분말소화약제 중 담홍색 또는 황색으로 착색하여 사용하는 것은?

① 탄산수소나트륨

② 탄산수소칼륨

③ 제1인산암모늄

④ 탄산수소칼륨과 요소와의 반응물

advice

분말 종류	주성분	분자식	색상	적응 화재
제1종	탄산수소나트륨 (중탄산나트륨)	$NaHCO_3$	백색	B, C급
제2종	탄산수소칼륨 (중탄산칼륨)	$KHCO_3$	담회색	B, C급
제3종	제1인산암모늄	$NH_4H_2PO_4$	담홍색 또는 황색	A, B, C급
제4종	탄산수소칼륨과 요소	$KHCO_3+CO(NH_2)_2$	회색	B, C급

07 제1종 분말소화약제의 열분해 반응식으로 옳은 것은?

① $2NaHCO_3 \rightarrow Na_2CO_3+CO_2+H_2O$

② $2KHCO_3 \rightarrow K_2CO_3+CO_2+H_2O$

③ $2NaHCO_3 \rightarrow Na_2CO_3+2CO_2+H_2O$

④ $2KHCO_3 \rightarrow K_2CO_3+2CO_2+H_2O$

advice

① 제1종 분말소화약제 열분해 반응식

② 제2종 분말소화약제 열분해 반응식

Ⓐnswer **04.**③ **05.**① **06.**③ **07.**①

(2017) (2015)

08 화재의 분류에 따른 명칭 연결이 틀린 것은?

① A급 화재 – 일반화재
② B급 화재 – 유류화재
③ C급 화재 – 주방화재
④ D급 화재 – 금속화재

advice

화재 분류	명칭	비고	소화
A급 화재	일반화재	연소 후 재를 남기는 화재	냉각소화
B급 화재	유류화재	연소 후 재를 남기지 않는 화재	질식소화
C급 화재	전기화재	전기에 의한 발열체가 발화원이 되는 화재	질식소화
D급 화재	금속화재	금속 및 금속의 분, 박, 리본 등에 의해서 발생되는 화재	피복소화
F급 화재 (또는 K급 화재)	주방화재	가연성 튀김기름을 포함한 조리로 인한 화재	냉각·질식소화

09 증발잠열을 이용하여 가연물의 온도를 떨어뜨려 화재를 진압하는 소화방법은?

① 제거소화
② 억제소화
③ 질식소화
④ 냉각소화

advice

물의 경우 증발잠열이 539cal/g으로 냉각소화에 효과적이다.

(2016) (2015) (2014)

10 블레비(BLEVE) 현상과 관계가 없는 것은?

① 핵 분열
② 가연성 액체
③ 화구(fire ball)의 형성
④ 복사열의 대량 방출

advice

블레비(BLEVE)는 가연성 액체 저장탱크 주위에서 화재 등이 발생하여 기상부의 탱크 강판이 국부적으로 가열되면 그 부분의 강도가 약해져 그로 인해 탱크가 파열되는데 이때 내부에서 가열된 액화가스가 급격히 유출 팽창되어 화구(fire ball)를 형성하며 폭발하는 형태를 말한다. 또한 복사열이 피해를 가중시키는 중요 요소이다.

(2015) (2014)

11 제4류 위험물의 화재 시 사용되는 주된 소화방법은?

① 물을 뿌려 냉각한다.
② 연소물을 제거한다.
③ 포를 사용하여 질식소화한다.
④ 인화점 이하로 냉각한다.

advice

제4류 위험물은 인화성 액체로서 포를 사용하여 질식소화한다.

12 에스테르가 알칼리의 작용으로 가수분해되어 알코올과 산의 알칼리염이 생성되는 반응은?

① 수소화분해반응   ② 탄화반응
③ 비누화반응   ④ 할로겐화반응

advice

비누화반응은 에스테르에 NaOH나 KOH를 반응시켜 카르복실산염과 알코올을 생성하는 반응으로 제1종 분말소화약제의 경우 열분해로 인한 비누화현상이 생긴다.

Answer   08.③   09.④   10.①   11.③   12.③

13 위험물에 관한 설명으로 틀린 것은?

① 유기금속화합물인 사에틸납은 물로 소화할 수 없다.

② 황린은 자연발화를 막기 위해 통상 물속에 저장한다.

③ 칼륨, 나트륨은 등유 속에 보관한다.

④ 유황은 자연발화를 일으킬 가능성이 없다.

advice

사에틸납은 자연발화성도 없고 물과의 반응성도 없다. 따라서 사에틸납에 관한 화재는 물에 의한 소화가 가능하다.

14 굴뚝효과에 관한 설명으로 틀린 것은?

① 건물 내·외부의 온도차에 따른 공기의 흐름 현상이다.

② 굴뚝효과는 고층건물에서는 잘 나타나지 않고 저층건물에서 주로 나타난다.

③ 평상시 건물 내의 기류분포를 지배하는 중요 요소이며 화재 시 연기의 이동에 큰 영향을 미친다.

④ 건물 외부의 온도가 내부의 온도보다 높은 경우 저층부에서는 내부에서 외부로 공기의 흐름이 생긴다.

advice

굴뚝효과(연돌효과) … 빌딩 내부의 온도가 외기보다 더 따뜻하고 밀도가 낮을 때 빌딩 내의 공기는 부력을 받아 계단, 벽, 승강기 등 건물의 수직통로를 통해서 상향으로 이동하는데 이를 굴뚝효과라 한다. 외기가 빌딩 내의 공기보다 따뜻할 때는 건물 내에서 하향으로 공기가 이동하며 이러한 하향 공기 흐름을 역굴뚝효과라 한다. 굴뚝효과나 역굴뚝효과는 밀도나 온도 차이에 의한 압력차에 기인한다. 일반적으로 굴뚝효과는 항상 빌딩과 외부 사이에 존재하는 것으로 생각된다. 따라서 건물 내에 누출 통로가 존재하게 된다면 화재가 발생한 층으로부터 다른 층으로의 연기 이동이 가능하게 된다.

15 건축물의 내화구조 바닥이 철근콘크리트조 또는 철골·철근콘크리트조인 경우 두께가 몇 cm 이상 이어야 하는가?

① 4 ② 5

③ 7 ④ 10

advice

건축물의 내화구조 바닥기준

㉠ 철근콘크리트조 또는 철골·철근콘크리트조로서 두께가 10cm 이상인 것

㉡ 철재로 보강된 콘크리트블록조, 벽돌조 또는 석조로서 철재에 덮은 콘크리트블록 등의 두께가 5cm 이상인 것

㉢ 철재의 양면을 두께 5cm 이상의 철망모르타르 또는 콘크리트로 덮은 것

16 알킬알루미늄 화재에 적합한 소화약제는?

① 물 ② 이산화탄소

③ 팽창질석 ④ 할로겐화합물

advice

알킬알루미늄은 제3류 위험물로서 금수성 물질이므로 팽창질석으로 소화한다.

17 연쇄반응을 차단하여 소화하는 약제는?

① 물 ② 포

③ 할론 1301 ④ 이산화탄소

advice

할론소화약제는 유리기의 생성을 억제하여 부촉매 소화함으로써 연쇄반응 차단효과가 있다.

Answer 13.① 14.② 15.④ 16.③ 17.③

18 폭굉(Detonation)에 관한 설명으로 틀린 것은?

① 연소속도가 음속보다 느릴 때 나타난다.
② 온도의 상승은 충격파의 압력에 기인한다.
③ 압력상승은 폭연의 경우보다 크다.
④ 폭굉의 유도거리는 배관의 지름과 관계가 있다.

advice

폭굉(Detonation)은 폭발 중에서도 격렬한 폭발로서 화염의 전파속도가 음속보다 빠르다. 또한 파면 선단에 충격파(압력파)가 진행되는 현상이며, 연소속도는 1,000~3,500m/sec로 음속 이상의 충격파를 갖고 있다.
※ 폭연(Deflagration) … 연소속도가 음속 이하로 충격파가 없다.

19 화씨 95도를 켈빈(Kelvin) 온도로 나타내면 약 몇 K인가?

① 178　　　② 252
③ 308　　　④ 368

advice

$℃ = \dfrac{5}{9}(℉-32) = \dfrac{5}{9}(95-32) = 35℃$이므로

$K = ℃ + 273 = 35 + 273 = 308$

20 소화기구는 바닥으로부터 높이 몇 m 이하의 곳에 비치하여야 하는가? (단, 자동소화장치를 제외한다.)

① 0.5　　　② 1.0
③ 1.5　　　④ 2.0

advice

소화기구(자동소화장치를 제외)는 거주자 등이 손쉽게 사용할 수 있는 장소의 바닥으로부터 높이 1.5m 이하의 곳에 비치하고, 소화기에 있어서는 "소화기", 투척용 소화용구에 있어서는 "투척용 소화용구", 마른모래에 있어서는 "소화용 모래", 팽창질석 및 팽창진주암에 있어서는 "소화질석"이라고 표시한 표지를 보기 쉬운 곳에 부착하여야 한다.

(2015)

21 제어계가 부정확하고 신뢰성은 없으나 출력과 입력이 서로 독립인 제어계는?

① 자동 제어계

② 개회로 제어계

③ 폐회로 제어계

④ 피드백 제어계

advice

제어계는 크게 개회로 제어계(Open Loop)와 폐회로 제어계(Closed Loop)가 있으며 피드백 제어계 및 자동제어계 등은 폐회로 제어계에 해당된다.

• **개회로 제어계** : 제어계가 부정확하고 신뢰성이 떨어지나 입력과 출력이 서로 독립적인 제어계이다.

• **폐회로 제어계** : 입력과 출력이 항상 연관되어 비교되고 정확한 값을 유지한다.

(2016) (2015) (2014)

22 제어량을 어떤 일정한 목표값으로 유지하는 것을 목적으로 하는 제어방식은?

① 정치제어　　　　② 추종제어

③ 프로그램제어　　④ 비율제어

advice

제어량에 의한 제어를 분류하면 비율제어, 추종제어, 정치제어, 프로그램제어 등이 있다.

• **추종제어** : 시간적 변화를 하는 목표값에 제어량을 추종시키는 제어로 서보기구가 이에 해당됨

• **비율제어** : 둘 이상의 제어량을 일정 비율로 제어함

• **프로그램제어** : 목표값이 미리 정해진 시간적 변화를 하는 경우 제어량을 그것에 따라가도록 하는 제어

• **정치제어** : 일정한 목표값을 유지하는 제어로 프로세스제어, 자동조정이 해당됨

23 서로 다른 두 개의 금속도선 양끝을 연결하여 폐회로를 구성한 후, 양단에 온도차를 주었을 때 두 접점 사이에서 기전력이 발생하는 효과는?

① 톰슨효과

② 제백효과

③ 펠티에효과

④ 핀치효과

advice

열과 기전력과의 관계를 나타내는 현상 중 대표적으로 제백효과, 펠티에효과, 톰슨효과가 있다.

• **제백효과** : 서로 다른 두 종류의 금속을 환상으로 결합하고 양끝점에 온도차를 두면 고온에서 저온으로 기전력이 발생한다.

• **펠티에효과** : 서로 다른 두 종류의 금속을 환상으로 결합하고 전류를 흘리면 한쪽에서는 발열, 다른 한쪽에서는 흡열작용을 한다.

• **톰슨효과** : 동일한 두 금속을 환상으로 결합하고 양끝점에 전류를 흘리면 한쪽은 발열작용 다른 한쪽은 흡열작용을 한다.

24 일정 전압의 직류전원에 저항을 접속하고 전류를 흘릴 때 전류의 값을 20% 감소시키기 위한 저항값은 처음의 몇 배인가?

① 0.05　　　　　② 0.83

③ 1.25　　　　　④ 1.5

advice

$I = \dfrac{V}{R}$ 에서 전류값을 20% 감소시키면 $0.8\,I$ 가 되므로

$R = \dfrac{V}{0.8\,I}$ 이므로, $\dfrac{1}{0.8}$ 배

∴ 1.25배

(2016) (2015)

25 제어량을 조절하기 위하여 제어대상에 주어지는 양으로 제어부의 출력이 되는 것은?

① 제어량
② 주 피드백신호
③ 기준입력
④ 조작량

advice

제어계의 기본 그림에서 조작량이 제어부의 출력으로서 제어대상에 가해진다.

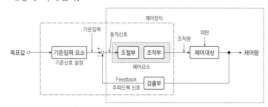

(2016)

26 변압기의 내부회로 고장검출용으로 사용되는 계전기는?

① 비율차동계전기
② 과전류계전기
③ 온도계전기
④ 접지계전기

advice

비율차동계전기는 발전기나 변압기의 내부고장 보호용으로 사용된다.

(2016)

27 단상 반파정류회로에서 출력되는 전력은?

① 입력전압의 제곱에 비례한다.
② 입력전압에 비례한다.
③ 부하저항에 비례한다.
④ 부하임피던스에 비례한다.

advice

단상반파회로의 직류 평균전압은 $E_{av} = 0.45\,E$이고, 출력 전력은 $P = \dfrac{E_{av}{}^2}{R} = \dfrac{(0.45\,E)^2}{R}$가 되므로,

입력전압의 제곱에 비례한다.

(E : 입력실효전압, E_{av} : 직류평균전압, P : 출력전력)

28 100Ω인 저항 3개를 같은 전원에 △결선으로 접속할 때와 Y결선으로 접속할 때, 선전류의 크기의 비는?

① 3
② $\dfrac{1}{3}$
③ $\sqrt{3}$
④ $1\sqrt{3}$

advice

Y결선 전류 $I_Y = \dfrac{V}{\sqrt{3}\,R}$, △결선 전류 $I_\triangle = \dfrac{\sqrt{3}\,V}{R}$이므로,

$\dfrac{I_\triangle}{I_Y} = \dfrac{\sqrt{3}}{\dfrac{1}{\sqrt{3}}} = 3$배가 된다.

Ⓐnswer 25.④ 26.① 27.① 28.①

29 한 조각의 실리콘 속에 많은 트랜지스터, 다이오드, 저항 등을 넣고 상호 배선을 하여 하나의 회로에서의 기능을 갖게 한 것은?

① 포토 트랜지스터
② 서미스터
③ 바리스터
④ IC

advice

IC(Integrated Circuit)는 집적회로라고 하며, 하나의 실리콘 속에 수많은 트랜지스터와 다이오드 및 저항 등 전기소자를 넣고 회로로 연결한 것이다.

(2019)

30 변류기에 결선된 전류계가 고장이 나서 교환하는 경우 옳은 방법은?

① 변류기의 2차를 개방시키고 한다.
② 변류기의 2차를 단락시키고 한다.
③ 변류기의 2차를 접지시키고 한다.
④ 변류기에 피뢰기를 달고 한다.

advice

변류기(CT : Current Transformer) 고장시 변류기 2차측 단자는 반드시 단락시키고 변류기를 교체하여야 한다. 변류기 개방시 고전압이 유기되어 변류기가 소손된다.

(2016)

31 단상변압기 권수비 a = 8이고, 1차 교류전압은 110V 이다. 변압기 2차 전압을 단상 반파 정류회로를 이용하여 정류했을 때 발생하는 직류전압의 평균치는 약 몇 V인가?

① 6.19   ② 6.29
③ 6.39   ④ 6.88

advice

변압기 권수비는 $a = \dfrac{N_1}{N_2} = \dfrac{E_1}{E_2} = \dfrac{I_2}{I_1}$ 이다.

그러므로 $E_2 = \dfrac{110\,[\mathrm{V}]}{8} = 13.75\,[\mathrm{V}]$

반파정류회로의 직류평균전압 $E_{av} = 0.45\,E$ 이므로,

$E_{av} = 0.45\,E = 0.45 \times 13.75 = 6.19\,[\mathrm{V}]$

(2017) (2015) (2014)

32 전류에 의한 자계의 세기를 구하는 법칙은?

① 쿨롱의 법칙
② 패러데이의 법칙
③ 비오 – 사바르의 법칙
④ 렌츠의 법칙

advice

① **쿨롱의 법칙** : 두 전하 사이에 작용하는 힘에 관한 법칙으로 두 전하 사이에 작용하는 힘은 두 전하의 크기에는 비례하고 거리의 제곱에는 반비례한다.

$F = K\,\dfrac{Q_1\,Q_2}{r^2}\,[\mathrm{N}]$

② **패러데이법칙** : 코일에 자기장의 변화가 있으면 기전력이 발생한다.

$e = N\,\dfrac{d\phi}{dt}\,[\mathrm{V}]$

③ **비오–사바르의 법칙** : 전기회로에 전류가 흐를 때 이 전류가 만드는 자기장은 전류의 방향에 수직이고 크기는 전류로부터의 거리의 제곱에 반비례한다.

$dH = \dfrac{1}{4\pi r^2}\,I \cdot dl\,\sin\theta\,[\mathrm{AT/m}]$

④ **렌츠의 법칙** : 자속에 의한 유도기전력의 방향은 자속이 가해진 방향과 반대이다.

Answer **29.**④ **30.**② **31.**① **32.**③

33 공기 중에 1×10⁻⁷C의 (+)전하가 있을 때, 이 전하로부터 15cm의 거리에 있는 점의 전장의 세기는 몇 V/m 인가?

① 1×10^4

② 2×10^4

③ 3×10^4

④ 4×10^4

advice

전장의 세기는 전계의 세기이므로,

$E = \dfrac{1}{4\pi\epsilon_0} \cdot \dfrac{Q}{r^2}$, $\epsilon_0 = 8.855 \times 10^{-12}$

(진공상태의 유전율)

$E = 9 \times 10^9 \dfrac{1 \times 10^{-7}}{0.15^2} ≒ 40,000 = 4 \times 10^4\,[\mathrm{V/m}]$

34 선간전압 E[V]의 3상 평형전원에 대칭 3상 저항부하 R[Ω]이 그림과 같이 접속되었을 때 a, b 두 상간에 접속된 전력계의 지시값이 W[W]라면 c상의 전류는 몇 A인가?

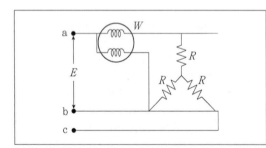

① $\dfrac{2W}{\sqrt{3}\,E}$

② $\dfrac{3W}{\sqrt{3}\,E}$

③ $\dfrac{W}{\sqrt{3}\,E}$

④ $\dfrac{\sqrt{3}\,W}{\sqrt{E}}$

advice

단상전력계를 이용하여 3상 전력을 측정하기 위한 방법은 1전력계법, 2전력계법, 3전력계법 등이 있다.

1전력계법 : $W_1 = \dfrac{\sqrt{3}\,EI}{2}$ [W]

　∴　$I = \dfrac{2W}{\sqrt{3}\,E}$

2전력계법 : $W_1 + W_2 = \sqrt{3}\,EI$

3전력계법 : $W_1 + W_2 + W_3 = \sqrt{3}\,EI$

35 그림과 같은 회로에서 2Ω에 흐르는 전류는 몇 A 인가? (단, 저항의 단위는 모두 Ω이다.)

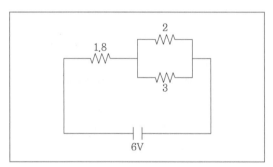

① 0.8

② 1.0

③ 1.2

④ 2.0

advice

2Ω에 흐르는 전류를 측정하기 위하여

첫째, 전체 저항을 구하여 회로의 총 전류를 구한다.

$R_T = 1.8 + \dfrac{2 \times 3}{2+3} = 3\,[\Omega]$, $I_T = \dfrac{V}{R} = \dfrac{6}{3} = 2\,[\mathrm{A}]$

둘째, 2Ω에 흐르는 전류를 구한다.

$I_2 = \dfrac{R_3}{R_2 + R_3}\,I_T = \dfrac{3}{2+3} \cdot 2 = 1.2\,[\mathrm{A}]$

Ⓐnswer　**33.**④　**34.**①　**35.**③

(2019) (2017) (2016) (2015)

36 논리식 $X \cdot (X + Y)$를 간략화 하면?

① X ② Y

③ $X + Y$ ④ $X \cdot Y$

advice

위 식을 간략화하면,

$X \cdot (X + Y) = X \cdot X + XY$

$= X + XY = X(1 + Y) = X$

37 단상 변압기 3대를 △결선하여 부하에 전력을 공급하고 있는데, 변압기 1대의 고장으로 V결선을 한 경우 고장 전의 몇 % 출력을 낼 수 있는가?

① 51.6 ② 53.6

③ 55.7 ④ 57.7

advice

3상 △결선에서 V결선으로 변환시 변압기 이용률과 출력비는 다음과 같다.

이용률 $= \dfrac{\sqrt{3}\, VI\cos\theta}{2\, VI\cos\theta} = \dfrac{\sqrt{3}}{2} = 0.866$

출력비 $\dfrac{P_V}{P_\triangle} = \dfrac{\sqrt{3}\, VI\cos\theta}{3\, VI\cos\theta} = \dfrac{\sqrt{3}}{3} = 0.577$

38 그림과 같은 다이오드 논리회로의 명칭은?

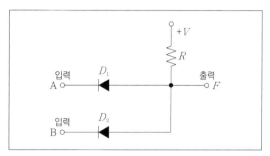

① NOT 회로

② AND 회로

③ OR 회로

④ NAND 회로

advice

그림의 회로에서 입력 A 또는 B의 어느 한쪽에만 전압이 인가될 경우 출력 F에는 전압이 걸리지 않으므로 A와 B 입력 모두에 전압이 걸릴 경우 즉, A와 B가 '1'인 경우 출력 F에 전압이 걸리고 출력이 '1'이 될 수 있다. 그러므로 AND 게이트가 된다.

OR 회로	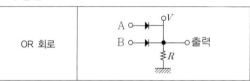

39 $i = 50\sin\omega t$인 교류전류의 평균값은 약 몇 A인가?

① 25

② 31.8

③ 35.9

④ 50

advice

교류전류의 평균값은 $I_{av} = \frac{2}{\pi} I_m = 0.637 I_m$,

$I_m = 50$ 이므로

$\therefore I_{av} = 0.637 \times 50 = 31.8\,[A]$

$\left(\text{실효값은 } I = \frac{1}{\sqrt{2}} I_m\right)$

40 그림과 같은 계전기 접점회로를 논리식으로 나타내면?

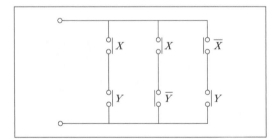

① $XY + X\overline{Y} + \overline{X}Y$

② $(XY) + (X\overline{Y}) + (\overline{X}Y)$

③ $(X + Y)(X + \overline{Y})(\overline{X} + Y)$

④ $(X + Y) + (X + \overline{Y}) + (\overline{X} + Y)$

advice

위의 접점회로에서 직렬연결은 AND(곱), 병렬연결은 OR(합)이므로, $XY + X\overline{Y} + \overline{X}Y$

3과목 소방관계법규

(2017)

41 연소 우려가 있는 건축물의 구조에 대한 기준 중 다음 보기 (㉠), (㉡)에 들어갈 수치로 알맞은 것은?

> "건축물대장의 건축물 현황도에 표시된 대지경계선 안에 2 이상의 건축물이 있는 경우로서 각각의 건축물이 다른 건축물의 외벽으로부터 수평거리가 1층 있어서는 (㉠)m 이하, 2층 이상의 층에 있어서는 (㉡)m 이하이고 개구부가 다른 건축물을 향하여 설치된 구조를 말한다."

① ㉠ 5, ㉡ 10

② ㉠ 6, ㉡ 10

③ ㉠ 10, ㉡ 5

④ ㉠ 10, ㉡ 6

advice

연소 우려가 있는 건축물의 구조〈「화재예방, 소방시설 설치·유지 및 안전관리에 관한 법률 시행규칙」제7조〉… "행정안전부령으로 정하는 연소(延燒) 우려가 있는 구조"란 다음의 기준에 모두 해당하는 구조를 말한다.

1. 건축물대장의 건축물 현황도에 표시된 대지경계선 안에 둘 이상의 건축물이 있는 경우
2. 각각의 건축물이 다른 건축물의 외벽으로부터 수평거리가 1층의 경우에는 6미터 이하, 2층 이상의 층의 경우에는 10미터 이하인 경우
3. 개구부가 다른 건축물을 향하여 설치되어 있는 경우

Answer 39.② 40.① 41.②

42 위험물 제조소에서 저장 또는 취급하는 위험물에 따른 주의사항을 표시한 게시판 중 화기엄금을 표시하는 게시판의 바탕색은?

① 청색 ② 적색

③ 흑색 ④ 백색

advice

표지 및 게시판〈「위험물안전관리법 시행규칙」 별표 4 참고〉

1. 제조소에는 보기 쉬운 곳에 다음의 기준에 따라 "위험물 제조소"라는 표시를 한 표지를 설치하여야 한다.
    가. 표지는 한변의 길이가 0.3m 이상, 다른 한변의 길이가 0.6m 이상인 직사각형으로 할 것
    나. 표지의 바탕은 백색으로, 문자는 흑색으로 할 것
2. 제조소에는 보기 쉬운 곳에 다음의 기준에 따라 방화에 관하여 필요한 사항을 게시한 게시판을 설치하여야 한다.
    가. 게시판은 한변의 길이가 0.3m 이상, 다른 한변의 길이가 0.6m 이상인 직사각형으로 할 것
    나. 게시판에는 저장 또는 취급하는 위험물의 유별·품명 및 저장최대수량 또는 취급최대수량, 지정수량의 배수 및 안전관리자의 성명 또는 직명을 기재할 것
    다. 나목의 게시판의 바탕은 백색으로, 문자는 흑색으로 할 것
    라. 나목의 게시판 외에 저장 또는 취급하는 위험물에 따라 다음의 규정에 의한 주의사항을 표시한 게시판을 설치할 것
        1) 제1류 위험물 중 알칼리금속의 과산화물과 이를 함유한 것 또는 제3류 위험물 중 금수성물질에 있어서는 "물기엄금"
        2) 제2류 위험물(인화성고체를 제외한다)에 있어서는 "화기주의"
        3) 제2류 위험물 중 인화성고체, 제3류 위험물 중 자연발화성물질, 제4류 위험물 또는 제5류 위험물에 있어서는 "화기엄금"
    마. 라목의 게시판의 색은 "물기엄금"을 표시하는 것에 있어서는 청색바탕에 백색문자로, "화기주의" 또는 "화기엄금"을 표시하는 것에 있어서는 적색바탕에 백색문자로 할 것

(2015)
43 다음 중 자동화재탐지설비를 설치해야 하는 특정소방대상물은?

① 길이가 1.3km인 지하가 중 터널

② 연면적 600m²인 볼링장

③ 연면적 500m²인 산후조리원

④ 지정수량 100배의 특수가연물을 저장하는 창고

advice

자동화재탐지설비를 설치하여야 하는 특정소방대상물〈「화재예방, 소방시설 설치·유지 및 안전관리에 관한 법률 시행령」 별표 5 참고〉

1) 근린생활시설(목욕장은 제외), 의료시설(정신의료기관 또는 요양병원은 제외), 숙박시설, 위락시설, 장례시설 및 복합건축물로서 연면적 600m² 이상인 것
2) 공동주택, 근린생활시설 중 목욕장, 문화 및 집회시설, 종교시설, 판매시설, 운수시설, 운동시설, 업무시설, 공장, 창고시설, 위험물 저장 및 처리 시설, 항공기 및 자동차 관련 시설, 교정 및 군사시설 중 국방·군사시설, 방송통신시설, 발전시설, 관광 휴게시설, 지하가(터널은 제외)로서 연면적 1천m² 이상인 것
3) 교육연구시설(교육시설 내에 있는 기숙사 및 합숙소를 포함), 수련시설(수련시설 내에 있는 기숙사 및 합숙소를 포함, 숙박시설이 있는 수련시설은 제외), 동물 및 식물 관련 시설(기둥과 지붕만으로 구성되어 외부와 기류가 통하는 장소는 제외), 분뇨 및 쓰레기 처리시설, 교정 및 군사시설(국방·군사시설은 제외) 또는 묘지 관련 시설로서 연면적 2천m² 이상인 것
4) 지하구
5) 지하가 중 터널로서 길이가 1천m 이상인 것
6) 노유자 생활시설
7) 6)에 해당하지 않는 노유자시설로서 연면적 400m² 이상인 노유자시설 및 숙박시설이 있는 수련시설로서 수용인원 100명 이상인 것
8) 2)에 해당하지 않는 공장 및 창고시설로서 「소방기본법 시행령」 별표 2에서 정하는 수량의 500배 이상의 특수가연물을 저장·취급하는 것
9) 의료시설 중 정신의료기관 또는 요양병원으로서 다음의 어느 하나에 해당하는 시설
    가) 요양병원(정신병원과 의료재활시설은 제외)
    나) 정신의료기관 또는 의료재활시설로 사용되는 바닥면적의 합계가 300m² 이상인 시설

Answer 42.② 43.①

다) 정신의료기관 또는 의료재활시설로 사용되는 바닥면적의 합계가 300m² 미만이고, 창살(철재·플라스틱 또는 목재 등으로 사람의 탈출 등을 막기 위하여 설치한 것을 말하며, 화재 시 자동으로 열리는 구조로 되어 있는 창살은 제외)이 설치된 시설

10) 판매시설 중 전통시장

(2016)

44 소방용수시설 중 저수조 설치 시 지면으로부터 낙차 기준은?

① 2.5m 이하
② 3.5m 이하
③ 4.5m 이하
④ 5.5m 이하

advice

저수조의 설치기준〈「소방기본법 시행규칙」별표 3 참고〉
1. 지면으로부터의 낙차가 4.5미터 이하일 것
2. 흡수부분의 수심이 0.5미터 이상일 것
3. 소방펌프자동차가 쉽게 접근할 수 있도록 할 것
4. 흡수에 지장이 없도록 토사 및 쓰레기 등을 제거할 수 있는 설비를 갖출 것
5. 흡수관의 투입구가 사각형의 경우에는 한 변의 길이가 60센티미터 이상, 원형의 경우에는 지름이 60센티미터 이상일 것
6. 저수조에 물을 공급하는 방법은 상수도에 연결하여 자동으로 급수되는 구조일 것

---

45 소방시설업 등록사항의 변경신고사항이 아닌 것은?

① 상호
② 대표자
③ 보유설비
④ 기술인력

advice

등록사항의 변경신고 등〈「화재예방, 소방시설 설치·유지 및 안전관리에 관한 법률」 제25조 제1항〉… 소방시설관리업자는 등록사항의 변경이 있는 때에는 변경일부터 30일 이내에 소방시설관리업등록사항변경신고서(전자문서로 된 신고서를 포함)에 그 변경사항별로 다음의 구분에 의한 서류(전자문서를 포함)를 첨부하여 시·도지사에게 제출하여야 한다.

1. 명칭·상호 또는 영업소소재지를 변경하는 경우 : 소방시설관리업등록증 및 등록수첩
2. 대표자를 변경하는 경우 : 소방시설관리업등록증 및 등록수첩
3. 기술인력을 변경하는 경우
   가. 소방시설관리업등록수첩
   나. 변경된 기술인력의 기술자격증(자격수첩)
   다. 기술인력연명부

Answer　44.③　45.③

46

다음 중 그 성질이 자연발화성 물질 및 금수성 물질인 제3류 위험물에 속하지 않는 것은?

① 황린　　　　② 황화린

③ 칼륨　　　　④ 나트륨

advice

② 황화린은 제2류 위험물 가연성고체에 해당한다.

※ 제3류 위험물〈「위험물안전관리법 시행령」 별표 1 위험물 및 지정수량〉

유별	위험물 성질	품명	지정수량
제3류	자연발화성 물질 및 금수성물질	1. 칼륨	10킬로그램
		2. 나트륨	10킬로그램
		3. 알킬알루미늄	10킬로그램
		4. 알킬리튬	10킬로그램
		5. 황린	20킬로그램
		6. 알칼리금속(칼륨 및 나트륨을 제외) 및 알칼리토금속	50킬로그램
		7. 유기금속화합물(알킬알루미늄 및 알킬리튬을 제외)	50킬로그램
		8. 금속의 수소화물	300킬로그램
		9. 금속의 인화물	300킬로그램
		10. 칼슘 또는 알루미늄의 탄화물	300킬로그램
		11. 그 밖에 행정안전부령으로 정하는 것 12. 제1호 내지 제11호의 1에 해당하는 어느 하나 이상을 함유한 것	10킬로그램, 20킬로그램, 50킬로그램 또는 300킬로그램

47

옥내주유취급소에 있어서 당해 사무소 등의 출입구 및 피난구와 당해 피난구로 통하는 통로·계단 및 출입구에 설치해야 하는 피난설비는?

① 유도등　　　　② 구조대

③ 피난사다리　　　④ 완강기

advice

피난설비〈「위험물안전관리법 시행규칙」 별표 17 참고〉

1. 주유취급소 중 건축물의 2층 이상의 부분을 점포·휴게음식점 또는 전시장의 용도로 사용하는 것에 있어서는 당해 건축물의 2층 이상으로부터 주유취급소의 부지 밖으로 통하는 출입구와 당해 출입구로 통하는 통로·계단 및 출입구에 유도등을 설치하여야 한다.
2. 옥내주유취급소에 있어서는 당해 사무소 등의 출입구 및 피난구와 당해 피난구로 통하는 통로·계단 및 출입구에 유도등을 설치하여야 한다.
3. 유도등에는 비상전원을 설치하여야 한다.

48

완공된 소방시설 등의 성능시험을 수행하는 자는?

① 소방시설공사업자

② 소방공사감리업자

③ 소방시설설계업자

④ 소방기구제조업자

advice

감리〈「소방시설공사업법」 제16조 제1항〉 … 소방공사감리업을 등록한 자(이하 "감리업자")는 소방공사를 감리할 때 다음의 업무를 수행하여야 한다.
1. 소방시설등의 설치계획표의 적법성 검토
2. 소방시설등 설계도서의 적합성(적법성과 기술상의 합리성을 말한다) 검토
3. 소방시설등 설계 변경 사항의 적합성 검토
4. 「화재예방, 소방시설 설치·유지 및 안전관리에 관한 법률」의 소방용품의 위치·규격 및 사용 자재의 적합성 검토

Answer **46.**② **47.**① **48.**②

5. 공사업자가 한 소방시설등의 시공이 설계도서와 화재안전
   기준에 맞는지에 대한 지도·감독
6. 완공된 소방시설등의 성능시험
7. 공사업자가 작성한 시공 상세 도면의 적합성 검토
8. 피난시설 및 방화시설의 적법성 검토
9. 실내장식물의 불연화(不燃化)와 방염 물품의 적법성 검토

(2014)
49 소방본부장 또는 소방서장이 소방특별조사를 하고자 하는 때에는 며칠 전에 관계인에게 서면으로 알려야 하는가?

① 1일　　　　　　② 3일
③ 5일　　　　　　④ 7일

advice

소방특별조사의 방법·절차 등〈「화재예방, 소방시설 설치·유지 및 안전관리에 관한 법률」 제4조의3 제1항〉 … 소방청장, 소방본부장 또는 소방서장은 소방특별조사를 하려면 <u>7일 전</u>에 관계인에게 조사대상, 조사기간 및 조사사유 등을 서면으로 알려야 한다.

50 소방시설공사업자가 소방시설공사를 하고자 하는 경우 소방시설공사 착공신고서를 누구에게 제출해야 하는가?

① 시·도지사
② 소방청장
③ 한국소방시설협회장
④ 소방본부장 또는 소방서장

advice

착공신고 등〈「소방시설공사업법 시행규칙」 제12조 제1항〉 … 소방시설공사업자는 소방시설공사를 하려면 해당 소방시설공사의 착공 전까지 소방시설공사 착공(변경)신고서[전자문서로 된 소방시설공사 착공(변경)신고서를 포함]에 다음의 서류(전자문서를 포함)를 첨부하여 소방본부장 또는 소방서장에게 신고하여야 한다. 다만, 「전자정부법」에 따른 행정정보의 공동이용을 통하여 첨부서류에 대한 정보를 확인할 수 있는 경우에는 그 확인으로 첨부서류를 갈음할 수 있다.

1. 공사업자의 소방시설공사업 등록증 사본 1부 및 등록수첩 사본 1부
2. 해당 소방시설공사의 책임시공 및 기술관리를 하는 기술인력의 기술등급을 증명하는 서류 사본 1부
3. 체결한 소방시설공사 계약서 사본 1부
4. 설계도서(설계설명서를 포함하되, 「소방시설 설치·유지 및 안전관리에 관한 법률」에 따른 건축허가 등의 시 제출된 설계도서가 변경된 경우에만 첨부) 1부
5. 별지 제31호 서식의 소방시설공사 하도급통지서 사본(소방시설공사를 하도급하는 경우에만 첨부) 1부

51 소방의 역사와 안전문화를 발전시키고 국민의 안전의식을 높이기 위하여 ㉠ 소방박물관과 ㉡ 소방체험관을 설립 및 운영할 수 있는 사람은?

① ㉠ : 소방청장, ㉡ : 소방청장
② ㉠ : 소방청장, ㉡ : 시·도지사
③ ㉠ : 시·도지사, ㉡ : 시·도지사
④ ㉠ : 소방본부장, ㉡ : 시·도지사

advice

소방의 역사와 안전문화를 발전시키고 국민의 안전의식을 높이기 위하여 <u>소방청장은 소방박물관을, 시·도지사는 소방체험관</u>(화재 현장에서의 피난 등을 체험할 수 있는 체험관을 말한다.)을 설립하여 운영할 수 있다〈「소방기본법」 제5조 제1항〉.

52 다음 중 위험물별 성질로서 틀린 것은?

① 제1류 : 산화성고체

② 제2류 : 가연성고체

③ 제4류 : 인화성액체

④ 제6류 : 인화성고체

advice

④ 제6류 위험물은 산화성액체이다.

※ 위험물 유별 성질〈「위험물안전관리법 시행령」 별표 1 참고〉

   ㉠ 제1류 – 산화성고체

   ㉡ 제2류 – 가연성고체

   ㉢ 제3류 – 자연발화성물질 및 금수성물질

   ㉣ 제4류 – 인화성액체

   ㉤ 제5류 – 자기반응성물질

   ㉥ 제6류 – 산화성액체

53 화재가 발생할 우려가 높거나 화재가 발생하는 경우 그로 인하여 피해가 클 것으로 예상되는 일정한 구역을 화재경계지구로 지정할 수 있는 권한을 가진 사람은?

① 시·도지사

② 소방청장

③ 소방서장

④ 소방본부장

advice

화재경계지구의 지정 등〈「소방기본법」 제13조 제1항〉 ··· 시·도지사는 다음의 어느 하나에 해당하는 지역 중 화재가 발생할 우려가 높거나 화재가 발생하는 경우 그로 인하여 피해가 클 것으로 예상되는 지역을 화재경계지구로 지정할 수 있다.

1. 시장지역

2. 공장·창고가 밀집한 지역

3. 목조건물이 밀집한 지역

4. 위험물의 저장 및 처리 시설이 밀집한 지역

5. 석유화학제품을 생산하는 공장이 있는 지역

6. 「산업입지 및 개발에 관한 법률」에 따른 산업단지

7. 소방시설·소방용수시설 또는 소방출동로가 없는 지역

8. 그 밖에 제1호부터 제7호까지에 준하는 지역으로서 소방청장·소방본부장 또는 소방서장이 화재경계지구로 지정할 필요가 있다고 인정하는 지역

54 소방안전관리자에 대한 실무교육 과목에 해당하지 않는 것은?

① 소방관계법규 및 화재 사례

② 소방시설의 유지·관리요령

③ 자위소방대의 조직과 소방 훈련

④ 초기대응체계 교육 및 훈련 실습

advice

④ 소방안전관리보조자에 대한 실무교육의 과목에 해당한다.

Answer 52.④ 53.① 54.④

2017

55 화재예방, 소방시설 설치·유지 및 안전관리에 관한 법률상 소방시설 등에 대한 자체점검 중 종합정밀점검 대상기준으로 옳지 않은 것은?

① 제연설비가 설치된 터널

② 노래연습장으로서 연면적이 2,000m² 이상인 것

③ 아파트는 연면적 5,000m² 이상이고 16층 이상인 것

④ 소방대가 근무하지 않는 국공립학교 중 연면적이 1,000m² 이상인 것으로서 자동화재탐지설비가 설치된 것

advice

종합정밀점검의 대상 … 종합정밀점검은 다음의 어느 하나에 해당하는 특정소방대상물을 대상으로 한다〈「화재예방, 소방시설 설치·유지 및 안전관리에 관한 법률 시행규칙」 별표 1 참고〉.

1) 스프링클러설비 또는 물분무등소화설비[호스릴(Hose Reel) 방식의 물분무등소화설비만을 설치한 경우는 제외]가 설치된 연면적 5,000m² 이상인 특정소방대상물(위험물 제조소등은 제외). 다만, <u>아파트는 연면적 5,000m² 이상이고 11층 이상인 것만 해당</u>

2) 「다중이용업소의 안전관리에 관한 특별법 시행령」 제2조 제1호 나목, 같은 조 제2호(비디오물소극장업은 제외)·제6호·제7호·제7호의2 및 제7호의5의 <u>다중이용업의 영업장이 설치된 특정소방대상물로서 연면적이 2,000m² 이상인 것</u>

3) 제연설비가 설치된 터널

4) 「공공기관의 소방안전관리에 관한 규정」 제2조에 따른 <u>공공기관 중 연면적</u>(터널·지하구의 경우 그 길이와 평균폭을 곱하여 계산된 값을 말한다)<u>이 1,000m² 이상인 것으로서 옥내소화전설비 또는 자동화재탐지설비가 설치된 것. 다만, 「소방기본법」에 따른 소방대가 근무하는 공공기관은 제외</u>

56 보일러 등의 위치·구조 및 관리와 화재예방을 위하여 불의 사용에 있어서 지켜야 하는 사항 중 보일러에 경유·등유 등 액체연료를 사용하는 경우에 연료탱크는 보일러 본체로부터 수평거리 최소 몇 m 이상의 간격을 두어 설치해야 하는가?

① 0.5
② 0.6
③ 1
④ 2

advice

보일러 등의 위치·구조 및 관리와 화재예방을 위하여 불의 사용에 있어서 지켜야 하는 사항〈「소방기본법 시행령」 별표 1 참고〉

종류	내용
보일러	1. 가연성 벽·바닥 또는 천장과 접촉하는 증기기관 또는 연통의 부분은 규조토·석면 등 난연성 단열재로 덮어씌워야 한다. 2. 경유·등유 등 액체연료를 사용하는 경우에는 다음의 사항을 지켜야 한다. 　가. 연료탱크는 보일러본체로부터 수평거리 1미터 이상의 간격을 두어 설치할 것 　나. 연료탱크에는 화재 등 긴급상황이 발생하는 경우 연료를 차단할 수 있는 개폐밸브를 연료탱크로부터 0.5미터 이내에 설치할 것 　다. 연료탱크 또는 연료를 공급하는 배관에는 여과장치를 설치할 것 　라. 사용이 허용된 연료 외의 것을 사용하지 아니할 것 　마. 연료탱크에는 불연재료(「건축법 시행령」 제2조 제10호의 규정에 의한 것을 말한다. 이하 이 표에서 같다)로 된 받침대를 설치하여 연료탱크가 넘어지지 아니하도록 할 것 3. 기체연료를 사용하는 경우에는 다음에 의한다. 　가. 보일러를 설치하는 장소에는 환기구를 설치하는 등 가연성가스가 머무르지 아니하도록 할 것 　나. 연료를 공급하는 배관은 금속관으로 할 것 　다. 화재 등 긴급시 연료를 차단할 수 있는 개폐밸브를 연료용기 등으로부터 0.5미터 이내에 설치할 것 　라. 보일러가 설치된 장소에는 가스누설경보기를 설치할 것 4. 보일러와 벽·천장 사이의 거리는 0.6미터 이상 되도록 하여야 한다. 5. 보일러를 실내에 설치하는 경우에는 콘크리트바닥 또는 금속 외의 불연재료로 된 바닥 위에 설치하여야 한다.

Answer 55.③ 56.③

57 위력을 사용하여 출동한 소방대의 화재진압·인명구조 또는 구급활동을 방해하는 행위를 한 자에 대한 벌칙 기준은?

① 200만 원 이하의 벌금

② 300만 원 이하의 벌금

③ 3년 이하의 징역 또는 1,500만 원 이하의 벌금

④ 5년 이하의 징역 또는 5,000만 원 이하의 벌금

advice

벌칙〈「소방기본법」 제50조〉… 다음의 어느 하나에 해당하는 사람은 5년 이하의 징역 또는 5천만 원 이하의 벌금에 처한다.

1. 다음의 어느 하나에 해당하는 행위를 한 사람
   가. <u>위력(威力)을 사용하여 출동한 소방대의 화재진압·인명구조 또는 구급활동을 방해하는 행위</u>
   나. 소방대가 화재진압·인명구조 또는 구급활동을 위하여 현장에 출동하거나 현장에 출입하는 것을 고의로 방해하는 행위
   다. 출동한 소방대원에게 폭행 또는 협박을 행사하여 화재진압·인명구조 또는 구급활동을 방해하는 행위
   라. 출동한 소방대의 소방장비를 파손하거나 그 효용을 해하여 화재진압·인명구조 또는 구급활동을 방해하는 행위
2. 소방자동차의 출동을 방해한 사람
3. 사람을 구출하는 일 또는 불을 끄거나 불이 번지지 아니하도록 하는 일을 방해한 사람
4. 정당한 사유 없이 소방용수시설 또는 비상소화장치를 사용하거나 소방용수시설 또는 비상소화장치의 효용을 해치거나 그 정당한 사용을 방해한 사람

58 형식승인을 얻어야 할 소방용품이 아닌 것은?

① 감지기

② 휴대용 비상조명등

③ 소화기

④ 방염액

advice

형식승인대상 소방용품〈「화재예방, 소방시설 설치·유지 및 안전관리에 관한 법률 시행령」 제37조〉… 법 제36조 제1항 본문에서 "대통령령으로 정하는 소방용품"이란 별표 3 제1호 [별표 1 제1호 나목 2)에 따른 상업용 주방소화장치는 제외] 및 같은 표 제2호부터 제4호까지에 해당하는 소방용품을 말한다.

※ **소방용품**〈「화재예방, 소방시설 설치·유지 및 안전관리에 관한 법률 시행령」 별표 3〉
   1. 소화설비를 구성하는 제품 또는 기기
      가. <u>소화기구</u>(소화약제 외의 것을 이용한 간이소화용구는 제외)
      나. 자동소화장치
      다. 소화설비를 구성하는 소화전, 관창(菅槍), 소방호스, 스프링클러헤드, 기동용 수압개폐장치, 유수제어밸브 및 가스관선택밸브
   2. 경보설비를 구성하는 제품 또는 기기
      가. 누전경보기 및 가스누설경보기
      나. 경보설비를 구성하는 발신기, 수신기, 중계기, <u>감지기</u> 및 음향장치(경종만 해당)
   3. 피난구조설비를 구성하는 제품 또는 기기
      가. 피난사다리, 구조대, 완강기(간이완강기 및 지지대를 포함)
      나. 공기호흡기(충전기를 포함)
      다. 피난구유도등, 통로유도등, 객석유도등 및 예비 전원이 내장된 비상조명등
   4. 소화용으로 사용하는 제품 또는 기기
      가. 소화약제의 자동소화장치와 소화설비용만 해당
      나. 방염제(방염액·방염도료 및 방염성물질을 말한다)

Ａnswer **57.**④ **58.**②

59 특정소방대상물의 근린생활시설에 해당되는 것은?

① 전시장
② 기숙사
③ 유치원
④ 의원

advice

① 전시장 – 문화 및 집회시설
② 기숙사 – 공동주택
③ 유치원 – 노유자시설

※ 근린생활시설(「화재예방, 소방시설 설치·유지 및 안전관리에 관한 법률 시행령」 별표 2 참고)

  가. 슈퍼마켓과 일용품(식품, 잡화, 의류, 완구, 서적, 건축자재, 의약품, 의료기기 등) 등의 소매점으로서 같은 건축물(하나의 대지에 두 동 이상의 건축물이 있는 경우에는 이를 같은 건축물로 본다.)에 해당 용도로 쓰는 바닥면적의 합계가 1천m² 미만인 것

  나. 휴게음식점, 제과점, 일반음식점, 기원(棋院), 노래연습장 및 단란주점(단란주점은 같은 건축물에 해당 용도로 쓰는 바닥면적의 합계가 150m² 미만인 것만 해당)

  다. 이용원, 미용원, 목욕장 및 세탁소(공장이 부설된 것과 「대기환경보전법」, 「물환경보전법」 또는 「소음·진동관리법」에 따른 배출시설의 설치허가 또는 신고의 대상이 되는 것은 제외)

  라. 의원, 치과의원, 한의원, 침술원, 접골원(接骨院), 조산원(「모자보건법」에 따른 산후조리원을 포함) 및 안마원(「의료법」에 따른 안마시술소를 포함)

  마. 탁구장, 테니스장, 체육도장, 체력단련장, 에어로빅장, 볼링장, 당구장, 실내낚시터, 골프연습장, 물놀이형 시설(「관광진흥법」에 따른 안전성검사의 대상이 되는 물놀이형 시설을 말한다.), 그 밖에 이와 비슷한 것으로서 같은 건축물에 해당 용도로 쓰는 바닥면적의 합계가 500m² 미만인 것

  바. 공연장(극장, 영화상영관, 연예장, 음악당, 서커스장, 「영화 및 비디오물의 진흥에 관한 법률」에 따른 비디오물감상실업의 시설, 비디오물소극장업의 시설, 그 밖에 이와 비슷한 것을 말한다.) 또는 종교집회장[교회, 성당, 사찰, 기도원, 수도원, 수녀원, 제실(祭室), 사당, 그 밖에 이와 비슷한 것을 말한다.]으로서 같은 건축물에 해당 용도로 쓰는 바닥면적의 합계가 300m² 미만인 것

  사. 금융업소, 사무소, 부동산중개사무소, 결혼상담소 등 소개업소, 출판사, 서점, 그 밖에 이와 비슷한 것으로서 같은 건축물에 해당 용도로 쓰는 바닥면적의 합계가 500m² 미만인 것

  아. 제조업소, 수리점, 그 밖에 이와 비슷한 것으로서 같은 건축물에 해당 용도로 쓰는 바닥면적의 합계가 500m² 미만이고, 「대기환경보전법」, 「물환경보전법」 또는 「소음·진동관리법」에 따른 배출시설의 설치허가 또는 신고의 대상이 아닌 것

  자. 「게임산업진흥에 관한 법률」에 따른 청소년게임제공업 및 일반게임제공업의 시설, 인터넷컴퓨터게임시설제공업의 시설 및 복합유통게임제공업의 시설로서 같은 건축물에 해당 용도로 쓰는 바닥면적의 합계가 500m² 미만인 것

  차. 사진관, 표구점, 학원(같은 건축물에 해당 용도로 쓰는 바닥면적의 합계가 500m² 미만인 것만 해당, 자동차학원 및 무도학원은 제외), 독서실, 고시원(「다중이용업소의 안전관리에 관한 특별법」에 따른 다중이용업 중 고시원업의 시설로서 독립된 주거의 형태를 갖추지 않은 것으로서 같은 건축물에 해당 용도로 쓰는 바닥면적의 합계가 500m² 미만인 것을 말한다), 장의사, 동물병원, 총포판매사, 그 밖에 이와 비슷한 것

  카. 의약품 판매소, 의료기기 판매소 및 자동차영업소로서 같은 건축물에 해당 용도로 쓰는 바닥면적의 합계가 1천m² 미만인 것

Answer 59.④

60 신축 · 증축 · 개축 · 재축 · 대수선 또는 용도변경으로 해당 특정소방대상물의 소방안전관리자를 신규로 선임하는 경우 해당 특정소방대상물의 관계인은 특정소방대상물의 완공일로부터 며칠 이내에 소방안전관리자를 선임하여야 하는가?

① 7일
② 14일
③ 30일
④ 60일

advice

신축 · 증축 · 개축 · 재축 · 대수선 또는 용도변경으로 해당 특정소방대상물의 소방안전관리자를 신규로 선임하여야 하는 경우 : 해당 특정소방대상물의 완공일(건축물의 경우에는 「건축법」에 따라 건축물을 사용할 수 있게 된 날을 말한다)부터 30일 이내에 선임하여야 한다〈「화재예방, 소방시설 설치 · 유지 및 안전관리에 관한 법률 시행규칙」 제14조 제1항〉.

4과목 소방전기시설의 구조 및 원리

(2016) (2015)

61 무선통신보조설비의 화재안전기준에서 사용하는 용어의 정의로 옳은 것은?

① 혼합기는 신호의 전송로가 분기되는 장소에 설치하는 장치를 말한다.
② 분배기는 서로 다른 주파수의 합성된 신호를 분리하기 위해서 사용하는 장치를 말한다.
③ 증폭기는 두 개 이상의 입력 신호를 원하는 비율로 조합한 출력이 발생되도록 하는 장치를 말한다.
④ 누설동축케이블은 동축케이블 외부도체에 가느다란 홈을 만들어서 전파가 외부로 새어나갈 수 있도록 한 케이블을 말한다.

advice

무선통신보조설비 용어 설명
㉠ "누설동축케이블"이란 동축케이블의 외부도체에 가느다란 홈을 만들어서 전파가 외부로 새어나갈 수 있도록 한 케이블을 말한다.
㉡ "분배기"란 신호의 전송로가 분기되는 장소에 설치하는 것으로 임피던스 매칭(Matching)과 신호 균등분배를 위해 사용하는 장치를 말한다.
㉢ "분파기"란 서로 다른 주파수의 합성된 신호를 분리하기 위해서 사용하는 장치를 말한다.
㉣ "혼합기"란 두개 이상의 입력신호를 원하는 비율로 조합한 출력이 발생하도록 하는 장치를 말한다.
㉤ "증폭기"란 신호 전송 시 신호가 약해져 수신이 불가능해지는 것을 방지하기 위해서 증폭하는 장치를 말한다.

Ⓐnswer 60.③ 61.④

62 자동화재속보설비 속보기의 예비전원을 병렬로 접속하는 경우 필요한 조치는?

(2017)

① 역충전 방지 조치
② 자동 직류전환 조치
③ 계속충전 유지조치
④ 접지 조치

advice

자동화재속보설비의 속보기 예비전원을 병렬로 연결할 경우 역충전방지 등의 조치를 해야 한다.

63 비상벨설비 또는 자동식사이렌설비에 사용하는 벨 등의 음향장치의 설치기준이 틀린 것은?

(2014)

① 음향장치용 전원은 교류전압의 옥내간선으로 하고 배선은 다른 설비와 겸용으로 할 것
② 음향장치는 정격전압의 80% 전압에서 음향을 발할 수 있도록 할 것
③ 음향장치의 음량은 부착된 음향장치의 중심으로부터 1m 떨어진 위치에서 90dB 이상일 것
④ 지구음향장치는 특정소방대상물의 층마다 설치하되, 해당 특정소방대상물의 각 부분으로부터 하나의 음향장치까지의 수평거리가 25m 이하가 되도록 할 것

advice

음향장치 설치기준
㉠ 전원은 교류전압 옥내간선으로 하고 <u>전용으로 할 것</u>
㉡ 정격전압 80%에서 음향을 발할 수 있어야 한다.
㉢ 음량은 1m 떨어진 곳에서 90dB 이상 일 것
㉣ 지구음향 장치는 층마다 설치하고 소방대상물 각 부분으로부터 하나의 음향장치까지의 수평거리는 25m 이하가 되도록 한다.

64 비상콘센트설비의 화재안전기준에서 정하고 있는 저압의 정의는?

(2019)(2014)

① 직류는 750V 이하, 교류는 600V 이하인 것
② 직류는 750V 이하, 교류는 380V 이하인 것
③ 직류는 750V를, 교류는 600V를 넘고 7,000V 이하인 것
④ 직류는 750V를, 교류는 380V를 넘고 7,000V 이하인 것

advice

저압은 직류 750V 이하, 교류 600V 이하이다.
※ 전압의 종류

구분		전압
저압	교류	600V 이하
	직류	750V 이하
고압	교류	600V 이상 7,000V 이하
	직류	750V 이상 7,000V 이하
특고압		7,000V 초과

65 부착높이가 6m이고 주요구조부를 내화구조로 한 특정소방대상물 또는 그 부분에 정온식 스포트형감지기 특종을 설치하고자 하는 경우 바닥면적 몇 m^2마다 1개 이상 설치해야 하는가?

① 15
② 25
③ 35
④ 45

advice

4m 이상~8m 미만일 경우 내화구조 건축물에 정온식 스포트형 감지기 특종을 설치할 경우 $35m^2$ 마다 1개 이상씩 설치해야 한다.

Answer 62.① 63.① 64.① 65.③

부착높이 및 특정소방대상물의 구분		감지기의 종류						
		차동식 스포트형		보상식 스포트형		정온식 스포트형		
		1종	2종	1종	2종	특종	1종	2종
4m 미만	주요구조부를 내화구조로 한 특정소방대상물 또는 그 부분	90	70	90	70	70	60	20
	기타 구조의 특정소방대상무 또는 그 부분	50	40	50	40	40	30	15
4m 이상 8m 미만	주요구조부를 내화구조로 한 특정소방대상물 또는 그 부분	45	35	45	35	35	30	
	기타 구조의 특정소방대상물 또는 그 부분	30	25	30	25	25	15	

2016 2014

66 누전경보기의 수신부의 설치장소로서 옳은 것은?

① 습도가 높은 장소

② 온도의 변화가 급격한 장소

③ 고주파 발생회로 등에 따른 영향을 받을 우려가 있는 장소

④ 부식성의 증기·가스 등이 체류하지 않는 장소

advice

누전경보기의 수신부는 <u>다음의 장소 외의 장소</u>에 설치하여야 한다. 다만, 해당 누전경보기에 대하여 방폭·방식·방습·방온·방진 및 정전기 차폐 등의 방호조치를 한 것은 그러하지 아니하다.

㉠ 가연성의 증기·먼지·가스 등이나 부식성의 증기·가스 등이 다량으로 체류하는 장소

㉡ 화약류를 제조하거나 저장 또는 취급하는 장소

㉢ 습도가 높은 장소

㉣ 온도의 변화가 급격한 장소

㉤ 대전류회로·고주파 발생회로 등에 따른 영향을 받을 우려가 있는 장소

2016 2015 2014

67 비상방송설비는 기동장치에 의한 화재신고를 수신한 후 필요한 음량으로 화재발생상황 및 피난에 유효한 방송이 자동으로 개시될 때까지의 소요시간은 몇 초 이하가 되도록 하여야 하는가?

① 5

② 10

③ 20

④ 30

advice

비상방송설비는 화재수신 후 방송개시까지 10초 이하가 되도록 한다.

화재수신 후 동작개시 시간	동작기기
5초 (축적형 60초 이내)	P형, R형, P형, R형, GP형, GR형 – 복합식 포함
5초 이내	중계기
10초 이하	비상방송설비
60초 이내	가스누설경보기

Answer **66.**④ **67.**②

(2015)

68 자동화재탐지설비 감지기의 구조 및 기능에 대한 설명으로 틀린 것은?

① 차동식분포형감지기는 그 기판면을 부착한 정 위치로 45°를 경사시킨 경우 그 기능에 이상 이 생기지 않아야 한다.

② 연기를 감지하는 감지기는 감시챔버로 1.3 ± 0.05mm 크기의 물체가 침입할 수 없는 구조 이어야 한다.

③ 방사성물질을 사용하는 감지기는 그 방사성 물질을 밀봉선원으로 하여 외부에서 직접 접 촉할 수 없도록 하여야 한다.

④ 차동식분포형감지기로서 공기관식 공기관의 두 께는 0.3mm 이상, 바깥지름은 1.9mm 이상이 어야 한다.

> **advice**
>
> 감지기는 그 기판면을 부착한 정 위치로부터 45°(차동식분포 형감지기는 5°)를 각각 경사시킨 경우 그 기능에 이상이 생기 지 않아야 한다.

(2018) (2015) (2014)

69 자동화재탐지설비의 연기복합형 감지기를 설치할 수 없는 부착높이는?

① 4m 이상 8m 미만

② 8m 이상 15m 미만

③ 15m 이상 20m 미만

④ 20m 이상

> **advice**
>
> 연기복합형 감지기는 20m 미만인 경우에 설치가 가능하며, 20m 이상인 경우는 불꽃감지기, 광전식(분리형, 공기흡입형) 중 아날로그 방식의 감지기가 설치가능하다.

부착높이	감지기의 종류
4m 미만	• 차동식(스포트형, 분호평) • 보상식 스포트형 • 정온식(스포트형, 감지선형) • 이온화식 또는 광전식(스포트형, 분리형, 공기흡입형) • 열복합형 • 연기복합형 • 열연기복합형 • 불꽃감지기
4m 이상 8m 미만	• 차동식(스포트형, 분포형) • 보상식 스포트형 • 정온식(스포트형, 감지선형) 특종 또는 1종 • 이온화식 1종 또는 2종 • 광전식(스포트형, 분리형, 공기흡입형) 1종 또는 2종 • 열복합형 • 연기복합형 • 열연기복합형 • 불꽃감지기
8m 이상 15m 미만	• 차동식 분포형 • 이온화식 1종 또는 2종 • 광전식(스포트형, 분리형, 공기흡입형) 1종 또는 2종 • 연기복합형 • 불꽃감지기
15m 이상 20m 미만	• 이온화식 1종 • 광전식(스포트형, 분리형, 공기흡입형) 1종 • 연기복합형 • 불꽃감지기
20m 이상	• 불꽃감지기 • 광전식(분리형, 공기흡입형)중 아날로그방식

※ 비고

ⓐ 감지기별 부착높이 등에 대하여 별도로 형식승인 받은 경우에는 그 성능범위 내에서 사용할 수 있다.

ⓑ 부착높이 20m 이상에 설치되는 광전식 중 아나로그방 식의 감지기는 공청감지농도 하한 값이 감광율 5%/m 미만인 것으로 한다.

70 3종 연기감지기의 설치기준 중 다음 ( )안에 알맞은 것으로 연결된 것은?

> 3종 연기감지기는 복도 및 통로에 있어서 보행거리 (㉠)m마다, 계단 및 경사로에 있어서는 수직거리 (㉡)m마다 1개 이상으로 설치해야 한다.

① ㉠ 15, ㉡ 10
② ㉠ 20, ㉡ 10
③ ㉠ 30, ㉡ 15
④ ㉠ 30, ㉡ 20

advice

3종 연기감지기는 복도, 통로에 있어서는 보행거리 20m마다, 계단 및 경사로에 있어서는 수직거리 10m마다 1개 이상 설치한다.

※ 연기감지기 설치기준

㉠ 감지기의 부착높이에 따라 다음 표에 따른 바닥면적마다 1개 이상으로 할 것

(단위 m²)

부착높이	1종 및 2종	3종
4m 미만	150	50
4m 이상 20m 미만	75	

㉡ 감지기는 복도 및 통로에 있어서는 보행거리 30m(3종에 있어서는 20m)마다, 계단 및 경사로에 있어서는 수직거리 15m(3종에 있어서는 10m)마다 1개 이상으로 할 것

㉢ 천장 또는 반자가 낮은 실내 또는 좁은 실내에 있어서는 출입구의 가까운 부분에 설치할 것

㉣ 천장 또는 반자부근에 배기구가 있는 경우에는 그 부근에 설치할 것

㉤ 감지기는 벽 또는 보로부터 0.6m 이상 떨어진 곳에 설치할 것

71 비상방송설비의 배선에 대한 설치기준으로 틀린 것은?

① 배선은 다른 용도의 전선과 동일한 관, 덕트, 몰드 또는 풀박스 등에 설치할 것

② 전원회로의 배선은 옥내소화전설비의 화재안전기준에 따른 내화배선을 설치할 것

③ 화재로 인하여 하나의 층의 확성기 또는 배선이 단락 또는 단선되어도 다른 층의 화재통보에 지장이 없도록 할 것

④ 부속회로의 전로와 대지 사이 및 배선상호간의 절연저항은 1경계구역마다 직류 250V의 절연저항측정기를 사용하여 측정한 절연저항이 0.1MΩ 이상이 되도록 할 것

advice

비상방송설비의 배선은 다른 전선과 별도의 관, 덕트, 몰드 또는 풀박스 등에 설치하여야 한다.

72 무선통신보조설비의 설치기준으로 틀린 것은?

① 누설동축케이블 또는 동축케이블의 임피던스 50Ω으로 한다.

② 누설동축케이블 및 공중선은 고압의 전로로부터 0.5m 이상 떨어진 위치에 설치한다.

③ 무선기기 접속단자 중 지상에 설치하는 접속단자는 보행거리 300m 이내마다 설치한다.

④ 누설동축케이블의 끝부분에는 무반사 종단저항을 견고하게 설치한다.

advice

누설동축케이블 및 안테나(공중선)은 고압전로로부터 1.5m 이상 떨어진 위치에 설치하고 종단에는 무반사 종단저항을 설치한다.

누설동축케이블 및 동축케이블의 임피던스는 50Ω 이하가 되도록 하며, 무선기기 접속단자 중 지상에 설치하는 접속단자는 보행거리 300m 이내마다 설치한다.

Ａnswer **70.**② **71.**① **72.**②

73 누전경보기의 수신부의 절연된 충전부와 외함 간의 절연저항은 DC 500V의 절연저항계로 측정하는 경우 몇 MΩ 이상이어야 하는가?

① 0.5   ② 5

③ 10   ④ 20

advice

누전경보기 수신부 절연저항 시험은 직류 500V 절연저항계로 측정하여 5MΩ 이상이어야 한다.

절연저항계	절연저항	대상 기기
직류 250V	0.1MΩ 이상	감지기회로 및 부속회로의 전로와 대지 사이 및 배선상호 간
직류 500V	5MΩ 이상	• 누전경보기, 가스누설경보기, 수신기, 자동화재속보설비 • 비상경보설비, 유도등, 비상조명등
	20MΩ	경종, 발신기, 중계기, 비상콘센트
	50MΩ	감지기(정온식 감지선형 제외), 가스누설경보기(10회로 이상), 수신기(10회로 이상)
	1,000MΩ	정온식 감지선형 감지기

74 지상 4층인 교육연구시설에 적응성이 없는 피난기구는?

① 완강기
② 구조대
③ 피난교
④ 미끄럼대

advice

피난기구의 적응성 중 지상 4층 이하인 다중이용업소인 경우 미끄럼대, 피난사다리, 구조대, 완강기, 다수인피난장비, 승강식피난기 등이 적용되고, 교육연구시설은 기타 장소로 구분되며, 미끄럼틀은 제외되고, 피난사다리, 구조대, 완강기, 피난교, 간이완강기, 공기안전매트, 다수인피난장비, 승강식피난기 등이 적응성이 있는 장비로 구분된다.

75 대형피난구유도등의 설치장소가 아닌 것은?

① 위락시설   ② 판매시설

③ 지하철역사   ④ 아파트

advice

대형피난구유도등 설치는 공연장, 집회장, 관람장, 운동시설, 유흥주점영업시설 및 위락시설, 판매시설, 운수시설 및 지하상가, 지하철역사 등에 설치한다.

설치장소	유도등 및 유도표지의 종류
1. 공연장 · 집회장(종교집회장 포함) · 관람장 · 운동시설	• 대형피난구유도등 • 통로유도등 • 객석유도등
2. 유흥주점영업시설(「식품위생법 시행령」의 유흥주점영업 중 손님이 춤을 출 수 있는 무대가 설치된 카바레, 나이트클럽 또는 그 밖에 이와 비슷한 영업시설만 해당)	
3. 위락시설 · 판매시설 · 운수시설 · 「관광진흥법」에 따른 관광숙박업 · 의료시설 · 장례식장 · 방송통신시설 · 전시장 · 지하상가 · 지하철역사	• 대형피난구유도등 • 통로유도등
4. 숙박시설(관광숙박업 외의 것을 말한다) · 오피스텔	• 중형피난구유도등 • 통로유도등
5. 제1호부터 제3호까지 외의 건축물로서 지하층 · 무창층 또는 층수가 11층 이상인 특정소방대상물	
6. 제1호부터 제5호까지 외의 건축물로서 근린생활시설 · 노유자시설 · 업무시설 · 발전시설 · 종교시설(집회장 용도로 사용하는 부분 제외) 교육연구시설 · 수련시설 · 공장 · 창고시설 · 교정 및 군사시설(국방 · 군사시설 제외) · 기숙사 · 자동차정비공장 · 운전학원 및 정비학원 · 다중이용업소 · 복합건축물 아파트	• 소형피난구유도등 • 통로유도등
7. 그 밖의 것	• 피난구유도표지 • 통로유도표지

※ 비고
1. 소방서장은 특정소방대상물의 위치 · 구조 및 설비의 상황을 판단하여 대형피난구유도등을 설치하여야 할 장소에 중형피난유도등 또는 소형피난구유도등을, 중형피난구유도등을 설치하여야 할 장소에 소형피난구유도등을 설치하게 할 수 있다.
2. 복합건축물과 아파트의 경우, 주택의 세대 내에는 유도등을 설치하지 아니할 수 있다.

Answer 73.② 74.④ 75.④

76 비상콘센트설비의 전원회로에서 하나의 전용회로에 설치하는 비상콘센트는 최대 몇 개 이하로 하여야 하는가?

① 2   ② 3

③ 10   ④ 20

advice

비상콘센트 하나의 전용회로에 설치하는 비상콘센트 수는 10개 이하이어야 한다.

77 비상조명등의 설치제외 장소가 아닌 것은?

① 의원의 거실   ② 경기장의 거실

③ 의료시설의 거실   ④ 종교시설의 거실

advice

비상조명등 설치제외 장소
㉠ 거실 각 부분에서 출입구까지의 보행거리 15m 이내
㉡ 공동주택, 경기장, 의원, 의료시설, 학교 등의 거실

78 1개 층에 계단참이 4개 있을 경우 계단통로유도등은 최소 몇 개 이상 설치해야 하는가?

① 1   ② 2

③ 3   ④ 4

advice

계단통로 유도등 설치기준 … 각 층의 경사로 참 또는 계단참마다 (1개층에 경사로 참 또는 계단참이 2 이상 있는 경우에는 2개의 참마다) 설치할 것
※ 계단통로유도등 설치개수

$$\frac{경사로\ 참(계단참)개수}{2} = \frac{4개}{2} = 2개$$

79 바닥면적이 450m²일 경우 단독경보형감지기의 최소 설치개수는?

① 1개   ② 2개

③ 3개   ④ 4개

advice

단독경보형 감지기의 설치개수는 바닥면적 150m² 마다 1개 이상 설치한다.

$$설치개수 = \frac{450}{150} = 3개$$

80 누전경보기의 정격전압이 몇 V를 넘는 기구의 금속제 외함에는 접지단자를 설치해야 하는가?

① 30V   ② 60V

③ 70V   ④ 100V

advice

정격전압 60V를 넘는 기구의 금속제 외함에는 접지단자를 설치하여야 한다.

Answer   **76.**③   **77.**④   **78.**②   **79.**③   **80.**②

시험일정	시험유형	시험시간	시험과목
2016.10.01	필 기	120분	1 소방원론 2 소방전기일반 3 소방관계법규 4 소방전기시설의 구조 및 원리

수험번호		성 명	

1과목 **소방원론**

(2014)

01 피난계획의 일반원칙 중 Fool proof 원칙에 해당하는 것은?

① 저지능인 상태에서도 쉽게 식별이 가능하도록 그림이나 색채를 이용하는 원칙
② 피난설비를 반드시 이동식으로 하는 원칙
③ 한 가지 피난기구가 고장이 나도 다른 수단을 이용할 수 있도록 고려하는 원칙
④ 피난설비를 첨단화된 전자식으로 하는 원칙

advice

Fool-proof와 Fail-safe의 원칙

㉠ Fool-proof : 바보라도 틀리지 않고 할 수 있도록 한다는 말로서, 비상사태 대비책을 의미하는 것으로 화재 발생 시 사람의 심리상태는 긴장상태가 되므로 인간의 행동특성에 따라 피난설비는 원시적이고 간단명료하게 설치하며 피난대책은 누구나 알기 쉬운 방법을 선택하는 것을 의미한다. 피난 및 유도 표지는 문자보다는 색과 형태를 사용하고 피난방향으로 문을 열 수 있도록 하는 것이 이에 해당된다.

㉡ Fail-safe : 이중안전장치를 의미하는 것으로서 피난 시 하나의 수단이 고장 등으로 사용이 불가능하더라도 다른 수단 및 방법을 통해서 피난할 수 있도록 하는 것을 뜻한다. 2방향 이상의 피난통로를 확보하는 피난대책이 이에 해당된다.

02 위험물안전관리법상 위험물의 적재 시 혼재기준 중 혼재가 가능한 위험물로 짝지어진 것은? (단, 각 위험물은 지정수량의 10배로 가정한다.)

① 질산칼륨과 가솔린
② 과산화수소와 황린
③ 철분과 유기과산화물
④ 등유와 과염소산

advice

유별을 달리하는 위험물의 혼재기준

위험물의 구분	제1류	제2류	제3류	제4류	제5류	제6류
제1류		×	×	×	×	○
제2류	×		×	○	○	×
제3류	×	×		○	×	×
제4류	×	○	○		○	×
제5류	×	○	×	○		×
제6류	○	×	×	×	×	

따라서, 철분은 제2류, 유기과산화물은 제5류이므로 혼재가능하다.

Answer 01.① 02.③

03 연기에 의한 감광계수가 0.1m⁻¹, 가시거리가 20~30m 일 때의 상황을 옳게 설명한 것은?

① 건물 내부에 익숙한 사람이 피난에 지장을 느낄 정도
② 연기감지기가 작동할 정도
③ 어두운 것을 느낄 정도
④ 앞이 거의 보이지 않을 정도

advice

투과율법 … 연기 속을 투과한 빛의 양으로 구하는 광학적 표시로 일반적으로 감광계수[m⁻¹]로 나타낸다.

$C_s = (1/L)\ln(I_o/I)$

여기서, C_s : 감광계수[l/m]
L : 가시거리[m]
I_o : 연기가 없을 때 빛의 세기[lux]
I : 연기가 있을 때 빛의 세기[lux]

감광계수 [m⁻¹]	가시거리 [m]	상황
0.1	20~30	연기감지기가 작동할 때의 농도
0.3	5	건물 내부에 익숙한 사람이 피난할 정도의 농도
0.5	3	어두운 것을 느낄 정도의 농도
1	1~2	앞이 거의 보이지 않을 정도의 농도
10	0.2~0.5	화재 최성기 때의 농도
30	-	출화실에서 연기가 분출할 때의 농도

04 니트로셀룰로오스에 대한 설명으로 틀린 것은?

① 질화도가 낮을수록 위험성이 크다.
② 물을 첨가하여 습윤시켜 운반한다.
③ 화약의 원료로 쓰인다.
④ 고체이다.

advice

질화도가 큰 것일수록 분해도, 폭발성, 위험도가 증가한다.

05 다음 중 증기비중이 가장 큰 것은?

① 이산화탄소　　② 할론 1301
③ 할론 1211　　④ 할론 2402

advice

분자량이 가장 큰 것이 증기비중도 가장 크다.
① 이산화탄소(CO_2=44g/mol)
② 할론 1301(CF_3Br=149g/mol)
③ 할론 1211(CF_2ClBr=165.5g/mol)
④ 할론 2402($C_2F_4Br_2$=260g/mol)

06 자연발화의 예방을 위한 대책이 아닌 것은?

① 열의 축적을 방지한다.
② 주위온도를 낮게 유지한다.
③ 열전도성을 나쁘게 한다.
④ 산소와의 접촉을 차단한다.

advice

열전도성이 나쁘다는 것은 열의 축적이 용이하다는 것이며, 이는 자연발화의 원인이 된다.

07 조연성 가스로만 나열되어 있는 것은?

① 질소, 불소, 수증기
② 산소, 불소, 염소
③ 산소, 이산화탄소, 오존
④ 질소, 이산화탄소, 염소

advice

조연성 물질 … 산소, 오존, 불소, 염소

Answer　03.② 04.① 05.④ 06.③ 07.②

2016 2015 2014

08 제1종 분말소화약제인 탄산수소나트륨은 어떤 색으로 착색되어 있는가?

① 담회색   ② 담홍색

③ 회색   ④ 백색

advice

분말 종류	주성분	분자식	성분비	색상	적응 화재
제1종	탄산수소나트륨 (중탄산나트륨)	$NaHCO_3$	$NaHCO_3$ 90wt% 이상	백색	B, C급
제2종	탄산수소칼륨 (중탄산칼륨)	$KHCO_3$	$KHCO_3$ 92wt% 이상	담회색	B, C급
제3종	제1인산암모늄	$NH_4H_2PO_4$	$NH_4H_2PO_4$ 75wt% 이상	담홍색 또는 황색	A, B, C급
제4종	탄산수소칼륨과 요소	$KHCO_3$ $+CO(NH_2)_2$	—	회색	B, C급

09 밀폐된 내화건물의 실내에 화재가 발생했을 때 그 실내의 환경변화에 대한 설명 중 틀린 것은?

① 기압이 강하한다.
② 산소가 감소된다.
③ 일산화탄소가 증가한다.
④ 이산화탄소가 증가한다.

advice

빌딩 내부의 온도가 외기보다 더 따뜻하고 밀도가 낮을 때 빌딩 내의 공기는 부력을 받아 계단, 벽, 승강기 등 건물의 수직통로를 통해서 상향으로 이동하는데 이를 굴뚝효과라 하며, 이로 인해 건물내부의 기압이 상승한다.

2017 2015 2014

10 할로겐화합물 소화설비에서 Halon 1211 약제의 분자식은?

① CBr_2ClF ② CF_2ClBr

③ CCl_2BrF ④ BrC_2ClF

advice

할론 소화약제 명명법

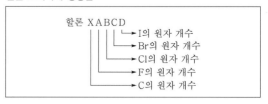

2017 2016

11 다음 중 제거소화방법과 무관한 것은?

① 산불의 확산방지를 위하여 벌채한다.
② 화학반응기의 화재 시 원료 공급관의 밸브를 잠근다.
③ 유류화재 시 가연물을 포로 덮는다.
④ 유류탱크 화재 시 주변에 있는 유류탱크의 유류를 다른 곳으로 이동시킨다.

advice

유류화재 시 가연물을 포로 덮는 것은 질식소화에 해당한다.

12 화재실 혹은 화재공간의 단위바닥면적에 대한 등 가가연물량의 값을 화재하중이라 하며, 식으로 표시할 경우에는 $Q = \dfrac{\Sigma(G_t \cdot H_t)}{H_o \cdot A}$ 와 같이 표현할 수 있다. 여기에서 H_o 는 무엇을 나타내는가?

① 목재의 단위발열량

② 가연물의 단위발열량

③ 화재실 내 가연물의 전체 발열량

④ 목재의 단위발열량과 가연물의 단위발열량을 합한 것

advice

화재하중이란 일정구역 내에 있는 예상최대가연물질의 양을 뜻하며 등가가연물량을 화재구획에서 단위면적당으로 나타낸다.

$$Q = \frac{\Sigma(G_t \cdot H_t)}{H_o \cdot A} = \frac{\Sigma G_t}{4,500A}$$

여기서, Q : 화재하중[kg/m²]

$\quad\quad G_t$: 가연물량[kg]

$\quad\quad H_t$: 가연물 단위발열량[kcal/kg]

$\quad\quad H_o$: 목재 단위발열량[kcal/kg]

$\quad\quad A$: 화재실, 화재구획의 바닥면적[m²]

$\quad\quad \Sigma G_t$: 화재실, 화재구획의 가연물 전체발열량[kcal]

13 물의 물리, 화학적 성질로 틀린 것은?

① 증발잠열은 539.6cal/g으로 다른 물질에 비해 매우 큰 편이다.

② 대기압하에서 100℃의 물이 액체에서 수증기로 바뀌면 체적은 약 1,603배 정도 증가한다.

③ 수소 1분자와 산소 1/2분자로 이루어져 있으며 이들 사이의 화학결합은 극성공유결합이다.

④ 분자 간의 결합은 쌍극자−쌍극자 상호작용의 일종인 산소결합에 의해 이루어진다.

advice

물은 수소결합 물질에 해당한다.

14 실내에서 화재가 발생하여 실내의 온도가 21℃에서 650℃로 되었다면, 공기의 팽창은 처음의 약 몇 배가 되는가? (단, 대기압은 공기가 유동하여 화재 전후가 같다고 가정한다.)

① 3.14　　　　② 4.27

③ 5.69　　　　④ 6.01

advice

등압의 조건이므로 샤를의 법칙 적용

$\dfrac{V_1}{T_1} = \dfrac{V_2}{T_2}$ (V_1을 1L로 가정한다)

$$\frac{1L}{(21+273.15)K} = \frac{V_2}{(650+273.15)K}$$

$V_2 \times (21+273.15)K = 1L \times (650+273.15)K$

$V_2 = \dfrac{1L \times (650+273.15)K}{(21+273.15)K} = 3.14L$

(V_1을 1L로 가정하면 V_2는 3.14L이다.)

∴ 3.14배

15 분말소화약제의 열분해 반응식 중 다음 ( ) 안에 알맞은 화학식은?

$$2NaHCO_3 \rightarrow Na_2CO_3 + H_2O + (\quad\quad)$$

① CO　　　　② CO_2

③ Na　　　　④ Na_2

advice

제1종 분말소화약제($NaHCO_3$)의 열분해 반응식

㉠ 270℃에서 : $2NaHCO_3 \rightarrow Na_2CO_3 + H_2O + CO_2$

㉡ 850℃ 이상에서 : $2NaHCO_3 \rightarrow Na_2O + H_2O + 2CO_2$

Answer　**12.**①　**13.**④　**14.**①　**15.**②

(2016) (2015) (2014)

16 보일오버(boil over) 현상에 대한 설명으로 옳은 것은?

① 아래층에서 발생한 화재가 위층으로 급격히 옮겨가는 현상

② 연소유의 표면이 급격히 증발하는 현상

③ 기름이 뜨거운 물 표면 아래에서 끓는 현상

④ 탱크 저부의 물이 급격히 증발하여 기름이 탱크 밖으로 화재를 동반하여 방출하는 현상

advice

보일오버(boil over) 현상 … 원유나 중질유와 같은 성분을 가진 유류탱크 화재 시 탱크 바닥에 물 등이 뜨거운 열유층(heat layer)의 온도에 의해서 물이 수증기로 변하면서 부피 팽창에 의해서 유류가 갑작스럽게 탱크 외부로 넘쳐흐르는 현상

(2014)

17 건축물의 화재성상 중 내화건축물의 화재성상으로 옳은 것은?

① 저온장기형   ② 고온단기형

③ 고온장기형   ④ 저온단기형

advice

㉠ 내화건축물 : 저온장기형
㉡ 목조건물 : 고온단기형

(2015) (2014)

18 청정소화약제 중 HCFC－22를 82% 포함하고 있는 것은?

① IG－541   ② HFC－227ea

③ IG－55   ④ HCFC BLEND A

advice

하이드로클로로플루오로카본혼화제("HCFC BLEND A")

- HCFC－123($CHCl_2CF_3$) : 4.75%
- HCFC－22($CHClF_2$) : 82%
- HCFC－124($CHClFCF_3$) : 9.5%
- $C_{10}H_{16}$: 3.75%

19 칼륨에 화재가 발생할 경우에 주수를 하면 안 되는 이유로 가장 옳은 것은?

① 산소가 발생하기 때문에

② 질소가 발생하기 때문에

③ 수소가 발생하기 때문에

④ 수증기가 발생하기 때문에

advice

물과 격렬히 반응하여 발열하고 수산화칼륨과 수소를 발생한다. 이때 발생된 열은 점화원의 역할을 한다.

$2K + 2H_2O \longrightarrow 2KOH + H_2$

20 정전기에 의한 발화과정으로 옳은 것은?

① 방전 → 전하의 축적 → 전하의 발생 → 발화

② 전하의 발생 → 전하의 축적 → 방전 → 발화

③ 전하의 발생 → 방전 → 전하의 축적 → 발화

④ 전하의 축적 → 방전 → 전하의 발생 → 발화

advice

정전기 발생과정 … 전하의 발생 → 전하의 축적 → 방전 → 발화

Answer   16.④   17.①   18.④   19.③   20.②

21 전원과 부하가 다같이 △결선된 3상 평형회로가 있다. 전원전압이 200V, 부하 1상의 임피던스가 4+j3Ω인 경우 선전류는 몇 A인가?

① $\dfrac{40}{\sqrt{3}}$

② $\dfrac{40}{3}$

③ 40

④ $40\sqrt{3}$

advice

3상 △결선에서 선전류는 $I_\triangle = \dfrac{\sqrt{3}\,V}{Z}$ [A]

$Z = \sqrt{4^2 + 3^2} = 5$ [Ω]이므로,

$I_\triangle = \dfrac{\sqrt{3}\,V}{Z} = \dfrac{\sqrt{3}\times 200}{5} = 40\sqrt{3}$ [A]

2015 2014

22 온도 측정을 위하여 사용하는 소자로서 온도–저항 부특성을 가지는 일반적인 소자는?

① 노즐플래퍼

② 서미스터

③ 앰플리다인

④ 트랜지스터

advice

서미스터는 온도에 의해 내부 저항이 변하는 소자로 주로 부특성을 갖는 NTC소자이며, 선형성이 좋아 온도 센서용으로 일반적으로 많이 사용된다.

23 자기장 내에 있는 도체에 전류를 흘리면 힘이 작용한다. 이 힘을 무엇이라고 하는가?

① 자속력   ② 기전력

③ 전기력   ④ 전자력

advice

① 자속력 : 자극에서 발생하는 자기력선의 수
② 기전력 : 코일 등에서 발생되는 전기적인 힘
③ 전기력 : 전하가 있는 물체 사이에 작용하는 힘
④ 전자력 : 자기장 내에서 도체에 전류를 흘릴 때 작용하는 힘

24 히스테리시스 곡선의 종축과 횡축은?

① 종축 : 자속밀도, 횡축 : 투자율

② 종축 : 자계의 세기, 횡축 : 투자율

③ 종축 : 자계의 세기, 횡축 : 자속밀도

④ 종축 : 자속밀도, 횡축 : 자계의 세기

advice

히스테리시스 곡선은 자계의 세기와 자속밀도간의 관계이다.
횡축은 자계의 세기 H, 종축은 자속밀도 B이다.

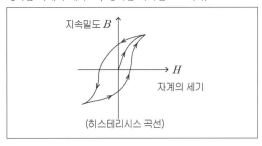

(히스테리시스 곡선)

25

4단자 정수 $A = \frac{5}{3}$, $B = 800$, $C = \frac{1}{450}$, $D = \frac{5}{3}$ 일 때 영상 임피던스 Z_{01}과 Z_{02}는 각각 몇 Ω인가?

① $Z_{01} = 300$, $Z_{02} = 300$

② $Z_{01} = 600$, $Z_{02} = 600$

③ $Z_{01} = 800$, $Z_{02} = 800$

④ $Z_{01} = 1,000$, $Z_{02} = 1,000$

advice

영상 임피던스

• 입력단 임피던스

$$Z_{01} = \sqrt{\frac{AB}{CD}} = \sqrt{\frac{\frac{5}{3} \times 800}{\frac{1}{450} \times \frac{5}{3}}} = 600 \,[\Omega]$$

• 출력단 임피던스

$$Z_{02} = \sqrt{\frac{BD}{AC}} = \sqrt{\frac{800 \times \frac{5}{3}}{\frac{5}{3} \times \frac{1}{450}}} = 600 \,[\Omega]$$

26

200Ω의 저항을 가진 경종 10개와 50Ω의 저항을 가진 표시등 3개가 있다. 이들을 모두 직렬로 접속할 때의 합성저항은 몇 Ω인가?

① 250 ② 1,250

③ 1,750 ④ 2,150

advice

경종 10개 직렬저항 값 $= 200 \times 10$개 $= 2,000 \,[\Omega]$
표시등 3개 직렬저항 값 $= 50 \times 3 = 150 \,[\Omega]$
두 저항 값의 합 $2,000 + 150 = 2,150 \,[\Omega]$

27

2019

그림과 같은 무접점회로는 어떤 논리회로인가?

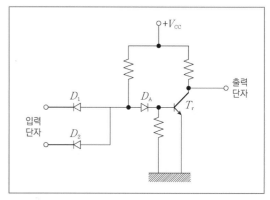

① NOR ② OR

③ NAND ④ AND

advice

다이오드를 이용한 논리게이트 회로에서 트랜지스터가 포함된 회로는 출력을 부정(−)하기 위하여 사용되며, 이 회로에서 앞의 다이오드 부분은 AND 회로이므로 AND + NOT = NAND 회로가 된다.

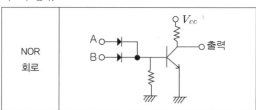

Answer **25.**② **26.**④ **27.**③

28 지시계기에 대한 동작원리가 틀린 것은?

① 열전형 계기 - 대전된 도체 사이에 작용하는 정전력을 이용

② 가동철편형 계기 - 전류에 의한 자기장이 연철편에 작용하는 힘을 이용

③ 전류력계형 계기 - 전류 상호간에 작용하는 힘을 이용

④ 유도형 계기 - 회전 자기장 또는 이동 자기장과 이것에 의한 유도전류와의 상호작용을 이용

advice

• **열전형 계기** : 열전현상에 의한 금속선의 팽창, 또는 종류가 다른 금속의 접합점의 온도차에 의한 열기전력으로 가동코일형 계기를 동작

• **가동철편형 계기** : 고정 코일에 흐르는 전류에 의한 자기장 속에서 흡인, 반발 또는 반발, 흡인하는 힘을 구동 토크로 사용

• **전류력계형 계기** : 고정 코일에 측정 전류를 흘려 자기장을 형성시키고, 그 자기장 중에 가동 코일을 설치하여 측정 전류를 흘려 이때 발생하는 전자력을 동작 토크로 이용하는 계기

• **유도형 계기** : 측정 전류 또는 전압을 여자 코일에 인가하여 자기장을 만들고, 자기장과 가동부의 전자 유도 작용에 의해서 발생된 와전류 사이의 전자력에 의한 구동 토크를 이용한 계기

29 다음 중 쌍방향성 사이리스터인 것은?

① 브리지 정류기   ② SCR

③ IGBT   ④ TRIAC

advice

① **브리지 정류기** : 교류를 직류로 변환하는 전파정류 회로

② **SCR** : 게이트에 전류를 제어하여 ON/OFF 하는 단방향 스위칭 소자로서 주로 대전력의 스위칭을 위하여 사용함

③ **IGBT** : 게이트를 제어하여 ON/OFF 하는 단방향성 스위칭 소자로서 SCR보다 스위칭 속도가 빠름

④ **TRIAC** : SCR 2개를 역병렬로 접속한 형태로서 양방향성 스위칭 소자이며 일반적으로 AC 전력제어용으로 많이 사용함

30 SCR의 양극 전류가 10A일 때 게이트 전류를 반으로 줄이면 양극 전류는 몇 A인가?

① 20   ② 10

③ 5   ④ 0.1

advice

SCR은 게이트의 전류를 제어하여 ON/OFF 스위칭을 하는 소자로서 일정 전류 이상이 게이트에 흐르면 SCR 소자가 ON되는 스위칭 소자이므로 일정량 이상의 게이트 전류의 양과 주회로에 흐르는 양극 전류와는 무관하다.

31 어떤 측정계기의 지시값을 M, 참값을 T라 할 때 보정율은?

① $\dfrac{T-M}{M} \times 100\%$

② $\dfrac{M}{M-T} \times 100\%$

③ $\dfrac{T-M}{T} \times 100\%$

④ $\dfrac{T}{M-T} \times 100\%$

advice

전기 계측기의 보정률과 오차율은 다음과 같이 계산한다.

보정율 $= \dfrac{T-M}{M} \times 100\,[\%]$

오차율 $= \dfrac{M-T}{T} \times 100\,[\%]$

(T : 참값, M : 보정값)

Answer   **28.**①   **29.**④   **30.**②   **31.**①

(2014)

32 자기인덕턴스 L_1, L_2가 각각 4mH, 9mH인 두 코일이 이상적인 결합이 되었다면 상호인덕턴스는 몇 mH인가? (단, 결합계수는 1이다.)

① 6   ② 12

③ 24   ④ 36

advice

결합계수는 두 개의 인덕턴스 값을 갖는 인덕터가 자기적으로 결합된 정도를 나타내는 것으로 두 인덕터 사이에는 상호인덕턴스가 존재하게 된다.

결합계수 $K = \dfrac{M}{\sqrt{L_1 L_2}}$

$M = K\sqrt{L_1 L_2} = 1 \cdot \sqrt{4 \times 9} = 6\,[\mathrm{mH}]$

(2017)

33 국제 표준 연동 고유저항은 몇 $\Omega \cdot$ m인가?

① 1.7241×10^{-9}

② 1.7241×10^{-8}

③ 1.7241×10^{-7}

④ 1.7241×10^{-6}

advice

연동선의 고유저항

$\dfrac{1}{58}[\mathrm{ohm \cdot mm^2/m}] = \dfrac{1}{58} \times 10^{-6}[\mathrm{ohm \cdot m}]$

$\qquad\qquad\qquad\qquad = 1.7241 \times 10^{-8}[\mathrm{ohm \cdot m}]$

$(\because 1[\mathrm{ohm \cdot mm^2/m}] = 10^{-6}[\mathrm{ohm \cdot m}])$

(2014)

34 도너(donor)와 억셉터(acceptor)의 설명 중 틀린 것은?

① 반도체 결정에서 Ge이나 Si에 넣는 5가의 불순물을 도너라고 한다.

② 반도체 결정에서 Ge이나 Si에 넣는 3가의 불순물에는 In, Ga, B 등이 있다.

③ 진성반도체는 불순물이 전혀 섞이지 않은 반도체이다.

④ N형 반도체의 불순물이 억셉터이고, P형 반도체의 불순물이 도너이다.

advice

• 도너(donor) : 반도체 결정에서 Ge이나 Si에 넣는 5가의 N형 반도체의 불순물

• 억셉터(acceptor) : 반도체 결정에서 Ge 또는 Si에 넣는 In, Ga, B 등 3가의 P형 반도체 불순물

• 진성반도체 : 반도체 결정에 아무것도 섞지 않은 순수 반도체

35 변압기의 철심구조를 여러 겹으로 성층시켜 사용하는 이유는 무엇인가?

① 와전류로 인한 전력손실을 감소시키기 위해

② 전력공급 능력을 높이기 위해

③ 변압비를 크게 하기 위해

④ 변압기의 중량을 적게 하기 위해

advice

변압기의 철심을 규소강판으로 하는 이유는 히스테리시스 손실을 감소시키는 것이고, 이를 성층 구조로 하는 이유는 변압기 와전류에 의한 전력손실을 감소시키기 위함이다.

(2019) (2017) (2016) (2015) (2014)

36 자동제어계를 제어목적에 의해 분류한 경우를 설명한 것 중 틀린 것은?

① 정치제어 : 제어량을 주어진 일정목표로 유지시키기 위한 제어

② 추종제어 : 목표치가 시간에 따라 일정한 변화를 하는 제어

③ 프로그램제어 : 목표치가 프로그램대로 변하는 제어

④ 서보제어 : 선박의 방향제어계인 서보제어는 정치제어와 같은 성질

advice

제어의 종류에는 서보기구, 프로세스제어, 자동조정이 있다.

• 서보기구 : 제어량이 위치, 자세, 방위 등을 제어량으로 함

• 프로세스제어 : 제어량이 온도, 유량, 압력, 액면 등을 제어량으로 함

• 자동조정 : 전압, 전류, 주파수, 회전속도, 장력 등을 제어량으로 함

※ 제어량에 의한 제어를 분류하면 비율제어, 추종제어, 정치제어, 프로그램제어 등이 있다.

• 추종제어 : 시간적 변화를 하는 목표값에 제어량을 추종시키는 제어로 서보기구가 이에 해당됨

• 비율제어 : 둘 이상의 제어량을 일정 비율로 제어

• 프로그램제어 : 목표값이 미리 정해진 시간적 변화를 하는 경우 제어량을 그것에 따라가도록 하는 제어

• 정치제어 : 일정한 목표값을 유지하는 제어로 프로세스제어, 자동조정이 해당됨

37 $V=141\sin 377t$[V]인 정현파 전압의 주파수는 몇 Hz인가?

① 50 ② 55

③ 60 ④ 65

advice

전압의 순시값은 $v = V_m \sin \omega t$ [V] 로 표현된다.

여기서 ω는 각속도이며, $\omega = 2\pi f$[rad/s]이다.

$$f = \frac{\omega}{2\pi} = \frac{377}{2\pi} = 60[\text{Hz}]$$

38 그림과 같은 정류회로에서 부하 R에 흐르는 직류전류의 크기는 약 몇 A인가? (단, $V=200$V, $R=20\sqrt{2}\ \Omega$이며, 이상적인 다이오드이다.)

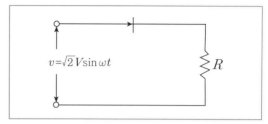

① 3.2 ② 3.8

③ 4.4 ④ 5.2

advice

오옴의 법칙에서 $I = \dfrac{V}{R} = \dfrac{200}{20\sqrt{2}} = 7.07$이고,

위 그림은 단상 반파정류회로이므로 반파정류 회로의 전류는 $I_{dc} = 0.45\,I$이다.

$\therefore\ I_{dc} = 0.45 \times 7.07 = 3.2[\text{A}]$

(2017) (2014)

39 계단변화에 대하여 잔류편차가 없는 것이 장점이며, 간헐현상이 있는 제어계는?

① 비례제어계

② 비례미분제어계

③ 비례적분제어계

④ 비례적분미분제어계

advice

제어기 특징

• 비례제어 : 잔류편차(off-set) 존재

• 미분제어 : 진동억제

• 적분제어 : 잔류편차 제거

• 비례적분제어 : 간헐현상이 있으며, 잔류편차 억제

• 비례미분제어 : 잔류편차가 존재하며 진동을 억제

• 비례적분미분제어 : 잔류편차 제거 및 응답속도 개선

Answer 36.④ 37.③ 38.① 39.③

40 그림과 같은 트랜지스터를 사용한 정전압회로에서 Q_1의 역할로서 옳은 것은?

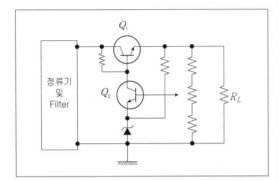

① 증폭용　　　　② 비교부용

③ 제어용　　　　④ 기준부용

advice

트랜지스터 소자는 NPN형과 PNP형으로 구분되며, 전류의 증폭 기능과 스위칭 기능을 할 수 있는 반도체 소자이다. 회로에서 Q_1 트랜지스터는 스위칭 제어 기능을 하는 것이고, Q_2 트랜지스터는 증폭 기능을 하는 것이다.

3과목 소방관계법규

41 제2류 위험물의 품명에 따른 지정수량의 연결이 틀린 것은?

① 황화린 – 100kg

② 유황 – 300kg

③ 철분 – 500kg

④ 인화성고체 – 1,000kg

advice

제2류 위험물의 지정수량〈「위험물안전관리법 시행령」 별표 1 참고〉

위험물			지정수량
유별	성질	품명	
제2류	가연성 고체	1. 황화린	100킬로그램
		2. 적린	100킬로그램
		3. 유황	100킬로그램
		4. 철분	500킬로그램
		5. 금속분	500킬로그램
		6. 마그네슘	500킬로그램
		7. 그 밖에 행정안전부령으로 정하는 것 8. 제1호 내지 제7호의 1에 해당하는 어느 하나 이상을 함유한 것	100킬로그램 또는 500킬로그램
		9. 인화성고체	1,000킬로그램

Answer 40.③ 41.②

42 소방시설공사업법상 소방시설업 등록신청서 및 첨부서류에 기재되어야 할 내용이 명확하지 아니한 경우 서류의 보완 기간은 며칠 이내인가?

① 14

② 10

③ 7

④ 5

advice

등록신청 서류의 보완〈「소방시설공사업법 시행규칙」 제2조의 2〉 … 협회는 소방시설업의 등록신청 서류가 다음의 어느 하나에 해당되는 경우에는 10일 이내의 기간을 정하여 이를 보완하게 할 수 있다.

1. 첨부서류(전자문서를 포함)가 첨부되지 아니한 경우
2. 신청서(전자문서로 된 소방시설업 등록신청서를 포함) 및 첨부서류(전자문서를 포함)에 기재되어야 할 내용이 기재되어 있지 아니하거나 명확하지 아니한 경우

43 특정소방대상물 중 의료시설에 해당되지 않는 것은?

① 노숙인 재활시설

② 장애인 의료재활시설

③ 정신의료기관

④ 마약진료소

advice

의료시설〈「화재예방, 소방시설 설치·유지 및 안전관리에 관한 법률 시행령」 별표 2 참고〉

1. 병원 : 종합병원, 병원, 치과병원, 한방병원, 요양병원
2. 격리병원 : 전염병원, 마약진료소, 그 밖에 이와 비슷한 것
3. 정신의료기관
4. 「장애인복지법」에 따른 장애인 의료재활시설

44 소방용품의 형식승인을 반드시 취소하여야 하는 경우가 아닌 것은?

① 거짓 또는 부정한 방법으로 형식승인을 받은 경우

② 시험시설의 시설기준에 미달되는 경우

③ 거짓 또는 부정한 방법으로 제품검사를 받은 경우

④ 변경승인을 받지 아니한 경우

advice

형식승인의 취소 등〈「화재예방, 소방시설 설치·유지 및 안전관리에 관한 법률」 제38조 제1항〉

1. 거짓이나 그 밖의 부정한 방법으로 형식승인을 받은 경우
2. 거짓이나 그 밖의 부정한 방법으로 제품검사를 받은 경우
3. 변경승인을 받지 아니하거나 거짓이나 그 밖의 부정한 방법으로 변경승인을 받은 경우

(2015)

45 위험물 제조소 게시판의 바탕 및 문자의 색으로 올바르게 연결된 것은?

① 바탕 – 백색, 문자 – 청색

② 바탕 – 청색, 문자 – 흑색

③ 바탕 – 흑색, 문자 – 백색

④ 바탕 – 백색, 문자 – 흑색

advice

표지 및 게시판〈「위험물안전관리법 시행규칙」 별표 4 참고〉
… 제조소에는 보기 쉬운 곳에 다음의 기준에 따라 "위험물 제조소"라는 표시를 한 표지를 설치하여야 한다.

1. 표지는 한변의 길이가 0.3m 이상, 다른 한변의 길이가 0.6m 이상인 직사각형으로 할 것

2. 표지의 바탕은 백색으로, 문자는 흑색으로 할 것

(2016)

46 소방기본법상 소방용수시설의 저수조는 지면으로부터 낙차가 몇 m 이하가 되어야 하는가?

① 3.5

② 4

③ 4.5

④ 6

advice

저수조의 설치기준〈「소방기본법 시행규칙」 별표 3 참고〉

1. 지면으로부터의 낙차가 4.5미터 이하일 것

2. 흡수부분의 수심이 0.5미터 이상일 것

3. 소방펌프자동차가 쉽게 접근할 수 있도록 할 것

4. 흡수에 지장이 없도록 토사 및 쓰레기 등을 제거할 수 있는 설비를 갖출 것

5. 흡수관의 투입구가 사각형의 경우에는 한 변의 길이가 60센티미터 이상, 원형의 경우에는 지름이 60센티미터 이상일 것

6. 저수조에 물을 공급하는 방법은 상수도에 연결하여 자동으로 급수되는 구조일 것

(2016)(2015)

47 화재예방, 소방시설 설치·유지 및 안전관리에 관한 법률에 따른 소방안전관리 업무를 하지 아니한 특정소방대상물의 관계인에게는 몇 만 원 이하의 과태료를 부과하는가?

① 100

② 200

③ 300

④ 500

advice

소방안전관리 업무를 하지 아니한 특정소방대상물의 관계인 또는 소방안전관리대상물의 소방안전관리자에게는 200만 원 이하의 과태료를 부과한다〈「화재예방, 소방시설 설치·유지 및 안전관리에 관한 법률」 제53조 제2항〉.

(2018)(2016)

48 작동기능점검을 실시한 자는 작동기능점검 실시결과 보고서를 며칠 이내에 소방본부장 또는 소방서장에게 제출해야 하는가?

① 7   ② 10

③ 20   ④ 30

advice

점검결과보고서의 제출〈「화재예방, 소방시설 설치·유지 및 안전관리에 관한 법률 시행규칙」 제19조 제1항〉 … 소방안전관리대상물의 관계인 및 「공공기관의 소방안전관리에 관한 규정」에 따라 소방안전관리자를 선임하여야 하는 공공기관의 장은 작동기능점검을 실시한 경우 30일 이내에 작동기능점검 실시 결과 보고서를 소방본부장 또는 소방서장에게 제출하여야 한다. 이 경우 소방청장이 지정하는 전산망을 통하여 그 점검결과보고서를 제출할 수 있다.

※ 2020. 8. 14. 시행 예정인 법률에 따르면 7일 이내에 작동기능점검 실시 결과 보고서를 제출하여야 한다.

Answer 45.④ 46.③ 47.② 48.④

49 고형알코올 그 밖에 1기압 상태에서 인화점이 40℃ 미만인 고체에 해당하는 것은?

① 가연성고체
② 산화성고체
③ 인화성고체
④ 자연발화성물질

advice

"인화성고체"라 함은 고형알코올 그 밖에 1기압에서 인화점이 섭씨 40도 미만인 고체를 말한다〈「위험물안전관리법 시행령」별표 1 참고〉.

① **가연성고체** : 고체로서 화염에 의한 발화의 위험성 또는 인화의 위험성을 판단하기 위하여 고시로 정하는 시험에서 고시로 정하는 성질과 상태를 나타내는 것을 말한다.

② **산화성고체** : 고체[액체(1기압 및 섭씨 20도에서 액상인 것 또는 섭씨 20도 초과 섭씨 40도 이하에서 액상인 것을 말한다)또는 기체(1기압 및 섭씨 20도에서 기상인 것을 말한다) 외의 것을 말한다]로서 산화력의 잠재적인 위험성 또는 충격에 대한 민감성을 판단하기 위하여 소방청장이 정하여 고시하는 시험에서 고시로 정하는 성질과 상태를 나타내는 것을 말한다. 이 경우 "액상"이라 함은 수직으로 된 시험관(안지름 30밀리미터, 높이 120밀리미터의 원통형유리관을 말한다)에 시료를 55밀리미터까지 채운 다음 당해 시험관을 수평으로 하였을 때 시료액면의 선단이 30밀리미터를 이동하는데 걸리는 시간이 90초 이내에 있는 것을 말한다.

④ **자연발화성물질** : 고체 또는 액체로서 공기 중에서 발화의 위험성이 있는 것을 말한다.

50 소방기본법상의 벌칙으로 5년 이하의 징역 또는 5,000만 원 이하의 벌금에 해당하지 않는 것은?

① 소방자동차가 화재진압 및 구조 · 구급활동을 위하여 출동할 때 그 출동을 방해한 자
② 사람을 구출하거나 불이 번지는 것을 막기 위하여 불이 번질 우려가 있는 소방대상물의 사용제한의 강제처분을 방해한 자
③ 출동한 소방대의 소방장비를 파손하거나 그 효용을 해하며 화재진압 · 인명구조 또는 구급활동을 방해한 자
④ 정당한 사유 없이 소방용수시설의 효용을 해치거나 그 정당한 사용을 방해한 자

advice

벌칙〈「소방기본법」제50조〉 … 다음의 어느 하나에 해당하는 사람은 5년 이하의 징역 또는 5천만 원 이하의 벌금에 처한다.

1. 다음의 어느 하나에 해당하는 행위를 한 사람
    가. 위력(威力)을 사용하여 출동한 소방대의 화재진압 · 인명구조 또는 구급활동을 방해하는 행위
    나. 소방대가 화재진압 · 인명구조 또는 구급활동을 위하여 현장에 출동하거나 현장에 출입하는 것을 고의로 방해하는 행위
    다. 출동한 소방대원에게 폭행 또는 협박을 행사하여 화재진압 · 인명구조 또는 구급활동을 방해하는 행위
    라. <u>출동한 소방대의 소방장비를 파손하거나 그 효용을 해하여 화재진압 · 인명구조 또는 구급활동을 방해하는 행위</u>
2. <u>소방자동차의 출동을 방해한 사람</u>
3. 사람을 구출하는 일 또는 불을 끄거나 불이 번지지 아니하도록 하는 일을 방해한 사람
4. <u>정당한 사유 없이 소방용수시설 또는 비상소화장치를 사용하거나 소방용수시설 또는 비상소화장치의 효용을 해치거나 그 정당한 사용을 방해한 사람</u>

Ⓐnswer 49.③ 50.②

51 일반소방시설설계업(전기분야)의 영업범위는 공장의 경우 연면적 몇 m² 미만의 특정소방대상물에 설치되는 전기분야 소방시설의 설계에 한하는가?

① 10,000m²

② 20,000m²

③ 30,000m²

④ 40,000m²

advice

소방시설업의 업종별 등록기준 및 영업범위〈「소방시설공사업법 시행령」 별표 1 참고〉

항목 업종별	기술인력	영업범위
전문 소방시설 설계업	가. 주된 기술인력 : 소방기술사 1명 이상 나. 보조기술인력 : 1명 이상	모든 특정소방대상물에 설치되는 소방시설의 설계
일반 소방 시설 설계업 · 기계 분야	가. 주된 기술인력 : 소방기술사 또는 기계분야 소방설비기사 1명 이상 나. 보조기술인력 : 1명 이상	가. 아파트에 설치되는 기계분야 소방시설(제연설비는 제외)의 설계 나. 연면적 3만제곱미터(공장의 경우에는 1만제곱미터) 미만의 특정소방대상물(제연설비가 설치되는 특정소방대상물은 제외)에 설치되는 기계분야 소방시설의 설계 다. 위험물제조소등에 설치되는 기계분야 소방시설의 설계
일반 소방 시설 설계업 · 전기 분야	가. 주된 기술인력 : 소방기술사 또는 전기분야 소방설비기사 1명 이상 나. 보조기술인력 : 1명 이상	가. 아파트에 설치되는 전기분야 소방시설의 설계 나. 연면적 3만제곱미터(공장의 경우에는 1만제곱미터) 미만의 특정소방대상물에 설치되는 전기분야 소방시설의 설계 다. 위험물제조소등에 설치되는 전기분야 소방시설의 설계

52 소방본부장이 소방특별조사위원회 위원으로 임명하거나 위촉할 수 있는 사람이 아닌 것은?

① 소방시설관리사

② 과장급 직위 이상의 소방공무원

③ 소방 관련 분야의 석사학위 이상을 취득한 사람

④ 소방 관련 법인 또는 단체에서 소방 관련 업무에 3년 이상 종사한 사람

advice

위원회의 위원은 다음의 어느 하나에 해당하는 사람 중에서 소방본부장이 임명하거나 위촉한다〈「화재예방, 소방시설 설치·유지 및 안전관리에 관한 법률 시행령」 제7조의2 제2항〉.

1. 과장급 직위 이상의 소방공무원
2. 소방기술사
3. 소방시설관리사
4. 소방 관련 분야의 석사학위 이상을 취득한 사람
5. 소방 관련 법인 또는 단체에서 소방 관련 업무에 5년 이상 종사한 사람
6. 소방공무원 교육기관, 「고등교육법」의 학교 또는 연구소에서 소방과 관련한 교육 또는 연구에 5년 이상 종사한 사람

Answer 51.① 52.④

53 교육연구시설 중 학교 지하층은 바닥면적의 합계가 몇 m² 이상인 경우 연결살수설비를 설치해야 하는가?

① 500 　　　　② 600
③ 700 　　　　④ 1000

advice

연결살수설비를 설치하여야 하는 특정소방대상물〈「화재예방, 소방시설 설치·유지 및 안전관리에 관한 법률 시행령」 별표 5 참고〉
1) 판매시설, 운수시설, 창고시설 중 물류터미널로서 해당 용도로 사용되는 부분의 바닥면적의 합계가 1천m² 이상인 것
2) 지하층(피난층으로 주된 출입구가 도로와 접한 경우는 제외)으로서 바닥면적의 합계가 150m² 이상인 것. 다만, 「주택법 시행령」에 따른 국민주택규모 이하인 아파트등의 지하층(대피시설로 사용하는 것만 해당)과 교육연구시설 중 학교의 지하층의 경우에는 700m² 이상인 것으로 한다.
3) 가스시설 중 지상에 노출된 탱크의 용량이 30톤 이상인 탱크시설
4) 1) 및 2)의 특정소방대상물에 부속된 연결통로

(2019)
54 소방체험관의 설립·운영권자는?

① 국무총리
② 소방청장
③ 시·도지사
④ 소방본부장 및 소방서장

advice

소방의 역사와 안전문화를 발전시키고 국민의 안전의식을 높이기 위하여 소방청장은 소방박물관을, 시·도지사는 소방체험관(화재 현장에서의 피난 등을 체험할 수 있는 체험관을 말한다.)을 설립하여 운영할 수 있다〈「소방기본법」 제5조 제1항〉.

(2019)
55 위험물안전관리법상 행정처분을 하고자 하는 경우 청문을 실시해야 하는 것은?

① 제조소등 설치허가의 취소
② 제조소등 영업정지 처분
③ 탱크시험자의 영업정지
④ 과징금 부과처분

advice

시·도지사, 소방본부장 또는 소방서장은 다음의 어느 하나에 해당하는 처분을 하고자 하는 경우에는 청문을 실시하여야 한다〈「위험물안전관리법」 제29조〉.
1. 제조소등 설치허가의 취소
2. 탱크시험자의 등록취소

56 소방장비 등에 대한 국고보조 대상사업의 범위와 기준보조율은 무엇으로 정하는가?

① 총리령
② 대통령령
③ 시·도의 조례
④ 국토교통부령

advice

소방장비 등에 대한 국고보조〈소방기본법 제9조〉
① 국가는 소방장비의 구입 등 시·도의 소방업무에 필요한 경비의 일부를 보조한다.
② 보조 대상사업의 범위와 기준보조율은 대통령령으로 정한다.

Answer　53.③　54.③　55.①　56.②

(2015)
57 하자보수 대상 소방시설 중 하자보수 보증기간이 2년이 아닌 것은?

① 유도표시
② 비상경보설비
③ 무선통신보조설비
④ 자동화재탐지설비

advice

하자보수 대상 소방시설과 하자보수 보증기간〈「소방시설공사업법 시행령」제6조〉
1. 피난기구, 유도등, 유도표지, 비상경보설비, 비상조명등, 비상방송설비 및 무선통신보조설비 : 2년
2. 자동소화장치, 옥내소화전설비, 스프링클러설비, 간이스프링클러설비, 물분무등소화설비, 옥외소화전설비, 자동화재탐지설비, 상수도소화용수설비 및 소화활동설비(무선통신보조설비는 제외) : 3년

(2017)
58 정기점검의 대상인 제조소등에 해당하지 않는 것은?

① 이송취급소
② 이동탱크저장소
③ 암반탱크저장소
④ 판매취급소

advice

정기점검의 대상인 제조소등〈「위험물안전관리법 시행령」제16조〉
1. 제15조 각호의 1에 해당하는 제조소등
2. 지하탱크저장소
3. 이동탱크저장소
4. 위험물을 취급하는 탱크로서 지하에 매설된 탱크가 있는 제조소·주유취급소 또는 일반취급소
※ 관계인이 예방규정을 정하여야 하는 제조소등〈「위험물안전관리법 시행령」제15조〉
  1. 지정수량의 10배 이상의 위험물을 취급하는 제조소
  2. 지정수량의 100배 이상의 위험물을 저장하는 옥외저장소
  3. 지정수량의 150배 이상의 위험물을 저장하는 옥내저장소

  4. 지정수량의 200배 이상의 위험물을 저장하는 옥외탱크저장소
  5. 암반탱크저장소
  6. 이송취급소
  7. 지정수량의 10배 이상의 위험물을 취급하는 일반취급소. 다만, 제4류 위험물(특수인화물을 제외)만을 지정수량의 50배 이하로 취급하는 일반취급소(제1석유류·알코올류의 취급량이 지정수량의 10배 이하인 경우에 한한다)로서 다음의 어느 하나에 해당하는 것을 제외한다.
    가. 보일러·버너 또는 이와 비슷한 것으로서 위험물을 소비하는 장치로 이루어진 일반취급소
    나. 위험물을 용기에 옮겨 담거나 차량에 고정된 탱크에 주입하는 일반취급소

(2019) (2017)
59 소방용수시설 중 소화전과 급수탑의 설치기준으로 틀린 것은?

① 소화전은 상수도와 연결하여 지하식 또는 지상식의 구조로 할 것
② 소방용호스와 연결하는 소화전의 연결금속구의 구경은 65mm로 할 것
③ 급수탑 급수배관의 구경은 100mm 이상으로 할 것
④ 급수탑의 개폐밸브는 지상에서 1.5m 이상 1.8m 이하의 위치에 설치할 것

advice

소화전과 급수탑의 설치기준〈「소방기본법 시행규칙」별표 3 참고〉
가. 소화전의 설치기준 : 상수도와 연결하여 지하식 또는 지상식의 구조로 하고, 소방용호스와 연결하는 소화전의 연결금속구의 구경은 65밀리미터로 할 것
나. 급수탑의 설치기준 : 급수배관의 구경은 100밀리미터 이상으로 하고, 개폐밸브는 지상에서 1.5미터 이상 1.7미터 이하의 위치에 설치하도록 할 것

A nswer 57.④ 58.④ 59.④

(2018)

60 소화난이도등급 I의 제조소등에 설치해야 하는 소화설비기준 중 유황만을 저장·취급하는 옥내탱크저장소에 설치해야 하는 소화설비는?

① 옥내소화전설비
② 옥외소화전설비
③ 물분무소화설비
④ 고정식 포소화설비

advice

소화난이도등급 I의 옥내탱크저장소에 설치하여야 하는 소화설비⟨「위험물안전관리법 시행규칙」별표 17 참고⟩

제조소등의 구분		소화설비
옥내 탱크 저장소	유황만을 저장취급하는 것	물분무소화설비
	인화점 70℃ 이상의 제4류 위험물만을 저장취급하는 것	물분무소화설비, 고정식 포소화설비
	그 밖의 것	고정식 포소화설비, 이동식 이외의 불활성가스소화설비, 이동식 이외의 할로겐화합물소화설비

4과목 소방전기시설의 구조 및 원리

(2014)

61 통로유도등의 설치기준 중 틀린 것은?

① 거실의 통로가 벽체 등으로 구획된 경우에는 거실통로유도등을 설치한다.
② 거실통로유도등은 거실통로에 기둥이 설치된 경우에는 기둥부분의 바닥으로부터 높이 1.5m 이하의 위치에 설치할 수 있다.
③ 복도통로유도등은 구부러진 모퉁이 및 보행거리 20m마다 설치한다.
④ 계단통로유도등은 바닥으로부터 높이 1m 이하의 위치에 설치한다.

advice

거실통로가 벽체 등으로 구획된 경우에는 복도통로유도등을 설치하여야 한다.
㉠ 복도통로유도등 설치기준
  • 복도에 설치할 것
  • 구부러진 모퉁이 및 보행거리 20m마다 설치할 것
  • 바닥으로부터 높이 1m 이하의 위치에 설치할 것. 다만, 지하층 또는 무창층의 용도가 도매시장·소매시장·여객자동차터미널·지하역사 또는 지하상가인 경우에는 복도·통로 중앙부분의 바닥에 설치하여야 한다.
  • 바닥에 설치하는 통로유도등은 하중에 따라 파괴되지 아니하는 강도의 것으로 할 것
㉡ 거실통로유도등 설치기준
  • 거실의 통로에 설치할 것. 다만, 거실의 통로가 벽체 등으로 구획된 경우에는 복도통로유도등을 설치하여야 한다.
  • 구부러진 모퉁이 및 보행거리 20m마다 설치할 것
  • 바닥으로부터 높이 1.5m 이상의 위치에 설치할 것. 다만, 거실통로에 기둥이 설치된 경우에는 기둥부분의 바닥으로부터 높이 1.5m 이하의 위치에 설치할 수 있다.
㉢ 계단통로유도등 설치기준
  • 각층의 경사로 참 또는 계단참마다(1개층에 경사로 참 또는 계단참이 2 이상 있는 경우에는 2개의 계단참마다) 설치할 것
  • 바닥으로부터 높이 1m 이하의 위치에 설치할 것

Answer **60.**③ **61.**①

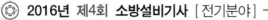

(2015)
62 비상콘센트설비의 전원회로의 공급용량은 최소 몇 kVA 이상인 것으로 설치해야 하는가?

① 1.5 　　② 2

③ 2.5 　　④ 3

advice

비상콘센트설비의 전원회로는 단상교류 220V인 것으로서, 그 공급용량은 1.5kVA 이상인 것으로 해야 한다.

63 비상조명등 비상점등회로의 보호를 위한 기준 중 다음 ( ) 안에 알맞은 것은?

> 비상조명등은 비상점등을 위하여 비상전원으로 전환되는 경우 비상점등회로로 정격전류의 (㉠)배 이상의 전류가 흐르거나 램프가 없는 경우에는 (㉡)초 이내에 예비전원으로부터 비상전원 공급을 차단해야 한다.

① ㉠ 2, ㉡ 1

② ㉠ 1.2, ㉡ 3

③ ㉠ 3, ㉡ 1

④ ㉠ 2.1, ㉡ 5

advice

비상조명등은 비상점등을 위하여 비상전원으로 전환되는 경우 비상점등회로로 정격전류의 1.2배 이상의 전류가 흐르거나 램프가 없는 경우에는 3초 이내에 예비전원으로부터의 비상전원 공급을 차단할 수 있어야 한다.

(2017) (2015)
64 무선통신보조설비의 누설동축케이블 및 안테나는 고압의 전로로부터 1.5m 이상 떨어진 위치에 설치해야 하나 그렇게 하지 않아도 되는 경우는?

① 해당 전로에 정전기 차폐장치를 유효하게 설치한 경우

② 금속제 등의 지지금구로 일정한 간격으로 고정한 경우

③ 끝부분에 무반사 종단저항을 설치한 경우

④ 불연재료로 구획된 반자 안에 설치한 경우

advice

누설동축케이블 및 안테나는 고압의 전로로부터 1.5m 이상 떨어진 위치에 설치할 것. 다만, 해당 전로에 정전기 차폐장치를 유효하게 설치한 경우에는 그러하지 아니하다.

65 유도등의 전기회로에 점멸기를 설치할 수 있는 장소에 해당되지 않는 것은? (단, 유도등은 3선식 배선에 따라 상시 충전되는 구조이다.)

① 공연장으로서 어두워야 할 필요가 있는 장소

② 특정소방대상물의 관계인이 주로 사용하는 장소

③ 외부광에 따라 피난구 또는 피난방향을 쉽게 식별할 수 있는 장소

④ 지하층을 제외한 층수가 11층 이상의 장소

advice

유도등 설치기준 중 배선 기준

유도등은 전기회로에 점멸기를 설치하지 아니하고 항상 점등 상태를 유지할 것. 다만, 특정소방대상물 또는 그 부분에 사람이 없거나 다음의 어느 하나에 해당하는 장소로서 3선식 배선에 따라 상시 충전되는 구조인 경우에는 그러하지 아니하다.

㉠ 외부광(光)에 따라 피난구 또는 피난방향을 쉽게 식별할 수 있는 장소

㉡ 공연장, 암실(暗室) 등으로서 어두워야 할 필요가 있는 장소

㉢ 특정소방대상물의 관계인 또는 종사원이 주로 사용하는 장소

Answer　**62.**① **63.**② **64.**① **65.**④

66 각 실별 실내의 바닥면적이 25m²인 4개의 실에 단독경보형 감지기를 설치 시 몇 개의 실로 보아야 하는가? (단, 각 실은 이웃하고 있으며, 벽체 상부가 일부 개방되어 이웃하는 실내와 공기가 상호 유통되는 경우이다.)

① 1　　　　　　② 2
③ 3　　　　　　④ 4

advice

단독경보형 감지기 사용시 바닥면적 30m² 미만에서 벽체의 일부가 개방되어 이웃하는 실내와 공기가 상호유통되는 경우에는 1개의 실로 본다.
※ 단독경보형 감지기 설치기준
　㉠ 각 실(이웃하는 실내의 바닥면적이 각각 30m² 미만이고 벽체의 상부의 전부 또는 일부가 개방되어 이웃하는 실내와 공기가 상호유통되는 경우에는 이를 1개의 실로 본다)마다 설치하되, 바닥면적이 150m²를 초과하는 경우에는 150m² 마다 1개 이상 설치할 것
　㉡ 최상층의 계단실의 천장(외기가 상통하는 계단실의 경우를 제외)에 설치할 것
　㉢ 건전지를 주전원으로 사용하는 단독경보형감지기는 정상적인 작동상태를 유지할 수 있도록 건전지를 교환할 것
　㉣ 상용전원을 주전원으로 사용하는 단독경보형감지기의 2차전지는 제품검사에 합격한 것을 사용할 것

67 피난기구 중 다수인 피난장비의 설치기준 중 틀린 것은?

① 사용 시에 보관실 외측 문이 먼저 열리고 탑승기가 외측으로 자동으로 전개될 것
② 하강 시에 탑승기가 건물 외벽이나 돌출물에 충돌하지 않도록 설치할 것
③ 상·하층에 설치할 경우에는 탑승기의 하강 경로가 중첩되도록 할 것
④ 보관실은 건물 외측보다 돌출되지 아니하고, 빗물·먼지 등으로부터 장비를 보호할 수 있는 구조일 것

advice

피난장비 설치시 상, 하층에 설치할 경우 탑승기의 하강경로가 중첩되지 아니하도록 설치한다.

(2015)
68 누전경보기 수신부의 기능검사 항목이 아닌 것은?

① 충격시험
② 절연저항시험
③ 내식성시험
④ 전원전압 변동시험

advice

누전경보기 시험항목
전원전압변동시험, 온도특성시험, 과입력전압시험, 개폐조작시험, 반복시험, 진동시험, 충격시험, 방수시험, 절연저항시험, 절연내력시험, 충격파내전압시험, 단락전류강도시험 등이 있으며 내식성시험은 없다.

(2016) (2015) (2014)
69 아파트형 공장의 지하 주차장에 설치된 비상방송용 스피커의 음량조정기 배선방식은?

① 단선식
② 2선식
③ 3선식
④ 복합식

advice

음량조정기를 설치하는 경우 음량조정기의 배선은 3선식으로 한다.
이 배선방식은 다른 방송설비와 공용으로 사용할 수 있으며 화재시 비상경보 외의 방송을 차단할 수 있는 구조로 한다.
또한 확성기는 각층마다 설치하고 각 부분으로부터 수평거리 25m 이하가 되도록 한다.

Answer　66.①　67.③　68.③　69.③

(2016)

70 아파트의 4층 이상 10층 이하에 적응성이 있는 피난기구는? (단, 아파트는 주택법 시행령 제48조의 규정에 해당하는 공동주택이다.)

① 간이완강기
② 피난용트랩
③ 미끄럼대
④ 공기안전매트

advice

공동주택 4층 이상 10층 이하에 적응성 있는 피난기구는 피난사다리, 구조대, 완강기, 피난교, 간이완강기, 공기안전매트, 다수인피난장비, 승강식피난기 등이 있다.

※ 간이완강기의 적응성은 숙박시설의 3층 이상에 있는 객실에, 공기안전매트의 적응성은 공동주택에 한한다.

(2015)

71 감지기의 설치기준 중 부착높이 20m 이상에 설치되는 광전식 중 아날로그방식의 감지기는 공칭감지농도 하한값이 감광율 몇 %/m 미만인 것으로 하는가?

① 3   ② 5
③ 7   ④ 10

advice

부착높이 20m 이상인 높이에 설치하는 감지기는 불꽃 감지기와 광전식(분리형, 공기 흡입형) 중 아날로그식 감지기를 설치해야 하며, 광전식 감지기 중 아날로그방식의 감지기는 공칭감지농도 하한값이 <u>감광률 5%/m 미만</u>인 것으로 한다.

72 연기감지기 설치 시 천장 또는 반자 부근에 배기구가 있는 경우에 감지기의 설치위치로 옳은 것은?

① 배기구가 있는 그 부근
② 배기구로부터 가장 먼 곳
③ 배기구로부터 0.6m 이상 떨어진 곳
④ 배기구로부터 1.5m 이상 떨어진 곳

advice

연기감지기는 천장 또는 반자부근에 배기구가 있는 경우 그 부근에 설치한다.

※ **연기감지기 설치기준**

ㄱ 감지기는 복도 및 통로에 있어서는 보행거리 30m(3종에 있어서는 20m)마다, 계단 및 경사로에 있어서는 수직거리 15m(3종에 있어서는 10m)마다 1개 이상 설치

ㄴ 천장 또는 반자가 낮은 실내 또는 좁은 실내에 있어서는 출입구의 가까운 부분에 설치

ㄷ 천장 또는 반자부근에 <u>배기구가 있는 경우에는 그 부근에 설치</u>

ㄹ 감지기는 벽 또는 보로부터 0.6m 이상 떨어진 곳에 설치

73 자동화재탐지설비 배선의 설치기준 중 다음 ( ) 안에 알맞은 것은?

> 자동화재탐지설비 감지기회로의 전로저항은 (㉠)이(가) 되도록 하여야 하며, 수신기 각 회로별 종단에 설치되는 감지기에 접속되는 배선의 전압은 감지기 정격전압의 (㉡)% 이상이어야 한다.

① ㉠ 50Ω 이상, ㉡ 70
② ㉠ 50Ω 이하, ㉡ 80
③ ㉠ 40Ω 이상, ㉡ 70
④ ㉠ 40Ω 이하, ㉡ 80

Answer 70.④ 71.② 72.① 73.②

advice

감지기회로의 전로저항은 50Ω 이하가 되도록 해야 하며, 배선의 전압은 감지기 정격전압의 80% 이상이어야 한다.

(2015)

74 누전경보기의 변류기는 경계전로에 정격전류를 흘리는 경우 그 경계전로의 전압강하는 몇 V 이하여야 하는가? (단, 경계전로의 전선을 그 변류기에 관통시키는 것은 제외한다.)

① 0.3

② 0.5

③ 1.0

④ 3.0

advice

누전경보기 변류기의 경계전로에 정격전류를 흘리는 경우 그 경계전로의 전압강하는 0.5V 이하이어야 한다.

75 무선통신보조설비 증폭기의 설치기준으로 틀린 것은?

① 증폭기는 비상전원이 부착된 것으로 한다.

② 증폭기의 전면에는 표시등 및 전류계를 설치한다.

③ 전원은 전기가 정상적으로 공급되는 축전지 또는 교류전압 옥내간선으로 하고 전원까지의 배선은 전용으로 한다.

④ 증폭기의 비상전원용량은 무선통신보조설비를 유효하게 30분 이상 작동시킬 수 있는 것으로 한다.

advice

무선통신설비 증폭기의 전면에는 주 회로의 전원이 정상인지의 여부를 표시할 수 있는 표시등 및 전압계를 설치해야 한다.

※ 무선통신보조설비 증폭기 설치기준

㉠ 전원은 전기가 정상적으로 공급되는 축전지, 전기저장장치(외부 전기에너지를 저장해 두었다가 필요한 때 전기를 공급하는 장치) 또는 교류전압 옥내간선으로 하고, 전원까지의 배선은 전용으로 할 것

㉡ 증폭기의 전면에는 주 회로의 전원이 정상인지의 여부를 표시할 수 있는 표시등 및 전압계를 설치할 것

㉢ 증폭기에는 비상전원이 부착된 것으로 하고 해당 비상전원 용량은 무선통신보조설비를 유효하게 30분 이상 작동시킬 수 있는 것으로 할 것

㉣ 무선이동중계기를 설치하는 경우에는 「전파법」에 따른 적합성평가를 받은 제품으로 설치할 것

(2017)

76 비상콘센트의 배치는 아파트 또는 바닥면적이 1,000m² 미만인 층은 계단의 출입구로부터 몇 m 이내에 설치해야 하는가? (단, 계단의 부속실을 포함하며 계단이 2 이상 있는 경우에는 그 중 1개의 계단을 말한다.)

① 10

② 8

③ 5

④ 3

advice

비상콘센트는 계단의 출입구로부터 5m 이내에 설치한다. (1,000m² 미만인 층)

※ **비상콘센트 배치** … 아파트 또는 바닥면적이 1,000m² 미만인 층은 계단의 출입구(계단의 부속실을 포함하며 계단이 2 이상 있는 경우에는 그중 1개의 계단을 말한다)로부터 5m 이내에, 바닥면적 1,000m² 이상인 층(아파트를 제외)은 각 계단의 출입구 또는 계단부속실의 출입구(계단의 부속실을 포함하며 계단이 3 이상 있는 층의 경우에는 그 중 2개의 계단을 말한다)로부터 5m 이내에 설치하되, 그 비상콘센트로부터 그 층의 각 부분까지의 거리가 다음의 기준을 초과하는 경우에는 그 기준 이하가 되도록 비상콘센트를 추가하여 설치할 것

㉠ 지하상가 또는 지하층의 바닥면적의 합계가 3,000m² 이상인 것은 수평거리 25m

㉡ ㉠에 해당하지 아니하는 것은 수평거리 50m

(2017) (2016) (2015) (2014)

77 비상방송설비는 기동장치에 따른 화재신고를 수신한 후 필요한 음량으로 화재발생 상황 및 피난에 유효한 방송이 자동으로 개시될 때까지의 소요시간은 몇 초 이하여야 하는가?

① 5 　　　　　② 10
③ 30 　　　　　④ 60

advice

비상방송설비는 화재수신 후 방송개시까지 시간이 10초 이하이어야 한다.

화재수신 후 동작개시 시간	동작기기
5초 (축적형 60초 이내)	P형, R형, P형, R형, GP형, GR형 – 복합식 포함
5초 이내	중계기
10초 이하	비상방송설비
60초 이내	가스누설경보기

78 누전경보기 음향장치의 설치위치로 옳은 것은?

① 옥내의 점검에 편리한 장소
② 옥외 인입선의 제1지점의 부하측의 점검이 쉬운 위치
③ 수위실 등 상시 사람이 근무하는 장소
④ 옥외 인입선의 제2종 접지선측의 점검이 쉬운 위치

advice

누전경보기 음향장치는 수위실 등 상시 사람이 근무하는 장소에 설치하여야 하며, 그 음량 및 음색은 다른 기기의 소음과 명확히 구별할 수 있는 것으로 하여야 한다.
누전경보기 변류기는 옥외 인입선 제1지점 부하측 또는 제2종 접지선측의 점검이 쉬운 위치에 설치한다.

(2018)

79 광전식 분리형감지기의 설치기준 중 틀린 것은?

① 감지기의 광축의 길이는 공칭감시거리 범위 이내 일 것
② 감지기의 송광부와 수광부는 설치된 뒷벽으로부터 1m 이내 위치에 설치할 것
③ 광축의 높이는 천장 등(천장의 실내에 면한 부분 또는 상층의 바닥하부면) 높이의 80% 이상일 것
④ 광축은 나란한 벽으로부터 0.5m 이상 이격하여 설치할 것

advice

광전식 분리형 감지기 광축은 나란한 벽으로부터 0.6m 이상 이격하여 설치한다.

※ 광전식분리형 감지기 설치기준
　㉠ 감지기의 수광면은 햇빛을 직접 받지 않도록 설치할 것
　㉡ 광축(송광면과 수광면의 중심을 연결한 선)은 나란한 벽으로부터 0.6m 이상 이격하여 설치할 것
　㉢ 감지기의 송광부와 수광부는 설치된 뒷벽으로부터 1m 이내 위치에 설치할 것
　㉣ 광축의 높이는 천장 등(천장의 실내에 면한 부분 또는 상층의 바닥하부면을 말한다) 높이의 80% 이상일 것
　㉤ 감지기의 광축의 길이는 공칭감시거리 범위이내 일 것
　㉥ 그 밖의 설치기준은 형식승인 내용에 따르며 형식승인 사항이 아닌 것은 제조사의 시방에 따라 설치할 것

Answer 77.② 78.③ 79.④

80 자동화재속보설비 속보기의 구조에 대한 설명 중 틀린 것은?

① 수동통화용 송수화장치를 설치하여야 한다.
② 접지전극에 직류전류를 통하는 회로방식을 사용하여야 한다.
③ 작동 시 그 작동시간과 작동회수를 표시할 수 있는 장치를 하여야 한다.
④ 부식에 의한 기계적 기능에 영향을 초래할 우려가 있는 부분은 기계식 내식가공을 하거나 방청가공을 하여야 한다.

advice

속보기의 구조
㉠ 부식에 의하여 기계적 기능에 영향을 초래할 우려가 있는 부분은 칠, 도금 등으로 기계적 내식가공을 하거나 방청가공을 하여야 하며, 전기적 기능에 영향이 있는 단자 등은 동합금이나 이와 동등 이상의 내식성능이 있는 재질을 사용하여야 한다.
㉡ 외부에서 쉽게 사람이 접촉할 우려가 있는 충전부는 충분히 보호되어야 하며 정격전압이 60V를 넘고 금속제 외함을 사용하는 경우에는 외함에 접지단자를 설치하여야 한다.
㉢ 극성이 있는 배선을 접속하는 경우에는 오접속 방지를 위한 필요한 조치를 하여야 하며, 커넥터로 접속하는 방식은 구조적으로 오접속이 되지 않는 형태이어야 한다.
㉣ 내부에는 예비전원(알칼리계 또는 리튬계 2차축전지, 무보수밀폐형축전지)을 설치하여야 하며 예비전원의 인출선 또는 접속단자는 오접속을 방지하기 위하여 적당한 색상에 의하여 극성을 구분할 수 있도록 하여야 한다.
㉤ 예비전원회로에는 단락사고 등을 방지하기 위한 퓨즈, 차단기등과 같은 보호장치를 하여야 한다.
㉥ 전면에는 주전원 및 예비전원의 상태를 표시할 수 있는 장치와 작동시 작동여부를 표시하는 장치를 하여야 한다.
㉦ 화재표시 복구스위치 및 음향장치의 울림을 정지시킬 수 있는 스위치를 설치하여야 한다.
㉧ 작동시 그 작동시간과 작동회수를 표시할 수 있는 장치를 하여야 한다.
㉨ 수동통화용 송수화장치를 설치하여야 한다.
㉩ 표시등에 전구를 사용하는 경우에는 2개를 병렬로 설치하여야 한다. 다만, 발광다이오드의 경우에는 그러지 아니하다.

㉺ 속보기는 다음의 회로방식을 사용하지 아니하여야 한다.
  • 접지전극에 직류전류를 통하는 회로방식
  • 수신기에 접속되는 외부배선과 다른 설비(화재신호의 전달에 영향을 미치지 아니하는 것은 제외)의 외부배선을 공용으로 하는 회로방식
㉻ 속보기의 기능에 유해한 영향을 미치는 부속장치는 설치하지 아니하여야 한다.

PART 04

2017년 기출문제

2017년 제1회 소방설비기사 [전기분야]

시험일정	시험유형	시험시간	시험과목
2017.03.05	필 기	120분	1 소방원론 2 소방전기일반 3 소방관계법규 4 소방전기시설의 구조 및 원리

수험번호		성 명	

1과목 소방원론

(2016) (2015) (2014)

01 A급, B급, C급 화재에 사용이 가능한 제3종 분말 소화약제의 분자식은?

① $NaHCO_3$

② $KHCO_3$

③ $NH_4H_2PO_4$

④ Na_2CO_3

advice

분말 종류	주성분	분자식	착색	적응화재
제1종	탄산수소나트륨 (중탄산나트륨)	$NaHCO_3$	백색	B, C급
제2종	탄산수소칼륨 (중탄산칼륨)	$KHCO_3$	담회색	B, C급
제3종	제1인산암모늄	$NH_4H_2PO_4$	담홍색 또는 황색	A, B, C급
제4종	탄산수소칼륨과 요소	$KHCO_3+CO$ $(NH_2)_2$	회색	B, C급

(2016)

02 고층 건축물 내 연기거동 중 굴뚝효과에 영향을 미치는 요소가 아닌 것은?

① 건물 내·외의 온도차

② 화재실의 온도

③ 건물의 높이

④ 층의 면적

advice

굴뚝효과에 영향을 주는 요인
㉠ 건물의 높이
㉡ 화재실의 온도
㉢ 건물 내·외의 온도차
㉣ 외벽의 기밀도
㉤ 각 층간의 공기 누설

03 섭씨 30도는 랭킨(Rankine)온도로 나타내면 몇 도인가?

① 546도　　② 515도

③ 498도　　④ 463도

advice

$^\circ R = F + 460 = 1.8 \times ^\circ C + 32 + 460 = 1.8 \times 30 + 32 + 460 = 546$

Answer　**01.**③　**02.**④　**03.**①

04 할론(Halon) 1301의 분자식은?

① CH_3Cl ② CH_3Br

③ CF_3Cl ④ CF_3Br

advice

Halon No.	분자식	이름	비고
할론 104	CCl_4	Carbon Tetrachloride (사염화탄소)	법적 사용 금지 (∵ 유독가스 $COCl_2$ 방출)
할론 1011	$CClBrH_2$	Bromo Chloro Methane (일취화일염화메탄)	
할론 1211	CF_2ClBr	Bromo Chloro Difluoro Methane (일취화일염화이불화메탄)	상온에서 기체, 증기비중 : 5.7 액비중 : 1.83 소화기용 방사거리 : 4~5m
할론 1301	CF_3Br	Bromo Trifluoro Methane (일취화삼불화메탄)	상온에서 기체, 증기비중 : 5.1 액비중 : 1.57 소화설비용 인체에 가장 무해함 방사거리 : 3~4m
할론 2402	$C_2F_4Br_2$	Dibromo Tetrafluoro Ethane (이취화사불화에탄)	상온에서 액체(단, 독성으로 인해 국내외 생산되는 곳이 없으므로 사용 불가)

05 소화약제의 방출수단에 대한 설명으로 가장 옳은 것은?

① 액체 화학반응을 이용하여 발생되는 열로 방출한다.
② 기체의 압력으로 폭발, 기화작용 등을 이용하여 방출한다.
③ 외기의 온도, 습도, 기압 등을 이용하여 방출한다.
④ 가스압력, 동력, 사람의 손 등에 의하여 방출한다.

advice

④ 가스압력(CO_2, N_2 등), 동력(전동기 등), 사람의 손 등을 이용한다.

06 소화효과를 고려하였을 경우 화재 시 사용할 수 있는 물질이 아닌 것은?

① 이산화탄소
② 아세틸렌
③ Halon 1211
④ Halon 1301

advice

아세틸렌은 가연성 가스에 해당한다.

07 인화성 액체의 연소점, 인화점, 발화점을 온도가 높은 것부터 옳게 나열한 것은?

① 발화점 > 연소점 > 인화점
② 연소점 > 인화점 > 발화점
③ 인화점 > 발화점 > 연소점
④ 인화점 > 연소점 > 발화점

advice

• 인화점 : 가연성 증기를 발생하는 액체 또는 고체의 기체상 부분에 다른 불꽃이 닿았을 때 연소가 일어나는 데 필요한 액체 또는 고체의 최저온도를 말한다.
• 연소점 : 액체의 온도가 인화점을 넘어 상승하면 온도는 액체가 점화될 때 연소를 계속 하는데 충분한 양의 증기를 발생하며 이때의 온도를 말한다.
• 발화점 : 가열만으로 연소를 시작하는 최저온도를 말한다.

Answer 04.④ 05.④ 06.② 07.①

(2016) (2015)

08 물질의 연소범위와 화재위험도에 대한 설명으로 틀린 것은?

① 연소범위의 폭이 클수록 화재위험이 높다.

② 연소범위의 하한계가 낮을수록 화재위험이 높다.

③ 연소범위의 상한계가 높을수록 화재위험이 높다.

④ 연소범위의 하한계가 높을수록 화재위험이 높다.

advice

연소범위란 연소가 일어나는 데 필요한 공기 중의 가연성 가스의 농도(vol%)를 말한다. 가스 또는 증기가 공기 중에서 점화되어도 연소하지 않는 그 물질의 최저농도를 폭발하한계라 하며, 공기 중에서 그것 이상에서는 착화가 일어나지 않는 최고의 농도를 폭발상한계라 부른다. 하한계가 높을수록 화재위험은 낮다.

09 분말소화약제 중 탄산수소칼륨($KHCO_3$)과 요소 [$CO(NH_2)_2$]와의 반응물을 주성분으로 하는 소화약제는?

① 제1종 분말

② 제2종 분말

③ 제3종 분말

④ 제4종 분말

advice

제4종 분말

㉠ 주성분 : 탄산수소칼륨과 요소

㉡ 분자식 : $KHCO_3 + CO(NH_2)_2$

㉢ 적용화재 : B, C급

(2015)

10 건축방화계획에서 건축구조 및 재료를 불연화하여 화재를 미연에 방지하고자 하는 공간적 대응방법은?

① 회피성 대응

② 도피성 대응

③ 대항성 대응

④ 설비적 대응

advice

공간적 대응 … 건축물로 형성된 건축공간에서 발생된 재해공간으로부터 안전한 공간으로 장소적 이탈을 하고자 하는 대응을 공간적 대응이라 하며, 대항성, 회피성, 도피성의 3가지 성격을 갖는다.

대항성	건축물의 내화성능, 방·배연 성능, 방화구획 성능, 초기소화 대응력, 화재 방어 대응성(소방대의 활동성) 등 화재의 성상과 대항하여 저항하는 성능 또는 항력을 말한다.
회피성	출화 또는 연소의 확대 등을 감소시키고자 하는 예방적 조치 또는 상황 등을 의미하는 것으로서 내장재의 불연화, 내장재 제한, 난연화, 구획의 세분화, 방화훈련, 불조심 등이 있다.
도피성	화재발생 시 화재의 성상과 공간의 대응관계에서 안전하게 도피·피난할 수 있는 공간성과 체계 등을 의미한다.

(2015) (2014)

11 다음 중 착화온도가 가장 낮은 것은?

① 에틸알코올

② 톨루엔

③ 등유

④ 가솔린

advice

① 에틸알코올 : 464℃

② 톨루엔 : 490℃

③ 등유 : 210℃

④ 가솔린 : 300℃

Ａnswer 08.④ 09.④ 10.① 11.③

12 유류 저장탱크의 화재에서 일어날 수 있는 현상이 아닌 것은?

① 플래시 오버(Flash Over)
② 보일 오버(Boil Over)
③ 슬롭 오버(Slop Over)
④ 프로스 오버(Froth Over)

advice

플래시 오버 … 화재로 인하여 실내의 온도가 급격히 상승하여 가연물이 일시에 폭발적으로 착화현상을 일으켜 화재가 순간적으로 실내 전체에 확산되는 현상(= 순발연소, 순간연소)

(2016)
13 위험물의 저장방법으로 틀린 것은?

① 금속나트륨 – 석유류에 저장
② 이황화탄소 – 수조, 물탱크에 저장
③ 알킬알루미늄 – 벤젠액에 희석하여 저장
④ 산화프로필렌 – 구리용기에 넣고 불연성 가스를 봉입하여 저장

advice

산화프로필렌의 경우 반응성이 풍부하여 구리, 철, 알루미늄, 마그네슘, 수은, 은 및 그 합금 또는 산, 염기, 염화제이철 등 활성이 강한 촉매류, 강산류, 염기와 중합반응을 일으켜 발열하고 용기 내에서 폭발한다.

(2016)(2014)
14 다음 중 가연성 가스가 아닌 것은?

① 일산화탄소　　② 프로판
③ 아르곤　　　　④ 수소

advice

아르곤은 비활성 기체에 해당한다.

15 건축물의 화재 시 피난자들의 집중으로 패닉(Panic) 현상이 일어날 수 있는 피난방향은?

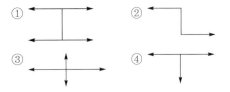

advice

① 중앙코어식으로 피난자들의 집중으로 패닉현상이 일어날 수 있다.

(2016)(2014)
16 연기의 감광계수(m^{-1})에 대한 설명으로 옳은 것은?

① 0.5는 앞이 거의 보이지 않을 정도이다.
② 10은 화재 최성기 때의 농도이다.
③ 0.5는 가시거리가 20~30m 정도이다.
④ 10은 연기감지기가 작동하기 직전의 농도이다.

advice

감광계수 $[\mathrm{m}^{-1}]$	가시거리 [m]	상황
0.1	20~30	연기감지기가 작동할 때의 농도
0.3	5	건물 내부에 익숙한 사람이 피난할 정도의 농도
0.5	3	어두운 것을 느낄 정도의 농도
1	1~2	앞이 거의 보이지 않을 정도의 농도
10	0.2~0.5	화재 최성기 때의 농도
30	–	출화실에서 연기가 분출할 때의 농도

Ａnswer 12.① 13.④ 14.③ 15.① 16.②

(2014)

17 1기압, 100℃에서의 물 1g의 기화잠열은 약 몇 cal인가?

① 425 ② 539

③ 647 ④ 734

advice

100℃에서 물 1g을 완전히 기화시키려면 539kcal의 열량을 가해주어야 한다.

18 B급 화재 시 사용할 수 없는 소화방법은?

① CO_2 소화약제로 소화한다.

② 봉상주수로 소화한다.

③ 3종 분말약제로 소화한다.

④ 단백포로 소화한다.

advice

B급 화재는 유류화재로서 질식소화해야 한다.

(2016)

19 가연물의 제거와 가장 관련이 없는 소화방법은?

① 촛불을 입김으로 불어서 끈다.

② 산불화재 시 나무를 잘라 없앤다.

③ 팽창진주암을 사용하여 진화한다.

④ 가스화재 시 중간밸브를 잠근다.

advice

팽창진주암을 사용하는 경우 공기 중의 산소공급을 차단하는 질식소화에 해당한다.

20 할론가스 45kg과 함께 기동가스로 질소 2kg을 충전하였다. 이 때 질소가스의 몰분율은? (단, 할론가스의 분자량은 149이다.)

① 0.19 ② 0.24

③ 0.31 ④ 0.39

advice

$45kg-$할론가스	$1kmol-$할론가스	$=0.302kmol-$할론
	$149kg-$할론가스	

$2kg-N_2$	$1kmol-N_2$	$=0.071kmol-N_2$
	$28kg-N_2$	

※ 몰분율(X_A) … 혼합물 속에 한 성분의 몰수를 모든 성분의 몰수로 나눈 값

㉠ $X_A = \dfrac{n_A}{n_A + n_B + n_C + \cdots}$

㉡ $X_{N_2} = \dfrac{0.071}{0.302 + 0.071} = 0.19$,

$X_{할론가스} = \dfrac{0.302}{0.302 + 0.071} = 0.81$

ⓒ 암페어의 법칙 : 전류에 의한 자기장의 방향을 결정하는 법칙

ⓒ 플레밍의 왼손법칙 : 코일에 흐르는 전류와 자기장의 방향에 따른 힘의 방향을 결정하는 법칙으로 전동기 원리

21 최대눈금이 70V인 직류전압계에 5kΩ의 배율기를 접속하여 전압의 최대측정치가 350V라면 내부 저항은 몇 kΩ인가?

① 0.8 　　　　② 1

③ 1.25 　　　　④ 20

advice

70[V]의 전압계가 350[V]의 측정범위로 증가된 것이므로 배율기의 배율은 5배 배율기의 배율은

$$M = \frac{V_0}{V} = 1 + \frac{R_m}{R_0} \quad \left(V_0 = V\left(1 + \frac{R_m}{R_0}\right)[\text{V}] \right)$$

이 식에서 V_0 : 측정전압, V : 전압계 최댓값,

R_m : 배율기저항, R_0 : 전압계 내부저항

$$5 = 1 + \frac{5 \times 10^3}{R_0}, \quad 4R_0 = 5 \times 10^3$$

$$R_0 = \frac{5}{4} \times 10^3 = 1.25 \times 10^3 [\text{ohm}]$$

(2018) (2016) (2015) (2014)

22 발전기에서 유도기전력의 방향을 나타내는 법칙은?

① 패러데이의 전자유도법칙

② 플레밍의 오른손법칙

③ 암페어의 오른나사법칙

④ 플레밍의 왼손법칙

advice

ⓐ 패러데이법칙 : 코일 내에 자기장의 변화가 생기면 기전력이 발생하는 현상

$$e = N\frac{d\phi}{dt}[\text{V}]$$

ⓑ 플레밍의 오른손 법칙 : 코일 내에서 자기장의 방향과 코일의 운동 방향 그리고 유도 기전력의 방향을 결정하는 법칙으로 발전기 원리

(2017) (2016) (2015)

23 다음의 논리식들 중 틀린 것은?

① $(\overline{A}+B) \cdot (A+B) = B$

② $(A+B) \cdot \overline{B} = A\overline{B}$

③ $\overline{AB+AC}+\overline{A} = \overline{A}+\overline{B}C$

④ $\overline{(\overline{A}+B)+CD} = A\overline{B}(C+D)$

advice

• $(\overline{A}+B)(A+B) = \overline{A}A + \overline{A}B + BA + BB$
$$= 0 + (\overline{A}+A+1)B = B$$

• $(A+B) \cdot \overline{B} = A\overline{B} + B\overline{B} = A\overline{B}+0 = A\overline{B}$

• $\overline{AB+AC}+\overline{A} = \overline{AB} \cdot \overline{AC} + \overline{A}$
$$= (\overline{A}+\overline{B}) \cdot (\overline{A}+\overline{C}) + \overline{A}$$
$$= \overline{A}\,\overline{A} + \overline{A}\,\overline{C} + \overline{B}\,\overline{A} + \overline{B}\,\overline{C} + \overline{A}$$
$$= \overline{A}(1+\overline{C}+\overline{B}+1) + \overline{B}\,\overline{C}$$
$$= \overline{A} + \overline{B}\,\overline{C}$$

• $\overline{(\overline{A}+B)+CD} = A \cdot \overline{B} \cdot \overline{CD} = A \cdot \overline{B} \cdot (\overline{C}+\overline{D})$

※ 드모르강의 법칙
$$\overline{A+B} = \overline{A} \cdot \overline{B}, \quad \overline{A \cdot B} = \overline{A} + \overline{B}$$

Ⓐnswer　21.③　22.②　23.④

24 길이 1m의 철심(비투자율 μ_s =700) 자기회로에 2mm의 공극이 생겼다면 자기저항은 몇 배 증가하는가? (단, 각 부의 단면적은 일정하다.)

① 1.4
② 1.7
③ 2.4
④ 2.7

advice

자기저항의 배율은 $m = 1 + \dfrac{l_0}{l} \times \dfrac{\mu_0 \mu_s}{\mu_0}$

[(l_0 : 공극[m], l : 길이, μ_0 : 진공중 투자율($4\pi \times 10^{-7}$[H/m], μ_s : 비투자율]

$m = 1 + \dfrac{l_0}{l} \times \dfrac{\mu_0 \mu_s}{\mu_0} = 1 + \dfrac{(2 \times 10^{-3})}{1} \times 700 = 2.4$

(2015)(2014)

25 빛이 닿으면 전류가 흐르는 다이오드로 광량의 변화를 전류값으로 대치하므로 광센서에 주로 사용하는 다이오드는?

① 제너다이오드
② 터널다이오드
③ 발광다이오드
④ 포토다이오드

advice

① 제너다이오드 : 정전압 다이오드라고 하며, 일정전압 이상은 커트되는 다이오드이다.
② 터널다이오드 : 부성저항 특성을 나타내며 증폭 및 발진과 ON/OFF 작용을 한다.
③ 발광다이오드 : LED라고 하며 전기신호를 빛으로 변환하는 다이오드이다.
④ 포토다이오드 : 수광다이오드로서 입력되는 빛의 양을 전기신호로 변환하는 다이오드이며 광센서용으로 많이 사용된다.

26 3상 직권 정류자 전동기에서 중간 변압기를 사용하는 이유 중 틀린 것은?

① 경부하시 속도의 이상 상승 방지
② 실효 권수비 선정 조정
③ 전원전압의 크기에 관계없이, 정류에 알맞은 회전자 전압 선택
④ 회전자 상수의 감소

advice

3상 직권 정류자 전동기에서 중간 변압기를 사용하는 이유
• 경부하시 속도의 이상 상승 방지
• 실효 권수비 선정 조정
• 전압에 상관없이 정류에 적합한 회전자 전압 선택
• 회전자 상수 증가

27 피드백제어계에서 제어요소에 대한 설명 중 옳은 것은?

① 조작부와 검출부로 구성되어 있다.
② 조절부와 변환부로 구성되어 있다.
③ 동작신호를 조작량으로 변환시키는 요소이다.
④ 목표값에 비례하는 신호를 발생하는 요소이다.

advice

제어요소는 동작신호를 조작량으로 변화시키며 조절부와 조작부로 구성되어 있다.

Answer 24.③ 25.④ 26.④ 27.③

28 균등 눈금을 사용하며 소비전력이 적게 소요되고 정확도가 높은 지시계기는?

① 가동코일형 계기
② 전류력계형 계기
③ 정전형 계기
④ 열전형 계기

advice

가동코일형 계기… 직류전용으로 눈금이 균등하고 감도가 높으며 정밀한 계기에 적합함

[2015] [2014]

29 그림과 같은 유접점 회로의 논리식은?

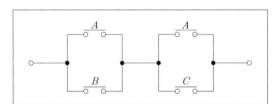

① $A + BC$
② $AB + C$
③ $B + AC$
④ $AB + BC$

advice

접점 논리회로에서 병렬연결은 OR(합) 게이트, 직렬연결은 AND(곱) 게이트를 나타내므로 위 회로는 다음 논리식과 같이 표현된다.

$(A + B) \cdot (A + C)$

그러므로

$(A + B) \cdot (A + C) = A A + A C + B A + B C$
$= A(1 + C + B) + BC$
$= A + BC$

---

30 50kW의 전력이 안테나에서 사방으로 균일하게 방사될 때, 안테나에서 1km 거리에 있는 점에서의 전계의 실효값은 약 몇 V/m 인가?

① 0.87
② 1.22
③ 1.73
④ 3.98

advice

전계의 세기 $E = \sqrt{\dfrac{P}{4\pi r^2} \times 377}$

$\therefore \; E = \sqrt{\dfrac{P}{4\pi r^2} \times 377}$

$\qquad = \sqrt{\dfrac{50 \times 10^3}{4\pi \times (1 \times 10^3)^2} \times 377} \fallingdotseq 1.22$

---

31 그림과 같은 반파정류회로에 스위치 A를 사용하여 부하 저항 R_L을 떼어 냈을 경우, 콘덴서 C의 충전전압은 몇 V인가?

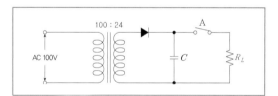

① 12π
② 24π
③ $12\sqrt{2}$
④ $24\sqrt{2}$

advice

문제의 회로는 다이오드 1개로 이루어진 단상반파정류회로이다.

단상반파정류회로 : 최댓값 $- V_m$, 실효값 $- \dfrac{V_m}{2}$, 평균값 $- \dfrac{V_m}{\pi}$

변압기 2차 실효전압은 24[V]이고, 콘덴서 C에는 정류전압의 최댓값이 충전된다.

최댓값 $V_m = \sqrt{2}\, V$이므로,

충전 최댓값 $V_m = \sqrt{2}\, V = 24\sqrt{2}$ [V],

정류기 실효값 $V = \dfrac{24\sqrt{2}}{2} = 12\sqrt{2}$ [V]

정류기 평균값 $V_{av} = \dfrac{V_m}{\pi} = \dfrac{24\sqrt{2}}{\pi}$ [V]

Ⓐnswer **28.**① **29.**① **30.**② **31.**④

(2016)

32 그림과 같은 교류브리지의 평형조건으로 옳은 것은?

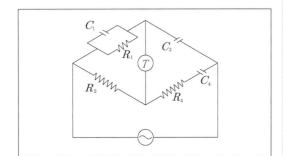

① $R_2 C_4 = R_1 C_3$, $R_2 C_1 = R_4 C_3$

② $R_1 C_1 = R_4 C_4$, $R_2 C_3 = R_1 C_1$

③ $R_2 C_4 = R_4 C_3$, $R_1 C_3 = R_2 C_1$

④ $R_1 C_1 = R_4 C_4$, $R_2 C_3 = R_1 C_4$

advice

문제의 회로는 브리지회로로서 검류계 T를 중심으로 대각선 방향의 임피던스의 곱이 같을 경우 평형상태를 이루게 된다. C_1과 R_1은 병렬연결이므로 임피던스는

$\dfrac{1}{\dfrac{1}{R_1} + jw C_1}$ 이고, C_4와 R_4는 직렬연결이므로 임피던스는

$R_4 + \dfrac{1}{jw C_4}$ 이다.

그러므로 이 브리지회로의 평형조건은

$$\left(\dfrac{1}{\dfrac{1}{R_1} + jw C_1} \right) \cdot \left(R_4 + \dfrac{1}{jw C_4} \right) = R_2 \cdot \dfrac{1}{jw C_3}$$

$$jw C_3 \cdot \left(R_4 + \dfrac{1}{jw C_4} \right) = R_2 \cdot \left(\dfrac{1}{R_1} + jw C_1 \right)$$

$$\dfrac{C_3}{C_4} + jw C_3 C_4 = \dfrac{R_2}{R_1} + jw C_1 R_2$$

실수부와 허수부를 같게 놓으면, $\dfrac{C_3}{C_4} = \dfrac{R_2}{R_1}$

∴ $R_2 C_4 = R_1 C_3$ 와 $R_2 C_1 = R_4 C_3$ 이다.

33 MOSFET(금속–산화물 반도체 전계효과 트랜지스터)의 특성으로 틀린 것은?

① 2차 항복이 없다.

② 집적도가 낮다.

③ 소전력으로 작동한다.

④ 큰 입력저항으로 게이트 전류가 거의 흐르지 않는다.

advice

MOSFET … 전계효과 트랜지스터라고도 하며 고밀도 집적 회로이다.

• 반도체 소자를 작은 크기로 줄이기 용이하다.

• 훨씬 적은 전력을 소비한다.

• 게이트 전류가 작다.

• 집적도가 높다.

• 2차 항복이 없다.

34 인덕턴스가 0.5H인 코일의 리액턴스가 753.6Ω일 때 주파수는 약 몇 Hz인가?

① 120

② 240

③ 360

④ 480

advice

코일의 리액턴스 $X_L = \omega \cdot L = 2 \pi f \cdot L$

$$f = \dfrac{X_L}{2 \pi \cdot L} = \dfrac{753.6}{2 \pi \times 0.5} ≒ 240 \, [\text{Hz}]$$

A nswer **32.**① **33.**② **34.**②

35 폐루프 제어의 특징에 대한 설명으로 옳은 것은?

① 외부의 변화에 대한 영향을 증가시킬 수 있다.
② 제어기 부품의 성능 차이에 따라 영향을 많이 받는다.
③ 대역폭이 증가한다.
④ 정확도와 전체 이득이 증가한다.

advice

폐루프 제어계의 특징
• 제어계의 정확성이 향상되고 부품 성능에 영향을 적게 받는다.
• 대역폭이 증가한다.
• 구조가 복잡하고 비용이 고가이다.
• 입력대 출력비의 감도가 감소한다.
• 정확도는 증가하고 이득이 감소한다.
• 외부변화에 대한 영향이 감소한다.

36 20℃의 물 2L를 64℃가 되도록 가열하기 위해 400W의 온수기를 20분 사용하였을 때 이 온수기의 효율은 약 몇 %인가?

① 27 ② 59
③ 77 ④ 89

advice

전열기 전력 $P = \dfrac{m\,C\,T}{860\,\eta \cdot t}$ [W]

• P[KW] : 전력
• m[Kg] : 질량
• T[℃] : 온도변화 $(T_2 - T_1)$
• η : 효율, 시간 t[h]
• C : 비열(물의 비열 1[Kcal/Kg·℃])

$\eta = \dfrac{m\,C\,T}{860 \cdot P \cdot t} = \dfrac{2 \cdot 1 \cdot (64-20)}{860 \cdot (400 \times 10^{-3}) \cdot \left(\dfrac{20}{60}\right)} = 0.767 \fallingdotseq 77\%$

37 PD(비례 미분) 제어 동작의 특징으로 옳은 것은?

① 잔류편차 제거
② 간헐현상 제거
③ 불연속 제어
④ 응답 속응성 개선

advice

• 비례제어(P 제어) : 잔류편차(off-set) 발생
• 미분제어(D 제어) : 오차방지 및 진동억제
• 적분제어(I 제어) : 잔류편차 제거
• PI 제어 : 간헐현상 발생 및 잔류편차 제거
• PD 제어 : 응답 속응성 개선
• PID 제어 : 잔류편차제거 및 응답속도(속응성) 개선

38 정현파 전압의 평균값과 최댓값의 관계식 중 옳은 것은?

① $V_{av} = 0.707\,V_m$
② $V_{av} = 0.840\,V_m$
③ $V_{av} = 0.637\,V_m$
④ $V_{av} = 0.956\,V_m$

advice

정현파 평균값 $V_{av} = \dfrac{2}{\pi}\,V_m = 0.637\,V_m$

정현파 실효값 $V = \dfrac{1}{\sqrt{2}}\,V_m = 0.707\,V_m$

Answer 35.③ 36.③ 37.④ 38.③

39 열팽창식 온도계가 아닌 것은?

① 열전대 온도계
② 유리 온도계
③ 바이메탈 온도계
④ 압력식 온도계

advice

열전대 온도계는 열과 기전력을 이용한 열전 온도계이다.

40 동기발전기의 병렬조건으로 틀린 것은?

① 기전력의 크기가 같을 것
② 기전력의 위상이 같을 것
③ 기전력의 주파수가 같을 것
④ 극수가 같을 것

advice

동기발전기 병렬운전 조건
• 기전력의 크기와 위상이 같을 것
• 기전력의 주파수가 같을 것
• 기전력의 파형과 상회전 방향이 같을 것

3과목 소방관계법규

(2015)
41 관계인이 예방규정을 정하여야 하는 제조소등의 기준이 아닌 것은?

① 지정수량의 10배 이상의 위험물을 취급하는 제조소
② 지정수량의 50배 이상의 위험물을 저장하는 옥외저장소
③ 지정수량의 150배 이상의 위험물을 저장하는 옥내저장소
④ 지정수량의 200배 이상의 위험물을 저장하는 옥외탱크저장소

advice

관계인이 예방규정을 정하여야 하는 제조소등〈「위험물안전관리법 시행령」 제15조〉
1. 지정수량의 10배 이상의 위험물을 취급하는 제조소
2. 지정수량의 100배 이상의 위험물을 저장하는 옥외저장소
3. 지정수량의 150배 이상의 위험물을 저장하는 옥내저장소
4. 지정수량의 200배 이상의 위험물을 저장하는 옥외탱크저장소
5. 암반탱크저장소
6. 이송취급소
7. 지정수량의 10배 이상의 위험물을 취급하는 일반취급소. 다만, 제4류 위험물(특수인화물을 제외)만을 지정수량의 50배 이하로 취급하는 일반취급소(제1석유류・알코올류의 취급량이 지정수량의 10배 이하인 경우에 한한다)로서 다음의 어느 하나에 해당하는 것을 제외한다.
   가. 보일러・버너 또는 이와 비슷한 것으로서 위험물을 소비하는 장치로 이루어진 일반취급소
   나. 위험물을 용기에 옮겨 담거나 차량에 고정된 탱크에 주입하는 일반취급소

Answer **39.**① **40.**④ **41.**②

42 특정소방대상물이 증축되는 경우 기존 부분에 대해서 증축 당시의 소방시설의 설치에 관한 대통령령 또는 화재안전기준을 적용하지 않는 경우가 아닌 것은?

① 증축으로 인하여 천장·바닥·벽 등에 고정되어 있는 가연성 물질의 양이 줄어드는 경우

② 자동차 생산공장 등 화재 위험이 낮은 특정소방대상물 내부에 연면적 33m² 이하의 직원 휴게실을 증축하는 경우

③ 기존 부분과 증축 부분이 갑종 방화문(국토교통부장관이 정하는 기준에 적합한 자동방화셔터를 포함)으로 구획되어 있는 경우

④ 자동차 생산공장 등 화재 위험이 낮은 특정소방대상물에 캐노피(3면 이상에 벽이 없는 구조의 캐노피)를 설치하는 경우

___advice___

특정소방대상물의 증축 또는 용도변경 시의 소방시설기준 적용의 특례〈「화재예방, 소방시설 설치·유지 및 안전관리에 관한 법률 시행령」제17조 제1항〉… 소방본부장 또는 소방서장은 특정소방대상물이 증축되는 경우에는 기존 부분을 포함한 특정소방대상물의 전체에 대하여 증축 당시의 소방시설의 설치에 관한 대통령령 또는 화재안전기준을 적용하여야 한다. 다만, 다음의 어느 하나에 해당하는 경우에는 기존 부분에 대해서는 증축 당시의 소방시설의 설치에 관한 대통령령 또는 화재안전기준을 적용하지 아니한다.
1. 기존 부분과 증축 부분이 내화구조로 된 바닥과 벽으로 구획된 경우
2. <u>기존 부분과 증축 부분이 「건축법 시행령」에 따른 갑종 방화문(국토교통부장관이 정하는 기준에 적합한 자동방화셔터를 포함)으로 구획되어 있는 경우</u>
3. <u>자동차 생산공장 등 화재 위험이 낮은 특정소방대상물 내부에 연면적 33제곱미터 이하의 직원 휴게실을 증축하는 경우</u>
4. <u>자동차 생산공장 등 화재 위험이 낮은 특정소방대상물에 캐노피(3면 이상에 벽이 없는 구조의 캐노피를 말한다)를 설치하는 경우</u>

2015 2014
43 대통령령으로 정하는 특정소방대상물 소방시설공사의 완공검사를 위하여 소방본부장이나 소방서장의 현장확인 대상 범위가 아닌 것은?

① 문화 및 집회시설

② 수계 소화설비가 설치되는 것

③ 연면적 10,000m² 이상이거나 11층 이상인 특정소방대상물(아파트는 제외)

④ 가연성가스를 제조·저장 또는 취급하는 시설 중 지상에 노출된 가연성가스탱크의 저장용량의 합계가 1,000톤 이상인 시설

___advice___

완공검사를 위한 현장확인 대상 특정소방대상물의 범위〈「소방시설공사업법 시행령」제5조〉
1. 문화 및 집회시설, 종교시설, 판매시설, 노유자(老幼者)시설, 수련시설, 운동시설, 숙박시설, 창고시설, 지하상가 및 「다중이용업소의 안전관리에 관한 특별법」에 따른 다중이용업소
2. <u>가스계(이산화탄소·할로겐화합물·청정소화약제)소화설비(호스릴소화설비는 제외)가 설치되는 것</u>
3. 연면적 1만제곱미터 이상이거나 11층 이상인 특정소방대상물(아파트는 제외)
4. 가연성가스를 제조·저장 또는 취급하는 시설 중 지상에 노출된 가연성가스탱크의 저장용량 합계가 1천톤 이상인 시설

Answer 42.① 43.②

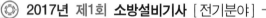

44 소화난이도등급 Ⅲ인 지하탱크저장소에 설치하여야 하는 소화설비의 설치기준으로 옳은 것은?

① 능력단위 수치가 3 이상의 소형 수동식소화기등 1개 이상

② 능력단위 수치가 3 이상의 소형 수동식소화기등 2개 이상

③ 능력단위 수치가 2 이상의 소형 수동식소화기등 1개 이상

④ 능력단위 수치가 2 이상의 소형 수동식소화기등 2개 이상

advice

소화난이도등급 Ⅲ의 제조소등에 설치하여야 하는 소화설비
〈「위험물안전관리법 시행규칙」 별표 17 참고〉

제조소등의 구분	소화설비	설치기준	
지하탱크저장소	소형수동식소화기등	능력단위의 수치가 3 이상	2개 이상
이동탱크저장소	자동차용소화기	무상의 강화액 8ℓ 이상	2개 이상
		이산화탄소 3.2킬로그램 이상	
		일브롬화일염화이플루오르화메탄(CF₂ClBr) 2ℓ 이상	
		일브롬화삼플루오르화메탄(CF₃Br) 2ℓ 이상	
		이브롬화사플루오르화에탄(C₂F₄Br₂) 1ℓ 이상	
		소화분말 3.3킬로그램 이상	
	마른 모래 및 팽창질석 또는 팽창진주암	마른모래 150ℓ 이상	
		팽창질석 또는 팽창진주암 640ℓ 이상	

45 소방특별조사의 연기를 신청하려는 자는 소방특별조사 시작 며칠 전까지 소방청장, 소방본부장 또는 소방서장에게 소방특별조사 연기신청서에 증명서류를 첨부하여 제출해야 하는가? (단, 천재지변 및 그 밖에 대통령령으로 정하는 사유로 소방특별조사를 받기 곤란한 경우이다.)

① 3 　　　　　② 5
③ 7 　　　　　④ 10

advice

소방특별조사의 연기를 신청하려는 자는 <u>소방특별조사 시작 3일 전까지</u> 소방특별조사 연기신청서(전자문서로 된 신청서를 포함)에 소방특별조사를 받기가 곤란함을 증명할 수 있는 서류(전자문서로 된 서류를 포함)를 첨부하여 소방청장, 소방본부장 또는 소방서장에게 제출하여야 한다〈「화재예방, 소방시설 설치·유지 및 안전관리에 관한 법률 시행규칙」 제1조의2 제1항〉.

46 시장지역에서 화재로 오인할 만한 우려가 있는 불을 피우거나 연막소독을 하려는 자가 소방본부장 또는 소방서장에게 신고를 하지 아니하여 소방자동차를 출동하게 한 자에 대한 과태료 부과금액 기준으로 옳은 것은?

① 20만 원 이하
② 50만 원 이하
③ 100만 원 이하
④ 200만 원 이하

advice

신고를 하지 아니하여 소방자동차를 출동하게 한 자에게는 <u>20만 원 이하의 과태료</u>를 부과한다〈「소방기본법」 제57조 제1항〉.

Answer 44.② 45.① 46.①

(2015)

47 소방청장, 소방본부장 또는 소방서장이 소방특별조사 조치명령서를 해당 소방대상물의 관계인에게 발급하는 경우가 아닌 것은?

① 소방대상물의 신축
② 소방대상물의 개수
③ 소방대상물의 이전
④ 소방대상물의 제거

advice

소방청장, 소방본부장 또는 소방서장은 소방대상물의 <u>개수(改修)·이전·제거</u>, 사용의 금지 또는 제한, 사용폐쇄, 공사의 정지 또는 중지, 그 밖의 필요한 조치를 명할 때에는 소방특별조사 조치명령서를 해당 소방대상물의 관계인에게 발급하고, 소방특별조사 조치명령대장에 이를 기록하여 관리하여야 한다〈「화재예방, 소방시설 설치·유지 및 안전관리에 관한 법률 시행규칙」제2조 제1항〉.

(2014)

48 대통령령 또는 화재안전기준이 변경되어 그 기준이 강화되는 경우에 기존 특정소방대상물의 소방시설에 대하여 변경으로 강화된 기준을 적용하여야 하는 소방시설은?

① 비상경보설비
② 비상콘센트설비
③ 비상방송설비
④ 옥내소화전설비

advice

소방시설기준 적용의 특례〈「화재예방, 소방시설 설치·유지 및 안전관리에 관한 법률」제11조 제1항〉… 소방본부장이나 소방서장은 대통령령 또는 화재안전기준이 변경되어 그 기준이 강화되는 경우 기존의 특정소방대상물(건축물의 신축·개축·재축·이전 및 대수선 중인 특정소방대상물을 포함)의 소방시설에 대하여는 변경 전의 대통령령 또는 화재안전기준을 적용한다. 다만, 다음의 어느 하나에 해당하는 소방시설의 경우에는 대통령령 또는 화재안전기준의 변경으로 강화된 기준을 적용한다.

1. 다음 소방시설 중 대통령령으로 정하는 것
   가. 소화기구
   나. 비상경보설비
   다. 자동화재속보설비
   라. 피난구조설비
2. 지하구 가운데 「국토의 계획 및 이용에 관한 법률」에 따른 공동구에 설치하여야 하는 소방시설
3. 노유자(老幼者)시설, 의료시설에 설치하여야 하는 소방시설 중 대통령령으로 정하는 것

(2016)(2015)

49 출동한 소방대의 화재진압 및 인명구조·구급 등 소방활동 방해에 따른 벌칙이 5년 이하의 징역 또는 5,000만원 이하의 벌금에 처하는 행위가 아닌 것은?

① 위력을 사용하여 출동한 소방대의 구급활동을 방해하는 행위
② 화재진압을 마치고 소방서로 복귀 중인 소방자동차의 통행을 고의로 방해하는 행위
③ 출동한 소방대원에게 협박을 행사하여 구급활동을 방해하는 행위
④ 출동한 소방대의 소방장비를 파손하거나 그 효용을 해하여 구급활동을 방해하는 행위

advice

벌칙〈「소방기본법」제50조〉… 다음의 어느 하나에 해당하는 사람은 5년 이하의 징역 또는 5천만 원 이하의 벌금에 처한다.

1. <u>위력(威力)을 사용하여 출동한 소방대의 화재진압·인명구조 또는 구급활동을 방해하는 행위</u>
2. 소방대가 화재진압·인명구조 또는 구급활동을 위하여 현장에 출동하거나 현장에 출입하는 것을 고의로 방해하는 행위
3. <u>출동한 소방대원에게 폭행 또는 협박을 행사하여 화재진압·인명구조 또는 구급활동을 방해하는 행위 등을 방해하는 행위</u>
4. <u>출동한 소방대의 소방장비를 파손하거나 그 효용을 해하여 화재진압·인명구조 또는 구급활동을 방해하는 행위</u>

Answer 47.① 48.① 49.②

2019 2014

50 화재예방, 소방시설 설치·유지 및 안전관리에 관한 법률상 특정소방대상물 중 오피스텔이 해당하는 것은?

① 숙박시설
② 업무시설
③ 공동주택
④ 근린생활시설

advice

업무시설〈「화재예방, 소방시설 설치·유지 및 안전관리에 관한 법률 시행령」 별표 2 참고〉
1. 공공업무시설 : 국가 또는 지방자치단체의 청사와 외국공관의 건축물로서 근린생활시설에 해당하지 않는 것
2. 일반업무시설 : 금융업소, 사무소, 신문사, 오피스텔(업무를 주로 하며, 분양하거나 임대하는 구획 중 일부의 구획에서 숙식을 할 수 있도록 한 건축물로서 국토교통부장관이 고시하는 기준에 적합한 것을 말한다), 그 밖에 이와 비슷한 것으로서 근린생활시설에 해당하지 않는 것
3. 주민자치센터(동사무소), 경찰서, 지구대, 파출소, 소방서, 119안전센터, 우체국, 보건소, 공공도서관, 국민건강보험공단, 그 밖에 이와 비슷한 용도로 사용하는 것
4. 마을회관, 마을공동작업소, 마을공동구판장, 그 밖에 이와 유사한 용도로 사용되는 것
5. 변전소, 양수장, 정수장, 대피소, 공중화장실, 그 밖에 이와 유사한 용도로 사용되는 것

51 소방시설업에 대한 행정처분 기준 중 1차 처분이 영업정지 3개월이 아닌 경우는?

① 국가, 지방자치단체 또는 공공기관이 발주하는 소방시설의 설계·감리업자 선정에 따른 사업수행능력 평가에 관한 서류를 위조하거나 변조하는 등 거짓이나 그 밖의 부정한 방법으로 입찰에 참여한 경우
② 소방시설업의 감독을 위하여 필요한 보고나 자료제출 명령을 위반하여 보고 또는 자료 제출을 하지 아니하거나 거짓으로 보고 또는 자료 제출을 한 경우
③ 정당한 사유 없이 출입·검사업무에 따른 관계 공무원의 출입 또는 검사·조사를 거부·방해 또는 기피한 경우
④ 감리업자의 감리 시 소방시설공사가 설계도서에 맞지 아니하여 공사업자에게 공사의 시정 또는 보완 등의 요구를 하였으나 따르지 아니한 경우

advice

④ 영업정지 1개월에 해당한다.

2018

52 지정수량 미만인 위험물의 저장 또는 취급에 관한 기술상의 기준은 무엇으로 정하는가?

① 대통령령
② 총리령
③ 소방청장 고시
④ 시·도의 조례

advice

지정수량 미만인 위험물의 저장·취급〈「위험물안전관리법」 제4조〉… 지정수량 미만인 위험물의 저장 또는 취급에 관한 기술상의 기준은 특별시·광역시·특별자치시·도 및 특별자치도(이하 "시·도"라 한다)의 조례로 정한다.

Answer 50.② 51.④ 52.④

53 소방시설기준 적용의 특례 중 특정소방대상물의 관계인이 소방시설을 갖추어야 함에도 불구하고 관련 소방시설을 설치하지 아니할 수 있는 소방시설의 범위로 옳은 것은? (단, 화재 위험도가 낮은 특정소방대상물로서 석재, 불연성금속, 불연성 건축재료 등의 가공공장·기계조립공장·주물공장 또는 불연성 물품을 저장하는 창고이다.)

① 옥외소화전설비 및 연결살수설비
② 연결송수관설비 및 연결살수설비
③ 자동화재탐지설비, 상수도소화용수설비 및 연결살수설비
④ 스프링클러설비, 상수도소화용수설비 및 연결살수설비

advice

소방시설을 설치하지 아니할 수 있는 특정소방대상물 및 소방시설의 범위〈「화재예방, 소방시설 설치·유지 및 안전관리에 관한 법률 시행령」 별표 7〉

구분	특정소방대상물	소방시설
1. 화재 위험도가 낮은 특정소방대상물	석재, 불연성금속, 불연성 건축재료 등의 가공공장·기계조립공장·주물공장 또는 불연성 물품을 저장하는 창고	옥외소화전 및 연결살수설비
	「소방기본법」에 따른 소방대(消防隊)가 조직되어 24시간 근무하고 있는 청사 및 차고	옥내소화전설비, 스프링클러설비, 물분무등소화설비, 비상방송설비, 피난기구, 소화용수설비, 연결송수관설비, 연결살수설비
2. 화재안전기준을 적용하기 어려운 특정소방대상물	펄프공장의 작업장, 음료수 공장의 세정 또는 충전을 하는 작업장, 그 밖에 이와 비슷한 용도로 사용하는 것	스프링클러설비, 상수도소화용수설비 및 연결살수설비
	정수장, 수영장, 목욕장, 농예·축산·어류양식용 시설, 그 밖에 이와 비슷한 용도로 사용되는 것	자동화재탐지설비, 상수도소화용수설비 및 연결살수설비
3. 화재안전기준을 달리 적용하여야 하는 특수한 용도 또는 구조를 가진 특정소방대상물	원자력발전소, 핵폐기물처리시설	연결송수관설비 및 연결살수설비
4. 자체소방대가 설치된 특정소방대상물	자체소방대가 설치된 위험물 제조소등에 부속된 사무실	옥내소화전설비, 소화용수설비, 연결살수설비 및 연결송수관설비

(2016)
54 소방용수시설 급수탑 개폐밸브의 설치기준으로 옳은 것은?

① 지상에서 1.0m 이상 1.5m 이하
② 지상에서 1.5m 이상 1.7m 이하
③ 지상에서 1.2m 이상 1.8m 이하
④ 지상에서 1.5m 이상 2.0m 이하

advice

소방용수시설의 설치기준〈「소방기본법 시행규칙」 별표 3〉
1. 소화전의 설치기준 : 상수도와 연결하여 지하식 또는 지상식의 구조로 하고, 소방용호스와 연결하는 소화전의 연결금속구의 구경은 65밀리미터로 할 것
2. 급수탑의 설치기준 : 급수배관의 구경은 100밀리미터 이상으로 하고, 개폐밸브는 지상에서 1.5미터 이상 1.7미터 이하의 위치에 설치하도록 할 것
3. 저수조의 설치기준
 ㉠ 지면으로부터의 낙차가 4.5미터 이하일 것
 ㉡ 흡수부분의 수심이 0.5미터 이상일 것
 ㉢ 소방펌프자동차가 쉽게 접근할 수 있도록 할 것
 ㉣ 흡수에 지장이 없도록 토사 및 쓰레기 등을 제거할 수 있는 설비를 갖출 것
 ㉤ 흡수관의 투입구가 사각형의 경우에는 한 변의 길이가 60센티미터 이상, 원형의 경우에는 지름이 60센티미터 이상일 것
 ㉥ 저수조에 물을 공급하는 방법은 상수도에 연결하여 자동으로 급수되는 구조일 것

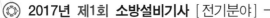
(2019) (2015) (2014)

55 옥내저장소의 위치·구조 및 설비의 기준 중 지정수량의 몇 배 이상의 저장창고(제6류 위험물의 저장창고 제외)에 피뢰침을 설치해야 하는가? (단, 저장창고 주위의 상황이 안전상 지장이 없는 경우는 제외한다.)

① 10배

② 20배

③ 30배

④ 40배

advice

피뢰설비〈「위험물안전관리법 시행규칙」별표 4 참고〉 … 지정수량의 10배 이상의 위험물을 취급하는 제조소(제6류 위험물을 취급하는 위험물제조소를 제외)에는 피뢰침(한국산업표준중 피뢰설비 표준에 적합한 것을 말한다)을 설치하여야 한다. 다만, 제조소의 주위의 상황에 따라 안전상 지장이 없는 경우에는 피뢰침을 설치하지 아니할 수 있다.

(2014)

56 우수품질인증을 받지 아니한 제품에 우수품질인증 표시를 하거나 우수품질인증 표시를 위조 또는 변조하여 사용한 자에 대한 벌칙기준은?

① 100만 원 이하의 벌금

② 200만 원 이하의 벌금

③ 1,000만 원 이하의 벌금

④ 3,000만 원 이하의 벌금

advice

벌칙〈「화재예방, 소방시설 설치·유지 및 안전관리에 관한 법률」제49조〉 … 다음의 어느 하나에 해당하는 자는 1년 이하의 징역 또는 1천만 원 이하의 벌금에 처한다.

1. 관계인의 정당한 업무를 방해한 자, 조사·검사 업무를 수행하면서 알게 된 비밀을 제공 또는 누설하거나 목적 외의 용도로 사용한 자

2. 관리업의 등록증이나 등록수첩을 다른 자에게 빌려준 자

3. 영업정지처분을 받고 그 영업정지기간 중에 관리업의 업무를 한 자

4. 소방시설등에 대한 자체점검을 하지 아니하거나 관리업자 등으로 하여금 정기적으로 점검하게 하지 아니한 자

5. 소방시설관리사증을 다른 자에게 빌려주거나 동시에 둘 이상의 업체에 취업한 사람

6. 제품검사에 합격하지 아니한 제품에 합격표시를 하거나 합격표시를 위조 또는 변조하여 사용한 자

7. 형식승인의 변경승인을 받지 아니한 자

8. 제품검사에 합격하지 아니한 소방용품에 성능인증을 받았다는 표시 또는 제품검사에 합격하였다는 표시를 하거나 성능인증을 받았다는 표시 또는 제품검사에 합격하였다는 표시를 위조 또는 변조하여 사용한 자

9. 성능인증의 변경인증을 받지 아니한 자

10. <u>우수품질인증을 받지 아니한 제품에 우수품질인증 표시를 하거나 우수품질인증 표시를 위조하거나 변조하여 사용한 자</u>

(2019)

57 다음 조건을 참고하여 숙박시설이 있는 특정소방대상물의 수용인원 산정 수로 옳은 것은?

> 침대가 있는 숙박시설로서 1인용 침대의 수는 20개이고, 2인용 침대의 수는 10개이며, 종업원의 수는 3명이다.

① 33

② 40

③ 43

④ 46

advice

침대가 있는 숙박시설의 경우 해당 특정소방물의 종사자 수에 침대 수를 합한 수로 구하므로, 20 + (2 × 10) + 3 = 43이다.

※ 숙박시설이 있는 특정소방대상물의 수용인원 산정 방법〈「화재예방, 소방시설 설치·유지 및 안전관리에 관한 법률 시행령」별표 4 참고〉

가. <u>침대가 있는 숙박시설: 해당 특정소방물의 종사자 수에 침대 수(2인용 침대는 2개로 산정한다)를 합한 수</u>

나. 침대가 없는 숙박시설: 해당 특정소방대상물의 종사자 수에 숙박시설 바닥면적의 합계를 $3m^2$로 나누어 얻은 수를 합한 수

Answer 55.① 56.③ 57.③

58 성능위주설계를 실시하여야 하는 특정소방대상물의 범위 기준으로 틀린 것은?

① 연면적 200,000m² 이상인 특정소방대상물(아파트등은 제외)

② 지하층을 포함한 층수가 30층 이상인 특정소방대상물(아파트등은 제외)

③ 건축물의 높이가 100m 이상인 특정소방대상물(아파트등은 제외)

④ 하나의 건축물에 영화상영관이 5개 이상인 특정소방대상물

advice

성능위주설계를 하여야 하는 특정소방대상물의 범위〈「화재예방, 소방시설 설치·유지 및 안전관리에 관한 법률 시행령」 제15조의3〉

1. 연면적 20만제곱미터 이상인 특정소방대상물. 다만, 공동주택 중 주택으로 쓰이는 층수가 5층 이상인 주택(이하 이 조에서 "아파트등"이라 한다)은 제외한다.

2. 다음의 어느 하나에 해당하는 특정소방대상물. 다만, 아파트등은 제외한다.
   가. 건축물의 높이가 100미터 이상인 특정소방대상물
   나. 지하층을 포함한 층수가 30층 이상인 특정소방대상물

3. 연면적 3만제곱미터 이상인 특정소방대상물로서 다음의 어느 하나에 해당하는 특정소방대상물
   가. 철도 및 도시철도 시설
   나. 공항시설

4. 하나의 건축물에 「영화 및 비디오물의 진흥에 관한 법률」에 따른 영화상영관이 10개 이상인 특정소방대상물

---

59 소방본부장 또는 소방서장은 건축허가등의 동의요구서류를 접수한 날부터 최대 며칠 이내에 건축허가등의 동의여부를 회신하여야 하는가? (단, 허가 신청한 건축물은 지상으로부터 높이가 200m인 아파트이다.)

① 5일   ② 7일

③ 10일   ④ 15일

advice

동의요구를 받은 소방본부장 또는 소방서장은 건축허가등의 동의요구서류를 접수한 날부터 5일(허가를 신청한 건축물 등이 영 제22조 제1항 제1호 각 목의 어느 하나에 해당하는 경우에는 10일) 이내에 건축허가등의 동의여부를 회신하여야 한다〈「화재예방, 소방시설 설치·유지 및 안전관리에 관한 법률 시행규칙」 제4조 제3항〉.

※ 특급 소방안전관리대상물〈영 제22조 제1항 제1호〉
   ㉠ 50층 이상(지하층은 제외)이거나 지상으로부터 높이가 200미터 이상인 아파트
   ㉡ 30층 이상(지하층 포함)이거나 지상으로부터 높이가 120미터 이상인 특정소방대상물(아파트는 제외)
   ㉢ ㉡에 해당하지 아니하는 특정소방대상물로서 연면적이 20만제곱미터 이상인 특정소방대상물(아파트는 제외)

Answer   **58.**④ **59.**③

60 행정안전부령으로 정하는 고급감리원 이상의 소방공사 감리원의 소방시설공사 배치 현장기준으로 옳은 것은?

① 연면적 5,000m² 이상 30,000m² 미만인 특정소방대상물의 공사 현장

② 연면적 3,000m² 이상 200,000m² 미만인 아파트의 공사 현장

③ 연면적 30,000m² 이상 200,000m² 미만인 특정소방대상물(아파트는 제외)의 공사 현장

④ 연면적 200,000m² 이상인 특정소방대상물의 공사 현장

advice

소방공사 감리원의 배치기준〈「소방시설공사사업법 시행령」 별표 4〉

감리원의 배치기준		소방시설공사 현장의 기준
책임감리원	**보조감리원**	
1. 행정안전부령으로 정하는 특급감리원 중 소방기술사	행정안전부령으로 정하는 초급감리원 이상의 소방공사 감리원(기계분야 및 전기분야)	가. 연면적 20만제곱미터 이상인 특정소방대상물의 공사 현장 나. 지하층을 포함한 층수가 40층 이상인 특정소방대상물의 공사 현장
2. 행정안전부령으로 정하는 특급 감리원 이상의 소방공사 감리원(기계분야 및 전기분야)	행정안전부령으로 정하는 초급감리원 이상의 소방공사 감리원(기계분야 및 전기분야)	가. 연면적 3만제곱미터 이상 20만제곱미터 미만인 특정소방대상물(아파트는 제외)의 공사 현장 나. 지하층을 포함한 층수가 16층 이상 40층 미만인 특정소방대상물의 공사 현장
3. <u>행정안전부령으로 정하는 고급 감리원 이상의 소방공사 감리원</u>(기계분야 및 전기분야)	행정안전부령으로 정하는 초급감리원 이상의 소방공사 감리원(기계분야 및 전기분야)	가. 물분무등소화설비(호스릴 방식의 소화설비는 제외) 또는 제연설비가 설치되는 특정소방대상물의 공사 현장 나. <u>연면적 3만제곱미터 이상 20만제곱미터 미만인 아파트의 공사 현장</u>
4. 행정안전부령으로 정하는 중급 감리원 이상의 소방공사 감리원(기계분야 및 전기분야)		연면적 5천제곱미터 이상 3만제곱미터미만인 특정소방대상물의 공사 현장
5. 행정안전부령으로 정하는 초급 감리원 이상의 소방공사 감리원(기계분야 및 전기분야)		가. 연면적 5천제곱미터 미만인 특정소방대상물의 공사 현장 나. 지하구의 공사 현장

4과목 소방전기시설의 구조 및 원리

(2019)
61 감지기의 설치기준 중 옳은 것은?

① 보상식 스포트형감지기는 정온점이 감지기 주위의 평상 시 최고 온도보다 20℃ 이상 높은 것으로 설치할 것

② 정온식감지기는 주방 · 보일러실 등으로서 다량의 화기를 취급하는 장소에 설치하되, 공칭작동온도가 최고주위온도보다 30℃ 이상 높은 것으로 설치할 것

③ 스포트형 감지기는 15°이상 경사되지 아니하도록 부착할 것

④ 공기관식 차동식분포형감지기의 검출부는 45°이상 경사되지 아니하도록 부착할 것

advice

② 정온식감지기 : 공칭작동온도는 최고주위온도보다 20℃ 이상 높은 것으로 설치한다.

③ 스포트형 감지기 : 45°이상 경사되지 않도록 설치한다.

④ 공기관식 차동식분포형감지기 : 검출부는 5°이상 경사되지 아니하도록 한다.

※ 감지기설치기준
  ㉠ 감지기(차동식분포형의 것을 제외)는 실내로의 공기유입구로부터 1.5m 이상 떨어진 위치에 설치할 것
  ㉡ 감지기는 천장 또는 반자의 옥내에 면하는 부분에 설치할 것
  ㉢ 보상식스포트형감지기는 정온점이 감지기 주위의 평상 시 최고온도보다 20℃ 이상 높은 것으로 설치할 것
  ㉣ 정온식감지기는 주방 · 보일러실 등으로서 다량의 화기를 취급하는 장소에 설치하되, 공칭작동온도가 최고주위온도보다 20℃ 이상 높은 것으로 설치할 것
  ㉤ 스포트형감지기는 45°이상 경사되지 아니하도록 부착할 것

Answer 60.② 61.①

※ 공기관식 차동식분포형감지기 설치기준

㉠ 공기관의 노출부분은 감지구역마다 20m 이상이 되도록 할 것

㉡ 공기관과 감지구역의 각 변과의 수평거리는 1.5m 이하가 되도록 하고, 공기관 상호간의 거리는 6m(주요구조부를 내화구조로 한 특정소방대상물 또는 그 부분에 있어서는 9m) 이하가 되도록 할 것

㉢ 공기관은 도중에서 분기하지 아니하도록 할 것

㉣ 하나의 검출부분에 접속하는 공기관의 길이는 100m 이하로 할 것

㉤ 검출부는 5° 이상 경사되지 아니하도록 부착할 것

㉥ 검출부는 바닥으로부터 0.8m 이상 1.5m 이하의 위치에 설치할 것

2018 2015 2014

62 휴대용비상조명등의 설치기준 중 틀린 것은?

① 영화상영관에는 보행거리 50m 이내마다 3개 이상 설치할 것

② 지하상가 및 지하역사에는 보행거리 30m 이내마다 3개 이상 설치할 것

③ 숙박시설 또는 다중이용업소에는 객실 또는 영업장안의 구획된 실마다 잘 보이는 곳에 1개 이상 설치할 것

④ 건전지 및 충전식 밧데리의 용량은 20분 이상 유효하게 사용할 수 있는 것으로 할 것

advice

지하상가 및 지하역사에 설치하는 휴대용비상조명등은 보행거리 25m 마다 3개 이상 설치한다.

※ 휴대용비상조명등 설치기준

㉠ 숙박시설 또는 다중이용업소에는 객실 또는 영업장안의 구획된 실마다 잘 보이는 곳(외부에 설치시 출입문 손잡이로부터 1m 이내 부분)에 1개 이상 설치

㉡ 「유통산업발전법」에 따른 대규모점포(지하상가 및 지하역사는 제외)와 영화상영관에는 보행거리 50m 이내마다 3개 이상 설치

㉢ 지하상가 및 지하역사에는 보행거리 25m 이내마다 3개 이상 설치

㉣ 설치높이는 바닥으로부터 0.8m 이상 1.5m 이하의 높이에 설치할 것

㉤ 어둠속에서 위치를 확인할 수 있도록 할 것

㉥ 사용 시 자동으로 점등되는 구조일 것

㉦ 외함은 난연성능이 있을 것

㉧ 건전지를 사용하는 경우에는 방전방지조치를 하여야 하고, 충전식 밧데리의 경우에는 상시 충전되도록 할 것

㉨ 건전지 및 충전식 밧데리의 용량은 20분 이상 유효하게 사용할 수 있는 것으로 할 것

63 경사강하식구조대의 구조기준 중 틀린 것은?

① 손잡이는 출구부근에 좌우 각 3개 이상 균일한 간격으로 견고하게 부착하여야 한다.

② 입구틀 및 취부틀의 입구는 지름 30cm 이상의 구체가 통과할 수 있어야 한다.

③ 구조대 본체의 활강부는 낙하방지를 위해 포를 2중구조로 하거나 또는 망목의 변의 길이가 8cm 이하인 망을 설치하여야 한다.

④ 구조대본체의 끝부분에는 길이 4m 이상, 지름 4mm 이상의 유도선을 부착하여야 하며, 유도선 끝에는 중량 3N(300g) 이상의 모래주머니 등을 설치하여야 한다.

advice

경사강하식구조대의 구조

㉠ 연속하여 활강할 수 있는 구조로 안전하고 쉽게 사용할 수 있어야 한다.

㉡ 입구틀 및 취부틀의 입구는 지름 50cm 이상의 구체가 통과할 수 있어야 한다.

㉢ 포지는 사용시에 수직방향으로 현저하게 늘어나지 아니하여야 한다.

㉣ 포지, 지지틀, 취부틀 그밖의 부속장치 등은 견고하게 부착되어야 한다.

㉤ 구조대 본체는 강하방향으로 봉합부가 설치되지 아니하여야 한다.

Answer 62.② 63.②

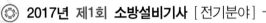

ⓗ 구조대 본체의 활강부는 낙하방지를 위해 포를 2중구조로 하거나 또는 망목의 변의 길이가 8cm 이하인 망을 설치하여야 한다. 다만, 구조상 낙하방지의 성능을 갖고있는 구조대의 경우에는 그러하지 아니하다.

ⓢ 본체의 포지는 하부지지장치에 인장력이 균등하게 걸리도록 부착하여야 하며 하부지지장치는 쉽게 조작할 수 있어야 한다.

ⓞ 손잡이는 출구부근에 좌우 각 3개 이상 균일한 간격으로 견고하게 부착하여야 한다.

ⓩ 구조대본체의 끝부분에는 길이 4m 이상, 지름 4mm 이상의 유도선을 부착하여야 하며, 유도선끝에는 중량 3N(300g) 이상의 모래주머니 등을 설치하여야 한다.

ⓩ 땅에 닿을 때 충격을 받는 부분에는 완충장치로서 받침포 등을 부착하여야 한다.

advice

비상콘센트는 바닥면적 1,000m² 미만인 층에서 계단 출입구로부터 5m 이내에 설치한다.

※ **비상콘센트 배치** … 비상콘센트의 배치는 아파트 또는 바닥면적이 1,000m² 미만인 층은 계단의 출입구(계단의 부속실을 포함하며 계단이 2 이상 있는 경우에는 그중 1개의 계단을 말한다)로부터 5m 이내에, 바닥면적 1,000m² 이상인 층(아파트를 제외)은 각 계단의 출입구 또는 계단부속실의 출입구(계단의 부속실을 포함하며 계단이 3 이상 있는 층의 경우에는 그중 2개의 계단을 말한다)로부터 5m 이내에 설치하되, 그 비상콘센트로부터 그 층의 각 부분까지의 거리가 다음의 기준을 초과하는 경우에는 그 기준 이하가 되도록 비상콘센트를 추가하여 설치할 것

ⓖ 지하상가 또는 지하층의 바닥면적의 합계가 3,000m² 이상인 것은 수평거리 25m

ⓛ ⓖ에 해당하지 아니하는 것은 수평거리 50m

2015

64 전기사업자로부터 저압으로 수전하는 경우 비상전원설비로 옳은 것은?

① 방화구획형   ② 전용배전반(1·2종)

③ 큐비클형   ④ 옥외개방형

advice

ⓖ 저압 : 전용배전반(1, 2종), 전용분전반(1, 2종), 공용분전반(1, 2종)

ⓛ 고압, 특고압 : 방화구획형, 옥외개방형, 큐비클형

2019

66 광원점등방식 피난유도선의 설치기준 중 틀린 것은?

① 피난유도 표시부는 50cm 이내의 간격으로 연속되도록 설치하되 실내장식물 등으로 설치가 곤란할 경우 2m 이내로 설치할 것

② 피난유도 표시부는 바닥으로부터 높이 1m 이하의 위치 또는 바닥 면에 설치할 것

③ 피난유도 제어부는 조작 및 관리가 용이하도록 바닥으로부터 0.8m 이상 1.5m 이하의 높이에 설치할 것

④ 구획된 각 실로부터 주출입구 또는 비상구까지 설치할 것

advice

피난유도 표시부는 50cm 이내의 간격으로 연속되도록 설치하되 실내장식물 등으로 설치가 곤란할 경우 1m 이내로 설치

2016

65 비상콘센트의 배치 기준 중 바닥면적이 1,000m² 미만인 층은 계단의 출입구로부터 몇 m 이내에 설치하여야 하는가?

① 1.5   ② 5

③ 7   ④ 10

Answer   64.②   65.②   66.①

※ 광원점등식 피난유도선의 설치기준

광원점등방식의 피난유도선은 다음의 기준에 따라 설치하여야 한다.

㉠ 구획된 각 실로부터 주출입구 또는 비상구까지 설치할 것

㉡ 피난유도 표시부는 바닥으로부터 높이 1m 이하의 위치 또는 바닥 면에 설치할 것

㉢ 피난유도 표시부는 50cm 이내의 간격으로 연속되도록 설치하되 실내장식물 등으로 설치가 곤란할 경우 1m 이내로 설치할 것

㉣ 수신기로부터의 화재신호 및 수동조작에 의하여 광원이 점등되도록 설치할 것

㉤ 비상전원이 상시 충전상태를 유지하도록 설치할 것

㉥ 바닥에 설치되는 피난유도 표시부는 매립하는 방식을 사용할 것

㉦ 피난유도 제어부는 조작 및 관리가 용이하도록 바닥으로부터 0.8m 이상 1.5m 이하의 높이에 설치할 것

(2014)

67 자동화재속보설비의 속보기는 연동 또는 수동 작동에 의한 다이얼링 후 소방관서와 전화접속이 이루어지지 않는 경우에는 최초 다이얼링을 포함하여 몇 회 이상 반복적으로 접속을 위한 다이얼링이 이루어져야 하는가? (단, 이 경우 매회 다이얼링 완료 후 호출은 30초 이상 지속한다.)

① 3회 　　　　② 5회
③ 10회 　　　④ 20회

│advice│

속보기는 연동 또는 수동 작동에 의한 다이얼링 후 소방관서와 전화접속이 이루어지지 않는 경우에는 최초 다이얼링을 포함하여 10회 이상 반복적으로 접속을 위한 다이얼링이 이루어져야 한다. 이 경우 매회 다이얼링 완료 후 호출은 30초 이상 지속되어야 한다.

※ 자동화재속보기 적합기능

㉠ 작동신호를 수신하거나 수동으로 동작시키는 경우 20초 이내에 소방관서에 자동적으로 신호를 발하여 통보하되 3회 이상 속보할 수 있어야 한다.

㉡ 예비전원은 감시상태를 60분간 지속한 후 10분 이상 동작이 지속될 수 있는 용량이어야 한다.

㉢ 속보기는 연동 또는 수동작동에 의한 다이얼링 후 소방관서와 전화접속이 이루어지지 않는 경우에는 최초 다이얼링을 포함하여 10회 이상 반복적으로 접속을 위한 다이얼링이 이루어져야 한다. 이 경우 매회 다이얼링 완료 후 호출은 30초 이상 지속되어야 한다.

(2019) (2016) (2014)

68 무선통신보조설비의 설치제외 기준 중 다음 (　) 안에 알맞은 것으로 연결된 것은?

> 지하층으로서 특정소방대상물의 바닥부분 (㉠)면 이상이 지표면과 동일하거나 지표면으로부터의 깊이가 (㉡)m 이하인 경우에는 해당 층에 한하여 무선통신보조설비를 설치하지 아니할 수 있다.

① ㉠ 2, ㉡ 1
② ㉠ 2, ㉡ 2
③ ㉠ 3, ㉡ 1
④ ㉠ 3, ㉡ 2

│advice│

지하층으로서 특정소방대상물의 바닥부분 2면 이상이 지표면과 동일하거나 지표면으로부터의 깊이가 1m 이하인 경우에는 해당 층에 한하여 무선통신보조설비를 설치하지 아니할 수 있다.

Ａnswer 67.③ 68.①

2019
69

5~10회로까지 사용할 수 있는 누전경보기의 집합형 수신기 내부결선도에서 그 구성요소가 아닌 것은?

① 제어부
② 조작부
③ 증폭부
④ 도통시험 및 동작시험부

advice

누전경보기 집합형 수신기 내부구조는 입력절환부, 증폭·제어부, 전원부, 동작 및 도통시험부, 동작회로표시부 등으로 구분되며 조작부는 구성요소에 해당하지 않는다.

70

무선통신보조설비의 증폭기 전면에 주 회로의 전원이 정상인지의 여부를 표시할 수 있도록 설치하는 것으로 옳은 것은?

① 전력계 및 전류계
② 전류계 및 전압계
③ 표시등 및 전압계
④ 표시등 및 전력계

advice

무선통신보조설비의 증폭기 전면에는 주 회로의 전원이 정상인지의 여부를 표시할 수 있는 표시등 및 전압계를 설치하여야 한다.

※ 무선통신보조설비 증폭기 설치기준
　㉠ 전원은 전기가 정상적으로 공급되는 축전지, 전기저장장치(외부 전기에너지를 저장해 두었다가 필요한 때 전기를 공급하는 장치) 또는 교류전압 옥내간선으로 하고, 전원까지의 배선은 전용으로 할 것
　㉡ 증폭기의 전면에는 주 회로의 전원이 정상인지의 여부를 표시할 수 있는 표시등 및 전압계를 설치할 것
　㉢ 증폭기에는 비상전원이 부착된 것으로 하고 해당 비상전원 용량은 무선통신보조설비를 유효하게 30분 이상 작동시킬 수 있는 것으로 할 것

2015
71

피난기구의 설치개수 기준 중 틀린 것은?

① 설치한 피난기구 외에 아파트의 경우에는 하나의 관리주체가 관리하는 아파트 구역마다 공기안전매트 1개 이상을 추가로 설치할 것
② 휴양콘도미니엄을 제외한 숙박시설의 경우에는 추가로 객실마다 완강기 또는 1개 이상의 간이완강기를 설치할 것
③ 층마다 설치하되, 숙박시설·노유자시설 및 의료시설로 사용되는 층에 있어서는 그 층의 바닥면적 500m² 마다 1개 이상 설치할 것
④ 층마다 설치하되, 위락시설·문화집회 및 운동시설·판매시설로 사용되는 층 또는 복합용도의 층에 있어서는 그 층은 바닥면적 800m² 마다 1개 이상 설치할 것

advice

피난기구 외에 숙박시설(휴양콘도미니엄 제외)의 경우 추가로 객실마다 완강기 또는 둘 이상의 간이완강기를 설치할 것

※ 피난기구설치대상

면적기준	설치대상
500m²	숙박시설, 노유자시설, 의료시설
800m²	위락시설, 문화 및 집회시설, 운동시설, 판매시설, 전시시설
1,000m²	그 밖의 용도의 층
각 세대마다	계단실형 아파트

위 면적마다 1개 이상씩 설치할 것

Answer　69.②　70.③　71.②

72 비상콘센트설비의 전원회로의 설치기준 중 틀린 것은?

① 비상콘센트용 풀박스 등은 방청도장을 한 것으로서, 두께 1.6mm 이상의 철판으로 할 것

② 하나의 전용회로에 설치하는 비상콘센트는 10개 이하로 할 것

③ 콘센트마다 배선용 차단기(KS C 8321)를 설치하여야 하며, 충전부가 노출되지 아니하도록 할 것

④ 전원회로는 단상교류 220V인 것으로서, 그 공급용량은 3kVA 이상인 것으로 할 것

|advice|

비상콘센트 전원회로는 <u>단상교류 220V 공급용량 1.5KVA 이상</u>인 것으로 한다.

※ 비상콘센트 설치기준

   ⊙ 비상콘센트설비의 전원회로는 <u>단상교류 220V인 것으로서, 그 공급용량은 1.5kVA 이상</u>인 것으로 할 것

   ⓛ 전원회로는 각층에 2 이상이 되도록 설치할 것. 다만, 설치하여야 할 층의 비상콘센트가 1개인 때에는 하나의 회로로 할 수 있다.

   ⓒ 전원회로는 주배전반에서 전용회로로 할 것. 다만, 다른 설비의 회로의 사고에 따른 영향을 받지 아니하도록 되어 있는 것은 그러하지 아니하다.

   ⓐ 전원으로부터 각 층의 비상콘센트에 분기되는 경우에는 분기배선용 차단기를 보호함안에 설치할 것

   ⓜ 콘센트마다 배선용 차단기(KS C 8321)를 설치하여야 하며, 충전부가 노출되지 아니하도록 할 것

   ⓗ 개폐기에는 "비상콘센트"라고 표시한 표지를 할 것

   ⓢ 비상콘센트용의 풀박스 등은 방청도장을 한 것으로서, <u>두께 1.6mm 이상</u>의 철판으로 할 것

   ⓞ 하나의 전용회로에 설치하는 비상콘센트는 10개 이하로 할 것. 이 경우 전선의 용량은 각 비상콘센트(비상콘센트가 3개 이상인 경우에는 3개)의 공급용량을 합한 용량 이상의 것으로 하여야 한다.

73 특정소방대상물의 그 부분에서 피난층에 이르는 부분의 비상조명등을 60분 이상 유효하게 작동시킬 수 있는 용량으로 하여야 하는 경우가 아닌 것은?

① 지하층을 제외한 층수가 11층 이상의 층

② 지하층 또는 무창층으로서 용도가 도매시장 · 소매시장

③ 지하층 또는 무창층으로서 용도가 여객자동차터미널 · 지하역사 또는 지하상가

④ 지하가 터널로서 길이 500m 이상

|advice|

비상조명등 전원 기준

비상조명등의 비상전원은 비상조명등을 20분 이상 유효하게 작동시킬 수 있는 용량으로 할 것. 다만, 다음의 특정소방대상물의 경우에는 그 부분에서 피난층에 이르는 부분의 비상조명등을 60분 이상 유효하게 작동시킬 수 있는 용량으로 하여야 한다.

   ⊙ 지하층을 제외한 층수가 11층 이상의 층

   ⓛ 지하층 또는 무창층으로서 용도가 도매시장 · 소매시장 · 여객자동차터미널 · 지하역사 또는 지하상가

74 주요구조부를 내화구조로 한 특정소방대상물의 바닥면적이 370m²인 부분에 설치해야 하는 감지기의 최소 수량은? (단, 감지기의 부착높이는 바닥으로부터 4.5m 이고, 보상식 스포트형 1종을 설치한다.)

① 6개   ② 7개

③ 8개   ④ 9개

advice

소방대상물이 내화구조이고, 부착높이 4.5m이므로, 4m 이상 8m 이하에 해당한다.

이 경우 보상식 스포트형 1종은 45m² 마다 1개 이상 설치하여야 한다.

$\frac{370}{45} = 8.2$ 개 이므로 보상식 스포트형 1종 감지기 9개를 설치해야 한다.

(단위 m²)

부착높이 및 특정소방대상물의 구분		감지기의 종류						
		차동식 스포트형		보상식 스포트형		정온식 스포트형		
		1종	2종	1종	2종	특종	1종	2종
4m 미만	주요구조부를 내화구조로 한 특정소방대상물 또는 부 부분	90	70	90	70	70	60	20
	기타 구조의 특정소방대상물 또는 그 부분	50	40	50	40	40	30	15
4m 이상 8m 미만	주요구조부를 내화구조로 한 특정소방대상물 또는 그 부분	45	35	45	35	35	30	
	기타 구조의 특정소방대상물 또는 그 부분	30	25	30	25	25	15	

2018 2014

75 자동화재탐지설비의 경계구역 설정 기준으로 옳은 것은?

① 하나의 경계구역이 3개 이상의 건축물에 미치지 아니하도록 하여야 한다.

② 하나의 경계구역의 면적은 500m² 이하로 하고 한 변의 길이는 60m 이하로 하여야 한다.

③ 지하구의 경우 하나의 경계구역의 길이는 700m 이하로 하여야 한다.

④ 특정소방대상물의 주된 출입구에서 그 내부 전체가 보이는 것에 있어서는 한 변의 길이가 100m의 범위 내에서 1,500m² 이하로 할 수 있다.

advice

① 하나의 경계구역이 2개 이상의 건축물에 미치지 아니하도록 하여야 한다.

② 하나의 경계구역 면적은 600m² 이하로 하고 한변의 길이는 50m 이하로 하여야 한다.

④ 특정소방대상물의 주된 출입구에서 그 내부 전체가 보이는 것에 있어서는 한 변의 길이가 50m 범위 내에서 1,000m² 이하로 할 수 있다.

※ 경계구역 설정 기준

㉠ 하나의 경계구역이 2개 이상의 건축물에 미치지 아니하도록 할 것

㉡ 하나의 경계구역이 2개 이상의 층에 미치지 아니하도록 할 것. 다만, 500m² 이하의 범위안에서는 2개의 층을 하나의 경계구역으로 할 수 있다

㉢ 하나의 경계구역의 면적은 600m² 이하로 하고 한 변의 길이는 50m 이하로 할 것. 다만, 해당 특정소방대상물의 주된 출입구에서 그 내부 전체가 보이는 것에 있어서는 한 변의 길이가 50m의 범위 내에서 1,000m² 이하로 할 수 있다.

㉣ 지하구의 경우 하나의 경계구역의 길이는 700m 이하로 할 것

Answer 74.④   75.③

76 피난구유도등의 설치제외 기준 중 틀린 것은?

① 거실 각 부분으로부터 하나의 출입구에 이르는 보행거리가 20m 이하이고 비상조명등과 유도표지가 설치된 거실의 출입구

② 바닥면적이 500m² 미만인 층으로서 옥내로부터 직접 지상으로 통하는 출입구(외부의 식별이 용이하지 않은 경우에 한함)

③ 출입구가 3 이상 있는 거실로서 그 거실 각 부분으로부터 하나의 출입구에 이르는 보행거리가 30m 이하인 경우에는 주된 출입구 2개소외의 출입구 (유도표지가 부착된 출입구)

④ 거실 각 부분으로부터 쉽게 도달할 수 있는 출입구

| advice |

바닥면적이 1,000m² 미만인 층으로서 옥내로부터 직접 지상으로 통하는 출입구(외부의 식별이 용이한 경우에 한함)

※ 피난구유도등 설치제외

ㄱ 바닥면적이 1,000m² 미만인 층으로서 옥내로부터 직접 지상으로 통하는 출입구(외부의 식별이 용이한 경우에 한한다)

ㄴ 거실 각 부분으로부터 쉽게 도달할 수 있는 출입구

ㄷ 거실 각 부분으로부터 하나의 출입구에 이르는 보행거리가 20m 이하이고 비상조명등과 유도표지가 설치된 거실의 출입구

ㄹ 출입구가 3 이상 있는 거실로서 그 거실 각 부분으로부터 하나의 출입구에 이르는 보행거리가 30m 이하인 경우에는 주된 출입구 2개소외의 출입구(유도표지가 부착된 출입구를 말한다). 다만, 공연장·집회장·관람장·전시장·판매시설·운수시설·숙박시설·노유자시설·의료시설·장례식장의 경우에는 그러하지 아니하다.

77 각 설비와 비상전원의 최소용량 연결이 틀린 것은?

① 비상콘센트설비 – 20분 이상

② 제연설비 – 20분 이상

③ 비상경보설비 – 20분 이상

④ 무선통신보조설비의 증폭기 – 30분 이상

| advice |

비상경보설비의 비상전원은 60분 감시 후 10분 이상 경보할 수 있어야 한다.

축전지용량	설비의 종류
10분 이상	자동화재탐지설비, 비상경보설비, 자동화재속보설비
20분 이상	유도등, 비상콘센트, 제연설비, 물분무소화설비, 옥내소화전설비(30층 미만), 특별피난계단의 계단실 및 부속실 제연설비(30층 미만)
30분 이상	무선통신보조설비 증폭기
40분 이상	옥내소화전설비(30~40층 이하), 특별피난계단의 계단실 및 부속실 제연설비(30층~49층 이하), 연결송수관설비(30층~49층 이하), 스프링클러설비(30층~49층 이하)
60분 이상	• 유도등, 비상조명등(지하상가 및 11층 이상), 옥내소화전설비(50층 이상), 특별피난계단의 계단실 및 부속실 제연설비(50층 이상), 연결송수관설비(50층 이상) • 스프링클러설비(50층 이상)

2016 2014

78 비상방송설비의 배선의 설치기준 중 부속회로의 전로와 대지 사이 및 배선상호간의 절연저항은 1 경계구역마다 직류 250V의 절연저항측정기를 사용하여 측정한 절연저항이 몇 MΩ 이상이 되도록 해야 하는가?

① 0.1

② 0.2

③ 10

④ 20

advice

비상방송설비의 전원회로 중 부속회로의 전로와 대지 사이 및 배선 상호간의 절연저항은 1경계구역마다 <u>직류 250V의 절연저항 측정기</u>를 사용하여 측정한 절연저항이 <u>0.1MΩ 이상</u> 되도록 한다.

79 감지기의 부착면과 실내 바닥과의 거리가 2.3m 이하인 곳으로서 일시적으로 발생한 열·연기 또는 먼지 등으로 인하여 화재신호를 발신할 우려가 있는 장소에 적응성이 있는 감지기가 아닌 것은?

① 불꽃감지기

② 축적방식의 감지기

③ 정온식감지선형감지기

④ 광전식스포트형감지기

advice

광전식스포트형감지기는 4m 미만 또는 4m 이상 15m 미만, 1종인 경우 15m 이상 20m 미만의 장소에 설치한다.

※ <u>지하층·무창층 등으로서 환기가 잘되지 아니하거나 실내 면적이 40m² 미만인 장소, 감지기의 부착면과 실내바닥과 의 거리가 2.3m 이하인 곳으로서 일시적으로 발생한 열·연기 또는 먼지 등으로 인하여 화재신호를 발신할 우려가 있는 장소</u>(수신기를 설치한 장소를 제외)에는 다음에서 정한 감지기 중 적응성 있는 감지기를 설치하여야 한다.
    ㉠ 불꽃감지기
    ㉡ 정온식감지선형감지기
    ㉢ 분포형감지기

㉣ 복합형감지기
㉤ 광전식분리형감지기
㉥ 아날로그방식의 감지기
㉦ 다신호방식의 감지기
㉧ 축적방식의 감지기

2015 2014

80 비상방송설비의 음향장치의 설치기준 중 다음 ( ) 안에 알맞은 것으로 연결된 것은?

> 층수가 5층 이상으로서 연면적이 3,000m²를 초과하는 특정소방대상물의 (㉠) 이상의 층에서 발화한 때에는 발화층 및 그 직상층에, (㉡)에서 발화한 때에는 발화층·그 직상층 및 지하층에, (㉢)에서 발화한 때에는 발화층·그 직상층 및 기타의 지하층에 경보를 발할 것

① ㉠ 2층, ㉡ 1층, ㉢ 지하층

② ㉠ 1층, ㉡ 2층, ㉢ 지하층

③ ㉠ 2층, ㉡ 지하층, ㉢ 1층

④ ㉠ 2층, ㉡ 1층, ㉢ 모든 층

advice

층수가 5층 이상으로서 연면적이 3,000m²를 초과하는 특정소방대상물은 다음과 같이 경보를 발할 수 있도록 하여야 한다.

㉠ <u>2층 이상의 층</u>에서 발화한 때에는 발화층 및 그 직상층에 경보를 발할 것

㉡ <u>1층</u>에서 발화한 때에는 발화층·그 직상층 및 지하층에 경보를 발할 것

㉢ <u>지하층</u>에서 발화한 때에는 발화층·그 직상층 및 기타의 지하층에 경보를 발할 것

Answer **78.**① **79.**④ **80.**①

2017년 제2회 소방설비기사 [전기분야]

시험일정	시험유형	시험시간	시험과목
2017.05.07	필 기	120분	1 소방원론 2 소방전기일반 3 소방관계법규 4 소방전기시설의 구조 및 원리

수험번호		성 명	

1과목 소방원론

01 표면온도가 300℃에서 안전하게 작동하도록 설계된 히터의 표면온도가 360℃로 상승하면 300℃에 비하여 약 몇 배의 열을 방출할 수 있는가?

① 1.1배   ② 1.5배

③ 2.0배   ④ 2.5배

advice

슈테판-볼츠만의 법칙(Stefan-Boltzmann's law)

$$\frac{Q_2}{Q_1} = \frac{(273 + t_2)^4}{(273 + t_1)^4}$$

$$\therefore \ \frac{Q_2}{Q_1} = \frac{(273 + 360)^4}{(273 + 300)^4} \fallingdotseq 1.5$$

02 화재를 소화하는 방법 중 물리적 방법에 의한 소화가 아닌 것은?

① 억제소화   ② 제거소화

③ 질식소화   ④ 냉각소화

advice

억제소화(부촉매소화) … 화학적 소화로서 할로겐화합물소화약제가 고온의 화염에 접하면 그 일부가 분해되어 유리할로겐이 발생되고 이 유리할로겐이 가연물의 활성기(H^-, OH^-)와 반응하여 연쇄반응(chain reaction)을 차단한다.

2014
03 동식물유류에서 "요오드값이 크다"라는 의미를 옳게 설명한 것은?

① 불포화도가 높다.

② 불건성유이다.

③ 자연발화성이 낮다.

④ 산소와의 결합이 어렵다.

advice

요오드값 … 유지 100g에 부가되는 요오드의 g수. 불포화도가 증가할수록 요오드값이 증가하며, 자연발화의 위험이 있다.

Answer   01.②   02.①   03.①

04 건물화재의 표준시간−온도곡선에서 화재발생 후 1시간이 경과할 경우 내부 온도는 약 몇 ℃ 정도 되는가?

① 225　　　　　② 625

③ 840　　　　　④ 925

advice

내화건축물의 표준화재 온도곡선

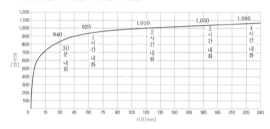

2019

05 에테르, 케톤, 에스테르, 알데히드, 카르복실산, 아민 등과 같은 가연성인 수용성 용매에 유효한 포소화약제는?

① 단백포　　　　② 수성막포

③ 불화단백포　　④ 내알코올포

advice

내알코올포 소화약제 … 물과 친화력이 있는 알코올과 같은 수용성 용매(극성 용매)의 화재에 보통의 포소화약제를 사용하면 수용성 용매가 포 속의 물을 탈취하여 포가 파괴되기 때문에 효과를 잃게 된다. 이와 같은 현상은 온도가 높아지면 더욱 뚜렷이 나타나는데 이같은 단점을 보완하기 위하여 단백질의 가수분해물에 금속비누를 계면활성제 등으로 사용하여 유화, 분산시킨 포소화약제이다.

06 다음 중 연소 시 아황산가스를 발생시키는 것은?

① 적린

② 유황

③ 트리에틸알루미늄

④ 황린

advice

유황은 공기 중에서 연소하면 푸른 빛을 내고 아황산가스를 발생하는데 아황산가스는 독성이 있다.

$S + O_2 \rightarrow SO_2$

07 프로판 50vol.%, 부탄 40vol.%, 프로필렌 10vol.%로 된 혼합가스의 폭발하한계는 약 몇 vol.%인가? (단, 각 가스의 폭발하한계는 프로판은 2.2vol.%, 부탄은 1.9vol.%, 프로필렌은 2.4vol.%이다.)

① 0.83　　　　　② 2.09

③ 5.05　　　　　④ 9.44

advice

혼합가스의 폭발범위(르 샤틀리에의 공식)

$$\frac{100}{L} = \frac{V_1}{L_1} + \frac{V_2}{L_2} + \frac{V_3}{L_3} + \cdots$$

(단, $V_1 + V_2 + V_3 + \cdots + V_n = 100$)

여기서, L : 혼합가스의 폭발하한계(%)

L_1, L_2, L_3, $\cdots$: 각 성분의 폭발하한계(%)

V_1, V_2, V_3, $\cdots$: 각 성분의 체적(%)

$$\frac{100}{L} = \frac{50}{2.2} + \frac{40}{1.9} + \frac{10}{2.4} = 47.95$$

$$\therefore L = \frac{100}{47.95} = 2.09$$

Answer　04.④　05.④　06.②　07.②

(2019) (2015)

08

화재 시 이산화탄소를 사용하여 화재를 진압하려고 할 때 산소의 농도를 13vol%로 낮추어 화재를 진압하려면 공기 중 이산화탄소의 농도는 약 몇 vol%가 되어야 하는가?

① 18.1　　　② 28.1

③ 38.1　　　④ 48.1

advice

$$\%CO_2 = \frac{21 - 한계산소농도}{21} \times 100$$

$$= \frac{21 - 13}{21} \times 100 ≒ 38.1$$

09

화재의 소화원리에 따른 소화방법의 적용으로 틀린 것은?

① 냉각소화 : 스프링클러설비

② 질식소화 : 이산화탄소소화설비

③ 제거소화 : 포소화설비

④ 억제소화 : 할로겐화합물소화설비

advice

포소화설비의 경우 질식소화에 해당한다.

10

다음 원소 중 수소와의 결합력이 가장 큰 것은?

① F　　　② Cl

③ Br　　　④ I

advice

수소결합 … 전기음성도가 큰 원소인 F, O, N에 직접 결합된 수소원자와 근처에 있는 다른 F, O, N 원자에 있는 비공유전자쌍 사이에 작용하는 분자 간의 인력

11

다음 중 열전도율이 가장 작은 것은?

① 알루미늄　　　② 철재

③ 은　　　④ 암면(광물섬유)

advice

① 196kcal/℃

② 62kcal/℃

③ 360kcal/℃

④ 0.09 ~ 0.13kcal/℃

12

가연물이 연소가 잘 되기 위한 구비조건으로 틀린 것은?

① 열전도율이 클 것

② 산소와 화학적으로 친화력이 클 것

③ 표면적이 클 것

④ 활성화에너지가 작을 것

advice

가연성 물질이 되기 위한 조건

㉠ 산소와 화합될 때 생기는 연소열이 많아야 한다.

㉡ 열전도율이 적어야 한다.

㉢ 화학반응을 일으킬 때 활성화에너지가 작아야 한다(발열반응을 일으키는 물질이어야 한다).

(2014)

13

위험물의 유별 성질이 자연발화성 및 금수성 물질은 제 몇 류 위험물인가?

① 제1류 위험물　　　② 제2류 위험물

③ 제3류 위험물　　　④ 제4류 위험물

advice

① 제1류 위험물(산화성 고체)

② 제2류 위험물(가연성 고체)

④ 제4류 위험물(인화성 액체)

Answer 08.③　09.③　10.①　11.④　12.①　13.③

14 질식소화 시 공기 중의 산소농도는 일반적으로 약 몇 vol.% 이하로 하여야 하는가?

① 25   ② 21

③ 19   ④ 15

advice

공기 중의 산소농도가 12~15vol.% 이하가 되면 질식소화가 된다.

15 주성분이 인산염류인 제3종 분말소화약제가 다른 분말소화약제와 다르게 A급 화재에 적용할 수 있는 이유는?

① 열분해 생성물인 CO_2가 열을 흡수하므로 냉각에 의하여 소화된다.

② 열분해 생성물인 수증기가 산소를 차단하여 탈수작용을 한다.

③ 열분해 생성물인 메타인산(HPO_3)이 산소의 차단역할을 하므로 소화가 된다.

④ 열분해 생성물인 암모니아가 부촉매작용을 하므로 소화가 된다.

advice

제3종 분말소화약제는 다른 분말소화약제와 달리 A급 화재에서도 적용할 수 있는 이유

㉠ 제1인산암모늄이 열분해될 때 생성되는 Ortho 인산이 목재, 섬유, 종이 등을 구성하고 있는 섬유소를 탈수 탄화시켜 난연성의 탄소와 물로 변화시키기 때문에 연소반응이 중단된다.

㉡ 섬유소를 탈수 탄화시킨 Ortho 인산은 다시 고온에서 위의 반응식과 같이 열분해되어 최종적으로 가장 안정된 유리상의 메타인산(HPO_3)이 된다.

$$NH_4H_2PO_4 \rightarrow HPO_3 + NH_3 + H_2O$$

2014

16 건축물의 피난동선에 대한 설명으로 틀린 것은?

① 피난동선은 가급적 단순한 형태가 좋다.

② 피난동선은 가급적 상호 반대방향으로 다수의 출구와 연결되는 것이 좋다.

③ 피난동선은 수평동선과 수직동선으로 구분된다.

④ 피난동선은 복도, 계단을 제외한 엘리베이터와 같은 피난전용의 통행구조를 말한다.

advice

피난동선 … 복도, 통로, 계단과 같은 피난전용의 통행구조

17 유류탱크 화재 시 발생하는 슬롭오버(Slop over) 현상에 관한 설명으로 틀린 것은?

① 소화 시 외부에서 방사하는 포에 의해 발생한다.

② 연소유가 비산되어 탱크 외부까지 화재가 확산된다.

③ 탱크의 바닥에 고인 물의 비등팽창에 의해 발생한다.

④ 연소면의 온도가 100℃ 이상일 때 물을 주수하면 발생한다.

advice

③ 보일오버현상에 해당한다.

Answer   14.④   15.③   16.④   17.③

18 공기와 할론 1301의 혼합기체에서 할론 1301에 비해 공기의 확산속도는 약 몇 배인가? (단, 공기의 평균분자량은 29, 할론 1301의 분자량은 149이다.)

① 2.27배

② 3.85배

③ 5.17배

④ 6.46배

advice

$$\frac{v_{Air}}{v_{CF_3Br}} = \sqrt{\frac{149g/mol}{29g/mol}} \fallingdotseq 2.27$$

(2018)

19 탄화칼슘이 물과 반응할 때 발생되는 기체는?

① 일산화탄소

② 아세틸렌

③ 황화수소

④ 수소

advice

탄산칼슘은 물과 심하게 반응하여 수산화칼슘과 아세틸렌을 만들며, 공기 중 수분과 반응하여도 아세틸렌을 발생한다.

$CaC_2 + 2H_2O \rightarrow Ca(OH)_2 + C_2H_2$

20 내화구조의 기준 중 벽의 경우 벽돌조로서 두께가 최소 몇 cm 이상이어야 하는가?

① 5

② 10

③ 12

④ 19

advice

모든 벽에 대한 내화구조의 기준

• 철근콘크리트조 또는 철골콘크리트조로 두께가 10cm 이상인 것

• 골구를 철골조로 하고 그 양면을 두께 4cm 이상의 철망모르타르(그 바름바탕을 불연재료로 하지 아니한 것을 제외) 또는 두께 5cm 이상의 콘크리트 블록·벽돌 또는 석재로 덮은 것

• 철재로 보강된 콘크리트블록조, 벽돌조 또는 석조로서 철재에 덮은 두께가 5cm 이상인 것

• 벽돌조에서 두께가 19cm 이상인 것

• 고온·고압의 증기로 양생된 콘크리트 패널 또는 경량 기포 콘크리트블록조로서 두께가 10cm 이상인 것

2과목 소방전기일반

21 다음과 같은 회로에서 a–b간의 합성저항은 몇 Ω 인가?

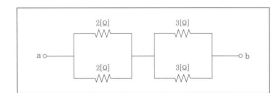

① 2.5　　　　② 5

③ 7.5　　　　④ 10

advice

$$R_T = \frac{R_1 \cdot R_2}{R_1 + R_2} + \frac{R_3 \cdot R_4}{R_3 + R_4}$$

$$= \frac{2 \times 2}{2 + 2} + \frac{3 \times 3}{3 + 3} = 1 + 1.5 = 2.5$$

※ 동일한 저항이 2개 병렬일 경우는 합성저항을 한 개 저항 값의 $\frac{1}{2}$ 이다.

(2014)

22 그림은 개루프 제어계의 신호전달 계통도이다. 다음 ( ) 안에 알맞은 제어계의 동작요소는?

① 제어량　　　　② 제어대상

③ 제어장치　　　　④ 제어요소

advice

개루프 제어계의 그림으로서 제어기의 출력이 제어대상에 전달된다.

(2017)

23 3상 농형유도전동기의 기동방식으로 옳은 것은?

① 분상기동형

② 콘덴서기동형

③ 기동보상기법

④ 셰이딩일체형

advice

3상 농형유도전동기의 기동법
• 전전압 기동법(직입기동법)
• Y-△ 기동법
• 리액터 기동법
• 기동보상기법
• 콘도르퍼 기동법

24 제어기기 및 전자회로에서 반도체 소자별 용도에 대한 설명 중 틀린 것은?

① 서미스터 : 온도보상용으로 사용

② 사이리스터 : 전기신호를 빛으로 변환

③ 제너다이오드 : 정전압소자(전원전압을 일정하게 유지)

④ 바리스터 : 계전기 접점에서 발생하는 불꽃소거에 사용

advice

사이리스터는 SCR(Silicon Controlled Rectifier)이라고도 하며, 주로 대용량 전류를 제어하는 반도체 스위칭 소자이다.

Answer　21.①　22.②　23.③　24.②

25 2차계에서 무제동으로 무한진동이 일어나는 감쇠율(damping ration) δ는 어떤 경우인가?

① $\delta = 0$　　　　② $\delta > 1$

③ $\delta = 1$　　　　④ $0 < \delta < 1$

advice

감쇠율	특징
$\delta = 0$	무제동
$\delta > 1$	과제동
$\delta < 1$	임계제동
$0 < \delta < 1$	감쇠제동

26 $R-L-C$ 회로의 전압과 전류 파형의 위상차에 대한 설명으로 틀린 것은?

① $R-L$ 병렬 회로 : 전압과 전류는 동상이다.

② $R-L$ 직렬 회로 : 전압이 전류보다 θ만큼 앞선다.

③ $R-C$ 병렬 회로 : 전류가 전압보다 θ만큼 앞선다.

④ $R-C$ 직렬 회로 : 전류가 전압보다 θ만큼 앞선다.

advice

기본적으로 인덕턴스 $L[\text{H}]$은 전류를 지연시키고, 캐패시턴스 $C[\text{F}]$는 전압을 지연시킨다. 그리고 저항 $R[\text{ohm}]$은 전압과 전류를 동상으로 유지하려고 한다.

그러므로 $R-L$ 병렬회로와 직렬회로는 전류가 전압보다 위상이 뒤진다(지상전류). 즉, 전압이 전류보다 위상이 앞선다고 말한다.

또한 $R-C$ 병렬회로 또는 직렬회로는 전압이 전류보다 앞선다(진상전류).

27 지름 8mm의 경동선 1km의 저항을 측정하였더니 0.63536Ω이었다. 같은 재료로 지름 2mm, 길이 500m의 경동선의 저항은 약 몇 Ω인가?

① 2.8　　　　② 5.1

③ 10.2　　　　④ 20.4

advice

저항 $R = \rho \dfrac{l}{A} = \rho \dfrac{l}{\pi \cdot r^2}[\Omega]$이므로,

($\rho[\Omega \cdot \text{m}]$: 고유 저항율, $A[\text{mm}^2]$: 전선의 단면적, $l[\text{m}]$: 전선의 길이)

고유저항율 $\rho = \dfrac{R \cdot \pi \cdot r^2}{l}$

$= \dfrac{0.63536 \times \pi \times 0.004^2}{1,000}$

$= R \cdot \pi \fallingdotseq 3.19 \times 10^{-8}[\Omega \cdot \text{m}]$

경동선의 저항 $R = \rho \dfrac{l}{A}$

$= \rho \dfrac{l}{\pi \cdot r^2} = 3.19 \times 10^{-8} \times \dfrac{500}{\pi \times 0.001^2}$

$\fallingdotseq 5.1 [\Omega]$

28 정현파 교류의 최댓값이 100V인 경우 평균값은 몇 V인가? (단, π는 3.14)

① 45.04　　　　② 50.64

③ 63.69　　　　④ 69.34

advice

정현파 평균값 $V_{av} = \dfrac{2}{\pi} V_m = 0.6369 V_m$

정현파 실효값 $V = \dfrac{1}{\sqrt{2}} V_m = 0.707 V_m$

$\therefore V_{av} = \dfrac{2}{\pi} V_m \fallingdotseq 0.6369 \times 100 \fallingdotseq 63.69$

Answer　25.①　26.①　27.②　28.③

29 자동제어 중 플랜트나 생산공정 중의 상태량을 제어량으로 하는 제어방법은?

① 정치제어

② 추종제어

③ 비율제어

④ 프로세스제어

advice

제어의 종류에는 서보기구, 프로세스제어, 자동조정이 있다.

㉠ 서보기구 : 제어량이 <u>위치, 자세, 방위</u> 등을 제어량으로 함

㉡ 프로세스제어 : 제어량이 온도, 유량, 압력, 액면 등을 제어량으로 함, 플랜트설비와 생산공정 중의 상태량을 제어량으로 함

㉢ 자동조정 : 전압, 전류, 주파수, 회전속도, 장력 등을 제어량으로 함

※ 제어량에 의한 제어를 분류하면 비율제어, 추종제어, 정치제어, 프로그램제어 등이 있다.

　㉠ 추종제어 : 시간적 변화를 하는 목표값에 제어량을 추종시키는 제어로 서보기구가 이에 해당

　㉡ 비율제어 : 둘이상의 제어량을 일정 비율로 제어

　㉢ 프로그램제어 : 목표값이 미리 정해진 시간적 변화를 하는 경우 제어량을 그것에 따라가도록 하는 제어

　㉣ 정치제어 : 일정한 목표값을 유지하는 제어로 프로세스제어, 자동조정이 해당

30 자동화재탐지설비의 감지기 회로의 길이가 500m 이고, 종단에 8kΩ의 저항이 연결되어 있는 회로에 24V의 전압이 가해졌을 경우 도통 시험 시 전류는 약 몇 mA인가? (단, 동선의 저항률은 1.69×10^{-8} Ω·m이며, 동선의 단면적은 2.5mm²이고, 접촉저항 등은 없다고 본다.)

① 2.4

② 3.0

③ 4.8

④ 6.0

advice

저항 $R = \rho \dfrac{l}{A} = \rho \dfrac{l}{\pi \cdot r^2}$ [Ω]

(ρ [Ω·m] : 고유 저항율, A [mm²] : 전선의 단면적, l [m] : 전선의 길이)

배선의 저항은 $R = \rho \dfrac{l}{A}$ [Ω]

$$= 1.69 \times 10^{-8} \times \dfrac{500}{2.5 \times 10^{-6}} = 3.38$$

∵ 2.5 [mm²] $= 2.5 \times 10^{-6}$ [m²]

$I = \dfrac{V}{R + R_e} = \dfrac{24}{3.38 + (8 \times 10^3)} = 3 \times 10^{-3}$ [A] $= 3$ [mA]

(R_e : 종단저항)

31 그림과 같은 회로 A, B 양단에 전압을 인가하여 서서히 상승시킬 때 제일 먼저 파괴되는 콘텐서는? (단, 유전체의 재질 및 두께는 동일한 것으로 한다.)

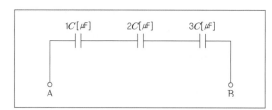

① $1C$

② $2C$

③ $3C$

④ 모두

advice

캐패시턴스에 걸리는 전압 $V_C = I \cdot X_C = I \cdot \dfrac{1}{w\,C}$ 이므로 캐패시턴스에 걸리는 전압은 C와 반비례 관계가 된다.

그러므로 A, B양단에 일정 전압을 인가할 경우 각 캐패시터에 인가되는 전압의 비율은

$V_1 : V_2 : V_3 = \dfrac{1}{1} : \dfrac{1}{2} : \dfrac{1}{3} = 6 : 3 : 2$ 이 된다.

그러므로 전압을 A, B 양단에 상승시킬 경우 캐패시턴스 $1C$에 걸리는 전압이 제일 높게 인가되므로 제일 먼저 파괴된다.

Ａnswer　**29.**④　**30.**②　**31.**①

32 정현파 교류회로에서 최댓값은 V_m, 평균값은 V_{av} 일 때 실효값(V)은?

① $\dfrac{\pi}{\sqrt{2}}\,V_m$ ② $\dfrac{\pi}{2\sqrt{2}}\,V_{av}$

③ $\dfrac{\pi}{2\sqrt{2}}\,V_m$ ④ $\dfrac{1}{\pi}\,V_m$

advice

정현파 평균값 $V_{av} = \dfrac{2}{\pi}\,V_m = 0.637\,V_m$

정현파 실효값 $V = \dfrac{1}{\sqrt{2}}\,V_m = 0.707\,V_m$

실효값 $V = \dfrac{1}{\sqrt{2}}\,V_m = \dfrac{\pi}{2\sqrt{2}}\,V_{av}$

(2014)

33 직류 전압계의 내부저항이 500Ω, 최대 눈금이 50V라면, 이 전압계에 3kΩ의 배율기를 접속하여 전압을 측정할 때 최대 측정치는 몇 V인가?

① 250   ② 303

③ 350   ④ 500

advice

배율기에서 측정전압 $V_0 = V\left(1 + \dfrac{R_m}{R_g}\right)[\mathrm{V}]$

여기서, V_0 : 측정하고자하는 전압, V : 전압계 최대전압,
R_m : 배율기 저항, R_g : 전압계 내부저항

$\therefore\ V_0 = V\left(1 + \dfrac{R_m}{R_g}\right) = 50 \times \left(1 + \dfrac{3 \times 10^3}{500}\right) = 350\,[\mathrm{V}]$

(2016)

34 저항 R_1, R_2와 인덕턴스 L의 직렬회로가 있다. 이 회로의 시정수는?

① $-\dfrac{R_1 + R_2}{L}$ ② $\dfrac{R_1 + R_2}{L}$

③ $-\dfrac{L}{R_1 + R_2}$ ④ $\dfrac{L}{R_1 + R_2}$

advice

$R - L$ 직렬회로의 시정수는 $\tau = \dfrac{L}{R}$ 이다.

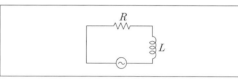

$\therefore$ 저항 R_1과 R_2가 직렬로 연결되어 있고, 인덕터스 L이 직렬로 연결되어 있는 회로이므로, $\tau = \dfrac{L}{R_1 + R_2}\,[\mathrm{s}]$

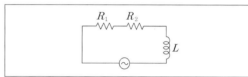

(2015)

35 화재 시 온도상승으로 인해 저항값이 감소하는 반도체 소자는?

① 서미스터(NTC)   ② 서미스터(PTC)
③ 서미스터(CTR)   ④ 바리스터

advice

① NTC : NTC 서미스터는 온도상승에 따라 저항값이 감소하는 반도체 소자로서 선형성이 좋아 화재감지용 센서로 많이 쓰임.
② PTC : PTC 서미스터는 온도상승에 따라 저항값이 증가하는 반도체 소자
③ CTR : CTR 서미스터는 온도상승에 따라 특정온도 부분에서 급격히 증가하는 소자
④ 바리스터 : 높은 전압에 큰 저항변화를 일으키는 소자로서 서지전압 보호용으로 회로보호용으로 이용됨

Answer 32.② 33.③ 34.④ 35.①

36 (2015)
$Y-\triangle$ 기동방식으로 운전하는 3상 농형유도전동기의 Y결선의 기동전류(I_Y)와 $\triangle$결선의 기동전류($I_\triangle$)의 관계로 옳은 것은?

① $I_Y = \dfrac{1}{3} I_\triangle$　　② $I_Y = \sqrt{3} I_\triangle$

③ $I_Y = \dfrac{1}{\sqrt{3}} I_\triangle$　　④ $I_Y = \dfrac{\sqrt{3}}{2} I_\triangle$

advice

$Y-\triangle$ 기동은 급격한 기동 전류로 인한 전동기의 손상을 방지하기 위한 기동방식으로서 정격전류의 $\dfrac{1}{3}$로 감소된다.

$I_Y = \dfrac{1}{3} I_\triangle$($I_Y$: Y 결선 전류, $I_\triangle$: $\triangle$결선 전류)

37 그림과 같은 회로에 전압 $v = \sqrt{2}\,V\sin\omega t[\mathrm{V}]$를 인가하였을 때 옳은 것은?

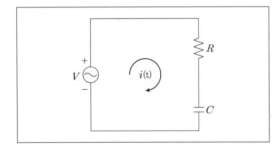

① 역률 : $\cos\theta = \dfrac{R}{\sqrt{R^2 + \omega C^2}}$

② i의 실효값 : $I = \dfrac{V}{\sqrt{R^2 + \omega C^2}}$

③ 전압과 전류의 위상차 : $\theta = \tan^{-1}\dfrac{R}{\omega C}$

④ 전압평형방정식 : $Ri + \dfrac{1}{C}\int i\,dt = \sqrt{2}\,V\sin\omega t$

advice

- 역률 $pf = \cos\theta = \dfrac{R}{\sqrt{R^2 + \left(\dfrac{1}{\omega C}\right)^2}}$

- 실효값 $I = \dfrac{V}{\sqrt{R^2 + \left(\dfrac{1}{\omega C}\right)^2}}$

- 위상차 $\theta = \tan^{-1}\dfrac{1}{\omega CR}$

- 전압방정식

$v = V_m\sin\omega t = \sqrt{2}\,V\sin\omega t = i\cdot R + \dfrac{1}{C}\int i\,dt$

38 다음 무접점회로의 논리식(X)은?

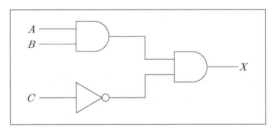

① $A\cdot B + \overline{C}$

② $A + B + \overline{C}$

③ $(A + B)\cdot\overline{C}$

④ $A\cdot B\cdot\overline{C}$

advice

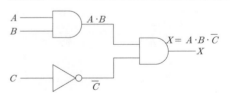

Answer　36.①　37.④　38.④

39 동선의 저항이 20℃일 때 0.8Ω이라 하면 60℃일 때의 저항은 약 몇 Ω인가? (단, 동선의 20℃의 온도계수는 0.0039이다.)

① 0.034 ② 0.925

③ 0.644 ④ 2.4

advice

온도계수가 적용된 온도변화에 따른 저항식은
$R_2 = R_1(1 + \alpha_{0t}(t_2 - t_1))$
(R_1 : 온도 t_1에서의 저항, R_2 : 온도 t_2에서의 저항, α_{0t} : 처음온도에서의 저항계수, t_1 : 처음온도, t_2 : 나중온도)
$R_2 = R_1(1 + \alpha_{0t}(t_2 - t_1)) = 0.8 \times (1 + 0.0039 \times (60 - 20))$
$\approx 0.925 [ohm]$

40 어떤 전지의 부하로 6Ω을 사용하니 3A의 전류가 흐르고, 이 부하에 직렬로 4Ω을 연결했더니 2A가 흘렀다. 이 전지의 기전력은 몇 V인가?

① 8 ② 16

③ 24 ④ 32

advice

이 회로의 전압방정식은
$E = V + I \cdot r = I \cdot R + I \cdot r = I(R + r)$
$E = I(R + r) = 3(6 + r) = 18 + 3r$ .... ①
$E = I(R + r) = 2(6 + 4 + r) = 20 + 2r$ .... ②
①, ②식을 풀면
$18 + 3r = 20 + 2r,\ r = 2[ohm]$
$\therefore E = 18 + 3r = 18 + 3 \times 2 = 24[V]$

3과목 소방관계법규

41 화재예방, 소방시설 설치·유지 및 안전관리에 관한 법상 특정소방대상물의 관계인이 소방시설에 폐쇄(잠금을 포함)·차단 등의 행위를 하여서 사람을 상해에 이르게 한 때에 대한 벌칙기준으로 옳은 것은?

① 10년 이하의 징역 또는 1억 원 이하의 벌금

② 7년 이하의 징역 또는 7,000만 원 이하의 벌금

③ 5년 이하의 징역 또는 5,000만 원 이하의 벌금

④ 3년 이하의 징역 또는 3,000만 원 이하의 벌금

advice

벌칙〈「화재예방, 소방시설 설치·유지 및 안전관리에 관한 법률」제48조〉
① 소방시설에 폐쇄·차단 등의 행위를 한 자는 5년 이하의 징역 또는 5천만 원 이하의 벌금에 처한다.
② ①의 죄를 범하여 사람을 상해에 이르게 한 때에는 7년 이하의 징역 또는 7천만 원 이하의 벌금에 처하며, 사망에 이르게 한 때에는 10년 이하의 징역 또는 1억 원 이하의 벌금에 처한다.

42 소방기본법령상 불꽃을 사용하는 용접·용단 기구의 용접 또는 용단 작업장에서 지켜야 하는 사항 중 다음 ( ) 안에 알맞은 것은?

> • 용접 또는 용단 작업자로부터 반경 (㉠)m 이내에 소화기를 갖추어 둘 것
> • 용접 또는 용단 작업장 주변 반경 (㉡)m 이내에는 가연물을 쌓아두거나 놓아두지 말 것. 다만, 가연물의 제거가 곤란하여 방지포 등으로 방호 조치를 한 경우는 제외한다.

① ㉠ 3, ㉡ 5
② ㉠ 5, ㉡ 3
③ ㉠ 5, ㉡ 10
④ ㉠ 10, ㉡ 5

advice

보일러 등의 위치·구조 및 관리와 화재예방을 위하여 불의 사용에 있어서 지켜야 하는 사항〈「소방기본법 시행령」 별표 1 참고〉

종류	내용
불꽃을 사용하는 용접·용단 기구	용접 또는 용단 작업장에서는 다음의 사항을 지켜야 한다. 다만, 「산업안전보건법」의 적용을 받는 사업장의 경우에는 적용하지 아니한다. 1. 용접 또는 용단 작업자로부터 반경 5m 이내에 소화기를 갖추어 둘 것 2. 용접 또는 용단 작업장 주변 반경 10m 이내에는 가연물을 쌓아두거나 놓아두지 말 것. 다만, 가연물의 제거가 곤란하여 방지포 등으로 방호조치를 한 경우는 제외한다.

43 화재위험도가 낮은 특정소방대상물 중 소방대가 조직되어 24시간 근무하고 있는 청사 및 차고에 설치하지 아니할 수 있는 소방시설이 아닌 것은?

① 자동화재탐지설비
② 연결송수관설비
③ 피난기구
④ 비상방송설비

advice

소방시설을 설치하지 아니할 수 있는 특정소방대상물 및 소방시설의 범위〈「화재예방, 소방시설 설치·유지 및 안전관리에 관한 법률 시행령」 별표 7〉

구분	특정소방대상물	소방시설
화재 위험도가 낮은 특정소방대상물	석재, 불연성금속, 불연성 건축재료 등의 가공공장·기계조립 공장·주물공장 또는 불연성 물품을 저장하는 창고	옥외소화전 및 연결살수설비
	「소방기본법」에 따른 소방대(消防隊)가 조직되어 24시간 근무하고 있는 청사 및 차고	옥내소화전설비, 스프링클러설비, 물분무등소화설비, 비상방송설비, 피난기구, 소화용수설비, 연결송수관설비, 연결살수설비

44 화재예방, 소방시설 설치·유지 및 안전관리에 관한 법령상 시·도지사가 실시하는 방염성능 검사 대상으로 옳은 것은?

① 설치 현장에서 방염처리를 하는 합판·목재
② 제조 또는 가공 공정에서 방염처리를 한 카펫
③ 제조 또는 가공 공정에서 방염처리를 한 창문에 설치하는 블라인드
④ 설치 현장에서 방염처리를 하는 암막·무대막

advice

시·도지사가 실시하는 방염성능검사〈「화재예방, 소방시설 설치·유지 및 안전관리에 관한 법률 시행령」제20조의2〉… 법 제13조 제1항에서 "대통령령으로 정하는 방염대상물품"이란 제20조 제1항에 따른 방염대상물품 중 <u>설치 현장에서 방염처리를 하는 합판·목재</u>를 말한다.

45 제조소등의 위치·구조 및 설비의 기준 중 위험물을 취급하는 건축물의 환기설비 설치 기준으로 다음 ( ) 안에 알맞은 것은?

> 급기구는 당해 급기구가 설치된 실의 바닥면적 (㉠)m^2 마다 1개 이상으로 하되, 급기구의 크기는 (㉡)cm^2 이상으로 할 것

① ㉠ 100, ㉡ 800
② ㉠ 150, ㉡ 800
③ ㉠ 100, ㉡ 1,000
④ ㉠ 150, ㉡ 1,000

advice

환기설비의 기준〈「위험물안전관리법 시행규칙」별표 4 참고〉
1. 환기는 자연배기방식으로 할 것

2. 급기구는 당해 급기구가 설치된 실의 바닥면적 150m^{2}마다 1개 이상으로 하되, 급기구의 크기는 800cm^2 이상으로 할 것. 다만 바닥면적이 150m^2 미만인 경우에는 다음의 크기로 하여야 한다.

바닥면적	급기구의 면적
60m^2 미만	150cm^2 이상
60m^2 이상 90m^2 미만	300cm^2 이상
90m^2 이상 120m^2 미만	450cm^2 이상
120m^2 이상 150m^2 미만	600cm^2 이상

3. 급기구는 낮은 곳에 설치하고 가는 눈의 구리망 등으로 인화방지망을 설치할 것
4. 환기구는 지붕위 또는 지상 2m 이상의 높이에 회전식 고정벤티레이터 또는 루프팬방식으로 설치할 것

(2014)
46 위험물안전관리법상 위험물시설의 변경 기준 중 다음 ( ) 안에 알맞은 것은?

> 제조소등의 위치·구조 또는 설비의 변경 없이 당해 제조소등에서 저장하거나 취급하는 위험물의 품명·수량 또는 지정수량의 배수를 변경하고자 하는 자는 변경하고자 하는 날의 (㉠)일 전까지 행정안전부령이 정하는 바에 따라 (㉡)에게 신고하여야 한다.

① ㉠ 1, ㉡ 소방본부장 또는 소방서장
② ㉠ 1, ㉡ 시·도지사
③ ㉠ 7, ㉡ 소방본부장 또는 소방서장
④ ㉠ 7, ㉡ 시·도지사

advice

제조소등의 위치·구조 또는 설비의 변경없이 당해 제조소등에서 저장하거나 취급하는 위험물의 품명·수량 또는 지정수량의 배수를 변경하고자 하는 자는 <u>변경하고자 하는 날의 1일 전까지</u> 행정안전부령이 정하는 바에 따라 <u>시·도지사에게 신고하여야 한다〈「위험물안전관리법」제6조 제2항〉.

Answer　44.①　45.②　46.②

47 소방기본법상 관계인의 소방활동이 위반하여 정당한 사유 없이 소방대가 현장에 도착할 때까지 사람을 구출하는 조치 또는 불을 끄거나 불이 번지지 아니하도록 하는 조치를 하지 아니한 자에 대한 벌칙 기준으로 옳은 것은?

① 100만 원 이하의 벌금
② 200만 원 이하의 벌금
③ 300만 원 이하의 벌금
④ 400만 원 이하의 벌금

advice

벌칙〈「소방기본법」 제54조〉… 다음의 어느 하나에 해당하는 자는 100만 원 이하의 벌금에 처한다.

1. 화재경계지구 안의 소방대상물에 대한 소방특별조사를 거부·방해 또는 기피한 자
1의2. 정당한 사유 없이 소방대의 생활안전활동을 방해한 자
2. 정당한 사유 없이 소방대가 현장에 도착할 때까지 사람을 구출하는 조치 또는 불을 끄거나 불이 번지지 아니하도록 하는 조치를 하지 아니한 사람
3. 피난 명령을 위반한 사람
4. 정당한 사유 없이 물의 사용이나 수도의 개폐장치의 사용 또는 조작을 하지 못하게 하거나 방해한 자
5. 조치를 정당한 사유 없이 방해한 자

48 소방기본법상 소방대장의 권한이 아닌 것은?

① 화재가 발생하였을 때에는 화재의 원인 및 피해 등에 대한 조사
② 화재, 재난·재해 그 밖의 위급한 상황이 발생한 현장에 소방활동구역을 정하여 소방활동에 필요한 사람으로서 대통령령으로 정하는 사람 외에는 그 구역에 출입하는 것을 제한
③ 사람을 구출하거나 불이 번지는 것을 막기 위하여 필요할 때에는 화재가 발생하거나 불이 번질 우려가 있는 소방대상물 및 토지를 일시적으로 사용하거나 그 사용의 제한 또는 소방활동에 필요한 처분
④ 화재 진압 등 소방활동을 위하여 필요할 때에는 소방용수 외에 댐·저수지 또는 수영장 등의 물을 사용하거나 수도의 개폐장치 등을 조작

advice

① 소방청장, 소방본부장 또는 소방서장은 화재가 발생하였을 때에는 화재의 원인 및 피해 등에 대한 조사를 하여야 한다 〈「소방기본법」 제29조 제1항〉.
② 소방대장은 화재, 재난·재해, 그 밖의 위급한 상황이 발생한 현장에 소방활동구역을 정하여 소방활동에 필요한 사람으로서 대통령령으로 정하는 사람 외에는 그 구역에 출입하는 것을 제한할 수 있다〈「소방기본법」 제23조 제1항〉.
③ 소방본부장, 소방서장 또는 소방대장은 사람을 구출하거나 불이 번지는 것을 막기 위하여 필요할 때에는 화재가 발생하거나 불이 번질 우려가 있는 소방대상물 및 토지를 일시적으로 사용하거나 그 사용의 제한 또는 소방활동에 필요한 처분을 할 수 있다〈「소방기본법」 제25조 제1항〉.
④ 소방본부장, 소방서장 또는 소방대장은 화재 진압 등 소방활동을 위하여 필요할 때에는 소방용수 외에 댐·저수지 또는 수영장 등의 물을 사용하거나 수도의 개폐장치 등을 조작할 수 있다〈「소방기본법」 제27조 제1항〉.

Answer 47.① 48.①

49 시장지역에서 화재로 오인할 만한 우려가 이는 불을 피우거나 연막소독을 하려는 자가 신고를 하지 아니하여 소방자동차를 출동하게 한 자에 대한 과태료 부과 · 징수권자는?

① 국무총리
② 국민안전처장관
③ 시 · 도지사
④ 소방서장

advice

과태료〈「소방기본법」제57조〉
① 신고를 하지 아니하여 소방자동차를 출동하게 한 자에게는 20만 원 이하의 과태료를 부과한다.
② 과태료는 조례로 정하는 바에 따라 <u>관할 소방본부장 또는 소방서장</u>이 부과 · 징수한다.

(2014)
50 위험물안전관리법령상 제조소등의 완공검사 신청시기 기준으로 틀린 것은?

① 지하탱크가 있는 제조소등의 경우에는 당해 지하탱크를 매설하기 전
② 이동탱크저장소의 경우에는 이동저장탱크를 완공하고 상치장소를 확보한 후
③ 이송취급소의 경우에는 이송배관 공사의 전체 또는 일부 완료한 후
④ 배관을 지하에 설치하는 경우에는 소방서장이 지정하는 부분을 매몰하고 난 직후

advice

완공검사의 신청시기〈「위험물안전관리법 시행규칙」제20조〉
1. 지하탱크가 있는 제조소등의 경우 : 당해 지하탱크를 매설하기 전
2. 이동탱크저장소의 경우 : 이동저장탱크를 완공하고 상치장소를 확보한 후
3. 이송취급소의 경우 : 이송배관 공사의 전체 또는 일부를 완료한 후. 다만, 지하 · 하천 등에 매설하는 이송배관의 공

사의 경우에는 이송배관을 매설하기 전
4. 전체 공사가 완료된 후에는 완공검사를 실시하기 곤란한 경우
   가. 위험물설비 또는 배관의 설치가 완료되어 기밀시험 또는 내압시험을 실시하는 시기
   나. <u>배관을 지하에 설치하는 경우에는 시 · 도지사, 소방서장 또는 기술원이 지정하는 부분을 매몰하기 직전</u>
   다. 기술원이 지정하는 부분의 비파괴시험을 실시하는 시기
5. 제1호 내지 제4호에 해당하지 아니하는 제조소등의 경우 : 제조소등의 공사를 완료한 후

(2016) (2015)
51 소방시설공사업법령상 하자를 보수하여야 하는 소방시설과 소방시설별 하자보수 보증기간으로 옳은 것은?

① 유도등 : 1년
② 자동소화장치 : 3년
③ 자동화재탐지설비 : 2년
④ 상수도소화용수설비 : 2년

advice

하자보수 대상 소방시설과 하자보수 보증기간〈「소방시설공사업법 시행령」제6조〉
1. 피난기구, <u>유도등</u>, 유도표지, 비상경보설비, 비상조명등, 비상방송설비 및 무선통신보조설비 : <u>2년</u>
2. <u>자동소화장치</u>, 옥내소화전설비, 스프링클러설비, 간이스프링클러설비, 물분무등소화설비, 옥외소화전설비, <u>자동화재탐지설비, 상수도소화용수설비</u> 및 소화활동설비(무선통신보조설비는 제외) : <u>3년</u>

Answer 49.④ 50.④ 51.②

52 위험물안전관리법령상 제조소 또는 일반취급소에서 취급하는 제4류 위험물의 최대 수량의 합이 지정수량의 24만배 이상 48만배 미만인 사업소의 관계인이 두어야 하는 화학소방자동차와 자체소방대원의 수의 기준으로 옳은 것은? (단, 화재, 그 밖의 재난발생시 다른 사업소 등과 상호응원에 관한 협정을 체결하고 있는 사업소는 제외한다.)

① 화학소방자동차 – 2대, 자체소방대원의 수 – 10인
② 화학소방자동차 – 3대, 자체소방대원의 수 – 10인
③ 화학소방자동차 – 3대, 자체소방대원의 수 – 15인
④ 화학소방자동차 – 4대, 자체소방대원의 수 – 20인

advice

자체소방대에 두는 화학소방자동차 및 인원〈「위험물안전관리법 시행령」 별표 8〉

사업소의 구분	화학소방 자동차	자체소방 대원의 수
1. 제조소 또는 일반취급소에서 취급하는 제4류 위험물의 최대수량의 합이 지정수량의 12만배 미만인 사업소	1대	5인
2. 제조소 또는 일반취급소에서 취급하는 제4류 위험물의 최대수량의 합이 지정수량의 12만배 이상 24만배 미만인 사업소	2대	10인
3. 제조소 또는 일반취급소에서 취급하는 제4류 위험물의 최대수량의 합이 지정수량의 24만배 이상 48만배 미만인 사업소	3대	15인
4. 제조소 또는 일반취급소에서 취급하는 제4류 위험물의 최대수량의 합이 지정수량의 48만배 이상인 사업소	4대	20인

53 (2016) 소방기본법령상 소방서 종합상황실의 실장이 서면·모사전송 또는 컴퓨터통신 등으로 소방본부의 종합상황실에 지체 없이 보고하여야 하는 기준으로 틀린 것은?

① 사망자가 5인 이상 발생하거나 사상자가 10인 이상 발생한 화재
② 층수가 11층 이상인 건축물에서 발생한 화재
③ 이재민이 50인 이상 발생한 화재
④ 재산피해액이 50억 원 이상 발생한 화재

advice

종합상황실의 실장은 다음의 1에 해당하는 상황이 발생하는 때에는 그 사실을 지체 없이 서면·모사전송 또는 컴퓨터통신 등으로 소방서의 종합상황실의 경우는 소방본부의 종합상황실에, 소방본부의 종합상황실의 경우는 소방청의 종합상황실에 각각 보고하여야 한다〈「소방기본법 시행규칙」 제3조 제2항〉.

1. 다음의 1에 해당하는 화재
   가. 사망자가 5인 이상 발생하거나 사상자가 10인 이상 발생한 화재
   나. 이재민이 100인 이상 발생한 화재
   다. 재산피해액이 50억 원 이상 발생한 화재
   라. 관공서·학교·정부미도정공장·문화재·지하철 또는 지하구의 화재
   마. 관광호텔, 층수(「건축법 시행령」의 규정에 의하여 산정한 층수를 말한다)가 11층 이상인 건축물, 지하상가, 시장, 백화점, 「위험물안전관리법」의 규정에 의한 지정수량의 3천배 이상의 위험물의 제조소·저장소·취급소, 층수가 5층 이상이거나 객실이 30실 이상인 숙박시설, 층수가 5층 이상이거나 병상이 30개 이상인 종합병원·정신병원·한방병원·요양소, 연면적 1만 5천제곱미터 이상인 공장 또는 「소방기본법 시행령」에 따른 화재경계지구에서 발생한 화재
   바. 철도차량, 항구에 매어둔 총 톤수가 1천톤 이상인 선박, 항공기, 발전소 또는 변전소에서 발생한 화재
   사. 가스 및 화약류의 폭발에 의한 화재
   아. 「다중이용업소의 안전관리에 관한 특별법」에 따른 다중이용업소의 화재
2. 「긴급구조대응활동 및 현장지휘에 관한 규칙」에 의한 통제단장의 현장지휘가 필요한 재난상황
3. 언론에 보도된 재난상황
4. 그 밖에 소방청장이 정하는 재난상황

Answer   52.③   53.③

54 지하층을 포함한 층수가 16층 이상 40층 미만인 특정소방대상물의 소방시설 공사 현장에 배치하여야 할 소방공사 책임감리원의 배치기준으로 옳은 것은?

① 총리령으로 정하는 특급감리원 중 소방기술사
② 총리령으로 정하는 특급감리원 이상의 소방공사 감리원(기계분야 및 전기분야)
③ 총리령으로 정하는 고급감리원 이상의 소방공사 감리원(기계분야 및 전기분야)
④ 총리령으로 정하는 중급감리원 이상의 소방공사 감리원(기계분야 및 전기분야)

advice

소방공사 감리원의 배치기준〈「소방시설공사업법 시행령」 별표 4〉

감리원의 배치기준		소방시설공사 현장의 기준
책임감리원	보조감리원	
가. 행정안전부령으로 정하는 특급감리원 중 소방기술사	행정안전부령으로 정하는 초급감리원 이상의 소방공사 감리원(기계분야 및 전기분야)	1) 연면적 20만 제곱미터 이상인 특정소방대상물의 공사 현장 2) 지하층을 포함한 층수가 40층 이상인 특정소방대상물의 공사 현장
나. 행정안전부령으로 정하는 특급감리원 이상의 소방공사 감리원(기계분야 및 전기분야)	행정안전부령으로 정하는 초급감리원 이상의 소방공사 감리원(기계분야 및 전기분야)	1) 연면적 3만 제곱미터 이상 20만 제곱미터 미만인 특정소방대상물(아파트는 제외)의 공사 현장 2) 지하층을 포함한 층수가 16층 이상 40층 미만인 특정소방대상물의 공사 현장
다. 행정안전부령으로 정하는 고급감리원 이상의 소방공사 감리원(기계분야 및 전기분야)	행정안전부령으로 정하는 초급감리원 이상의 소방공사 감리원(기계분야 및 전기분야)	1) 물분무등소화설비(호스릴 방식의 소화설비는 제외) 또는 제연설비가 설치되는 특정소방대상물의 공사 현장 2) 연면적 3만 제곱미터 이상 20만 제곱미터 미만인 아파트의 공사 현장
라. 행정안전부령으로 정하는 중급감리원 이상의 소방공사 감리원(기계분야 및 전기분야)		연면적 5천 제곱미터 이상 3만 제곱미터 미만인 특정소방대상물의 공사 현장
마. 행정안전부령으로 정하는 초급감리원 이상의 소방공사 감리원(기계분야 및 전기분야)		1) 연면적 5천 제곱미터 미만인 특정소방대상물의 공사 현장 2) 지하구의 공사 현장

55 특정소방대상물에서 사용하는 방염대상물품의 방염성능검사 방법과 검사 결과에 따른 합격 표시 등에 필요한 사항은 무엇으로 정하는가?

① 대통령령
② 행정안전부령
③ 소방청 고시
④ 시 · 도의 조례

advice

방염성능의 검사〈「화재예방, 소방시설 설치 · 유지 및 안전관리에 관한 법률」 제13조〉
① 특정소방대상물에서 사용하는 방염대상물품은 소방청장(대통령령으로 정하는 방염대상물품의 경우에는 시 · 도지사를 말한다)이 실시하는 방염성능검사를 받은 것이어야 한다.
② 「소방시설공사업법」에 따라 방염처리업의 등록을 한 자는 방염성능검사를 할 때에 거짓 시료(試料)를 제출하여서는 아니 된다.
③ 방염성능검사의 방법과 검사 결과에 따른 합격 표시 등에 필요한 사항은 행정안전부령으로 정한다.

Answer **54.**② **55.**②

2014

56 화재예방, 소방시설 설치·유지 및 안전관리에 관한 법령상 자동화재탐지설비를 설치하여야 하는 특정소방대상물의 기준으로 틀린 것은?

① 문화 및 집회시설로서 연면적이 1,000m² 이상인 것

② 지하가 (터널은 제외)로서 연면적이 1,000m² 이상인 것

③ 의료시설(정신의료기관 또는 요양병원은 제외)

④ 지하가 중 터널로서 길이가 1,000m² 이상인 것

advice

자동화재탐지설비를 설치하여야 하는 특정소방대상물〈「화재예방, 소방시설 설치·유지 및 안전관리에 관한 법률 시행령」별표 5 참고〉

1) 근린생활시설(목욕장은 제외), 의료시설(정신의료기관 또는 요양병원은 제외), 숙박시설, 위락시설, 장례시설 및 복합건축물로서 연면적 600m² 이상인 것

2) 공동주택, 근린생활시설 중 목욕장, 문화 및 집회시설, 종교시설, 판매시설, 운수시설, 운동시설, 업무시설, 공장, 창고시설, 위험물 저장 및 처리 시설, 항공기 및 자동차 관련 시설, 교정 및 군사시설 중 국방·군사시설, 방송통신시설, 발전시설, 관광 휴게시설, 지하가(터널은 제외)로서 연면적 1천m² 이상인 것

3) 교육연구시설(교육시설 내에 있는 기숙사 및 합숙소를 포함), 수련시설(수련시설 내에 있는 기숙사 및 합숙소를 포함, 숙박시설이 있는 수련시설은 제외), 동물 및 식물 관련 시설(기둥과 지붕만으로 구성되어 외부와 기류가 통하는 장소는 제외), 분뇨 및 쓰레기 처리시설, 교정 및 군사시설(국방·군사시설은 제외) 또는 묘지 관련 시설로서 연면적 2천m² 이상인 것

4) 지하구

5) 지하가 중 터널로서 길이가 1천m 이상인 것

6) 노유자 생활시설

7) 6)에 해당하지 않는 노유자시설로서 연면적 400m² 이상인 노유자시설 및 숙박시설이 있는 수련시설로서 수용인원 100명 이상인 것

8) 2)에 해당하지 않는 공장 및 창고시설로서 「소방기본법 시행령」별표 2에서 정하는 수량의 500배 이상의 특수가연물을 저장·취급하는 것

9) 의료시설 중 정신의료기관 또는 요양병원으로서 다음의 어느 하나에 해당하는 시설
가) 요양병원(정신병원과 의료재활시설은 제외)

나) 정신의료기관 또는 의료재활시설로 사용되는 바닥면적의 합계가 300m² 이상인 시설

다) 정신의료기관 또는 의료재활시설로 사용되는 바닥면적의 합계가 300m² 미만이고, 창살(철재·플라스틱 또는 목재 등으로 사람의 탈출 등을 막기 위하여 설치한 것을 말하며, 화재 시 자동으로 열리는 구조로 되어 있는 창살은 제외)이 설치된 시설

10) 판매시설 중 전통시장

2017

57 화재예방, 소방시설 설치·유지 및 안전관리에 관한 법상 시·도지사는 관리업자에게 영업정지를 명하는 경우로서 그 영업정지가 국민에게 심한 불편을 주거나 그 밖에 공익을 해칠 우려가 있을 때에는 영업정지처분을 갈음하여 얼마 이하의 과징금을 부과할 수 있는가?

① 1,000만 원

② 2,000만 원

③ 3,000만 원

④ 5,000만 원

advice

시·도지사는 영업정지를 명하는 경우로서 그 영업정지가 국민에게 심한 불편을 주거나 그 밖에 공익을 해칠 우려가 있을 때에는 영업정지처분을 갈음하여 3천만 원 이하의 과징금을 부과할 수 있다〈「화재예방, 소방시설 설치·유지 및 안전관리에 관한 법률」제35조 제1항〉.

58 소방기본법령상 소방용수시설에 대한 설명으로 틀린 것은?

① 시·도지사는 소방활동에 필요한 소방용수 시설을 설치하고 유지·관리하여야 한다.

② 수도법의 규정에 따라 설치된 소화전도 시·도지사가 유지·관리하여야 한다.

③ 소방본부장 또는 소방서장은 원활한 소방활동을 위하여 소방용수시설에 대한 조사를 월 1회 이상 실시하여야 한다.

④ 소방용수시설 조사의 결과는 2년간 보관하여야 한다.

advice

② 시·도지사는 소방활동에 필요한 소화전·급수탑·저수조를 설치하고 유지·관리하여야 한다. 다만, 「수도법」에 따라 소화전을 설치하는 일반수도사업자는 관할 소방서장과 사전협의를 거친 후 소화전을 설치하여야 하며, 설치 사실을 관할 소방서장에게 통지하고, 그 소화전을 유지·관리하여야 한다〈「소방기본법」 제10조 제1항〉.

59 소방시설공사업법령상 특정소방대상물에 설치된 소방시설등을 구성하는 것의 전부 또는 일부를 개설, 이전 또는 정비하는 공사의 경우 소방시설공사의 착공신고 대상이 아닌 것은? (단, 고장 또는 파손 등으로 인하여 작동시킬 수 없는 소방시설을 긴급히 교체하거나 보수하여야 하는 경우는 제외한다.)

① 수신반

② 소화펌프

③ 동력(감시)제어반

④ 압력챔버

advice

소방시설공사의 착공신고 대상 … 특정소방대상물에 설치된 소방시설등을 구성하는 다음의 어느 하나에 해당하는 것의 전부 또는 일부를 개설, 이전 또는 정비하는 공사. 다만, 고장 또는 파손 등으로 인하여 작동시킬 수 없는 소방시설을 긴급히 교체하거나 보수하여야 하는 경우에는 신고하지 않을 수 있다〈「소방시설공사업법 시행령」 제4조 제3호〉.

가. 수신반

나. 소화펌프

다. 동력(감시)제어반

60 화재예방, 소방시설 설치·유지 및 안전관리에 관한 법령상 건축허가 등의 동의를 요구하는 때 동의요구서에 첨부하여야 하는 설계도서가 아닌 것은? (단, 소방시설공사 착공신고대상에 해당하는 경우이다.)

① 창호도

② 실내 전개도

③ 건축물의 단면도

④ 건축물의 주단면 상세도(내장재료를 명시한 것)

advice

동의요구서에 첨부하여야 하는 서류〈「화재예방, 소방시설 설치·유지 및 안전관리에 관한 법률 시행규칙」 제4조 제2항〉 … 기관은 건축허가등의 동의를 요구하는 때에는 동의요구서(전자문서로 된 요구서를 포함)에 다음의 서류(전자문서를 포함)를 첨부하여야 한다.

1. 「건축법 시행규칙」의 규정에 의한 건축허가신청서 및 건축허가서 또는 건축·대수선·용도변경신고서 등 건축허가 등을 확인할 수 있는 서류의 사본. 이 경우 동의 요구를 받은 담당공무원은 특별한 사정이 없는 한 「전자정부법」에 따른 행정정보의 공동이용을 통하여 건축허가서를 확인함으로써 첨부서류의 제출에 갈음하여야 한다.

Answer **58.**② **59.**④ **60.**②

2. 다음의 설계도서. 다만, 가목 및 다목의 설계도서는「소방시설공사업법 시행령」에 따른 소방시설공사 착공신고대상에 해당되는 경우에 한한다.

   가. 건축물의 단면도 및 주단면 상세도(내장재료를 명시한 것에 한한다)

   나. 소방시설(기계·전기분야의 시설을 말한다)의 층별 평면도 및 층별 계통도(시설별 계산서를 포함)

   다. 창호도

3. 소방시설 설치계획표

4. 임시소방시설 설치계획서(설치 시기·위치·종류·방법 등 임시소방시설의 설치와 관련한 세부사항을 포함)

5. 소방시설설계업등록증과 소방시설을 설계한 기술인력자의 기술자격증 사본

6. 「소방시설공사업법」에 따라 체결한 소방시설설계 계약서 사본 1부

4과목 | 소방전기시설의 구조 및 원리

2016 2015 2014

61 비상방송설비는 기동장치에 따른 화재신고를 수신한 후 필요한 음량으로 화재발생 상황 및 피난에 유효한 방송이 자동으로 개시될 때까지의 소요시간은 몇 초 이하로 하여야 하는가?

① 5   ② 10

③ 20   ④ 30

advice

비상방송설비는 화재수신 후 방송개시까지 시간이 10초 이하이어야 한다.

화재수신 후 동작개시 시간	동작기기
5초 (축적형 60초 이내)	P형, R형, P형, R형, GP형, GR형 – 복합식 포함
5초 이내	중계기
10초 이하	비상방송설비
60초 이내	가스누설경보기

2016 2014

62 비상콘센트설비 전원회로의 설치기준 중 옳은 것은?

① 전원회로는 단상교류 220V인 것으로서, 그 공급용량은 3.0kVA 이상인 것으로 할 것

② 비상콘센트용의 풀박스 등은 방청도장을 한 것으로, 두께 2.0mm 이상의 철판으로 할 것

③ 하나의 전용회로에 설치하는 비상콘센트는 8개 이하로 할 것

④ 전원으로부터 각 층의 비상콘센트에 분기되는 경우에는 분기배선용 차단기를 보호함 안에 설치할 것

🅐nswer 61.② 62.④

advice

① 공급용량은 1.5KVA 이상이어야 한다.

② 풀박스 등은 1.6mm 이상의 철판으로 한다.

③ 하나의 전용회로에 연결되는 비상콘센트는 10개 이하로 한다.

※ 비상콘센트 전원회로 설치기준

　ㄱ 비상콘센트설비의 전원회로는 <u>단상교류 220V</u>인 것으로서, 그 공급용량은 <u>1.5kVA 이상</u>인 것으로 할 것

　ㄴ 전원회로는 각 층에 2 이상이 되도록 설치할 것. 다만, 설치하여야 할 층의 비상콘센트가 1개인 때에는 하나의 회로로 할 수 있다.

　ㄷ 전원회로는 주배전반에서 전용회로로 할 것. 다만, 다른 설비의 회로의 사고에 따른 영향을 받지 아니하도록 되어 있는 것은 그러하지 아니하다.

　ㄹ 전원으로부터 각 층의 비상콘센트에 분기되는 경우에는 분기배선용 차단기를 보호함 안에 설치할 것

　ㅁ 콘센트마다 배선용 차단기(KS C 8321)를 설치하여야 하며, 충전부가 노출되지 아니하도록 할 것

　ㅂ 개폐기에는 "비상콘센트"라고 표시한 표지를 할 것

　ㅅ 비상콘센트용의 풀박스 등은 방청도장을 한 것으로서, <u>두께 1.6mm 이상</u>의 철판으로 할 것

　ㅇ 하나의 전용회로에 설치하는 비상콘센트는 10개 이하로 할 것. 이 경우 전선의 용량은 각 비상콘센트(비상콘센트가 3개 이상인 경우에는 3개)의 공급용량을 합한 용량 이상의 것으로 하여야 한다.

(2019) (2016) (2014)

63 비상벨설비 또는 자동사이렌설비의 지구음향장치는 특정소방대상물의 층마다 설치하되, 음향장치까지의 수평거리가 몇 m 이하가 되도록 하여야 하는가?

① 15　　　　　　② 25

③ 40　　　　　　④ 50

advice

지구음향장치는 특정소방대상물의 층마다 설치하되, 해당 특정소방대상물의 각 부분으로부터 하나의 음향장치까지의 수평거리가 25m 이하가 되도록 하고, 해당 층의 각 부분에 유효하게 경보를 발할 수 있도록 설치하여야 한다. 다만, 「비상방송설비의 화재안전기준(NFSC 202)」에 적합한 방송설비를 비상벨설비 또는 자동식사이렌설비와 연동하여 작동하도록 설치한 경우에는 지구음향장치를 설치하지 아니할 수 있다.

64 자동화재탐지설비 중계기에 예비전원을 사용하는 경우 구조 및 기능 기준 중 다음 (　) 안에 알맞은 것은?

축전지의 충전시험 및 방전시험은 방전종지전압을 기준하여 시작한다. 이 경우 방전종지전압이라 함은 원통형 니켈카드뮴 축전지는 셀당 (　ㄱ　)V의 상태를, 무보수밀폐형 연축전지는 전지당 (　ㄴ　)V의 상태를 말한다.

① ㄱ 1.0, ㄴ 1.5

② ㄱ 1.0, ㄴ 1.75

③ ㄱ 1.6, ㄴ 1.5

④ ㄱ 1.6, ㄴ 1.75

advice

방전종지전압은 원통형니켈카드뮴축전지는 셀당 1.0V, 무보수밀폐형연축전지는 단전지당 1.75V이다.

(2019)

65 비상콘센트설비의 화재안전기준에 따른 용어의 정의 중 옳은 것은?

① "저압"이란 직류는 750V 이하, 교류는 600V 이하인 것을 말한다.

② "저압"이란 직류는 700V 이하, 교류는 600V 이하인 것을 말한다.

③ "고압"이란 직류는 700V를, 교류는 600V를 초과하는 것을 말한다.

④ "특고압"이란 8kV를 초과하는 것을 말한다.

advice

구분		전압
저압	교류	600V 이하
	직류	750V 이하
고압	교류	600V 이상 7,000V 이하
	직류	750V 이상 7,000V 이하
특고압		7,000V 초과

Answer　**63.**② **64.**② **65.**①

2018 2016

66 자동화재속보설비 속보기의 기능 기준 중 옳은 것은?

① 작동신호를 수신하거나 수동으로 동작시키는 경우 10초 이내에 소방관서에 자동적으로 신호를 발하여 통보하되, 3회 이상 속보할 수 있어야 한다.

② 예비전원을 병렬로 접속하는 경우에는 역충전 방지 등의 조치를 하여야 한다.

③ 예비전원은 감시상태를 30분간 지속한 후 10분 이상 동작이 지속될 수 있는 용량이어야 한다.

④ 속보기는 연동 또는 수동 작동에 의한 다이얼링 후 소방관서와 전화접속이 이루어지지 않는 경우에는 최초 다이얼링을 포함하여 20회 이상 반복적으로 접속을 위한 다이얼링이 이루어야 한다. 이 경우 매회 지속되어야 한다.

advice

① 자동화재속보기는 작동신호를 수신하거나 수동으로 동작시키는 경우 20초 이내에 소방관서에 자동적으로 신호를 발하여 통보하되, 3회 이상 속보할 수 있어야 한다.

③ 예비전원은 감시상태를 60분간 지속한 후 10분 이상 동작이 지속될 수 있는 용량이어야 한다.

④ 속보기는 연동 또는 수동 작동에 의한 다이얼링 후 소방관서와 전화접속이 이루어지지 않는 경우에는 최초 다이얼링을 포함하여 10회 이상 반복적으로 접속을 위한 다이얼링이 이루어져야 한다. 이 경우 매회 다이얼링 완료 후 30초 이상 지속되어야 한다.

67 휴대용비상조명등의 설치기준 중 다음 ( ) 안에 알맞은 것은?

지하상가 및 지하역사에는 보행거리 (㉠)m 이내마다 (㉡)개 이상 설치할 것

① ㉠ 25, ㉡ 1
② ㉠ 25, ㉡ 3
③ ㉠ 50, ㉡ 1
④ ㉠ 50, ㉡ 3

advice

휴대용조명등 설치기준에 의하여 지하상가 및 지하역사에는 보행거리 25m 마다 3개 이상 설치한다.

※ 휴대용조명등 설치 개수 기준

설치개수	설치장소
1개 이상	숙박시설 또는 다중이용업소에는 객실 또는 영업장 안의 구획된 실마다 잘보이는 곳(외부에 설치 시 출입문 손잡이로부터 1m 이내 부분)
3개 이상	• 지하상가 및 지하역사의 보행거리 25m 이내마다 • 대규모점포(백화점, 대형점, 쇼핑센터) 및 영화상영관의 보행거리 50m 이내마다

2016 2015

68 무선통신보조설비의 누설동축케이블 또는 동축케이블의 임피던스는 몇 Ω으로 하여야 하는가?

① 5Ω
② 10Ω
③ 50Ω
④ 100Ω

advice

누설동축케이블 또는 동축케이블의 임피던스는 50Ω으로 하고, 이에 접속하는 안테나·분배기 기타의 장치는 해당 임피던스에 적합한 것으로 하여야 한다.

Answer 66.② 67.② 68.③

69 무선통신보조설비 증폭기, 무선이동중계기를 설치하는 경우의 설치기준으로 틀린 것은?

① 전원은 전기가 정상적으로 공급되는 축전지, 전지저장장치 또는 교류전압 옥내간선으로 하고, 전원까지의 배선은 전용으로 할 것
② 증폭기의 전면에는 주 회로의 전원이 정상인지의 여부를 표시할 수 있는 표시등 및 전류계를 설치할 것
③ 증폭기에는 비상전원이 부착된것으로 하고 해당 비상전원 용량은 무선통신보조설비를 유효하게 30분 이상 작동시킬 수 있는 것으로 할 것
④ 무선이동중계기를 설치하는 경우에는 「전파법」의 규정에 따른 적합성평가를 받은 제품으로 설치할 것

---
advice

증폭기 전면에는 주 회로의 전원이 정상인지의 여부를 표시할 수 있는 표시등 및 전압계를 설치할 것
※ 무선통신보조설비 증폭기 및 무선이동중계기 설치기준
  ㉠ 전원은 전기가 정상적으로 공급되는 축전지, 전기저장장치(외부 전기에너지를 저장해 두었다가 필요한 때 전기를 공급하는 장치) 또는 교류전압 옥내간선으로 하고, 전원까지의 배선은 전용으로 할 것
  ㉡ 증폭기의 전면에는 주 회로의 전원이 정상인지의 여부를 표시할 수 있는 표시등 및 전압계를 설치할 것
  ㉢ 증폭기에는 비상전원이 부착된 것으로 하고 해당 비상전원 용량은 무선통신보조설비를 유효하게 30분 이상 작동시킬 수 있는 것으로 할 것
  ㉣ 무선이동중계기를 설치하는 경우에는 「전파법」에 따른 적합성평가를 받은 제품으로 설치할 것

70 피난설비의 설치면제 요건의 규정에 따라 옥상의 면적이 몇 m^2 이상이어야 그 옥상의 직하층 또는 최상층(관람집회 및 운동시설 또는 판매시설 제외) 그 부분에 피난기구를 설치하지 아니할 수 있는가? (단, 숙박시설[휴양콘도미니엄을 제외]에 설치되는 완강기 및 간이완강기의 경우에 제외한다.)

① 500   ② 800
③ 1,000   ④ 1,500

---
advice

옥상의 면적이 1,500m^2 이상일 경우 그 옥상의 직하층 또는 직상층(관람집회 및 운동시설 또는 판매시설 제외) 그 부분에 피난기구를 설치하지 아니할 수 있다.
※ 피난기구 설치제외 기준
  다음의 기준에 적합한 소방대상물 중 그 옥상의 직하층 또는 최상층(관람집회 및 운동시설 또는 판매시설을 제외)에 피난기구를 설치하지 않아도 되는 경우
  ㉠ 주요구조부가 내화구조로 되어 있어야 할 것
  ㉡ 옥상의 면적이 1,500m^2 이상이어야 할 것
  ㉢ 옥상으로 쉽게 통할 수 있는 창 또는 출입구가 설치되어 있어야 할 것
  ㉣ 옥상이 소방사다리차가 쉽게 통행할 수 있는 도로(폭 6m 이상의 것을 말한다.) 또는 공지(공원 또는 광장 등을 말한다.)에 면하여 설치되어 있거나 옥상으로부터 피난층 또는 지상으로 통하는 2 이상의 피난계단 또는 특별피난계단이 「건축법 시행령」의 규정에 적합하게 설치되어 있어야 할 것

[2016] [2014]

71 청각장애인용 시각경보장치의 설치기준 중 천장의 높이가 2m 이하인 경우에는 천장으로부터 m 이내의 장소에 설치하여야 하는가?

① 0.15 ② 0.3

③ 0.5 ④ 0.7

advice

시각경보기는 2m~2.5m에 설치하나 천장 높이가 2m 이하인 경우 천장으로부터 0.15m 이내의 장소에 설치한다.

※ 시각경보기 설치기준

　㉠ 복도·통로·청각장애인용 객실 및 공용으로 사용하는 거실(로비, 회의실, 강의실, 식당, 휴게실, 오락실, 대기실, 체력단련실, 접객실, 안내실, 전시실, 기타 이와 유사한 장소를 말한다)에 설치하며, 각 부분으로부터 유효하게 경보를 발할 수 있는 위치에 설치할 것

　㉡ 공연장·집회장·관람장 또는 이와 유사한 장소에 설치하는 경우에는 시선이 집중되는 무대부 부분 등에 설치할 것

　㉢ 설치높이는 바닥으로부터 2m 이상 2.5m 이하의 장소에 설치할 것 다만, 천장의 높이가 2m 이하인 경우에는 천장으로부터 0.15m 이내의 장소에 설치하여야 한다.

　㉣ 시각경보장치의 광원은 전용의 축전지설비 또는 전기저장장치(외부 전기에너지를 저장해 두었다가 필요한 때 전기를 공급하는 장치)에 의하여 점등되도록 할 것. 다만, 시각경보기에 작동전원을 공급할 수 있도록 형식승인을 얻은 수신기를 설치 한 경우에는 그러하지 아니하다.

72 주요구조부가 내화구조인 특정소방대상물에 자동화재탐지설비의 감지기를 열전대식 차동식분포형으로 설치하려고 한다. 바닥면적이 256m²일 경우 열전대부와 검출부는 각각 최소 몇 개 이상으로 설치하여야 하는가?

① 열전대부 11개, 검출부 1개

② 열전대부 12개, 검출부 1개

③ 열전대부 11개, 검출부 2개

④ 열전대부 12개, 검출부 2개

advice

$\frac{256}{22} = 11.636$ 이므로 열전대부 12개, 검출부 1개

※ 열전대식 차동식분포형감지기 설치기준

1. 열전대부는 감지구역의 바닥면적 18m²(주요구조부가 내화구조로 된 특정소방대상물에 있어서는 22m²)마다 1개 이상으로 할 것. 다만, 바닥면적이 72m²(주요구조부가 내화구조로 된 특정소방대상물에 있어서는 88m²) 이하인 특정소방대상물에 있어서는 4개 이상으로 하여야 한다.

2. 하나의 검출부에 접속하는 열전대부는 20개 이하로 할 것. 다만, 각각의 열전대부에 대한 작동여부를 검출부에서 표시할 수 있는 것(주소형)은 형식승인 받은 성능인정범위내의 수량으로 설치할 수 있다.

73 자동화재탐지설비 발신기의 작동기능 기준 중 다음 ( ) 안에 알맞은 것은? (단, 이 경우 누름판이 있는 구조로서 손끝으로 눌러 작동하는 방식의 작동스위치는 누름판을 포함한다.)

> 발신기의 조작부는 작동스위치의 동작방향으로 가하는 힘이 (㉠)kg을 초과하고 (㉡)kg 이하인 범위에서 확실하게 동작되어야 하며, (㉠)kg 힘을 가하는 경우 동작되지 아니하여야 한다.

① ㉠ 2, ㉡ 8 ② ㉠ 3, ㉡ 7

③ ㉠ 2, ㉡ 7 ④ ㉠ 3, ㉡ 8

advice

발신기의 조작부는 작동스위치의 동작방향으로 가하는 힘이 2kg을 초과하고, 8kg 이하인 범위에서 확실하게 동작되어야 하며, 2kg의 힘을 가하는 경우 동작되지 아니하여야 한다.

Answer 71.① 72.② 73.①

74 객석 통로의 직선부분의 길이가 25m인 영화관의 통로에 객석유도등을 설치하는 경우 최소 설치 개수는?

① 5 　　　　　　 ② 6

③ 7 　　　　　　 ④ 8

advice

객석유도등은 4m마다 1개 이상 설치한다.

$\dfrac{직선부분\ 길이}{4} - 1 = \dfrac{25}{4} - 1 = 5.25$ 이므로, 객석유도등 6개를 설치한다.

㉠ 복도, 거실통로 유도등은 20m 마다 1개 이상 설치

$: \dfrac{보행거리}{20m} - 1$

㉡ 유도표지 15m 마다 1개 이상 설치 : $\dfrac{보행거리}{15m} - 1$

---

75 공기관식 차동식분포형감지기의 구조 및 기능 기준 중 다음 ( ) 안에 알맞은 것은?

> • 공기관은 하나의 길이(이음매가 없는 것)가 (㉠)m 이상의 것으로 안지름 및 관의 두께가 일정하고 흠, 갈라짐 및 변형이 없어야 하며 부식되지 아니하여야 한다.
> • 공기관의 두께는 (㉡)mm 이상, 바깥 지름은 (㉢)mm 이상이어야 한다.

① ㉠ 10, ㉡ 0.5, ㉢ 1.5

② ㉠ 20, ㉡ 0.3, ㉢ 1.9

③ ㉠ 10, ㉡ 0.3, ㉢ 1.9

④ ㉠ 20, ㉡ 0.5, ㉢ 1.5

advice

공기관식 차동식분포형감지기 구조 및 기능

㉠ 공기관은 하나의 길이(이음매가 없는 것)가 20m 이상의 것으로 안지름 및 관의 두께가 일정하고 흠, 갈라짐 및 변형이 없어야하며 부식되지 아니하여야 한다.

㉡ 공기관의 두께는 0.3mm 이상, 바깥지름 1.9mm 이상이어야 한다.

---

76 광전식분리형 감지기의 설치기준 중 광축은 나란한 벽으로부터 몇 m 이상 이격하여 설치하여야 하는가?

① 0.6 　　　　　　 ② 0.8

③ 1 　　　　　　 ④ 1.5

advice

광전식분리형 감지기의 광축은 나란한 벽으로부터 0.6m 이상 이격하여 설치한다.

※ 광전식분리형 감지기 설치기준

㉠ 감지기의 수광면은 햇빛을 직접 받지 않도록 설치할 것

㉡ 광축(송광면과 수광면의 중심을 연결한 선)은 나란한 벽으로부터 0.6m 이상 이격하여 설치할 것

㉢ 감지기의 송광부와 수광부는 설치된 뒷벽으로부터 1m 이내 위치에 설치할 것

㉣ 광축의 높이는 천장 등(천장의 실내에 면한 부분 또는 상층의 바닥하부면을 말한다) 높이의 80% 이상일 것

㉤ 감지기의 광축의 길이는 공칭감시거리 범위이내 일 것

---

77 근린생활시설 중 입원실이 있는 의원 지하층에 적응성을 가진 피난기구는?

① 피난용트랩

② 피난사다리

③ 피난교

④ 구조대

advice

노유자시설, 의료시설, 입원실이 있는 의원, 접골원, 조산원 등의 지하층에는 피난용트랩이 적응성 있는 피난기구이며, 그 밖의 것에는 피난사다리 및 피난용트랩이 피난기구로 적응성이 있다.

Answer　**74.**② **75.**② **76.**① **77.**①

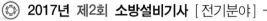

78 누전경보기 부품의 구조 및 기능 기준 중 누전경보기에 변압기를 사용하는 경우 변압기의 정격 1차 전압은 몇 V 이하로 하는가?

① 100   ② 200

③ 300   ④ 400

advice

누전경보기에 변압기를 사용하는 경우 정격 1차 전압은 <u>300V 이하</u>로 하며, 외함에는 접지단자를 설치하여야 한다..

2018

79 누전경보기 수신부의 구조 기준 중 틀린 것은?

① 2급 수신부에는 전원 입력측의 회로에 단락이 생기는 경우에 유효하게 보호되는 조치를 강구하여야 한다.

② 주전원의 양극을 동시에 개폐할 수 있는 전원스위치를 설치하여야 한다. 다만, 보수시에 전원공급이 자동적으로 중단되는 방식은 그러하지 아니하다.

③ 감도조정장치를 제외하고 감도조정부는 외함의 바깥쪽에 노출되지 아니하여야 한다.

④ 전원입력 및 외부부하에 직접 전원을 송출하도록 구성된 회로에는 퓨즈 또는 브레이커 등을 설치하여야 한다.

advice

누전경보기 수신부의 구조

1. 전원을 표시하는 장치를 설치하여야 한다. 다만, 2급에서는 그러하지 아니하다.
2. 수신부는 다음 회로에 단락이 생기는 경우에는 유효하게 보호되는 조치를 강구하여야 한다.
 가. 전원 입력측의 회로(다만, 2급수신부에는 적용하지 아니한다)
 나. 수신부에서 외부의 음향장치와 표시등에 대하여 직접 전력을 공급하도록 구성된 외부회로

3. 감도조정장치를 제외하고 감도조정부는 외함의 바깥쪽에 노출되지 아니하여야 한다.
4. 주전원의 양극을 동시에 개폐할 수 있는 전원스위치를 설치하여야 한다. 다만, 보수시에 전원공급이 자동적으로 중단되는 방식은 그러하지 아니하다.
5. 전원입력 및 외부부하에 직접 전원을 송출하도록 구성된 회로에는 퓨즈 또는 브레이커 등을 설치하여야 한다.

80 발신기의 외함을 합성수지를 사용하는 경우 외함의 최소 두께는 몇 mm 이상이어야 하는가?

① 5   ② 3

③ 1.6   ④ 1.2

advice

발신기 구조 및 일반기능 … 발신기의 외함에 강판을 사용하는 경우에는 다음에 기재된 두께 이상의 강판을 사용하여야 한다. 다만, <u>합성수지를 사용하는 경우에는 강판의 2.5배 이상</u>의 두께일 것

㉠ 외함 1.2mm 이상
㉡ 직접 벽면에 접하여 벽 속에 매립되는 외함의 부분은 1.6mm 이상, 합성수지의 경우 1.2mm × 2.5배 = 3mm 이상

Answer 78.③   79.①   80.②

2017년 제4회 소방설비기사 [전기분야]

시험일정	시험유형	시험시간	시험과목
2017.09.23	필 기	120분	1 소방원론 2 소방전기일반 3 소방관계법규 4 소방전기시설의 구조 및 원리

수험번호		성 명	

1과목 소방원론

01 전기불꽃, 아크 등이 발생하는 부분을 기름 속에 넣어 폭발을 방지하는 방폭구조는?

① 내압방폭구조
② 유입방폭구조
③ 안전증방폭구조
④ 특수방폭구조

advice

① **내압(內壓)방폭구조** : 대상폭발가스에 대해서 점화능력을 가진 전기불꽃 또는 고온부위에 있어서도 기기 내부에서 폭발성 가스의 폭발이 발생하여도 기기가 그 폭발압력에 견디고 또한 기기 주위의 폭발성 가스에 인화·파급하지 않도록 되어 있는 구조

② **유입방폭구조** : 전기불꽃, 아크 또는 고온이 발생하는 부분을 기름 속에 넣어 폭발성 가스에 의해 인화가 되지 않도록 한 구조

③ **안전증방폭구조** : 기기의 정상운전 중에 폭발성 가스에 의해 점화원이 될 수 있는 전기불꽃 또는 고온이 되어서는 안 될 부분에 기계적, 전기적으로 특히 안전도를 증가시킨 구조

④ **특수방폭구조** : 폭발성 가스의 인화를 방지할 수 있는 것이 공적 기관에서 시험 및 기타에 의해서 확인된 구조

02 피난층에 대한 정의로 옳은 것은?

① 지상으로 통하는 피난계단이 있는 층
② 비상용 승강기의 승강장이 있는 층
③ 비상용 출입구가 설치되어 있는 층
④ 직접 지상으로 통하는 출입구가 있는 층

advice

피난층이란 건축법상 층수와 상관없이 지상으로 곧바로 나갈 수 있는 출입구가 있는 층을 의미한다. 따라서 하나의 건축물에 2개 이상의 피난층이 올 수 있다.

03 질소 79.2vol.%, 산소 20.8vol.%로 이루어진 공기의 평균분자량은?

① 15.44
② 20.21
③ 28.83
④ 36.00

advice

$28 \times \dfrac{79.2}{100} + 32 \times \dfrac{20.8}{100} = 28.832$

Answer 01.② 02.④ 03.③

(2015)

04 포소화약제 중 고팽창포로 사용할 수 있는 것은?

① 단백포
② 불화단백포
③ 내알코올포
④ 합성계면활성제포

advice

합성계면활성제포(Synthetic surface active foam, S) … 계면활성제를 기제로 하여 포막안정제 등을 첨가한 것으로 단백질처럼 쉽게 변질되지 않는 포소화약제로서 저팽창(3%, 6%)에서 고팽창(1%, 1.5%, 2%)까지 팽창범위가 넓어 고체 및 기체 연료 등 사용범위가 넓다.

05 폭발의 형태 중 화학적 폭발이 아닌 것은?

① 분해폭발
② 가스폭발
③ 수증기폭발
④ 분진폭발

advice

화학적 폭발 … 분해폭발, 분진폭발, 중합폭발, 분해 · 중합폭발, 산화폭발, 촉매폭발

06 제3류 위험물로서 자연발화성만 있고 금수성이 없기 때문에 물속에 보관하는 물질은?

① 염소산암모늄
② 황린
③ 칼륨
④ 질산

advice

제3류 위험물 중 황린의 경우 자연발화 온도는 약 34℃로 물속에 저장한다.

07 고비점 유류의 탱크화재 시 열유층에 의해 탱크 아래의 물이 비등 · 팽창하여 유류를 탱크 외부로 분출시켜 화재를 확대시키는 현상은?

① 보일오버(boil over)
② 롤오버(roll over)
③ 백드래프트(back draft)
④ 플래시오버(flash over)

advice

① 보일오버 : 중질유의 탱크에서 장시간 조용히 연소하다 탱크 내 잔존기름이 갑자기 분출하는 현상
② 롤오버 : 연소의 과정에서 천장 부근에서 산발적으로 연소가 확대되는 것을 말하며, 불덩이가 천장을 굴러다니는 것처럼 뿜어져 나오는 현상
③ 백드래프트 : 밀폐된 공간에서 화재가 발생하여 산소농도 저하로 불꽃을 내지 못하고 가연성 물질의 열분해로 인하여 발생한 가연성 가스가 축적되는데, 이때 진화를 위해 출입문 등이 개방되어 개구부가 생겨 신선한 공기의 유입으로 폭발적인 연소가 다시 시작되는 현상
④ 플래시오버 : 화재로 인하여 실내의 온도가 급격히 상승하여 가연물이 일시에 폭발적으로 착화 현상을 일으켜 화재가 순간적으로 실내 전체에 확산되는 현상(= 순발연소, 순간연소)

08 공기 중에서 연소범위가 가장 넓은 물질은?

① 수소
② 이황화탄소
③ 아세틸렌
④ 에테르

advice

가스	하한계	상한계	위험도	가스	하한계	상한계	위험도
수소	4.0	75.0	17.75	이황화탄소	1.2	44.0	43
아세틸렌	2.5	81.0	31.4	에테르	1.9	48.0	24.26

Answer 04.④ 05.③ 06.② 07.① 08.③

09 건축물에 설치하는 방화벽의 구조에 대한 기준 중 틀린 것은?

① 내화구조로서 홀로 설 수 있는 구조이어야 한다.
② 방화벽의 양쪽 끝은 지붕면으로부터 0.2m 이상 튀어 나오게 하여야 한다.
③ 방화벽의 위쪽 끝은 지붕면으로부터 0.5m 이상 튀어 나오게 하여야 한다.
④ 방화벽에 설치하는 출입문은 너비 및 높이가 각각 2.5m 이하인 갑종방화문을 설치하여야 한다.

advice

방화벽 설치기준

대상건축물	구획단위	구획부분의 구조	설치기준
목조건축물 등 (주요 구조부가 내화구조 또는 불연재료가 아닌 것)	연면적 1,000m² 이내마다	• 자립할 수 있는 내화구조 • 개구부의 폭 및 높이는 2.5m×2.5m 이하로 하고, 갑종방화문 설치	• 방화벽의 양단 및 상단은 외벽면이나 지붕면으로부터 50cm 이상 돌출시킬 것 • 급수관, 배전관, 기타 관의 관통부에는 시멘트모르타르, 불연재료로 충전할 것 • 환기, 난방, 냉방 시설의 풍도에는 방화댐퍼를 설치할 것 • 개구부에 설치하는 갑종방화문은 항상 닫힌 상태를 유지하거나, 화재 시 자동으로 닫히는 구조로 할 것

(2015)

10 할로겐원소의 소화효과가 큰 순서대로 배열된 것은?

① I > Br > Cl > F
② Br > I > F > Cl
③ Cl > F > I > Br
④ F > Cl > Br > I

advice

비금속원소인 할로겐원소의 화합물인 경우는 $F > Cl > Br > I$의 순서로 안정성이 있으며, 따라서 분해는 안정성과 반대이고 소화의 강도는 $F < Cl < Br < I$의 순서이다.

11 휘발유의 위험성에 관한 설명으로 틀린 것은?

① 일반적인 고체 가연물에 비해 인화점이 낮다.
② 상온에서 가연성 증기가 발생한다.
③ 증기는 공기보다 무거워 낮은 곳에 체류한다.
④ 물보다 무거워 화재발생 시 물분무소화는 효과가 없다.

advice

휘발유는 물보다 가볍다.

12 연소확대 방지를 위한 방화구획과 관계없는 것은?

① 일반 승강기의 승강장 구획
② 층 또는 면적별 구획
③ 용도별 구획
④ 방화댐퍼

advice

방화상 유효한 구획 중 대부분의 건축물에 적용되고 또한 방화효과가 가장 큰 것이 방화구획이다. 구획기준은 면적단위, 층단위, 용도단위, 내장재의 종류에 따라 구분한다.

13 목재화재 시 다량의 물을 뿌려 소화할 경우 기대되는 주된 소화효과는?

① 제거효과

② 냉각효과

③ 부촉매효과

④ 희석효과

advice

목재화재시에는 물에 의한 냉각소화 또는 분말소화약제를 사용한다.

2016 2015

14 화재의 종류에 따른 분류가 틀린 것은?

① A급 : 일반화재

② B급 : 유류화재

③ C급 : 가스화재

④ D급 : 금속화재

advice

화재 분류	명칭
A급 화재	일반화재
B급 화재	유류화재
C급 화재	전기화재
D급 화재	금속화재
K급 화재	주방화재

2015

15 건물의 주요 구조부에 해당되지 않는 것은?

① 바닥

② 천장

③ 기둥

④ 주계단

advice

건축물의 주요 구조부(= 건물의 구조내력상 주요한 부분)

㉠ 내력벽

㉡ 기둥

㉢ 바닥

㉣ 보

㉤ 지붕틀 및 주계단

※ 사잇기둥, 지하층 바닥, 작은보, 차양, 옥외계단, 그 밖에 이와 유사한 것으로 건축물의 구조상 중요하지 아니한 부분은 제외한다.

16 이산화탄소 20g은 몇 mol인가?

① 0.23

② 0.45

③ 2.2

④ 4.4

advice

$20g-CO_2$	$1mol-CO_2$	$= 0.45mol-CO_2$
	$44g-CO_2$	

2016 2015 2014

17 분말소화약제에 관한 설명 중 틀린 것은?

① 제1종 분말은 담홍색 또는 황색으로 착색되어 있다.

② 분말의 고화를 방지하기 위하여 실리콘수지 등으로 방습처리 한다.

③ 일반화재에도 사용할 수 있는 분말소화약제는 제3종 분말이다.

④ 제2종 분말의 열분해식은 $2KHCO_3 \rightarrow K_2CO_3 + CO_2 + H_2O$이다.

Answer　13.②　14.③　15.②　16.②　17.①

종류	주성분 (화학식)	착색	열분해 반응식	적응 화재	기타
제1종	탄산수소 나트륨 ($NaHCO_3$)	백색	$2NaHCO_3 \rightarrow$ $Na_2CO_3 + CO_2$ $+ H_2O$	B, C급	비누화 효과
제2종	탄산수소 칼륨 ($KHCO_3$)	담회색	$2KHCO_3 \rightarrow$ K_2CO_3 $+ CO_2 + H_2O$	B, C급	제1종 개량형
제3종	인산암모늄 ($NH_4H_2PO_4$)	담홍색 또는 황색	$NH_4H_2PO_4 \rightarrow$ $HPO_3 + NH_3$ $+ H_2O$ (메타인산)	A, B, C급	실리콘 오일 (방습제)
제4종	탄산수소칼 륨 + 요소 ($KHCO_3 +$ $CO(NH_2)_2$)	회색	–	B, C급	국내 생산 무

(2016) (2015) (2014)

18 FM200이라는 상품명을 가지며 오존파괴지수(ODP)가 0인 할론 대체 소화약제는 무슨 계열인가?

① HFC 계열

② HCFC 계열

③ FC 계열

④ Blend 계열

advice

HFC 계열

㉠ FC에 수소가 첨가된 대체물질

㉡ 대기 중 수명이 FC에 비해 짧다.

㉢ Br과 Cl도 함유하지 않아 ODP가 0이다.

㉣ 독성도 낮고 화학적 소화성능이 없고 물리적 소화성능만 발휘하기 때문에 Halon에 미치지 못한다.

19 화재 시 소화에 관한 설명으로 틀린 것은?

① 내알코올포소화약제는 수용성 용제의 화재에 적합하다.

② 물은 불에 닿을 때 증발하면서 다량의 열을 흡수하여 소화한다.

③ 제3종 분말소화약제는 식용유화재에 적합하다.

④ 할로겐화합물소화약제는 연쇄반응을 억제하여 소화한다.

advice

식용유화재에 적응력이 있는 것은 제1종 분말소화약제이다.

(2016) (2015) (2014)

20 공기 중에서 자연발화 위험성이 높은 물질은?

① 벤젠

② 톨루엔

③ 이황화탄소

④ 트리에틸알루미늄

advice

트리에틸알루미늄은 제3류 위험물로서 자연발화성 및 금수성 물질에 해당한다.

2과목 소방전기일반

(2014)

21 그림과 같은 회로에서 a, b단자에 흐르는 전류 I 가 인가전압 E와 동위상이 되었다. 이때 L 값은?

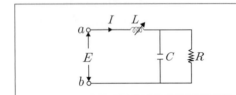

① $\dfrac{R}{1+\omega CR}$

② $\dfrac{R^2}{1+(\omega CR)^2}$

③ $\dfrac{CR^2}{1+\omega CR}$

④ $\dfrac{CR^2}{1+(\omega CR)^2}$

advice

저항 R과 캐패시턴스 C의 합성 임피던스는

$$Z = \frac{R \cdot X_C}{R + X_C} = \frac{R \cdot \frac{1}{j\omega C}}{R + \frac{1}{j\omega C}}$$

$$= \frac{R}{1 + j\omega C \cdot R} = \frac{R(1 - j\omega CR)}{(1 + j\omega CR)(1 - j\omega CR)}$$

$$= \frac{R - j\omega CR^2}{1 + \omega^2 C^2 R^2} = \frac{R}{1 + \omega^2 C^2 R^2} - j\frac{\omega C R^2}{1 + \omega^2 C^2 R^2}$$

이 식에서 허수부분 항이 회로의 유도성 리액턴스 $j\omega L$과 같아지면 허수부분이 상쇄되므로, 저항만의 회로가 되어 전압과 전류 위상이 동위상이 될 수 있다.

즉, $j\dfrac{\omega CR^2}{1 + \omega^2 C^2 R^2} = j\omega L$일 때 동상이 된다.

$$\therefore L = \frac{CR^2}{1 + \omega^2 C^2 R^2} = \frac{CR^2}{1 + (\omega CR)^2}$$

(2014)

22 그림과 같은 회로에서 단자 a, b 사이에 주파수 f (Hz)의 정현파 전압을 가했을 때 전류계 A_1, A_2의 값이 같았다. 이 경우 f, L, C 사이의 관계로 옳은 것은?

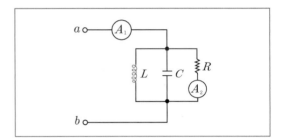

① $f = \dfrac{1}{2\pi^2 LC}$

② $f = \dfrac{1}{4\pi\sqrt{LC}}$

③ $f = \dfrac{1}{\sqrt{2\pi^2 LC}}$

④ $f = \dfrac{1}{2\pi\sqrt{LC}}$

advice

회로에서 전류계 A_1과 A_2에 표시된 전류값이 동일하다는 것은 L과 C로 전류가 흐르지 않는다는 의미이므로, 이러한 경우는 L과 C에 병렬공진이 발생했을 경우라 할 수 있다.

병렬공진일 경우 임피던스는 무한대가 되고 전류는 '0'이 되고, 직렬공진일 경우 임피던스는 최소가 되어 전류는 최대로 증가한다.

그러므로 L과 C의 병렬회로에서 공진이 발생할 경우

공진 주파수는 $f_0 = \dfrac{1}{2\pi\sqrt{LC}}$ [Hz] 이다.

Answer 21.④ 22.④

(2017) (2016) (2015) (2014)

23 추종제어에 대한 설명으로 가장 옳은 것은?

① 제어량의 종류에 의하여 분류한 자동제어의 일종
② 목표값이 시간에 따라 임의로 변하는 제어
③ 제어량이 공업 프로세스의 상태량일 경우의 제어
④ 정치제어의 일종으로 주로 유량, 위치, 주파수, 전압 등을 제어

advice

제어량에 의한 제어를 분류하면 비율제어, 추종제어, 정치제어, 프로그램제어 등이 있다.
㉠ **추종제어** : 시간적 변화를 하는 목표값에 제어량을 추종시키는 제어로 서보기구가 이에 해당
㉡ **비율제어** : 둘이상의 제어량을 일정 비율로 제어
㉢ **프로그램제어** : 목표값이 미리 정해진 시간적 변화를 하는 경우 제어량을 그것에 따라가도록 하는 제어
㉣ **정치제어** : 일정한 목표값을 유지하는 제어로 프로세스제어, 자동조정이 해당

(2016) (2015)

24 다음 그림과 같은 논리회로로 옳은 것은?

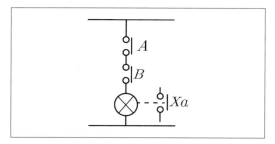

① OR회로   ② AND 회로
③ NOT 회로   ④ NOR 회로

advice

직렬로 연결된 접점회로는 AND(곱) 논리회로이고, 병렬로 연결된 접점회로는 OR(합) 논리회로이다.

(2016)

25 진공 중에 놓인 $5\mu C$의 점전하에서 2m 되는 점의 전계는 몇 V/m인가?

① 11.25×10^3
② 16.25×10^3
③ 22.25×10^3
④ 28.25×10^3

advice

전계의 세기는 다음과 같다.

$$E = K\frac{Q}{r^2} = 9 \times 10^9 \times \frac{Q}{r^2} = 9 \times 10^9 \times \frac{5 \times 10^{-6}}{2^2}$$

$$\fallingdotseq 11.25 \times 10^3 [\mathrm{V/m}]$$

$$\left(K = \frac{1}{4\pi\epsilon_0} \ (\epsilon_0 = 8.855 \times 10^{-12}), \ \epsilon_0 \text{는 진공중의 유전율} \right)$$

(2014)

26 전류 측정 범위를 확대시키기 위하여 전류계와 병렬로 연결해야만 되는 것은?

① 배율기
② 분류기
③ 중계기
④ CT

advice

배율기는 전압계의 측정범위를 확장할 수 있고, 분류기는 전류계의 측정범위를 확장시킬 수 있다.

Answer   23.②   24.②   25.①   26.②

27 100V, 500W의 전열선 2개를 같은 전압에서 직렬로 접속한 경우와 병렬로 접속한 경우의 전력은 각각 몇 W인가?

① 직렬 : 250, 병렬 : 500

② 직렬 : 250, 병렬 : 1,000

③ 직렬 : 500, 병렬 : 500

④ 직렬 : 500, 병렬 : 1,000

advice

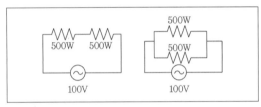

전력 $P = \dfrac{V^2}{R} = I^2 R\,[\mathrm{W}]$

이 전열선의 저항 $R = \dfrac{V^2}{P} = \dfrac{100^2}{500} = 20\,[\mathrm{ohm}]$

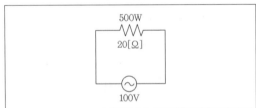

㉠ 직렬회로

$$P = \frac{V^2}{R} = \frac{100^2}{20+20} = 250\,[\mathrm{W}]$$

㉡ 병렬회로

$$P = \frac{V^2}{R} = \frac{100^2}{\dfrac{20 \times 20}{20+20}} = 1,000\,[\mathrm{W}]$$

28 정속도 운전의 직류발전기로 작은 전력의 변화를 큰 전력의 변화로 증폭하는 발전기는?

① 앰플리다인   ② 로젠베르그발전기

③ 솔레노이드   ④ 서보전동기

advice

앰플리다인(amplidyne) ··· 정속도 운전의 직류발전기로 작은 전력의 변화를 큰 전력의 변화로 증폭하는 발전기

(2014)
29 전압 및 전류측정방법에 대한 설명 중 틀린 것은?

① 전압계를 저항 양단에 병렬로 접속한다.

② 전류계는 저항에 직렬로 접속한다.

③ 전압계의 측정범위를 확대하기 위하여 배율기는 전압계와 직렬로 접속한다.

④ 전류계의 측정범위를 확대하기 위하여 저항 분류기는 전류계와 직렬로 접속한다.

advice

전류계의 측정범위를 확대하기 위한 분류기는 전류계와 병렬로 연결한다.

30 공진작용과 관계가 없는 것은?

① C급 증폭회로   ② 발진회로

③ LC 병렬회로   ④ 변조회로

advice

공진작용을 하는 회로는 C급 증폭회로, 발진회로, LC 병렬회로이며, 변조회로는 공진작용과 관계가 없다.

Answer 27.② 28.① 29.④ 30.④

31 다음 그림과 같은 회로에서 전달함수로 옳은 것은?

① $X(s) + Y(s)$ ② $X(s)\,Y(s)$

③ $Y(s)/X(s)$ ④ $X(s)/Y(s)$

advice

이 회로는 $Y(s) = X(s) \cdot G(s)$ 로 표현되므로,

전달함수 $G(s) = \dfrac{Y(s)}{X(s)}$

32 0.5kVA의 수신기용 변압기가 있다. 변압기의 철손이 7.5W, 전부하동손이 16W이다. 화재가 발생하여 처음 2시간은 전부하 운전되고, 다음 2시간은 1/2의 부하가 걸렸다고 한다. 4시간에 걸친 전손실 전력량은 약 몇 Wh인가?

① 65   ② 70

③ 75   ④ 80

advice

전손실 전력량은

$W = (P_i + P_c)\,t + \left(P_i + \left(\dfrac{1}{n}\right)^2 P_c\right)t$

(P_i : 철손, P_c : 동손, t : 시간[h], n : 부하가 걸리는 비율)

$W = (P_i + P_c)\,t + \left(P_i + \left(\dfrac{1}{n}\right)^2 P_c\right)t$

$\quad = (7.5 + 16) \times 2 + \left(7.5 + \left(\dfrac{1}{2}\right)^2 \times 16\right) \times 2 = 70\,[\text{Wh}]$

33 지름 1.2m, 저항 7.6Ω의 동선에서 이 동선의 저항률을 0.0172Ω·m라고 하면 동선의 길이는 약 몇 m인가?

① 200   ② 300

③ 400   ④ 500

advice

저항 $R = \rho\,\dfrac{l}{A} = \rho\,\dfrac{l}{\pi\,r^2}\,[\text{ohm}]$

$l = \dfrac{\pi\,r^2\,R}{\rho} = \dfrac{\pi \times 0.6^2 \times 7.6}{0.0172} \fallingdotseq 500\,[\text{m}]$

34 제어 목표에 의한 분류 중 미지의 임의 시간적 변화를 하는 목표값에 제어량을 추종시키는 것을 목적으로 하는 제어법은?

① 정치제어

② 비율제어

③ 추종제어

④ 프로그램제어

advice

제어량에 의한 제어를 분류하면 비율제어, 추종제어, 정치제어, 프로그램제어 등이 있다.

㉠ 추종제어 : 시간적 변화를 하는 목표값에 제어량을 추종시키는 제어로 서보기구가 이에 해당됨

㉡ 비율제어 : 둘이상의 제어량을 일정 비율로 제어

㉢ 프로그램제어 : 목표값이 미리 정해진 시간적 변화를 하는 경우 제어량을 그것에 따라가도록 하는 제어

㉣ 정치제어 : 일정한 목표값을 유지하는 제어로 프로세스제어, 자동조정이 해당됨

Answer **31.**③ **32.**② **33.**④ **34.**③

(2016) (2015)

35 논리식 $X = \overline{A \cdot B}$와 같은 것은?

① $X = \overline{A} + \overline{B}$

② $X = A + B$

③ $X = \overline{A} \cdot \overline{B}$

④ $X = A \cdot B$

advice

드모르강의 법칙에서

$X = \overline{A \cdot B} = \overline{A} + \overline{B}$, $X = \overline{A + B} = \overline{A} \cdot \overline{B}$

36 다이오드를 여러 개 병렬로 접속하는 경우에 대한 설명으로 옳은 것은?

① 과전류로부터 보호할 수 있다.

② 과전압으로부터 보호할 수 있다.

③ 부하측의 맥동률을 감소시킬 수 있다.

④ 정류기의 역방향 전류를 감소시킬 수 있다.

advice

다이오드를 여러 개 병렬로 연결시키면 전류가 분산되어 과전류로부터 보호되며, 직렬로 연결되면 전압이 분산되어 과전압으로부터 보호된다.

37 이상적인 트랜지스터의 α 값은? (단, α는 베이스 접지 증폭기의 전류증폭률이다.)

① 0

② 1

③ 100

④ ∞

advice

이상적인 트랜지스터의 베이스접지 전류증폭률 α는 '1' 이다.

$\alpha = \dfrac{\beta}{1 + \beta}$ (β : 이미터 접지 전류증폭률)

38 저항이 R, 유도리액턴스가 X_L, 용량리액턴스가 X_C인 $R - L - C$ 직렬회로에서의 $\dot{Z}$와 Z값으로 옳은 것은?

① $\dot{Z} = R + j(X_L - X_C)$, $Z = \sqrt{R^2 + (X_L - X_C)^2}$

② $\dot{Z} = R + j(X_L + X_C)$, $Z = \sqrt{R^2 + (X_L + X_C)^2}$

③ $\dot{Z} = R + j(X_C - X_L)$, $Z = \sqrt{R^2 + (X_C - X_L)^2}$

④ $\dot{Z} = R + j(X_C + X_L)$, $Z = \sqrt{R^2 + (X_C + X_L)^2}$

advice

직렬회로

$\dot{Z} = R + j(X_L - X_C)$

$Z = \sqrt{R^2 + (X_L - X_C)^2}$

병렬회로

$\dot{Z} = \dfrac{1}{R} + j\left(\dfrac{1}{X_C} - \dfrac{1}{X_L}\right)$

$Z = \sqrt{\left(\dfrac{1}{R}\right)^2 + \left(\dfrac{1}{X_C} - \dfrac{1}{X_L}\right)^2}$

(2017)

39 3상 유도전동기의 기동법이 아닌 것은?

① Y-△ 기동법

② 기동 보상기법

③ 1차 저항 기동법

④ 전전압 기동법

advice

㉠ 3상 농형유도전동기 기동법

• 전전압 기동법

• Y-△ 기동법

• 리액터법

• 기동 보상기법

• 콘도르퍼 기동법

㉡ 3상 권선형유도전동기 기동법

• 2차 저항 기동법

• 게르게스법

Ⓐnswer **35.**① **36.**① **37.**② **38.**① **39.**③

40 조작기기는 직접 제어대상에 작용하는 장치이고 빠른 응답이 요구된다. 다음 중 전기식 조작기기가 아닌 것은?

① 서보 전동기
② 전동 밸브
③ 다이어프램 밸브
④ 전자 밸브

advice

다이아프램은 공기압력에 의해 동작하는 것으로 기계적 스위치에 활용된다.

41 위험물안전관리자로 선임할 수 있는 위험물취급자격자가 취급할 수 있는 위험물 기준으로 틀린 것은?

① 위험물기능장 자격 취득자 : 모든 위험물
② 안전관리자 교육이수자 : 위험물 중 제4류 위험물
③ 소방공무원으로 근무한 경력이 3년 이상인 자 : 위험물 중 제4류 위험물
④ 위험물산업기사 자격 취득자 : 위험물 중 제4류 위험물

advice

위험물취급자격자의 자격〈「위험물안전관리법 시행령」 별표 5〉

위험물취급자격자의 구분	취급할 수 있는 위험물
1. 「국가기술자격법」에 따라 위험물기능장, 위험물산업기사, 위험물기능사의 자격을 취득한 사람	모든 위험물
2. 안전관리자 교육이수자	제4류 위험물
3. 소방공무원 경력자	제4류 위험물

Answer 40.③ 41.④

42 소방용수시설의 설치기준 중 주거지역·상업지역 및 공업지역에 설치하는 경우 소방대상물과의 수평거리는 최대 몇 m 이하인가?

① 50
② 100
③ 150
④ 200

advice

소방용수시설의 공통 설치기준〈「소방기본법 시행규칙」 별표 3 참고〉

가. 「국토의 계획 및 이용에 관한 법률」의 규정에 의한 주거지역·상업지역 및 공업지역에 설치하는 경우 : 소방대상물과의 수평거리를 100미터 이하가 되도록 할 것

나. 가목 외의 지역에 설치하는 경우 : 소방대상물과의 수평거리를 140미터 이하가 되도록 할 것

(2018) (2016)
43 정기점검의 대상이 되는 제조소등이 아닌 것은?

① 옥내탱크저장소
② 지하탱크저장소
③ 이동탱크저장소
④ 이송취급소

advice

정기점검의 대상인 제조소등〈「위험물안전관리법 시행령」 제16조〉
1. 제15조 각호의 1에 해당하는 제조소등
2. 지하탱크저장소
3. 이동탱크저장소
4. 위험물을 취급하는 탱크로서 지하에 매설된 탱크가 있는 제조소·주유취급소 또는 일반취급소

※ 관계인이 예방규정을 정하여야 하는 제조소등〈「위험물안전관리법 시행령」 제15조〉
  1. 지정수량의 10배 이상의 위험물을 취급하는 제조소
  2. 지정수량의 100배 이상의 위험물을 저장하는 옥외저장소
  3. 지정수량의 150배 이상의 위험물을 저장하는 옥내저장소
  4. 지정수량의 200배 이상의 위험물을 저장하는 옥외탱크 저장소
  5. 암반탱크저장소
  6. 이송취급소
  7. 지정수량의 10배 이상의 위험물을 취급하는 일반취급소. 다만, 제4류 위험물(특수인화물을 제외)만을 지정

수량의 50배 이하로 취급하는 일반취급소(제1석유류·알코올류의 취급량이 지정수량의 10배 이하인 경우에 한한다)로서 다음의 어느 하나에 해당하는 것을 제외한다.
  가. 보일러·버너 또는 이와 비슷한 것으로서 위험물을 소비하는 장치로 이루어진 일반취급소
  나. 위험물을 용기에 옮겨 담거나 차량에 고정된 탱크에 주입하는 일반취급소

44 1급 소방안전관리대상물에 대한 기준이 아닌 것은? (단, 동·식물원, 철강 등 불연성 물품을 저장·취급하는 창고, 위험물 저장 및 처리 시설 중 위험물 제조소등, 지하구를 제외한 것이다.)

① 연면적 15,000m² 이상인 특정소방대상물(아파트는 제외)
② 150세대 이상으로서 승강기가 설치된 공동주택
③ 가연성가스를 1,000톤 이상 저장·취급하는 시설
④ 30층 이상(지하층은 제외)이거나 지상으로부터 높이가 120m 이상인 아파트

advice

1급 소방안전관리대상물〈「화재예방, 소방시설 설치·유지 및 안전관리에 관한 법률 시행령」 제22조 제1항 제2호〉… 별표 2의 특정소방대상물 중 특급 소방안전관리대상물을 제외한 다음의 어느 하나에 해당하는 것으로서 동·식물원, 철강 등 불연성 물품을 저장·취급하는 창고, 위험물 저장 및 처리 시설 중 위험물 제조소등, 지하구를 제외한 것

가. 30층 이상(지하층은 제외)이거나 지상으로부터 높이가 120미터 이상인 아파트
나. 연면적 1만 5천제곱미터 이상인 특정소방대상물(아파트는 제외)
다. 나목에 해당하지 아니하는 특정소방대상물로서 층수가 11층 이상인 특정소방대상물(아파트는 제외)
라. 가연성 가스를 1천톤 이상 저장·취급하는 시설

Answer 42.② 43.① 44.②

45 대통령령으로 정하는 특정소방대상물의 소방시설 중 내진설계 대상이 아닌 것은?

① 옥내소화전설비

② 스프링클러설비

③ 물분무소화설비

④ 연결살수설비

advice

소방시설의 내진설계〈「화재예방, 소방시설 설치·유지 및 안전관리에 관한 법률 시행령」 제15조의2 제2항〉… 법 제9조의2에서 "대통령령으로 정하는 소방시설"이란 소방시설 중 옥내소화전설비, 스프링클러설비, 물분무등소화설비를 말한다.

※ 소방시설의 내진설계기준〈「화재예방, 소방시설 설치·유지 및 안전관리에 관한 법률」 제9조의2〉…「지진·화산재해대책법」 제14조 제1항 각 호의 시설 중 대통령령으로 정하는 특정소방대상물에 대통령령으로 정하는 소방시설을 설치하려는 자는 지진이 발생할 경우 소방시설이 정상적으로 작동될 수 있도록 소방청장이 정하는 내진설계기준에 맞게 소방시설을 설치하여야 한다.

---

46 건축물의 공사 현장에 설치하여야 하는 임시소방시설과 기능 및 성능이 유사하여 임시소방시설을 설치한 것으로 보는 소방시설로 연결이 틀린 것은? (단, 임시소방시설 – 임시소방시설을 설치한 것으로 보는 소방시설 순이다.)

① 간이소화장치 – 옥내소화전

② 간이피난유도선 – 유도표지

③ 비상경보장치 – 비상방송설비

④ 비상경보장치 – 자동화재탐지설비

advice

임시소방시설과 기능 및 성능이 유사한 소방시설로서 임시소방시설을 설치한 것으로 보는 소방시설〈「화재예방, 소방시설 설치·유지 및 안전관리에 관한 법률 시행령」 별표 5의2 참고〉

가. 간이소화장치를 설치한 것으로 보는 소방시설 : 옥내소화전 또는 소방청장이 정하여 고시하는 기준에 맞는 소화기

나. 비상경보장치를 설치한 것으로 보는 소방시설 : 비상방송설비 또는 자동화재탐지설비

다. 간이피난유도선을 설치한 것으로 보는 소방시설 : 피난유도선, 피난구유도등, 통로유도등 또는 비상조명등

---

47 행정안전부령으로 정하는 연소 우려가 있는 구조에 대한 기준 중 다음 ( ) 안에 알맞은 것은?

> 건축물대장의 건축물 현황도에 표시된 대지경계선 안에 2 이상의 건축물이 있는 경우로서 각각의 건축물이 다른 건축물의 외벽으로부터 수평거리가 1층의 경우에는 (㉠)m 이하, 2층 이상의 층의 경우에는 (㉡)m 이하이고 개구부가 다른 건축물을 향하여 설치된 구조를 말한다.

① ㉠ 3, ㉡ 5

② ㉠ 5, ㉡ 8

③ ㉠ 6, ㉡ 8

④ ㉠ 6, ㉡ 10

advice

연소 우려가 있는 건축물의 구조〈「화재예방, 소방시설 설치·유지 및 안전관리에 관한 법률 시행규칙」 제7조〉… 영 별표 5 제1호 사목 1) 후단에서 "행정안전부령으로 정하는 연소(延燒) 우려가 있는 구조"란 다음의 기준에 모두 해당하는 구조를 말한다.

1. 건축물대장의 건축물 현황도에 표시된 대지경계선 안에 둘 이상의 건축물이 있는 경우

2. 각각의 건축물이 다른 건축물의 외벽으로부터 수평거리가 1층의 경우에는 6미터 이하, 2층 이상의 층의 경우에는 10미터 이하인 경우

3. 개구부가 다른 건축물을 향하여 설치되어 있는 경우

48 특정소방대상물의 소방시설 설치의 면제기준 중 다음 ( ) 안에 알맞은 것은?

> 비상경보설비 또는 단독경보형 감지기를 설치하여야 하는 특정소방대상물에 ( )를 화재안전기준에 적합하게 설치한 경우에는 그 설비의 유효범위에서 설치가 면제된다.

① 자동화재탐지설비
② 스프링클러설비
③ 비상조명등
④ 무선통신보조설비

advice

특정소방대상물의 소방시설 설치의 면제기준〈「화재예방, 소방시설 설치·유지 및 안전관리에 관한 법률 시행령」 별표 6 참고〉 … 비상경보설비 또는 단독경보형 감지기를 설치하여야 하는 특정소방대상물에 자동화재탐지설비를 화재안전기준에 적합하게 설치한 경우에는 그 설비의 유효범위에서 설치가 면제된다.

49 위험물로서 제1석유류에 속하는 것은?

① 중유   ② 휘발유
③ 실린더유   ④ 등유

advice

제4류 위험물 중 석유별에 따른 분류〈「위험물안전관리법 시행령」 별표 1 참고〉
㉠ 제1석유류 : 아세톤, <u>휘발유</u> 그 밖에 1기압에서 인화점이 섭씨 21도 미만인 것을 말한다.
㉡ 제2석유류 : 등유, 경유 그 밖에 1기압에서 인화점이 섭씨 21도 이상 70도 미만인 것을 말한다. 다만, 도료류 그 밖의 물품에 있어서 가연성 액체량이 40중량퍼센트 이하이면서 인화점이 섭씨 40도 이상인 동시에 연소점이 섭씨 60도 이상인 것은 제외한다.

㉢ 제3석유류 : 중유, 클레오소트유 그 밖에 1기압에서 인화점이 섭씨 70도 이상 섭씨 200도 미만인 것을 말한다. 다만, 도료류 그 밖의 물품은 가연성 액체량이 40중량퍼센트 이하인 것은 제외한다.
㉣ 제4석유류 : 기어유, 실린더유 그 밖에 1기압에서 인화점이 섭씨 200도 이상 섭씨 250도 미만의 것을 말한다. 다만 도료류 그 밖의 물품은 가연성 액체량이 40중량퍼센트 이하인 것은 제외한다.

50 건축허가 등을 함에 있어서 미리 소방본부장 또는 소방서장의 동의를 받아야 하는 건축물 등의 범위 기준이 아닌 것은?

① 노유자시설 및 수련시설로서 연면적 $100m^2$ 이상인 건축물
② 지하층 또는 무창층이 있는 건축물로서 바닥면적이 $150m^2$ 이상인 층이 있는 것
③ 차고·주차장으로 사용되는 바닥면적이 $200m^2$ 이상인 층이 있는 건축물이나 주차시설
④ 장애인 의료재활시설로서 연면적 $300m^2$ 이상인 건축물

advice

건축허가등의 동의대상물의 범위 등〈「화재예방, 소방시설 설치·유지 및 안전관리에 관한 법률 시행령」 제12조 제1항〉 … 건축허가등을 할 때 미리 소방본부장 또는 소방서장의 동의를 받아야 하는 건축물 등의 범위는 다음과 같다.
1. 연면적이 400제곱미터 이상인 건축물. 다만, 다음의 어느 하나에 해당하는 시설은 해당 목에서 정한 기준 이상인 건축물로 한다.
 가. 「학교시설사업 촉진법」에 따라 건축등을 하려는 학교시설 : 100제곱미터
 나. <u>노유자시설 및 수련시설</u> : 200제곱미터
 다. 「정신건강증진 및 정신질환자 복지서비스 지원에 관한 법률」에 따른 정신의료기관(입원실이 없는 정신건강의학과 의원은 제외) : 300제곱미터

Answer 48.① 49.② 50.①

라. 「장애인복지법」에 따른 장애인 의료재활시설 : 300제
곱미터

1의2. 층수(「건축법 시행령」에 따라 산정된 층수를 말한다.)
가 6층 이상인 건축물

2. 차고·주차장 또는 주차용도로 사용되는 시설로서 다음의
어느 하나에 해당하는 것

가. 차고·주차장으로 사용되는 바닥면적이 200제곱미터
이상인 층이 있는 건축물이나 주차시설

나. 승강기 등 기계장치에 의한 주차시설로서 자동차 20
대 이상을 주차할 수 있는 시설

3. 항공기격납고, 관망탑, 항공관제탑, 방송용 송수신탑

4. 지하층 또는 무창층이 있는 건축물로서 바닥면적이 150제
곱미터(공연장의 경우에는 100제곱미터) 이상인 층이 있는 것

5. 특정소방대상물 중 위험물 저장 및 처리 시설, 지하구

6. 제1호에 해당하지 않는 노유자시설 중 다음의 어느 하나에
해당하는 시설. 다만, 나목부터 바목까지의 시설 중 「건축
법 시행령」 별표 1의 단독주택 또는 공동주택에 설치되는
시설은 제외한다.

가. 노인 관련 시설(「노인복지법」에 따른 노인여가복지시
설 및 노인보호전문기관은 제외)

나. 「아동복지법」에 따른 아동복지시설(아동상담소, 아동전
용시설 및 지역아동센터는 제외)

다. 「장애인복지법」에 따른 장애인 거주시설

라. 정신질환자 관련 시설(「정신건강증진 및 정신질환자
복지서비스 지원에 관한 법률」에 따른 공동생활가정을
제외한 재활훈련시설과 종합시설 중 24시간 주거를
제공하지 아니하는 시설은 제외)

마. 노숙인 관련 시설 중 노숙인자활시설, 노숙인재활시설
및 노숙인요양시설

바. 결핵환자나 한센인이 24시간 생활하는 노유자시설

7. 「의료법」에 따른 요양병원. 다만, 정신의료기관 중 정신병
원과 의료재활시설은 제외한다.

51 스프링클러설비가 설치된 소방시설 등의 자체점검
에서 종합정밀점검을 받아야 하는 아파트의 기준
으로 옳은 것은?

① 연면적이 3,000m² 이상이고 층수가 11층 이
상인 것만 해당

② 연면적이 3,000m² 이상이고 층수가 16층 이
상인 것만 해당

③ 연면적이 5,000m² 이상이고 층수가 11층 이
상인 것만 해당

④ 연면적이 5,000m² 이상이고 층수가 16층 이
상인 것만 해당

---

advice

종합정밀점검이란 소방시설등의 작동기능점검을 포함하여 소
방시설등의 설비별 주요 구성 부품의 구조기준이 소방청장이
정하여 고시하는 화재안전기준 및 「건축법」 등 관련 법령에서
정하는 기준에 적합한지 여부를 점검하는 것을 말한다(「화재
예방, 소방시설 설치·유지 및 안전관리에 관한 법률 시행규
칙」 별표 1 참고).

※ **종합정밀점검의 대상** … 종합정밀점검은 다음의 어느 하나
에 해당하는 특정소방대상물을 대상으로 한다.

1) 스프링클러설비 또는 물분무등소화설비[호스릴(Hose Reel)
방식의 물분무등소화설비만을 설치한 경우는 제외]가 설
치된 연면적 5,000m² 이상인 특정소방대상물(위험물 제
조소등은 제외). 다만, 아파트는 연면적 5,000m² 이상이
고 11층 이상인 것만 해당한다.

2) 「다중이용업소의 안전관리에 관한 특별법 시행령」 제2
조 제1호 나목, 같은 조 제2호(비디오물소극장업은 제
외)·제6호·제7호·제7호의2 및 제7호의5의 다중이용
업의 영업장이 설치된 특정소방대상물로서 연면적이
2,000m² 이상인 것

3) 제연설비가 설치된 터널

4) 「공공기관의 소방안전관리에 관한 규정」에 따른 공공기
관 중 연면적(터널·지하구의 경우 그 길이와 평균폭을
곱하여 계산된 값을 말한다)이 1,000m² 이상인 것으로
서 옥내소화전설비 또는 자동화재탐지설비가 설치된
것. 다만, 「소방기본법」에 따른 소방대가 근무하는 공
공기관은 제외한다.

Answer 51.③

2017년 제4회 소방설비기사 **477**

2015

52 방염성능기준 이상의 실내장식물 등을 설치해야 하는 특정소방대상물이 아닌 것은?

① 건축물 옥내에 있는 종교시설
② 방송통신시설 중 방송국 및 촬영소
③ 층수가 11층 이상인 아파트
④ 숙박이 가능한 수련시설

advice

방염성능기준 이상의 실내장식물 등을 설치하여야 하는 특정소방대상물〈「화재예방, 소방시설 설치·유지 및 안전관리에 관한 법률 시행령」 제19조〉
1. 근린생활시설 중 의원, 체력단련장, 공연장 및 종교집회장
2. 건축물의 옥내에 있는 시설로서 다음의 시설
　가. 문화 및 집회시설
　나. 종교시설
　다. 운동시설(수영장은 제외)
3. 의료시설
4. 교육연구시설 중 합숙소
5. 노유자시설
6. 숙박이 가능한 수련시설
7. 숙박시설
8. 방송통신시설 중 방송국 및 촬영소
9. 다중이용업소
10. 제1호부터 제9호까지의 시설에 해당하지 않는 것으로서 <u>층수가 11층 이상인 것(아파트는 제외)</u>

53 화재의 예방조치 등과 관련하여 불장난, 모닥불, 흡연, 화기 취급, 그 밖에 화재예방상 위험하다고 인정되는 행위의 금지 또는 제한의 명령을 할 수 있는 자는?

① 시·도지사
② 국무총리
③ 소방청장
④ 소방본부장

advice

화재의 예방조치 등〈「소방기본법」 제12조 제1항〉… <u>소방본부장이나 소방서장은 화재의 예방상 위험하다고 인정되는 행위를 하는 사람이나 소화(消火) 활동에 지장이 있다고 인정되는 물건의 소유자·관리자 또는 점유자에게 다음의 명령을 할 수 있다.</u>
1. <u>불장난, 모닥불, 흡연, 화기(火氣) 취급, 풍등 등 소형 열기구 날리기, 그 밖에 화재예방상 위험하다고 인정되는 행위의 금지 또는 제한</u>
2. 타고 남은 불 또는 화기가 있을 우려가 있는 재의 처리
3. 함부로 버려두거나 그냥 둔 위험물, 그 밖에 불에 탈 수 있는 물건을 옮기거나 치우게 하는 등의 조치

54 2급 소방안전관리대상물의 소방안전관리자 선임 기준으로 틀린 것은?

① 전기공사산업기사 자격을 가진 자
② 소방공무원으로 3년 이상 근무한 경력이 있는지
③ 의용소방대원으로 2년 이상 근무한 경력이 있는 자
④ 위험물산업기사 자격을 가진 자

advice

2급 소방안전관리대상물의 소방안전관리자 선임 기준〈「화재예방, 소방시설 설치·유지 및 안전관리에 관한 법률 시행령」 제23조 제3항〉… 2급 소방안전관리대상물의 관계인은 다음의 어느 하나에 해당하는 사람 중에서 소방안전관리자를 선임하여야 한다. 다만, 제3호에 해당하는 사람은 보안관리자 또는 보안감독자로 선임된 해당 소방안전관리대상물의 소방안전관리자로만 선임할 수 있다.
1. 건축사·산업안전기사·산업안전산업기사·건축기사·건축산업기사·일반기계기사·전기기능장·전기기사·전기산업기사·전기공사기사 또는 <u>전기공사산업기사 자격을 가진 사람</u>
2. 위험물기능장·<u>위험물산업기사</u> 또는 위험물기능사 <u>자격을 가진 사람</u>
3. 광산보안기사 또는 광산보안산업기사 자격을 가진 사람으

Answer 52.③ 53.④ 54.③

로서 「광산안전법」에 따라 광산안전관리직원(안전관리자
또는 안전감독자만 해당)으로 선임된 사람
4. 소방공무원으로 3년 이상 근무한 경력이 있는 사람
5. 소방청장이 실시하는 2급 소방안전관리대상물의 소방안전
관리에 관한 시험에 합격한 사람. 이 경우 해당 시험은 다
음의 어느 하나에 해당하는 사람만 응시할 수 있다.
　가. 대학에서 소방안전관리학과를 전공하고 졸업한 사람
　　　(법령에 따라 이와 같은 수준의 학력이 있다고 인정되
　　　는 사람을 포함)
　나. 다음 1)부터 3)까지의 어느 하나에 해당하는 사람
　　　1) 대학에서 소방안전 관련 교과목을 6학점 이상 이수
　　　　하고 졸업한 사람
　　　2) 법령에 따라 1)에 해당하는 사람과 같은 수준의 학
　　　　력이 있다고 인정되는 사람으로서 해당 학력 취득
　　　　과정에서 소방안전 관련 교과목을 6학점 이상 이
　　　　수한 사람
　　　3) 대학에서 소방안전 관련 학과를 전공하고 졸업한
　　　　사람(법령에 따라 이와 같은 수준의 학력이 있다고
　　　　인정되는 사람을 포함)
　다. 소방본부 또는 소방서에서 1년 이상 화재진압 또는 그
　　　보조 업무에 종사한 경력이 있는 사람
　라. 의용소방대원으로 3년 이상 근무한 경력이 있는 사람
　마. 군부대(주한 외국군부대를 포함) 및 의무소방대의 소
　　　방대원으로 1년 이상 근무한 경력이 있는 사람
　바. 「위험물안전관리법」에 따른 자체소방대의 소방대원으
　　　로 3년 이상 근무한 경력이 있는 사람
　사. 「대통령 등의 경호에 관한 법률」에 따른 경호공무원 또
　　　는 별정직공무원으로서 2년 이상 안전검측 업무에 종사
　　　한 경력이 있는 사람
　아. 경찰공무원으로 3년 이상 근무한 경력이 있는 사람
　자. 특급 소방안전관리대상물, 1급 소방안전관리대상물 또
　　　는 2급 소방안전관리대상물의 소방안전관리에 대한
　　　강습교육을 수료한 사람
　차. 「공공기관의 소방안전관리에 관한 규정」에 따른 강습
　　　교육을 수료한 사람
　카. 소방안전관리보조자로 선임될 수 있는 자격이 있는 사
　　　람으로서 특급 소방안전관리대상물, 1급 소방안전관리
　　　대상물, 2급 소방안전관리대상물 또는 3급 소방안전관
　　　리대상물의 소방안전관리보조자로 3년 이상 근무한
　　　실무경력이 있는 사람
　타. 3급 소방안전관리대상물의 소방안전관리자로 2년 이
　　　상 근무한 실무경력이 있는 사람
6. 제1항 및 제2항에 따라 특급 또는 1급 소방안전관리대상물
의 소방안전관리자 자격이 인정되는 사람

55 경보설비 중 단독경보형 감지기를 설치해야 하는 특정소방대상물의 기준으로 틀린 것은?

① 연면적 $600m^2$ 미만의 숙박시설
② 연면적 $1,000m^2$ 미만의 아파트 등
③ 연면적 $1,000m^2$ 미만의 기숙사
④ 교육연구시설 내에 있는 연면적 $3,000m^2$ 미만의 합숙소

advice

단독경보형 감지기를 설치하여야 하는 특정소방대상물〈「화재예
방, 소방시설 설치·유지 및 안전관리에 관한 법률 시행령」
별표 5 참고〉
1) 연면적 1천m^2 미만의 아파트등
2) 연면적 1천m^2 미만의 기숙사
3) 교육연구시설 또는 수련시설 내에 있는 합숙소 또는 기숙
　사로서 연면적 2천m^2 미만인 것
4) 연면적 $600m^2$ 미만의 숙박시설
5) 수련시설(숙박시설이 있는 것만 해당)
6) 연면적 $400m^2$ 미만의 유치원

56 다음 중 과태료 대상이 아닌 것은?

① 소방안전관리대상물의 소방안전관리자를 선임하지 아니한 자

② 소방안전관리 업무를 수행하지 아니한 자

③ 특정소방대상물의 근무자 및 거주자에 대한 소방훈련 및 교육을 하지 아니한 자

④ 특정소방대상물 소방시설 등의 점검결과를 보고하지 아니한 자

advice

① 소방안전관리대상물의 소방안전관리자를 선임하지 아니한 자 – 300만 원 이하의 벌금

② 소방안전관리 업무를 수행하지 아니한 자 – 200만 원 이하의 과태료

③ 특정소방대상물의 근무자 및 거주자에 대한 소방훈련 및 교육을 하지 아니한 자 – 200만 원 이하의 과태료

④ 특정소방대상물 소방시설 등의 점검결과를 보고하지 아니한 자 – 200만 원 이하의 과태료

(2017)
57 시 · 도지사가 소방시설업의 영업정지처분에 갈음하여 부과할 수 있는 최대 과징금의 범위로 옳은 것은?

① 1,000만 원 이하

② 2,000만 원 이하

③ 3,000만 원 이하

④ 5,000만 원 이하

advice

과징금처분〈「소방시설공사업법」 제10조 제1항〉··· 시 · 도지사는 영업정지가 그 이용자에게 불편을 주거나 그 밖에 공익을 해칠 우려가 있을 때에는 영업정지처분을 갈음하여 3천만 원 이하의 과징금을 부과할 수 있다.

58 화재경계지구의 지정대상이 아닌 것은?

① 공장 · 창고가 밀집한 지역

② 목조건물이 밀집한 지역

③ 농촌지역

④ 시장지역

advice

화재경계지구의 지정 등〈「소방기본법」 제13조 제1항〉··· 시 · 도지사는 다음의 어느 하나에 해당하는 지역 중 화재가 발생할 우려가 높거나 화재가 발생하는 경우 그로 인하여 피해가 클 것으로 예상되는 지역을 화재경계지구로 지정할 수 있다.

1. 시장지역
2. 공장 · 창고가 밀집한 지역
3. 목조건물이 밀집한 지역
4. 위험물의 저장 및 처리 시설이 밀집한 지역
5. 석유화학제품을 생산하는 공장이 있는 지역
6. 「산업입지 및 개발에 관한 법률」에 따른 산업단지
7. 소방시설 · 소방용수시설 또는 소방출동로가 없는 지역
8. 그 밖에 제1호부터 제7호까지에 준하는 지역으로서 소방청장 · 소방본부장 또는 소방서장이 화재경계지구로 지정할 필요가 있다고 인정하는 지역

59 소방시설업의 반드시 등록취소에 해당하는 경우는?

① 거짓이나 그 밖의 부정한 방법으로 등록한 경우

② 다른 자에게 등록증 또는 등록수첩을 빌려준 경우

③ 소속 소방기술자를 공사현장에 배치하지 아니하거나 거짓으로 한 경우

④ 등록을 한 후 정당한 사유 없이 1년이 지날 때까지 영업을 시작하지 아니하거나 계속하여 1년 이상 휴업한 경우

Answer 56.① 57.③ 58.③ 59.①

advice

등록취소 사유〈소방시설공사업법 제9조 제1항〉
1. 거짓이나 그 밖의 부정한 방법으로 등록한 경우
2. 등록 결격사유에 해당하게 된 경우
3. 영업정지 기간 중에 소방시설공사 등을 한 경우

5. 제연설비의 경우 : 가동식 제연경계벽 · 배출구 · 공기유입구의 설치, 각종 댐퍼 및 유입구 폐쇄장치의 설치, 배출기 및 공기유입기의 설치 및 풍도와의 접속, 배출풍도 및 유입풍도의 설치 · 단열조치, 동력전원 및 제어회로의 접속, 제어반의 설치를 하는 기간
6. 비상전원이 설치되는 소방시설의 경우 : 비상전원의 설치 및 소방시설과의 접속을 하는 기간

60 자동화재탐지설비의 일반 공사감리기간으로 포함시켜 산정할 수 있는 항목은?

① 고정금속구를 설치하는 기간
② 전선관의 매립을 하는 공사기간
③ 공기유입구의 설치기간
④ 소화약제 저장용기 설치기간

advice

일반 공사감리기간〈「소방시설공사업법 시행규칙」 별표 3〉
1. 옥내소화전설비 · 스프링클러설비 · 포소화설비 · 물분무소화설비 · 연결살수설비 및 연소방지설비의 경우 : 가압송수장치의 설치, 가지배관의 설치, 개폐밸브 · 유수검지장치 · 체크밸브 · 템퍼스위치의 설치, 앵글밸브 · 소화전함의 매립, 스프링클러헤드 · 포헤드 · 포방출구 · 포노즐 · 포호스릴 · 물분무헤드 · 연결살수헤드 · 방수구의 설치, 포소화약제 탱크 및 포혼합기의 설치, 포소화약제의 충전, 입상배관과 옥상탱크의 접속, 옥외 연결송수구의 설치, 제어반의 설치, 동력전원 및 각종 제어회로의 접속, 음향장치의 설치 및 수동조작함의 설치를 하는 기간
2. 이산화탄소소화설비 · 할로겐화합물소화설비 · 청정소화약제소화설비 및 분말소화설비의 경우 : 소화약제 저장용기와 집합관의 접속, 기동용기 등 작동장치의 설치, 제어반 · 화재표시반의 설치, 동력전원 및 각종 제어회로의 접속, 가지배관의 설치, 선택밸브의 설치, 분사헤드의 설치, 수동기동장치의 설치 및 음향경보장치의 설치를 하는 기간
3. 자동화재탐지설비 · 시각경보기 · 비상경보설비 · 비상방송설비 · 통합감시시설 · 유도등 · 비상콘센트설비 및 무선통신보조설비의 경우 : 전선관의 매립, 감지기 · 유도등 · 조명등 및 비상콘센트의 설치, 증폭기의 접속, 누설동축케이블 등의 부설, 무선기기의 접속단자 · 분배기 · 증폭기의 설치 및 동력전원의 접속공사를 하는 기간
4. 피난기구의 경우 : 고정금속구를 설치하는 기간

Answer 60.②

4과목 소방전기시설의 구조 및 원리

(2016) (2014)

61 자동화재속보설비를 설치하여야 하는 특정소방대 상물의 기준 중 다음 (   ) 안에 알맞은 것은?

> 의료시설 중 요양병원으로서 정신병원과 의료재 활시설로 사용되는 바닥면적의 합계가 (   )m² 이상인 층이 있는 것

① 300
② 500
③ 1,000
④ 1,500

advice

자동화재속보설비 설치대상

대상물면적	설치대상
500m² 이상	수련시설, 노유자시설, 요양병원
1,500m² 이상	공장및창고시설, 업무시설, 국방·군사시설, 발전시설(무인경비)
전체대상	노유자생활시설, 30층 이상, 전통시장
국보, 보물	목조 건축물

(2018)

62 무선통신보조설비 무선기기 접속단자의 설치기준 중 다음 (   ) 안에 알맞은 것은?

> 지상에 설치하는 접속단자는 보행거리 (㉠)m 이내마다 설치하고, 다른 용도로 사용되는 접속단자에서 (㉡)m 이상의 거리를 둘 것

① ㉠ 500, ㉡ 5
② ㉠ 500, ㉡ 3
③ ㉠ 300, ㉡ 5
④ ㉠ 300, ㉡ 3

advice

무선통신보조설비 무선기기 접속단자 설치기준

㉠ 화재층으로부터 지면으로 떨어지는 유리창 등에 의한 지장을 받지 않고 지상에서 유효하게 소방활동을 할 수 있는 장소 또는 수위실 등 상시 사람이 근무하고 있는 장소에 설치할 것
㉡ 단자는 한국산업규격에 적합한 것으로 하고, 바닥으로부터 높이 0.8m 이상 1.5m 이하의 위치에 설치할 것
㉢ 지상에 설치하는 접속단자는 보행거리 300m 이내마다 설치하고, 다른 용도로 사용되는 접속단지에서 5m 이상의 거리를 둘 것
㉣ 지상에 설치하는 단자를 보호하기 위하여 견고하고 함부로 개폐할 수 없는 구조의 보호함을 설치하고, 먼지·습기 및 부식 등에 따라 영향을 받지 아니하도록 조치할 것
㉤ 단자의 보호함의 표면에 "무선기 접속단자"라고 표시한 표지를 할 것

(2015)

63 객석유도등을 설치하여야 하는 특정소방대상물의 대상으로 옳은 것은?

① 운수시설
② 운동시설
③ 의료시설
④ 근린생활시설

advice

객석유도등 설치대상 … 공연장, 집회장, 관람장, 운동시설

Answer **61.**② **62.**③ **63.**②

2015 2014

64 누전경보기의 구성요소에 해당하지 않는 것은?

① 차단기
② 영상변류기(ZCT)
③ 음향장치
④ 발신기

advice

발신기는 자동화재탐지설비 및 비상경보설비 구성요소이다.
누전경보기는 누전경보기 수신기, 영상변류기, 음향장치, 차단기 등으로 구성된다.

2016

65 자동화재탐지설비 수신기의 설치기준 중 다음 ( )
안에 알맞은 것은?

( )층 이상의 특정소방대상물에는 발신기와
전화통화가 가능한 수신기를 설치할 것

① 2   ② 4
③ 6   ④ 11

advice

자동화재탐지설비 수신기 적합기준
㉠ 해당 특정소방대상물의 경계구역을 각각 표시할 수 있는 회
선수 이상의 수신기를 설치할 것
㉡ 4층 이상의 특정소방대상물에는 발신기와 전화통화가 가
능한 수신기를 설치할 것
㉢ 해당 특정소방대상물에 가스누설탐지설비가 설치된 경우에
는 가스누설탐지설비로부터 가스누설신호를 수신하여 가스
누설경보를 할 수 있는 수신기를 설치할 것(가스누설탐지
설비의 수신부를 별도로 설치한 경우에는 제외한다)

2018

66 피난기구 용어의 정의 중 다음 ( ) 안에 알맞은
것은?

( )란 사용자의 몸무게에 따라 자동적으로
내려올 수 있는 기구 중 사용자가 연속적으로
사용할 수 없는 것을 말한다.

① 간이완강기
② 공기안전매트
③ 완강기
④ 승강식 피난기

advice

피난기구 용어정의
㉠ 간이완강기 : 사용자의 몸무게에 따라 자동적으로 내려올
수 있는 기구 중 사용자가 교대하여 연속적으로 사용할
수 없는 것
㉡ 공기안전매트 : 화재 발생시 사람이 건축물 내에서 외부로
긴급히 뛰어 내릴 때 충격을 흡수하여 안전하게 지상에
도달할 수 있도록 포지에 공기 등을 주입하는 구조로 되
어 있는 것
㉢ 완강기 : 사용자의 몸무게에 따라 자동적으로 내려올 수 있는
기구 중 사용자가 교대하여 연속적으로 사용할 수 있는 것
㉣ 승강식 피난기 : 사용자의 몸무게에 의하여 자동으로 하강
하고 내려서면 스스로 상승하여 연속적으로 사용할 수 있
는 무동력 승강식피난기

Ⓐnswer **64.**④ **65.**② **66.**①

67 무선통신보조설비를 설치하여야 하는 특정소방대상물의 기준 중 옳은 것은? (단, 위험물 저장 및 처리 시설 중 가스시설은 제외한다.)

① 지하가(터널은 제외)로서 연면적 500m² 이상인 것
② 지하가 중 터널로서 길이가 1,000m 이상인 것
③ 층수가 30층 이상인 것으로서 15층 이상 부분의 모든 층
④ 지하층의 층수가 3층 이상이고 지하층의 바닥면적의 합계가 1,000m² 이상인 것은 지하층의 모든 층

advice

무선통신보조설비 설치 대상

대상면적	설치대상
연면적 1,000m² 이상	지하가(터널 제외)
지하층 바닥면적 3,000m² 이상	지하층의 모든 층
지하 3층 이상 바닥면적 1,000m² 이상	지하층의 모든 층
길이 500m 이상	지하가 중 터널길이
30층 이상으로 16층 이상의 부분	모든 층

68 피난기구의 종류가 아닌 것은?

① 미끄럼대
② 공기호흡기
③ 승강식피난기
④ 공기안전매트

advice

공기호흡기는 피난기구의 종류가 아니다.

69 (2014) 누전경보기의 전원은 배선용 차단기에 있어서는 몇 A 이하의 것으로 각 극을 개폐할 수 있는 것을 설치하여야 하는가?

① 10   ② 15
③ 20   ④ 30

advice

누전경보기 전원은 각 극에 개폐기 및 15A 이하의 과전류차단기(배선용 차단기에 있어서는 <u>20A 이하</u>의 것으로 개폐할 수 있는 것)을 설치하여야 한다.

70 (2018) 자동화재탐지설비 배선의 설치기준 중 틀린 것은?

① 감지기 사이의 회로의 배선은 송배전식으로 할 것
② 감지기회로의 도통시험을 위한 종단저항은 전용함을 설치하는 경우 그 설치 높이는 바닥으로부터 1.5m 이내로 할 것
③ 감지기회로 및 부속회로의 전로와 대지 사이 및 배선 상호간의 절연저항은 1경계구역마다 직류 250V의 절연저항측정기를 사용하여 측정한 절연저항이 0.1MΩ 이상이 되도록 할 것
④ 피(P)형 수신기 및 지피(G.P.)형 수신기의 감지기 회로의 배선에 있어서 하나의 공통선에 접속할 수 있는 경계구역은 9개 이하로 할 것

advice

자동화재탐지설비 배선 설치기준 중 P형 수신기 및 GP형 수신기의 감지기 회로의 배선에 있어서 <u>하나의 공통선에 접속할 수 있는 경계구역은 7개 이하</u>로 할 것

Answer 67.④ 68.② 69.③ 70.④

(2019) (2018)

71 비상경보설비를 설치하여야 할 특정소방대상물의 기준 중 옳은 것은? (단, 지하구, 모래·석재 등 불연재료 창고 및 위험물 저장·처리 시설 중 가스시설은 제외한다.)

① 지하층 또는 무창층의 바닥면적이 $150m^2$(공연장의 경우 $100m^2$) 이상인 것

② 연면적 $500m^2$(지하가 중 터널 또는 사람이 거주하지 않거나 벽이 없는 축사 등 동·식물 관련시설은 제외) 이상인 것

③ 30명 이상의 근로자가 작업하는 옥내 작업장

④ 지하가 중 터널로서 길이가 1,000m 이상인 것

advice

비상경보설비 설치대상

설치대상	면적 조건
지하층, 무창층	바닥면적 $150m^2$ (공연장 $100m^2$) 이상
전부	연면적 $400m^2$ 이상
지하가 중 터널의 길이	길이 500m 이상
옥내 작업장	50명 이상 작업장

(2018)

72 단독경보형감지기를 설치하여야 하는 특정소방대상물의 기준 중 옳은 것은?

① 연면적 $1,000m^2$ 미만의 아파트 등

② 연면적 $2,000m^2$ 미만의 기숙사

③ 교육연구시설 또는 수련시설 내에 있는 합숙소 또는 기숙사로서 연면적 $1,000m^2$ 미만인 것

④ 연면적 $1,000m^2$ 미만의 숙박시설

advice

단독경보형 감지기 설치대상

설치대상	연면적
유치원	$400m^2$ 미만
숙박시설	$600m^2$ 미만
아파트, 기숙사	$1,000m^2$ 미만
교육연구시설, 수련시설 내에 있는 합숙소 또는 기숙사	$2,000m^2$ 미만
100명 미만 수련시설(숙박시설이 있는 것)	모두 적용

(2017)

73 비상방송설비의 설치기준 중 기동장치에 따른 화재신고를 수신한 후 필요한 음량으로 화재 발생 상황 및 피난에 유효한 방송이 자동으로 개시될 때까지의 소요시간은 몇 초 이하로 하여야 하는가?

① 10
② 15
③ 20
④ 25

advice

비상방송설비 방송개시까지 소요시간 : 10초 이하

화재수신 후 동작개시 시간	동작기기
5초(축적형 60초 이내)	P형, R형, P형, R형, GP형, GR형 - 복합식 포함
5초 이내	중계기
10초 이하	비상방송설비
60초 이내	가스누설경보기

Answer 71.① 72.① 73.①

(2015)

74 비상방송설비를 설치하여야 하는 특정소방대상물의 기준 중 틀린 것은? (단, 위험물 저장 및 처리시설 중 가스시설, 사람이 거주하지 않는 동물 및 식물 관련 시설, 지하가 중 터널, 축사 및 지하구는 제외한다.)

① 연면적 3,500m² 이상인 것
② 지하층을 제외한 층수가 11층 이상인 것
③ 지하층의 층수가 3층 이상인 것
④ 50명 이상의 근로자가 작업하는 옥내 작업장

advice

비상방송설비 설치대상 ··· 연면적 3,500m² 이상, 11층 이상(지하층 제외), 지하 3층 이상

75 지하층·무창층 등으로서 환기가 잘되지 아니하거나 실내면적이 40m² 미만인 장소에 설치하여야 하는 적응성이 있는 감지기가 아닌 것은?

① 정온식스포트형감지기
② 불꽃감지기
③ 광전식분리형감지기
④ 아날로그방식의 감지기

advice

정온식감지기는 감지선형 감지기만 사용이 가능하다.
자동화재탐지설비의 감지기는 부착높이에 따라 감지기를 설치하여야 한다. 다만, 지하층·무창층 등으로서 환기가 잘되지 아니하거나 실내면적이 40m² 미만인 장소, 감지기의 부착면과 실내바닥과의 거리가 2.3m 이하인 곳으로서 일시적으로 발생한 열·연기 또는 먼지 등으로 인하여 화재신호를 발신할 우려가 있는 장소에는 다음에서 정한 감지기 중 적응성 있는 감지기를 설치한다.
㉠ 불꽃감지기
㉡ 정온식감지선형감지기
㉢ 분포형감지기
㉣ 복합형감지기
㉤ 광전식분리형감지기
㉥ 아날로그방식의 감지기
㉦ 다신호방식의 감지기
㉧ 축적방식의 감지기

76 단독경보형감지기의 설치기준 중 다음 ( ) 안에 알맞은 것은?

이웃하는 실내의 바닥면적이 각각 ( )m² 미만이고 벽체의 상부의 전부 또는 일부가 개방되어 이웃하는 실내와 공기가 상호 유통되는 경우에는 이를 1개의 실로 본다.

① 30　　　　　② 50
③ 100　　　　 ④ 150

advice

단독경보형감지기 설치기준
㉠ 각 실(이웃하는 실내의 바닥면적이 각각 30m² 미만이고 벽체의 상부의 전부 또는 일부가 개방되어 이웃하는 실내와 공기가 상호유통되는 경우에는 이를 1개의 실로 본다)마다 설치하되, 바닥면적이 150m²를 초과하는 경우에는 150m² 마다 1개 이상 설치할 것
㉡ 최상층의 계단실의 천장(외기가 상통하는 계단실의 경우를 제외)에 설치할 것
㉢ 건전지를 주전원으로 사용하는 단독경보형감지기는 정상적인 작동상태를 유지할 수 있도록 건전지를 교환할 것
㉣ 상용전원을 주전원으로 사용하는 단독경보형감지기의 2차전지는 제품검사에 합격한 것을 사용할 것

Answer　74.④　75.①　76.①

77 비상콘센트설비의 전원부와 외함 사이의 절연저항은 전원부와 외함 사이를 500V 절연저항계로 측정할 때 몇 MΩ 이상이어야 하는가?

① 10
② 15
③ 20
④ 25

advice

절연저항은 전원부와 외함 사이를 500V 절연저항계로 측정할 때 20MΩ 이상 이어야 한다.

절연저항계	절연저항	대상 기기
직류 250V	0.1MΩ 이상	감지기회로 및 부속회로의 전로와 대지 사이 및 배선상호간
직류 500V	5MΩ 이상	• 누전경보기, 가스누설경보기, 수신기, 자동화재속보설비 • 비상경보설비, 유도등, 비상조명등
	20MΩ	경종, 발신기, 중계기, 비상콘센트
	50MΩ	감지기(정온식 감지선형 제외), 가스누설경보기(10회로 이상), 수신기(10회로 이상)
	1000MΩ	정온식 감지선형 감지기

78 비상콘센트설비를 설치하여야 하는 특정소방대상물의 기준으로 옳은 것은? (단, 위험물 저장 및 처리시설 중 가스시설 또는 지하구는 제외한다.)

① 지하가(터널은 제외)로서 연면적 1,000m^2 이상 인 것
② 층수가 11층 이상인 특정소방대상물의 경우에는 11층 이상의 층
③ 지하층의 층수가 3층 이상이고 지하층의 바닥면적의 합계가 1,500m^2 이상인 것은 지하층의 모든 층
④ 창고시설 중 물류터미널로서 해당 용도로 사용되는 부분의 바닥면적의 합계가 1,000m 이상인 것

advice

비상콘센트설비를 설치하여야 하는 특정소방대상물(위험물 저장 및 처리시설 중 가스시설 또는 지하구는 제외)은 다음의 어느 하나와 같다.

1. 층수가 11층 이상인 특정소방대상물의 경우에는 11층 이상의 층
2. 지하층의 층수가 3층 이상이고 지하층의 바닥면적의 합계가 1천m^2 이상인 것은 지하층의 모든 층
3. 지하가 중 터널로서 길이가 500m 이상인 것

79 비상조명등의 설치 제외 기준 중 다음 ( ) 안에 알맞은 것은?

> 거실의 각 부분으로부터 하나의 출입구에 이르는 보행거리가 ( )m 이내인 부분

① 2
② 5
③ 15
④ 25

advice

비상조명등 설치제외
㉠ 거실 각 부분에서 출입구까지의 보행거리 15m 이내
㉡ 공동주택, 경기장, 의원, 의료시설, 학교의 거실

(2016)

80 자동화재탐지설비 수신기의 구조기준 중 정격전압이 몇 V를 넘는 기구의 금속제 외함에는 접지단자를 설치하여야 하는가?

① 30
② 60
③ 100
④ 300

advice

자동화재탐지설비 수신기 구조 기준 중 정격전압이 60V를 넘는 기구의 금속제 외함에는 접지단자를 설치해야 한다.

Ⓐnswer 77.③ 78.② 79.③ 80.②

PART

05

2018년 기출문제

2018년 제1회 소방설비기사 [전기분야]

시험일정	시험유형	시험시간	시험과목
2018.03.04	필 기	120분	1 소방원론 2 소방전기일반 3 소방관계법규 4 소방전기시설의 구조 및 원리

수험번호		성 명	

1과목 소방원론

(2016) (2014)

01 다음 그림에서 목조건물의 표준화재 온도−시간 곡선으로 옳은 것은?

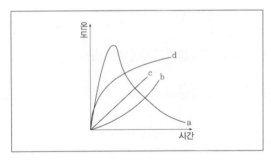

① a   ② b
③ c   ④ d

advice

목조건물의 경우 고온단기형에 해당된다.

(2017)

02 건축물 내 방화벽에 설치하는 출입문의 너비 및 높이의 기준은 각각 몇 m 이하인가?

① 2.5   ② 3.0
③ 3.5   ④ 4.0

advice

개구부의 폭 및 높이는 2.5m×2.5m 이하로 하고, 갑종방화문을 설치해야 한다.

(2015)

03 수성막포 소화약제의 특성에 대한 설명으로 틀린 것은?

① 내열성이 우수하여 고온에서 수성막의 형성이 용이하다.
② 기름에 의한 오염이 적다.
③ 다른 소화약제와 병용하여 사용이 가능하다.
④ 불소계 계면활성제가 주성분이다.

advice

수성막포는 내열성이 약해서 탱크 내벽을 따라 잔불이 남게 되는 환모양의 Ring Fire(윤화)현상이 일어날 염려가 있다.

A nswer **01.** ① **02.** ① **03.** ①

(2014)

04 0℃, 1atm 상태에서 부탄(C_4H_{10}) 1mol을 완전연소 시키기 위해 필요한 산소의 mol 수는?

① 2
② 4
③ 5.5
④ 6.5

advice

$$C_4H_{10} + \left(4 + \frac{10}{4}\right)O_2 \rightarrow 4CO_2 + \frac{10}{2}H_2O$$
$$= C_4H_{10} + 6.5O_2 \rightarrow 4CO_2 + 5H_2O$$

(2015)

05 다음 가연성 물질 중 위험도가 가장 높은 것은?

① 수소
② 에틸렌
③ 아세틸렌
④ 이황화탄소

advice

위험도(H) … 가연성 혼합가스의 연소범위에 의해 결정되는 값이다.

$$H = \frac{U - L}{L}$$

여기서, H : 위험도, U : 연소상한치(UEL), L : 연소하한치(LEL)

물질명	수소	에틸렌	아세틸렌	이황화탄소
연소하한계	4.0	3.1	2.5	1.2
연소상한계	75.0	32.0	81.0	44.0
위험도	17.75	9.32	31.4	43

06 상온, 상압에서 액체인 물질은?

① CO_2
② Halon 1301
③ Halon 1211
④ Halon 2402

advice

Halon 2402는 $C_2F_4Br_2$로서 상온, 상압에서 액체상태이다.

(2017) (2014)

07 1기압상태에서 100℃의 물 1g이 모두 기체로 변할 때 필요한 열량은 몇 cal인가?

① 429
② 499
③ 539
④ 639

advice

물의 기화열은 539cal/g이다.

(2017) (2014)

08 탄화칼슘이 물과 반응 시 발생하는 가연성 가스는?

① 메탄
② 포스핀
③ 아세틸렌
④ 수소

advice

물과 심하게 반응하여 수산화칼슘과 아세틸렌을 만들며, 공기 중 수분과 반응하여 아세틸렌이 발생한다.

$$CaC_2 + 2H_2O \rightarrow Ca(OH)_2 + C_2H_2$$

09 고분자 재료와 열적 특성의 연결이 옳은 것은?

① 폴리염화비닐수지 – 열가소성
② 페놀수지 – 열가소성
③ 폴리에틸렌수지 – 열경화성
④ 멜라민수지 – 열가소성

advice

㉠ 열가소성 수지 : 가열하면 소성변형되기 쉽고, 냉각하면 가역적으로 경화하는 성질
　예 폴리염화비닐수지, 폴리에틸렌수지
㉡ 열경화성 수지 : 물질이 가열되면 단단하게 굳어지는 성질
　예 페놀수지, 멜라민수지

Answer **04.**④ **05.**④ **06.**④ **07.**③ **08.**③ **09.**①

(2016)
10 소화의 방법으로 틀린 것은?

① 가연성 물질을 제거한다.
② 불연성 가스의 공기 중 농도를 높인다.
③ 산소의 공급을 원활히 한다.
④ 가연성 물질을 냉각시킨다.

advice
연소의 요소인 가연물, 산소, 열, 연쇄반응을 제어하는 것을 소화라 한다.

(2016) (2015) (2014)
11 대두유가 침적된 기름걸레를 쓰레기통에 장시간 방치한 결과 자연발화에 의하여 화재가 발생한 경우 그 이유로 옳은 것은?

① 분해열 축적
② 산화열 축적
③ 흡착열 축적
④ 발효열 축적

advice
자연발화의 형태(분류)
㉠ 분해열에 의한 자연발화 : 셀룰로이드, 니트로셀룰로오스
㉡ 산화열에 의한 자연발화 : 건성유, 고무분말, 원면, 석탄 등
㉢ 흡착열에 의한 자연발화 : 활성탄, 목탄분말 등
㉣ 미생물의 발열에 의한 자연발화 : 퇴비(퇴적물), 먼지 등

(2014)
12 pH 9 정도의 물을 보호액으로 하여 보호액 속에 저장하는 물질은?

① 나트륨   ② 탄화칼슘
③ 칼륨   ④ 황린

advice
황린의 경우 자연발화성이 있어 물속에 저장하며, 인화수소(PH_3)의 생성을 방지하기 위해 보호액은 약알칼리성 pH 9로 유지하기 위하여 알칼리제로 pH를 조절한다.

(2016) (2015)
13 위험물안전관리법령에서 정하는 위험물의 한계에 대한 정의로 틀린 것은?

① 유황은 순도가 60중량퍼센트 이상인 것
② 인화성 고체는 고형알코올, 그 밖에 1기압에서 인화점이 섭씨 40도 미만인 것
③ 과산화수소는 그 농도가 35중량퍼센트 이상인 것
④ 제1석유류는 아세톤, 휘발유, 그 밖에 1기압에서 인화점이 섭씨 21도 미만인 것

advice
과산화수소는 그 농도가 36중량퍼센트 이상인 것

14 포소화약제가 갖추어야 할 조건이 아닌 것은?

① 부착성이 있을 것
② 유동성과 내열성이 있을 것
③ 응집성과 안정성이 있을 것
④ 소포성이 있고, 기화가 용이할 것

advice
포소화약제의 구비조건
㉠ 포의 안정성이 좋아야 한다.
㉡ 포의 유동성이 좋아야 한다.
㉢ 독성이 적어야 한다.
㉣ 유류와의 접착성이 좋아야 한다.
㉤ 유류의 표면에 잘 분산되어야 한다.
㉥ 포의 소포성이 적어야 한다.

Answer 10.③ 11.② 12.④ 13.③ 14.④

2017 2016

15 Fourier 법칙(전도)에 대한 설명으로 틀린 것은?

① 이동열량은 전열체의 단면적에 비례한다.
② 이동열량은 전열체의 두께에 비례한다.
③ 이동열량은 전열체의 열전도도에 비례한다.
④ 이동열량은 전열체 내 · 외부의 온도차에 비례한다.

advice

'푸리에(Fourier)의 방정식'은 다음과 같다.

$$\frac{dQ}{dt} = -kA\frac{dT}{dx}$$

여기서, Q : 전도열[cal]
　　　t : 전도시간[sec]
　　　k : 열전도율[cal/sec/cm/℃]
　　　A : 열전달경로의 단면적[cm²]
　　　T : 경로 양단간의 온도차[℃]
　　　x : 경로의 길이[cm]
　　　dT/dx : 열전달경로의 온도구배[℃/cm]

16 건축물의 바깥쪽에 설치하는 피난계단의 구조 기준 중 계단의 유효너비는 몇 m 이상으로 하여야 하는가?

① 0.6　　　　② 0.7
③ 0.8　　　　④ 0.9

advice

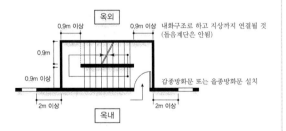

17 다음 중 MOC(Minimum Oxygen Concentration : 최소산소농도)가 가장 작은 물질은?

① 메탄　　　　② 에탄
③ 프로판　　　④ 부탄

advice

MOC는 완전연소반응식의 산소양론계수와 연소하한계의 곱으로 계산할 수 있다.
즉, 최소산소농도(MOC) = 산소양론계수 × LEL(연소하한계)

구분	CH_4	C_2H_6	C_3H_8	C_4H_{10}
LEL	5	3.0	2.1	1.8
UEL	15	12.4	9.5	8.4

각 물질별 연소반응식은 다음과 같다.

① $CH_4 + 2O_2 \rightarrow CO_2 + 2H_2O$
② $C_2H_6 + 3.5O_2 \rightarrow 2CO_2 + 3H_2O$
③ $C_3H_8 + 5O_2 \rightarrow 3CO_2 + 4H_2O$
④ $C_4H_{10} + 6.5O_2 \rightarrow 4CO_2 + 5H_2O$

그러므로 물질별 MOC는 다음과 같이 구할 수 있다.

① MOC = 2 × 5 = 10
② MOC = 3.5 × 3.0 = 10.5
③ MOC = 5 × 2.1 = 10.5
④ MOC = 6.5 × 1.8 = 11.7

2015

18 분진폭발의 위험성이 가장 낮은 것은?

① 알루미늄분　　② 유황
③ 팽창질석　　　④ 소맥분

advice

팽창질석은 불연성 물질이므로 분진폭발을 일으킬 수 없다.

Answer　15.② 16.④ 17.① 18.③

19 다음 중 발화점이 가장 낮은 물질은?

① 휘발유   ② 이황화탄소

③ 적린   ④ 황린

advice

① 휘발유 : 300℃
② 이황화탄소 : 100℃
③ 적린 : 260℃
④ 황린 : 34℃

(2015)

20 소화약제로 물을 주로 사용하는 주된 이유는?

① 촉매역할을 하기 때문에

② 증발잠열이 크기 때문에

③ 연소작용을 하기 때문에

④ 제거작용을 하기 때문에

advice

물은 상온에서 무겁고 안정한 액체이며, 무색, 무취로 자연상태에서 기체(수증기), 액체, 고체(얼음)의 형태로 존재하고, 증발잠열(100℃의 1kg의 물을 100℃의 수증기로 만드는 데 필요한 열량)은 대기압에서 539kcal/kg이다.

※ 기화 시 다량의 열을 탈취하며, 물은 적외선을 흡수한다.

2과목   소방전기일반

21 다음과 같은 결합회로의 합성 인덕턴스로 옳은 것은?

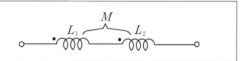

① $L_1 + L_2 + 2M$

② $L_1 + L_2 - 2M$

③ $L_1 + L_2 - M$

④ $L_1 + L_2 + M$

advice

직렬 연결된 2개 인덕턴스는 각 인덕턴스의 합으로 이루어지지만, 자기적으로 결합된 인덕턴스는 각 인덕턴스의 합에 상호 인덕턴스가 더해진다. 상호 인덕턴스는 두 인덕턴스의 결합 방향이 같을 때는 (+), 방향이 반대일 경우는 (−)로 정해진다.

자기적으로 결합된 두 인덕턴스의 합성 인덕턴스

$L_T = L_1 + L_2 \pm 2M$

위의 회로의 경우 방향이 같으므로 상호 인덕턴스가 (+)이다.

동일 방향 ⟶ ⚬⚬⚬⚬ ⚬⚬⚬⚬ ⟶ $L_1 + L_2 + 2M$
           L_1 M L_2
반대 방향 ⟶ ⚬⚬⚬⚬ ⚬⚬⚬⚬ ⟶ $L_1 + L_2 - 2M$

Answer   19.④   20.②   21.①

22 그림과 같이 전압계 V_1, V_2, V_3와 5Ω의 저항 R 을 접속하였다. 전압계의 지시가 V_1 =20V, V_2 = 40V, V_3 =50V라면 부하전력은 몇 W인가?

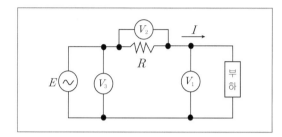

① 50
② 100
③ 150
④ 200

advice

위의 그림의 회로는 3전압계법의 회로이다. 전압계 3개를 이용하여 전력을 측정하는 방법으로 각 전압계의 값을 읽고 다음 식으로 계산하면 된다.

$$P = \frac{1}{2R}\left(V_3{}^2 - V_1{}^2 - V_2{}^2\right) = \frac{1}{2 \times 5}\left(50^2 - 20^2 - 40^2\right) = 50\,[\text{W}]$$

(2014)

23 권선수가 100회인 코일을 200회로 늘리면 코일에 유기되는 유도기전력은 어떻게 변화하는가?

① $\frac{1}{2}$ 로 감소
② $\frac{1}{4}$ 로 감소
③ 2배로 증가
④ 4배로 증가

advice

코일의 자기인덕턴스 $L = \frac{\mu A N^2}{l}$[H]

(L : 자기 인덕턴스[H], μ : 투자율[H/m], A : 단면적[m²], N : 권선수, l : 자로의 길이[m])

그러므로 권선수 N이 2배로 증가하므로 자기 인덕턴스 L은 $N^2 = 2^2 = 4$ 배가 된다.

코일에 유기되는 기전력은 $e_L = -L\frac{di}{dt}$[V]로 정해지므로, 코일에 유기되는 기전력은 4배가 된다.

(2017)

24 회로의 전압과 전류를 측정하기 위한 계측기의 연결방법으로 옳은 것은?

① 전압계 : 부하와 직렬, 전류계 : 부하와 병렬
② 전압계 : 부하와 직렬, 전류계 : 부하와 직렬
③ 전압계 : 부하와 병렬, 전류계 : 부하와 병렬
④ 전압계 : 부하와 병렬, 전류계 : 부하와 직렬

advice

회로의 전압 또는 전류를 측정하기 위하여 전압계는 측정하고자 하는 부하와 병렬로 연결하고 전류계는 부하와 직렬로 연결한다.

25 3상유도전동기 Y−△ 기동회로의 제어요소가 아닌 것은?

① MCCB
② THR
③ MC
④ ZCT

advice

① MCCB(Molded-Case Circuit Breaker) : 배선용 차단기로서 회로의 ON/OFF용으로 쓰인다.
② THR(Thermal Relay) : 열동계전기로서 과전류 등에 의한 열에 의해 동작한다.
③ MC(Magnetic Contactor) : 전자접촉기로 회로전류 차단용으로 쓰인다.
④ ZCT는 영상변류기의 약자이며 누전경보기의 누전검출용 기기로 많이 쓰인다.

Answer 22.① 23.④ 24.④ 25.④

(2016) (2015) (2014)

26 제어동작에 따른 제어계의 분류에 대한 설명 중 틀린 것은?

① 미분동작 : D동작 또는 rate동작이라고 부르며, 동작신호의 기울기에 비례한 조작신호를 만든다.

② 적분동작 : I동작 또는 리셋동작이라고 부르며, 적분값의 크기에 비례하여 조절신호를 만든다.

③ 2위치제어 : on/off 동작이라고도 하며, 제어량이 목표값 보다 작은지 큰지에 따라 조작량으로 on 또는 off의 두 가지 값의 조절 신호를 발생한다.

④ 비례동작 : P동작이라고도 부르며, 제어동작신호에 반비례하는 조절신호를 만드는 제어동작이다.

advice

제어동작에 의한 분류에는 비례제어(P), 적분제어(I), 미분제어(D), PI제어, PD제어, PID제어 등으로 구분된다.

㉠ **비례제어(P)** : P제어라고 하며 귀환요소를 비례적으로 제어하는 방식, 제어계의 정상편차 개선, 안정도 나쁨, 정상오차 동반, 잔류편차 존재

㉡ **적분제어(I)** : I제어라고 하며 귀환요소를 적분하여 제어하는 방식, 오차(잔류편차)를 제거하여 정상특성개선, P제어보다 안정도 불안

㉢ **미분제어(D)** : D제어라고 하며, 오차(잔류편차)가 커지는 것을 미연에 방지, 진동발생장치의 진동억제에 효과적

㉣ **비례미분제어(PD)** : 제어계의 응답 속응성 개선, 제어결과 빠름

㉤ **비례적분제어(PI)** : 잔류편차제거, 제어결과 진동적일 수 있음. 오프셋 제거

㉥ **비례미적분제어(PID)** : 안정성향상, 잔류편차제거, 정상특성 및 속응성 개선

(2015)

27 용량 0.02μF 콘덴서 2개와 0.01μF 콘덴서 1개를 병렬로 접속하여 24V의 전압을 가하였다. 합성용량은 몇 μF이며, 0.01μF 콘덴서에 축적되는 전하량은 몇 C인가?

① 0.05, 0.12×10^{-6}
② 0.05, 0.24×10^{-6}
③ 0.03, 0.12×10^{-6}
④ 0.03, 0.24×10^{-6}

advice

병렬 연결된 콘덴서의 합성 콘덴서 값은
$C_T = C_1 + C_2 + C_3 = 0.02 + 0.02 + 0.01 = 0.05 \,[\mu F]$
$Q = C \cdot V = C_3 \times V = 0.01 \times 10^{-6} \times 24 = 2.4 \times 10^{-7}$
$\quad = 0.24 \times 10^{-6}$

(2017) (2016) (2015)

28 불대수의 기본정리에 관한 설명으로 틀린 것은?

① $A + A = A$
② $A + 1 = 1$
③ $A \cdot 0 = 1$
④ $A + 0 = A$

advice

AND 논리회로에서 $A \cdot 0 = 0$

Answer 26.④ 27.② 28.③

29 RLC 직렬공진회로에서 제n고조파의 공진주파수 (f_n)는?

① $\dfrac{1}{2\pi n \sqrt{LC}}$ ② $\dfrac{1}{\pi n \sqrt{LC}}$

③ $\dfrac{1}{2\pi \sqrt{nLC}}$ ④ $\dfrac{n}{2\pi \sqrt{LC}}$

advice

RLC 공진회로에서 제n고조파의 공진주파수

$$f_n = \frac{1}{2\pi n \sqrt{LC}} \, [\text{Hz}]$$

30 대칭 3상 Y부하에서 각 상의 임피던스는 20Ω이고, 부하전류가 8A일 때 부하의 선간전압은 약 몇 V인가?

① 160 ② 226

③ 277 ④ 480

advice

Y결선에 대한 선전류 $I_Y = \dfrac{V_l}{\sqrt{3}\,Z}$

(V_l : 선간전압, Z : 임피던스)

$V_l = \sqrt{3}\,I_Y \cdot Z = \sqrt{3} \times 8 \times 20 \fallingdotseq 277 \, [\text{V}]$

※ $\varDelta$결선에 대한 선전류 $I_\varDelta = \dfrac{\sqrt{3}\,V_l}{Z} \, [\text{A}]$

31 $R = 10\,\Omega$, $\omega L = 20\,\Omega$인 직렬회로에 220V의 전압을 가하는 경우 전류와 전압과 전류의 위상각은 각각 어떻게 되는가?

① 24.5A, 26.5°

② 9.8A, 63.4°

③ 12.2A, 13.2°

④ 73.6A, 79.6°

advice

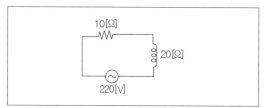

임피던스 $Z = \sqrt{R^2 + X_L^2} = \sqrt{10^2 + 20^2} \fallingdotseq 22.36 \, [\text{ohm}]$

$I = \dfrac{V}{Z} \, [\text{A}] = \dfrac{220}{22.36} \fallingdotseq 9.8 \, [\text{A}]$

위상각 $\theta = \tan^{-1}\dfrac{X_L}{R} = \tan^{-1}\dfrac{20}{10} \fallingdotseq 63.4°$

32 터널 다이오드를 사용하는 목적이 아닌 것은?

① 스위칭작용
② 증폭작용
③ 발진작용
④ 정전압 정류작용

 advice

부(負)저항성 반도체 소자로 주로 마이크로파 발진기 및 증폭기에 이용되며, 다이오드 내의 양자 역학적 터널 효과에 의해 순방향 전류-전압 특성에 부(負)의 경사의 영역을 생성한다.

• 증폭작용
• 발진작용
• 스위칭작용

(2016)
33 집적회로(IC)의 특징으로 옳은 것은?

① 시스템이 대형화된다.
② 신뢰성이 높으나, 부품의 교체가 어렵다.
③ 열에 강하다.
④ 마찰에 의한 정전기 영향에 주의해야 한다.

 advice

집적회로의 특징
㉠ 다기능의 소형화가 용이하다.
㉡ 부품별 교체가 쉽고 부품의 신뢰도가 높다.
㉢ 가격 경쟁력이 우수하며 기능이 매우 다양하다.
㉣ 열에 약하며, 노이즈에 취약하다.
㉤ 과전압, 과전류에 약하며 정전기 등에 영향을 받을 수 있다.

(2014)
34 $PB-on$ 스위치와 병렬로 접속된 보조접점 $X-a$의 역할은?

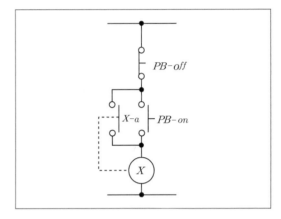

① 인터록 회로
② 자기유지회로
③ 전원차단회로
④ 램프점등회로

 advice

자기유지회로란 스위치를 ON 시킨 후 스위치가 OFF 되어도, 다른 회로경로를 통하여 ON 상태를 유지할 수 있는 회로를 말한다. 이 회로에서는 $PB-on$ 버튼을 누른 후 스위치가 OFF되어도 릴레이 여자코일 X에 의해 접점 $X-a$가 동작되고 있으므로 회로의 ON 상태를 계속 유지하게 된다. 그러므로 이 회로를 자기유지회로라 한다. 이 회로는 $PB-off$ 스위치를 동작시킬 때 비로소 회로전류가 차단되는 회로이다.

Answer 32.④ 33.④ 34.②

35 1차 권선수 10회, 2차 권선수 300회인 변압기에서 2차 단자전압 1,500V가 유도되기 위한 1차 단자전압은 몇 V인가?

① 30

② 50

③ 120

④ 150

advice

변압기 권수비

$a = \dfrac{N_1}{N_2} = \dfrac{V_1}{V_2} = \dfrac{I_2}{I_1}$ (N : 1, 2차 권수, V : 정격 1, 2차 전압, I : 정격 1, 2차 전압)

$\dfrac{V_1}{V_2} = \dfrac{N_1}{N_2}$ 이므로,

1차 전압 $V_1 = V_2 \times \dfrac{N_1}{N_2} = 1,500 \times \dfrac{10}{300} = 50[V]$

(2014)

36 교류에서 파형의 개략적인 모습을 알기 위해 사용하는 파고율과 파형율에 대한 설명으로 옳은 것은?

① 파고율 = $\dfrac{실효값}{평균값}$, 파형율 = $\dfrac{평균값}{실효값}$

② 파고율 = $\dfrac{최댓값}{실효값}$, 파형율 = $\dfrac{실효값}{평균값}$

③ 파고율 = $\dfrac{실효값}{최댓값}$, 파형율 = $\dfrac{평균값}{실효값}$

④ 파고율 = $\dfrac{최댓값}{평균값}$, 파형율 = $\dfrac{평균값}{실효값}$

advice

정현파 교류의 파고율 = $\dfrac{최댓값}{실효값}$

파형율 = $\dfrac{실효값}{평균값}$

37 배전선에 6,000V의 전압을 가하였더니 2mA의 누설전류가 흘렀다. 이 배전선의 절연저항은 몇 MΩ인가?

① 3

② 6

③ 8

④ 12

advice

오옴의 법칙에서, $I = \dfrac{V}{R}[A]$

$R = \dfrac{V}{I} = \dfrac{6,000}{2 \times 10^{-3}} = 3,000,000[ohm] = 3[Mohm]$

38 자동화재탐지설비의 수신기에서 교류 220V를 직류 24V로 정류 시 필요한 구성요소가 아닌 것은?

① 변압기

② 트랜지스터

③ 정류 다이오드

④ 평활 콘덴서

advice

변압기는 교류 220V를 교류 24V로 낮추는데 쓰이고, 정류 다이오드는 교류를 직류로 변환하는데 사용되며, 직류로 변환된 맥동전류를 평활화하기 위하여 평활용 콘덴서를 사용한다. 트랜지스터는 스위칭 소자로서 정류기에 사용되지 않는다.

Answer **35.**② **36.**② **37.**① **38.**②

(2014)

39 다음 그림과 같은 계통의 전달함수는?

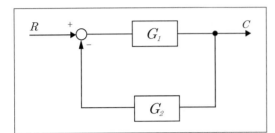

① $\dfrac{G_1}{1+G_2}$

② $\dfrac{G_2}{1+G_1}$

③ $\dfrac{G_2}{1+G_1 G_2}$

④ $\dfrac{G_1}{1+G_1 G_2}$

advice

위의 그림과 같은 피드백 제어계의 전달함수는

$G(s) = \dfrac{C(s)}{R(s)} = \dfrac{G_1}{1+G_1 G_2}$ 이다.

[참고]

- $C = RG_1 - CG_1 G_2$
- $RG_1 = C + CG_1 G_2$
- $RG_1 = C(1 + G_1 G_2)$
- $G(s) = \dfrac{C(s)}{R(s)} = \dfrac{G_1}{1+G_1 G_2}$

40 단상 유도전동기의 Slip은 5.5[%], 회전자의 속도가 1,700rpm인 경우 동기속도(N_s)는?

① 3,090rpm

② 9,350rpm

③ 1,799rpm

④ 1,750rpm

advice

유도전동기의 동기속도 $N_s = \dfrac{120 f}{P}$ [rpm] 이고,

슬립 $s = \dfrac{N_s - N}{N_s} \times 100 \rightarrow N = N_s(1-S)$

$N_s = \dfrac{N}{1-S} = \dfrac{1,700}{(1-0.055)} \fallingdotseq 1,799$

($\because$ slip 5.5% = 0.055)

(2017) (2015) (2014)

41 소방시설공사업법령상 소방시설공사 완공검사를 위한 현장확인 대상 특정소방대상물의 범위가 아닌 것은?

① 위락시설

② 판매시설

③ 운동시설

④ 창고시설

---

advice _____

완공검사를 위한 현장확인 대상 특정소방대상물의 범위〈「소방시설공사업법 시행령」제5조〉

1. 문화 및 집회시설, 종교시설, 판매시설, 노유자시설, 수련시설, 운동시설, 숙박시설, 창고시설, 지하상가 및 「다중이용업소의 안전관리에 관한 특별법」에 따른 다중이용업소

2. 다음의 어느 하나에 해당하는 설비가 설치되는 특정소방대상물
   ㉠ 스프링클러설비등
   ㉡ 물분무등소화설비(호스릴 방식의 소화설비는 제외)

3. 연면적 1만제곱미터 이상이거나 11층 이상인 특정소방대상물(아파트는 제외)

4. 가연성가스를 제조·저장 또는 취급하는 시설 중 지상에 노출된 가연성가스탱크의 저장용량 합계가 1천톤 이상인 시설

(2014)

42 소방기본법령상 특수가연물의 저장 및 취급의 기준 중 다음 ( ) 안에 알맞은 것은? (단, 석탄·목탄류를 발전용으로 저장하는 경우는 제외한다.)

> 살수설비를 설치하거나, 방사능력 범위에 해당 특수가연물이 포함되도록 대형 수동식소화기를 설치하는 경우에는 쌓는 높이를 (㉠)m 이하, 석탄·목탄류의 경우에는 쌓는 부분의 바닥면적을 (㉡)m² 이하로 할 수 있다.

① ㉠ 10, ㉡ 50

② ㉠ 10, ㉡ 200

③ ㉠ 15, ㉡ 200

④ ㉠ 15, ㉡ 300

---

advice _____

특수가연물의 저장 및 취급의 기준〈「소방기본법 시행령」제7조〉

1. 특수가연물을 저장 또는 취급하는 장소에는 품명·최대수량 및 화기취급의 금지표지를 설치할 것

2. 다음의 기준에 따라 쌓아 저장할 것. 다만, 석탄·목탄류를 발전(發電)용으로 저장하는 경우에는 그러하지 아니하다.
   가. 품명별로 구분하여 쌓을 것
   나. 쌓는 높이는 10미터 이하가 되도록 하고, 쌓는 부분의 바닥면적은 50제곱미터(석탄·목탄류의 경우에는 200제곱미터) 이하가 되도록 할 것. 다만, 살수설비를 설치하거나, 방사능력 범위에 해당 특수가연물이 포함되도록 대형수동식소화기를 설치하는 경우에는 쌓는 높이를 15미터 이하, 쌓는 부분의 바닥면적을 200제곱미터(석탄·목탄류의 경우에는 300제곱미터) 이하로 할 수 있다.
   다. 쌓는 부분의 바닥면적 사이는 1미터 이상이 되도록 할 것

Answer 41.① 42.④

(2017) (2014)

43 위험물안전관리법상 시·도지사의 허가를 받지 아니하고 당해 제조소등을 설치할 수 있는 기준 중 다음 ( ) 안에 알맞은 것은?

> 농예용·축산용 또는 수산용으로 필요한 난방시설 또는 건조시설을 위한 지정수량 (   )배 이하의 저장소

① 20

② 30

③ 40

④ 50

advice

위험물시설의 설치 및 변경 등〈「위험물안전관리법」제6조〉

① 제조소등을 설치하고자 하는 자는 대통령령이 정하는 바에 따라 그 설치장소를 관할하는 특별시장·광역시장·특별자치시장·도지사 또는 특별자치도지사의 허가를 받아야 한다. 제조소등의 위치·구조 또는 설비 가운데 행정안전부령이 정하는 사항을 변경하고자 하는 때에도 또한 같다.

② 제조소등의 위치·구조 또는 설비의 변경없이 당해 제조소등에서 저장하거나 취급하는 위험물의 품명·수량 또는 지정수량의 배수를 변경하고자 하는 자는 변경하고자 하는 날의 1일 전까지 행정안전부령이 정하는 바에 따라 시·도지사에게 신고하여야 한다.

③ ① 및 ②의 규정에 불구하고 다음의 어느 하나에 해당하는 제조소등의 경우에는 허가를 받지 아니하고 당해 제조소등을 설치하거나 그 위치·구조 또는 설비를 변경할 수 있으며, 신고를 하지 아니하고 위험물의 품명·수량 또는 지정수량의 배수를 변경할 수 있다.

  1. 주택의 난방시설(공동주택의 중앙난방시설을 제외)을 위한 저장소 또는 취급소

  2. 농예용·축산용 또는 수산용으로 필요한 난방시설 또는 건조시설을 위한 지정수량 20배 이하의 저장소

(2017)

44 화재예방, 소방시설 설치·유지 및 안전관리에 관한 법령상 단독경보형감지기를 설치하여야 하는 특정소방대상물의 기준 중 옳은 것은?

① 연면적 600m² 미만의 아파트 등

② 연면적 1,000m² 미만의 기숙사

③ 연면적 1,000m² 미만의 숙박시설

④ 교육연구시설 또는 수련시설 내에 있는 합숙소 또는 기숙사로서 연면적 1,000m² 미만인 것

advice

단독경보형 감지기를 설치하여야 하는 특정소방대상물〈「화재예방, 소방시설 설치·유지 및 안전관리에 관한 법률 시행령」별표 5 참고〉

1) 연면적 1천m² 미만의 아파트등

2) 연면적 1천m² 미만의 기숙사

3) 교육연구시설 또는 수련시설 내에 있는 합숙소 또는 기숙사로서 연면적 2천m² 미만인 것

4) 연면적 600m² 미만의 숙박시설

5) 수련시설(숙박시설이 있는 것만 해당)

6) 연면적 400m² 미만의 유치원

Answer 43.① 44.②

45 소방기본법령상 일반음식점에서 조리를 위하여 불을 사용하는 설비를 설치하는 경우 지켜야 하는 사항 중 다음 ( ) 안에 알맞은 것은?

> −주방설비에 부속된 배기닥트는 (㉠)mm 이상의 아연도금강판 또는 이와 동등 이상의 내식성 불연재료로 설치할 것
> −열을 발생하는 조리기구로부터 (㉡)m 이내의 거리에 있는 가연성 주요구조부는 석면판 또는 단열성이 있는 불연재료로 덮어 씌울 것

① ㉠ 0.5, ㉡ 0.15
② ㉠ 0.5, ㉡ 0.6
③ ㉠ 0.6, ㉡ 0.15
④ ㉠ 0.6, ㉡ 0.5

advice

보일러 등의 위치·구조 및 관리와 화재예방을 위하여 불의 사용에 있어서 지켜야 하는 사항〈「소방기본법 시행령」 별표 1 참고」

종류	내용
음식조리를 위하여 설치하는 설비	일반음식점에서 조리를 위하여 불을 사용하는 설비를 설치하는 경우에는 다음의 사항을 지켜야 한다. 가. 주방설비에 부속된 배기닥트는 0.5밀리미터 이상의 아연도금강판 또는 이와 동등 이상의 내식성 불연재료로 설치할 것 나. 주방시설에는 동물 또는 식물의 기름을 제거할 수 있는 필터 등을 설치할 것 다. 열을 발생하는 조리기구는 반자 또는 선반으로부터 0.6미터 이상 떨어지게 할 것 라. 열을 발생하는 조리기구로부터 0.15미터 이내의 거리에 있는 가연성 주요구조부는 석면판 또는 단열성이 있는 불연재료로 덮어 씌울 것

46 소방기본법령상 특수가연물의 품명별 수량 기준으로 틀린 것은?

① 합성수지류(발포시킨 것) : 20m³ 이상
② 가연성 액체류 : 2m³ 이상
③ 넝마 및 종이부스러기 : 400kg 이상
④ 볏짚류 : 1,000kg 이상

advice

특수가연물〈「소방기본법 시행령」 별표 2〉

품명		수량
면화류		200킬로그램 이상
나무껍질 및 대팻밥		400킬로그램 이상
넝마 및 종이부스러기		1,000킬로그램 이상
사류(絲類)		1,000킬로그램 이상
볏짚류		1,000킬로그램 이상
가연성고체류		3,000킬로그램 이상
석탄·목탄류		10,000킬로그램 이상
가연성액체류		2세제곱미터 이상
목재가공품 및 나무부스러기		10세제곱미터 이상
합성수지류	발포시킨 것	20세제곱미터 이상
	그 밖의 것	3,000킬로그램 이상

Answer **45.**① **46.**③

47 화재예방, 소방시설 설치·유지 및 안전관리에 관한 법령상 용어의 정의 중 다음 ( ) 안에 알맞은 것은?

> 특정소방대상물이란 소방시설을 설치하여야 하는 소방대상물로서 ( )으로 정하는 것을 말한다.

① 행정안전부령
② 국토교통부령
③ 고용노동부령
④ 대통령령

advice

"특정소방대상물"이란 소방시설을 설치하여야 하는 소방대상물로서 대통령령으로 정하는 것을 말한다〈「화재예방, 소방시설 설치·유지 및 안전관리에 관한 법률」 제2조 제3호〉.

48 소방시설공사업법상 특정소방대상물의 관계인 또는 발주자가 해당 도급계약의 수급인을 도급계약 해지할 수 있는 경우의 기준 중 틀린 것은?

① 하도급계약의 적정성 심사 결과 하수급인 또는 하도급계약 내용의 변경 요구에 정당한 사유 없이 따르지 아니하는 경우
② 정당한 사유 없이 15일 이상 소방시설공사를 계속하지 아니하는 경우
③ 소방시설업이 등록취소되거나 영업정지된 경우
④ 소방시설업을 휴업하거나 폐업한 경우

advice

도급계약의 해지〈「소방시설공사업법」 제23조〉 … 특정소방대상물의 관계인 또는 발주자는 해당 도급계약의 수급인이 다음의 어느 하나에 해당하는 경우에는 도급계약을 해지할 수 있다.
1. 소방시설업이 등록취소되거나 영업정지된 경우
2. 소방시설업을 휴업하거나 폐업한 경우
3. 정당한 사유 없이 30일 이상 소방시설공사를 계속하지 아니하는 경우
4. 하도급계약의 적정성 심사결과 하수급인 또는 하도급계약 내용의 변경 요구에 정당한 사유 없이 따르지 아니하는 경우

2015 **2014**

49 위험물안전관리법령상 인화성액체위험물(이황화탄소를 제외)의 옥외탱크저장소의 탱크 주위에 설치하여야 하는 방유제의 설치 기준 중 틀린 것은?

① 방유제내의 면적은 $60,000m^2$ 이하로 하여야 한다.
② 방유제는 높이 0.5m 이상 3m 이하, 두께 0.2 이상, 지하매설깊이 1m 이상으로 할 것. 다만, 방유제와 옥외저장탱크 사이의 지반면 아래에 불침윤성 구조물을 설치하는 경우에는 지하매설깊이를 해당 불침윤성 구조물까지로 할 수 있다.
③ 방유제의 용량은 방유제안에 설치된 탱크가 하나인 때에는 그 탱크 용량의 110% 이상, 2기 이상인 때에는 그 탱크 중 용량이 최대인 것의 용량의 110% 이상으로 하여야 한다.
④ 방유제는 철근콘크리트로 하고, 방유제와 옥외저장탱크 사이의 지표면은 불연성과 불침윤성이 있는 구조(철근콘크리트 등)로 할 것. 다만, 누출된 위험물을 수용할 수 있는 전용유조 및 펌프 등의 설비를 갖춘 경우에는 방유제와 옥외저장탱크 사이의 지표면을 흙으로 할 수 있다.

advice

방유제〈「위험물안전관리법 시행규칙」 별표 6 참고〉 … 인화성액체위험물(이황화탄소를 제외)의 옥외탱크저장소의 탱크 주위에는 다음의 기준에 의하여 방유제를 설치하여야 한다.

Answer 47.④ 48.② 49.①

가. 방유제의 용량은 방유제안에 설치된 탱크가 하나인 때에는 그 탱크 용량의 110% 이상, 2기 이상인 때에는 그 탱크 중 용량이 최대인 것의 용량의 110% 이상으로 할 것. 이 경우 방유제의 용량은 당해 방유제의 내용적에서 용량이 최대인 탱크 외의 탱크의 방유제 높이 이하 부분의 용적, 당해 방유제내에 있는 모든 탱크의 지반면 이상 부분의 기초의 체적, 간막이 둑의 체적 및 당해 방유제 내에 있는 배관 등의 체적을 뺀 것으로 한다.

나. 방유제는 높이 0.5m 이상 3m 이하, 두께 0.2m 이상, 지하매설깊이 1m 이상으로 할 것. 다만, 방유제와 옥외저장탱크 사이의 지반면 아래에 불침윤성(不浸潤性) 구조물을 설치하는 경우에는 지하매설깊이를 해당 불침윤성 구조물까지로 할 수 있다.

다. 방유제 내의 면적은 8만m² 이하로 할 것

라. 방유제 내의 설치하는 옥외저장탱크의 수는 10(방유제 내에 설치하는 모든 옥외저장탱크의 용량이 20만ℓ 이하이고, 당해 옥외저장탱크에 저장 또는 취급하는 위험물의 인화점이 70℃ 이상 200℃ 미만인 경우에는 20) 이하로 할 것. 다만, 인화점이 200℃ 이상인 위험물을 저장 또는 취급하는 옥외저장탱크에 있어서는 그러하지 아니하다.

마. 방유제 외면의 2분의 1 이상은 자동차 등이 통행할 수 있는 3m 이상의 노면폭을 확보한 구내도로(옥외저장탱크가 있는 부지내의 도로를 말한다)에 직접 접하도록 할 것. 다만, 방유제내에 설치하는 옥외저장탱크의 용량합계가 20만ℓ 이하인 경우에는 소화활동에 지장이 없다고 인정되는 3m 이상의 노면폭을 확보한 도로 또는 공지에 접하는 것으로 할 수 있다.

바. 방유제는 옥외저장탱크의 지름에 따라 그 탱크의 옆판으로부터 다음에 정하는 거리를 유지할 것. 다만, 인화점이 200℃ 이상인 위험물을 저장 또는 취급하는 것에 있어서는 그러하지 아니하다.

1) 지름이 15m 미만인 경우에는 탱크 높이의 3분의 1 이상
2) 지름이 15m 이상인 경우에는 탱크 높이의 2분의 1 이상

사. 방유제는 철근콘크리트로 하고, 방유제와 옥외저장탱크 사이의 지표면은 불연성과 불침윤성이 있는 구조(철근콘크리트 등)로 할 것. 다만, 누출된 위험물을 수용할 수 있는 전용유조(專用油槽) 및 펌프 등의 설비를 갖춘 경우에는 방유제와 옥외저장탱크 사이의 지표면을 흙으로 할 수 있다.

아. 용량이 1,000만ℓ 이상인 옥외저장탱크의 주위에 설치하는 방유제에는 다음의 규정에 따라 당해 탱크마다 간막이 둑을 설치할 것

1) 간막이 둑의 높이는 0.3m(방유제내에 설치되는 옥외저장탱크의 용량의 합계가 2억ℓ를 넘는 방유제에 있어서는 1m) 이상으로 하되, 방유제의 높이보다 0.2m 이상 낮게 할 것

2) 간막이 둑은 흙 또는 철근콘크리트로 할 것
3) 간막이 둑의 용량은 간막이 둑안에 설치된 탱크의 용량의 10% 이상일 것

사. 방유제 내에는 당해 방유제 내에 설치하는 옥외저장탱크를 위한 배관(당해 옥외저장탱크의 소화설비를 위한 배관을 포함), 조명설비 및 계기시스템과 이들에 부속하는 설비 그 밖의 안전확보에 지장이 없는 부속설비 외에는 다른 설비를 설치하지 아니할 것

차. 방유제 또는 간막이 둑에는 해당 방유제를 관통하는 배관을 설치하지 아니할 것. 다만, 위험물을 이송하는 배관의 경우에는 배관이 관통하는 지점의 좌우방향으로 각 1m 이상까지의 방유제 또는 간막이 둑의 외면에 두께 0.1m 이상, 지하매설깊이 0.1m 이상의 구조물을 설치하여 방유제 또는 간막이 둑을 이중구조로 하고, 그 사이에 토사를 채운 후, 관통하는 부분을 완충재 등으로 마감하는 방식으로 설치할 수 있다.

카. 방유제에는 그 내부에 고인 물을 외부로 배출하기 위한 배수구를 설치하고 이를 개폐하는 밸브 등을 방유제의 외부에 설치할 것

타. 용량이 100만ℓ 이상인 위험물을 저장하는 옥외저장탱크에 있어서는 카목의 밸브 등에 그 개폐상황을 쉽게 확인할 수 있는 장치를 설치할 것

파. 높이가 1m를 넘는 방유제 및 간막이 둑의 안팎에는 방유제내에 출입하기 위한 계단 또는 경사로를 약 50m마다 설치할 것

하. 용량이 50만리터 이상인 옥외탱크저장소가 해안 또는 강변에 설치되어 방유제 외부로 누출된 위험물이 바다 또는 강으로 유입될 우려가 있는 경우에는 해당 옥외탱크저장소가 설치된 부지 내에 전용유조(專用油槽) 등 누출위험물 수용설비를 설치할 것

(2015)

50 소방기본법상 시·도지사가 화재경계지구로 지정할 필요가 있는 지역을 화재경계지구로 지정하지 아니하는 경우 해당 시·도지사에게 해당 지역의 화재경계지구 지정을 요청할 수 있는 자는?

① 행정안전부장관

② 소방청장

③ 소방본부장

④ 소방서장

---

advice

화재경계지구의 지정 등〈「소방기본법」제13조 제1항, 제2항〉

① 시·도지사는 다음의 어느 하나에 해당하는 지역 중 화재가 발생할 우려가 높거나 화재가 발생하는 경우 그로 인하여 피해가 클 것으로 예상되는 지역을 화재경계지구로 지정할 수 있다.

　1. 시장지역

　2. 공장·창고가 밀집한 지역

　3. 목조건물이 밀집한 지역

　4. 위험물의 저장 및 처리 시설이 밀집한 지역

　5. 석유화학제품을 생산하는 공장이 있는 지역

　6. 「산업입지 및 개발에 관한 법률」제2조 제8호에 따른 산업단지

　7. 소방시설·소방용수시설 또는 소방출동로가 없는 지역

　8. 그 밖에 제1호부터 제7호까지에 준하는 지역으로서 소방청장·소방본부장 또는 소방서장이 화재경계지구로 지정할 필요가 있다고 인정하는 지역

② 시·도지사가 화재경계지구로 지정할 필요가 있는 지역을 화재경계지구로 지정하지 아니하는 경우 <u>소방청장은 해당 시·도지사에게 해당 지역의 화재경계지구 지정을 요청할 수 있다.</u>

---

51 화재예방, 소방시설 설치·유지 및 안전관리에 관한 법상 소방안전특별관리시설물의 대상 기준 중 틀린 것은?

① 수련시설

② 항만시설

③ 전력용 및 통신용 지하구

④ 지정문화재인 시설(시설이 아닌 지정문화재를 보호하거나 소장하고 있는 시설을 포함)

---

advice

소방안전 특별관리시설물〈「화재예방, 소방시설 설치·유지 및 안전관리에 관한 법률」제20조의2 제1항〉 … 소방청장은 화재 등 재난이 발생할 경우 사회·경제적으로 피해가 큰 다음의 시설에 대하여 소방안전 특별관리를 하여야 한다.

1. 「공항시설법」의 공항시설

2. 「철도산업발전기본법」의 철도시설

3. 「도시철도법」의 도시철도시설

4. 「항만법」의 항만시설

5. 「문화재보호법」의 <u>지정문화재인 시설(시설이 아닌 지정문화재를 보호하거나 소장하고 있는 시설을 포함)</u>

6. 「산업기술단지 지원에 관한 특례법」의 산업기술단지

7. 「산업입지 및 개발에 관한 법률」의 산업단지

8. 「초고층 및 지하연계 복합건축물 재난관리에 관한 특별법」의 초고층 건축물 및 지하연계 복합건축물

9. 「영화 및 비디오물의 진흥에 관한 법률」의 영화상영관 중 수용인원 1,000명 이상인 영화상영관

10. <u>전력용 및 통신용 지하구</u>

11. 「한국석유공사법」의 석유비축시설

12. 「한국가스공사법」의 천연가스 인수기지 및 공급망

13. 「전통시장 및 상점가 육성을 위한 특별법」의 전통시장으로서 대통령령으로 정하는 전통시장

14. 그 밖에 대통령령으로 정하는 시설물

Answer　50.② 51.①

52

소방기본법령상 소방용수시설별 설치기준 중 옳은 것은?

① 저수조는 지면으로부터의 낙차가 4.5m 이상 일 것

② 소화전은 상수도와 연결하여 지하식 또는 지상 식의 구조로 하고, 소방용호스와 연결하는 소 화전의 연결금속구의 구경은 50mm로 할 것

③ 저수조 흡수관의 투입구가 사각형의 경우에는 한 변의 길이가 60cm 이상일 것

④ 급수탑 급수배관의 구경은 65mm 이상으로 하 고, 개폐밸브는 지상에서 0.8m 이상, 1.5m 이 하의 위치에 설치하도록 할 것

advice

소방용수시설별 설치기준⟨「소방기본법 시행규칙」 별표 3 참고⟩

가. 소화전의 설치기준 : 상수도와 연결하여 지하식 또는 지상 식의 구조로 하고, 소방용호스와 연결하는 소화전의 연결 금속구의 구경은 65밀리미터로 할 것

나. 급수탑의 설치기준 : 급수배관의 구경은 100밀리미터 이상 으로 하고, 개폐밸브는 지상에서 1.5미터 이상 1.7미터 이하의 위치에 설치하도록 할 것

다. 저수조의 설치기준
  (1) 지면으로부터의 낙차가 4.5미터 이하일 것
  (2) 흡수부분의 수심이 0.5미터 이상일 것
  (3) 소방펌프자동차가 쉽게 접근할 수 있도록 할 것
  (4) 흡수에 지장이 없도록 토사 및 쓰레기 등을 제거할 수 있는 설비를 갖출 것
  (5) 흡수관의 투입구가 사각형의 경우에는 한 변의 길이가 60센티미터 이상, 원형의 경우에는 지름이 60센티미 터 이상일 것
  (6) 저수조에 물을 공급하는 방법은 상수도에 연결하여 자 동으로 급수되는 구조일 것

53

위험물안전관리법상 업무상 과실로 제조소등에서 위험물을 유출 · 방출 또는 확산시켜 사람의 생 명 · 신체 또는 재산에 대하여 위험을 발생시킨 자 에 대한 벌칙 기준으로 옳은 것은?

① 10년 이하의 징역 또는 금고나 1억 원 이하 의 벌금

② 7년 이하의 금고 또는 7천만 원 이하의 벌금

③ 5년 이하의 징역 또는 1억 원 이하의 벌금

④ 3년 이하의 징역 또는 3천만 원 이하의 벌금

advice

벌칙⟨「위험물안전관리법」 제34조⟩

① 업무상 과실로 제조소등에서 위험물을 유출 · 방출 또는 확 산시켜 사람의 생명 · 신체 또는 재산에 대하여 위험을 발 생시킨 자는 7년 이하의 금고 또는 7천만 원 이하의 벌금 에 처한다.

② ①의 죄를 범하여 사람을 사상(死傷)에 이르게 한 자는 10 년 이하의 징역 또는 금고나 1억 원 이하의 벌금에 처한다.

54

화재예방, 소방시설 설치 · 유지 및 안전관리에 관 한 법상 중앙소방기술심의위원회의 심의사항이 아 닌 것은?

① 화재안전기준에 관한 사항

② 소방시설의 설계 및 공사감리의 방법에 관한 사항

③ 소방시설에 하자가 있는지의 판단에 관한 사항

④ 소방시설공사의 하자를 판단하는 기준에 관 한 사항

advice

소방기술심의위원회⟨「화재예방, 소방시설 설치 · 유지 및 안전 관리에 관한 법률」 제11조의2 제1항⟩ … 다음의 사항을 심의하 기 위하여 소방청에 중앙소방기술심의위원회를 둔다.

1. 화재안전기준에 관한 사항
2. 소방시설의 구조 및 원리 등에서 공법이 특수한 설계 및 시공에 관한 사항
3. 소방시설의 설계 및 공사감리의 방법에 관한 사항
4. 소방시설공사의 하자를 판단하는 기준에 관한 사항
5. 그 밖에 소방기술 등에 관하여 대통령령으로 정하는 사항

55 위험물안전관리법령상 제조소의 위치·구조 및 설비의 기준 중 위험물을 취급하는 건축물 그 밖의 시설의 주위에는 그 취급하는 위험물의 최대수량이 지정수량의 10배 이하인 경우 보유하여야 할 공지의 너비는 몇 m 이상 이어야 하는가?

① 3
② 5
③ 8
④ 10

advice

보유공지〈「위험물안전관리법 시행규칙」별표 4 참고〉 … 위험물을 취급하는 건축물 그 밖의 시설(위험물을 이송하기 위한 배관 그 밖에 이와 유사한 시설을 제외)의 주위에는 그 취급하는 위험물의 최대수량에 따라 다음 표에 의한 너비의 공지를 보유하여야 한다.

취급하는 위험물의 최대수량	공지의 너비
지정수량의 10배 이하	3m 이상
지정수량의 10배 초과	5m 이상

56 화재예방, 소방시설 설치·유지 및 안전관리에 관한 법령상 종합정밀점검 실시 대상이 되는 특정소방대상물의 기준 중 다음 ( ) 안에 알맞은 것은?

> −스프링클러설비 또는 물분무등소화설비[호스릴 방식의 물분무등소화설비만을 설치한 경우는 제외]가 설치된 연면적(㉠)m^2 이상인 특정소방대상물(위험물 제조소등은 제외)
> −아파트는 연면적 (㉠)m^2 이상이고 (㉡)층 이상인 것만 해당

① ㉠ 2,000, ㉡ 7
② ㉠ 2,000, ㉡ 11
③ ㉠ 5,000, ㉡ 7
④ ㉠ 5,000, ㉡ 11

advice

종합정밀점검의 대상 … 종합정밀점검은 다음의 어느 하나에 해당하는 특정소방대상물을 대상으로 한다〈「화재예방, 소방시설 설치·유지 및 안전관리에 관한 법률 시행규칙」별표 1 참고〉.

1) 스프링클러설비 또는 물분무등소화설비[호스릴(Hose Reel) 방식의 물분무등소화설비만을 설치한 경우는 제외]가 설치된 연면적 5,000m^2 이상인 특정소방대상물(위험물 제조소등은 제외). 다만, 아파트는 연면적 5,000m^2 이상이고 11층 이상인 것만 해당한다.

2) 「다중이용업소의 안전관리에 관한 특별법 시행령」제2조 제1호 나목, 같은 조 제2호(비디오물소극장업은 제외)·제6호·제7호·제7호의2 및 제7호의5의 다중이용업의 영업장이 설치된 특정소방대상물로서 연면적이 2,000m^2 이상인 것

3) 제연설비가 설치된 터널

4) 「공공기관의 소방안전관리에 관한 규정」에 따른 공공기관 중 연면적(터널·지하구의 경우 그 길이와 평균폭을 곱하여 계산된 값을 말한다)이 1,000m^2 이상인 것으로서 옥내소화전설비 또는 자동화재탐지설비가 설치된 것. 다만, 「소방기본법」에 따른 소방대가 근무하는 공공기관은 제외한다.

Answer 55.① 56.④

57

화재예방, 소방시설 설치·유지 및 안전관리에 관한 법령상 화재안전기준을 달리 적용하여야 하는 특수한 용도 또는 구조를 가진 특정소방대상물인 원자력 발전소에 설치하지 아니할 수 있는 소방시설은?

① 물분무등소화설비
② 스프링클러설비
③ 상수도소화용수설비
④ 연결살수설비

advice

소방시설을 설치하지 아니할 수 있는 특정소방대상물 및 소방시설의 범위〈「화재예방, 소방시설 설치·유지 및 안전관리에 관한 법률 시행령」 별표 7 참고〉

구분	특정소방대상물	소방시설
화재안전기준을 달리 적용하여야 하는 특수한 용도 또는 구조를 가진 특정소방대상물	원자력발전소 핵폐기물처리 시설	연결송수관설비 및 연결살수설비

58

소방기본법상 소방업무의 응원에 대한 설명 중 틀린 것은?

① 소방본부장이나 소방서장은 소방활동을 할 때에 긴급한 경우에는 이웃한 소방본부장 또는 소방서장에게 소방업무의 응원을 요청할 수 있다.
② 소방업무의 응원 요청을 받은 소방본부장 또는 소방서장은 정당한 사유 없이 그 요청을 거절하여서는 아니 된다.
③ 소방업무의 응원을 위하여 파견된 소방대원은 응원을 요청한 소방본부장 또는 소방서장의 지휘에 따라야 한다.
④ 시·도지사는 소방업무의 응원을 요청하는 경우를 대비하여 출동 대상지역 및 규모와 필요

한 경비의 부담 등에 관하여 필요한 사항을 대통령령으로 정하는 바에 따라 이웃하는 시·도지사와 협의하여 미리 규약으로 정하여야 한다.

advice

① 소방본부장이나 소방서장은 소방활동을 할 때에 긴급한 경우에는 이웃한 소방본부장 또는 소방서장에게 소방업무의 응원(應援)을 요청할 수 있다.
② 소방업무의 응원 요청을 받은 소방본부장 또는 소방서장은 정당한 사유 없이 그 요청을 거절하여서는 아니 된다.
③ 소방업무의 응원을 위하여 파견된 소방대원은 응원을 요청한 소방본부장 또는 소방서장의 지휘에 따라야 한다.
④ 시·도지사는 소방업무의 응원을 요청하는 경우를 대비하여 출동 대상지역 및 규모와 필요한 경비의 부담 등에 관하여 필요한 사항을 <u>행정안전부령으로 정하는 바에 따라</u> 이웃하는 시·도지사와 협의하여 미리 규약으로 정하여야 한다.

59

화재예방, 소방시설 설치·유지 및 안전관리에 관한 법령상 소방안전관리대상물의 소방안전관리자가 소방훈련 및 교육을 하지 않은 경우 1차 위반 시 과태료 금액 기준으로 옳은 것은?

① 200만 원 ② 100만 원
③ 50만 원 ④ 30만 원

advice

과태료 부과의 개별기준〈「화재예방, 소방시설 설치·유지 및 안전관리에 관한 법률 시행령」 별표 10 참고〉

위반행위	과태료 금액 (단위 : 만 원)		
	1차 위반	2차 위반	3차 이상 위반
소방훈련 및 교육을 하지 않은 경우	50	100	200

Answer 57.④ 58.④ 59.③

(2016)

60 화재예방, 소방시설 설치·유지 및 안전관리에 관한 법상 공동 소방안전관리자 선임대상 특정소방대상물의 기준 중 틀린 것은?

① 판매시설 중 상점

② 고층 건축물(지하층을 제외한 층수가 11층 이상인 건축물만 해당)

③ 지하가(지하의 인공구조물 안에 설치된 상점 및 사무실, 그 밖에 이와 비슷한 시설이 연속하여 지하도에 접하여 설치된 것과 그 지하도를 합한 것)

④ 복합건축물로서 연면적이 5,000m² 이상인 것 또는 층수가 5층 이상인 것

advice

공동 소방안전관리〈「화재예방, 소방시설 설치·유지 및 안전관리에 관한 법률」제21조〉… 다음의 어느 하나에 해당하는 특정소방대상물로서 그 관리의 권원(權原)이 분리되어 있는 것 가운데 소방본부장이나 소방서장이 지정하는 특정소방대상물의 관계인은 행정안전부령으로 정하는 바에 따라 대통령령으로 정하는 자를 공동 소방안전관리자로 선임하여야 한다.

1. <u>고층 건축물(지하층을 제외한 층수가 11층 이상인 건축물만 해당)</u>

2. <u>지하가(지하의 인공구조물 안에 설치된 상점 및 사무실, 그 밖에 이와 비슷한 시설이 연속하여 지하도에 접하여 설치된 것과 그 지하도를 합한 것을 말한다)</u>

3. 그 밖에 대통령령으로 정하는 특정소방대상물

※ **공동 소방안전관리자 선임대상 특정소방대상물**〈「화재예방, 소방시설 설치·유지 및 안전관리에 관한 법률 시행령」제25조〉… 법 제21조 제3호에서 "대통령령으로 정하는 특정소방대상물"이란 다음의 어느 하나에 해당하는 특정소방대상물을 말한다.

1. <u>복합건축물로서 연면적이 5천제곱미터 이상인 것 또는 층수가 5층 이상인 것</u>

2. 판매시설 중 도매시장 및 소매시장

3. 특정소방대상물 중 소방본부장 또는 소방서장이 지정하는 것

4과목 **소방전기시설의 구조 및 원리**

(2014)

61 누전경보기를 설치하여야 하는 특정소방대상물의 기준 중 다음 ( ) 안에 알맞은 것은? (단, 위험물 저장 및 처리시설 중 가스시설, 지하가 중 터널 또는 지하구의 경우는 제외한다.)

> 누전경보기는 계약전류량이 ( )A를 초과하는 특정소방대상물(내화구조가 아닌 건축물로서 벽·바닥 또는 반자의 전부나 일부를 불연재료 또는 준불연재료가 아닌 재료에 철망을 넣어 만든 것만 해당)에 설치하여야 한다.

① 60   ② 100

③ 200   ④ 300

advice

누전경보기는 계약전류용량(같은 건축물에 계약 종류가 다른 전기가 공급되는 경우에는 그 중 최대계약전류용량을 말한다)이 100암페어를 초과하는 특정소방대상물(내화구조가 아닌 건축물로서 벽·바닥 또는 반자의 전부나 일부를 불연재료 또는 준불연재료가 아닌 재료에 철망을 넣어 만든 것만 해당한다)에 설치하여야 한다. 다만, 위험물 저장 및 처리 시설 중 가스시설, 지하가 중 터널 또는 지하구의 경우에는 그러하지 아니하다.

※ **누전경보기 설치기준**

㉠ 경계전로의 정격전류가 60A를 초과하는 전로에 있어서는 1급 누전경보기를, 60A 이하의 전로에 있어서는 1급 또는 2급 누전경보기를 설치할 것. 다만, 정격전류가 60A를 초과하는 경계전로가 분기되어 각 분기회로의 정격전류가 60A 이하로 되는 경우 당해 분기회로마다 2급 누전경보기를 설치한 때에는 당해 경계전로에 1급 누전경보기를 설치한 것으로 본다.

㉡ 전원은 분전반으로부터 전용회로로 하고, 각극에 개폐기 및 15A 이하의 과전류차단기(배선용 차단기에 있어서는 20A 이하의 것으로 각극을 개폐할 수 있는 것)를 설치할 것

Answer **60.**① **61.**②

2016

62 복도통로유도등의 식별도 기준 중 다음 (   ) 안에 알맞은 것은?

> 복도통로유도등에 있어서 사용전원으로 등을 켜는 경우에는 직선거리 (㉠   )m의 위치에서, 비상전원으로 등을 켜는 경우에는 직선거리 (㉡   )m의 위치에서 보통시력에 의하여 표시면의 화살표가 쉽게 식별되어야 한다.

① ㉠ 15, ㉡ 20
② ㉠ 20, ㉡ 15
③ ㉠ 30, ㉡ 20
④ ㉠ 20, ㉡ 30

advice

복도통로유도등은 사용전원으로 점등시 직선거리 20m 위치에서 식별 가능해야 하며, 비상전원인 경우는 15m의 위치에서 식별이 가능해야 한다.

2014

63 지하층을 제외한 층수가 7층 이상으로서 연면적이 2,000m² 이상이거나 지하층의 바닥면적의 합계가 3,000m² 이상인 특정소방대상물의 비상콘센트 설비에 설치하여야 할 비상전원의 종류가 아닌 것은?

① 비상전원수전설비
② 자가발전설비
③ 전기저장장치
④ 축전지설비

advice

비상콘센트 설비의 비상전원으로 축전지설비는 해당이 안된다.
※ 비상콘센트설비 전원 설치기준
 ㉠ 상용전원회로의 배선은 저압수전인 경우에는 인입개폐기의 직후에서, 고압수전 또는 특고압수전인 경우에는 전력용변압기 2차측의 주차단기 1차측 또는 2차측에서 분기하여 전용배선으로 할 것

 ㉡ 지하층을 제외한 층수가 7층 이상으로서 연면적이 2,000m² 이상이거나 지하층의 바닥면적의 합계가 3,000m² 이상인 특정소방대상물의 비상콘센트설비에는 자가발전설비, 비상전원수전설비 또는 전기저장장치(외부 전기에너지를 저장해 두었다가 필요할 때 전기를 공급하는 장치)를 비상전원으로 설치할 것. 다만, 둘 이상의 변전소에서 전력을 동시에 공급받을 수 있거나 하나의 변전소로부터 전력의 공급이 중단되는 때에는 자동으로 다른 변전소로부터 전력을 공급받을 수 있도록 상용전원을 설치한 경우에는 비상전원을 설치하지 아니할 수 있다.

64 수신기의 구조 및 일반기능에 대한 설명 중 틀린 것은? (단, 간이형수신기는 제외한다.)

① 수신기(1회선용은 제외한다)는 2회선이 동시에 작동하여도 화재표시가 되어야 하며, 감지기의 감지 또는 발신기의 발신개시로부터 P형, P형복합식, GP형, GP형복합식, R형, R형복합식 수신기의 수신완료까지의 소요시간은 5초(축적형의 경우에는 60초) 이내이어야 한다.

② 수신기의 외부배선 연결용 단자에 있어서 공통신호선용 단자는 10개 회로마다 1개 이상 설치하여야 한다.

③ 화재신호를 수신하는 경우 P형, P형복합식, GP형, GP형복합식, R형, R형복합식, GR형 또는 GR형복합식의 수신기에 있어서는 2이상의 지구표시장치에 의하여 각각 화재를 표시할 수 있어야 한다.

④ 정격전압이 60V를 넘는 기구의 금속제 외함에는 접지단자를 설치하여야 한다.

advice

수신기의 외부배선 연결용 단자에 있어서 공통신호선용 단자는 7회로 마다 1개 이상 설치해야 한다.

Answer 62.② 63.④ 64.②

2017 2016 2014

65 비상벨설비 또는 자동식사이렌설비의 설치기준 중 틀린 것은?

① 전원은 전기가 정상적으로 공급되는 축전지, 전기저장장치 또는 교류전압의 옥내 간선으로 하고, 전원까지의 배선은 전용으로 설치하여야 한다.

② 비상벨설비 또는 자동식사이렌설비에는 그 설비에 대한 감시상태를 60분간 지속한 후 유효하게 10분 이상 경보할 수 있는 축전지 설비(수신기에 내장하는 경우를 포함) 또는 전기저장장치를 설치하여야 한다.

③ 발신기는 특정소방대상물의 층마다 설치하되, 해당 특정소방대상물의 각 부분으로부터 하나의 발신기까지의 수평거리가 25m 이하가 되도록 할 것. 다만, 복도 또는 별도로 구획된 실로서 보행거리가 40m 이상일 경우에는 추가로 설치하여야 한다.

④ 발신기의 위치표시등은 함의 상부에 설치하되, 그 불빛은 부착 면으로부터 45° 이상의 범위 안에서 부착지점으로부터 10m 이내의 어느 곳에서도 쉽게 식별할 수 있는 적색등으로 설치하여야 한다.

advice

비상벨설비 및 자동식사이렌설비 발신기 설치기준

㉠ 조작이 쉬운 장소에 설치하고, 조작스위치는 바닥으로부터 0.8m 이상 1.5m 이하의 높이에 설치할 것

㉡ 특정소방대상물의 층마다 설치하되, 해당 특정소방대상물의 각 부분으로부터 하나의 발신기까지의 수평거리가 25m 이하가 되도록 할 것. 다만, 복도 또는 별도로 구획된 실로서 보행거리가 40m 이상일 경우에는 추가로 설치하여야 한다.

㉢ 발신기의 위치표시등은 함의 상부에 설치하되, 그 불빛은 부착 면으로부터 <u>15° 이상의 범위</u> 안에서 부착지점으로부터 10m 이내의 어느 곳에서도 쉽게 식별할 수 있는 적색등으로 할 것

2017 2016 2015 2014

66 비상방송설비 음향장치의 설치기준 중 옳은 것은?

① 확성기는 각층마다 설치하되, 그 층의 각 부분으로부터 하나의 확성기까지의 수평거리가 15m 이하가 되도록 하고, 해당 층의 각 부분에 유효하게 경보를 발할 수 있도록 설치할 것

② 층수가 5층 이상으로서 연면적이 3,000m²를 초과하는 특정소방대상물의 지하층에서 발화한 때에는 직상층에만 경보를 발할 것

③ 음향장치는 자동화재탐지설비의 작동과 연동하여 작동할 수 있는 것으로 할 것

④ 음향장치는 정격전압의 60% 전압에서 음향을 발할 수 있는 것으로 할 것

advice

① 확성기는 각층마다 설치하되, 그 층의 각 부분으로부터 하나의 확성기까지의 <u>수평거리가 25m 이하</u>가 되도록 하고, 해당층의 각 부분에 유효하게 경보를 발할 수 있도록 설치할 것

② 층수가 5층 이상으로서 연면적이 3,000m²를 초과하는 특정소방대상물의 지하층에서 발화한 때에는 <u>발화층 및 직상층과 기타의 지하층에 경보를 발할 것</u>

④ 음향장치는 <u>정격전압의 80% 전압</u>에서 음향을 발할 수 있는 것으로 할 것

Answer 65.④ 66.③

2017 2016

67 자동화재속보설비 속보기의 기능에 대한 기준 중 틀린 것은?

① 작동신호를 수신하거나 수동으로 동작시키는 경우 30초 이내에 소방관서에 자동적으로 신호를 발하여 통보하되, 3회 이상 속보할 수 있어야 한다.

② 예비전원을 병렬로 접속하는 경우에는 역충전 방지 등의 조치를 하여야 한다.

③ 연동 또는 수동으로 소방관서에 화재발생 음성정보를 속보중인 경우에도 송수화장치를 이용한 통화가 우선적으로 가능하여야 한다.

④ 속보기의 송수화장치가 정상위치가 아닌 경우에도 연동 또는 수동으로 속보가 가능하여야 한다.

advice

속보기의 기능

㉠ 작동신호를 수신하거나 수동으로 동작시키는 경우 20초 이내에 소방관서에 자동적으로 신호를 발하여 통보하되, 3회 이상 속보할 수 있어야 한다.

㉡ 주전원이 정지한 경우에는 자동적으로 예비전원으로 전환되고, 주전원이 정상상태로 복귀한 경우에는 자동적으로 예비전원에서 주전원으로 전환되어야 한다.

㉢ 예비전원은 자동적으로 충전되어야 하며 자동과충전방지장치가 있어야 한다.

㉣ 화재신호를 수신하거나 속보기를 수동으로 동작시키는 경우 자동적으로 적색 화재표시등이 점등되고 음향장치로 화재를 경보하여야 하며 화재표시 및 경보는 수동으로 복구 및 정지시키지 않는 한 지속되어야 한다.

㉤ 연동 또는 수동으로 소방관서에 화재발생 음성정보를 속보 중인 경우에도 송수화장치를 이용한 통화가 우선적으로 가능하여야 한다.

㉥ 예비전원을 병렬로 접속하는 경우에는 역충전 방지 등의 조치를 하여야 한다.

㉦ 예비전원은 감시상태를 60분간 지속한 후 10분 이상 동작(화재속보 후 화재표시 및 경보를 10분간 유지하는 것을 말한다)이 지속될 수 있는 용량이어야 한다.

㉧ 속보기는 연동 또는 수동 작동에 의한 다이얼링 후 소방관서와 전화접속이 이루어지지 않는 경우에는 최초 다이얼링을 포함하여 10회 이상 반복적으로 접속을 위한 다이얼링이 이루어져야 한다. 이 경우 매회 다이얼링 완료 후 호출은 30초 이상 지속되어야 한다.

㉩ 속보기의 송수화장치가 정상위치가 아닌 경우에도 연동 또는 수동으로 속보가 가능하여야 한다.

㉪ 음성으로 통보되는 속보내용을 통하여 당해 소방대상물의 위치, 화재발생 및 속보기에 의한 신고임을 확인할 수 있어야 한다.

2017 2015

68 피난기구 설치 개수의 기준 중 다음 ( ) 안에 알맞은 것은?

> 층마다 설치하되, 숙박시설·노유자시설 및 의료시설로 사용되는 층에 있어서는 그 층의 바닥면적 (㉠)m²마다, 위락시설·판매시설로 사용되는 층 또는 복합용도의 층에 있어서는 그 층의 바닥면적 (㉡)m²마다, 계단실형 아파트에 있어서는 각 세대마다, 그 밖의 용도의 층에 있어서는 그 층의 바닥면적 (㉢)m²마다 1개 이상 설치할 것

① ㉠ 300, ㉡ 500, ㉢ 1,000

② ㉠ 500, ㉡ 800, ㉢ 1,000

③ ㉠ 300, ㉡ 500, ㉢ 1,500

④ ㉠ 500, ㉡ 800, ㉢ 1,500

advice

설치대상	면적기준
숙박시설, 노유자시설, 의료시설	500m²
위락시설, 문화집회시설, 운동시설, 판매시설, 전시시설	800m²
그 밖의 용도의 층	1,000m²
계단실형 아파트	각 세대마다

※ 피난기구 설치 개수 기준

㉠ 층마다 설치하되, 숙박시설·노유자시설 및 의료시설로 사용되는 층에 있어서는 그 층의 바닥면적 500m²마다, 위락시설·문화집회 및 운동시설·판매시설로 사용되는 층 또는 복합용도의 층(하나의 층이 2 이상의 용도로 사용되는 층을 말한다)에 있어서는 그 층의 바닥면적 800m²마다, 계단실형 아파트에 있어서는 각 세대마다, 그 밖의 용도의 층에 있어서는 그 층의 바닥면적 1,000m²마다 1개 이상 설치할 것

Answer 67.① 68.②

ⓛ ㉠에 따라 설치한 피난기구 외에 숙박시설(휴양콘도미니엄을 제외)의 경우에는 추가로 객실마다 완강기 또는 둘 이상의 간이완강기를 설치할 것

ⓒ ㉠에 따라 설치한 피난기구 외에 공동주택(「공동주택관리법 시행령」의 규정에 따른 공동주택에 한한다)의 경우에는 하나의 관리주체가 관리하는 공동주택 구역마다 공기안전매트 1개 이상을 추가로 설치할 것. 다만, 옥상으로 피난이 가능하거나 인접세대로 피난할 수 있는 구조인 경우에는 추가로 설치하지 아니할 수 있다.

69 비상조명등의 비상전원은 지하층 또는 무창층으로서 용도가 도매시장·소매시장·여객자동차터미널·지하역사 또는 지하상가인 경우 그 부분에서 피난층에 이르는 부분의 비상조명등을 몇 분 이상 유효하게 작동시킬 수 있는 용량으로 하여야 하는가?

① 10   ② 20

③ 30   ④ 60

advice

비상조명등의 비상전원은 지하층 또는 무창층으로서 용도가 도매시장·소매시장·여객자동차터미널·지하역사 또는 지하상가인 경우 그 부분에서 피난층에 이르는 부분의 비상조명등을 60분 이상 작동시킬 수 있어야 한다.

※ 비상조명등 비상전원 기준

비상전원은 비상조명등을 20분 이상 유효하게 작동시킬 수 있는 용량으로 할 것. 다만, 다음의 특정소방대상물의 경우에는 그 부분에서 피난층에 이르는 부분의 비상조명등을 60분 이상 유효하게 작동시킬 수 있는 용량으로 하여야 한다.

㉠ 지하층을 제외한 층수가 11층 이상의 층

ⓛ 지하층 또는 무창층으로서 용도가 도매시장·소매시장·여객자동차터미널·지하역사 또는 지하상가

70 무선통신보조설비를 설치하지 아니할 수 있는 기준 중 다음 ( ) 안에 알맞은 것은?

(㉠)으로서 특정소방대상물의 바닥부분 2면 이상이 지표면과 동일하거나 지표면으로부터의 깊이가 (ⓛ)m 이하인 경우에는 해당층에 한하여 무선통신보조설비를 설치하지 아니할 수 있다.

① ㉠ 지하층, ⓛ 1

② ㉠ 지하층, ⓛ 2

③ ㉠ 무창층, ⓛ 1

④ ㉠ 무창층, ⓛ 2

advice

지하층으로서 특정소방대상물의 바닥부분 2면 이상이 지표면과 동일하거나 지표면으로부터의 깊이가 1m 이하인 경우에는 해당층에 한하여 무선통신보조설비를 설치하지 아니할 수 있다.

71 일시적으로 발생한 열·연기 또는 먼지 등으로 인하여 화재신호를 발신할 우려가 있는 장소의 설치 장소별 감지기 적응성 기준 중 항공기 격납고, 높은 천장의 창고 등 감지기 부착 높이가 8m 이상의 장소에 적응성을 갖는 감지기가 아닌 것은? (단, 연기감지기를 설치할 수 있는 장소이며, 설치 장소는 넓은 공간으로 천장이 높아 열 및 연기가 확산하는 환경상태이다.)

① 광전식스포트형감지기

② 차동식분포형감지기

③ 광전식분리형감지기

④ 불꽃감지기

Answer 69.④   70.①   71.①

advice

일시적으로 발생한 열, 연기 또는 먼지 등으로 인하여 화재신호를 발신할 우려가 있는 장소에 광전식 스포트형 감지기는 해당이 되지 않는다.

자동화재탐지설비의 감지기는 부착높이에 따라 설치하여야 한다. 다만, 지하층·무창층 등으로서 환기가 잘되지 아니하거나 실내면적이 40m² 미만인 장소, 감지기의 부착면과 실내바닥과의 거리가 2.3m 이하인 곳으로서 일시적으로 발생한 열·연기 또는 먼지 등으로 인하여 화재신호를 발신할 우려가 있는 장소에는 다음에서 정한 감지기 중 적응성 있는 감지기를 설치한다.

㉠ 불꽃감지기
㉡ 정온식감지선형감지기
㉢ 분포형감지기
㉣ 복합형감지기
㉤ 광전식분리형감지기
㉥ 아날로그방식의 감지기
㉦ 다신호방식의 감지기
㉧ 축적방식의 감지기

2016 2014

72 비상벨설비 음향장치의 음량은 부착된 음향장치의 중심으로부터 1m 떨어진 위치에서 몇 dB 이상이 되는 것으로 하여야 하는가?

① 90
② 80
③ 70
④ 60

advice

음향장치의 음량은 부착된 음향장치의 중심으로부터 1m 떨어진 위치에서 90dB 이상 되는 것으로 하여야 한다.

2017 2016

73 소방대상물의 설치장소별 피난기구의 적응성 기준 중 다음 ( ) 안에 알맞은 것은?

간이완강기의 적응성은 숙박시설의 (㉠)층 이상에 있는 객실에, 공기안전매트의 적응성은 (㉡)에 한한다.

① ㉠ 3, ㉡ 공동주택
② ㉠ 4, ㉡ 공동주택
③ ㉠ 3, ㉡ 단독주택
④ ㉠ 4, ㉡ 단독주택

advice

간이완강기의 적응성은 숙박시설의 3층 이상에 있는 객실에, 공기안전매트의 적응성은 공동주택에 한한다.

2016

74 승강식피난기 및 하양식 피난구용 내림식사다리의 설치기준 중 틀린 것은?

① 착지점과 하강구는 상호 수평거리 15cm 이상의 간격을 두어야 한다.
② 대피실 출입문이 개방되거나, 피난기구 작동 시 해당층 및 직상층 거실에 설치된 표시등 및 경보장치가 작동되고, 감시 제어반에서는 피난기구의 작동을 확인할 수 있어야 한다.
③ 하강구 내측에는 기구의 연결 금속구 등이 없어야 하며 전개된 피난기구는 하강구 수평투영면적 공간 내의 범위를 침범하지 않는 구조이어야 할 것. 단, 직경 60cm 크기의 범위를 벗어난 경우이거나, 직하층의 바닥면으로부터 높이 50cm 이하의 범위는 제외한다.
④ 대피실 내에는 비상조명등을 설치하여야 한다.

Answer 72.① 73.① 74.②

advice

② 대피실 출입문이 개방되거나, 피난기구 작동시 해당층 및 직하층 거실에 설치된 표시등 및 경보장치가 작동되고, 감시 제어반에서는 피난기구의 작동을 확인할 수 있어야 한다.

※ 승강식피난기 및 하향식 피난구용 내림식사다리 적합기준

ⓐ 승강식피난기 및 하향식 피난구용 내림식사다리는 설치 경로가 설치층에서 피난층까지 연계될 수 있는 구조로 설치할 것. 다만, 건축물의 구조 및 설치 여건 상 불가피한 경우에는 그러하지 아니 한다.

ⓑ 대피실의 면적은 2m²(2세대 이상일 경우에는 3m²) 이상으로 하고, 「건축법 시행령」의 규정에 적합하여야 하며 하강구(개구부) 규격은 직경 60cm 이상일 것. 단, 외기와 개방된 장소에는 그러하지 아니 한다.

ⓒ 하강구 내측에는 기구의 연결 금속구 등이 없어야 하며 전개된 피난기구는 하강구 수평투영면적 공간 내의 범위를 침범하지 않는 구조이어야 할 것. 단, 직경 60cm 크기의 범위를 벗어난 경우이거나, 직하층의 바닥 면으로부터 높이 50cm 이하의 범위는 제외 한다.

ⓓ 대피실의 출입문은 갑종방화문으로 설치하고, 피난방향에서 식별할 수 있는 위치에 "대피실" 표지판을 부착할 것. 단, 외기와 개방된 장소에는 그러하지 아니 한다.

ⓔ 착지점과 하강구는 상호 수평거리 15cm 이상의 간격을 둘 것

ⓕ 대피실 내에는 비상조명등을 설치 할 것

ⓖ 대피실에는 층의 위치표시와 피난기구 사용설명서 및 주의사항 표지판을 부착할 것

ⓗ 대피실 출입문이 개방되거나, 피난기구 작동 시 해당층 및 직하층 거실에 설치된 표시등 및 경보장치가 작동되고, 감시 제어반에서는 피난기구의 작동을 확인 할 수 있어야 할 것

ⓘ 사용 시 기울거나 흔들리지 않도록 설치할 것

75 비상콘센트설비의 전원부와 외함 사이의 절연 내력 기준 중 다음 ( ) 안에 알맞은 것은?

> 전원부와 외함 사이에 정격전압이 150V 이상인 경우에는 그 정격전압에 (㉠)을/를 곱하여 (㉡)을 더한 실효전압을 가하는 시험에서 1분 이상 견디는 것으로 할 것

① ㉠ 2, ㉡ 1,500
② ㉠ 3, ㉡ 1,500
③ ㉠ 2, ㉡ 1,000
④ ㉠ 3, ㉡ 1,000

advice

절연내력 시험은 전원부와 외함 사이에 150V 이상인 경우 그 정격전압에 2를 곱하여 1,000을 더한 실효전압을 가하여 1분간 견디는 시험이다.

※ **절연내력시험** … 60[Hz]의 정현파에 가까운 실효전압 500V (정격전압이 60V 초과하고 150V 이하인 것은 1,000V, 정격전압이 150V 초과 하는 것에 있어서는 그 전압에 2를 곱하여 1,000V를 더한 값)의 교류전압을 가하여 1분간 견디어야 한다.

사용전압	인가전압	판단기준
60V 이하	500V	인가전압을 가하여 1분간 견디어야 한다.
60V 초과 150V 이하	1,000V	
150V 초과	(사용전압 ×2) + 1,000V	

76 누전경보기 수신부의 구조기준 중 옳은 것은?

① 감도조정장치와 감도조정부는 외함의 바깥쪽에 노출되지 아니하여야 한다.
② 2급 수신부는 전원을 표시하는 장치를 설치하여야 한다.
③ 전원입력 및 외부부하에 직접 전원을 송출하도록 구성된 회로에는 퓨즈 또는 브레이커 등을 설치하여야 한다.
④ 2급 수신부에는 전원 입력측의 회로에 단락이 생기는 경우에는 유효하게 보호되는 조치를 강구하여야 한다.

advice

수신부의 구조
㉠ 누전경보기 감도조정장치를 제외하고 감도저정부는 외함의 바깥쪽에 노출되지 아니하여야 한다.
㉡ 전원을 표시하는 장치를 설치(2급 수신부 제외)하여야 한다.
㉢ 전원입력 및 외부 부하에 직접 전원을 송출하도록 구성된 회로에는 퓨즈 또는 브레이커 등 설치하여야 한다.
㉣ 수신부는 다음 회로에 단락이 생기는 경우 유효하게 보호되는 조치를 강구한다.
• 전원입력측 회로(단, 2급 수신부 제외)
• 수신부에서 외부의 음향장치와 표시등에 대하여 직접 전력을 공급하도록 구성된 외부회로
㉤ 주전원의 양극을 동시에 개폐할 수 있는 전원스위치를 설치하여야 한다.(단, 보수시에 전원공급이 자동적으로 중단되는 방식은 제외)

77 특정소방대상물의 비상방송설비 설치의 면제 기준 중 다음 ( ) 안에 알맞은 것은?

> 비상방송설비를 설치하여야 하는 특정소방대상물에 ( ) 또는 비상경보설비와 같은 수준 이상의 음향을 발하는 장치를 부설한 방송설비를 화재안전기준에 적합하게 설치한 경우에는 그 설비의 유효범위에서 설치가 면제된다.

① 자동화재속보설비
② 시각경보기
③ 단독경보형 감지기
④ 자동화재탐지설비

advice

비상방송설비를 설치하여야 하는 특정소방대상물에 자동화재탐지설비 또는 비상경보설비와 같은 수준 이상의 음향을 발하는 장치를 부설한 방송설비를 화재안전기준에 적합하게 설치한 경우는 그 설비의 유효범위에서 설치가 면제된다.

78 비상조명등의 일반구조 기준 중 틀린 것은?

① 상용전원전압의 130% 범위 안에서는 비상조명등 내부의 온도상승이 그 기능에 지장을 주거나 위해를 발생시킬 염려가 없어야 한다.
② 사용전압은 300V 이하이어야 한다. 다만, 충전부가 노출되지 아니한 것은 300V를 초과할 수 있다.
③ 전선의 굵기가 인출선인 경우에는 단면적이 $0.75mm^2$ 이상, 인출선 외의 경우에는 단면적이 $0.5mm^2$ 이상이어야 한다.
④ 인출선의 길이는 전선인출 부분으로부터 150mm 이상이어야 한다. 다만, 인출선으로 하지 아니할 경우에는 풀어지지 아니하는 방법으로 전선을 쉽고 확실하게 부착할 수 있도록 접속단자를 설치하여야 한다.

Ⓐnswer 76.③ 77.④ 78.①

advice

상용전원전압의 <u>110% 범위</u> 안에서는 비상조명등 내부의 온도 상승이 그 기능에 지장을 주거나 위해를 발생시킬 염려가 없어야 한다.

(2016)

79 광전식분리형감지기의 설치기준 중 틀린 것은?

① 감지기의 수광면은 햇빛을 직접 받지 않도록 설치할 것

② 광축은 나란한 벽으로부터 0.6m 이상 이격하여 설치할 것

③ 감지기의 송광부와 수광부는 설치된 뒷벽으로부터 0.5m 이내 위치에 설치할 것

④ 광축의 높이는 천장 등 높이의 80% 이상일 것

advice

③ 감지기의 송광부와 수광부는 설치된 <u>뒷벽으로부터 1m 이</u>내 위치에 설치할 것

※ 광전식분리형감지기 설치기준

 ㉠ 감지기의 수광면은 햇빛을 직접 받지 않도록 설치할 것

 ㉡ 광축(송광면과 수광면의 중심을 연결한 선)은 나란한 벽으로부터 0.6m 이상 이격하여 설치할 것

 ㉢ 감지기의 송광부와 수광부는 설치된 뒷벽으로부터 1m 이내 위치에 설치할 것

 ㉣ 광축의 높이는 천장 등(천장의 실내에 면한 부분 또는 상층의 바닥하부면을 말한다) 높이의 80% 이상일 것

 ㉤ 감지기의 광축의 길이는 공칭감시거리 범위이내 일 것

 ㉥ 그 밖의 설치기준은 형식승인 내용에 따르며 형식승인 사항이 아닌 것은 제조사의 시방에 따라 설치할 것

(2017) (2016)

80 자동화재탐지설비 배선의 설치기준 중 옳은 것은?

① 감지기 사이의 회로의 배선은 교차회로 방식으로 설치하여야 한다.

② 피(P)형 수신기 및 지피(G.P.)형 수신기의 감지기 회로의 배선에 있어서 하나의 공통선에 접속할 수 있는 경계구역은 10개 이하로 설치하여야 한다.

③ 자동화재탐지설비의 감지기회로의 전로저항은 80Ω 이하가 되도록 하여야 하며, 수신기의 각 회로별 종단에 설치되는 감지기에 접속되는 배선의 전압은 감지기 정격전압의 50% 이상이어야 한다.

④ 자동화재탐지설비의 배선은 다른 전선과 별도의 관·덕트·몰드 또는 풀박스 등에 설치할 것. 다만, 60V 미만의 약 전류회로에 사용하는 전선으로서 각각의 전압이 같을 때에는 그러하지 아니하다.

advice

① 감지기 사이의 회로배선은 <u>송배전방식</u>으로 설치하여야 한다.

② 피(P)형 수신기 및 지피(G.P.)형 수신기의 감지기 회로의 배선에 있어서 하나의 공통선에 접속할 수 있는 경계구역은 <u>7개 이하로 설치</u>하여야 한다.

③ 자동화재탐지설비의 감지기회로의 전로저항은 <u>50Ω 이하가</u> 되도록 하여야 하며, 수신기의 각 회로별 종단에 설치되는 감지기에 접속되는 배선의 전압은 감지기 <u>정격전압의 80% 이상</u>이어야 한다.

2018년 제2회 소방설비기사 [전기분야]

시험일정	시험유형	시험시간	시험과목
2018.04.28	필 기	120분	1 소방원론 2 소방전기일반 3 소방관계법규 4 소방전기시설의 구조 및 원리

수험번호		성 명	

1과목 소방원론

01 물과 반응하여 가연성 기체를 발생하지 않는 것은?

① 칼륨 ② 인화아연
③ 산화칼슘 ④ 탄화알루미늄

advice

① 칼륨 : $2K + 2H_2O \rightarrow 2KOH + H_2$

② 인화아연 : $Zn_3P_2 + H_2O \rightarrow 3Zn(OH)_2 + 2PH_3$

④ 탄화알루미늄 : $Al_4C_3 + 12H_2O \rightarrow 4Al(OH)_3 + 3CH_4$

(2015) (2014)

02 인화점이 낮은 것부터 높은 순서로 옳게 나열된 것은?

① 에틸알코올 < 이황화탄소 < 아세톤
② 이황화탄소 < 에틸알코올 < 아세톤
③ 에틸알코올 < 아세톤 < 이황화탄소
④ 이황화탄소 < 아세톤 < 에틸알코올

advice

이황화탄소 : $-30℃$
아세톤 : $-18.5℃$
에틸알코올 : $13℃$

(2016) (2014)

03 피난계획의 일반원칙 중 Fool Proof 원칙에 대한 설명으로 옳은 것은?

① 한 가지가 고장이 나도 다른 수단을 이용하는 원칙
② 2방향의 피난동선을 항상 확보하는 원칙
③ 피난수단을 이동식 시설로 하는 원칙
④ 피난수단을 조작이 간편한 원시적 방법으로 하는 원칙

advice

Fool-Proof … 바보라도 틀리지 않고 할 수 있도록 한다는 말. 비상사태 대비책을 의미하는 것으로서 화재발생 시 사람의 심리상태는 긴장상태가 되므로 인간의 행동특성에 따라 피난설비는 원시적이고 간단명료하게 설치하며 피난대책은 누구나 알기 쉬운 방법을 선택하는 것을 의미한다. 피난 및 유도 표지는 문자보다는 색과 형태를 사용하고, 피난방향으로 문을 열 수 있도록 하는 것이 이에 해당된다.

Answer 01.③ 02.④ 03.④

04 조연성 가스에 해당되는 것은?

① 일산화탄소　　② 산소

③ 수소　　　　　④ 부탄

advice

조연성 가스란 연소를 도와주는 가스를 말한다.

05 과산화칼륨이 물과 접촉하였을 때 발생하는 것은?

① 산소　　　　　② 수소

③ 메탄　　　　　④ 아세틸렌

advice

과산화칼륨은 흡습성이 있으므로 물과 접촉하면 발열하며 수산화칼륨(KOH)과 산소(O_2)를 발생한다.

$$2K_2O_2 + 2H_2O \rightarrow 4KOH + O_2$$

06 건축물의 화재발생 시 인간의 피난 특성으로 틀린 것은?

① 평상시 사용하는 출입구나 통로를 사용하는 경향이 있다.

② 화재의 공포감으로 인하여 빛을 피해 어두운 곳으로 몸을 숨기는 경향이 있다.

③ 화염, 연기에 대한 공포감으로 발화지점의 반대방향으로 이동하는 경향이 있다.

④ 화재 시 최초로 행동을 개시한 사람을 따라 전체가 움직이는 경향이 있다.

advice

피난 시 인간의 본능적 행동 특성

귀소본능	피난 시 인간은 평소에 사용하는 문, 길, 통로를 사용한다든가, 자신이 왔던 길로 되돌아가려는 경향이 있다.
퇴피본능	화재 초기에는 주변상황의 확인을 위하여 서로서로 모이지만 화재의 급격한 확대로 각자의 공포감이 증가되면 발화지점의 반대방향으로 이동한다. 즉, 반사적으로 위험으로부터 멀어지려는 경향이 있다.
지광본능	화재 시 발생되는 연기와 정전 등으로 가시거리가 짧아져 시야가 흐려진다. 이때 인간은 어두운 곳에서 개구부, 조명부 등의 불빛을 따라 행동하는 경향이 있다.
추종본능	화재가 발생하면 판단력의 약화로 한 사람의 지도자에 의해 최초로 행동을 함으로써 전체가 이끌려지는 습성이다. 때로는 인명피해가 확대되는 경우가 있다.

07 건축물에 설치하는 방화구획의 설치기준 중 스프링클러설비를 설치한 11층 이상의 층은 바닥면적 몇 m^2 이내마다 방화구획을 하여야 하는가? (단, 벽 및 반자의 실내에 접하는 부분의 마감은 불연재료가 아닌 경우이다.)

① 200　　　　　② 600

③ 1,000　　　　④ 3,000

advice

11층 이상의 모든 층에서 바닥면적 200m² 이내마다(내장재가 불연재료이면 500m² 이내마다) 방화구획을 설정해야 하지만, 스프링클러 등 자동식 소화설비를 한 것은 그 면적의 3배로 하므로 600m²마다 하면 된다.

08 물체의 표면온도가 250℃에서 650℃로 상승하면 열 복사량은 약 몇 배 정도 상승하는가?

① 2.5

② 5.7

③ 7.5

④ 9.7

advice

슈테판–볼츠만의 법칙(Stefan–Boltzmann's law)

$$\frac{Q_2}{Q_1} = \frac{(273 + t_2)^4}{(273 + t_1)^4}$$

$$\therefore \ \frac{Q_2}{Q_1} = \frac{(273 + 650)^4}{(273 + 250)^4} \fallingdotseq 9.7$$

09 자연발화 방지대책에 대한 설명 중 틀린 것은?

① 저장실의 온도를 낮게 유지한다.

② 저장실의 환기를 원활히 시킨다.

③ 촉매물질과의 접촉을 피한다.

④ 저장실의 습도를 높게 유지한다.

advice

자연발화를 예방하기 위해서는 저장실의 습도를 낮게 유지해야 한다.

10 분말소화약제로서 ABC급 화재에 적응성이 있는 소화약제의 종류는?

① $NH_4H_2PO_4$

② $NaHCO_3$

③ Na_2CO_3

④ $KHCO_3$

advice

분말 종류	주성분	분자식	착색	적응화재
제1종	탄산수소나트륨 (중탄산나트륨)	$NaHCO_3$	백색	B, C급
제2종	탄산수소칼륨 (중탄산칼륨)	$KHCO_3$	담회색	B, C급
제3종	제1인산암모늄	$NH_4H_2PO_4$	담홍색 또는 황색	A, B, C급
제4종	탄산수소칼륨과 요소	$KHCO_3 + CO(NH_2)_2$	회색	B, C급

11 액화석유가스(LPG)의 성질에 대한 설명으로 틀린 것은?

① 주성분은 프로판, 부탄이다.

② 천연고무를 잘 녹인다.

③ 물에 녹지 않으나 유기용매에 용해된다.

④ 공기보다 1.5배 가볍다.

advice

액화석유가스의 구성성분은 $C_2 \sim C_4$에 해당하며, 기체의 비중은 공기의 약 1.5~2배로서 누설 시 낮은 곳에 체류하기 쉽다.

Answer **08.**④ **09.**④ **10.**① **11.**④

(2017) (2014)

12 위험물안전관리법령상 지정된 동식물유류의 성질에 대한 설명으로 틀린 것은?

① 요오드가가 작을수록 자연발화의 위험성이 크다.
② 상온에서 모두 액체이다.
③ 물에는 불용성이지만 에테르 및 벤젠 등의 유기용매에는 잘 녹는다.
④ 인화점은 1기압하에서 250℃ 미만이다.

┃advice┃

요오드값 … 유지 100g에 부가되는 요오드의 g수. 불포화도가 증가할수록 요오드값이 증가하며, 자연발화의 위험이 있다.

(2017)

13 물리적 폭발에 해당되는 것은?

① 분해폭발
② 분진폭발
③ 증기운폭발
④ 수증기폭발

┃advice┃

물리적 폭발이란 상변화[물(액체)이 기체상태의 물(수증기)로 변화하면서 생기는 폭발]에 의한 폭발이다.(예 수증기폭발, 과열액체증기폭발, 고상의 전이에 따른 폭발, 전선폭발 등)

14 산림화재 시 소화효과를 증대시키기 위해 물에 첨가하는 증점제로서 적합한 것은?

① Ethylene Glycol
② Potassium Carbonate
③ Ammonium Phosphate
④ Sodium Carboxy Methyl Cellulose

┃advice┃

증점제 … 물의 점성을 높이기 위해서 첨가하는 첨가제를 말한다. 즉 물의 점성을 높여 쉽게 유동되지 않도록 한다.(예 나트륨 카르복시 메틸 셀룰로오스)

15 화재발생 시 발생하는 연기에 대한 설명으로 틀린 것은?

① 연기의 유동속도는 수평방향이 수직방향보다 빠르다.
② 동일한 가연물에 있어 환기지배형 화재가 연료지배형 화재에 비하여 연기발생량이 많다.
③ 고온상태의 연기는 유동확산이 빨라 화재전파의 원인이 되기도 한다.
④ 연기는 일반적으로 불완전연소 시에 발생한 고체, 액체, 기체 생성물의 집합체이다.

┃advice┃

① 연기의 유동속도는 수직방향이 수평방향보다 빠르다.

Answer 12.① 13.④ 14.④ 15.①

16 소화방법 중 제거소화에 해당되지 않는 것은?

① 산불이 발생하면 화재의 진행방향을 앞질러 벌목한다.

② 방 안에서 화재가 발생하면 이불이나 담요로 덮는다.

③ 가스화재 시 밸브를 잠궈 가스흐름을 차단한다.

④ 불타고 있는 장작더미 속에서 아직 타지 않은 것을 안전한 곳으로 운반한다.

advice

② 공기 중의 산소공급을 차단하는 질식소화에 해당한다.

17 다음의 소화약제 중 오존파괴지수(ODP)가 가장 큰 것은?

① 할론 104
② 할론 1301

③ 할론 1211
④ 할론 2402

advice

할론 1301의 ODP는 14로서 가장 크다.

18 주수소화 시 가연물에 따라 발생하는 가연성 가스의 연결이 틀린 것은?

① 탄화칼슘 – 아세틸렌

② 탄화알루미늄 – 프로판

③ 인화칼슘 – 포스핀

④ 수소화리튬 – 수소

advice

탄화알루미늄 : $Al_4C_3 + 12H_2O \rightarrow 4Al(OH)_3 + 3CH_4$

19 포소화약제에 적응성이 있는 것은?

① 칼륨 화재

② 알킬리튬 화재

③ 가솔린 화재

④ 인화알루미늄 화재

advice

유류화재의 경우 포에 의한 질식소화가 효과적이다.

20 제2류 위험물에 해당되는 것은?

① 유황
② 질산칼륨

③ 칼륨
④ 톨루엔

advice

제2류 위험물

성질	위험 등급	품명	지정수량
가연성 고체	Ⅱ	1. 황화린 2. 적린(P) 3. 유황(S)	100kg
	Ⅲ	4. 철분(Fe) 5. 금속분 6. 마그네슘(Mg)	500kg
		7. 인화성 고체	1,000kg

② 제2류 위험물
③ 제3류 위험물
④ 제4류 위험물

Answer 16.② 17.② 18.② 19.③ 20.①

2과목 소방전기일반

(2016)

21 다음 그림과 같은 브리지 회로의 평형조건은?

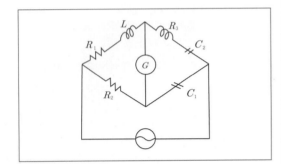

① $R_1C_1 = R_2C_2$, $R_2R_3 = C_1L$

② $R_1C_1 = R_2C_2$, $R_2R_3C_1 = L$

③ $R_1C_2 = R_2C_1$, $R_2R_3 = C_1L$

④ $R_1C_2 = R_2C_1$, $L = R_2R_3C_1$

advice

브리지회로의 평형조건은 검류계 G 방향으로 전류가 흐르지 않는 경우를 말한다.

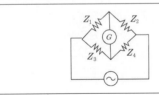

※ 브리지회로의 평형조건

$Z_1 \cdot Z_4 = Z_2 \cdot Z_3$

$Z_1 = R_1 + j\omega L$, $Z_2 = R_3 + \dfrac{1}{j\omega C_2}$

$Z_3 = R_2$, $R_4 = \dfrac{1}{j\omega C_1}$

$(R_1 + j\omega L)\left(\dfrac{1}{j\omega C_1}\right) = \left(R_3 + \dfrac{1}{j\omega C_2}\right)R_2$

$\dfrac{R_1}{j\omega C_1} + \dfrac{L}{C_1} = R_2R_3 + \dfrac{R_2}{j\omega C_2}$

이 식에서 실수부와 허수부가 각각 같게 되므로,

$\dfrac{L}{C_1} = R_2R_3$ $\therefore L = R_2R_3C_1$

$\dfrac{R_1}{j\omega C_1} = \dfrac{R_2}{j\omega C_2}$ $\therefore R_1C_2 = R_2C_1$

22 $R-C$ 직렬회로에서 저항 R을 고정시키고 X_C를 0에서 ∞까지 변화시킬 때 어드미턴스 궤적은?

① 1사분면의 내의 반원이다.

② 1사분면의 내의 직선이다.

③ 4사분면의 내의 반원이다.

④ 4사분면의 내의 직선이다.

advice

R, L 및 R, C 직렬 또는 병렬회로에서 임피던스 궤적과 어드미턴스 궤적은 다음과 같다.

회로연결	벡터궤적	Z 임피던스	Y 어드미턴스
직렬		직선	반원
	$R-L$	1사분면	4사분면
	$R-C$	4사분면	1사분면
병렬		반원	직선
	$R-L$	1사분면	4사분면
	$R-C$	4사분면	1사분면

(2017)

23 비투자율 $\mu_s = 500$, 평균 자로의 길이 1m의 환상 철심 자기회로에 2mm의 공극을 내면 전체의 자기저항은 공극이 없을 때의 약 몇 배가 되는가?

① 5   ② 2.5

③ 2   ④ 0.5

advice

자기저항의 배수 $m = 1 + \dfrac{l_0}{l} \times \dfrac{\mu_0\mu_s}{\mu_0}$ 이므로,

m : 자기저항배수

μ_0 : 진공중 투자율($4\pi \times 19^{-7}$[H/m])

μ_s : 비투자율, l : 길이[m]

l_0 : 공극[m]

$m = 1 + \dfrac{l_0}{l} \times \dfrac{\mu_0\mu_s}{\mu_0} = 1 + \dfrac{(2 \times 10^{-3})}{1} \times \dfrac{\mu_0 \times 500}{\mu_0} = 2$

Answer **21.**④ **22.**① **23.**③

(2014)

24

1개의 용량이 25W인 객석유도등 10개가 연결되어 있다. 이 회로에 흐르는 전류는 약 몇 A인가?

① 0.88A ② 1.14A

③ 1.25A ④ 1.36A

advice

전력 $P = V \cdot I$ 이므로,

$I = \dfrac{P}{V} = \dfrac{25 \,[\mathrm{W}] \times 10}{220 \,[\mathrm{V}]} ≒ 1.14 \,[\mathrm{A}]$

(2016)

25

분류기를 써서 배분을 9로 하기 위한 분류기의 저항은 전류계 내부저항의 몇 배인가?

① $\dfrac{1}{8}$ ② $\dfrac{1}{9}$

③ 8 ④ 9

advice

분류기의 배율 $m = \dfrac{I_0}{I} = 1 + \dfrac{R_0}{R_s}$

(I_0 : 측정전류, I : 전류계전류, R_0 : 전류계내부저항, R_s : 분류기저항)

$R_s = \dfrac{R_0}{m-1} = \dfrac{R_0}{9-1} = \dfrac{1}{8} R_0$ 이므로, 분류기저항은 전류계 내부저항의 $\dfrac{1}{8}$ 배이다.

26

$R-L$ 직렬회로에 대한 설명으로 옳은 것은?

① V, I는 각 다른 주파수를 가지는 정현파이다.

② V는 I보다 위상이 $\theta = \tan^{-1}\left(\dfrac{\omega L}{R}\right)$ 만큼 앞선다.

③ V와 I의 최댓값과 실효값의 비는 $\sqrt{R^2 + \left(\dfrac{1}{X_L}\right)^2}$ 이다.

④ 용량성 회로이다.

advice

- V와 I는 동일한 주파수를 갖게 된다.
- $R-L$ 직렬회로에서 전류위상은 전압위상보다 항상 θ 만큼 뒤진다. 즉 전압위상이 전류위상보다 θ 만큼 앞서게 되는 것이다.
- V와 I의 최댓값과 실효값의 비는 $\sqrt{R^2 + X_L{}^2}$ 이다.
- $R-L$ 회로는 유도성 회로이며, $R-C$ 회로가 용량성 회로이다.

27

두 개의 코일 L_1과 L_2를 동일 방향으로 직렬 접속하였을 때 합성 인덕턴스가 140mH이고, 반대방향으로 접속하였더니 합성 인덕턴스가 20mH이었다. 이때, L_1 = 40mH이면 결합계수 K는?

① 0.38 ② 0.5

③ 0.75 ④ 1.3

advice

결합계수 $K = \dfrac{M}{\sqrt{L_1 \cdot L_2}}$ 이므로,

자기적으로 결합된 인덕턴스의 합성 인덕턴스는

$L_T = L_1 + L_2 \pm 2M$

같은 방향 결합일 때 가극성 $L_T = L_1 + L_2 + 2M$

반대 방향 결합일 때 감극성 $L_T = L_1 + L_2 - 2M$ 이므로,

$140 \,[\mathrm{mH}] = L_1 + L_2 + 2M$ ·················(1)

$20 \,[\mathrm{mH}] = L_1 + L_2 - 2M$ ·················(2)

(1)식에서 (2)식을 빼면,

Answer **24.**② **25.**① **26.**② **27.**③

$120[\text{mH}] = 4M$, $M = 30[\text{mH}]$

(1)식에 $L_1 = 40[\text{mH}]$, $M = 30[\text{mH}]$를 대입하면,

$140 = 40 + L_2 + 2 \cdot 30$, $L_2 = 140 - 100 = 40[\text{mH}]$

$\therefore K = \dfrac{M}{\sqrt{L_1 \cdot L_2}} = \dfrac{30}{\sqrt{40 \cdot 40}} = 0.75$

ⓒ N형 반도체
- 5개의 가전자를 갖는다.
- 도너(donor)라 한다.
- 과잉전자를 갖는다(가전자 1개가 남는 불순물).
- 게르마늄, 실리콘에 모두 첨가된다.

28 삼각파의 파형률 및 파고율은?

① 1.0, 1.0

② 1.04, 1.226

③ 1.11, 1.414

④ 1.155, 1.732

advice

구분	정현파/전파정류	반파정류	구형파	삼각파/톱니파
파형율	1.11	1.571	1	1.155
파고율	$1.414(=\sqrt{2})$	2	1	$1.732(=\sqrt{3})$

2016 2014

29 P형 반도체에 첨가되는 불순물에 관한 설명으로 옳은 것은?

① 5개의 가전자를 갖는다.

② 억셉터 불순물이라 한다.

③ 과잉전자를 만든다.

④ 게르마늄에는 첨가할 수 있으나 실리콘에는 첨가가 되지 않는다.

advice

P형 반도체와 N형 반도체

㉠ P형 반도체
- 3개의 가전자를 갖는다.
- 억셉터 불순물이라 한다.
- 부족전자를 만든다(가전자 1개가 부족한 불순물).
- 게르마늄, 실리콘에 모두 첨가된다.

2015

30 그림과 같은 게이트의 명칭은?

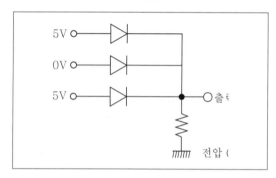

① AND

② OR

③ NOR

④ NAND

advice

A와 B 어느 쪽에서 전류가 흘러도 부하측에 전류가 흐를 수 있으므로 OR 논리회로이다.

31 어떤 코일의 임피던스를 측정하고자 직류전압 30V를 가했더니 300W가 소비되고, 교류전압 100V를 가했더니 1,200W가 소비되었다. 이 코일의 리액턴스는 몇 Ω인가?

① 2

② 4

③ 6

④ 8

Ⓐnswer 28.④ 29.② 30.② 31.②

advice

직류전력 $P = V \cdot I = I^2 R = \dfrac{V^2}{R}$ 이므로,

이 회로의 부하저항 $R = \dfrac{30^2}{300} = 3\,[\Omega]$이다.

교류전력(유효전력) $P = V \cdot I \cos\theta = I^2 R\,[\mathrm{W}]$ 이고,

$I = \dfrac{V}{Z}\,[\mathrm{A}]$ 이다.

회로의 임피던스 $Z = \sqrt{R^2 + X_L^{\,2}}\,[\Omega]$

$I = \dfrac{V}{\sqrt{R^2 + X_L^{\,2}}}$

$\therefore\ P = \left(\dfrac{V}{\sqrt{R^2 + X_L^{\,2}}}\right)^2 \times R = \dfrac{V^2}{(\sqrt{R^2 + X_L^{\,2}})^2}\cdot R$

$\qquad = \dfrac{V^2}{R^2 + X_L^{\,2}}\cdot R$

$(R^2 + X_L^{\,2})\,P = V^2 R$

$P \cdot X_L^{\,2} = V^2 \cdot R - P \cdot R^2,\ \ X_L^{\,2} = \dfrac{V^2 \cdot R}{P} - \dfrac{P \cdot R^2}{P}$

$\therefore\ X_L = \sqrt{\dfrac{V^2 R}{P} - R^2} = \sqrt{\dfrac{100^2 \times 3}{1,200} - 3^2}$

$\qquad = 4\,[\Omega]$

32 저항 6Ω과 유도리액턴스 8Ω이 직렬로 접속된 회로에 100V의 교류전압을 가할 때 흐르는 전류의 크기는 몇 A인가?

① 10   ② 20

③ 50   ④ 80

advice

$R - L$ 직렬회로에서 임피던스

$Z = \sqrt{R^2 + X_L^{\,2}} = \sqrt{6^2 + 8^2} = 10\,[\Omega]$

(R : 저항, X_L : 유도리액턴스)

$I = \dfrac{V}{Z} = \dfrac{100}{10} = 10\,[\mathrm{A}]$

33 백열전등의 점등스위치로는 다음 중 어떤 스위치를 사용하는 것이 적합한가?

① 복귀형 a접점 스위치

② 복귀형 b접점 스위치

③ 유지형 스위치

④ 전자 접촉기

advice

복귀형 스위치는 동작시킨 후 원래 상태로 복귀하는 기능을 하므로 백열전구를 점등상태로 유지하려면 동작 후 동작상태를 유지하는 기능을 하는 유지형 스위치가 쓰여진다.

34 $L - C$ 직렬회로에서 직류전압 E를 $t = 0$에서 인가할 때 흐르는 전류는?

① $\dfrac{E}{\sqrt{L/C}} \cos \dfrac{1}{\sqrt{L/C}} t$

② $\dfrac{E}{\sqrt{L/C}} \sin \dfrac{1}{\sqrt{LC}} t$

③ $\dfrac{E}{\sqrt{C/L}} \cos \dfrac{1}{\sqrt{L/C}} t$

④ $\dfrac{E}{\sqrt{C/L}} \sin \dfrac{1}{\sqrt{LC}} t$

advice

$L - C$ 직렬회로에서 과도전류

$i(t) = \dfrac{E}{\sqrt{\dfrac{L}{C}}} \sin \dfrac{1}{\sqrt{LC}} t\,[\mathrm{A}]$ 이다.

Answer   **32.**①   **33.**③   **34.**②

35 피드백 제어계에 대한 설명 중 틀린 것은?

① 감대역 폭이 증가한다.
② 정확성이 있다.
③ 비선형에 대한 효과가 증대된다.
④ 발진을 일으키는 경향이 있다.

advice

피드백 제어계는 개회로 제어계에 비하여 입출력을 비교하여 제어를 하므로 여러 가지 장점이 있다.

※ 피드백 제어계의 특징
  ㉠ 정확성이 향상
  ㉡ 대역폭 증가
  ㉢ 오차 자동보정 기능
  ㉣ 구조가 복잡하고 비용이 고가
  ㉤ 발진 가능성

36 어떤 계를 표시하는 미분 방정식이

$5\dfrac{d^2}{dt^2}y(t)+3\dfrac{d}{dt}y(t)-2y(t)=x(t)$ **라고 한다.** $x(t)$

는 입력신호, $y(t)$는 출력신호라고 하면 이 계의 전달 함수는?

① $\dfrac{1}{(5s-2)(s+1)}$ ② $\dfrac{1}{(s-1)(s+5)}$

③ $\dfrac{1}{(5s-1)(s+2)}$ ④ $\dfrac{1}{(5s+1)(s-2)}$

advice

위 문제의 미분 방정식을 라플라스 변환하면

$(5s^2+3s-2)X(s)=Y(s)$

전달함수

$G(s)=\dfrac{Y(s)}{X(s)}=\dfrac{1}{5s^2+3s-2}=\dfrac{1}{(5s-2)(s+1)}$

2014

37 측정기의 측정범위 확대를 위한 방법의 설명으로 틀린 것은?

① 전류의 측정범위 확대를 위하여 분류기를 사용하고, 전압의 측정범위 확대를 위하여 배율기를 사용한다.
② 분류기는 계기에 직렬로 배율기는 병렬로 접속한다.
③ 측정기 내부 저항을 R_a, 분류기 저항을 R_s라 할 때, 분류기의 배율은 $1+\dfrac{R_a}{R_s}$로 표시된다.
④ 측정기 내부의 저항을 R_v, 배율기 저항을 R_m라 할 때, 배율기의 배율은 $1+\dfrac{R_m}{R_v}$로 표시된다.

advice

분류기는 계기와 병렬로 연결하여 전류를 분산시키고, 배율기는 계기와 직렬로 연결하여 전압을 분산시킨다.

38 논리식 $X=AB\overline{C}+\overline{A}BC+\overline{A}B\overline{C}$를 가장 간소화 하면?

① $B(\overline{A}+\overline{C})$
② $B(\overline{A}+A\overline{C})$
③ $B(\overline{A}C+\overline{C})$
④ $B(A+C)$

advice

$X=AB\overline{C}+\overline{A}BC+\overline{A}B\overline{C}=AB\overline{C}+\overline{A}B(C+\overline{C})$
$\ \ =AB\overline{C}+\overline{A}B=B(A\overline{C}+\overline{A})=B(\overline{A}+\overline{C})$
(흡수의 법칙 : $\overline{X}+X\overline{Y}=\overline{X}+\overline{Y}$)

Ⓐnswer 35.③ 36.① 37.② 38.①

39 원형 단면적이 $S(\text{m}^2)$, 평균자로의 길이가 $1(\text{m})$, 1m당 권선수가 N회인 공심 환상솔레노이드에 I (A)의 전류를 흘릴 때 철심 내의 자속은?

① $\dfrac{NI}{l}$

② $\dfrac{\mu_0 SNI}{l}$

③ $\mu_0 SNI$

④ $\dfrac{\mu_0 SN^2 I}{l}$

advice

자속밀도 $B = \dfrac{\phi}{S} = \mu H$ 에서

$\phi = B \cdot S = \mu H S = \dfrac{\mu_0 \mu_s\, N I\, S}{l}$ [wb] $(\mu = \mu_0 \mu_s)$

(B : 자속밀도, S : 단면적, μ_0 : 진공중 투자율, μ_s : 비투자율, N : 권선수, H : 자계의 세기)

길이가 1[m], 공심이므로 $\mu_s = 1$

$\phi = \dfrac{\mu_0 \mu_s\, N I\, S}{l} = \dfrac{\mu_0\, S N I}{1} = \mu_0 SNI$

(2016)

40 무한장 솔레노이드 자계의 세기에 대한 설명으로 틀린 것은?

① 전류의 세기에 비례한다.
② 코일의 권수에 비례한다.
③ 솔레노이드 내부에서의 자계의 세기는 위치에 관계없이 일정한 평등자계이다.
④ 자계의 방향과 암페어 경로 간에 서로 수직인 경우 자계의 세기가 최고이다.

advice

무한장 솔레노이드의 자계의 세기 $H_i = N \cdot I$이므로, 자계의 세기는 다음과 같다.

• 전류와 코일 권수에 비례한다.
• 내부 자계는 평등자계이다.
• 자계의 방향과는 무관하다.

(2019) (2017) (2016)

41 소방기본법령상 소방본부 종합상황실 실장이 소방청의 종합상황실에 서면·모사전송 또는 컴퓨터통신 등으로 보고하여야 하는 화재의 기준 중 틀린 것은?

① 항구에 매어둔 총 톤수가 1,000톤 이상인 선박에서 발생한 화재
② 층수가 5층 이상이거나 병상이 30개 이상인 종합병원·한방병원·요양소에서 발생한 화재
③ 지정수량의 1,000배 이상의 위험물의 제조소·저장소·취급소에서 발생한 화재
④ 연면적 15,000m² 이상인 공장 또는 화재경계지구에서 발생한 화재

advice

종합상황실의 실장의 업무 등〈「소방기본법 시행규칙」 제3조 제2항〉… 종합상황실의 실장은 다음의 1에 해당하는 상황이 발생하는 때에는 그 사실을 지체없이 서면·모사전송 또는 컴퓨터통신 등으로 소방서의 종합상황실의 경우는 소방본부의 종합상황실에, 소방본부의 종합상황실의 경우는 소방청의 종합상황실에 각각 보고하여야 한다.

1. 다음의 1에 해당하는 화재
   가. 사망자가 5인 이상 발생하거나 사상자가 10인 이상 발생한 화재
   나. 이재민이 100인 이상 발생한 화재
   다. 재산피해액이 50억 원 이상 발생한 화재
   라. 관공서·학교·정부미도정공장·문화재·지하철 또는 지하구의 화재
   마. 관광호텔, 층수가 11층 이상인 건축물, 지하상가, 시장, 백화점, 「위험물안전관리법」의 규정에 의한 <u>지정수량의 3천배 이상의 위험물의 제조소·저장소·취급소, 층수가 5층 이상이거나 객실이 30실 이상인 숙박시설, 층수가 5층 이상이거나 병상이 30개 이상인 종합병원·정신병원·한방병원·요양소, 연면적 1만 5천제곱미터 이상인 공장</u> 또는 소방기본법 시행령에 따른 화재경계지구에서 발생한 화재
   바. <u>철도차량, 항구에 매어둔 총 톤수가 1천톤 이상인 선박</u>, 항공기, 발전소 또는 변전소에서 발생한 화재

사. 가스 및 화약류의 폭발에 의한 화재

아. 「다중이용업소의 안전관리에 관한 특별법」에 따른 다
중이용업소의 화재

2. 「긴급구조대응활동 및 현장지휘에 관한 규칙」에 의한 통제
단장의 현장지휘가 필요한 재난상황

3. 언론에 보도된 재난상황

4. 그 밖에 소방청장이 정하는 재난상황

(6) 저수조에 물을 공급하는 방법은 상수도에 연결하여 자
동으로 급수되는 구조일 것

(2017) (2016)

42 소방기본법령상 소방용수시설별 설치기준 중 틀린
것은?

① 급수탑 계폐밸브는 지상에서 1.5m 이상 1.7m
이하의 위치에 설치하도록 할 것

② 소화전은 상수도와 연결하여 지하식 또는 지
상식의 구조로 하고, 소방용호스와 연결하는 소
화전의 연결금속구의 구경은 100mm로 할 것

③ 저수조 흡수관의 투입구가 사각형의 경우에
는 한 변의 길이가 60cm 이상, 원형의 경우
에는 지름이 60cm 이상일 것

④ 저수조는 지면으로부터의 낙차가 4.5m 이하
일 것

advice

소방용수시설별 설치기준〈「소방기본법 시행규칙」 별표 3 참고〉

가. 소화전의 설치기준 : 상수도와 연결하여 지하식 또는 지상
식의 구조로 하고, 소방용호스와 연결하는 소화전의 연결
금속구의 구경은 65밀리미터로 할 것

나. 급수탑의 설치기준 : 급수배관의 구경은 100밀리미터 이상
으로 하고, 개폐밸브는 지상에서 1.5미터 이상 1.7미터
이하의 위치에 설치하도록 할 것

다. 저수조의 설치기준

(1) 지면으로부터의 낙차가 4.5미터 이하일 것

(2) 흡수부분의 수심이 0.5미터 이상일 것

(3) 소방펌프자동차가 쉽게 접근할 수 있도록 할 것

(4) 흡수에 지장이 없도록 토사 및 쓰레기 등을 제거할 수
있는 설비를 갖출 것

(5) 흡수관의 투입구가 사각형의 경우에는 한 변의 길이가
60센티미터 이상, 원형의 경우에는 지름이 60센티미
터 이상일 것

(2017)

43 소방기본법상 소방본부장, 소방서장 또는 소방대
장의 권한이 아닌 것은?

① 화재, 재난·재해, 그 밖의 위급한 상황이 발
생한 현장에서 소방활동을 위하여 필요할 때
에는 그 관할구역에 사는 사람 또는 그 현장
에 있는 사람으로 하여금 사람을 구출하는
일 또는 불을 끄거나 불이 번지지 아니하도
록 하는 일을 하게 할 수 있다.

② 소방활동을 할 때에 긴급한 경우에는 이웃한
소방본부장 또는 소방서장에게 소방업무와
응원을 요청할 수 있다.

③ 사람을 구출하거나 불이 번지는 것을 막기
위하여 필요할 때에는 화재가 발생하거나 불
이 번질 우려가 있는 소방대상물 및 토지를
일시적으로 사용하거나 그 사용의 제한 또는
소방활동에 필요한 처분을 할 수 있다.

④ 소방활동을 위하여 긴급하게 출동할 때에는
소방자동차의 통행과 소방활동에 방해가 되
는 주차 또는 정차된 차량 및 물건 등을 제
거하거나 이동시킬 수 있다.

advice

① 소방본부장, 소방서장 또는 소방대장은 화재, 재난·재해,
그 밖의 위급한 상황이 발생한 현장에서 소방활동을 위하
여 필요할 때에는 그 관할구역에 사는 사람 또는 그 현장
에 있는 사람으로 하여금 사람을 구출하는 일 또는 불을
끄거나 불이 번지지 아니하도록 하는 일을 하게 할 수 있
다〈「소방기본법」 제24조 제1항〉.

② 소방본부장이나 소방서장은 소방활동을 할 때에 긴급한 경
우에는 이웃한 소방본부장 또는 소방서장에게 소방업무의
응원(應援)을 요청할 수 있다〈「소방기본법」 제11조 제1항〉.

Answer 42.② 43.②

③ 소방본부장, 소방서장 또는 소방대장은 사람을 구출하거나 불이 번지는 것을 막기 위하여 필요할 때에는 화재가 발생하거나 불이 번질 우려가 있는 소방대상물 및 토지를 일시적으로 사용하거나 그 사용의 제한 또는 소방활동에 필요한 처분을 할 수 있다〈「소방기본법」 제25조 제1항〉.

④ 소방본부장, 소방서장 또는 소방대장은 소방활동을 위하여 긴급하게 출동할 때에는 소방자동차의 통행과 소방활동에 방해가 되는 주차 또는 정차된 차량 및 물건 등을 제거하거나 이동시킬 수 있다〈「소방기본법」 제25조 제3항〉.

44 위험물안전관리법령상 위험물의 안전관리와 관련된 업무를 수행하는 자로서 소방청장이 실시하는 안전교육대상자가 아닌 것은?

① 안전관리자로 선임된 자
② 탱크시험자의 기술인력으로 종사하는 자
③ 위험물운송자로 종사하는 자
④ 제조소등의 관계인

advice

안전교육대상자〈「위험물안전관리법 시행령」 제20조〉
1. 안전관리자로 선임된 자
2. 탱크시험자의 기술인력으로 종사하는 자
3. 위험물운송자로 종사하는 자

45 화재예방, 소방시설 설치·유지 및 안전관리에 관한 법령상 소방안전관리대상물의 소방안전관리자에게만 해당하는 업무가 아닌 것은?

① 소방훈련 및 교육
② 자위소방대 및 초기 대응체계의 구성·운영·교육
③ 피난시설, 방화구획 및 방화시설의 유지·관리
④ 피난계획에 관한 사항과 대통령령으로 정하는 사항이 포함된 소방계획서의 작성 및 시행

advice

특정소방대상물(소방안전관리대상물은 제외)의 관계인과 소방안전관리대상물의 소방안전관리자의 업무는 다음과 같다. 다만, 제1호·제2호 및 제4호의 업무는 소방안전관리대상물의 경우에만 해당한다〈「화재예방, 소방시설 설치·유지 및 안전관리에 관한 법률」 제20조 제6항〉.
1. 피난계획에 관한 사항과 대통령령으로 정하는 사항이 포함된 소방계획서의 작성 및 시행
2. 자위소방대 및 초기대응체계의 구성·운영·교육
3. 피난시설, 방화구획 및 방화시설의 유지·관리
4. 소방훈련 및 교육
5. 소방시설이나 그 밖의 소방 관련 시설의 유지·관리
6. 화기 취급의 감독
7. 그 밖에 소방안전관리에 필요한 업무

2016 2015

46 화재예방, 소방시설 설치·유지 및 안전관리에 관한 법령상 소방용품이 아닌 것은?

① 소화약제 외의 것을 이용한 간이소화용구
② 자동소화장치
③ 가스누설경보기
④ 소화용으로 사용하는 방염제

advice

소방용품〈「화재예방, 소방시설 설치·유지 및 안전관리에 관한 법률 시행령」 별표 3〉
1. 소화설비를 구성하는 제품 또는 기기
　가. 소화기구(소화약제 외의 것을 이용한 간이소화용구는 제외)
　나. 자동소화장치
　다. 소화설비를 구성하는 소화전, 관창(菅槍), 소방호스, 스프링클러헤드, 기동용 수압개폐장치, 유수제어밸브 및 가스관선택밸브
2. 경보설비를 구성하는 제품 또는 기기
　가. 누전경보기 및 가스누설경보기
　나. 경보설비를 구성하는 발신기, 수신기, 중계기, 감지기 및 음향장치(경종만 해당)
3. 피난구조설비를 구성하는 제품 또는 기기
　가. 피난사다리, 구조대, 완강기(간이완강기 및 지지대를 포함)
　나. 공기호흡기(충전기를 포함)
　다. 피난구유도등, 통로유도등, 객석유도등 및 예비 전원이 내장된 비상조명등
4. 소화용으로 사용하는 제품 또는 기기
　가. 소화약제의 자동소화장치와 소화설비용만 해당)
　나. 방염제(방염액·방염도료 및 방염성물질을 말한다)
5. 그 밖에 행정안전부령으로 정하는 소방 관련 제품 또는 기기

2015 2014

47 화재예방, 소방시설 설치·유지 및 안전관리에 관한 법령상 스프링클러설비를 설치하여야 하는 특정소방대상물의 기준 중 틀린 것은? (단, 위험물 저장 및 처리시설 중 가스시설 또는 지하구는 제외한다.)

① 숙박이 가능한 수련시설 용도로 사용되는 시설의 바닥면적의 합계가 600m² 이상인 것은 모든 층
② 창고시설(물류터미널은 제외)로서 바닥면적 합계가 5,000m² 이상인 경우에는 모든 층
③ 판매시설, 운수시설 및 창고시설(물류터미널에 한정)로서 바닥면적의 합계가 5,000m² 이상 이거나 수용인원이 500명 이상인 경우에는 모든 층
④ 복합건축물로서 연면적이 3,000m² 이상인 경우에는 모든 층

advice

스프링클러설비를 설치하여야 하는 특정소방대상물〈「화재예방, 소방시설 설치·유지 및 안전관리에 관한 법률 시행령」 별표 5 참고〉
① 다음의 어느 하나에 해당하는 용도로 사용되는 시설의 바닥면적의 합계가 600m² 이상인 것은 모든 층
　가) 의료시설 중 정신의료기관
　나) 의료시설 중 종합병원, 병원, 치과병원, 한방병원 및 요양병원(정신병원은 제외)
　다) 노유자시설
　라) 숙박이 가능한 수련시설
② 창고시설(물류터미널은 제외)로서 바닥면적 합계가 5천m² 이상인 경우에는 모든 층
③ 판매시설, 운수시설 및 창고시설(물류터미널에 한정)로서 바닥면적의 합계가 5천m² 이상이거나 수용인원이 500명 이상인 경우에는 모든 층
④ 기숙사(교육연구시설·수련시설 내에 있는 학생 수용을 위한 것을 말한다) 또는 복합건축물로서 연면적 5천m² 이상인 경우에는 모든 층

Answer 46.① 47.④

48 소방기본법령상 특수가연물의 저장 및 취급기준, 중 다음 ( ) 안에 알맞은 것은? (단, 석탄·목탄류를 발전용으로 저장하는 경우는 제외한다)

> 살수설비를 설치하거나, 방사능력 범위에 해당 특수가연물이 포함되도록 대형수동식 소화기를 설치하는 경우에는 쌓는 높이를 (㉠)m 이하, 쌓는 부분의 바닥면적을 (㉡)m^2 이하로 할 수 있다.

① ㉠ 10, ㉡ 30

② ㉠ 10, ㉡ 50

③ ㉠ 15, ㉡ 100

④ ㉠ 15, ㉡ 200

advice

특수가연물의 저장 및 취급의 기준〈「소방기본법 시행령」제7조〉

1. 특수가연물을 저장 또는 취급하는 장소에는 품명·최대수량 및 화기취급의 금지표지를 설치할 것
2. 다음의 기준에 따라 쌓아 저장할 것. 다만, 석탄·목탄류를 발전(發電)용으로 저장하는 경우에는 그러하지 아니하다.
   가. 품명별로 구분하여 쌓을 것
   나. 쌓는 높이는 10미터 이하가 되도록 하고, 쌓는 부분의 바닥면적은 50제곱미터(석탄·목탄류의 경우에는 200제곱미터) 이하가 되도록 할 것. 다만, <u>살수설비를 설치하거나, 방사능력 범위에 해당 특수가연물이 포함되도록 대형수동식 소화기를 설치하는 경우에는 쌓는 높이를 15미터 이하, 쌓는 부분의 바닥면적을 200제곱미터(석탄·목탄류의 경우에는 300제곱미터) 이하</u>로 할 수 있다.
   다. 쌓는 부분의 바닥면적 사이는 1미터 이상이 되도록 할 것

49 위험물안전관리법상 위험시설의 설치 및 변경 등에 관한 기준 중 다음 ( ) 안에 알맞은 것은?

> 제조소등의 위치·구조 또는 설비의 변경 없이 당해 제조소등에서 저장하거나 취급하는 위험물의 품명·수량 또는 지정수량의 배수를 변경하고자 하는 자는 변경하고자 하는 날의 (㉠)일 전까지 (㉡)이 정하는 바에 따라 (㉢)에게 신고하여야 한다.

① ㉠ 1, ㉡ 행정안전부령, ㉢ 시·도지사

② ㉠ 1, ㉡ 대통령령, ㉢ 소방본부장·소방서장

③ ㉠ 14, ㉡ 행정안전부령, ㉢ 시·도지사

④ ㉠ 14, ㉡ 대통령령, ㉢ 소방본부장·소방서장

advice

제조소등의 위치·구조 또는 설비의 변경없이 당해 제조소등에서 저장하거나 취급하는 위험물의 품명·수량 또는 지정수량의 배수를 변경하고자 하는 자는 변경하고자 하는 날의 <u>1일 전까지 행정안전부령</u>이 정하는 바에 따라 <u>시·도지사</u>에게 신고하여야 한다〈「위험물안전관리법」제6조 제2항〉.

(2015)
50 화재예방, 소방시설 설치·유지 및 안전관리에 관한 법령상 소방안전관리대상물의 소방계획서에 포함되어야 하는 사항이 아닌 것은?

① 예방규정을 정하는 제조소등의 위험물 저장·취급에 관한 사항

② 소방시설·피난시설 및 방화시설의 점검·정비계획

③ 특정소방대상물의 근무자 및 거주자의 자위소방대 조직과 대원의 임무에 관한 사항

④ 방화구획, 제연구획, 건축물의 내부 마감재료(불연재료·준불연재료 또는 난연재료로 사용된 것) 및 방염물품의 사용현황과 그 밖의 방화구조 및 설비의 유지·관리계획

[advice]

소방안전관리대상물의 소방계획서 작성 등〈「화재예방, 소방시설 설치·유지 및 안전관리에 관한 법률 시행령」제24조 제1항〉… 소방계획서에는 다음의 사항이 포함되어야 한다.

1. 소방안전관리대상물의 위치·구조·연면적·용도 및 수용인원 등 일반 현황

2. 소방안전관리대상물에 설치한 소방시설·방화시설(防火施設), 전기시설·가스시설 및 위험물시설의 현황

3. 화재 예방을 위한 자체점검계획 및 진압대책

4. <u>소방시설·피난시설 및 방화시설의 점검·정비계획</u>

5. 피난층 및 피난시설의 위치와 피난경로의 설정, 장애인 및 노약자의 피난계획 등을 포함한 피난계획

6. <u>방화구획, 제연구획, 건축물의 내부 마감재료(불연재료·준불연재료 또는 난연재료로 사용된 것을 말한다) 및 방염물품의 사용현황과 그 밖의 방화구조 및 설비의 유지·관리계획</u>

7. 소방훈련 및 교육에 관한 계획

8. <u>특정소방대상물의 근무자 및 거주자의 자위소방대 조직과 대원의 임무(장애인 및 노약자의 피난 보조 임무를 포함)에 관한 사항</u>

9. 화기 취급 작업에 대한 사전 안전조치 및 감독 등 공사 중 소방안전관리에 관한 사항

10. 공동 및 분임 소방안전관리에 관한 사항

11. 소화와 연소 방지에 관한 사항

12. 위험물의 저장·취급에 관한 사항(「위험물안전관리법」에 따라 예방규정을 정하는 제조소등은 제외)

13. 그 밖에 소방안전관리를 위하여 소방본부장 또는 소방서장이 소방안전관리대상물의 위치·구조·설비 또는 관리 상황 등을 고려하여 소방안전관리에 필요하여 요청하는 사항

(2014)
51 소방공사업법령상 공사감리자 지정대상 특정소방대상물의 범위가 아닌 것은?

① 캐비닛형 간이스프링클러설비를 신설·개설하거나 방호·방수 구역을 증설할 때

② 물분무등소화설비(호스릴 방식의 소화설비는 제외)를 신설·개설하거나 방호·방수 구역을 증설할 때

③ 제연설비를 신설·개설하거나 방호·방수 구역을 증설할 때

④ 연소방지설비를 신설·개설하거나 살수구역을 증설할 때

[advice]

공사감리자 지정대상 특정소방대상물의 범위〈「소방시설공사업법 시행령」제10조〉

① 법 제17조 제1항 본문에서 "대통령령으로 정하는 특정소방대상물"이란 「화재예방, 소방시설 설치·유지 및 안전관리에 관한 법률」 제2조 제1항 제3호의 특정소방대상물을 말한다.

② 법 제17조 제1항 본문에서 "자동화재탐지설비, 옥내소화전설비 등 대통령령으로 정하는 소방시설을 시공할 때"란 다음의 어느 하나에 해당하는 소방시설을 시공할 때를 말한다.

1. 옥내소화전설비를 신설·개설 또는 증설할 때

2. 스프링클러설비등(캐비닛형 간이스프링클러설비는 제외)을 신설·개설하거나 방호·방수 구역을 증설할 때

3. <u>물분무등소화설비(호스릴 방식의 소화설비는 제외한다)를 신설·개설하거나 방호·방수 구역을 증설할 때</u>

4. 옥외소화전설비를 신설·개설 또는 증설할 때

5. 자동화재탐지설비를 신설·개설하거나 경계구역을 증설할 때

6. 비상방송설비를 신설 또는 개설할 때

7. 통합감시시설을 신설 또는 개설할 때

8. 비상조명등을 신설 또는 개설할 때

Answer 50.① 51.①

9. 소화용수설비를 신설 또는 개설할 때
10. 다음에 따른 소화활동설비에 대하여 각 목에 따른 시공을 할 때
   가. 제연설비를 신설·개설하거나 제연구역을 증설할 때
   나. 연결송수관설비를 신설 또는 개설할 때
   다. 연결살수설비를 신설·개설하거나 송수구역을 증설할 때
   라. 비상콘센트설비를 신설·개설하거나 전용회로를 증설할 때
   마. 무선통신보조설비를 신설 또는 개설할 때
   바. 연소방지설비를 신설·개설하거나 살수구역을 증설할 때

52

화재예방, 소방시설 설치·유지 및 안전관리에 관한 법상 특정소방대상물에 소방시설이 화재안전기준에 따라 설치 유지·관리되어 있지 아니할 때 해당 특정소방대상물의 관계인에게 필요한 조치를 명할 수 있는 자는?

① 소방본부장
② 소방청장
③ 시·도지사
④ 행정안전부장관

[advice]

소방본부장이나 소방서장은 소방시설이 화재안전기준에 따라 설치 또는 유지·관리되어 있지 아니할 때에는 해당 특정소방대상물의 관계인에게 필요한 조치를 명할 수 있다〈「화재예방, 소방시설 설치·유지 및 안전관리에 관한 법률」 제9조 제2항〉.

53

위험물안전관리법상 업무상 과실로 제조소등에서 위험물을 유출·방출 또는 확산시켜 사람의 생명·신체 또는 재산에 대하여 위험을 발생시킨 자에 대한 벌칙 기준으로 옳은 것은?

① 5년 이하의 금고 또는 2,000만 원 이하의 벌금
② 5년 이하의 금고 또는 7,000만 원 이하의 벌금
③ 7년 이하의 금고 또는 2,000만 원 이하의 벌금
④ 7년 이하의 금고 또는 7,000만 원 이하의 벌금

[advice]

벌칙〈「위험물안전관리법」 제34조〉
① 업무상 과실로 제조소등에서 위험물을 유출·방출 또는 확산시켜 사람의 생명·신체 또는 재산에 대하여 위험을 발생시킨 자는 7년 이하의 금고 또는 7천만 원 이하의 벌금에 처한다.
② ①의 죄를 범하여 사람을 사상(死傷)에 이르게 한 자는 10년 이하의 징역 또는 금고나 1억 원 이하의 벌금에 처한다.

(2019)
54

화재예방, 소방시설 설치·유지 및 안전관리에 관한 법상 소방시설등에 대한 자체점검을 하지 아니하거나 관리업자 등으로 하여금 정기적으로 점검하게 아니한 자에 대한 벌칙 기준으로 옳은 것은?

① 6개월 이하의 징역 또는 1,000만 원 이하의 벌금
② 1년 이하의 징역 또는 1,000만 원 이하의 벌금
③ 3년 이하의 징역 또는 1,500만 원 이하의 벌금
④ 3년 이하의 징역 또는 3,000만 원 이하의 벌금

[advice]

다음의 어느 하나에 해당하는 자는 1년 이하의 징역 또는 1천만 원 이하의 벌금에 처한다〈「화재예방, 소방시설 설치·유지 및 안전관리에 관한 법률」 제49조〉.
1. 관계인의 정당한 업무를 방해한 자, 조사·검사 업무를 수행하면서 알게 된 비밀을 제공 또는 누설하거나 목적 외의 용도로 사용한 자

Answer **52.**① **53.**④ **54.**②

2. 관리업의 등록증이나 등록수첩을 다른 자에게 빌려준 자
3. 영업정지처분을 받고 그 영업정지기간 중에 관리업의 업무를 한 자
4. 소방시설등에 대한 자체점검을 하지 아니하거나 관리업자 등으로 하여금 정기적으로 점검하게 하지 아니한 자
5. 소방시설관리사증을 다른 자에게 빌려주거나 동시에 둘 이상의 업체에 취업한 사람
6. 제품검사에 합격하지 아니한 제품에 합격표시를 하거나 합격표시를 위조 또는 변조하여 사용한 자
7. 형식승인의 변경승인을 받지 아니한 자
8. 제품검사에 합격하지 아니한 소방용품에 성능인증을 받았다는 표시 또는 제품검사에 합격하였다는 표시를 하거나 성능인증을 받았다는 표시 또는 제품검사에 합격하였다는 표시를 위조 또는 변조하여 사용한 자
9. 성능인증의 변경인증을 받지 아니한 자
10. 우수품질인증을 받지 아니한 제품에 우수품질인증 표시를 하거나 우수품질인증 표시를 위조하거나 변조하여 사용한 자

(2017)

55 소방기본법상 소방활동구역의 설정권자로 옳은 것은?

① 소방본부장
② 소방서장
③ 소방대장
④ 시·도지사

[advice]

소방대장은 화재, 재난·재해, 그 밖의 위급한 상황이 발생한 현장에 소방활동구역을 정하여 소방활동에 필요한 사람으로서 대통령령으로 정하는 사람 외에는 그 구역에 출입하는 것을 제한할 수 있다〈「소방기본법」 제23조 제1항〉.

(2019) (2016) (2014)

56 소방기본법령상 위험물 또는 물건의 보관기간은 소방본부 또는 소방서의 게시판에 공고하는 기간의 종료일 다음 날부터 며칠로 하는가?

① 3
② 4
③ 5
④ 7

[advice]

위험물 또는 물건의 보관기간은 소방본부 또는 소방서의 게시판에 공고하는 기간의 종료일 다음 날부터 7일로 한다〈「소방기본법 시행령」 제3조 제1항〉.

(2017) (2015)

57 화재예방, 소방시설 설치·유지 및 안전관리에 관한 법령상 비상경보설비를 설치하여야 할 특정소방대상물의 기준 중 옳은 것은? (단, 지하구, 모래·석재 등 불연재료 창고 및 위험물 저장·처리시설 중 가스시설은 제외한다.)

① 지하층 또는 무창층의 바닥면적이 $50m^2$ 이상인 것
② 연면적이 $400m^2$ 이상인 것
③ 지하가 중 터널로서 길이가 300m 이상인 것
④ 30명 이상의 근로자가 작업하는 옥내 작업장

[advice]

비상경보설비를 설치하여야 할 특정소방대상물〈「화재예방, 소방시설 설치·유지 및 안전관리에 관한 법률 시행령」 별표 5 참고〉
1) 연면적 $400m^2$(지하가 중 터널 또는 사람이 거주하지 않거나 벽이 없는 축사 등 동·식물 관련시설은 제외) 이상이거나 지하층 또는 무창층의 바닥면적이 $150m^2$(공연장의 경우 $100m^2$) 이상인 것
2) 지하가 중 터널로서 길이가 500m 이상인 것
3) 50명 이상의 근로자가 작업하는 옥내 작업장

Answer 55.③ 56.④ 57.②

(2015)

58 화재예방, 소방시설 설치·유지 및 안전관리에 관한 법상 특정소방대상물의 피난시설, 방화구획 또는 방화시설에 폐쇄·훼손·변경 등의 행위를 한 자에 대한 과태료 기준으로 옳은 것은?

① 200만 원 이하의 과태료

② 300만 원 이하의 과태료

③ 500만 원 이하의 과태료

④ 600만 원 이하의 과태료

|advice|

과태료〈「화재예방, 소방시설 설치·유지 및 안전관리에 관한 법률」 제53조 제1항〉… 다음의 어느 하나에 해당하는 자에게는 300만 원 이하의 과태료를 부과한다.

1. 화재안전기준을 위반하여 소방시설을 설치 또는 유지·관리한 자
2. 피난시설, 방화구획 또는 방화시설의 폐쇄·훼손·변경 등의 행위를 한 자

(2019)

59 소방시설공사업법령상 상주 공사감리 대상 기준 중 다음 ( ) 안에 알맞은 것은?

> - 연면적 (㉠)m^2 이상의 특정소방대상물(아파트는 제외)에 대한 소방시설의 공사
> - 지하층을 포함한 층수가 (㉡)층 이상으로서 (㉢)세대 이상인 아파트에 대한 소방시설의 공사

① ㉠ 10,000, ㉡ 11, ㉢ 600

② ㉠ 10,000, ㉡ 16, ㉢ 500

③ ㉠ 30,000, ㉡ 11, ㉢ 600

④ ㉠ 30,000, ㉡ 16, ㉢ 500

|advice|

상주 공사감리 대상〈「소방시설공사업법 시행령」 별표 3 참고〉
㉠ 연면적 3만제곱미터 이상의 특정소방대상물(아파트는 제외)에 대한 소방시설의 공사
㉡ 지하층을 포함한 층수가 16층 이상으로서 500세대 이상인 아파트에 대한 소방시설의 공사

(2017)

60 위험물안전관리법상 지정수량 미만인 위험물의 저장 또는 취급에 관한 기술상의 기준은 무엇으로 정하는가?

① 대통령령

② 총리령

③ 시·도의 조례

④ 행정안전부령

|advice|

지정수량 미만인 위험물의 저장·취급〈「위험물안전관리법」 제4조〉… 지정수량 미만인 위험물의 저장 또는 취급에 관한 기술상의 기준은 특별시·광역시·특별자치시·도 및 특별자치도(이하 "시·도"라 한다)의 조례로 정한다.

Answer 58.② 59.④ 60.③

◎ 하나의 전용회로에 설치하는 비상콘센트는 10개 이하로 할 것. 이 경우 전선의 용량은 각 비상콘센트(비상콘센트가 3개 이상인 경우에는 3개)의 공급용량을 합한 용량 이상의 것으로 하여야 한다.

4과목 소방전기시설의 구조 및 원리

2017 2016 2015 2014

61 비상콘센트설비 전원회로의 설치기준 중 틀린 것은?

① 전원회로는 3상교류 380V 이상인 것으로서, 그 전원공급용량은 3kVA 이상인 것으로 하여야 한다.

② 전원회로는 각층에 2 이상이 되도록 설치할 것. 다만, 설치하여야 할 층의 비상콘센트가 1개인 때에는 하나의 회로로 할 수 있다.

③ 비상콘센트용의 풀박스 등은 방청도장을 한 것으로서, 두께 1.6mm 이상의 철판으로 하여야 한다.

④ 하나의 전용회로에 설치하는 비상콘센트는 10개 이하로 할 것. 이 경우 전선의 용량은 각 비상콘센트(비상콘센트가 3개 이상인 경우에는 3개)의 공급용량을 합한 용량 이상의 것으로 하여야 한다.

advice

비상콘센트 전원회로는 <u>단상교류 220V</u>이고, 공급용량 <u>1.5kVA 이상</u>인 것으로 한다.

※ 비상콘센트설비의 전원회로 설치기준

ⓐ 비상콘센트설비의 전원회로는 단상교류220V인 것으로서, 그 공급용량은 1.5kVA 이상인 것으로 할 것

ⓑ 전원회로는 각층에 2 이상이 되도록 설치할 것. 다만, 설치하여야 할 층의 비상콘센트가 1개인 때에는 하나의 회로로 할 수 있다.

ⓒ 전원회로는 주배전반에서 전용회로로 할 것. 다만, 다른 설비의 회로의 사고에 따른 영향을 받지 아니하도록 되어 있는 것은 그러하지 아니하다.

ⓓ 전원으로부터 각 층의 비상콘센트에 분기되는 경우에는 분기배선용 차단기를 보호함안에 설치할 것

ⓔ 콘센트마다 배선용 차단기(KS C 8321)를 설치하여야 하며, 충전부가 노출되지 아니하도록 할 것

ⓕ 개폐기에는 "비상콘센트"라고 표시한 표지를 할 것

ⓖ 비상콘센트용의 풀박스 등은 방청도장을 한 것으로서, 두께 1.6mm 이상의 철판으로 할 것

2015

62 불꽃감지기 중 도로형의 최대시야각 기준으로 옳은 것은?

① 30° 이상 ② 45° 이상
③ 90° 이상 ④ 180° 이상

advice

불꽃감지기 중 도로형은 최대시야각이 180° 이상이어야 한다.

2019 2017 2015

63 비상경보설비를 설치하여야 하는 특정소방대상물의 기준으로 옳은 것은? (단, 지하구, 모래·석재 등 불연재료 창고 및 위험물 저장·처리 시설 중 가스시설은 제외한다.)

① 공연장의 경우 지하층 또는 무창층의 바닥면적이 100m² 이상인 것

② 지하층을 제외한 층수가 11층 이상인 것

③ 지하층의 층수가 3층 이상인 것

④ 30명 이상의 근로자가 작업하는 옥내작업장

advice

비상경보설비 설치대상

설치대상	면적 조건
지하층, 무창층	바닥면적 150m²(공연장 100m²) 이상
전부	연면적 400m² 이상
지하가 중 터널의 길이	길이 500m 이상
옥내 작업장	50명 이상 작업장

Answer 61.① 62.④ 63.①

(2017) (2016) (2015) (2014)

64 휴대용비상조명등의 설치기준 중 틀린 것은?

① 대규모점포(지하상가 및 지하역사는 제외)와 영화상영관에는 보행거리 50m 이내마다 3개 이상 설치할 것

② 사용 시 수동으로 점등되는 구조일 것

③ 건전지 및 충전식 밧데리의 용량은 20분 이상 유효하게 사용할 수 있는 것으로 할 것

④ 지하상가 및 지하역사에서는 보행거리 25m 이내마다 3개 이상 설치할 것

advice

휴대용비상조명등은 사용 시 <u>자동으로 점등</u>되는 구조이어야 한다.

※ 휴대용비상조명등의 설치기준

1. 다음의 장소에 설치할 것
   가. 숙박시설 또는 다중이용업소에는 객실 또는 영업장 안의 구획된 실마다 잘 보이는 곳(외부에 설치시 출입문 손잡이로부터 1m 이내 부분)에 1개 이상 설치
   나. 「유통산업발전법」에 따른 대규모점포(지하상가 및 지하역사는 제외)와 영화상영관에는 보행거리 50m 이내마다 3개 이상 설치
   다. 지하상가 및 지하역사에는 보행거리 25m 이내마다 3개 이상 설치

2. 설치높이는 바닥으로부터 0.8m 이상 1.5m 이하의 높이에 설치할 것

3. 어둠속에서 위치를 확인할 수 있도록 할 것

4. 사용 시 자동으로 점등되는 구조일 것

5. 외함은 난연성능이 있을 것

6. 건전지를 사용하는 경우에는 방전방지조치를 하여야 하고, 충전식 밧데리의 경우에는 상시 충전되도록 할 것

7. 건전지 및 충전식 밧데리의 용량은 20분 이상 유효하게 사용할 수 있는 것으로 할 것

(2017) (2014)

65 객석내의 통로가 경사로 또는 수평로로 되어 있는 부분에 설치하여야 하는 객석유도등의 설치개수 산출 공식으로 옳은 것은?

① $\dfrac{\text{객석통로의 직선부분의 길이(m)}}{3} - 1$

② $\dfrac{\text{객석통로의 직선부분의 길이(m)}}{4} - 1$

③ $\dfrac{\text{객석통로의 넓이(m}^2\text{)}}{3} - 1$

④ $\dfrac{\text{객석통로의 넓이(m}^2\text{)}}{4} - 1$

advice

객석유도등은 4m 마다 1개 이상씩 설치해야 하므로,

객석유도등 설치개수 $= \dfrac{\text{직선부분의 길이}}{4} - 1$ 이다.

복도, 거실통로유도등 설치개수 $= \dfrac{\text{직선부분의 길이}}{20\text{m}} - 1$

유도표지 설치개수 $= \dfrac{\text{직선부분의 길이}}{15\text{m}} - 1$

(2017)

66 객석유도등을 설치하지 아니하는 경우의 기준 중 다음 ( ) 안에 알맞은 것은?

거실 등의 각 부분으로부터 하나의 거실 출입구에 이르는 보행거리가 ( )m 이하인 객석의 통로로서 그 통로에 통로유도등이 설치된 객석

① 15   ② 20

③ 30   ④ 50

advice

거실 등의 각 부분으로부터 하나의 거실 출입구에 이르는 <u>보행거리가 20m 이하</u>인 객석의 통로로서 그 통로에 통로유도등이 설치된 객석의 경우 객석유도등을 설치하지 아니한다.

Answer 64.②   65.②   66.②

2016 2015

67 비상벨설비의 설치기준 중 다음 ( ) 안에 알맞은 것은?

> 비상벨설비에는 그 설비에 대한 감시상태를 (㉠)분간 지속한 후 유효하게 (㉡)분 이상 경보할 수 있는 축전기설비 또는 전기저장장치를 설치하여야 한다.

① ㉠ 30, ㉡ 10

② ㉠ 10, ㉡ 30

③ ㉠ 60, ㉡ 10

④ ㉠ 10, ㉡ 60

advice

비상벨설비는 그 설비에 대한 감시상태를 60분간 지속한 후 유효하게 10분 이상 경보할 수 있는 축전지설비 또는 전기저장장치를 설치하여야 한다.

68 누전경보기 변류기의 절연저항시험 부위가 아닌 것은?

① 절연된 1차권선과 단자판 사이

② 절연된 1차권선과 외부금속부 사이

③ 절연된 1차권선과 2차권선 사이

④ 절연된 2차권선과 외부금속부 사이

advice

누전경보기 절연저항시험 … 변류기는 DC 500V의 절연저항계로 다음에 의한 시험을 하는 경우 5MΩ 이상이어야 한다.

1. 절연된 1차권선과 2차권선간의 절연저항
2. 절연된 1차권선과 외부금속부간의 절연저항
3. 절연된 2차권선과 외부금속부간의 절연저항

2016

69 피난기구의 설치기준 중 틀린 것은?

① 피난기구를 설치하는 개구부는 서로 동일직선상이 아닌 위치에 있을 것. 다만, 피난교·피난용트랩·간이완강기·아파트에 설치되는 피난기구(다수인 피난장비는 제외) 기타 피난상 지장이 없는 것에 있어서는 그러하지 아니하다.

② 4층 이상의 층에 하향식 피난구용 내림식사다리를 설치하는 경우에는 금속성 고정사다리를 설치하고, 당해 고정사다리에는 쉽게 피난할 수 있는 구조의 노대를 설치하여야 한다.

③ 다수인 피난장비 보관실은 건물 외측보다 돌출되지 아니하고, 빗물·먼지 등으로부터 장비를 보호할 수 있는 구조이어야 한다.

④ 승강식피난기 및 하향식 피난구용 내림식사다리의 착지점과 하강구는 상호 수평거리 15cm 이상의 간격을 두어야 한다.

advice

4층 이상의 층에 피난사다리(하향식 피난구용 내림식사다리는 제외)를 설치하는 경우에는 금속성 고정사다리를 설치하고, 당해 고정사다리에는 쉽게 피난할 수 있는 구조의 노대를 설치할 것

※ **피난기구 설치기준**

㉠ 피난기구는 계단·피난구 기타 피난시설로부터 적당한 거리에 있는 안전한 구조로 된 피난 또는 소화활동상 유효한 개구부(가로 0.5m 이상 세로 1m 이상인 것을 말한다. 이 경우 개구부 하단이 바닥에서 1.2m 이상이면 발판 등을 설치하여야 하고, 밀폐된 창문은 쉽게 파괴할 수 있는 파괴장치를 비치하여야 한다)에 고정하여 설치하거나 필요한 때에 신속하고 유효하게 설치할 수 있는 상태에 둘 것

㉡ 피난기구를 설치하는 개구부는 서로 동일직선상이 아닌 위치에 있을 것. 다만, 피난교·피난용트랩·간이완강기·아파트에 설치되는 피난기구(다수인 피난장비는 제외) 기타 피난 상 지장이 없는 것에 있어서는 그러하지 아니하다

㉢ 피난기구는 소방대상물의 기둥·바닥·보 기타 구조상 견고한 부분에 볼트조임·매입·용접 기타의 방법으로 견고하게 부착할 것

Ⓐnswer 67.③ 68.① 69.②

ⓛ 4층 이상의 층에 피난사다리(하향식 피난구용 내림식사다리는 제외)를 설치하는 경우에는 금속성 고정사다리를 설치하고, 당해 고정사다리에는 쉽게 피난할 수 있는 구조의 노대를 설치할 것

ⓜ 완강기는 강하 시 로프가 소방대상물과 접촉하여 손상되지 아니하도록 할 것

ⓑ 완강기로프의 길이는 부착위치에서 지면 기타 피난상 유효한 착지 면까지의 길이로 할 것

ⓢ 미끄럼대는 안전한 강하속도를 유지하도록 하고, 전락 방지를 위한 안전조치를 할 것

ⓞ 구조대의 길이는 피난 상 지장이 없고 안정한 강하속도를 유지할 수 있는 길이로 할 것

(2015)

70 소방시설용 비상전원수전설비에서 전력수급용 계기용변성기·주차단장치 및 그 부속기기로 정의되는 것은?

① 큐비클설비
② 배전반설비
③ 수전설비
④ 변전설비

advice

수전설비는 전력수급용 계기용 변성기 및 주차단장치와 그 부속기기를 말한다.

㉠ 큐비클설비 : 전용큐비클식은 소방회로용으로 수전설비, 변전설비 및 그 밖의 기기 및 배선을 금속제 외함에 수납한 것이며, 공용큐비클식은 소방회로 및 일반회로 겸용의 것으로서 수전설비, 변전설비, 그 밖의 기기 및 배선을 금속제 외함에 수납한 것

㉡ 변전설비 : 전력용변압기 및 그 부속장치를 말한다.

71 비상콘센트설비의 설치기준 중 다음 (   ) 안에 알맞은 것은?

> 도로터널의 비상콘센트설비는 주행차로의 우측 측벽에 (   )m 이내의 간격으로 바닥으로부터 0.8m 이상 1.5m 이하의 높이에 설치할 것

① 15
② 25
③ 30
④ 50

advice

도로터널의 비상콘센트설비는 주행차로의 우측 측벽에 50m 이내의 간격으로 바닥으로부터 0.8m 이상 1.5m 이하의 높이에 설치 할 것

(2014)

72 자동화재속보설비 속보기 예비전원의 주위온도 충방전시험 기준 중 다음 (   ) 안에 알맞은 것은?

> 무보수 밀폐형 연축전지는 방전종지전압 상태에서 0.1C로 48시간 충전한 다음 1시간 방치 후 0.05C로 방전시킬 때 정격용량의 95% 용량을 지속하는 시간이 (   )분 이상 이어야 하며, 외관이 부풀어 오르거나 누액 등이 생기지 아니하여야 한다.

① 10
② 25
③ 30
④ 40

advice

자동화재속보설비 속보기 예비전원 주위온도 충방전시험 … 무보수 밀폐형 연축전지는 방전종지전압 상태에서 0.1C로 48시간 충전한 다음 1시간 방치 후 0.05C로 방전시킬 때 정격용량의 95% 용량을 지속하는 시간이 30분 이상이어야 하며 외관이 부풀어 오르거나 누액 등이 생기지 않아야 한다.

Answer 70.③ 71.④ 72.③

(2017) (2015) (2014)

73 비상방송설비 음향장치 설치기준 중 층수가 5층 이상으로서 연면적 3,000m²를 초과하는 특정소방대상물의 1층에서 발화한 때의 경보기준으로 옳은 것은?

① 발화층에 경보를 발할 것
② 발화층 및 그 직상층에 경보를 발할 것
③ 발화층·그 직상층 및 기타의 지하층에 경보를 발할 것
④ 발화층·그 직상층 및 지하층에 경보를 발할 것

advice

5층 이상 3,000m²를 초과하는 특정소방대상물의 경보기준
㉠ 1층에서 발화한 때는 발화층(1층)과 직상층(2층) 그리고 지하층에 경보를 발하여야 한다.
㉡ 2층 이상에서 발화한 때는 발화층 및 직상층에서 경보를 발하여야 한다.
㉢ 지하층에서 발화한 때는 발화층 및 직상층 그리고 기타의 지하층에서 발화하여야 한다.

(2016) (2015) (2014)

74 비상방송설비 음향장치의 구조 및 성능기준 중 다음 ( ) 안에 알맞은 것은?

– 정격전압의 (㉠)% 전압에서 음향을 발할 수 있는 것을 할 것
– (㉡)의 작동과 연동하여 작동할 수 있는 것으로 할 것

① ㉠ 65, ㉡ 자동화재탐지설비
② ㉠ 80, ㉡ 자동화재탐지설비
③ ㉠ 65, ㉡ 단독경보형감지기
④ ㉠ 80, ㉡ 단독경보형감지기

advice

음향장치의 구조 및 성능기준
㉠ 정격전압의 80%에서 음향을 발할 수 있을 것
㉡ 자동화재탐지설비의 작동과 연동하여 작동할 수 있는 것으로 할 것

(2017)

75 무선통신보조설비를 설치하여야 할 특정소방대상물의 기준 중 다음 ( ) 안에 알맞은 것은?

> 층수가 30층 이상인 것으로서 ( )층 이상 부분의 모든 층

① 11   ② 15
③ 16   ④ 20

advice

무선통신보조설비 설치 대상

대상면적	설치대상
연면적 1,000m² 이상	지하가(터널 제외)
지하층 바닥면적 3,000m² 이상	지하층의 모든 층
지하 3층 이상 바닥면적 1,000m² 이상	지하층의 모든 층
길이 500m 이상	지하가 중 터널길이
30층 이상으로 <u>16층 이상</u>의 부분	모든 층

Ⓐnswer **73.**④ **74.**② **75.**③

76 자동화재탐지설비 수신기의 설치기준 중 다음 ( ) 안에 알맞은 것은?

> 4층 이상의 특정소방대상물에는 ( )와 전화 통화가 가능한 수신기를 설치할 것

① 감지기
② 발신기
③ 중계기
④ 시각경보기

advice

자동화재탐지설비 수신기 설치기준
㉠ 해당 특정소방대상물의 경계구역을 각각 표시할 수 있는 회 선수 이상의 수신기를 설치할 것
㉡ 4층 이상의 특정소방대상물에는 발신기와 전화통화가 가 능한 수신기를 설치할 것
㉢ 해당 특정소방대상물에 가스누설탐지설비가 설치된 경우에 는 가스누설탐지설비로부터 가스누설신호를 수신하여 가스 누설경보를 할 수 있는 수신기를 설치할 것(가스누설탐지 설비의 수신부를 별도로 설치한 경우에는 제외)

77 노유자시설 지하층에 적응성을 가진 피난기구는?

① 미끄럼대
② 다수인피난장비
③ 피난교
④ 피난용트랩

advice

노유자시설, 의료시설, 입원실이 있는 의원, 접골원, 조산원 등의 지하층에는 피난용트랩이 적응성 있는 피난기구이며, 그 밖의 것에는 피난사다리 및 피난용트랩이 피난기구로 적응성 이 있다.

78 자동화재탐지설비의 감지기 중 연기를 감지하는 감지기는 감시 챔버로 몇 mm 크기의 물체가 침입할 수 없는 구조이어야 하는가?

① (1.3 ± 0.05)
② (1.5 ± 0.05)
③ (1.8 ± 0.05)
④ (2.0 ± 0.05)

advice

연기를 감지하는 감지기는 감시챔버로 (1.3 ± 0.05)mm 크기 의 물체가 침입할 수 없는 구조이어야 한다.

79 무선통신보조설비 증폭기의 비상전원 용량은 무선 통신보조설비를 유효하게 몇 분 이상 작동시킬 수 있는 것으로 설치하여야 하는가?

① 10
② 20
③ 30
④ 60

advice

소방기기별 축전지 용량

축전지최소 용량	설비의 종류
10분 이상	자동화재탐지설비, 비상경보설비, 자동화재속보설비
20분 이상	유도등, 비상콘센트, 제연설비, 물분무소화설비, 옥 내소화전설비(30층 미만), 특별피난계단의 계단실 및 부속실 제연설비(30층 미만)
30분 이상	무선통신보조설비 증폭기
40분 이상	• 옥내소화전설비(30-40층 이하) • 특별피난계단의 계단실 및 부속실 제연설비(30층 -49층 이하) • 연결송수관설비(30-49층 이하) • 스프링클러설비(30-49층 이하)
60분 이상	• 유도등, 비상조명등(지하상가 및 11층 이상) • 옥내소화전설비(50층 이상) • 특별피난계단의 계단실 및 부속실 제연설비(50층 이상) • 연결송수관설비(50층 이상) • 스프링클러설비(50층 이상)

Answer 76.② 77.④ 78.① 79.③

2017 2016

80 광전식 분리형 감지기의 설치기준 중 옳은 것은?

① 감지기의 수광면은 햇빛을 직접 받도록 설치할 것

② 광축(송광면과 수광면의 중심을 연결한 선)은 나란한 벽으로부터 1.5m 이상 이격하여 설치할 것

③ 감지기의 송광부와 수광부는 설치된 뒷벽으로부터 0.6m 이내 위치에 설치할 것

④ 광축의 높이는 천장 등(천장의 실내에 면한 부분 또는 상층의 바닥하부면) 높이의 80% 이상일 것

advice

광전식 분리형 감지기의 설치기준

㉠ 감지기의 수광면은 햇빛을 직접 받지 않도록 설치할 것

㉡ 광축(송광면과 수광면의 중심을 연결한 선)은 나란한 벽으로부터 0.6m 이상 이격하여 설치할 것

㉢ 감지기의 송광부와 수광부는 설치된 뒷벽으로부터 1m 이내 위치에 설치할 것

㉣ 광축의 높이는 천장 등(천장의 실내에 면한 부분 또는 상층의 바닥하부면을 말한다) 높이의 80% 이상일 것

㉤ 감지기의 광축의 길이는 공칭감시거리 범위 이내 일 것

㉥ 그 밖의 설치기준은 형식승인 내용에 따르며 형식승인 사항이 아닌 것은 제조사의 시방에 따라 설치할 것

2018년 제4회 소방설비기사 [전기분야]

시험일정	시험유형	시험시간	시험과목
2018.09.15	필 기	120분	1 소방원론 2 소방전기일반 3 소방관계법규 4 소방전기시설의 구조 및 원리

수험번호		성 명	

1과목 소방원론

2017 2015 2014

01 할론계 소화약제의 주된 소화효과 및 방법에 대한 설명으로 옳은 것은?

① 소화약제의 증발잠열에 의한 소화방법이다.
② 산소의 농도를 15% 이하로 낮게 하는 소화방법이다.
③ 소화약제의 열분해에 의해 발생하는 이산화탄소에 의한 소화방법이다.
④ 자유활성기(free radical)의 생성을 억제하는 소화방법이다.

advice

할론소화약제의 소화원리 … 화학적 소화로서 할로겐화합물소화약제가 고온의 화염에 접하면 그 일부가 분해되어 유리할로겐이 발생되고 이 유리할로겐이 가연물의 활성기(H^-, OH^-)와 반응하여 연쇄반응(chain reaction)을 차단하여 억제소화를 한다.

2015 2014

02 건축물의 피난·방화구조 등의 기준에 관한 규칙에 따른 철망모르타르로서 그 바름두께가 최소 몇 cm 이상인 것을 방화구조로 규정하는가?

① 2 ② 2.5
③ 3 ④ 3.5

advice

방화구조의 기준
㉠ 철망모르타르 바르기로 바름두께가 2cm 이상인 것
㉡ 석면시멘트판 또는 석고판 위에 시멘트모르타르 또는 회반죽을 바른 것으로 두께의 합계가 2.5cm 이상인 것
㉢ 시멘트모르타르 위에 타일을 붙인 것으로서 그 두께의 합계가 2.5cm 이상인 것
㉣ 심벽에 흙으로 맞벽치기 한 것

Answer 01.④ 02.①

03 제4류 위험물의 물리·화학적 특성에 대한 설명으로 틀린 것은?

① 증기비중은 공기보다 크다.
② 정전기에 의한 화재발생 위험이 있다.
③ 인화성 액체이다.
④ 인화점이 높을수록 증기발생이 용이하다.

advice

인화점이 낮을수록 증기발생이 용이하다.

04 제3종 분말소화약제에 대한 설명으로 틀린 것은?

① A, B, C급 화재에 모두 적용한다.
② 주성분은 탄산수소칼륨과 요소이다.
③ 열분해 시 발생되는 불연성 가스에 의한 질식효과가 있다.
④ 분말 운무에 의한 열방사를 차단하는 효과가 있다.

advice

제3종 분말소화약제의 경우 제1인산암모늄이 주성분이다.

₂₀₁₇ ₂₀₁₄
05 유류탱크의 화재 시 탱크 저부의 물이 뜨거운 열류층에 의하여 수증기로 변하면서 급작스런 부피 팽창을 일으켜 유류가 탱크 외부로 분출하는 현상은?

① 슬롭오버(slop over)
② 블레비(BLEVE)
③ 보일오버(boil over)
④ 파이어볼(fire ball)

advice

① 슬롭오버 : 물이 연소유의 뜨거운 표면에 들어갈 때, 기름 표면에서 화재가 발생하는 현상
② 블레비 : 연성 액체 저장탱크 주위에서 화재 등이 발생하여 기상부의 탱크 강판이 국부적으로 가열되면 그 부분의 강도가 약해져 그로 인해 탱크가 파열된다. 이때 내부에서 가열된 액화가스가 급격히 유출 팽창되어 화구(fire ball)를 형성하여 폭발하는 형태
④ 파이어볼 : 증기가 공기와 혼합하여 연소범위가 형성되어서 공모양의 대형화염이 상승하는 현상

₂₀₁₅
06 화재예방, 소방시설 설치·유지 및 안전관리에 관한 법령에 따른 개구부의 기준으로 틀린 것은?

① 해당 층의 바닥면으로부터 개구부 밑부분까지의 높이가 1.5m 이내일 것
② 크기는 지름 50cm 이상의 원이 내접할 수 있는 크기일 것
③ 도로 또는 차량이 진입할 수 있는 빈터를 향할 것
④ 내부 또는 외부에서 쉽게 부수거나 열 수 있을 것

advice

개구부의 기준
㉠ 개구부의 크기가 지름 50cm 이상의 원에 내접할 수 있을 것
㉡ 그 층의 바닥면으로부터 개구부 밑부분까지의 높이가 1.2m 이내일 것
㉢ 도로 또는 차량의 진입이 가능한 공지에 면할 것
㉣ 화재 시 건축물로부터 쉽게 피난할 수 있도록 창살, 그 밖의 장애물이 설치되지 아니할 것
㉤ 내부 또는 외부에서 쉽게 파괴 또는 개방이 가능할 것

Answer　03.④　04.②　05.③　06.①

07 연소의 4요소 중 자유활성기(free radical)의 생성을 저하시켜 연쇄반응을 중지시키는 소화방법은?

① 제거소화   ② 냉각소화

③ 질식소화   ④ 억제소화

|advice|

억제소화 방법 … 연소가 지속되기 위해서는 활성기(free radical)에 의한 연쇄반응이 필수적이다. 이 연쇄반응을 차단하여 소화하는 방법을 억제소화, 일명 부촉매소화, 화학소화라고 한다.

08 피난로의 안전구획 중 2차 안전구획에 속하는 것은?

① 복도

② 계단 부속실(계단 전실)

③ 계단

④ 피난층에서 외부와 직면한 현관

|advice|

일반적인 피난경로(거실에서 화재발생 시)

제1차 안전구획	제2차 안전구획	제3차 안전구획	피난층	지상
(복도)	(부실, 계단 전실)	(계단)		

09 갑종방화문과 을종방화문의 비차열 성능은 각각 최소 몇 분 이상이어야 하는가?

① 갑종 : 90분, 을종 : 40분

② 갑종 : 60분, 을종 : 30분

③ 갑종 : 45분, 을종 : 20분

④ 갑종 : 30분, 을종 : 10분

|advice|

구분	내용
갑종방화문	해양수산부장관이 고시한 시험기준에 따라 시험한 결과 비차열 1시간 이상 성능이 확보되어야 한다. (즉, 1시간 동안 화재와 불이 넘어가지 않는 것이 검증이 되었다면 사용 가능)
을종방화문	해양수산부장관이 고시한 시험기준에 따라 시험한 결과 비차열 30분 이상 성능이 확보되어야 한다.

※ 비차열이란 차열성능이 없다는 뜻으로 차염성과 차염성능만 인정된다는 뜻이다.

10 다음 중 분진폭발의 위험성이 가장 낮은 것은?

① 소석회   ② 알루미늄분

③ 석탄분말   ④ 밀가루

|advice|

분진폭발 … 가연성 고체의 미분이 공기 중에 부유하고 있을 때에 어떤 착화원에 의해 폭발하는 현상(예 밀가루, 석탄가루, 먼지, 전분, 금속분 등)

Answer   07.④   08.②   09.②   10.①

물질	비열 (cal/g · ℃)	물질	비열 (cal/g · ℃)
물	1	에탄올	0.58
얼음	0.5	공기	0.24
이산화탄소	0.21	파라핀	0.7
구리	0.09	알루미늄	0.22
수은	0.03	철	0.11

(2015) (2014)

11 경유화재가 발생했을 때 주수소화가 오히려 위험할 수 있는 이유는?

① 경유는 물과 반응하여 유독가스를 발생하므로
② 경유의 연소열로 인하여 산소가 방출되어 연소를 돕기 때문에
③ 경유는 물보다 비중이 가벼워 화재면의 확대 우려가 있으므로
④ 경유가 연소할 때 수소가스를 발생하여 연소를 돕기 때문에

advice

경유는 비중이 물보다 가벼워 화재시 물을 뿌리면 화재가 더욱 번질 수 있다. 분말소화기로 화재 진압을 해야 한다.

※ 제4류 위험물(인화성 액체)의 특징

　㉠ 공통성질
　　• 인화되기 매우 쉬우므로, 착화온도가 낮은 것은 위험하다.
　　• 증기는 공기보다 무겁고 물보다는 가벼워 물에 녹기 어렵다.
　　• 증기는 공기와 약간만 혼합되어도 연소의 우려가 있다.
　㉡ 화재특성
　　• 유동성 액체로서 연소의 확대가 빠르며, 증발연소로 불티가 없다.
　　• 인화성이므로 풍하의 화재에도 인화된다.

13 TLV(Threshold Limit Value)가 가장 높은 가스는?

① 시안화수소　　② 포스겐
③ 일산화탄소　　④ 이산화탄소

advice

① 10
② 1
③ 100
④ 5,000

12 다음 중 비열이 가장 큰 물질은?

① 구리　　② 수은
③ 물　　④ 철

advice

비열 ⋯ 어떤 물질 1g을 1℃만큼 올리는 데 필요한 열량으로 물은 모든 물질 중에서 비열이 가장 높다. 비열이 높으면 천천히 뜨거워지고 천천히 식으며, 반대로 낮으면 빨리 뜨거워지고 빨리 식는다.

(2014)

14 어떤 기체가 0℃, 1기압에서 부피가 11.2L, 기체 질량이 22g이었다면 이 기체의 분자량은? (단, 이상기체로 가정한다.)

① 22　　② 35
③ 44　　④ 56

advice

$$M = \frac{wRT}{PV}$$

$$= \frac{22\text{g} \cdot (0.082\text{atm} \cdot \text{L/K} \cdot \text{mol}) \cdot (0 + 273.15)\text{K}}{1\text{atm} \cdot 11.2\text{L}}$$

$$= 43.99\text{g/mol}$$

$$\therefore M \fallingdotseq 44\text{g/mol}$$

Ａnswer 11.③ 12.③ 13.④ 14.③

15 염소산염류, 과염소산염류, 알칼리금속의 과산화물, 질산염류, 과망간산염류의 특징과 화재 시 소화방법에 대한 설명 중 틀린 것은?

① 가열 등에 의해 분해하여 산소를 발생하고, 화재 시 산소의 공급원 역할을 한다.
② 가연물, 유기물, 기타 산화하기 쉬운 물질과 혼합물은 가열, 충격, 마찰 등에 의해 폭발하는 수도 있다.
③ 알칼리금속의 과산화물을 제외하고 다량의 물로 냉각소화한다.
④ 그 자체가 가연성이며 폭발성을 지니고 있어 화약류 취급 시와 같이 주의를 요한다.

[advice]

염소산염류, 과염소산염류, 알칼리금속의 과산화물, 질산염류, 과망간산염류의 경우 위험물안전관리법상 제1류 산화성 고체로서 불연성 물질에 해당한다.

(2014)

16 소방시설 중 피난설비에 해당하지 않는 것은?

① 무선통신보조설비
② 완강기
③ 구조대
④ 공기안전매트

[advice]

무선통신보조설비는 소화활동상 필요한 설비에 해당한다.

(2016)

17 폭연에서 폭굉으로 전이되기 위한 조건에 대한 설명으로 틀린 것은?

① 정상연소속도가 작은 가스일수록 폭굉으로 전이가 용이하다.
② 배관 내에 장애물이 존재할 경우 폭굉으로 전이가 용이하다.
③ 배관의 관경이 가늘수록 폭굉으로 전이가 용이하다.
④ 배관 내 압력이 높을수록 폭굉으로 전이가 용이하다.

[advice]

폭굉유도거리 … 관 내에 폭굉성 가스가 존재할 경우 최초의 완만한 연소가 격렬한 폭굉으로 발전할 때까지의 거리이다. 일반적으로 짧아지는 경우는 다음과 같다.
㉠ 정상연소속도가 큰 혼합가스일수록
㉡ 관 속에 방해물이 있거나 관 지름이 가늘수록
㉢ 압력이 높을수록
㉣ 점화원의 에너지가 강할수록

(2017) (2016) (2014)

18 내화구조에 해당하지 않는 것은?

① 철근콘크리트조로 두께가 10cm 이상인 벽
② 철근콘크리트조로 두께가 5cm 이상인 외벽 중 비내력벽
③ 벽돌조로서 두께가 19cm 이상인 벽
④ 철골철근콘크리트조로 두께가 10cm 이상인 벽

[advice]

철근콘크리트조 또는 철골·철근콘크리트조로서 두께가 7cm 이상인 것

Answer 15.④ 16.① 17.① 18.②

19 어떤 유기화합물을 원소 분석한 결과 중량백분율이 C : 39.9%, H : 6.6%, O : 53.4%인 경우 이 화합물의 분자식은? (단, 원자량은 C=12, O=16, H=1이다.)

① $C_3H_8O_2$
② $C_2H_4O_2$
③ C_2H_4O
④ $C_2H_6O_2$

[advice]

100g 중 각 원소의 양은 C : 39.9g, H : 6.7g, O : 53.4g

• C의 몰수 : $\dfrac{39.9g}{12} ≒ 3.33mol$

• H의 몰수 : $\dfrac{6.6g}{1} = 6.66mol$

• O의 몰수 : $\dfrac{53.4g}{16} = 3.33mol$

각 원자 몰수의 비를 간단한 정수비로 나타내면 C : H : O = 3.33 : 6.66 : 3.33 = 1 : 2 : 1

따라서, 실험식은 CH_2O이므로 보기 중 이에 해당하는 분자식은 ② $C_2H_4O_2$만 있다.

(2017) (2016) (2015) (2014)
20 소화약제로 사용할 수 없는 것은?

① $KHCO_3$
② $NaHCO_3$
③ CO_2
④ NH_3

[advice]

NH_3는 가연성 가스로, 연소범위 16.0~25.0에 해당한다.

2과목 소방전기일반

(2017)
21 정현파 전압의 평균값이 150V이면 최댓값은 약 몇 V인가?

① 235.6
② 212.1
③ 106.1
④ 95.5

[advice]

정현파 전압의 평균값은 $V_{av} = \dfrac{2}{\pi} V_m = 0.637 V_m$

$\therefore V_m = \dfrac{V_{av}}{\dfrac{2}{\pi}} = \dfrac{\pi \times 150}{2} ≒ 235.6$

22 변위를 압력으로 변환하는 소자로 옳은 것은?

① 다이어프램
② 가변 저항기
③ 벨로우즈
④ 노즐 플래퍼

[advice]

① 다이어프램 : 공기압력을 이용하여 전기적 접점 등으로 활용
② 가변저항기 : 저항값을 가변적으로 활용하는 기기
③ 벨로우즈 : Bellows seal valve라고 하며 석면계, 그라파이트, 불소수지 등의 재질로 밸브 stem과 body 사이의 누설을 막기 위해 사용
④ 노즐 플래퍼 : 상류의 고정조리개와 하류의 노즐과 플래퍼로 구성된 가변조리개로 구성되는 우수한 변위-압력 변화기구

Answer 19.② 20.④ 21.① 22.④

23 그림과 같은 다이오드 게이트 회로에서 출력전압은? (단, 다이오드 내의 전압강하는 무시한다.)

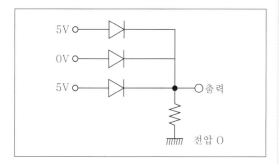

① 10V
② 5V
③ 1V
④ 0V

advice

그림은 3입력 OR게이트의 다이오드 회로이다. 그러므로 3개의 입력 중 어떤 입력이 '1' 즉 '5V'가 되어도 출력은 5V가 되는 회로이다. 그러므로 출력전압은 '0V' 또는 '5V'가 되며, 출력 신호는 '0' 또는 '1'이 되는 것이다.

24 전지의 내부저항이나 전해액의 도전율 측정에 사용되는 것은?

① 접지저항계
② 캘빈 더블 브리지법
③ 콜라우시 브리지법
④ 메거

advice

① 접지저항계 : 접지 저항을 측정하는 계측기로 earth tester 라고도 한다.
② 켈빈 더블 브리지법 : 미소 저항을 측정할 경우 도선의 저항이나 연결 단자의 접촉저항이 측정오차의 원인이 되므로 이러한 측정오차를 최소로 줄이기 위한 측정방법이다.
③ 콜라우시 브리지법 : 전지의 내부저항을 측정하거나 전해액의 도전율을 측정하는 방법이다.
④ 메거(Megger tester) : 절연저항 측정기로서 MΩ 단위의 저항을 측정한다.

25 전자유도현상에서 코일에 생기는 유도기전력의 방향을 정의한 법칙은?

① 플레밍의 오른손 법칙
② 플레밍의 왼손 법칙
③ 렌츠의 법칙
④ 패러데이의 법칙

advice

① 플레밍의 오른손 법칙 : 발전기의 원리가 되는 법칙으로 자속과 코일의 운동방향에 따라 기전력의 방향이 결정되는 법칙
② 플레밍의 왼손법칙 : 전동기의 원리가 되는 법칙으로 자속과 코일에 흐르는 전류의 방향에 따라 힘의 방향이 결정되는 법칙
③ 렌츠의 법칙 : 전자유도현상에 의해 코일에 유도되는 기전력의 방향을 결정하는 법칙
④ 패러데이의 법칙 : 전자유도현상에 의해 코일에 유도되는 자기장의 시간적 변화와 코일권수에 따른 기전력의 크기를 결정하는 법칙

$$e = -N\frac{d\phi}{dt}\,[\text{V}]$$

26 반도체에 빛을 쬐이면 전자가 방출되는 현상은?

① 홀효과
② 광전효과
③ 펠티어효과
④ 압전기효과

advice

① 홀(Hall)효과 : 도체에 자계를 가하면 전위차가 발생하는 현상
② 광전효과 : 반도체에 빛을 쏘이면 전자가 방출되는 현상
③ 펠티어(Peltier)효과 : 서로 다른 두 금속을 환상으로 결합하고 양 끝점에 전류를 흘리면 한쪽은 발열현상(고온)이 발생하고 다른 한쪽은 흡열현상(저온)이 발생하는 현상
④ 압전기효과 : 수정, 전기석, 로셰염 등의 결정에 전압을 가하면 일그러짐이 발생하고 반대로 압력을 가하여 일그러지게 하면 전압을 발생하는 현상

Answer 23.② 24.③ 25.③ 26.②

(2017)

27 입력신호와 출력신호가 모두 직류(DC)로서 출력이 최대 5kW까지로 견고성이 좋고 토크가 에너지원이 되는 전기식 증폭기기는?

① 계전기

② SCR

③ 자기증폭기

④ 앰플리다인

advice

① 계전기 : 릴레이스위치(relay switch)라고 하며 여자코일 동작에 의해 접점이 동작하는 스위치이다.

② SCR : 사이리스터(thyristor)라고도 하며 게이트에 전류를 제어하여 ON/OFF 하는 스위칭 소자이다.

③ 자기증폭기 : 강자성체의 자화(磁化)특성을 이용하여 전류를 증폭하는 장치이다.

(2014)

28 시퀀스제어에 관한 설명 중 틀린 것은?

① 기계적 계전기접점이 사용된다.

② 논리회로가 조합 사용된다.

③ 시간 지연요소가 사용된다.

④ 전체시스템에 연결된 접점들이 일시에 동작할 수 있다.

advice

시퀀스제어는 시스템에 연결된 접점들이 미리 정해진 순서에 의해 순차적으로 동작하는 제어방식이다. 이를 위하여 계전기를 이용한 논리회로 및 시간 지연요소 등이 사용되어 제어기를 구성할 수 있다.

29 그림과 같은 회로에서 전압계 3개로 단상전력을 측정하고자 할 때의 유효전력은?

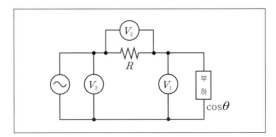

① $P = \dfrac{R}{2}(V_3{}^2 - V_1{}^2 - V_2{}^2)$

② $P = \dfrac{1}{2R}(V_3{}^2 - V_1{}^2 - V_2{}^2)$

③ $P = \dfrac{R}{2}(V_3{}^2 + V_1{}^2 + V_2{}^2)$

④ $P = \dfrac{1}{2R}(V_3{}^2 + V_1{}^2 + V_2{}^2)$

advice

전압계 3개를 이용하여 단상전력을 측정하는 3전압계법 사용 시 전압계 3개의 전압을 측정 후 다음 식과 같이 계산하여 단상교류전력을 측정한다.

$$P = \frac{1}{2R}(V_3{}^2 - V_1{}^2 - V_2{}^2)$$

30 어느 도선의 길이를 2배로 하고 전기 저항을 5배로 하면 도선의 단면적은 몇 배로 되는가?

① 10배　　　　② 0.4배

③ 2배　　　　④ 2.5배

advice

도선의 저항 $R = \rho \dfrac{l}{S}$ [ohm] (ρ : 고유저항율, l : 저항의 길이, S : 전선의 단면적)

$$\therefore\ S = \rho \frac{l}{R} = \rho \frac{2l}{5R} = 0.4 \times \rho \frac{l}{R}$$

Answer　27.④　28.④　29.②　30.②

31 각 전류의 대칭분 I_0, I_1, I_2가 모두 같게 되는 고장의 종류는?

① 1선 지락   ② 2선 지락

③ 2선 단락   ④ 3선 단락

advice

전류가 전선이 아닌 대지로 흐를 경우 지락전류라 하며, 1선이 지락된 경우 I_0, I_1, I_2 는 모두 동일한 값을 갖게 된다.

32 입력 $r(t)$, 출력 $c(t)$인 제어시스템에서 전달함수 $G(s)$는? (단, 초기값은 0이다.)

$$\frac{d^2c(t)}{dt^2}+3\frac{dc(t)}{dt}+2c(t)=\frac{dr(t)}{dt}+3r(t)$$

① $\dfrac{3s+1}{2s^2+3s+1}$

② $\dfrac{s^2+3s+2}{s+3}$

③ $\dfrac{s+1}{s^2+3s+2}$

④ $\dfrac{s+3}{s^2+3s+2}$

advice

$\dfrac{d^2c(t)}{dt^2}+3\dfrac{dc(t)}{dt}+2c(t)=\dfrac{dr(t)}{dt}+3r(t)$

이 식을 라플라스 변환하면

$(s^2+3s+2)X(s)=(s+3)Y(s)$ 이므로,

전달함수 $G(s)=\dfrac{Y(s)}{X(s)}=\dfrac{(s+3)}{s^2+3s+2}$

33 다음 단상 유도전동기 중 기동토크가 가장 큰 것은?

① 세이딩 코일형

② 콘덴서 기동형

③ 분상 기동형

④ 반발 기동형

advice

유도전동기 중 기동토크가 작은 것부터 큰 순서대로 나열하면, 세이딩 코일형 < 분상 기동형 < 콘덴서 기동형 < 반발 기동형 순이다.

34 $X=A\overline{B}C+\overline{A}BC+\overline{A}\,\overline{B}\,C+\overline{A}\,\overline{B}\,\overline{C}+A\overline{B}\,\overline{C}$ 를 가장 간소화한 것은?

① $\overline{A}BC+\overline{B}$

② $B+\overline{A}\,C$

③ $\overline{B}+\overline{A}\,C$

④ $\overline{A}\,\overline{B}C+B$

advice

$X=A\overline{B}C+\overline{A}BC+\overline{A}\,\overline{B}\,C+\overline{A}\,\overline{B}\,\overline{C}+A\overline{B}\,\overline{C}$
$=A\overline{B}(C+\overline{C})+\overline{A}\,\overline{B}(C+\overline{C})+\overline{A}BC$
$=A\overline{B}+\overline{A}\,\overline{B}+\overline{A}BC=\overline{B}(A+\overline{A})+\overline{A}BC$
$=\overline{B}+\overline{A}BC=\overline{B}+\overline{A}\,C$

($\because (C+\overline{C})=1$, 흡수의 법칙 : $\overline{X}+XY=\overline{X}+Y$)

2016

35

한 상의 임피던스가 $Z = 16 + j12\Omega$인 Y결선 부하에 대칭 3상 선간전압 380V를 가할 때 유효전력은 약 몇 kW인가?

① 5.8　　　　② 7.2

③ 17.3　　　　④ 21.6

advice

이 회로의 임피던스

$Z = 16 + j12 = \sqrt{16^2 + 12^2} = 20\,[\Omega]$

Y결선에서 선전류는 상전류와 같으므로,

$I_{lY} = I_{pY} = \dfrac{V_l}{\sqrt{3}\,Z} = \dfrac{380}{\sqrt{3}\cdot 20} \fallingdotseq 10.97\,[A]$

유효전력

$P = \sqrt{3}\,V_l \cdot I_l \cos\theta = 3\,V_p \cdot I_p \cos\theta = 3\,I^2 \cdot R$ 이므로,

$P = 3\,I^2 R = 3 \times 10.96^2 \times 16 = 5,776 \fallingdotseq 5,800$

　$= 5.8\,[kW]$

$(\because\ Z = R + jX = 16 + j12$ 에서,　$R = 16\,[\Omega])$

36

10μF인 콘덴서를 60Hz 전원에 사용할 때 용량 리액턴스는 약 몇 Ω인가?

① 250.5　　　　② 265.3

③ 350.5　　　　④ 465.3

advice

용량성 리액턴스 $X_c = \dfrac{1}{\omega C} = \dfrac{1}{2\pi f \cdot C}$

$X_c = \dfrac{1}{2\pi f \cdot C} = \dfrac{1}{2\pi \cdot 60 \cdot 10 \times 10^{-6}} \fallingdotseq 265.3$

2019 **2016** **2015** **2014**

37

다음 소자 중에서 온도 보상용으로 쓰이는 것은?

① 서미스터　　　　② 바리스터

③ 제너다이오드　　　④ 터널다이오드

advice

㉠ 서미스터 : 온도 변화에 따라 저항값이 변화하는 소자

㉡ 바리스터 : 양 끝에 가해지는 전압에 의해서 저항값이 변하는 비선형(非線形) 반도체 저항소자로서 서지전압 또는 과전압에 대한 회로보호용 소자

㉢ 제너다이오드 : 제너 효과를 이용한 정전압 소자. 정전압 다이오드, 전압 표준 다이오드 2가지가 있으며 정전압 전압 회로에 쓰이는 소자

㉣ 터널다이오드 : 순방향에 전압제어형의 (−)저항을 가진 pn 접합 다이오드, 에사키 다이오드라고도 하며, 불순물 농도가 높은 pn 접합을 사용하며 고속도 스위치소자, 마이크로파 증폭, 발진소자에 사용

38

용량 10kVA의 단권 변압기를 그림과 같이 접속하면 역률 80%의 부하에 몇 kW의 전력을 공급할 수 있는가?

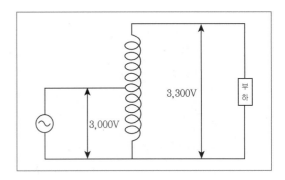

① 8　　　　② 54

③ 80　　　　④ 88

advice

변압기 1차 전압 $V_1 = 3,000$V, 2차 전압 $V_2 = 3,300$V이고,

변압기 용량 $P = 10$KVA $= 10,000$VA, 역률($\cos\theta$) : 0.8

여기서, $P = V \cdot I$이므로

부하에 흐르는 전류

$$I_2 = \frac{P}{V_2 - V_1} = \frac{10,000}{3,300 - 3,000} ≒ 33.333\,[\mathrm{A}]$$

그러므로 부하측 소비전력

$$P_L = V_2\,I_2\cos\theta = 3,300 \times 33.333 \times 0.8$$

$$≒ 88,000\,\mathrm{W} = 88\,\mathrm{kW}$$

39 1cm의 간격을 둔 평행 왕복전선에 25A의 전류가 흐른다면 전선 사이에 작용하는 전자력은 몇 N/m 이며, 이것은 어떤 힘인가?

① 2.5×10^{-2}, 반발력

② 1.25×10^{-2}, 반발력

③ 2.5×10^{-2}, 흡인력

④ 1.25×10^{-2}, 흡인력

advice

평행한 두 도체에 작용하는 힘

$$F = \frac{\mu_0\,I_1\,I_2}{2\pi\,r}\,[\mathrm{N/m}]$$

[μ_0 : 진공상태의 투자율($4\pi \times 10^{-7}$), r : 거리]

$$F = \frac{\mu_0\,I_1\,I_2}{2\pi\,r} = \frac{(4\pi \times 10^{-7}) \cdot 25 \cdot 25}{2\pi \times 0.01} = 0.0125$$

$$= 1.25 \times 10^{-2}\,[\mathrm{N/m}]$$

두 전선에 흐르는 전류가 왕복 전류이므로 서로 반대 방향으로 흐르게 되어 반발력이 작용하며 서로 동일한 방향으로 흐를 경우 흡인력이 작용한다.

(2016)
40 그림과 같은 계전기 접점회로의 논리식은?

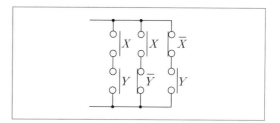

① $(X + Y)(X + \overline{Y})(\overline{X} + Y)$

② $(X + Y) + (X + \overline{Y}) + (\overline{X} + Y)$

③ $(XY) + (X\overline{Y}) + (\overline{X}Y)$

④ $(XY)(X\overline{Y})(\overline{X}Y)$

advice

직렬로 연결된 접점은 AND(곱) 논리회로이고, 병렬로 연결된 접점은 OR(합) 논리회로이다. 그리고 b접점은 부정의 의미가 있으므로, 이 회로의 논리식은 $XY + X\overline{Y} + \overline{X}Y$ 이다.

3과목 소방관계법규

2017 2014
41 소방시설공사업법령에 따른 성능위주설계를 할 수 있는 자의 설계범위 기준 중 틀린 것은?

① 연면적 30,000m^2 이상인 특정소방대상물로서 공항시설

② 연면적 100,000m^2 이상인 특정소방대상물 (단, 아파트등은 제외)

③ 지하층을 포함한 층수가 30층 이상인 특정소방대상물(단, 아파트등은 제외)

④ 하나의 건축물에 영화상영관이 10개 이상인 특정소방대상물

---

advice

성능위주설계를 하여야 하는 특정소방대상물의 범위〈「화재예방, 소방시설 설치·유지 및 안전관리에 관한 법률 시행령」제15조의3〉

1. 연면적 20만제곱미터 이상인 특정소방대상물. 다만, 공동주택 중 주택으로 쓰이는 층수가 5층 이상인 주택은 제외

2. 다음의 어느 하나에 해당하는 특정소방대상물. 다만, 아파트등은 제외
   가. 건축물의 높이가 100미터 이상인 특정소방대상물
   나. 지하층을 포함한 층수가 30층 이상인 특정소방대상물

3. 연면적 3만제곱미터 이상인 특정소방대상물로서 다음의 어느 하나에 해당하는 특정소방대상물
   가. 철도 및 도시철도 시설
   나. 공항시설

4. 하나의 건축물에 「영화 및 비디오물의 진흥에 관한 법률」에 따른 영화상영관이 10개 이상인 특정소방대상물

2015 2014
42 위험물안전관리법령에 따른 인화성액체위험물(이황화탄소를 제외)의 옥외탱크저장소의 탱크 주위에 설치하는 방유제의 설치기준 중 옳은 것은?

① 방유제의 높이는 0.5m 이상 2.0m 이하로 할 것

② 방유제내의 면적은 100,000m^2 이하로 할 것

③ 방유제의 용량은 방유제안에 설치된 탱크가 2기 이상인 때에는 그 탱크 중 용량이 최대인 것의 용량의 120% 이상으로 할 것

④ 높이가 1m를 넘는 방유제 및 간막이 둑의 안 팎에는 방유제내에 출입하기 위한 계단 또는 경사로를 약 50m마다 설치할 것

---

advice

방유제〈「위험물안전관리법 시행규칙」 별표 6 참고〉 … 인화성액체위험물(이황화탄소를 제외)의 옥외탱크저장소의 탱크 주위에는 다음의 기준에 의하여 방유제를 설치하여야 한다.

가. 방유제의 용량은 방유제안에 설치된 탱크가 하나인 때에는 그 탱크 용량의 110% 이상, 2기 이상인 때에는 그 탱크 중 용량이 최대인 것의 용량의 110% 이상으로 할 것. 이 경우 방유제의 용량은 당해 방유제의 내용적에서 용량이 최대인 탱크 외의 탱크의 방유제 높이 이하 부분의 용적, 당해 방유제내에 있는 모든 탱크의 지반면 이상 부분의 기초의 체적, 간막이 둑의 체적 및 당해 방유제 내에 있는 배관 등의 체적을 뺀 것으로 한다.

나. 방유제는 높이 0.5m 이상 3m 이하, 두께 0.2m 이상, 지하매설깊이 1m 이상으로 할 것. 다만, 방유제와 옥외저장탱크 사이의 지반면 아래에 불침윤성(不浸潤性) 구조물을 설치하는 경우에는 지하매설깊이를 해당 불침윤성 구조물까지로 할 수 있다.

다. 방유제내의 면적은 8만m^2 이하로 할 것

라. 방유제내의 설치하는 옥외저장탱크의 수는 10(방유제내에 설치하는 모든 옥외저장탱크의 용량이 20만ℓ 이하이고, 당해 옥외저장탱크에 저장 또는 취급하는 위험물의 인화점이 70℃ 이상 200℃ 미만인 경우에는 20) 이하로 할 것. 다만, 인화점이 200℃ 이상인 위험물을 저장 또는 취급하는 옥외저장탱크에 있어서는 그러하지 아니하다.

마. 방유제 외면의 2분의 1 이상은 자동차 등이 통행할 수 있는 3m 이상의 노면폭을 확보한 구내도로(옥외저장탱크가 있는 부지내의 도로를 말한다)에 직접 접하도록 할 것. 다만, 방유제내에 설치하는 옥외저장탱크의 용량합계가 20만ℓ 이하인 경우에는 소화활동에 지장이 없다고 인정

Answer 41.② 42.④

되는 3m 이상의 노면폭을 확보한 도로 또는 공지에 접하는 것으로 할 수 있다.

바. 방유제는 옥외저장탱크의 지름에 따라 그 탱크의 옆판으로부터 다음에 정하는 거리를 유지할 것. 다만, 인화점이 200℃ 이상인 위험물을 저장 또는 취급하는 것에 있어서는 그러하지 아니하다.

　1) 지름이 15m 미만인 경우에는 탱크 높이의 3분의 1 이상

　2) 지름이 15m 이상인 경우에는 탱크 높이의 2분의 1 이상

사. 방유제는 철근콘크리트로 하고, 방유제와 옥외저장탱크 사이의 지표면은 불연성과 불침윤성이 있는 구조(철근콘크리트 등)로 할 것. 다만, 누출된 위험물을 수용할 수 있는 전용유조(專用油槽) 및 펌프 등의 설비를 갖춘 경우에는 방유제와 옥외저장탱크 사이의 지표면을 흙으로 할 수 있다.

아. 용량이 1,000만ℓ 이상인 옥외저장탱크의 주위에 설치하는 방유제에는 다음의 규정에 따라 당해 탱크마다 간막이 둑을 설치할 것

　1) 간막이 둑의 높이는 0.3m(방유제내에 설치되는 옥외저장탱크의 용량의 합계가 2억ℓ를 넘는 방유제에 있어서는 1m) 이상으로 하되, 방유제의 높이보다 0.2m 이상 낮게 할 것

　2) 간막이 둑은 흙 또는 철근콘크리트로 할 것

　3) 간막이 둑의 용량은 간막이 둑안에 설치된 탱크의 용량의 10% 이상일 것

자. 방유제내에는 당해 방유제내에 설치하는 옥외저장탱크를 위한 배관(당해 옥외저장탱크의 소화설비를 위한 배관을 포함), 조명설비 및 계기시스템과 이들에 부속하는 설비 그 밖의 안전확보에 지장이 없는 부속설비 외에는 다른 설비를 설치하지 아니할 것

차. 방유제 또는 간막이 둑에는 해당 방유제를 관통하는 배관을 설치하지 아니할 것. 다만, 위험물을 이송하는 배관의 경우에는 배관이 관통하는 지점의 좌우방향으로 각 1m 이상까지의 방유제 또는 간막이 둑의 외면에 두께 0.1m 이상, 지하매설깊이 0.1m 이상의 구조물을 설치하여 방유제 또는 간막이 둑을 이중구조로 하고, 그 사이에 토사를 채운 후, 관통하는 부분을 완충재 등으로 마감하는 방식으로 설치할 수 있다.

카. 방유제에는 그 내부에 고인 물을 외부로 배출하기 위한 배수구를 설치하고 이를 개폐하는 밸브 등을 방유제의 외부에 설치할 것

타. 용량이 100만ℓ 이상인 위험물을 저장하는 옥외저장탱크에 있어서는 카목의 밸브 등에 그 개폐상황을 쉽게 확인할 수 있는 장치를 설치할 것

파. 높이가 1m를 넘는 방유제 및 간막이 둑의 안팎에는 방유제내에 출입하기 위한 계단 또는 경사로를 약 50m마다 설치할 것

하. 용량이 50만리터 이상인 옥외탱크저장소가 해안 또는 강변에 설치되어 방유제 외부로 누출된 위험물이 바다 또는 강으로 유입될 우려가 있는 경우에는 해당 옥외탱크저장소가 설치된 부지 내에 전용유조(專用油槽) 등 누출위험물 수용설비를 설치할 것

2015
43 소방기본법에 따른 소방력의 기준에 따라 관할구역의 소방력을 확충하기 위하여 필요한 계획을 수립하여 시행하여야 하는 자는?

① 소방서장

② 소방본부장

③ 시ㆍ도지사

④ 행정안전부장관

---

advice

소방력의 기준 등〈「소방기본법」제8조〉

① 소방기관이 소방업무를 수행하는 데에 필요한 인력과 장비 등에 관한 기준은 행정안전부령으로 정한다.

② 시ㆍ도지사는 소방력의 기준에 따라 관할구역의 소방력을 확충하기 위하여 필요한 계획을 수립하여 시행하여야 한다.

③ 소방자동차 등 소방장비의 분류ㆍ표준화와 그 관리 등에 필요한 사항은 따로 법률에서 정한다.

(2017)

44 소방기본법령에 따른 용접 또는 용단 작업장에서 불꽃을 사용하는 용접·용단기구 사용에 있어서 작업자로부터 반경 몇 m 이내에 소화기를 갖추어야 하는가? (단, 산업안전보건법에 따른 안전조치의 적용을 받는 사업장의 경우는 제외한다.)

① 1

② 3

③ 5

④ 7

[advice]

보일러 등의 위치·구조 및 관리와 화재예방을 위하여 불의 사용에 있어서 지켜야 하는 사항〈「소방기본법 시행령」별표 1 참고〉

종류	내용
불꽃을 사용하는 용접·용단기구	용접 또는 용단 작업장에서는 다음의 사항을 지켜야 한다. 다만, 「산업안전보건법」의 적용을 받는 사업장의 경우에는 적용하지 아니한다. 1. 용접 또는 용단 작업자로부터 반경 5m 이내에 소화기를 갖추어 둘 것 2. 용접 또는 용단 작업장 주변 반경 10m 이내에는 가연물을 쌓아두거나 놓아두지 말 것. 다만, 가연물의 제거가 곤란하여 방지포 등으로 방호조치를 한 경우는 제외한다.

(2017)(2016)(2015)

45 소방기본법에 따른 벌칙의 기준이 다른 것은?

① 정당한 사유 없이 불장난, 모닥불, 흡연, 화기 취급, 풍등 등 소형 열기구 날리기, 그 밖에 화재예방상 위험하다고 인정되는 행위의 금지 또는 제한에 따른 명령에 따르지 아니하거나 이를 방해한 사람

② 소방활동 종사 명령에 따른 사람을 구출하는 일 또는 불을 끄거나 불이 번지지 아니하도록 하는 일을 방해한 사람

③ 정당한 사유 없이 소방용수시설 또는 비상소화장치를 사용하거나 소방용수시설 또는 비상소화장치의 효용을 해치거나 그 정당한 사용을 방해한 사람

④ 출동한 소방대의 소방장비를 파손하거나 그 효용을 해하여 화재진압·인명구조 또는 구급활동을 방해하는 행위를 한 사람

[advice]

① 200만 원 이하의 벌금

②③④ 5년 이하의 징역 또는 5천만 원 이하의 벌금

※「소방기본법」제50조(벌칙) … 다음의 어느 하나에 해당하는 사람은 5년 이하의 징역 또는 5천만 원 이하의 벌금에 처한다.

　1. 다음의 어느 하나에 해당하는 행위를 한 사람
　　가. 위력(威力)을 사용하여 출동한 소방대의 화재진압·인명구조 또는 구급활동을 방해하는 행위
　　나. 소방대가 화재진압·인명구조 또는 구급활동을 위하여 현장에 출동하거나 현장에 출입하는 것을 고의로 방해하는 행위
　　다. 출동한 소방대원에게 폭행 또는 협박을 행사하여 화재진압·인명구조 또는 구급활동을 방해하는 행위
　　라. 출동한 소방대의 소방장비를 파손하거나 그 효용을 해하여 화재진압·인명구조 또는 구급활동을 방해하는 행위

　2. 소방자동차의 출동을 방해한 사람

　3. 사람을 구출하는 일 또는 불을 끄거나 불이 번지지 아니하도록 하는 일을 방해한 사람

　4. 정당한 사유 없이 소방용수시설 또는 비상소화장치를 사용하거나 소방용수시설 또는 비상소화장치의 효용을 해치거나 그 정당한 사용을 방해한 사람

(2014)

46 소방기본법령에 따른 소방대원에게 실시할 교육 · 훈련 횟수 및 기간의 기준 중 다음 ( ) 안에 알맞은 것은?

횟수	기간
(㉠)년마다 1회	(㉡)주 이상

① ㉠ 2, ㉡ 2
② ㉠ 2, ㉡ 4
③ ㉠ 1, ㉡ 2
④ ㉠ 1, ㉡ 4

advice

교육 · 훈련 횟수 및 기간〈「소방기본법 시행규칙」 별표 3의2 참고〉

횟수	기간
2년마다 1회	2주 이상

47 화재예방, 소방시설 설치 · 유지 및 안전관리에 관한 법령에 따른 화재안전기준을 달리 적용하여야 하는 특수한 용도 또는 구조를 가진 특정소방대상물 중 핵폐기물처리시설에 설치하지 아니할 수 있는 소방시설은?

① 소화용수설비
② 옥외소화전설비
③ 물분무등소화설비
④ 연결송수관설비 및 연결살수설비

advice

소방시설을 설치하지 아니할 수 있는 특정소방대상물 및 소방시설의 범위〈「화재예방, 소방시설 설치 · 유지 및 안전관리에 관한 법률 시행령」 별표 7 참고〉

(2016)

48 화재예방, 소방시설 설치 · 유지 및 안전관리에 관한 법령에 따른 특정소방대상물 중 의료시설에 해당하지 않는 것은?

① 요양병원
② 마약진료소
③ 한방병원
④ 노인의료복지시설

advice

④ 노인의료복지시설은 노유자시설에 해당한다.
※ 의료시설〈「화재예방, 소방시설 설치 · 유지 및 안전관리에 관한 법률 시행령」 별표 2 참고〉
　가. 병원 : 종합병원, 병원, 치과병원, 한방병원, 요양병원
　나. 격리병원 : 전염병원, 마약진료소, 그 밖에 이와 비슷한 것
　다. 정신의료기관
　라. 「장애인복지법」에 따른 장애인 의료재활시설

Ⓐnswer 46.① 47.④ 48.④

2017
49 화재예방, 소방시설 설치 · 유지 및 안전관리에 관한 법령에 따른 특정소방대상물의 수용인원의 산정방법 기준 중 틀린 것은?

① 침대가 있는 숙박시설의 경우는 해당 특정소방대상물의 종사자 수에 침대수(2인용 침대는 2인으로 산정)를 합한 수

② 침대가 없는 숙박시설의 경우는 해당 특정소방대상물의 종사자 수에 숙박시설 바닥면적의 합계를 3m² 로 나누어 얻은 수를 합한 수

③ 강의실 용도로 쓰이는 특정소방대상물의 경우는 해당 용도로 사용하는 바닥면적의 합계를 1.9m² 로 나누어 얻은 수

④ 문화 및 집회시설의 경우는 해당 용도로 사용하는 바닥면적의 합계를 2.6m² 로 나누어 얻은 수

advice

수용인원의 산정 방법〈「화재예방, 소방시설 설치 · 유지 및 안전관리에 관한 법률 시행령」 별표 4〉

1. 숙박시설이 있는 특정소방대상물

   가. 침대가 있는 숙박시설 : 해당 특정소방물의 종사자 수에 침대 수(2인용 침대는 2개로 산정한다)를 합한 수

   나. 침대가 없는 숙박시설 : 해당 특정소방대상물의 종사자 수에 숙박시설 바닥면적의 합계를 3m² 로 나누어 얻은 수를 합한 수

2. 제1호 외의 특정소방대상물

   가. 강의실 · 교무실 · 상담실 · 실습실 · 휴게실 용도로 쓰이는 특정소방대상물 : 해당 용도로 사용하는 바닥면적의 합계를 1.9m² 로 나누어 얻은 수

   나. 강당, <u>문화 및 집회시설</u>, 운동시설, 종교시설 : <u>해당 용도로 사용하는 바닥면적의 합계를 4.6m² 로 나누어 얻은 수</u>(관람석이 있는 경우 고정식 의자를 설치한 부분은 그 부분의 의자 수로 하고, 긴 의자의 경우에는 의자의 정면너비를 0.45m로 나누어 얻은 수로 한다)

   다. 그 밖의 특정소방대상물 : 해당 용도로 사용하는 바닥면적의 합계를 3m² 로 나누어 얻은 수

2016
50 화재예방, 소방시설 설치 · 유지 및 안전관리에 관한 법령에 따른 소방안전관리대상물의 관계인 및 소방안전관리자를 선임하여야 하는 공공기관의 장은 작동기능점검을 실시한 경우 며칠 이내에 소방시설등 작동기능점검 실시 결과 보고서를 소방본부장 또는 소방서장에게 제출하여야 하는가?

① 7일   ② 15일
③ 30일   ④ 60일

advice

소방안전관리대상물의 관계인 및 「공공기관의 소방안전관리에 관한 규정」에 따라 소방안전관리자를 선임하여야 하는 공공기관의 장은 작동기능점검을 실시한 경우 <u>30일</u> 이내에 작동기능점검 실시 결과 보고서를 소방본부장 또는 소방서장에게 제출하여야 한다. 이 경우 소방청장이 지정하는 전산망을 통하여 그 점검결과보고서를 제출할 수 있다〈「화재예방, 소방시설 설치 · 유지 및 안전관리에 관한 법률 시행규칙」 제19조 제1항〉.

51 화재예방, 소방시설 설치 · 유지 및 안전관리에 관한 법령에 따른 임시소방시설 중 간이소화장치를 설치하여야 하는 공사의 작업현장의 규모의 기준 중 다음 ( ) 안에 알맞은 것은?

> —연면적 (㉠)m² 이상
> —지하층 · 무창층 또는 (㉡)층 이상의 층의 경우 해당 층의 바닥면적이 (㉢)m² 이상인 경우만 해당

① ㉠ 1,000, ㉡ 6, ㉢ 150
② ㉠ 1,000, ㉡ 6, ㉢ 600
③ ㉠ 3,000, ㉡ 4, ㉢ 150
④ ㉠ 3,000, ㉡ 4, ㉢ 600

Answer 49.④ 50.③ 51.④

advice

임시소방시설을 설치하여야 하는 공사의 종류와 규모〈「화재예방, 소방시설 설치·유지 및 안전관리에 관한 법률 시행령」별표 5의2 참고〉

가. 소화기 : 건축허가등을 할 때 소방본부장 또는 소방서장의 동의를 받아야 하는 특정소방대상물의 건축·대수선·용도변경 또는 설치 등을 위한 공사 중 인화성·가연성·폭발성 물질을 취급하거나 가연성 가스를 발생시키는 작업, 용접·용단 등 불꽃을 발생시키거나 화기를 취급하는 작업, 전열기구, 가열전선 등 열을 발생시키는 기구를 취급하는 작업, 소방청장이 정하여 고시하는 폭발성 부유분진을 발생시킬 수 있는 작업 등에 따른 작업을 하는 현장에 설치한다.

나. 간이소화장치 : 다음의 어느 하나에 해당하는 공사의 작업현장에 설치한다.
   1) <u>연면적 3천m² 이상</u>
   2) 지하층, 무창층 또는 <u>4층 이상의 층</u>. 이 경우 해당 층의 바닥면적이 600m² 이상인 경우만 해당

다. 비상경보장치 : 다음의 어느 하나에 해당하는 공사의 작업현장에 설치한다.
   1) 연면적 400m² 이상
   2) 지하층 또는 무창층. 이 경우 해당 층의 바닥면적이 1,500m² 이상인 경우만 해당

라. 간이피난유도선 : 바닥면적이 1,500m² 이상인 지하층 또는 무창층의 작업현장에 설치한다.

2017 **2015**

52 화재예방, 소방시설 설치·유지 및 안전관리에 관한 법령에 따른 방염성능기준 이상의 실내장식물 등을 설치하여야 하는 특정소방대상물의 기준 중 틀린 것은?

① 건축물의 옥내에 있는 시설로서 종교시설
② 층수가 11층 이상인 아파트
③ 의료시설 중 종합병원
④ 노유자시설

advice

방염성능기준 이상의 실내장식물 등을 설치하여야 하는 특정소

방대상물〈「화재예방, 소방시설 설치·유지 및 안전관리에 관한 법률 시행령」제19조〉
1. 근린생활시설 중 의원, 체력단련장, 공연장 및 종교집회장
2. 건축물의 옥내에 있는 시설로서 다음의 시설
   가. 문화 및 집회시설
   나. 종교시설
   다. 운동시설(수영장은 제외)
3. 의료시설
4. 교육연구시설 중 합숙소
5. 노유자시설
6. 숙박이 가능한 수련시설
7. 숙박시설
8. 방송통신시설 중 방송국 및 촬영소
9. 다중이용업소
10. 제1호부터 제9호까지의 시설에 해당하지 않는 것으로서 <u>층수가 11층 이상인 것(아파트는 제외)</u>

2017

53 소방시설공사업법령에 따른 소방시설공사 중 특정소방대상물에 설치된 소방시설등을 구성하는 것의 전부 또는 일부를 개설, 이전 또는 정비하는 공사의 착공신고 대상이 아닌 것은?

① 수신반
② 소화펌프
③ 동력(감시)제어반
④ 제연설비의 제연구역

advice

소방시설공사의 착공신고 대상〈「소방시설공사업법 시행령」제4조 제3호〉

특정소방대상물에 설치된 소방시설등을 구성하는 다음의 어느 하나에 해당하는 것의 전부 또는 일부를 개설(改設), 이전(移轉) 또는 정비(整備)하는 공사. 다만, 고장 또는 파손 등으로 인하여 작동시킬 수 없는 소방시설을 긴급히 교체하거나 보수하여야 하는 경우에는 신고하지 않을 수 있다.
가. <u>수신반</u>
나. <u>소화펌프</u>
다. <u>동력(감시)제어반</u>

Answer **52.**② **53.**④

(2016)
54 위험물안전관리법령에 따른 소화난이도등급 I의 옥내탱크저장소에서 유황만을 저장·취급할 경우 설치하여야 하는 소화설비로 옳은 것은?

① 물분무소화설비

② 스프링클러설비

③ 포소화설비

④ 옥내소화전설비

advice

소화난이도등급 I 의 옥내탱크저장소에 설치하여야 하는 소화설비〈「위험물안전관리법 시행규칙」 별표 17 참고〉

제조소등의 구분		소화설비
옥내 탱크 저장소	유황만을 저장취급하는 것	물분무소화설비
	인화점 70℃ 이상의 제4류 위험물만을 저장 취급하는 것	물분무소화설비, 고정식 포소화설비, 이동식 이외의 불활성가스소화설비, 이동식 이외의 할로겐화합물소화설비 또는 이동식 이외의 분말소화설비
	그 밖의 것	고정식 포소화설비, 이동식 이외의 불활성가스소화설비, 이동식 이외의 할로겐화합물소화설비 또는 이동식 이외의 분말소화설비

(2015)
55 피난시설, 방화구획 또는 방화시설을 폐쇄·훼손·변경 등의 행위를 3차 이상 위반한 경우에 대한 과태료 부과기준으로 옳은 것은?

① 200만 원

② 300만 원

③ 500만 원

④ 1,000만 원

advice

과태료의 부가기준〈「화재예방, 소방시설 설치·유지 및 안전관리에 관한 법률 시행령」 별표 10 참고〉

위반행위	근거 법조문	과태료 금액 (단위 : 만 원)		
		1차 위반	2차 위반	3차 이상 위반
피난시설, 방화구획 또는 방화시설을 폐쇄·훼손·변경하는 등의 행위를 한 경우	법 제53조 제1항 제2호	100	200	300

(2016)
56 화재예방, 소방시설 설치·유지 및 안전관리에 관한 법령에 따른 공동소방안전관리자를 선임하여야 하는 특정소방대상물 중 고층 건축물은 지하층을 제외한 층수가 몇 층 이상인 건축물만 해당되는가?

① 6층

② 11층

③ 20층

④ 30층

advice

공동소방안전관리〈「화재예방, 소방시설 설치·유지 및 안전관리에 관한 법률」 제21조〉 … 다음의 어느 하나에 해당하는 특정소방대상물로서 그 관리의 권원(權原)이 분리되어 있는 것 가운데 소방본부장이나 소방서장이 지정하는 특정소방대상물의 관계인은 행정안전부령으로 정하는 바에 따라 대통령령으로 정하는 자를 공동소방안전관리자로 선임하여야 한다.

1. 고층 건축물(지하층을 제외한 층수가 11층 이상인 건축물만 해당)
2. 지하가(지하의 인공구조물 안에 설치된 상점 및 사무실, 그 밖에 이와 비슷한 시설이 연속하여 지하도에 접하여 설치된 것과 그 지하도를 합한 것을 말한다)
3. 그 밖에 대통령령으로 정하는 특정소방대상물

Answer **54.**① **55.**② **56.**②

57 위험물안전관리법령에 따른 위험물제조소의 옥외에 있는 위험물취급탱크 용량이 100m^3 및 180m^{3}인 2개의 취급탱크 주위에 하나의 방유제를 설치하는 경우 방유제의 최소 용량은 몇 m^{3}이어야 하는가?

① 100
② 140
③ 180
④ 280

|advice|

$(180 \times 0.5) + (100 \times 0.1) = 90 + 10 = 100$

※ 위험물 취급탱크의 방유제 설치〈「위험물안전관리법 시행령」별표 4〉… 하나의 취급탱크 주위에 설치하는 방유제의 용량은 당해 탱크용량의 50% 이상으로 하고, <u>2 이상의 취급탱크 주위에 하나의 방유제를 설치하는 경우 그 방유제의 용량은 당해 탱크 중 용량이 최대인 것의 50%에 나머지 탱크용량 합계의 10%를 가산한 양 이상이 되게 할 것.</u> 이 경우 방유제의 용량은 당해 방유제의 내용적에서 용량이 최대인 탱크 외의 탱크의 방유제 높이 이하 부분의 용적, 당해 방유제 내에 있는 모든 탱크의 지반면 이상 부분의 기초의 체적, 간막이 둑의 체적 및 당해 방유제 내에 있는 배관 등의 체적을 뺀 것으로 한다.

58 화재예방, 소방시설 설치·유지 및 안전관리에 관한 법령에 따른 소방안전 특별관리시설물의 안전관리에 대상 전통시장의 기준 중 다음 ( ) 안에 알맞은 것은?

> 전통시장으로서 대통령령으로 정하는 전통시장 : 점포가 ( )개 이상인 전통시장

① 100
② 300
③ 500
④ 600

|advice|

법 제20조의2 제1항 제13호에서 "대통령령으로 정하는 전통시장"이란 <u>점포가 500개 이상인</u> 전통시장을 말한다〈「화재예방, 소방시설 설치·유지 및 안전관리에 관한 법률 시행령」제24조의2 제1항〉.

59 위험물안전관리법령에 따른 정기점검의 대상인 제조소등의 기준 중 틀린 것은?

① 암반탱크저장소
② 지하탱크저장소
③ 이동탱크저장소
④ 지정수량의 150배 이상의 위험물을 저장하는 옥외탱크저장소

|advice|

정기점검의 대상인 제조소등〈「위험물안전관리법 시행령」제16조〉
1. 지정수량 10배 이상의 위험물을 취급하는 제조소, 지정수량의 100배 이상의 위험물을 저장하는 옥외저장소, 지정수량의 150배 이상의 위험물을 저장하는 옥내저장소, <u>지정수량의 200배 이상의 위험물을 저장하는 옥외탱크저장소, 암반탱크저장소</u>, 이송취급소, 지정수량의 10배 이상의 위험물을 취급하는 일반취급소에 해당하는 제조소등
2. <u>지하탱크저장소</u>
3. <u>이동탱크저장소</u>
4. 위험물을 취급하는 탱크로서 지하에 매설된 탱크가 있는 제조소·주유취급소 또는 일반취급소

60 소방기본법령에 따른 화재경계지구의 관리기준 중 다음 ( ) 안에 알맞은 것은?

> − 소방본부장 또는 소방서장은 화재경계지구 안의 소방대상물의 위치·구조 및 설비 등에 대한 소방특별조사를 (㉠)회 이상 실시하여야 한다.
> − 소방본부장 또는 소방서장은 소방상 필요한 훈련 및 교육을 실시하고자 하는 때에는 화재경계지구 안의 관계인에게 훈련 또는 교육 (㉡)일 전까지 그 사실을 통보하여야 한다.

① ㉠ 월 1, ㉡ 7
② ㉠ 월 1, ㉡ 10
③ ㉠ 연 1, ㉡ 7
④ ㉠ 연 1, ㉡ 10

---

advice

화재경계지구의 관리 「소방기본법 시행령」 제4조 제2항, 제3항, 제4항〉
② 소방본부장 또는 소방서장은 화재경계지구 안의 소방대상물의 위치·구조 및 설비 등에 대한 <u>소방특별조사를 연 1회 이상 실시</u>하여야 한다.
③ 소방본부장 또는 소방서장은 화재경계지구 안의 관계인에 대하여 소방상 필요한 훈련 및 교육을 연 1회 이상 실시할 수 있다.
④ 소방본부장 또는 소방서장은 소방상 필요한 훈련 및 교육을 실시하고자 하는 때에는 화재경계지구 안의 관계인에게 <u>훈련 또는 교육 10일 전까지</u> 그 사실을 통보하여야 한다.

4과목 **소방전기시설의 구조 및 원리**

(2017) (2016)
61 무선통신보조설비의 분배기·분파기 및 혼합기의 설치기준 중 틀린 것은?

① 먼지·습기 및 부식 등에 따라 기능에 이상을 가져오지 아니하도록 할 것
② 임피던스는 50Ω의 것으로 할 것
③ 전원은 전기가 정상적으로 공급되는 축전지, 전기저장장치 또는 교류전압 옥내간선으로 하고, 전원까지의 배선은 전용으로 할 것
④ 점검에 편리하고 화재 등의 재해로 인한 피해의 우려가 없는 장소에 설치할 것

---

advice

③ 증폭기의 설치기준에 해당한다.
※ 분배기·분파기 및 혼합기 등의 설치기준
   1. 먼지·습기 및 부식 등에 따라 기능에 이상을 가져오지 아니하도록 할 것
   2. 임피던스는 50Ω의 것으로 할 것
   3. 점검에 편리하고 화재 등의 재해로 인한 피해의 우려가 없는 장소에 설치할 것

Answer 60.④ 61.③

2017

62 피난기구의 용어의 정의 중 다음 ( ) 안에 알맞은 것은?

> ( )란 사용자의 몸무게에 따라 자동적으로 내려올 수 있는 기구 중 사용자가 연속적으로 사용할 수 없는 것을 말한다.

① 구조대
② 완강기
③ 간이완강기
④ 다수인피난장비

advice

① **구조대** : 포지 등을 사용하여 자루형태로 만든 것으로 사용자가 내부에 들어가서 미끄럼을 타며 내려와 대피하는 기구
② **완강기** : 간이완강기와 동일한 원리로서 밧줄을 이용하여 높은 곳에서 낮은 곳으로 사람의 몸무게에 따라 일정한 속도로 자동으로 내려올 수 있도록 하여 대피하는 기구로서 연속하여 사용할 수 있는 기구
③ **간이 완강기** : 밧줄을 이용하여 높은 곳에서 낮은 곳으로 사람의 몸무게에 따라 일정한 속도로 자동으로 내려올 수 있도록 하여 대피하는 기구로서 연속하여 사용할 수 없는 기구
④ **다수인피난장비** : 화재 시 2인 이상의 피난자가 동시에 해당층에서 지상 또는 피난층으로 하강하는 피난기구

2016 2014

63 청각장애인용 시각경보장치는 천장의 높이가 2m 이하인 경우에는 천장으로부터 몇 m 이내의 장소에 설치하여야 하는가?

① 0.1 　　　② 0.15
③ 1.0 　　　④ 1.5

advice

시각경보장치의 설치높이는 바닥으로부터 2m 이상 2.5m 이하의 장소에 설치할 것 다만, 천장의 높이가 2m 이하인 경우에는 천장으로부터 0.15m 이내의 장소에 설치하여야 한다.

2016 2015 2014

64 자동화재탐지설비의 연기복합형 감지기를 설치할 수 없는 부착높이는?

① 4m 이상 8m 미만
② 8m 이상 15m 미만
③ 15m 이상 20m 미만
④ 20m 이상

advice

설치높이별 감지기 설치기준

부착높이	감지기의 종류
4m 미만	• 차동식(스포트형, 분호평) • 보상식 스포트형 • 정온식(스포트형, 감지선형) • 이온화식 또는 광전식(스포트형, 분리형, 공기흡입형) • 열복합형 • 연기복합형 • 열연기복합형 • 불꽃감지기
4m 이상 15m 미만	• 차동식(스포트형, 분포형) • 보상식 스포트형 • 정온식(스포트형, 감지선형) 특종 또는 1종 • 이온화식 1종 또는 2종 • 광전식(스포트형, 분리형, 공기흡입형) 1종 또는 2종 • 열복합형 • 연기복합형 • 불꽃감지기
8m 이상 15m 미만	• 차동식 분포형 • 이온화식 1종 또는 2종 • 광전식(스포트형, 분리형, 공기흡입형) 1종 또는 2종 • 연기복합형 • 불꽃감지기
15m 이상 20m 미만	• 이온화식 1종 • 광전식(스포트형, 분리형, 공기흡입형) 1종 • 연기복합형 • 불꽃감지기
20m 이상	• 불꽃감지기 • 광전식(분리형, 공기흡입형) 중 아나로그방식

(2017)
65 비상조명등의 설치 제외 기준 중 다음 ( ) 안에 알맞은 것은?

> 거실의 각 부분으로부터 하나의 출입구에 이르는 보행거리가 (   )m 이내인 부분

① 2
② 5
③ 15
④ 25

advice

비상조명등 설치 제외 기준
㉠ 거실의 각 부분으로부터 하나의 출입구에 이르는 보행거리가 15m 이내인 부분
㉡ 의원·경기장·공동주택·의료시설·학교의 거실
㉢ 지상 1층 또는 피난층으로서 복도·통로 또는 창문 등의 개구부를 통하여 피난이 용이한 경우 또는 숙박시설로서 복도에 비상조명등을 설치한 경우에는 휴대용비상조명등을 설치하지 아니할 수 있다.

(2017) (2015)
66 각 소방설비별 비상전원의 종류와 비상전원 최소 용량의 연결이 틀린 것은? (단, 소방설비-비상전원의 종류-비상전원 최소용량 순서이다.)

① 자동화재탐지설비 – 축전지설비 – 20분
② 비상조명등설비 – 축전지설비 또는 자가발전설비 – 20분
③ 청정소화약제소화설비(할로겐화합물 및 불활성기체소화설비) – 축전지설비 또는 자가발전설비 – 20분
④ 유도등 – 축전지 – 20분

advice

자동화재탐지설비 축전지설비는 60분간 감시상태를 지속한 후 10분 이상 경보할 수 있는 용량이어야 한다.

축전지용량	설비의 종류
10분 이상	자동화재탐지설비, 비상경보설비, 자동화재속보설비
20분 이상	유도등, 비상콘센트, 제연설비, 물분무소화설비, 옥내소화전설비(30층 미만), 특별피난계단의 계단실 및 부속실 제연설비(30층 미만)
30분 이상	무선통신보조설비 증폭기
40분 이상	• 옥내소화전설비(30~40층 이하) • 특별피난계단의 계단실 및 부속실 제연설비(30층~49층 이하) • 연결송수관설비(30층~49층 이하) • 스프링클러설비(30층~49층 이하)
60분 이상	• 유도등, 비상조명등(지하상가 및 11층 이상) • 옥내소화전설비(50층 이상) • 특별피난계단의 계단실 및 부속실 제연설비(50층 이상) • 연결송수관설비(50층 이상) • 스프링클러설비(50층 이상)

(2016)
67 연기감지기의 설치기준 중 틀린 것은?

① 부착높이 4m 이상 20m 미만에는 3종 감지기를 설치할 수 없다.
② 복도 및 통로에 있어서 보행거리 30m마다 설치한다.
③ 계단 및 경사로에 있어서 3종은 수직거리 10m마다 설치한다.
④ 감지기는 벽이나 보로부터 1.5m 이상 떨어진 곳에 설치하여야 한다.

advice

연기감지기는 벽이나 보로부터 0.6m 이상 떨어진 곳에 설치하여야 한다.

Answer 65.③ 66.① 67.④

68 비상콘센트용의 풀박스 등은 방청도장을 한 것으로서 두께는 최소 몇 mm 이상의 철판으로 하여야 하는가?

① 1.0   ② 1.2

③ 1.5   ④ 1.6

advice

비상콘센트용의 풀박스 등은 방청도장을 한 것으로서 두께는 최소 1.6mm 이상의 철판으로 한다.

69 자동화재속보설비를 설치하여야 하는 특정소방대상물의 기준 중 틀린 것은? (단, 사람이 24시간 상시 근무하고 있는 경우는 제외한다.)

① 판매시설 중 전통시장

② 지하가 중 터널로서 길이가 1,000m 이상인 것

③ 수련시설(숙박시설이 있는 건축물만 해당)로서 바닥면적이 $500m^2$ 이상인 층이 있는 것

④ 업무시설, 공장, 창고시설, 교정 및 군사시설 중 국방·군사시설, 발전시설(사람이 근무하지 않는 시간에는 무인경비시스템으로 관리하는 시설만 해당)로서 바닥면적이 $1,500m^2$ 이상인 층이 있는 것

advice

지하가 중 터널은 자동화재탐지설비 설치대상이 아니다.

※ 자동화재속보설비 설치대상

설치면적 및 조건	건축물 구분
바닥면적 $500m^2$ 이상	수련시설(숙박시설이 있는 것), 노유자시설, 요양병원
바닥면적 $1,500m^2$ 이상	• 공장 및 창고시설, 업무시설, 국방·군사시설 • 발전시설(무인경비시스템)
국보, 보물	목조건축물
전부해당	• 노유자 생활시설 • 30층 이상
전부해당	• 전통시장

70 비상방송설비의 배선과 전원에 관한 설치기준 중 옳은 것은?

① 부속회로의 전로와 대지 사이 및 배선 상호간의 절연저항은 1경계구역마다 직류 110V의 절연저항측정기를 사용하여 측정한 절연저항이 1MΩ 이상이 되도록 한다.

② 전원은 전기가 정상적으로 공급되는 축전지 또는 교류전압의 옥내 간선으로 하고, 전원까지의 배선은 전용이 아니어도 무방하다.

③ 비상방송설비에는 그 설비에 대한 감시상태를 30분간 지속한 후 유효하게 10분 이상 경보할 수 있는 축전지설비를 설치하여야 한다.

④ 비상방송설비의 배선은 다른 전선과 별도의 관·덕트 몰드 또는 풀박스 등에 설치하되 60V 미만의 약전류회로에 사용하는 전선으로서 각각의 전압이 같을 때에는 그러하지 아니하다.

advice

① 부속회로의 전로와 대지 사이 및 배선 상호간의 절연저항은 1경계구역마다 직류 250V의 절연저항측정기를 사용하여 측정한 절연저항이 0.1MΩ 이상이 되도록 한다.

② 전원은 전기가 정상적으로 공급되는 축전지 또는 교류전압의 옥내 간선으로 하고, 전원까지의 배선은 전용으로 하여야 한다.

③ 비상방송설비에는 그 설비에 대한 감시상태를 60분간 지속한 후 유효하게 10분 이상 경보할 수 있는 축전지설비를 설치하여야 한다.

Answer   68.④   69.②   70.④

2017 2016

71 7층인 의료시설에 적응성을 갖는 피난기구가 아닌 것은?

① 구조대
② 피난교
③ 피난용트랩
④ 미끄럼대

advice

4층 이상 10층 이하의 대상물에 의료시설, 입원실이 있는 의원, 접골원, 조산원 등에 적응성이 있는 피난기구는 <u>구조대,</u> <u>피난교, 피난용트랩, 다수인피난장비, 승강식피난기</u> 등이 있다.

2015 2014

72 비상방송설비의 음향장치 구조 및 성능기준 중 다음 (   ) 안에 알맞은 것은?

> – 정격전압의 (㉠)% 전압에서 음향을 발할 수 있는 것을 할 것
> – (㉡)의 작동과 연동하여 작동할 수 있는 것으로 할 것

① ㉠ 65, ㉡ 단독경보형감지기
② ㉠ 65, ㉡ 자동화재탐지설비
③ ㉠ 80, ㉡ 단독경보형감지기
④ ㉠ 80, ㉡ 자동화재탐지설비

advice

㉠ 비상방송설비의 음향장치는 <u>정격전압의 80% 전압에서 음</u>향을 발할 수 있어야 한다.
㉡ <u>자동화재탐지설비의 작동과 연동하여 작동할 수 있는 것</u>으로 한다.

2015 2014

73 비상방송설비 음향장치의 설치기준 중 다음 (   ) 안에 알맞은 것은?

> – 음량조정기를 설치하는 경우 음량조정기의 배선은 (㉠)선식으로 할 것
> – 확성기는 각 층마다 설치하되, 그 층의 각 부분으로부터 하나의 확성기까지의 수평거리가 (㉡)m 이하가 되도록 하고, 해당 층의 각 부분에 유효하게 경보를 발할 수 있도록 설치할 것

① ㉠ 2, ㉡ 15
② ㉠ 2, ㉡ 25
③ ㉠ 3, ㉡ 15
④ ㉠ 3, ㉡ 25

advice

비상방송설비 <u>음량조정기 배선은 3선식</u>으로 하고, 확성기는 각 층마다 설치하고 그 층의 각 부분으로부터 하나의 확성기까지 <u>수평거리 25m 이하가</u> 되도록 한다.

Ａnswer **71.**④ **72.**④ **73.**④

74 누전경보기 전원의 설치기준 중 다음 ( ) 안에 알맞은 것은?

> 전원은 분전반으로부터 전용회로로 하고, 각 극에 개폐기 및 (㉠)A 이하의 과전류차단기(배선용 차단기에 있어서는 (㉡)A 이하의 것으로 각 극을 개폐할 수 있는 것)를 설치할 것

① ㉠ 15, ㉡ 30
② ㉠ 15, ㉡ 20
③ ㉠ 10, ㉡ 30
④ ㉠ 10, ㉡ 20

advice

누전경보기 전원설치기준에서 전원은 분전반으로부터 전용회로로 하고, 각 극에 개폐기 및 <u>15A 이하의 과전류차단기</u>(배선용 차단기에 있어서는 <u>20A 이하의 것</u>으로 각 극을 개폐할 수 있는 것)를 설치한다.

75 유도등 예비전원의 종류로 옳은 것은?

① 알칼리계 2차 축전지
② 리튬계 1차 축전지
③ 리튬 이온계 2차 축전지
④ 수은계 1차 축전지

advice

유도등 예비전원 … 2차 전지 중 알칼리전지를 사용하며, 소방설비용으로 니켈 – 카드뮴전지가 많이 사용된다.

76 축광방식의 피난유도선 설치기준 중 다음 ( ) 안에 알맞은 것은?

> – 바닥으로부터 높이 (㉠)cm 이하의 위치 또는 바닥 면에 설치할 것
> – 피난유도 표시부는 (㉡)cm 이내의 간격으로 연속되도록 설치할 것

① ㉠ 50, ㉡ 50
② ㉠ 50, ㉡ 100
③ ㉠ 100, ㉡ 50
④ ㉠ 100, ㉡ 100

advice

축광방식의 피난유도선 설치기준
㉠ 구획된 각 실로부터 주출입구 또는 비상구까지 설치할 것
㉡ 바닥으로부터 높이 50cm 이하의 위치 또는 바닥 면에 설치할 것
㉢ 피난유도 표시부는 50cm 이내의 간격으로 연속되도록 설치할 것
㉣ 부착대에 의하여 견고하게 설치할 것
㉤ 외광 또는 조명장치에 의하여 상시 조명이 제공되거나 비상조명등에 의한 조명이 제공되도록 설치할 것

Ⓐnswer 74.② 75.① 76.①

2017 2016 2015

77 무선통신보조설비 무선기기 접속단자의 설치기준 중 다음 ( ) 안에 알맞은 것은?

> 무선통신보조설비의 무선기기 접속단자를 지상에 설치하는 경우 접속단자는 보행거리 (㉠)m 이내마다 설치하고, 다른 용도로 사용되는 접속단자에서 (㉡)m 이상의 거리를 둘 것

① ㉠ 400, ㉡ 5
② ㉠ 300, ㉡ 5
③ ㉠ 400, ㉡ 3
④ ㉠ 300, ㉡ 3

advice

무선통신보조설비 무선기기 접속단자 설치기준
㉠ 화재층으로부터 지면으로 떨어지는 유리창 등에 의한 지장을 받지 않고 지상에서 유효하게 소방활동을 할 수 있는 장소 또는 수위실 등 상시 사람이 근무하고 있는 장소에 설치할 것
㉡ 단자는 한국산업규격에 적합한 것으로 하고, 바닥으로부터 높이 0.8m 이상 1.5m 이하의 위치에 설치할 것
㉢ 지상에 설치하는 접속단자는 보행거리 300m 이내마다 설치하고, 다른 용도로 사용되는 접속단지에서 5m 이상의 거리를 둘 것
㉣ 지상에 설치하는 단자를 보호하기 위하여 견고하고 함부로 개폐할 수 없는 구조의 보호함을 설치하고, 먼지·습기 및 부식 등에 따라 영향을 받지 아니하도록 조치할 것
㉤ 단자의 보호함의 표면에 "무선기 접속단자"라고 표시한 표지를 할 것

78 비상콘센트설비의 전원부와 외함 사이의 절연내력 기준 중 다음 ( ) 안에 알맞은 것은?

> 절연내력은 전원부와 외함 사이에 정격전압이 150V 이하인 경우에는 (㉠)V의 실효전압을, 정격전압이 150V 이상인 경우에는 그 정격전압에 (㉡)을 곱하여 1,000을 더한 실효전압을 가하는 시험에서 1분 이상 견디는 것으로 할 것

① ㉠ 500, ㉡ 2
② ㉠ 500, ㉡ 3
③ ㉠ 1,000, ㉡ 2
④ ㉠ 1,000, ㉡ 3

advice

절연내력시험
60[Hz]의 정현파에 가까운 실효전압 500V(정격전압이 60V초과하고 150V 이하인 것은 1,000V, 정격전압이 150V 초과 하는 것에 있어서는 그 전압에 2를 곱하여 1,000V를 더한 값)의 교류전압을 가하여 1분간 견디어야 한다.

사용전압	인가전압	판단기준
60V 이하	500V	
60V 초과 150V 이하	1,000V	인가전압을 가하여 1분간 견디어야 한다.
150V 초과	(사용전압 × 2) + 1,000V	

Answer 77.② 78.③

2017 2015 2014

79 자동화재탐지설비의 경계구역에 대한 설정기준 중 틀린 것은?

① 지하구의 경우 하나의 경계구역의 길이는 800m 이하로 할 것

② 하나의 경계구역이 2개 이상의 층에 미치지 아니하도록 할 것

③ 하나의 경계구역의 면적은 600m² 이하로 하고 한 변의 길이는 50m 이하로 할 것

④ 하나의 경계구역이 2개 이상의 건축물에 미치지 아니하도록 할 것

advice

자동화재탐지설비의 경계구역은 다음의 기준에 따라 설정하여야 한다. 다만, 감지기의 형식승인 시 감지거리, 감지면적 등에 대한 성능을 별도로 인정받은 경우에는 그 성능인정범위를 경계구역으로 할 수 있다.

1. 하나의 경계구역이 2개 이상의 건축물에 미치지 아니하도록 할 것

2. 하나의 경계구역이 2개 이상의 층에 미치지 아니하도록 할 것. 다만, 500m² 이하의 범위 안에서는 2개의 층을 하나의 경계구역으로 할 수 있다

3. 하나의 경계구역의 면적은 600m² 이하로 하고 한 변의 길이는 50m 이하로 할 것. 다만, 해당 특정소방대상물의 주된 출입구에서 그 내부 전체가 보이는 것에 있어서는 한 변의 길이가 50m의 범위 내에서 1,000m² 이하로 할 수 있다.

4. 지하구의 경우 하나의 경계구역의 길이는 700m 이하로 할 것

2019 2017 2015

80 비상경보설비를 설치하여야 하는 특정소방대상물의 기준 중 옳은 것은? (단, 지하구, 모래·석재 등 불연재료 창고 및 위험물 저장·처리 시설 중 가스시설은 제외한다.)

① 지하층 또는 무창층의 바닥면적이 150m² 이상인 것

② 공연장으로서 지하층 또는 무창층의 바닥면적이 200m² 이상인 것

③ 지하가 중 터널로서 길이가 400m 이상인 것

④ 30명 이상의 근로자가 작업하는 옥내작업장

advice

비상경보설비 설치대상

설치대상	면적 조건
지하층, 무창층	바닥면적 150m²(공연장 100m²) 이상
전부	연면적 400m² 이상
지하가 중 터널의 길이	길이 500m 이상
옥내 작업장	50명 이상 작업장

PART

06

2019년 기출문제

2019년 제1회 소방설비기사 [전기분야]

시험일정	시험유형	시험시간	시험과목
2019.03.03	필 기	120분	1 소방원론 2 소방전기일반 3 소방관계법규 4 소방전기시설의 구조 및 원리

수험번호		성 명	

1과목　소방원론

(2018) (2017)

01 탄화칼슘의 화재 시 물을 주수하였을 때 발생하는 가스로 옳은 것은?

① C_2H_2　　　　② H_2

③ O_2　　　　④ C_2H_6

> **advice**
> 탄화칼슘은 물과 심하게 반응하여 수산화칼슘과 아세틸렌을 만들며 공기 중 수분과 반응하여도 아세틸렌을 발생한다.
> $CaC_2 + 2H_2O \rightarrow Ca(OH)_2 + C_2H_2$

(2016)

02 위험물안전관리법령상 위험물의 지정수량이 틀린 것은?

① 과산화나트륨 – 50kg

② 적린 – 100kg

③ 트리니트로톨루엔 – 200kg

④ 탄화알루미늄 – 400kg

> **advice**
> 탄화알루미늄은 300kg에 해당한다.

03 불활성 가스에 해당하는 것은?

① 수증기　　　　② 일산화탄소

③ 아르곤　　　　④ 아세틸렌

> **advice**
> 불활성가스란 비활성가스로서 주기율표상 18족 원소를 의미한다. 즉, He, Ne, Ar, Kr, Xn, Rn이 있다.

(2017) (2015)

04 화재의 분류방법 중 유류화재를 나타낸 것은?

① A급 화재　　　　② B급 화재

③ C급 화재　　　　④ D급 화재

> **advice**
> 화재의 종류
> ① A급 화재(일반화재)
> ② B급 화재(유류화재)
> ③ C급 화재(전기화재)
> ④ D급 화재(금속화재)

Answer　01.①　02.④　03.③　04.②

(2016) (2015)

05 제2류 위험물에 해당하지 않는 것은?

① 유황

② 황화린

③ 적린

④ 황린

advice

황린은 제3류 위험물에 해당한다.

(2018) (2017) (2016) (2014)

06 분말소화약제 중 A급, B급, C급 화재에 모두 사용할 수 있는 것은?

① Na_2CO_3

② $NH_4H_2PO_4$

③ $KHCO_3$

④ $NaHCO_3$

advice

분말 종류	주성분	분자식	색상	적용 화재
제1종	탄산수소나트륨 (중탄산나트륨)	$NaHCO_3$	백색	B, C급
제2종	탄산수소칼륨 (중탄산칼륨)	$KHCO_3$	담회색	B, C급
제3종	제1인산암모늄	$NH_4H_2PO_4$	담홍색 또는 황색	A, B, C급
제4종	탄산수소칼륨과 요소	$KHCO_3$ $+CO(NH_2)_2$	회색	B, C급

07 방화구획의 설치기준 중 스프링클러 기타 이와 유사한 자동식 소화설비를 설치한 10층 이하의 층은 몇 m^2 이내마다 구획하여야 하는가?

① 1,000

② 1,500

③ 2,000

④ 3,000

advice

방화구획의 기준

대상 건축물	구획 종류	구획 단위	구획부분의 구조
주요 구조부가 내화구조 또는 불연재료로서 연면적 $1,000m^2$ 이상인 건축물	면적단위	(10층 이하 층) 바닥면 적 $1,000m^2$ 이내마다	내화구조의 바닥, 벽 및 갑종 방화문 또는 자동방 화셔터
	층 단위	3층 이상 또는 지하층 부분에서는 층마다	
	층·면적 단위	11층 이상의 모든 층에 서 바닥면적 $200m^2$ 이 내마다(내장재가 불연재 료이면 $500m^2$ 이내마다)	
건축물의 일부를 내화구조로 하여야 할 건축물	용도단위	그 부분과 기타 부분 의 경계	

※ 면적 적용시 S.P 등 자동식 소화설비를 한 것은 그 면적의
3배로 적용한다.

2015

08 공기와 접촉되었을 때 위험도(H)가 가장 큰 것은?

① 에테르   ② 수소

③ 에틸렌   ④ 부탄

advice

구분	에테르	수소	에틸렌	프로판
연소범위	1.9~48	4~75	3.1~32	2.2~9.5
위험도	24.26	17.75	9.32	3.31

위험도(H)는 가연성 혼합가스의 연소범위의 제한치를 나타낸다.

$$H = \frac{U - L}{L}$$

여기서, U : 연소상한치

L : 연소하한치

09 이산화탄소의 질식 및 냉각 효과에 대한 설명 중 틀린 것은?

① 이산화탄소의 증기비중이 산소보다 크기 때문에 가연물과 산소의 접촉을 방해한다.

② 액체 이산화탄소가 기화되는 과정에서 열을 흡수한다.

③ 이산화탄소는 불연성 가스로서 가연물의 연소반응을 방해한다.

④ 이산화탄소는 산소와 반응하며 이 과정에서 발생한 연소열을 흡수하므로 냉각효과를 나타낸다.

advice

이산화탄소는 더 이상 산소와 반응할 수 없는 완전산화물이다.

10 이산화탄소 소화약제의 임계온도로 옳은 것은?

① 24.4℃   ② 31.1℃

③ 56.4℃   ④ 78.2℃

advice

이산화탄소의 임계온도는 31.35℃, 임계압력은 72.9atm이다.

2015

11 마그네슘의 화재에 주수하였을 때 물과 마그네슘의 반응으로 인하여 생성되는 가스는?

① 산소   ② 수소

③ 일산화탄소   ④ 이산화탄소

advice

마그네슘은 물과 반응하여 많은 양의 열과 수소(H_2)를 발생한다.

$Mg + 2H_2O \longrightarrow Mg(OH)_2 + H_2$

12 주요구조부가 내화구조로 된 건축물에서 거실 각 부분으로부터 하나의 직통계단에 이르는 보행거리는 피난자의 안전상 몇 m 이하이어야 하는가?

① 50   ② 60

③ 70   ④ 80

advice

주요구조부가 내화구조 또는 불연재료로 된 건축물에 있어서는 그 보행거리가 50m(층수가 16층 이상인 공동주택의 경우에는 40m) 이하가 되도록 설치할 수 있다.

Answer   08.①   09.④   10.②   11.②   12.①

13 화재하중에 대한 설명 중 틀린 것은?

① 화재하중이 크면 단위면적당의 발열량이 크다.
② 화재하중이 크다는 것은 화재구획의 공간이 넓다는 것이다.
③ 화재하중이 같더라도 물질의 상태에 따라 가혹도는 달라진다.
④ 화재하중은 화재구획실 내의 가연물 총량을 목재 중량당비로 환산하여 면적으로 나눈 수치이다.

advice

화재하중이란 일정 구역 내에 있는 예상 최대가연물질의 양을 뜻하며 등가 가연물량을 화재구획에서 단위면적당으로 나타낸다.

$$q = \frac{\Sigma(G_t \cdot H_t)}{H_o A} = \frac{\Sigma G_t}{4,500 A}$$

여기서, q : 화재하중[kg/m^2]
　　　　G_t : 가연물량[kg]
　　　　H_t : 가연물 단위발열량[kcal/kg]
　　　　H_o : 목재 단위발열량[kcal/kg]
　　　　A : 화재실, 화재구획의 바닥면적[m^2]
　　　　ΣG_t : 화재실, 화재구획의 가연물 전체발열량[kcal]

14 분말소화약제 분말입도의 소화성능에 관한 설명으로 옳은 것은?

① 미세할수록 소화성능이 우수하다.
② 입도가 클수록 소화성능이 우수하다.
③ 입도와 소화성능과는 관련이 없다.
④ 입도가 너무 미세하거나 너무 커도 소화 성능은 저하된다.

advice

분말소화약제의 입도와 소화성능
㉠ 입도가 너무 미세하거나 커도 소화성능이 저하된다.
㉡ 미세도의 분포가 골고루 되어 있어야 한다.
㉢ 분말입도는 20~30μm의 범위에서 소화효과가 가장 좋다.

15 물질의 취급 또는 위험성에 대한 설명 중 틀린 것은?

① 융해열은 점화원이다.
② 질산은 물과 반응시 발열 반응하므로 주의를 해야 한다.
③ 네온, 이산화탄소, 질소는 불연성 물질로 취급한다.
④ 암모니아를 충전하는 공업용 용기의 색상은 백색이다.

advice

점화원이 될 수 없는 것 … 흡착열, 융해열, 기화열

16 물의 기화열이 539.6cal/g인 것은 어떤 의미인가?

① 0℃의 물 1g이 얼음으로 변화하는데 539.6cal의 열량이 필요하다.
② 0℃의 얼음 1g이 물로 변화하는데 539.6cal의 열량이 필요하다.
③ 0℃의 물 1g이 100℃의 물로 변화하는데 539.6cal의 열량이 필요하다.
④ 100℃의 물 1g이 수증기로 변화하는데 539.6cal의 열량이 필요하다.

advice

기화열 … 100℃의 물 1g이 수증기로 변하는데 539.6cal/g의 열량이 필요하다.

Answer　**13.**② 　**14.**④ 　**15.**① 　**16.**④

17 화재에 관련된 국제적인 규정을 제정하는 단체는?

① IMO(International Matritime Organization)
② SFPE(Society of Fire Protection Engineers)
③ NFPA(Nation Fire Protection Association)
④ ISO(International Organization for Standardization) TC 92

advice

④ 화재안전 국제표준화 전문기술위원회
① 국제해사기구
② 국제소방기술전문가협회
③ 미국화재방재협회

18 연면적이 1,000m² 이상인 목조건축물은 그 외벽 및 처마 밑의 연소할 우려가 있는 부분을 방화구조로 하여야 하는데 이때 연소우려가 있는 부분은? (단, 동일한 대지 안에 2동 이상의 건물이 있는 경우이며, 공원·광장, 하천의 공지나 수면 또는 내화구조의 벽 기타 이와 유사한 것에 접하는 부분을 제외한다.)

① 상호의 외벽 간 중심선으로부터 1층은 3m 이내의 부분
② 상호의 외벽 간 중심선으로부터 2층은 7m 이내의 부분
③ 상호의 외벽 간 중심선으로부터 3층은 11m 이내의 부분
④ 상호의 외벽 간 중심선으로부터 4층은 13m 이내의 부분

advice

대규모 목조건축물의 외벽 등〈건축물의 피난·방화 구조 등의 기준에 관한 규칙 제22조〉
㉠ 연면적이 1천제곱미터 이상인 목조의 건축물은 그 외벽 및 처마밑의 연소할 우려가 있는 부분을 방화구조로 하되, 그

지붕은 불연재료로 하여야 한다.
㉡ ㉠에서 "연소할 우려가 있는 부분"이라 함은 인접대지경계선·도로중심선 또는 동일한 대지 안에 있는 2동 이상의 건축물 상호의 외벽간의 중심선으로부터 1층에 있어서는 3미터 이내, 2층 이상에 있어서는 5미터 이내의 거리에 있는 건축물의 각 부분을 말한다. 다만 공원·광장·하천의 공지나 수면 또는 내화구조의 벽 기타 이와 유사한 것에 접하는 부분을 제외한다.

2016

19 증기비중의 정의로 옳은 것은? (단, 분자, 분모의 단위는 모두 g/mol이다.)

① $\dfrac{분자량}{22.4}$　　② $\dfrac{분자량}{29}$

③ $\dfrac{분자량}{44.8}$　　④ $\dfrac{분자량}{100}$

advice

• 증기 비중 = $\dfrac{분자량}{29}$

• 증기 밀도 = $\dfrac{분자량}{22.4}$

Answer　17.④　18.①　19.②

20 인화점이 40℃ 이하인 위험물을 저장, 취급하는 장소에 설치하는 전기설비는 방폭구조로 설치하는데, 용기의 내부에 기체를 압입하여 압력을 유지하도록 함으로써 폭발성가스가 침입하는 것을 방지하는 구조는?

① 압력 방폭구조

② 유입 방폭구조

③ 안전증 방폭구조

④ 본질안전 방폭구조

┌advice┐

압력 방폭구조(p) ··· 용기 내부에 질소 등의 보호용 가스를 충전하여 외부에서 폭발성 가스가 침입하지 못하도록 한 구조

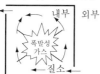

21 R=10Ω, C=33μF, L=20mH인 RLC 직렬회로의 공진주파수는 약 몇 Hz인가?

① 169   ② 176

③ 196   ④ 206

┌advice┐

공진은 $X_L = X_C$, $2\pi f L = \dfrac{1}{2\pi f C}$ 가 되는 경우이므로 공진

주파수 $f_0 = \dfrac{1}{2\pi \sqrt{LC}}$ 이다.

$$f_0 = \frac{1}{2\pi \sqrt{LC}} = \frac{1}{2\pi \sqrt{(20\times 10^{-3})\cdot(33\times 10^{-6})}}$$

$\fallingdotseq 195.9$

(2016)

22 PNPN 4층 구조로 되어 있는 소자가 아닌 것은?

① SCR   ② TRIAC

③ Diode   ④ GTO

┌advice┐

다이오드는 P형 반도체와 N형 반도체가 결합된 PN 접합구조이다.

Answer 20.① 21.③ 22.③

23 역률 80%, 유효전력 80kW일 때, 무효전력[kVar]은?

① 10 ② 16

③ 60 ④ 64

---
advice

유효전력 $P = V \cdot I \cos\theta \, [\mathrm{W}]$ 이므로,

$V \cdot I = \dfrac{P}{\cos\theta} = \dfrac{80}{0.8} = 100$ 이고,

$\cos\theta = 0.8$, $\theta = \cos^{-1}0.8 \fallingdotseq 36.869$

무효전력 $P_r = V \cdot I \sin\theta \, [\mathrm{var}]$ 이므로,

$P_r = 100 \times \sin36.869 \fallingdotseq 60 \,[\mathrm{kVar}]$

(2018) (2017) (2014)

24 전자회로에서 온도보상용으로 많이 사용되고 있는 소자는?

① 저항 ② 리액터

③ 콘덴서 ④ 서미스터

---
advice

서미스터는 온도 변화에 따라 내부저항이 변화하는 소자로서 NTC, PCT, CTR 등의 종류가 있으며, 온도 센서용으로 선형성이 양호한 NTC 소자가 많이 사용되고 있다. 리액터는 인덕턴스를 가지고 있는 소자로저 에너지를 전류형태로 저장 또는 방출하는 기능을 갖는 소자이며, 콘덴서는 전압의 형태로 에너지를 저장 또는 방출하는 소자이다. 저항은 에너지를 저장하거나 방출하지 않고 열 또는 빛 등으로 에너지를 소비하는 전기소자이다.

(2014)

25 서보전동기는 제어기기의 어디에 속하는가?

① 검출부 ② 조절부

③ 증폭부 ④ 조작부

---
advice

서보전동기는 조작부에서 나오는 조작량을 받아 제어된다.

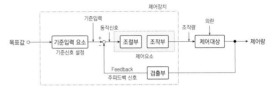

(2016)

26 자동제어계를 제어목적에 의해 분류한 경우, 틀린 것은?

① 정치제어 : 제어량을 주어진 일정목표로 유지시키기 위한 제어

② 추종제어 : 목표치가 시간에 따라 변화하는 제어

③ 프로그램제어 : 목표치가 프로그램대로 변하는 제어

④ 서보제어 : 선박의 방향제어계인 서보제어는 정치제어와 같은 성질

---
advice

제어량에 의한 제어를 분류하면 비율제어, 추종제어, 정치제어, 프로그램제어 등이 있다.

㉠ 추종제어 : 시간적 변화를 하는 목표값에 제어량을 추종시키는 제어로 서보기구가 해당

㉡ 비율제어 : 둘이상의 제어량을 일정 비율로 제어

㉢ 프로그램제어 : 목표값이 미리 정해진 시간적 변화를 하는 경우 제어량을 그것에 따라가도록 하는 제어

㉣ 정치제어 : 일정한 목표값을 유지하는 제어로 프로세스제어, 자동조정이 해당

Answer 23.③ 24.④ 25.④ 26.④

27 그림의 논리기호를 표시한 것으로 옳은 식은?

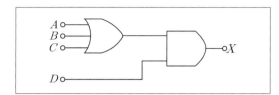

① $X = (A \cdot B \cdot C) \cdot D$

② $X = (A + B + C) \cdot D$

③ $X = (A \cdot B \cdot C) + D$

④ $X = A + B + C + D$

advice

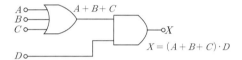

$X = (A + B + C) \cdot D$

28 20Ω과 40Ω의 병렬회로에서 20Ω에 흐르는 전류가 10A라면, 이 회로에 흐르는 총 전류는 몇 A인가?

① 5 ② 10

③ 15 ④ 20

advice

병렬회로에서 지로에 흐르는 전류는

$I_x = \dfrac{R_T}{R_x} \cdot I \left(R_T = \dfrac{R_1 \cdot R_2}{R_1 + R_2} \right)$ 이고,

$I_1 = \dfrac{R_2}{R_1 + R_2} I$, $10 = \dfrac{40}{20 + 40} I$ 에서

$I = 10 \times \dfrac{60}{40} = 15\,[\mathrm{A}]$

29 3상 유도전동기가 중 부하로 운전되던 중 1선이 절단되면 어떻게 되는가?

① 전류가 감소한 상태에서 회전이 계속된다.

② 전류가 증가한 상태에서 회전이 계속된다.

③ 속도가 증가하고 부하전류가 급상승한다.

④ 속도가 감소하고 부하전류가 급상승한다.

advice

3상 유도전동기에 가해진 3상 전원 중 1선이 절단되면, 전동기 회전은 계속 되지만 속도가 감소하고 부하전류는 상승된다.

(2016)

30 SCR의 양극 전류가 10A일 때 게이트 전류를 반으로 줄이면 양극 전류는 몇 A인가?

① 20 ② 10

③ 5 ④ 0.1

advice

SCR의 게이트는 애노드와 캐소드 간을 도통시키는 역할을 하며 게이트 전류가 반으로 줄어들어도 애노드와 캐소드의 전류는 변화되지 않는다.

31 비례+적분+미분동작(PID 동작) 식을 바르게 나타
낸 것은?

① $x_0 = K_p\left(x_i + \dfrac{1}{T_I}\int x_i dt + T_D\dfrac{dx_i}{dt}\right)$

② $x_0 = K_p\left(x_i - \dfrac{1}{T_I}\int x_i dt - T_D\dfrac{dx_i}{dt}\right)$

③ $x_0 = K_p\left(x_i + \dfrac{1}{T_I}\int x_i dt + T_D\dfrac{dt}{dx_i}\right)$

④ $x_0 = K_p\left(x_i - \dfrac{1}{T_I}\int x_i dt - T_D\dfrac{dt}{dx_i}\right)$

advice

PID 제어기를 표현한 수식은 비례적분미분을 동시에 적용한
수식이다.

$x_0 = K_p\left(x_i + \dfrac{1}{T_I}\int x_i dt + T_D\dfrac{dx_i}{dt}\right)$

32 그림과 같은 회로에서 분류기의 배율은? (단, 전류
계 A의 내부저항은 R_A이며 R_S는 분류기 저항이다.)

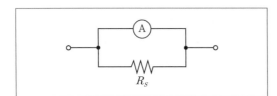

① $\dfrac{R_A}{R_A + R_S}$ 　　② $\dfrac{R_S}{R_A + R_S}$

③ $\dfrac{R_A + R_S}{R_S}$ 　　④ $\dfrac{R_A + R_S}{R_A}$

advice

분류기의 배율 $m = \dfrac{I}{I_A} = \dfrac{R_S + R_A}{R_S} = 1 + \dfrac{R_A}{R_S}$

(I_A : 전류계전류, I : 측정전류)

33 어떤 옥내배선에 380V의 전압을 가하였더니 0.2mA
의 누설전류가 흘렀다. 이 배선의 절연저항은 몇 MΩ
인가?

① 0.2

② 1.9

③ 3.8

④ 7.6

advice

오옴의 법칙에 의해 $I = \dfrac{V}{R}$ 에서

$R = \dfrac{V}{I} = \dfrac{380}{0.2 \times 10^{-3}} = 1,900,000\,[\Omega] = 1.9\,[M\Omega]$

(2016)

34 변류기에 결선된 전류계가 고장이 나서 교체하는
경우 옳은 방법은?

① 변류기의 2차를 개방시키고 전류계를 교체한다.

② 변류기의 2차를 단락시키고 전류계를 교체한다.

③ 변류기의 2차를 접지시키고 전류계를 교체한다.

④ 변류기에 피뢰기를 연결하고 전류계를 교체
한다.

advice

변류기 2차측을 개방하게 되면 2차측으로 부하전류가 흐르지
못하게 되고 1차측에 큰 전류가 흐르게 된다. 이 전류로 인해
1차 여자전류 모두가 2차측에 고전압을 유도하게 되고, 2차측
에 걸린 큰 전압에 의해 변류기의 절연이 파괴되게 된다. 따
라서 운전 중에 CT 2차는 개방하면 안된다.
그러므로 변류기 2차측을 단락시키고 전류계를 교체해야 한다.

Answer 31.① 　32.③ 　33.② 　34.②

35 두 콘덴서 C_1, C_2를 병렬로 접속하고 전압을 인가하였더니 전체 전하량이 $Q[\text{C}]$이었다. C_2에 충전된 전하량은?

① $\dfrac{C_1}{C_1+C_2}Q$

② $\dfrac{C_1+C_2}{C_1}Q$

③ $\dfrac{C_1+C_2}{C_2}Q$

④ $\dfrac{C_2}{C_1+C_2}Q$

advice

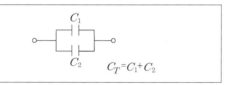

C_1, C_2가 병렬로 연결되어 있으므로 총전하량은 두 콘덴서 각각의 전하량의 합과 같다.

즉, $Q_T = Q_1 + Q_2$가 된다.

$Q = C \cdot V$ 이므로, $C_T V = C_1 V + C_2 V$가 되고,

$C_T = C_1 + C_2$

C_1, C_2에 저장된 전하량은 전체 전하량과 비례하여 저장되므로,

$Q_1 = \dfrac{C_1}{C_1+C_2}Q$, $Q_2 = \dfrac{C_2}{C_1+C_2}Q$

(2015)
36 논리식 $\overline{X}+XY$를 간략화한 것은?

① $\overline{X}+Y$

② $X+\overline{Y}$

③ $\overline{X}Y$

④ $X\overline{Y}$

advice

흡수의 법칙에서 $\overline{X} + XY = \overline{X} + Y$ …… (1)

$\overline{X}+\overline{X}Y = \overline{X}(1+Y) = \overline{X}$ 에서

$\overline{X} = \overline{X}+\overline{X}Y$이므로, (1)식은

$\overline{X} + XY = \overline{X}+\overline{X}Y + XY$

$\qquad\qquad = \overline{X}+(\overline{X}+X)Y = \overline{X}+Y$

($\ast$ $X+\overline{X}Y = X+Y$, $X+\overline{X}\,\overline{Y} = X+\overline{Y}$)

(2015)
37 전기화재의 원인이 되는 누전전류를 검출하기 위해 사용되는 것은?

① 접지계전기
② 영상변류기
③ 계기용변압기
④ 과전류계전기

advice

누전경보기는 수신기와 영상변류기로 구성되며 누전을 검출하는 기기는 영상변류기이다. 영상변류기는 ZCT(Zero Current Transformer)라고 한다.

38 공기 중에 2m의 거리에 $10\mu\text{C}$, $20\mu\text{C}$의 두 점전하가 존재할 때 이 두 전하 사이에 작용하는 정전력은 약 몇 N인가?

① 0.45

② 0.9

③ 1.8

④ 3.6

advice

두 전하 사이에 작용하는 정전력은 쿨롱의 법칙에 의해 구할 수 있다.

쿨롱의 법칙에서 $F = K\dfrac{Q_1 \cdot Q_2}{r^2}$이다.

$F = K\dfrac{Q_1 \cdot Q_2}{r^2} = 9\times10^9\,\dfrac{(10\times10^{-6})\cdot(20\times10^{-6})}{2^2}$

$\quad = 0.45\,[\text{N}]$

비례상수

$K = \dfrac{1}{4\pi\,\epsilon_0} = \dfrac{1}{4\pi\times8.855\times10^{-12}} = 9\times10^9$

진공상태 유전율 $\epsilon_0 = 8.855\times10^{-12}$

Answer 35.④ 36.① 37.② 38.①

39 100V, 1kW의 니크롬선을 3/4의 길이로 잘라서 사용할 때 소비전력은 약 몇 W인가?

① 1,000

② 1,333

③ 1,430

④ 2,000

advice

저항 $R = \rho \dfrac{l}{S}$ [Ω]이므로

$R = \rho \dfrac{l}{S} = \rho \dfrac{\frac{3}{4}l}{S}$ [Ω]

길이가 $\dfrac{3}{4}$ 이면 저항도 $\dfrac{3}{4}$ 이 된다.

전류 $I = \dfrac{V}{R}$ 이므로

$\dfrac{V}{\frac{3}{4}R} = \dfrac{V}{R}\dfrac{4}{3} = 1.333 \dfrac{V}{R} = 1.333 \cdot I$

전력 $P = V \cdot I$ 에서 전류가 1.333배이므로 전력도 1.333배가 된다.

즉, 1[kW] = 1,000[W]이므로,

1,000[W] × 1.333 = 1,333[W]

40 줄의 법칙에 관한 수식으로 틀린 것은?

① $W = I^2 Rt$ [J]

② $H = 0.24 I^2 Rt$ [cal]

③ $W = 0.12 VIt$ [J]

④ $H = \dfrac{1}{4.2} I^2 Rt$ [cal]

advice

전력량 $W = V \cdot I \cdot t = I^2 \cdot R \cdot t$ [Ws] = [J]

열량 $H = 0.24 I^2 \cdot R \cdot t = \dfrac{1}{4.2} I^2 \cdot R \cdot t$ [cal]

3과목 소방관계법규

(2015)

41 아파트로 층수가 20층인 특정소방대상물에서 스프링클러설비를 하여야 하는 층수는? (단, 아파트는 신축을 실시하는 경우이다.)

① 전층

② 15층 이상

③ 11층 이상

④ 6층 이상

advice

스프링클러설비를 설치하여야 하는 특정소방대상물〈「화재예방, 소방시설 설치·유지 및 안전관리에 관한 법률 시행령」 별표 5 참고〉

1. 문화 및 집회시설(동·식물원은 제외), 종교시설(주요구조부가 목조인 것은 제외), 운동시설(물놀이형 시설은 제외)로서 다음의 어느 하나에 해당하는 경우에는 모든 층
   가. 수용인원이 100명 이상인 것
   나. 영화상영관의 용도로 쓰이는 층의 바닥면적이 지하층 또는 무창층인 경우에는 500m² 이상, 그 밖의 층의 경우에는 1천m² 이상인 것
   다. 무대부가 지하층·무창층 또는 4층 이상의 층에 있는 경우에는 무대부의 면적이 300m² 이상인 것
   라. 무대부가 다) 외의 층에 있는 경우에는 무대부의 면적이 500m² 이상인 것
2. 판매시설, 운수시설 및 창고시설(물류터미널에 한정)로서 바닥면적의 합계가 5천m² 이상이거나 수용인원이 500명 이상인 경우에는 모든 층
3. 층수가 6층 이상인 특정소방대상물의 경우에는 모든 층. 다만, 주택 관련 법령에 따라 기존의 아파트등을 리모델링하는 경우로서 건축물의 연면적 및 층높이가 변경되지 않는 경우에는 해당 아파트등의 사용검사 당시의 소방시설 적용기준을 적용한다.

42 1급 소방안전관리대상물이 아닌 것은?

① 15층인 특정소방대상물(아파트는 제외)
② 가연성가스를 2,000톤 저장·취급하는 시설
③ 21층인 아파트로서 300세대인 것
④ 연면적 20,000m²인 문화집회 및 운동시설

advice

1급 소방안전관리대상물〈「화재예방, 소방시설 설치·유지 및 안전관리에 관한 법률 시행령」 제22조 제1항 제2호〉… 특정소방대상물 중 특급 소방안전관리대상물을 제외한 다음의 어느 하나에 해당하는 것으로서 동·식물원, 철강 등 불연성 물품을 저장·취급하는 창고, 위험물 저장 및 처리 시설 중 위험물 제조소등, 지하구를 제외한 것

가. 30층 이상(지하층은 제외)이거나 지상으로부터 높이가 120미터 이상인 아파트
나. 연면적 1만 5천제곱미터 이상인 특정소방대상물(아파트는 제외)
다. 나목에 해당하지 아니하는 특정소방대상물로서 층수가 11층 이상인 특정소방대상물(아파트는 제외)
라. 가연성 가스를 1천톤 이상 저장·취급하는 시설

43 다음 중 중급기술자의 학력·경력자에 대한 기준으로 옳은 것은? (단, 학력·경력자란 고등학교·대학 또는 이와 같은 수준 이상의 교육기관의 소방 관련 학과의 정해진 교육과정을 이수하고 졸업하거나 그 밖의 관계 법령에 따라 국내 또는 외국에서 이와 같은 수준 이상의 학력이 있다고 인정되는 사람을 말한다.)

① 고등학교를 졸업 후 10년 이상 소방 관련 업무를 수행한 자
② 학사학위를 취득한 후 6년 이상 소방 관련 업무를 수행한 자
③ 석사학위를 취득한 후 2년 이상 소방 관련 업무를 수행한 자
④ 박사학위를 취득한 후 1년 이상 소방 관련 업무를 수행한 자

advice

학력·경력 등에 따른 기술등급〈「소방시설공사업법 시행규칙」 별표 4의2 참고〉

등급		해당자
중급 기술자	학력· 경력자	• 박사학위를 취득한 사람 • 석사학위를 취득한 후 3년 이상 소방 관련 업무를 수행한 사람 • 학사학위를 취득한 후 6년 이상 소방 관련 업무를 수행한 사람 • 전문학사학위를 취득한 후 9년 이상 소방 관련 업무를 수행한 사람 • 고등학교를 졸업한 후 12년 이상 소방 관련 업무를 수행한 사람
	경력자	• 학사 이상의 학위를 취득한 후 9년 이상 소방 관련 업무를 수행한 사람 • 전문학사학위를 취득한 후 12년 이상 소방 관련 업무를 수행한 사람 • 고등학교를 졸업한 후 15년 이상 소방 관련 업무를 수행한 사람 • 18년 이상 소방 관련 업무를 수행한 사람

Answer 42.③ 43.②

44
소방특별조사 결과에 따른 조치명령으로 손실을 입어 손실을 보상하는 경우 그 손실을 입은 자는 누구와 손실보상을 협의하여야 하는가?

① 소방서장
② 시·도지사
③ 소방본부장
④ 행정안전부장관

advice

손실보상〈「화재예방, 소방시설 설치·유지 및 안전관리에 관한 법률」제6조〉… 소방청장, 특별시장·광역시장·특별자치시장·도지사 또는 특별자치도지사(이하 시·도지사)는 명령으로 인하여 손실을 입은 자가 있는 경우에는 대통령령으로 정하는 바에 따라 보상하여야 한다.

45
소방기본법령상 특수가연물의 저장 및 취급기준 중 석탄·목탄류를 저장하는 경우 쌓는 부분의 바닥면적은 몇 m² 이하인가? (단, 살수설비를 설치하거나 방사능력 범위에 해당 특수가연물이 포함되도록 대형수동식소화기를 설치하는 경우이다.)

① 200
② 250
③ 300
④ 350

advice

특수가연물의 저장 및 취급의 기준〈「소방기본법 시행령」제7조〉

1. 특수가연물을 저장 또는 취급하는 장소에는 품명·최대수량 및 화기취급의 금지표지를 설치할 것
2. 다음의 기준에 따라 쌓아 저장할 것. 다만, 석탄·목탄류를 발전(發電)용으로 저장하는 경우에는 그러하지 아니하다.
   가. 품명별로 구분하여 쌓을 것
   나. 쌓는 높이는 10미터 이하가 되도록 하고, 쌓는 부분의 바닥면적은 50제곱미터(석탄·목탄류의 경우에는 200제곱미터) 이하가 되도록 할 것. 다만, <u>살수설비를 설치하거나, 방사능력 범위에 해당 특수가연물이 포함되도록 대형수동식소화기를 설치하는 경우에는</u> 쌓는 높

이를 15미터 이하, 쌓는 부분의 바닥면적을 200제곱미터(<u>석탄·목탄류의 경우에는 300제곱미터</u>) 이하로 할 수 있다.
   다. 쌓는 부분의 바닥면적 사이는 1미터 이상이 되도록 할 것

46
소방기본법상 명령권자가 소방본부장, 소방서장 또는 소방대장에게 있는 사항은?

① 소방활동을 할 때에 긴급한 경우에는 이웃한 소방본부장 또는 소방서장에게 소방업무의 응원을 요청할 수 있다.
② 화재, 재난·재해, 그 밖의 위급한 상황이 발생한 현장에서 소방활동을 위하여 필요할 때에는 그 관할구역에 사는 사람 또는 그 현장에 있는 사람으로 하여금 사람을 구출하는 일 또는 불을 끄거나 불이 번지지 아니하도록 하는 일을 하게 할 수 있다.
③ 수사기관이 방화 또는 실화의 혐의가 있어서 이미 피의자를 체포하였거나 증거물을 압수하였을 때에 화재조사를 위하여 필요한 경우에는 수사에 지장을 주지 아니하는 범위에서 그 피의자 또는 압수된 증거물에 대한 조사를 할 수 있다.
④ 화재, 재난·재해, 그 밖의 위급한 상황이 발생하였을 때에는 소방대를 현장에 신속하게 출동시켜 화재진압과 인명구조, 구급 등 소방에 필요한 활동을 하게 하여야 한다.

advice

① <u>소방본부장이나 소방서장은 소방활동을 할 때에 긴급한 경우에는 이웃한 소방본부장 또는 소방서장에게 소방업무의 응원(應援)을 요청할 수 있다</u>〈「소방기본법」제11조 제1항〉.
② <u>소방본부장, 소방서장 또는 소방대장은</u> 화재, 재난·재해, 그 밖의 위급한 상황이 발생한 현장에서 소방활동을 위하여 필요할 때에는 그 관할구역에 사는 사람 또는 그 현장에 있는 사람으로 하여금 사람을 구출하는 일 또는 불을

끄거나 불이 번지지 아니하도록 하는 일을 하게 할 수 있다〈「소방기본법」 제24조 제1항 전단〉.

③ 소방청장, 소방본부장 또는 소방서장은 수사기관이 방화(放火) 또는 실화(失火)의 혐의가 있어서 이미 피의자를 체포하였거나 증거물을 압수하였을 때에 화재조사를 위하여 필요한 경우에는 수사에 지장을 주지 아니하는 범위에서 그 피의자 또는 압수된 증거물에 대한 조사를 할 수 있다. 이 경우 수사기관은 소방청장, 소방본부장 또는 소방서장의 신속한 화재조사를 위하여 특별한 사유가 없으면 조사에 협조하여야 한다〈「소방기본법」 제31조〉.

④ 소방청장, 소방본부장 또는 소방서장은 화재, 재난·재해, 그 밖의 위급한 상황이 발생하였을 때에는 소방대를 현장에 신속하게 출동시켜 화재진압과 인명구조·구급 등 소방에 필요한 활동을 하게 하여야 한다〈「소방기본법」 제16조 제1항〉.

---

47 경유의 저장량이 2,000리터, 중유의 저장량이 4,000리터, 등유의 저장량이 2,000리터인 저장소에 있어서 지정수량의 배수는?

① 동일

② 6배

③ 3배

④ 2배

advice

경유, 중유, 등유는 모두 인화성액체로 제4류 위험물에 해당한다. 이중 경유와 등유는 제2석유류 비수용성액체로, 지정수량이 1,000리터이다. 중유는 제3석유류 비수용성액체로 지정수량이 2,000리터이다. 따라서 3종 모두 2배수씩으로 이 저장소는 지정수량의 6배수이다.

(2016)

48 소방용수시설 중 소화전과 급수탑의 설치기준으로 틀린 것은?

① 급수탑 급수배관의 구경은 100mm 이상으로 할 것

② 소화전은 상수도와 연결하여 지하식 또는 지상식의 구조로 할 것

③ 소방용호스와 연결하는 소화전의 연결금속구의 구경은 65mm로 할 것

④ 급수탑의 개폐밸브는 지상에서 1.5m 이상 1.8m 이하의 위치에 설치할 것

advice

소방용수시설별 설치기준〈「소방기본법 시행규칙」 별표 3 참고〉

가. 소화전의 설치기준 : 상수도와 연결하여 지하식 또는 지상식의 구조로 하고, 소방용호스와 연결하는 소화전의 연결금속구의 구경은 65밀리미터로 할 것

나. 급수탑의 설치기준 : 급수배관의 구경은 100밀리미터 이상으로 하고, 개폐밸브는 지상에서 1.5미터 이상 1.7미터 이하의 위치에 설치하도록 할 것

다. 저수조의 설치기준

(1) 지면으로부터의 낙차가 4.5미터 이하일 것

(2) 흡수부분의 수심이 0.5미터 이상일 것

(3) 소방펌프자동차가 쉽게 접근할 수 있도록 할 것

(4) 흡수에 지장이 없도록 토사 및 쓰레기 등을 제거할 수 있는 설비를 갖출 것

(5) 흡수관의 투입구가 사각형의 경우에는 한 변의 길이가 60센티미터 이상, 원형의 경우에는 지름이 60센티미터 이상일 것

(6) 저수조에 물을 공급하는 방법은 상수도에 연결하여 자동으로 급수되는 구조일 것

(2016)

49 특정소방대상물의 관계인이 소방안전관리자를 해임한 경우 새로운 소방안전관리자를 선임해야 하는 기간은? (단, 해임한 날부터를 기준일로 한다.)

① 10일 이내   ② 20일 이내
③ 30일 이내   ④ 40일 이내

advice

소방안전관리자의 선임신고 등〈「화재예방, 소방시설 설치·유지 및 안전관리에 관한 법률 시행규칙」제14조 제1항〉 … 특정소방대상물의 관계인은 소방안전관리자를 다음의 어느 하나에 해당하는 날부터 <u>30일 이내</u>에 선임하여야 한다.

1. 신축·증축·개축·재축·대수선 또는 용도변경으로 해당 특정소방대상물의 소방안전관리자를 신규로 선임하여야 하는 경우 : 해당 특정소방대상물의 완공일(건축물의 경우에는 「건축법」에 따라 건축물을 사용할 수 있게 된 날을 말한다)
2. 증축 또는 용도변경으로 인하여 특정소방대상물이 소방안전관리대상물로 된 경우 : 증축공사의 완공일 또는 용도변경 사실을 건축물관리대장에 기재한 날
3. 특정소방대상물을 양수하거나 「민사집행법」에 의한 경매, 「채무자 회생 및 파산에 관한 법률」에 의한 환가, 「국세징수법」·「관세법」 또는 「지방세기본법」에 의한 압류재산의 매각 그 밖에 이에 준하는 절차에 의하여 관계인의 권리를 취득한 경우 : 해당 권리를 취득한 날 또는 관할 소방서장으로부터 소방안전관리자 선임 안내를 받은 날. 다만, 새로 권리를 취득한 관계인이 종전의 특정소방대상물의 관계인이 선임신고한 소방안전관리자를 해임하지 아니하는 경우를 제외한다.
4. 특정소방대상물의 경우 : 소방본부장 또는 소방서장이 공동소방안전관리 대상으로 지정한 날
5. <u>소방안전관리자를 해임한 경우 : 소방안전관리자를 해임한 날</u>
6. 소방안전관리업무를 대행하는 자를 감독하는 자를 소방안전관리자로 선임한 경우로서 그 업무대행 계약이 해지 또는 종료된 경우 : 소방안전관리업무 대행이 끝난 날

(2018) (2015) (2014)

50 화재예방, 소방시설 설치·유지 및 안전관리에 관한 법령상 소방안전관리대상물의 소방안전관리자에게만 해당하는 업무가 아닌 것은?

① 소방훈련 및 교육
② 피난시설, 방화구획 및 방화시설의 유지·관리
③ 자위소방대 및 초기대응체계의 구성·운영·교육
④ 피난계획에 관한 사항과 대통령령으로 정하는 사항이 포함된 소방계획서의 작성 및 시행

advice

특정소방대상물(소방안전관리대상물은 제외)의 관계인과 소방안전관리대상물의 소방안전관리자의 업무는 다음과 같다. 다만, <u>제1호·제2호 및 제4호의 업무는 소방안전관리대상물의 경우에만 해당</u>한다〈「화재예방, 소방시설 설치·유지 및 안전관리에 관한 법률」제20조 제6항〉.

1. <u>피난계획에 관한 사항과 대통령령으로 정하는 사항이 포함된 소방계획서의 작성 및 시행</u>
2. <u>자위소방대 및 초기대응체계의 구성·운영·교육</u>
3. 피난시설, 방화구획 및 방화시설의 유지·관리
4. <u>소방훈련 및 교육</u>
5. 소방시설이나 그 밖의 소방 관련 시설의 유지·관리
6. 화기 취급의 감독
7. 그 밖에 소방안전관리에 필요한 업무

Answer   49.③   50.②

51 문화재보호법의 규정에 의한 유형문화재와 지정문화재에 있어서는 제조소 등과의 수평거리를 몇 m 이상 유지하여야 하는가?

① 20

② 30

③ 50

④ 70

---

advice

안전거리〈「위험물안전관리법 시행규칙」 별표 4 참고〉

1. 제조소(제6류 위험물을 취급하는 제조소를 제외)는 다음의 규정에 의한 건축물의 외벽 또는 이에 상당하는 공작물의 외측으로부터 당해 제조소의 외벽 또는 이에 상당하는 공작물의 외측까지의 사이에 다음의 규정에 의한 수평거리(안전거리)를 두어야 한다.

　가. 나목 내지 라목의 규정에 의한 것 외의 건축물 그 밖의 공작물로서 주거용으로 사용되는 것(제조소가 설치된 부지내에 있는 것을 제외)에 있어서는 10m 이상

　나. 학교 · 병원 · 극장 그 밖에 다수인을 수용하는 시설로서 다음의 1에 해당하는 것에 있어서는 30m 이상

　　1) 「초 · 중등교육법」 및 「고등교육법」에 정하는 학교

　　2) 「의료법」에 따른 병원급 의료기관

　　3) 「공연법」에 따른 공연장, 「영화 및 비디오물의 진흥에 관한 법률」에 따른 영화상영관 및 그 밖에 이와 유사한 시설로서 3백명 이상의 인원을 수용할 수 있는 것

　　4) 「아동복지법」에 따른 아동복지시설, 「노인복지법」에 해당하는 노인복지시설, 「장애인복지법」에 따른 장애인복지시설, 「한부모가족지원법」에 따른 한부모가족복지시설, 「영유아보육법」에 따른 어린이집, 「성매매방지 및 피해자보호 등에 관한 법률」에 따른 성매매피해자등을 위한 지원시설, 「정신보건법」에 따른 정신보건시설, 「가정폭력방지 및 피해자보호 등에 관한 법률」에 따른 보호시설 및 그 밖에 이와 유사한 시설로서 20명 이상의 인원을 수용할 수 있는 것

　다. 「문화재보호법」의 규정에 의한 유형문화재와 기념물 중 지정문화재에 있어서는 50m 이상

　라. 고압가스, 액화석유가스 또는 도시가스를 저장 또는 취급하는 시설로서 다음의 1에 해당하는 것에 있어서는 20m 이상. 다만, 당해 시설의 배관 중 제조소가 설치된 부지 내에 있는 것은 제외한다.

　　1) 「고압가스 안전관리법」의 규정에 의하여 허가를 받거나 신고를 하여야 하는 고압가스제조시설(용기에 충전하는 것을 포함) 또는 고압가스 사용시설로서 1일 30m³ 이상의 용적을 취급하는 시설이 있는 것

　　2) 「고압가스 안전관리법」의 규정에 의하여 허가를 받거나 신고를 하여야 하는 고압가스저장시설

　　3) 「고압가스 안전관리법」의 규정에 의하여 허가를 받거나 신고를 하여야 하는 액화산소를 소비하는 시설

　　4) 「액화석유가스의 안전관리 및 사업법」의 규정에 의하여 허가를 받아야 하는 액화석유가스제조시설 및 액화석유가스저장시설

　　5) 「도시가스사업법」의 규정에 의한 가스공급시설

　마. 사용전압이 7,000V 초과 35,000V 이하의 특고압가공전선에 있어서는 3m 이상

　바. 사용전압이 35,000V를 초과하는 특고압가공전선에 있어서는 5m 이상

2. 제1호 가목 내지 다목의 규정에 의한 건축물 등은 부표의 기준에 의하여 불연재료로 된 방화상 유효한 담 또는 벽을 설치하는 경우에는 동표의 기준에 의하여 안전거리를 단축할 수 있다.

Answer 51.③

2018

52 화재예방, 소방시설 설치·유지 및 안전관리에 관한 법령상 소방시설 등에 대한 자체 점검을 하지 아니하거나 관리업자 등으로 하여금 정기적으로 점검하게 하지 아니한 자에 대한 벌칙 기준으로 옳은 것은?

① 1년 이하의 징역 또는 1,000만 원 이하의 벌금
② 3년 이하의 징역 또는 1,500만 원 이하의 벌금
③ 3년 이하의 징역 또는 3,000만 원 이하의 벌금
④ 6개월 이하의 징역 또는 1,000만 원 이하의 벌금

advice

법칙〈「화재예방, 소방시설 설치·유지 및 안전관리에 관한 법률」제49조〉… 다음의 어느 하나에 해당하는 자는 1년 이하의 징역 또는 1천만 원 이하의 벌금에 처한다.

1. 관계인의 정당한 업무를 방해한 자, 조사·검사 업무를 수행하면서 알게 된 비밀을 제공 또는 누설하거나 목적 외의 용도로 사용한 자
2. 관리업의 등록증이나 등록수첩을 다른 자에게 빌려준 자
3. 영업정지처분을 받고 그 영업정지기간 중에 관리업의 업무를 한 자
4. <u>소방시설등에 대한 자체점검을 하지 아니하거나 관리업자 등으로 하여금 정기적으로 점검하게 하지 아니한 자</u>
5. 소방시설관리사증을 다른 자에게 빌려주거나 동시에 둘 이상의 업체에 취업한 사람
6. 제품검사에 합격하지 아니한 제품에 합격표시를 하거나 합격표시를 위조 또는 변조하여 사용한 자
7. 형식승인의 변경승인을 받지 아니한 자
8. 제품검사에 합격하지 아니한 소방용품에 성능인증을 받았다는 표시 또는 제품검사에 합격하였다는 표시를 하거나 성능인증을 받았다는 표시 또는 제품검사에 합격하였다는 표시를 위조 또는 변조하여 사용한 자
9. 성능인증의 변경인증을 받지 아니한 자
10. 우수품질인증을 받지 아니한 제품에 우수품질인증 표시를 하거나 우수품질인증 표시를 위조하거나 변조하여 사용한 자

2018 2017 2016

53 소방기본법령상 소방본부 종합상황실 실장이 소방청의 종합상황실에 서면·모사전송 또는 컴퓨터통신 등으로 보고하여야 하는 화재의 기준에 해당하지 않는 것은?

① 항구에 매어둔 총 톤수가 1,000톤 이상인 선박에서 발생한 화재
② 연면적 15,000m² 이상인 공장 또는 화재경계지구에서 발생한 화재
③ 지정수량의 1,000배 이상의 위험물의 제조소·저장소·취급소에서 발생한 화재
④ 층수가 5층 이상이거나 병상이 30개 이상인 종합병원·정신병원·한방병원·요양소에서 발생한 화재

advice

종합상황실의 실장의 업무 등〈소방기본법 시행규칙 제3조 제2항〉… 종합상황실의 실장은 다음의 1에 해당하는 상황이 발생하는 때에는 그 사실을 지체없이 서면·모사전송 또는 컴퓨터통신 등으로 소방서의 종합상황실의 경우는 소방본부의 종합상황실에, 소방본부의 종합상황실의 경우는 소방청의 종합상황실에 각각 보고하여야 한다.

1. 다음의 1에 해당하는 화재
   가. 사망자가 5인 이상 발생하거나 사상자가 10인 이상 발생한 화재
   나. 이재민이 100인 이상 발생한 화재
   다. 재산피해액이 50억 원 이상 발생한 화재
   라. 관공서·학교·정부미도정공장·문화재·지하철 또는 지하구의 화재
   마. 관광호텔, 층수(「건축법 시행령」의 규정에 의하여 산정한 층수를 말한다)가 11층 이상인 건축물, 지하상가, 시장, 백화점, 「위험물안전관리법」의 규정에 의한 <u>지정수량의 3천배 이상의 위험물의 제조소·저장소·취급소</u>, 층수가 5층 이상이거나 객실이 30실 이상인 숙박시설, <u>층수가 5층 이상이거나 병상이 30개 이상인 종합병원·정신병원·한방병원·요양소</u>, 연면적 1만 5천제곱미터 이상인 공장 또는 소방기본법 시행령 제4조 제1항 각 목에 따른 <u>화재경계지구</u>에서 발생한 화재
   바. 철도차량, <u>항구에 매어둔 총 톤수가 1천톤 이상인 선박</u>, 항공기, 발전소 또는 변전소에서 발생한 화재
   사. 가스 및 화약류의 폭발에 의한 화재

Answer **52.**① **53.**③

아. 「다중이용업소의 안전관리에 관한 특별법」에 따른 다중이용업소의 화재

2. 「긴급구조대응활동 및 현장지휘에 관한 규칙」에 의한 통제단장의 현장지휘가 필요한 재난상황

3. 언론에 보도된 재난상황

4. 그 밖에 소방청장이 정하는 재난상황

(2018)

54 소방시설공사업법령상 상주공사감리 대상기준 중 다음 ㉠, ㉡, ㉢에 알맞은 것은?

> • 연면적 (㉠)m² 이상의 특정소방대상물(아파트는 제외)에 대한 소방시설의 공사
> • 지하층을 포함한 층수가 (㉡)층 이상으로서 (㉢)세대 이상인 아파트에 대한 소방시설의 공사

① ㉠ 10,000, ㉡ 11, ㉢ 600

② ㉠ 10,000, ㉡ 16, ㉢ 500

③ ㉠ 30,000, ㉡ 11, ㉢ 600

④ ㉠ 30,000, ㉡ 16, ㉢ 500

|advice|

상주 공사감리 대상〈「소방시설공사업법 시행령」 별표 3 참고〉

㉠ 연면전 3만제곱미터 이상의 특정소방대상물(아파트는 제외)에 대한 소방시설의 공사

㉡ 지하층을 포함한 층수가 16층 이상으로서 500세대 이상인 아파트에 대한 소방시설의 공사

(2016)

55 화재예방, 소방시설 설치·유지 및 안전관리에 관한 법령상 소방특별조사위원회의 위원에 해당하지 아니하는 사람은?

① 소방기술사

② 소방시설관리사

③ 소방 관련 분야의 석사학위 이상을 취득한 사람

④ 소방 관련 법인 또는 단체에서 소방 관련업무에 3년 이상 종사한 사람

|advice|

위원회의 위원은 다음의 어느 하나에 해당하는 사람 중에서 소방본부장이 임명하거나 위촉한다〈「화재예방, 소방시설 설치·유지 및 안전관리에 관한 법률 시행령」 제7조의2 제2항〉.

1. 과장급 직위 이상의 소방공무원

2. 소방기술사

3. 소방시설관리사

4. 소방 관련 분야의 석사학위 이상을 취득한 사람

5. 소방 관련 법인 또는 단체에서 소방 관련 업무에 5년 이상 종사한 사람

6. 소방공무원 교육기관, 「고등교육법」의 학교 또는 연구소에서 소방과 관련한 교육 또는 연구에 5년 이상 종사한 사람

Ⓐnswer 54.④ 55.④

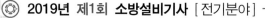

56 제3류 위험물 중 금수성 물품에 적응성이 있는 소화약제는?

① 물 　　　　　② 강화액
③ 팽창질석 　　　④ 인산염류분말

advice

제3류 위험물 자연발화성물질 및 금수성물질이라 함은 고체 또는 액체로서 공기 중에서 발화의 위험이 있거나 물과 접촉하여 발화하거나 가연성가스를 발생하는 위험성이 있는 것을 말한다. 제3류 위험물 중 자연발화성만 가진 물질인 황린의 경우에는 소화에 물 또는 강화액 포와 같은 물계통의 소화제를 사용하는 것이 가능하다. 그러나 <u>금수성물질의 소화에는 탄산수소염류 등을 이용한 분말소화약제 등 금수성 위험물에 적응성이 있는 분말소화 약제를 이용한다.</u> 또한 <u>마른모래, 팽창질석과, 진주암은 제3류 위험물 전체의 소화에 사용할 수 있다.</u>

57 화재가 발생하는 경우 인명 또는 재산의 피해가 클 것으로 예상되는 때 소방대상물의 개수·이전·제거, 사용금지 등의 필요한 조치를 명할 수 있는 자는?

① 시·도지사
② 의용소방대장
③ 기초자치단체장
④ 소방본부장 또는 소방서장

advice

<u>소방청장, 소방본부장 또는 소방서장</u>은 소방특별조사 결과 소방대상물의 위치·구조·설비 또는 관리의 상황이 화재나 재난·재해 예방을 위하여 보완될 필요가 있거나 화재가 발생하면 인명 또는 재산의 피해가 클 것으로 예상되는 때에는 행정안전부령으로 정하는 바에 따라 관계인에게 그 소방대상물의 개수(改修)·이전·제거, 사용의 금지 또는 제한, 사용폐쇄, 공사의 정지 또는 중지, 그 밖의 필요한 조치를 명할 수 있다〈「화재예방, 소방시설 설치·유지 및 안전에 관한 법률」 제5조 제1항〉.

58 소방기본법령상 소방본부장 또는 소방서장은 소방상 필요한 훈련 및 교육을 실시하고자 하는 때에는 화재경계지구 안의 관계인에게 훈련 또는 교육 며칠 전까지 그 사실을 통보하여야 하는가?

① 5 　　　　　② 7
③ 10 　　　　④ 14

advice

화재경계지구의 관리〈「소방가본법 시행령」 제4조 제3항, 제4항〉
③ 소방본부장 또는 소방서장은 화재경계지구 안의 관계인에 대하여 소방상 필요한 훈련 및 교육을 연 1회 이상 실시할 수 있다.
④ 소방본부장 또는 소방서장은 소방상 필요한 훈련 및 교육을 실시하고자 하는 때에는 화재경계지구 안의 관계인에게 <u>훈련 또는 교육 10일 전까지</u> 그 사실을 통보하여야 한다.

59 소방기본법상 보일러, 난로, 건조설비, 가스·전기시설, 그 밖에 화재 발생 우려가 있는 설비 또는 기구 등의 위치·구조 및 관리와 화재 예방을 위하여 불을 사용할 때 지켜야 하는 사항은 무엇으로 정하는가?

① 총리령
② 대통령령
③ 시·도 조례
④ 행정안전부령

advice

불을 사용하는 설비 등의 관리와 특수가연물의 저장·취급〈「소방기본법」 제15조〉
① 보일러, 난로, 건조설비, 가스·전기시설, 그 밖에 화재 발생 우려가 있는 설비 또는 기구 등의 위치·구조 및 관리와 화재 예방을 위하여 불을 사용할 때 지켜야 하는 사항은 <u>대통령령</u>으로 정한다.
② 화재가 발생하는 경우 불길이 빠르게 번지는 고무류·면화류·석탄 및 목탄 등 대통령령으로 정하는 특수가연물의 저장 및 취급 기준은 대통령령으로 정한다.

Answer 56.③ 57.④ 58.③ 59.②

60 위험물운송자 자격을 취득하지 아니한 자가 위험물 이송탱크저장소 운전 시의 벌칙으로 옳은 것은?

① 100만 원 이하의 벌금

② 300만 원 이하의 벌금

③ 500만 원 이하의 벌금

④ 1,000만 원 이하의 벌금

advice

「위험물안전관리법」 제37조(벌칙) … 다음의 어느 하나에 해당하는 자는 1천만 원 이하의 벌금에 처한다.

1. 위험물의 취급에 관한 안전관리와 감독을 하지 아니한 자
2. 안전관리자 또는 그 대리자가 참여하지 아니한 상태에서 위험물을 취급한 자
3. 변경한 예방규정을 제출하지 아니한 관계인으로서 제6조 제1항의 규정에 따른 허가를 받은 자
4. 위험물의 운반에 관한 중요기준에 따르지 아니한 자
5. 제21조 제1항 또는 제2항의 규정을 위반한 위험물운송자
6. 관계인의 정당한 업무를 방해하거나 출입·검사 등을 수행하면서 알게 된 비밀을 누설한 자

※ 「위험물안전관리법」 제21조(위험물의 운송) 제1항 … 이동탱크저장소에 의하여 위험물을 운송하는 자(운송책임자 및 이동탱크저장소운전자)는 당해 위험물을 취급할 수 있는 국가기술자격자 또는 안전교육을 받은 자이어야 한다.

4과목 소방전기시설의 구조 및 원리

61 경계전로의 누설전류를 자동적으로 검출하여 이를 누전경보기의 수신부에 송신하는 것을 무엇이라고 하는가?

① 수신부

② 확성기

③ 변류기

④ 증폭기

advice

누전경보기의 구성요소는 누전경보기 수신기와 영상변류기로 구성된다.

영상변류기(ZCT)에서 검출된 누설 전류신호는 수신기로 전달되며 수신기는 이 신호를 수신하여 경보를 울리거나 보조접점을 동작시키는 기능을 한다.

62 누전경보기의 5~10회로까지 사용할 수 있는 집합형 수신기 내부결선도에서 구성요소가 아닌 것은?

① 제어부

② 증폭부

③ 조작부

④ 자동입력 절환부

advice

누전경보기 집합형 수신기 내부구조는 입력절환부, 증폭·제어부, 전원부, 동작 및 도통시험부, 동작회로표시부 등으로 구분되며 조작부는 구성요소에 해당하지 않는다.

(2017) (2016)
63 비상콘센트설비의 화재안전기준에서 정하고 있는 저압의 정의는?

① 직류는 750V 이하, 교류는 600V 이하인 것

② 직류는 750V 이하, 교류는 380V 이하인 것

③ 직류는 750V를, 교류는 600V를 넘고 7,000V 이하인 것

④ 직류는 750V를, 교류는 380V를 넘고 7,000V 이하인 것

advice

전압의 종류

구분		전압
저압	교류	600V 이하
	직류	750V 이하
고압	교류	600V 이상 7,000V 이하
	직류	750V 이상 7,000V 이하
특고압		7,000V 초과

64 비상방송설비의 음향장치는 정격전압의 몇 % 전압에서 음향을 발할 수 있는 것으로 하여야 하는가?

① 80　　　　　② 90

③ 100　　　　　④ 110

advice

비상방송설비용 음향장치는 정격전압의 80% 전압에서 음향을 발할 수 있는 것으로 한다.

(2014)
65 자가발전설비, 비상전원수전설비 또는 전기저장장치(외부 전기에너지를 저장해 두었다가 필요한 때 전기를 공급하는 장치)를 비상콘센트설비의 비상전원으로 설치하여야 하는 특정소방대상물로 옳은 것은?

① 지하층을 제외한 층수가 4층 이상으로서 연면적 600m² 이상인 특정소방대상물

② 지하층을 제외한 층수가 5층 이상으로서 연면적 1,000m² 이상인 특정소방대상물

③ 지하층을 제외한 층수가 6층 이상으로서 연면적 1,500m² 이상인 특정소방대상물

④ 지하층을 제외한 층수가 7층 이상으로서 연면적 2,000m² 이상인 특정소방대상물

advice

지하층을 제외한 층수가 7층 이상으로서 연면적이 2,000m² 이상이거나 지하층의 바닥면적의 합계가 3,000m² 이상인 특정소방대상물의 비상콘센트설비에는 자가발전설비, 비상전원수전설비 또는 전기저장장치(외부 전기에너지를 저장해 두었다가 필요한 때 전기를 공급하는 장치)를 비상전원으로 설치할 것. 다만, 둘 이상의 변전소에서 전력을 동시에 공급받을 수 있거나 하나의 변전소로부터 전력의 공급이 중단되는 때에는 자동으로 다른 변전소로부터 전력을 공급받을 수 있도록 상용전원을 설치한 경우에는 비상전원을 설치하지 아니할 수 있다

Answer　**63.**① **64.**① **65.**④

66 불꽃감지기의 설치기준으로 틀린 것은?

① 수분이 많이 발생할 우려가 있는 장소에는 방수형으로 설치할 것
② 감지기를 천장에 설치하는 경우에는 감지기는 천장을 향하여 설치할 것
③ 감지기는 화재감지를 유효하게 감지할 수 있는 모서리 또는 벽 등에 설치할 것
④ 감지기는 공칭감시거리와 공칭시야각을 기준으로 감시구역이 모두 포용될 수 있도록 설치할 것

|advice|

불꽃감지기는 천장에 설치하는 경우에는 감지기는 바닥을 향하여 설치한다.

※ 불꽃감지기 설치기준

ㄱ 공칭감시거리 및 공칭시야각은 형식승인 내용에 따를 것
ㄴ 감지기는 공칭감시거리와 공칭시야각을 기준으로 감시구역이 모두 포용될 수 있도록 설치할 것
ㄷ 감지기는 화재감지를 유효하게 감지할 수 있는 모서리 또는 벽 등에 설치할 것
ㄹ 감지기를 천장에 설치하는 경우에는 감지기는 바닥을 향하여 설치할 것
ㅁ 수분이 많이 발생할 우려가 있는 장소에는 방수형으로 설치할 것
ㅂ 그 밖의 설치기준은 형식승인 내용에 따르며 형식승인 사항이 아닌 것은 제조사의 시방에 따라 설치할 것

67 무선통신보조설비의 무선기기 접속단자 중 지상에 설치하는 접속단자는 보행거리 최대 몇 m 이내마다 설치하여야 하는가?

① 5
② 50
③ 150
④ 300

|advice|

무선통신보조설비 무선기기 접속단자는 보행거리 300m 이내마다 설치한다.

※ 무선통신보조설비 무선기기 접속단자 설치기준

ㄱ 화재층으로부터 지면으로 떨어지는 유리창 등에 의한 지장을 받지 않고 지상에서 유효하게 소방활동을 할 수 있는 장소 또는 수위실 등 상시 사람이 근무하고 있는 장소에 설치할 것
ㄴ 단자는 한국산업규격에 적합한 것으로 하고, 바닥으로부터 높이 0.8m 이상 1.5m 이하의 위치에 설치할 것
ㄷ 지상에 설치하는 접속단자는 보행거리 300m 이내마다 설치하고, 다른 용도로 사용되는 접속단지에서 5m 이상의 거리를 둘 것
ㄹ 지상에 설치하는 단자를 보호하기 위하여 견고하고 함부로 개폐할 수 없는 구조의 보호함을 설치하고, 먼지 · 습기 및 부식 등에 따라 영향을 받지 아니하도록 조치할 것
ㅁ 단자의 보호함의 표면에 "무선기 접속단자"라고 표시한 표지를 할 것

68 정온식감지선형감지기에 관한 설명으로 옳은 것은?

① 일국소의 주위온도 변화에 따라서 차동 및 정온식의 성능을 갖는 것을 말한다.

② 일국소의 주위온도가 일정한 온도 이상이 되었을 때 작동하는 것으로서 외관이 전선으로 되어 있는 것을 말한다.

③ 그 주위온도가 일정한 온도상승률 이상이 되었을 때 작동하는 것을 말한다.

④ 그 주위온도가 일정한 온도상승률 이상이 되었을 때 작동하는 것으로서 광범위한 열효과의 누적에 의하여 동작하는 것을 말한다.

advice

① 일국소의 주위온도 변화에 따라서 차동 및 정온식의 성능을 갖는 것은 보상식감지기이다.

③ 일정한 온도상승률 이상이 되었을 때 작동하는 것은 차동식감지기이다.

④ 일정한 온도상승률 이상이 되었을 때 작동하고 광범위한 열효과 누적에 의해 동작하는 감지기는 차동식분포형감지기이다.

69 축전지의 자기 방전을 보충함과 동시에 상용 부하에 대한 전력 공급은 충전기가 부담하도록 하되 충전기가 부담하기 어려운 일시적인 대전류 부하는 축전지로 하여금 부담하게 하는 충전방식은?

① 과충전 방식

② 균등 충전 방식

③ 부동 충전 방식

④ 세류 충전 방식

advice

② 균등 충전 방식 : 각 전지간의 전압을 균등하게 하기 위해 약 1개월에서 3개월에 한번 10시간 정도 정전압으로 충전하는 방식

③ 부동 충전 방식 : 축전지의 자기방전을 보충함과 동시에 상용 부하에 대한 전력공급은 충전기가 부담하도록 하되 충전기가 부담하기 어려운 일시적인 대전류 부하는 축전지로 하여금 부담하게 하는 충전방식

④ 세류 충전 방식 : 자기방전량만 충전하는 충전방식

70 단독경보형 감지기 중 연동식 감지기의 무선 기능에 대한 설명으로 옳은 것은?

① 화재신호를 수신한 단독경보형 감지기는 60초 이내에 경보를 발해야 한다.

② 무선통신 점검은 단독경보형 감지기가 서로 송수신하는 방식으로 한다.

③ 작동한 단독경보형 감지기는 화재경보가 정지하기 전까지 100초 이내 주기마다 화재신호를 발신해야 한다.

④ 무선통신 점검은 168시간 이내에 자동으로 실시하고 이때 통신이상이 발생하는 경우에는 300초 이내에 통신이상 상태의 단독경보형 감지기를 확인할 수 있도록 표시 및 경보를 해야 한다.

advice

단독경보형감지기 중 연동식 감지기의 무선기능

㉠ 작동한 단독경보형감지기는 화재경보가 정지하기 전까지 60초 이내 주기마다 화재신호를 발신하여야 한다.

㉡ 화재신호를 수신한 단독경보형감지기는 10초 이내에 경보를 발하여야 한다.

※ 단독경보형감지기 통신점검기능에 대한 적합기준

　㉠ 무선통신 점검은 168시간 이내에 자동으로 실시하고 이때 통신이상이 발생하는 경우에는 200초 이내에 통신이상 상태의 단독경보형감지기를 확인할 수 있도록 표시 및 경보를 하여야 한다.

　㉡ 무선통신 점검은 단독경보형감지기가 서로 송수신하는 방식으로 한다.

Ａnswer **68.**② **69.**③ **70.**②

71 정온식감지기의 설치 시 공칭작동온도가 최고주위 온도보다 최소 몇 ℃ 이상 높은 것으로 설치하여 야 하는가?

① 10 ② 20
③ 30 ④ 40

advice

감지기 설치기준
㉠ 감지기(차동식분포형의 것을 제외)는 실내로의 공기유입구 로부터 1.5m 이상 떨어진 위치에 설치할 것
㉡ 감지기는 천장 또는 반자의 옥내에 면하는 부분에 설치할 것
㉢ 보상식스포트형감지기는 정온점이 감지기 주위의 평상시 최고온도보다 20℃ 이상 높은 것으로 설치할 것
㉣ 정온식감지기는 주방·보일러실 등으로서 다량의 화기를 취급하는 장소에 설치하되, 공칭작동온도가 최고주위온도 보다 <u>20℃ 이상 높은 것</u>으로 설치할 것

72 무선통신보조설비의 누설동축케이블의 설치기준으 로 틀린 것은?

① 끝부분에는 반사 종단저항을 견고하게 설치 할 것
② 고압의 전로로부터 1.5m 이상 떨어진 위치에 설치할 것
③ 금속판 등에 따라 전파의 복사 또는 특성이 현 저하게 저하되지 아니하는 위치에 설치할 것
④ 불연 또는 난연성의 것으로서 습기에 따라 전기의 특성이 변질되지 아니하는 것으로 설 치할 것

advice

무선통신보조설비 누설동축케이블 설치기준
㉠ 소방전용주파수대에서 전파의 전송 또는 복사에 적합한 것으 로서 소방전용의 것으로 할 것. 다만, 소방대 상호간의 무선 연락에 지장이 없는 경우에는 다른 용도와 겸용할 수 있다.
㉡ 누설동축케이블과 이에 접속하는 안테나 또는 동축케이블 과 이에 접속하는 안테나로 구성할 것
㉢ 누설동축케이블은 불연 또는 난연성의 것으로서 습기에 따 라 전기의 특성이 변질되지 아니하는 것으로 하고, 노출하 여 설치한 경우에는 피난 및 통행에 장애가 없도록 할 것
㉣ 누설동축케이블은 화재에 따라 해당 케이블의 피복이 소실 된 경우에 케이블 본체가 떨어지지 아니하도록 4m 이내마 다 금속제 또는 자기제등의 지지금구로 벽·천장·기둥에 견고하게 고정시킬 것. 다만, 불연재료로 구획된 반자 안에 설치하는 경우에는 그러하지 아니하다.
㉤ 누설동축케이블 및 안테나는 금속판 등에 따라 전파의 복 사 또는 특성이 현저하게 저하되지 아니하는 위치에 설치 할 것
㉥ 누설동축케이블 및 안테나는 고압의 전로로부터 1.5m 이 상 떨어진 위치에 설치할 것. 다만, 해당 전로에 정전기 차폐장치를 유효하게 설치한 경우에는 그러하지 아니하다.
㉦ 누설동축케이블의 끝부분에는 <u>무반사 종단저항</u>을 견고하게 설치할 것

73 소화활동 시 안내방송에 사용하는 증폭기의 종류 로 옳은 것은?

① 탁상형
② 휴대형
③ Desk형
④ Rack형

advice

소화활동시 안내방송을 위한 증폭기는 휴대용이 적합하다.

Answer 71.② 72.① 73.②

74 계단통로유도등은 각 층의 경사로 참 또는 계단참마다 설치하도록 하고 있는데 1개 층에 경사로 참 또는 계단참이 2 이상 있는 경우에는 몇 개의 계단참마다 계단통로유도등을 설치하여야 하는가?

① 2개　　　　　② 3개
③ 4개　　　　　④ 5개

[advice]

계단통로유도등 설치기준
㉠ 각 층의 경사로 참 또는 계단참마다(1개층에 경사로 참 또는 계단참이 2 이상 있는 경우에는 2개의 계단참마다)설치할 것
㉡ 바닥으로부터 높이 1m 이하의 위치에 설치할 것

(2014)
75 자동화재탐지설비의 수신기의 각 회로별 종단에 설치되는 감지기에 접속되는 배선의 전압은 감지기 정격전압의 최소 몇 % 이상이어야 하는가?

① 50　　　　　② 60
③ 70　　　　　④ 80

[advice]

자동화재탐지설비 수신기의 각 회로별 종단에 설치되는 감지기에 접속되는 배선의 전압은 감지기 정격전압의 최소 80% 이상이어야 한다.

76 비상벨설비 또는 자동식 사이렌설비에는 그 설비에 대한 감시상태를 몇 시간 지속한 후 유효하게 10분 이상 경보할 수 있는 축전지 설비(수신기에 내장하는 경우를 포함한다)를 설치하여야 하는가?

① 1시간
② 2시간
③ 4시간
④ 6시간

[advice]

비상벨 또는 자동식사이렌 예비전원 기준 … 비상벨설비 또는 자동식 사이렌설비에는 그 설비에 대한 감시상태를 60분간 지속한 후 유효하게 10분 이상 경보할 수 있는 축전지설비(수신기에 내장하는 경우를 포함) 또는 전기저장장치(외부 전기에너지를 저장해 두었다가 필요한 때 전기를 공급하는 장치)를 설치하여야 한다.

Answer　**74.**① 　**75.**④ 　**76.**①

(2015)

77 자동화재속보설비의 설치기준으로 틀린 것은?

① 조작스위치는 바닥으로부터 1m 이상 1.5m 이하의 높이에 설치할 것

② 속보기는 소방관서에 통신망으로 통보하도록 하며, 데이터 또는 코드전송방식을 부가적으로 설치할 수 있다.

③ 자동화재탐지설비와 연동으로 작동하여 자동적으로 화재발생 상황을 소방관서에 전달되는 것으로 할 것

④ 속보기는 소방청장이 정하여 고시한 「자동화재속보설비의 속보기의 성능인증 및 제품검사의 기술기준」에 적합한 것으로 설치하여야 한다.

advice

자동화재속보설비 설치기준

㉠ 자동화재탐지설비와 연동으로 작동하여 자동적으로 화재발생 상황을 소방관서에 전달되는 것으로 할 것. 이 경우 부가적으로 특정소방대상물의 관계인에게 화재발생상황을 전달되도록 할 수 있다.

㉡ 조작스위치는 바닥으로부터 0.8m 이상 1.5m 이하의 높이에 설치할 것

㉢ 속보기는 소방관서에 통신망으로 통보하도록 하며, 데이터 또는 코드전송방식을 부가적으로 설치할 수 있다. 단, 데이터 및 코드전송방식의 기준은 소방청장이 정하여 고시한 「자동화재속보설비의 속보기의 성능인증 및 제품검사의 기술기준」에 따른다.

㉣ 문화재에 설치하는 자동화재속보설비는 ㉠의 기준에도 불구하고 속보기에 감지기를 직접 연결하는 방식(자동화재탐지설비 1개의 경계구역에 한한다)으로 할 수 있다.

㉤ 속보기는 소방청장이 정하여 고시한 「자동화재속보설비의 속보기의 성능인증 및 제품검사의 기술기준」에 적합한 것으로 설치하여야 한다.

(2014)

78 휴대용비상조명등 설치 높이는?

① 0.8m ~ 1.0m

② 0.8m ~ 1.5m

③ 1.0m ~ 1.5m

④ 1.0m ~ 1.8m

advice

휴대용비상조명등 설치기준

㉠ 다음의 장소에 설치할 것

• 숙박시설 또는 다중이용업소에는 객실 또는 영업장안의 구획된 실마다 잘 보이는 곳(외부에 설치시 출입문 손잡이로부터 1m 이내 부분)에 1개 이상 설치

• 「유통산업발전법」에 따른 대규모점포(지하상가 및 지하역사는 제외)와 영화상영관에는 보행거리 50m 이내마다 3개 이상 설치

• 지하상가 및 지하역사에는 보행거리 25m 이내마다 3개 이상 설치

㉡ 설치높이는 바닥으로부터 0.8m 이상 1.5m 이하의 높이에 설치할 것

㉢ 어둠속에서 위치를 확인할 수 있도록 할 것

㉣ 사용 시 자동으로 점등되는 구조일 것

㉤ 외함은 난연성능이 있을 것

㉥ 건전지를 사용하는 경우에는 방전방지조치를 하여야 하고, 충전식 밧데리의 경우에는 상시 충전되도록 할 것

㉦ 건전지 및 충전식 밧데리의 용량은 20분 이상 유효하게 사용할 수 있는 것으로 할 것

Answer 77.① 78.②

2014

79 자동화재탐지설비의 화재안전기준에서 사용하는 용어가 아닌 것은?

① 중계기
② 경계구역
③ 시각경보장치
④ 단독경보형 감지기

advice

정의〈자동화재탐지설비 및 시각경보장치의 화재안전기준 제3조〉
1. **경계구역** : 특정소방대상물 중 화재신호를 발신하고 그 신호를 수신 및 유효하게 제어할 수 있는 구역
2. **수신기** : 감지기나 발신기에서 발하는 화재신호를 직접 수신하거나 중계기를 통하여 수신하여 화재의 발생을 표시 및 경보하여 주는 장치
3. **중계기** : 감지기·발신기 또는 전기적접점 등의 작용에 따른 신호를 받아 이를 수신기의 제어반에 전송하는 장치
4. **감지기** : 화재시 발생하는 열, 연기, 불꽃 또는 연소생성물을 자동적으로 감지하여 수신기에 발신하는 장치
5. **발신기** : 화재발생 신호를 수신기에 수동으로 발신하는 장치
6. **시각경보장치** : 자동화재탐지설비에서 발하는 화재신호를 시각경보기에 전달하여 청각장애인에게 점멸형태의 시각경보를 하는 것
7. **거실** : 거주·집무·작업·집회·오락 그 밖에 이와 유사한 목적을 위하여 사용하는 방

2018 2017 2015

80 비상경보설비를 설치하여야 할 특정소방대상물로 옳은 것은? (단, 지하구, 모래·석재 등 불연재료 창고 및 위험물 저장·처리 시설 중 가스시설은 제외한다.)

① 지하가 중 터널로서 길이가 400m 이상인 것
② 30명 이상의 근로자가 작업하는 옥내작업장
③ 지하층 또는 무창층의 바닥면적이 150m²(공연장의 경우 100m²) 이상인 것
④ 연면적 300m²(지하가 중 터널 또는 사람이 거주하지 않거나 벽이 없는 축사 등 동·식물 관련시설은 제외) 이상인 것

advice

비상경보설비 설치대상

설치대상	면적 조건
지하층, 무창층	바닥면적 150m²(공연장 100m²) 이상
전부	연면적 400m² 이상
지하가 중 터널의 길이	길이 500m 이상
옥내 작업장	50명 이상 작업장

2019년 제2회 소방설비기사 [전기분야]

시험일정	시험유형	시험시간	시험과목
2019.04.27	필 기	120분	1 소방원론 2 소방전기일반 3 소방관계법규 4 소방전기시설의 구조 및 원리

수험번호		성 명	

1과목 소방원론

01 도장작업 공정에서의 위험도를 설명한 것으로 틀린 것은?

① 도장작업 그 자체 못지않게 건조공정도 위험하다.

② 도장작업에서는 인화성 용제가 쓰이지 않으므로 폭발의 위험이 없다.

③ 도장작업장은 폭발시를 대비하여 지붕을 시공한다.

④ 도장실의 환기덕트를 주기적으로 청소하여 도료가 덕트 내에 부착되지 않게 한다.

advice

도장작업의 재료는 인화성 액체에 해당한다.

02 방호공간 안에서 화재의 세기를 나타내고 화재가 진행되는 과정에서 온도에 따라 변하는 것으로 온도-시간 곡선으로 표시할 수 있는 것은?

① 화재저항   ② 화재가혹도

③ 화재하중   ④ 화재플럼

advice

화재가혹도 … 화재로 인한 건물 및 건물 내에 수납되어 있는 재산에 대해 피해를 주는 능력의 정도

03 목조건축물의 화재 진행상황에 관한 설명으로 옳은 것은?

① 화원 - 발연착화 - 무염착화 - 출화 - 최성기 - 소화

② 화원 - 발염착화 - 무염착화 - 소화 - 연소낙하

③ 화원 - 무염착화 - 발염착화 - 출화 - 최성기 - 소화

④ 화원 - 무염착화 - 출화 - 발염착화 - 최성기 - 소화

Answer   01.②   02.②   03.③

> **advice**
>
> 목조건축물의 화재 진행과정
>
>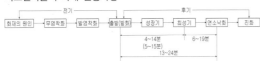

(2017)

04 연면적이 1,000m² 이상인 건축물에 설치하는 방화벽이 갖추어야 할 기준으로 틀린 것은?

① 내화구조로서 홀로 설 수 있는 구조일 것
② 방화벽의 양쪽 끝과 윗쪽 끝을 건축물의 외벽면 및 지붕면으로부터 0.1m 이상 튀어 나오게 할 것
③ 방화벽에 설치하는 출입문의 너비는 2.5m 이하로 할 것
④ 방화벽에 설치하는 출입문의 높이는 2.5m 이하로 할 것

> **advice**
>
> 방화벽 설치기준

대상 건축물	구획단위	구획부분의 구조	설치기준
목조 건축물 등 (주요 구조부가 내화구조 또는 불연재료가 아닌 것)	연면적 1,000m² 이내마다	• 자립할 수 있는 내화구조 • 개구부의 폭 및 높이는 2.5m ×2.5m 이하로 하고, 갑종 방화문 설치	• 방화벽의 양단 및 상단은 외벽면이나 지붕면으로부터 50cm 이상 돌출시킬 것 • 급수관, 배전관, 기타 관의 관통부에는 시멘트모르타르, 불연재료로 충전할 것 • 환기, 난방, 냉방 시설의 풍도에는 방화댐퍼를 설치할 것 • 개구부에 설치하는 갑종방화문은 항상 닫힌 상태를 유지하거나, 화재 시 자동으로 닫히는 구조로 할 것

05 화재 표면온도(절대온도)가 2배로 되면 복사에너지는 몇 배로 증가되는가?

① 2
② 4
③ 8
④ 16

> **advice**
>
> 복사체로부터 방사되는 복사열은 복사체의 단위표면적당 방사열로 정의하여 정량적으로 파악하게 되는데, 그 양은 복사 표면의 절대온도의 4승에 비례한다. 이것을 스테판−볼츠만(Stefan−Boltzman)의 법칙이라고 하며 다음과 같은 식으로 나타내어진다.
>
> $$q = \varepsilon \sigma T^4$$
>
> 여기서, q : 복사체의 단위표면적으로부터 단위시간당 방사되는 복사에너지(Watts/cm²)
> ε : 보정계수(적외선 파장 범위에서 비금속 물질의 경우에는 거의 1에 가까운 값이므로 무시할 수 있다)
> σ : 스테판−볼츠만 상수 ($\fallingdotseq 5.67 \times 10^{-8}$ Watts/cm² · K⁴)
> T : 절대온도(K)
>
> 절대온도가 2배가 되면 복사에너지는 2^4=16배로 증가한다.

06 탱크화재 시 발생되는 보일오버(Boil Over)의 방지방법으로 틀린 것은?

① 탱크 내용물의 기계적 교반
② 물의 배출
③ 과열방지
④ 위험물 탱크 내의 하부에 냉각수 저장

> **advice**
>
> 보일오버 ⋯ 탱크 바닥에 물과 기름의 에멀션이 섞여있을 때 물의 비등으로 인하여 급격하게 Over−flow되는 현상

Answer 04.② 05.④ 06.④

07 산불화재의 형태로 틀린 것은?

① 지중화 형태　　② 수평화 형태
③ 지표화 형태　　④ 수관화 형태

advice

산불화재의 종류
㉠ **지중화** : 지표화로부터 시작되어 주로 낙엽층 아래의 부식층에 축적된 유기물들을 태우며 확산되는 산불이다.
㉡ **수간화** : 나무의 줄기가 연소, 불이 강해져서 지표화재나 수관화를 일으킬 수 있다.
㉢ **지표화** : 지표면에 축적된 초본, 관목, 납엽, 낙지, 고사목 등의 연료를 태우며 확산되는 산불이다.
㉣ **수관화** : 나무의 가지와 잎을 태우며, 나무의 윗부분에 불이 붙어 연속해서 번지는 산불이다.
㉤ **비산화** : 불붙은 연료의 일부가 상승기류를 타고 올라가서 산불이 확산되고 있는 지역 밖으로 날아가 떨어지는 현상이다.

(2014)

08 다음 중 동일한 조건에서 증발잠열(kJ/kg)이 가장 큰 것은?

① 질소　　　　　② 할론 1301
③ 이산화탄소　　④ 물

advice

① 질소(N_2) : 47.74kcal/kg
② 할론 1301(CF_3Br) : 28.4kcal/kg
③ 이산화탄소(CO_2) : 56.1kcal/kg
④ 물(H_2O) : 539kcal/kg

09 다음 위험물 중 특수인화물이 아닌 것은?

① 아세톤　　　　② 디에틸에테르
③ 산화프로필렌　④ 아세트알데히드

advice

아세톤은 제1석유류에 해당한다.

10 다음 가연성 기체 1몰이 완전 연소하는데 필요한 이론공기량으로 틀린 것은? (단, 체적비로 계산하며 공기 중 산소의 농도를 21vol.%로 한다.)

① 수소 – 약 2.38몰
② 메탄 – 약 9.52몰
③ 아세틸렌 – 약 16.91몰
④ 프로판 – 약 23.81몰

advice

① $2H_2 + O_2 \rightarrow 2H_2O$

| 1mol–H_2 | 1mol–O_2 | 100mol–Air | =2.38mol–Air |
| | 2mol–H_2 | 21mol–O_2 | |

② $CH_4 + 2O_2 \rightarrow CO_2 + 2H_2O$

| 1mol–CH_4 | 2mol–O_2 | 100mol–Air | =9.52mol–Air |
| | mol–CH_4 | 21mol–O_2 | |

③ $2C_2H_2 + 3O_2 \rightarrow 4CO_2 + 2H_2O$

| 1mol–C_2H_2 | 3mol–O_2 | 100mol–Air | =7.14mol–Air |
| | 2mol–H_2 | 21mol–O_2 | |

④ $C_3H_8 + 5O_2 \rightarrow 3CO_2 + 4H_2O$

| 1mol–C_3H_8 | 5mol–O_2 | 100mol–Air | =23.81mol–Air |
| | 1mol–H_2 | 21mol–O_2 | |

11 물의 소화능력에 관한 설명 중 틀린 것은?

① 다른 물질보다 비열이 크다.

② 다른 물질보다 용해잠열이 작다.

③ 다른 물질보다 증발잠열이 크다.

④ 밀폐된 장소에서 증발가열되면 산소희석작용을 한다.

advice

물의 물리적 성질

㉠ 상온에서 물은 무겁고 비교적 안정된 액체이다.

㉡ 물의 융해잠열은 80kcal/kg이다.

㉢ 물의 비열은 1kcal/kg · ℃이다.

㉣ 물의 증발잠열은 539kcal/kg(1기압, 100℃)이다.

㉤ 물이 증발하면 그 체적은 약 1,650배로 증가한다.

㉥ 표면장력이 크다.

※ 물의 밀도는 4℃에서 최댓값을 갖는다.

12 공기의 부피 비율이 질소 79%, 산소 21%인 전기실에 화재가 발생하여 이산화탄소 소화약제를 방출하여 소화하였다. 이때 산소의 부피농도가 14%이었다면 이 혼합 공기의 분자량은 약 얼마인가? (단, 화재시 발생한 연소가스는 무시한다.)

① 28.9

② 30.9

③ 33.9

④ 35.9

advice

$$\%CO_2 = \frac{21 - MOC}{21} \times 100$$

$$= \frac{21 - 14}{21} \times 100$$

$$= 33.33\%$$

$O_2 = 14\%$, $N_2 = 53\%$이므로

$44 \times 0.33 + 32 \times 0.14 + 28 \times 0.53 = 33.84$

(2015)

13 화재의 일반적 특성으로 틀린 것은?

① 확대성

② 정형성

③ 우발성

④ 불안정성

advice

화재란 "사람의 의도에 반하거나 고의에 의해 발생하는 연소현상으로서 소화시설 등을 사용하여 소화할 필요가 있거나 또는 화학적인 폭발현상"을 말하며, 일반적인 특성으로는 확대성, 우발성, 불안정성을 들 수 있다.

14 화재실의 연기를 옥외로 배출시키는 제연방식으로 효과가 가장 적은 것은?

① 자연 제연방식

② 스모크 타워 제연방식

③ 기계식 제연방식

④ 냉난방설비를 이용한 제연방식

advice

제연 방식의 종류 … 자연 제연방식, 기계 제연방식, 밀폐 제연방식, 스모크 타워 제연방식

Answer 11.② 12.③ 13.② 14.④

15 다음 중 가연물의 제거를 통한 소화 방법과 무관한 것은?

① 산불의 확산방지를 위하여 산림의 일부를 벌채한다.

② 화학반응기의 화재 시 원료 공급관의 밸브를 잠근다.

③ 전기실 화재시 IG-541 약제를 방출한다.

④ 유류탱크 화재 시 주변에 있는 유류탱크의 유류를 다른 곳으로 이동시킨다.

advice

③ 전기실 화재시 전원을 차단하고 전기의 공급을 중지시킨다.

16 석유, 고무, 동물의 털, 가죽 등과 같이 황성분을 함유하고 있는 물질이 불완전연소될 때 발생하는 연소가스로 계란 썩는 듯한 냄새가 나는 기체는?

① 아황산가스　　② 시안화가스

③ 황화수소　　　④ 암모니아

advice

황화수소(H_2S : hydrogen sulfide) … 고무, 동물의 털과 가죽 및 고기 등과 같은 물질에는 유황성분이 포함되어 있어, 화재 시에 이들의 불완전연소로 인해 황화수소가 발생한다. 황화수소는 유화수소라고도 하며 <u>달걀 썩는 냄새</u>와 같은 특유한 냄새가 있어 쉽게 감지할 수가 있으나, 0.02% 이상의 농도에서는 후각이 바로 마비되기 때문에 불과 몇 회만 호흡하면 전혀 냄새를 맡을 수 없게 되며, 환원성이 있고 발화온도는 260℃로 비교적 낮아 착화되기 쉬운 가연성 가스로서 폭발범위는 4.0~44%이다.

17 분말 소화약제의 취급시 주의사항으로 틀린 것은?

① 습도가 높은 공기 중에 노출되면 고화되므로 항상 주의를 기울인다.

② 충진시 다른 소화약제와 혼합을 피하기 위하여 종별로 각각 다른 색으로 착색되어 있다.

③ 실내에서 다량 방사하는 경우 분말을 흡입하지 않도록 한다.

④ 분말 소화약제와 수성막포를 함께 사용할 경우 포의 소포 현상을 발생시키므로 병용해서는 안 된다.

advice

수성막포 소화약제는 내약품성으로 분말소화약제와 Twin agent system이 가능하다.

18 건축물의 화재를 확산시키는 요인이라 볼 수 없는 것은?

① 비화(飛火)

② 복사열(輻射熱)

③ 자연발화(自然發火)

④ 접염(接炎)

advice

자연발화 … 어떤 물질이 외부로부터 열을 공급받지 않고 내부 반응열의 축적만으로 온도가 상승하여 발화점에 도달하여 연소를 일으키는 현상

Answer　15.③　16.③　17.④　18.③

19 화재 시 CO_2를 방사하여 산소농도를 11vol.%로 낮추어 소화하려면 공기 중 CO_2의 농도는 약 몇 vol.%가 되어야 하는가?

① 47.6   ② 42.9
③ 37.9   ④ 34.5

──advice──

$$CO_2(\%) = \frac{21-11}{21} \times 100 ≒ 47.62\%$$

20 물 소화약제를 어떠한 상태로 주수할 경우 전기화재의 진압에서도 소화능력을 발휘할 수 있는가?

① 물에 의한 봉상주수
② 물에 의한 적상주수
③ 물에 의한 무상주수
④ 어떤 상태의 주수에 의해서도 효과가 없다.

──advice──

전기화재의 경우 안개상의 주수(무상주수)에 의해 소화가 가능하다.

──────

2과목 소방전기일반

21 그림과 같은 회로에서 $A-B$ 단자에 나타나는 전압은 몇 V인가?

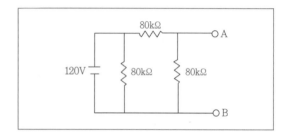

① 20   ② 40
③ 60   ④ 80

──advice──

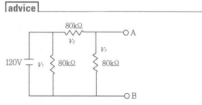

전압 V_1은 입력전압 120V와 병렬로 연결되어 있으므로 120V가 걸리며, V_2와 V_3는 입력 전압 120V가 분배되어 인가된다. 분배되는 두 저항이 동일하므로 각각 인가되는 전압은 입력 전압의 $\frac{1}{2}$로 된다.

$$V_2 = \frac{R_1}{R_1+R_2} V = \frac{80}{80+80} \cdot 120V = 60V$$

Answer   **19.**①   **20.**③   **21.**③

22 부궤환 증폭기의 장점에 해당되는 것은?

① 전력이 절약된다.

② 안정도가 증진된다.

③ 증폭도가 증가된다.

④ 능률이 증대된다.

advice

궤환에는 부궤환(negative feedback)과 정궤환(positive feedback)이 있다. 부궤환은 동작을 안정화시키며 정궤환은 동작을 불안정하게 하는 방향으로 동작하게 되며, 일반적으로 증폭기의 경우에는 부궤환을 적용하고, 발진기는 정궤환을 적용한다.

(2014)
23 전기기기에서 생기는 손실 중 권선의 저항에 의하여 생기는 손실은?

① 철손

② 동손

③ 표유부하손

④ 히스테리시스손

advice

① 철손 : 변압기나 전동기 등의 철심 부분에서 자기화력 때문에 열이 발생하여 생기는 철심의 전력 손실

② 동손 : 전기기기의 코일(권선)에 전류가 흐름으로써 발생하는 저항 손실

③ 표유부하손 : 표유부하손은 권선 이외의 부분의 모든 손실

④ 히스테리시스손 : 철손의 일종으로 철심에 작용하는 교류자계로 인해 철 내부의 자기성분이 방향을 바꾸면서 발생하는 마찰로 인한 손실을 말한다. 주파수에 비례하며 이 손실을 줄이기 위해 규소강판을 사용

(2016)
24 그림과 같은 무접점회로는 어떤 논리회로인가?

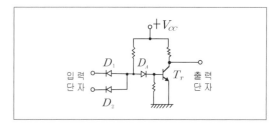

① NOR   ② OR

③ NAND   ④ AND

advice

회로의 그림에서 다이오드 회로는 AND 회로이며, 이 회로의 출력부분에 트랜지스터를 이용하여 출력을 반대로 하도록 하는 회로이므로 NAND 회로이다.

NOR 회로	A○▷─○출력 B○▷ V_{cc}
OR 회로	A○▷ B○▷─○출력
AND 회로	A○◁ B○◁─○출력

(2017) (2016) (2015) (2014)
25 열감지기의 온도감지용으로 사용하는 소자는?

① 서미스터   ② 바리스터

③ 제너다이오드   ④ 발광다이오드

advice

① 서미스터는 온도감지용 센서로 활용되는 것으로서 NTC, PTC, CTR의 종류가 있다.

• NTC : NTC 서미스터는 온도상승에 따라 저항값이 감소하는 반도체 소자로서 선형성이 좋아 화재감지용 센서로 많이 사용

Ⓐnswer 22.② 23.② 24.③ 25.①

- PTC : PTC 서미스터는 온도상승에 따라 저항값이 증가하는 반도체 소자
- CTR : CTR 서미스터는 온도상승에 따라 특정온도 부분에서 급격히 증가하는 소자
② 바리스터 : 높은 전압에 큰 저항변화를 일으키는 소자로서 서지전압 보호용 또는 회로보호용으로 이용
③ 제너다이오드 : 제너 효과를 이용한 정전압 소자. 정전압 다이오드, 전압 표준 다이오드 2가지가 있으며 정전압 전압회로에 쓰이는 소자
④ 발광다이오드 : LED라고도 하는 반도체 소자로서 전기 신호를 빛으로 변환하는 소자이다.

27 정현파 신호 $\sin t$의 전달함수는?

① $\dfrac{1}{S^2+1}$ ② $\dfrac{1}{S^2-1}$

③ $\dfrac{S}{S^2+1}$ ④ $\dfrac{S}{S^1-1}$

advice

$R(s) = Ł[r(t)] = Ł[\delta(t)] = 1$

$C(s) = Ł[C(t)] = Ł[\sin t] = \dfrac{1}{S^2+1}$

전달함수 $G(s) = \dfrac{C(s)}{R(s)} = \dfrac{C(s)}{1} = \dfrac{1}{S^2+1}$

26 그림과 같은 회로에서 각 계기의 지시값이 Ⓥ는 180V, Ⓐ는 5A, W는 720W라면 이 회로의 무효전력(Var)은?

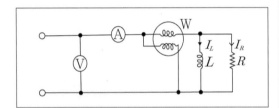

① 480 ② 540
③ 960 ④ 1,200

advice

계측기에서 측정된 전력은 유효전력이므로

$P = V \cdot I \cos\theta$ 에서 $720 = 180 \times 5 \times \cos\theta$

그러므로 역률 $\cos\theta = \dfrac{720}{180 \times 5} = 0.8$

$\cos\theta = 0.8, \ \theta = \cos^{-1}0.8 = 36.869$

무효전력

$P_r = V \cdot I \sin\theta = 180 \times 5 \times \sin 36.869 = 540 [\mathrm{Var}]$

(2015)
28 제어량이 압력, 온도 및 유량 등과 같은 공업량일 경우의 제어는?

① 시퀀스제어
② 프로세스제어
③ 추종제어
④ 프로그램제어

advice

① 시퀀스제어 : 미리 정해진 순서에 의한 제어로 전동기 제어 및 여러 가지 기기제어 등에 이용되는 방법
② 프로세스제어 : 온도, 유량, 압력, 액위면, 농도, 밀도 등을 제어하는 방식으로 플랜트나 생산공정 중 상태량을 제어량으로 제어하는 방법
③ 추종제어 : 서보기구 등 목표치를 따라가며 제어하는 방식
④ 프로그램제어 : 목표값 변화가 미리 정해져 있는 경우에 제어하는 방법

Ⓐnswer 26.② 27.① 28.②

29 SCR를 턴온시킨 후 게이트 전류를 0으로 하여도 온(ON) 상태를 유지하기 위한 최소의 애노드 전류를 무엇이라 하는가?

① 래칭전류

② 스텐드온전류

③ 최대전류

④ 순시전류

| advice |

SCR은 게이트에 전류를 흘려 도통시키는 소자로서 게이트에 전류를 흘려 도통시킨 후 게이트 전류를 '0'으로 해도 도통 상태를 유지하게 된다. SCR을 OFF 시키기 위해서는 애노드와 캐소드 간의 주 전류를 '0'으로 하면 OFF 상태가 된다. 이때 SCR의 애노드와 캐소드 간을 도통 상태로 유지하기 위한 최소 전류를 래칭전류라 한다.

30 인덕턴스가 1H인 코일과 정전용량이 0.2μF인 콘덴서를 직렬로 접속할 때 이 회로의 공진주파수는 약 몇 Hz인가?

① 89

② 178

③ 267

④ 356

| advice |

$L-C$ 회로에서 공진의 조건은 $X_L = X_C$이므로

$2\pi f L = \dfrac{1}{2\pi f C}$ 이다.

공진주파수 $f_0 = \dfrac{1}{2\pi\sqrt{LC}}$ [Hz] 이다.

$f_0 = \dfrac{1}{2\pi\sqrt{LC}} = \dfrac{1}{2\pi\times\sqrt{(1\times0.2\times10^{-6})}}$

　　$= 355.88 \fallingdotseq 356$ [Hz]

31 단상반파정류회로에서 교류 실효값 220V를 정류하면 직류 평균전압은 약 몇 V인가? (단, 정류기의 전압강하는 무시한다.)

① 58

② 73

③ 88

④ 99

| advice |

단상반파회로의 직류 평균전압은 $E_{av} = 0.45E$,

(E : 입력실효전압, E_{av} : 직류평균전압)

$E_{av} = 0.45E = 0.45\times220 = 99\,\text{V}$

32 논리식 $X+\overline{X}Y$를 간단히 하면?

① X

② $X\overline{Y}$

③ $\overline{X}Y$

④ $X+Y$

| advice |

$X+\overline{X}Y = X+Y$

$X = X+XY$가 되므로 위 식에 X를 대입하여 풀면,

$X+XY+\overline{X}Y = X+(X+\overline{X})Y = X+Y$

※ 흡수의 법칙

　$\overline{X}+XY = \overline{X}+Y$

　$X+\overline{X}Y = X+Y$

　$X+\overline{X}\,\overline{Y} = X+\overline{Y}$

33 온도 t℃에서 저항이 R_1, R_2이고 저항의 온도계수가 각각 α_1, α_2인 두 개의 저항을 직렬로 접속했을 때 합성저항 온도계수는?

① $\dfrac{R_1\alpha_2 + R_2\alpha_1}{R_1 + R_2}$ ② $\dfrac{R_1\alpha_1 + R_2\alpha_2}{R_1 R_2}$

③ $\dfrac{R_1\alpha_1 + R_2\alpha_2}{R_1 + R_2}$ ④ $\dfrac{R_1\alpha_2 + R_2\alpha_1}{R_1 R_2}$

| advice |

합성저항 온도계수는 $\alpha = \dfrac{R_1\alpha_1 + R_2\alpha_2}{R_1 + R_2}$ 로 구할 수 있다.

(2015)

34 단상전력을 간접적으로 측정하기 위해 3전압계법을 사용하는 경우 단상 교류전력 P(W)는?

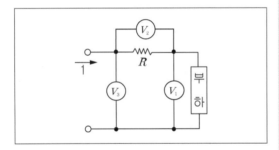

① $P = \dfrac{1}{2R}(V_3 - V_2 - V_1)^2$

② $P = \dfrac{1}{R}(V_3^2 - V_1^2 - V_2^2)$

③ $P = \dfrac{1}{2R}(V_3^2 - V_1^2 - V_2^2)$

④ $P = V_3 I \cos\theta$

| advice |

전압계 3개를 이용하여 단상전력을 측정하는 3전압계법 사용 시 전압계 3개의 전압을 측정 후 다음 식과 같이 계산하여 단상교류전력을 측정한다.

$P = \dfrac{1}{2R}(V_3^2 - V_1^2 - V_2^2)$

35 그림과 같은 RL 직렬회로에서 소비되는 전력은 몇 W인가?

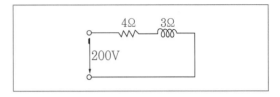

① 6,400 ② 8,800
③ 10,000 ④ 12,000

| advice |

회로의 임피던스 $Z = \sqrt{R^2 + X_L^2} = \sqrt{4^2 + 3^2} = 5\,[\Omega]$

회로의 전류 $I = \dfrac{V}{Z} = \dfrac{200}{5} = 40\,[\mathrm{A}]$

소비전력[W]은 R에서 소비되는 유효전력을 의미하므로,

$P = I^2 R = 40^2 \times 4 = 6,400\,[\mathrm{W}]$

(2016)

36 선간전압 E(V)의 3상 평형전원에 대칭 3상 저항부하 R(Ω)이 그림과 같이 접속되었을 때 a, b 두 상간에 접속된 전력계의 지시값이 W[W]라면 C 상의 전류는?

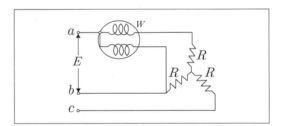

① $\dfrac{2\,W}{\sqrt{3}\,E}$ ② $\dfrac{3\,W}{\sqrt{3}\,E}$

③ $\dfrac{W}{\sqrt{3}\,E}$ ④ $\dfrac{\sqrt{3}\,W}{\sqrt{E}}$

Answer　33.③　34.③　35.①　36.①

advice

3상 전력 $P = \sqrt{3}\,E \cdot I$ 에서 $I = \dfrac{P}{\sqrt{3}\,E}$ 이다.

Y결선에서 전력은 두상 전력의 합이므로

$P = W_1 + W_2 = 2W$이고, 또한 Y결선에서 c상에 흐르는 상전류는 c선에 선전류와 같으므로

$I = \dfrac{2W}{\sqrt{3}\,E}$ 가 된다.

37 교류전력변환장치로 사용되는 인버터회로에 대한 설명으로 옳지 않은 것은?

① 직류 전력을 교류 전력으로 변환하는 장치를 인버터라고 한다.

② 전류형 인버터와 전압형 인버터로 구분할 수 있다.

③ 전류방식에 따라서 타려식과 자려식으로 구분할 수 있다.

④ 인버터의 부하장치에는 직류직권전동기를 사용할 수 있다.

advice

전력변환장치 중 인버터는 직류 전력을 교류 전력으로 변환하는 장치로서 전류형 인버터와 전압형 인버터로 구분되며 전류방식에 따라 타려식과 자려식으로 구분하기도 한다.

인버터의 출력은 교류 전력이므로 교류전동기를 연결하여 제어할 수 있다.

2014

38 다이오드를 사용한 정류회로에서 과전압방지를 위한 대책으로 가장 알맞은 것은?

① 다이오드를 직렬로 추가한다.

② 다이오드를 병렬로 추가한다.

③ 다이오드의 양단에 적당한 값의 저항을 추가한다.

④ 다이오드의 양단에 적당한 값의 콘덴서를 추가한다.

advice

다이오드를 직렬로 여러 개 연결하면 회로에 가해진 총 인가전압이 각 다이오드에 분배되어 걸리게 되므로 각 다이오드에 걸리는 전압이 낮아지는 효과가 있다. 그러므로 정류회로에 사용된 다이오드의 과전압 방지대책이 될 수 있다. 이와 반대로 병렬로 연결할 경우는 전류가 분배되므로 과전류에 대한 방지대책이 될 수 있다.

39 이미터 전류를 1mA 증가시켰더니 컬렉터 전류는 0.98mA 증가되었다. 이 트랜지스터의 증폭률 β는?

① 4.9

② 9.8

③ 49.0

④ 98.0

advice

컬렉터 전류와 베이스 전류의 비를 전류증폭율이라 하며, h_{fe} 또는 β로 표시한다.

$h_{fb} = \dfrac{\triangle I_C}{\triangle I_E} = \dfrac{0.98}{1} = 0.98$

$\beta = \dfrac{h_{fb}}{1 - h_{fb}} = \dfrac{0.98}{1 - 0.98} = 49$

Answer 37.④ 38.① 39.③

40 저항이 4Ω, 인덕턴스가 8mH인 코일을 직렬로 연결하고 100V, 60Hz인 전압을 공급할 때 유효전력은 약 몇 kW인가?

① 0.8   ② 1.2

③ 1.6   ④ 2.0

advice

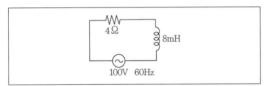

인덕턴스 8[mH]인 코일의 리액턴스
$X_L = 2\pi f\, L = 2\pi \times 60 \times 8 \times 10^{-3} = 3\,[\Omega]$
회로의 인덕턴스는
$Z = \sqrt{R^2 + X_L^2} = \sqrt{4^2 + 3^2} = 5\,[\Omega]$
회로에 흐르는 전류 $I = \dfrac{100}{5} = 20\,[A]$
유효전력은 저항에서 소비되는 전력이므로
$P = I^2 R = 20^2 \times 4 = 1,600 = 1.6\,[kW]$

3과목 소방관계법규

2017 2014

41 소방본부장 또는 소방서장은 건축허가등의 동의요구서류를 접수한 날부터 최대 며칠 이내에 건축허가등의 동의여부를 회신하여야 하는가? (단, 허가 신청한 건축물은 지상으로부터 높이가 200m인 아파트이다.)

① 5일   ② 7일

③ 10일   ④ 15일

advice

건축허가등의 동의요구〈「화재예방, 소방시설 설치·유지 및 안전관리에 관한 법률 시행규칙」 제4조 제3항〉…동의요구를 받은 소방본부장 또는 소방서장은 <u>건축허가등의 동의요구서류를 접수한 날부터 5일(허가를 신청한 건축물 등이 특급 소방안전관리대상물의 어느 하나에 해당하는 경우에는 10일)</u> 이내에 건축허가등의 동의여부를 회신하여야 한다.

※ 특급 소방안전관리대상물〈「화재예방·소방시설 설치·유지 및 안전관리에 관한 법률 시행령」 제22조 제1항 제1호〉
  ㉠ 50층 이상(지하층은 제외)이거나 지상으로부터 높이가 200미터 이상인 아파트
  ㉡ 30층 이상(지하층을 포함)이거나 지상으로부터 높이가 120미터 이상인 특정소방대상물(아파트는 제외)
  ㉢ ㉡에 해당하지 않는 특정소방대상물로서 연면적이 20만 제곱미터 이상인 특정소방대상물(아파트는 제외)

42 소방기본법령상 소방활동구역의 출입자에 해당되지 않는 자는?

① 소방활동구역 안에 있는 소방대상물의 소유자·관리자 또는 점유자
② 전기·가스·수도·통신·교통의 업무에 종사하는 사람으로서 원활한 소방활동을 위하여 필요한 자
③ 화재건물과 관련 있는 부동산업자
④ 취재인력 등 보도업무에 종사하는 자

advice

소방활동구역의 출입자〈「소방기본법 시행령」 제8조〉
1. 소방활동구역 안에 있는 소방대상물의 소유자·관리자 또는 점유자
2. 전기·가스·수도·통신·교통의 업무에 종사하는 사람으로서 원활한 소방활동을 위하여 필요한 사람
3. 의사·간호사 그 밖의 구조·구급업무에 종사하는 사람
4. 취재인력 등 보도업무에 종사하는 사람
5. 수사업무에 종사하는 사람
6. 그 밖에 소방대장이 소방활동을 위하여 출입을 허가한 사람

43 소방기본법상 화재 현상에서의 피난 등을 체험할 수 있는 소방체험관의 설립·운영권자는?

① 시·도지사
② 행정안전부장관
③ 소방본부장 또는 소방서장
④ 소방청장

advice

소방의 역사와 안전문화를 발전시키고 국민의 안전의식을 높이기 위하여 소방청장은 소방박물관을, 시·도지사는 소방체험관(화재 현장에서의 피난 등을 체험할 수 있는 체험관을 말한다.)을 설립하여 운영할 수 있다〈「소방기본법」 제5조 제1항〉.

44 산화성고체인 제1류 위험물에 해당되는 것은?

① 질산염류
② 특수인화물
③ 과염소산
④ 유기과산화물

advice

② 특수인화물 – 제4류 인화성액체
③ 과염소산 – 제6류 산화성액체
④ 유기과산화물 – 제5류 자기반응성물질

45 소방시설관리업자가 기술인력을 변경하는 경우, 시·도지사에게 제출하여야 하는 서류로 틀린 것은?

① 소방시설관리업 등록수첩
② 변경된 기술인력의 기술자격증(자격수첩)
③ 기술인력 연명부
④ 사업자등록증 사본

advice

등록사항의 변경신고 등〈「화재예방, 소방시설 설치·유지 및 안전관리에 관한 법률」 제25조 제1항〉 … 소방시설관리업자는 등록사항의 변경이 있는 때에는 변경일부터 30일 이내에 소방시설관리업등록사항변경신고서(전자문서로 된 신고서를 포함)에 그 변경사항별로 다음의 구분에 의한 서류(전자문서를 포함)를 첨부하여 시·도지사에게 제출하여야 한다.
1. 명칭·상호 또는 영업소소재지를 변경하는 경우 : 소방시설관리업등록증 및 등록수첩
2. 대표자를 변경하는 경우 : 소방시설관리업등록증 및 등록수첩
3. 기술인력을 변경하는 경우
   가. 소방시설관리업등록수첩
   나. 변경된 기술인력의 기술자격증(자격수첩)
   다. 기술인력연명부

46 소방대라 함은 화재를 진압하고 화재, 재난·재해 그 밖의 위급한 상황에서 구조·구급 활동 등을 하기 위하여 구성된 조직체를 말한다. 소방대의 구성원으로 틀린 것은?

① 소방공무원
② 소방안전관리원
③ 의무소방원
④ 의용소방대원

advice

"소방대"란 화재를 진압하고 화재, 재난·재해, 그 밖의 위급한 상황에서 구조·구급 활동 등을 하기 위하여 다음의 사람으로 구성된 조직체를 말한다〈「소방기본법」 제2조 제5호〉.
가. 「소방공무원법」에 따른 소방공무원
나. 「의무소방대설치법」에 따라 임용된 의무소방원
다. 「의용소방대 설치 및 운영에 관한 법률」에 따른 의용소방대원

(2015)
47 소방기본법령상 인접하고 있는 시·도간 소방업무의 상호응원협정을 체결하고자 할 때, 포함되어야 하는 사항으로 틀린 것은?

① 소방교육·훈련의 종류에 관한 사항
② 화재의 경계·진압활동에 관한 사항
③ 출동대원의 수당·식사 및 피복의 수선의 소요경비의 부담에 관한 사항
④ 화재조사활동에 관한 사항

advice

소방업무의 상호응원협정〈「소방기본법 시행규칙」 제8조〉 ··· 시·도지사는 이웃하는 다른 시·도지사와 소방업무에 관하여 상호응원협정을 체결하고자 하는 때에는 다음의 사항이 포함되도록 하여야 한다.
1. 다음의 소방활동에 관한 사항
   가. 화재의 경계·진압활동
   나. 구조·구급업무의 지원

다. 화재조사활동
2. 응원출동대상지역 및 규모
3. 다음의 소요경비의 부담에 관한 사항
   가. 출동대원의 수당·식사 및 피복의 수선
   나. 소방장비 및 기구의 정비와 연료의 보급
   다. 그 밖의 경비
4. 응원출동의 요청방법
5. 응원출동훈련 및 평가

48 화재예방, 소방시설 설치·유지 및 안전관리에 관한 법령상 건축허가등의 동의를 요구한 기관이 그 건축허가등을 취소하였을 때, 취소한 날부터 최대 며칠 이내에 건축물 등의 시공지 또는 소재지를 관할하는 소방본부장 또는 소방서장에게 그 사실을 통보하여야 하는가?

① 3일   ② 4일
③ 7일   ④ 10일

advice

건축허가등의 동의요구〈「화재예방, 소방시설 설치·유지 및 안전관리에 관한 법률 시행규칙」 제5항〉 ··· 건축허가등의 동의를 요구한 기관이 그 건축허가등을 취소하였을 때에는 취소한 날부터 7일 이내에 건축물 등의 시공지 또는 소재지를 관할하는 소방본부장 또는 소방서장에게 그 사실을 통보하여야 한다.

Answer 46.② 47.① 48.③

49 다음 중 소방시설공사업법에 따른 300만 원 이하의 벌금에 해당되지 않는 것은?

① 등록수첩을 다른 자에게 빌려준 자
② 소방시설공사의 완공검사를 받지 아니한 자
③ 소방기술자가 동시에 둘 이상의 업체에 취업한 사람
④ 소방시설공사 현장에 감리원을 배치하지 아니한 자

advice

300만 원 이하의 벌금에 처하는 자〈「소방시설공사업법」제37조〉
1. 등록증이나 <u>등록수첩을 다른 자에게 빌려준 자</u>
2. <u>소방시설공사 현장에 감리원을 배치하지 아니한 자</u>
3. 감리업자의 보완 요구에 따르지 아니한 자
4. 공사감리 계약을 해지하거나 대가 지급을 거부하거나 지연시키거나 불이익을 준 자
5. 자격수첩 또는 경력수첩을 빌려 준 사람
6. <u>동시에 둘 이상의 업체에 취업한 사람</u>
7. 관계인의 정당한 업무를 방해하거나 업무상 알게 된 비밀을 누설한 사람

50 화재예방, 소방시설 설치·유지 및 안전관리에 관한 법령상 특정소방대상물 중 오피스텔은 어느 시설에 해당하는가?

① 숙박시설
② 일반업무시설
③ 공동주택
④ 근린생활시설

advice

업무시설〈「화재예방, 소방시설 설치·유지 및 안전관리에 관한 법률 시행령」별표 2 참고〉
가. 공공업무시설 : 국가 또는 지방자치단체의 청사와 외국공관의 건축물로서 근린생활시설에 해당하지 않는 것
나. <u>일반업무시설</u> : 금융업소, 사무소, 신문사, <u>오피스텔</u>(업무를 주로 하며, 분양하거나 임대하는 구획 중 일부의 구획에서 숙식을 할 수 있도록 한 건축물로서 국토교통부장관이 고시하는 기준에 적합한 것을 말한다), 그 밖에 이와 비슷한 것으로서 근린생활시설에 해당하지 않는 것
다. 주민자치센터(동사무소), 경찰서, 지구대, 파출소, 소방서, 119안전센터, 우체국, 보건소, 공공도서관, 국민건강보험공단, 그 밖에 이와 비슷한 용도로 사용하는 것
라. 마을회관, 마을공동작업소, 마을공동구판장, 그 밖에 이와 유사한 용도로 사용되는 것
마. 변전소, 양수장, 정수장, 대피소, 공중화장실, 그 밖에 이와 유사한 용도로 사용되는 것

Answer **49.**② **50.**②

51 화재예방, 소방시설 설치·유지 및 안전관리에 관한 법령상, 종사자 수가 5명이고, 숙박시설이 모두 2인용 침대이며 침대수량은 50개인 청소년 시설에서 수용인원은 몇 명인가?

① 55   ② 75

③ 85   ④ 105

advice

침대가 있는 숙박시설이므로 '종사자 수 + 침대수'로 구한다. 단 2인용 침대는 2개로 산정하므로 이 청소년 시설의 수용인원은 5 + 2 × 50 = 105명이다.

※ 수용인원의 산정 방법〈「화재예방, 소방시설 설치·유지 및 안전관리에 관한 법률 시행령」 별표 4〉

1. 숙박시설이 있는 특정소방대상물
   가. <u>침대가 있는 숙박시설 : 해당 특정소방대상물의 종사자 수에 침대 수(2인용 침대는 2개로 산정한다)를 합한 수</u>
   나. 침대가 없는 숙박시설 : 해당 특정소방대상물의 종사자 수에 숙박시설 바닥면적의 합계를 3m² 로 나누어 얻은 수를 합한 수

2. 제1호 외의 특정소방대상물
   가. 강의실·교무실·상담실·실습실·휴게실 용도로 쓰이는 특정소방대상물 : 해당 용도로 사용하는 바닥면적의 합계를 1.9m² 로 나누어 얻은 수
   나. 강당, 문화 및 집회시설, 운동시설, 종교시설 : 해당 용도로 사용하는 바닥면적의 합계를 4.6m² 로 나누어 얻은 수(관람석이 있는 경우 고정식 의자를 설치한 부분은 그 부분의 의자 수로 하고, 긴 의자의 경우에는 의자의 정면너비를 0.45m로 나누어 얻은 수로 한다)
   다. 그 밖의 특정소방대상물 : 해당 용도로 사용하는 바닥면적의 합계를 3m² 로 나누어 얻은 수

52 다음 중 고급기술자에 해당하는 학력·경력 기준으로 옳은 것은?

① 박사학위를 취득한 후 2년 이상 소방 관련 업무를 수행한 사람

② 석사학위를 취득한 후 6년 이상 소방 관련 업무를 수행한 사람

③ 학사학위를 취득한 후 8년 이상 소방 관련 업무를 수행한 사람

④ 고등학교를 졸업한 후 10년 이상 소방 관련 업무를 수행한 사람

advice

학력·경력 등에 따른 기술등급〈「소방시설공사업법 시행규칙」 별표 4의2 참고〉

등급		해당자
고급 기술자	학력· 경력자	• 박사학위를 취득한 후 1년 이상 소방 관련 업무를 수행한 사람 • 석사학위를 취득한 후 6년 이상 소방 관련 업무를 수행한 사람 • 학사학위를 취득한 후 9년 이상 소방 관련 업무를 수행한 사람 • 전문학사학위를 취득한 후 12년 이상 소방 관련 업무를 수행한 사람 • 고등학교를 졸업한 후 15년 이상 소방 관련 업무를 수행한 사람
	경력자	• 학사 이상의 학위를 취득한 후 12년 이상 소방 관련 업무를 수행한 사람 • 전문학사학위를 취득한 후 15년 이상 소방 관련 업무를 수행한 사람 • 고등학교를 졸업한 후 18년 이상 소방 관련 업무를 수행한 사람 • 22년 이상 소방 관련 업무를 수행한 사람

Answer 51.④   52.②

53 지정수량의 최소 몇 배 이상의 위험물을 취급하는 제조소에는 피뢰침을 설치해야 하는가? (단, 제6류 위험물을 취급하는 위험물제조소는 제외하고, 제조소 주위의 상황에 따라 안전상 지장이 없는 경우도 제외한다.)

① 5배
② 10배
③ 50배
④ 100배

advice

피뢰설비〈「위험물안전관리법 시행규칙」 별표 4〉 … 지정수량의 10배 이상의 위험물을 취급하는 제조소(제6류 위험물을 취급하는 위험물제조소를 제외)에는 피뢰침(「산업표준화법」에 따른 한국산업표준 중 피뢰설비 표준에 적합한 것을 말한다)을 설치하여야 한다. 다만, 제조소의 주위의 상황에 따라 안전상 지장이 없는 경우에는 피뢰침을 설치하지 아니할 수 있다.

54 소방특별조사 결과 소방대상물의 위치 · 구조 · 설비 또는 관리의 상황이 화재나 재난 · 재해 예방을 위하여 보완될 필요가 있거나 화재가 발생하면 인명 또는 재산의 피해가 클 것으로 예상되는 때에 관계인에게 그 소방대상물의 개수 · 이전 · 제거, 사용의 금지 또는 제한, 사용폐쇄, 공사의 정지 또는 는 중지, 그 밖의 필요한 조치를 명할 수 있는 자로 틀린 것은?

① 시 · 도지사
② 소방서장
③ 소방청장
④ 소방본부장

advice

소방청장, 소방본부장 또는 소방서장은 소방특별조사 결과 소방대상물의 위치 · 구조 · 설비 또는 관리의 상황이 화재나 재난 · 재해 예방을 위하여 보완될 필요가 있거나 화재가 발생하면 인명 또는 재산의 피해가 클 것으로 예상되는 때에는 행정

안전부령으로 정하는 바에 따라 관계인에게 그 소방대상물의 개수(改修) · 이전 · 제거, 사용의 금지 또는 제한, 사용폐쇄, 공사의 정지 또는 중지, 그 밖의 필요한 조치를 명할 수 있다〈「화재예방, 소방시설 설치 · 유지 및 안전관리에 관한 법률」 제5조 제1항〉.

55 다음 중 품질이 우수하다고 인정되는 소방용품에 대하여 우수품질인증을 할 수 있는 자는?

① 산업통상자원부장관
② 시 · 도지사
③ 소방청장
④ 소방본부장 또는 소방서장

advice

소방청장은 형식승인의 대상이 되는 소방용품 중 품질이 우수하다고 인정하는 소방용품에 대하여 인증(우수품질인증)을 할 수 있다〈「화재예방, 소방시설 설치 · 유지 및 안전관리에 관한 법률」 제40조 제1항〉.

56 소방기본법령상 위험물 또는 물건의 보관기간은 소방본부 또는 소방서의 게시판에 공고하는 기간의 종료일 다음 날부터 며칠로 하는가?

① 3일
② 5일
③ 7일
④ 14일

advice

위험물 또는 물건의 보관기간은 소방본부 또는 소방서의 게시판에 공고하는 기간의 종료일 다음 날부터 7일로 한다〈「소방기본법 시행령」 제3조 제1항〉.

Answer **53.**② **54.**① **55.**③ **56.**③

57 화재예방, 소방시설 설치·유지 및 안전관리에 관한 법령상 둘 이상의 특정소방대상물이 내화구조로 된 연결통로가 벽이 없는 구조로서 그 길이가 몇 m 이하인 경우 하나의 소방대상물로 보는가?

① 6
② 9
③ 10
④ 12

advice

둘 이상의 특정소방대상물이 다음의 어느 하나에 해당되는 구조의 복도 또는 통로로 연결된 경우에는 이를 하나의 소방대상물로 본다〈「화재예방, 소방시설 설치·유지 및 안전관리에 관한 법률 시행령」별표3 참고〉.

가. 내화구조로 된 연결통로가 다음의 어느 하나에 해당되는 경우

   1) 벽이 없는 구조로서 그 길이가 6m 이하인 경우

   2) 벽이 있는 구조로서 그 길이가 10m 이하인 경우. 다만, 벽 높이가 바닥에서 천장까지의 높이의 2분의 1 이상인 경우에는 벽이 있는 구조로 보고, 벽 높이가 바닥에서 천장까지의 높이의 2분의 1 미만인 경우에는 벽이 없는 구조로 본다.

나. 내화구조가 아닌 연결통로로 연결된 경우

다. 컨베이어로 연결되거나 플랜트설비의 배관 등으로 연결되어 있는 경우

라. 지하보도, 지하상가, 지하가로 연결된 경우

마. 방화셔터 또는 갑종 방화문이 설치되지 않은 피트로 연결된 경우

바. 지하구로 연결된 경우

58 제4류 위험물을 저장·취급하는 제조소에 "화기엄금"이란 주의사항을 표시하는 게시판을 설치할 경우 게시판의 색상은?

① 청색바탕에 백색문자
② 적색바탕에 백색문자
③ 백색바탕에 적색문자
④ 백색바탕에 흑색문자

advice

표지 및 게시판〈「위험물안전관리법 시행규칙」별표 4 참고〉

1. 제조소에는 보기 쉬운 곳에 다음의 기준에 따라 "위험물제조소"라는 표시를 한 표지를 설치하여야 한다.

  가. 표지는 한변의 길이가 0.3m 이상, 다른 한변의 길이가 0.6m 이상인 직사각형으로 할 것

  나. 표지의 바탕은 백색으로, 문자는 흑색으로 할 것

2. 제조소에는 보기 쉬운 곳에 다음의 기준에 따라 방화에 관하여 필요한 사항을 게시한 게시판을 설치하여야 한다.

  가. 게시판은 한변의 길이가 0.3m 이상, 다른 한변의 길이가 0.6m 이상인 직사각형으로 할 것

  나. 게시판에는 저장 또는 취급하는 위험물의 유별·품명 및 저장최대수량 또는 취급최대수량, 지정수량의 배수 및 안전관리자의 성명 또는 직명을 기재할 것

  다. 나목의 게시판의 바탕은 백색으로, 문자는 흑색으로 할 것

  라. 나목의 게시판 외에 저장 또는 취급하는 위험물에 따라 다음의 규정에 의한 주의사항을 표시한 게시판을 설치할 것

    1) 제1류 위험물 중 알칼리금속의 과산화물과 이를 함유한 것 또는 제3류 위험물 중 금수성물질에 있어서는 "물기엄금"

    2) 제2류 위험물(인화성고체를 제외)에 있어서는 "화기주의"

    3) 제2류 위험물 중 인화성고체, 제3류 위험물 중 자연발화성물질, 제4류 위험물 또는 제5류 위험물에 있어서는 "화기엄금"

  마. 라목의 게시판의 색은 "물기엄금"을 표시하는 것에 있어서는 청색바탕에 백색문자로, "화기주의" 또는 "화기엄금"을 표시하는 것에 있어서는 적색바탕에 백색문자로 할 것

Answer 57.① 58.②

59 소방시설을 구분하는 경우 소화설비에 해당되지 않는 것은?

① 스프링클러설비

② 제연설비

③ 자동확산소화기

④ 옥외소화전설비

advice

② 제연설비는 화재를 진압하거나 인명구조활동을 위하여 사용하는 소화활동설비에 해당한다.

(2016)

60 위험물안전관리법상 청문을 실시하여 처분해야 하는 것은?

① 제조소등 설치허가의 취소

② 제조소등 영업정지 처분

③ 탱크시험자의 영업정지 처분

④ 과징금 부과 처분

advice

시 · 도지사, 소방본부장 또는 소방서장은 다음의 어느 하나에 해당하는 처분을 하고자 하는 경우에는 청문을 실시하여야 한다〈「위험물안전관리법」 제29조〉.

1. 제조소등 설치허가의 취소

2. 탱크시험자의 등록취소

4과목 소방전기시설의 구조 및 원리

(2018) (2017) (2016)

61 무선통신보조설비의 증폭기에는 비상전원이 부착된 것으로 하고 비상전원의 용량은 무선통신보조설비를 유효하게 몇 분 이상 작동시킬 수 있는 것이어야 하는가?

① 10분 ② 20분

③ 30분 ④ 40분

advice

무선통신보조설비 증폭기의 비상전원의 용량은 무선통신보조설비를 유효하게 30분 이상 작동시킬 수 있는 용량이어야 한다.

축전지용량	설비의 종류
10분 이상	자동화재탐지설비, 비상경보설비, 자동화재속보설비, 비상벨, 자동식사이렌
20분 이상	유도등, 비상콘센트, 제연설비, 물분무소화설비, 옥내소화전설비(30층 미만), 특별피난계단의 계단실 및 부속실 제연설비(30층 미만)
30분 이상	무선통신보조설비 증폭기
40분 이상	• 옥내소화전설비(30~40층 이하) • 특별피난계단의 계단실 및 부속실 제연설비(30층~49층이 하) • 연결송수관설비(30층~49층 이하) • 스프링클러설비(30층~49층 이하)
60분 이상	• 유도등, 비상조명등(지하상가 및 11층 이상) • 옥내소화전설비(50층 이상) • 특별피난계단의 계단실 및 부속실 제연설비(50층 이상) • 연결송수관설비(50층 이상) • 스프링클러설비(50층 이상)

Answer 59.② 60.① 61.③

(2016)

62 비상방송설비의 배선에 대한 설치기준으로 틀린 것은?

① 배선은 다른 용도의 전선과 동일한 관, 덕트, 몰드 또는 풀박스 등에 설치할 것

② 전원회로의 배선은 옥내소화전설비의 화재안전기준에 따른 내화배선으로 설치할 것

③ 화재로 인하여 하나의 층의 확성기 또는 배선이 단락 또는 단선되어도 다른 층의 화재통보에 지장이 없도록 할 것

④ 부속회로의 전로와 대지 사이 및 배선 상호간의 절연저항은 1경계구역마다 직류 250V의 절연저항측정기를 사용하여 측정한 절연저항이 0.1MΩ 이상이 되도록 할 것

advice

비상방송설비의 배선은 <u>다른 전선과 별도의 관·덕트</u>(절연효력이 있는 것으로 구획한 때에는 그 구획된 부분은 별개의 덕트로 본다) 몰드 또는 풀박스등에 설치할 것. 다만, 60V 미만의 약전류회로에 사용하는 전선으로서 각각의 전압이 같을 때에는 그러하지 아니하다.

※ 비상방송설비 배선 설치기준

　㉠ 화재로 인하여 하나의 층의 확성기 또는 배선이 단락 또는 단선되어도 다른 층의 화재통보에 지장이 없도록 할 것

　㉡ 전원회로의 배선은 옥내소화전설비의화재안전기준(NFSC 102) 별표 1에 따른 내화배선에 따르고, 그 밖의 배선은 옥내소화전설비의화재안전기준(NFSC 102) 별표 1에 따른 내화배선 또는 내열배선에 따라 설치할 것

　㉢ 전원회로의 전로와 대지 사이 및 배선상호간의 절연저항은 「전기사업법」에 따른 기술기준이 정하는 바에 따르고, 부속회로의 전로와 대지 사이 및 배선 상호간의 절연저항은 1경계구역마다 직류 250V의 절연저항측정기를 사용하여 측정한 절연저항이 0.1MΩ 이상이 되도록 할 것

　㉣ 비상방송설비의 배선은 다른 전선과 별도의 관·덕트(절연효력이 있는 것으로 구획한 때에는 그 구획된 부분은 별개의 덕트로 본다) 몰드 또는 풀박스등에 설치할 것. 다만, 60V 미만의 약전류회로에 사용하는 전선으로서 각각의 전압이 같을 때에는 그러하지 아니하다.

(2017) (2014)

63 비상콘센트설비의 설치기준으로 틀린 것은?

① 기폐기에는 "비상콘센트"라고 표시한 표지를 할 것

② 하나의 전용회로에 설치하는 비상콘센트는 10개 이하로 할 것

③ 비상전원을 실내에 설치하는 때에는 그 실내에 비상조명등을 설치할 것

④ 비상전원은 비상콘센트설비를 유효하게 10분 이상 작동시킬 수 있는 용량으로 할 것

advice

비상콘센트의 비상전원은 비상콘센트설비를 유효하게 <u>20분 이상 작동시킬 수 있는 용량</u>으로 해야 한다.

(2017) (2014)

64 비상전원이 비상조명등을 60분 이상 유효하게 작동시킬 수 있는 용량으로 하지 않아도 되는 특정소방대상물은?

① 지하상가

② 숙박시설

③ 무창층으로서 용도가 소매시장

④ 지하층을 제외한 층수가 11층 이상의 층

advice

비상전원은 비상조명등을 20분 이상 유효하게 작동시킬 수 있는 용량으로 할 것. 다만, 다음의 특정소방대상물의 경우에는 그 부분에서 피난층에 이르는 부분의 비상조명등을 <u>60분 이상 유효하게 작동시킬 수 있는 용량</u>으로 하여야 한다.

㉠ <u>지하층을 제외한 층수가 11층 이상의 층</u>

㉡ <u>지하층 또는 무창층</u>으로서 용도가 도매시장·소매시장·여객자동차터미널·지하역사 또는 <u>지하상가</u>

Answer　62.①　63.④　64.②

65 일국소의 주위온도가 일정한 온도 이상이 되는 경우에 작동하는 것으로서 외관이 전선으로 되어 있는 감지기는 어떤 것인가?

① 공기흡입형
② 광전식분리형
③ 차동식스포트형
④ 정온식감지선형

advice

일국소의 주위온도가 일정한 온도 이상 되는 경우 작동하는 것으로 외관이 전선모양으로 되어 있는 감지기는 정온식감지선형감지기이다.
① 공기흡입형감지기 : 연기감지기의 한 종류로서 소방대상물의 공간 내의 공기 중에 연기 입자를 분석하여 화재를 감지하는 감지기이다.
② 광전식분리형감지기 : 발광부와 수광부가 분리되어 있는 감지기로서 발광부와 수광부 사이에 존재하는 연기입자에 의해 동작하는 감지기이다.
③ 차동식감지기 : 일국소의 지점에 급격한 온도상승률을 감지하는 열감지기이다.

66 (2015)

비상콘센트를 보호하기 위한 비상콘센트 보호함의 설치기준으로 틀린 것은?

① 비상콘센트 보호함에는 쉽게 개폐할 수 있는 문을 설치하여야 한다.
② 비상콘센트 보호함 상부에 적색의 표시등을 설치하여야 한다.
③ 비상콘센트 보호함에는 그 내부에 "비상콘센트"라고 표시한 표식을 하여야 한다.
④ 비상콘센트 보호함을 옥내소화전함 등과 접속하여 설치하는 경우에는 옥내소화전함 등의 표시등과 겸용할 수 있다.

advice

① 보호함에는 쉽게 개폐할 수 있는 문을 설치할 것
③ 보호함 표면에 "비상콘센트"라고 표시한 표지를 할 것
②④ 보호함 상부에 적색의 표시등을 설치할 것. 다만, 비상콘센트의 보호함을 옥내소화전함 등과 접속하여 설치하는 경우에는 옥내소화전함 등의 표시등과 겸용할 수 있다.

67 (2015)

소방회로용의 것으로 수전설비, 변전설비 그 밖의 기기 및 배선을 금속제 외함에 수납한 것으로 정의되는 것은?

① 전용분전반
② 공용분전반
③ 공용큐비클식
④ 전용큐비클식

advice

① 전용분전반 : 소방회로 전용의 것으로 분기개폐기, 분기과전류차단기 그 밖의 배선용기기 및 배선을 금속제 외함에 수납한 것
② 공용분전반 : 소방회로 및 일반회로 겸용의 것으로 분기개폐기, 분기과전류차단기 그 밖의 배선용기기 및 배선을 금속제 외함에 수납한 것
③ 공용큐비클식 : 소방회로 및 일반회로 겸용의 것으로 수전설비, 변전설비 그 밖의 기기 및 배선을 금속제 외함에 수납한 것
④ 전용큐비클식 : 소방회로용으로 수전설비, 변전설비, 그 밖의 기기 및 배선을 금속제 외함에 수납한 것

Answer 65.④ 66.③ 67.④

(2015)

68 비상방송설비 음향장치에 대한 설치기준으로 옳은 것은?

① 다른 전기회로에 따라 유도장애가 생기지 않도록 한다.

② 음량조정기를 설치하는 경우 음량조정기의 배선은 2선식으로 한다.

③ 다른 방송설비와 공용하는 것에 있어서는 화재 시 비상경보 외의 방송을 차단되는 구조가 아니어야 한다.

④ 기동장치에 따른 화재신고를 수신한 후 필요한 음량으로 화재발생 상황 및 피난에 유효한 방송이 자동으로 개시될 때까지의 소요시간은 60초 이하로 한다.

advice

② 음량조정기를 설치하는 경우 음량조정기의 배선은 3선식으로 한다.

③ 다른 방송설비와 공용하는 것에 있어서는 화재 시 비상경보 외의 방송을 차단되는 구조이어야 한다.

④ 기동장치에 따른 화재신고를 수신한 후 필요한 음량으로 화재발생 상황 및 피난에 유효한 방송이 자동으로 개시될 때까지의 소요시간은 10초 이하로 한다.

(2017)(2014)

69 객석 내의 통로의 직선부분의 길이가 85m이다. 객석유도등을 몇 개 설치하여야 하는가?

① 17개   ② 19개

③ 21개   ④ 22개

advice

객석유도등은 4m마다 1개 이상 설치한다.

$\frac{직선부분 길이}{4} - 1 = \frac{85m}{4} - 1 = 20.25$ 이므로, 객석유도 등 21개를 설치한다.

○ 복도, 거실통로 유도등은 20m마다 1개 이상 설치 : $\frac{보행거리}{20m} - 1$

○ 유도표지 15m마다 1개 이상 설치 : $\frac{보행거리}{15m} - 1$

70 자동화재탐지설비의 감지기회로에 설치하는 종단저항의 설치기준으로 틀린 것은?

① 감지기회로 끝부분에 설치한다.

② 점검 및 관리가 쉬운 장소에 설치하여야 한다.

③ 전용함에 설치하는 경우 그 설치 높이는 바닥으로부터 0.8m 이내에 설치하여야 한다.

④ 종단감지기에 설치할 경우에는 구별이 쉽도록 해당 감지기의 기판 및 감지기 외부 등에 별도의 표시를 하여야 한다.

advice

종단저항 설치기준

○ 점검 및 관리가 쉬운 장소에 설치할 것

○ 전용함을 설치하는 경우 그 설치 높이는 바닥으로부터 1.5m 이내로 할 것

○ 감지기 회로의 끝부분에 설치하며, 종단감지기에 설치할 경우에는 구별이 쉽도록 해당감지기의 기판 및 감지기 외부 등에 별도의 표시를 할 것

Answer **68.**① **69.**③ **70.**③

71 비상경보설비의 축전지설비의 구조에 대한 설명으로 틀린 것은?

① 예비전원을 병렬로 접속하는 경우에는 역충전 방지 등의 조치를 하여야 한다.

② 내부에 주전원의 양극을 동시에 개폐할 수 있는 전원스위치를 설치하여야 한다.

③ 축전지설비는 접지전극에 교류전류를 통하는 회로방식을 사용하여서는 아니된다.

④ 예비전원은 축전지설비용 예비전원과 외부부하 공급용 예비전원을 별도로 설치하여야 한다.

advice

비상경보설비 축전지 성능인증 및 제품검사 기술기준

㉠ 부식에 의하여 기계적 기능에 영향을 초래할 우려가 있는 부분은 칠, 도금 등으로 기계적 내식가공을 하거나 방청가공을 하여야 하며, 전기적 기능에 영향이 있는 단자, 나사 및 와셔 등은 동합금이나 이와 동등 이상의 내식성능이 있는 재질을 사용하여야 한다.

㉡ 외부에서 쉽게 사람이 접촉할 우려가 있는 충전부는 충분히 보호되어야 하며 정격전압이 60V를 넘고 금속제 외함을 사용하는 경우에는 외함에 접지단자를 설치하여야 한다.

㉢ 극성이 있는 배선을 접속하는 경우에는 오접속 방지를 위한 필요한 조치를 하여야 하며, 커넥터로 접속하는 방식은 구조적으로 오접속이 되지 않는 형태이어야 한다.

㉣ 극성이 있는 접속단자, 인출선 등은 오접속을 방지하기 위하여 적당한 색상에 의하여 극성을 구분할 수 있도록 하여야 한다.

㉤ 예비전원회로에는 단락사고 등을 방지하기 위한 퓨즈, 차단기 등과 같은 보호장치를 하여야 하며 퓨즈 및 차단기는 "KS" 또는 "전"자 표시 승인품이어야 한다.

㉥ 전면에는 주전원 및 예비전원의 상태를 표시할 수 있는 장치와 작동시 작동여부를 표시하는 장치를 하여야 한다.

㉦ 내부에 주전원의 <u>양극을 동시에 개폐할 수 있는 전원스위치를 설치하여야 한다.</u>

㉧ 복귀스위치 또는 음향장치의 울림을 정지시키는 스위치를 설치하는 경우에는 전용의 것이어야 한다.

㉨ 자동적으로 정위치에 복귀하지 아니하는 스위치를 설치하는 경우에는 음신호장치 또는 점멸하는 주의등을 설치하여야 한다.

㉩ 예비전원은 축전지설비용 예비전원과 외부부하 공급용 예비전원을 별도로 설치한다.

㉪ 예비전원을 병렬로 접속하는 경우에는 <u>역충전 방지 등의</u> <u>조치를 하여야 한다.</u>

㉫ 축전지설비는 접지전극에 <u>직류전류를 통하는 회로방식을</u> 사용하여서는 아니된다.

㉬ 축전지설비에 사용하는 변압기, 퓨즈, 차단기, 지시전기계기는 "KS"품 또는 "전"자 표시 승인품이어야 한다.

2016

72 신호의 전송로가 분기되는 장소에 설치하는 것으로 임피던스 매칭과 신호 균등분배를 위해 사용되는 장치는?

① 혼합기
② 분배기
③ 증폭기
④ 분파기

advice

무선통신보조설비의 분배기 역할은 신호의 균등분배 및 임피던스 매칭을 위하여 사용되는 기기이다. 임피던스 매칭은 최대전력전달 조건을 만족하기 위한 방법이다.

※ 무선통신보조설비의 화재안전기준상 용어의 정의

㉠ **누설동축케이블** : 동축케이블의 외부도체에 가느다란 홈을 만들어서 전파가 외부로 새어나갈 수 있도록 한 케이블

㉡ **분배기** : 신호의 전송로가 분기되는 장소에 설치하는 것으로 임피던스 매칭과 신호 균등분배를 위해 사용하는 장치

㉢ **분파기** : 서로 다른 주파수의 합성된 신호를 분리하기 위해서 사용하는 장치

㉣ **혼합기** : 두 개 이상의 입력신호를 원하는 비율로 조합한 출력이 발생하도록 하는 장치

㉤ **증폭기** : 신호 전송 시 신호가 약해져 수신이 불가능해지는 것을 방지하기 위해서 증폭하는 장치

Answer 71.③ 72.②

73 부착높이 3m, 바닥면적 50m²인 주요구조부를 내화구조로한 소방대상물에 1종 열반도체식 차동식 분포형감지기를 설치하고자 할 때 감지부의 최소 설치개수는?

① 1개   ② 2개
③ 3개   ④ 4개

advice

주요구조부가 내화구조인 경우 1종 열반도체감지기는 65m²마다 1개 이상씩 설치해야 한다.

열반도체감지기 설치개수는 $\frac{50\text{m}^2}{65}$ ≒ 0.8이므로 1개

※ **열반도체식 차동식분포형감지기 설치 개수 기준**
- ㉠ 감지부는 그 부착높이 및 특정소방대상물에 따라 다음 표에 따른 바닥면적마다 1개 이상으로 할 것. 다만, 바닥면적이 다음 표에 따른 면적의 2배 이하인 경우에는 2개(부착높이가 8m 미만이고, 바닥면적이 다음 표에 따른 면적 이하인 경우에는 1개) 이상으로 하여야 한다.
(단위 : m²)

부착높이 및 소방대상물의 구분		감지기의 종류	
		1종	2종
8m 미만	주요구조부가 내화구조로 된 소방대상물 또는 그 구분	65	36
	기타 구조의 소방대상물 또는 그 부분	40	23
8m 이상 15m 미만	주요구조부가 내화구조로 된 소방대상물 또는 그 구분	50	36
	기타 구조의 소방대상물 또는 그 부분	30	23

- ㉡ 하나의 검출기에 접속하는 감지부는 2개 이상 15개 이하가 되도록 할 것. 다만, 각각의 감지부에 대한 작동여부를 검출기에서 표시할 수 있는 것(주소형)은 형식승인 받은 성능인정범위내의 수량으로 설치할 수 있다.

2014
74 3선식 배선에 따라 상시 충전되는 유도등의 전기회로에 점멸기를 설치하는 경우 유도등이 점등되어야 할 경우로 관계없는 것은?

① 제연설비가 작동한 때
② 자동소화설비가 작동한 때
③ 비상경보설비의 발신기가 작동한 때
④ 자동화재탐지설비의 감지기가 작동한 때

advice

유도등 결선방식이 3선식 배선일 경우 다음의 경우에 반드시 점등되어야 한다.
- ㉠ 자동화재탐지설비의 감지기 또는 발신기가 작동되는 때
- ㉡ 비상경보설비의 발신기가 작동되는 때
- ㉢ 상용전원이 정전되거나 전원선이 단선되는 때
- ㉣ 방재업무를 통제하는 곳 또는 전기실의 배전반에서 수동으로 점등하는 때
- ㉤ 자동소화설비가 작동되는 때

2016 2015
75 누전경보기의 전원은 분전반으로부터 전용회로로 하고 각 극에 개폐기와 몇 A 이하의 과전류차단기를 설치하여야 하는가?

① 15   ② 20
③ 25   ④ 30

advice

누전경보기 설치기준
- ㉠ 15A 이하의 과전류 차단기(배선용 차단기는 20A 이하)를 설치하여야 한다.
- ㉡ 분전반으로부터 전용회로로 할 것
- ㉢ 개폐기에는 누전경보기임을 표시할 것

Answer   73.①   74.①   75.①

76 자동화재속보설비의 설치기준으로 틀린 것은?

① 조작스위치는 바닥으로부터 0.8m 이상 1.5m 이하의 높이에 설치한다.
② 비상경보설비와 연동으로 작동하여 자동적으로 화재발생 상황을 소방관서에 전달하도록 한다.
③ 속보기는 소방관서에 통신망으로 통보하도록 하며, 데이터 또는 코드전송방식을 부가적으로 설치할 수 있다.
④ 속보기는 소방청장이 정하여 고시한 「자동화재속보설비의 속보기의 성능인증 및 제품검사의 기술기준」에 적합한 것으로 설치하여야 한다.

[advice]

자동화재속보설비 설치기준
1. 자동화재탐지설비와 연동으로 작동하여 자동적으로 화재발생 상황을 소방관서에 전달되는 것으로 할 것. 이 경우 부가적으로 특정소방대상물의 관계인에게 화재발생상황을 전달되도록 할 수 있다.
2. 조작스위치는 바닥으로부터 0.8m 이상 1.5m 이하의 높이에 설치할 것
3. 속보기는 소방관서에 통신망으로 통보하도록 하며, 데이터 또는 코드전송방식을 부가적으로 설치할 수 있다. 단, 데이터 및 코드전송방식의 기준은 소방청장이 정하여 고시한 「자동화재속보설비의 속보기의 성능인증 및 제품검사의 기술기준」에 따른다.
4. 문화재에 설치하는 자동화재속보설비는 제1호의 기준에도 불구하고 속보기에 감지기를 직접 연결하는 방식(자동화재탐지설비 1개의 경계구역에 한한다)으로 할 수 있다.
5. 속보기는 소방청장이 정하여 고시한 「자동화재속보설비의 속보기의 성능인증 및 제품검사의 기술기준」에 적합한 것으로 설치하여야 한다.

77 다음 비상경보설비 및 비상방송설비에 사용되는 용어 설명 중 틀린 것은?

① 비상벨설비라 함은 화재발생 상황을 경종으로 경보하는 설비를 말한다.
② 증폭기라 함은 전압전류의 주파수를 늘려 감도를 좋게 하고 소리를 크게 하는 장치를 말한다.
③ 확성기라 함은 소리를 크게 하여 멀리까지 전달될 수 있도록 하는 장치로써 일명 스피커를 말한다.
④ 음량조절기라 함은 가변저항을 이용하여 전류를 변화시켜 음량을 크게 하거나 작게 조절할 수 있는 장치를 말한다.

[advice]

비상방송설비에서 "증폭기"란 전압전류의 진폭을 늘려 감도를 좋게 하고 미약한 음성전류를 커다란 음성전류로 변화시켜 소리를 크게 하는 장치를 말한다.

(2015)
78 다음 ( ) 안에 들어갈 내용으로 옳은 것은?

> 누전경보기란 ( ) 이하인 경계전로의 누설전류 또는 지락전류를 검출하여 당해 소방대상물의 관계인에게 경보를 발하는 설비로서 변류기와 수신부로 구성된 것을 말한다.

① 사용전압 220V　　② 사용전압 380V
③ 사용전압 600V　　④ 사용전압 750V

[advice]

누전경보기란 사용전압 600V 이하인 경계전로의 누설전류를 검출하여 당해 소방대상물의 관계자에게 경보를 발하는 설비로서 변류기와 수신부로 구성된 것을 말한다〈「누전경보기의 형식승인 및 제품검사의 기술기준」 제2조 제2호〉.

Ａnswer 76.② 77.② 78.③

79 부착높이가 11m인 장소에 적응성 있는 감지기는?

① 차동식분포형

② 정온식스포트형

③ 차동식스포트형

④ 정온식감지선형

---
advice

부착높이별 감지기 설치기준에서 8m 이상 15m 미만에 설치할 수 있는 감지기는 차동식분포형, 이온화식 1종 또는 2종, 광전식(스포트형, 분리형, 공기흡입형) 1종 또는 2종 등을 설치할 수 있다.

부착높이	감지기의 종류
4m 미만	• 차동식(스포트형, 분포형) • 보상식 스포트형 • 정온식(스포트형, 감지선형) • 이온화식 또는 광전식(스포트형, 분리형, 공기흡입형) • 열복합형 • 연기복합형 • 열연기복합형 • 불꽃감지기
4m 이상 15m 미만	• 차동식(스포트형, 분포형) • 보상식 스포트형 • 정온식(스포트형, 감지선형) 특종 또는 1종 • 이온화식 1종 또는 2종 • 광전식(스포트형, 분리형, 공기흡입형) 1종 또는 2종 • 열복합형 • 연연기복합형 • 불꽃감지기
8m 이상 15m 미만	• 차동식 분포형 • 이온화식 1종 또는 2종 • 광전식(스포트형, 분리형, 공기흡입형) 1종 또는 2종 • 연기복합형 • 불꽃감지기
15m 이상 20m 미만	• 이온화식 1종 • 광전식(스포트형, 분리형, 공기흡입형) 1종 • 연기복합형 • 불꽃감지기
20m 이상	• 불꽃감지기 • 광전식(분리형, 공기흡입형) 중 아나로그방식

※ 비고

㉠ 감지기별 부착높이 등에 대하여 별도로 형식승인 받은 경우에는 그 성능범위 내에서 사용할 수 있다.

㉡ 부착높이 20m 이상에 설치되는 광전식 중 아나로그방식의 감지기는 공청감지농도 하한 값이 감광율 5%/m 미만인 것으로 한다.

80 비상콘센트설비 상용전원회로의 배선이 고압수전 또는 특고압수전인 경우의 설치기준은?

① 인입개폐기의 직전에서 분기하여 전용배선으로 할 것

② 인입개폐기의 직후에서 분기하여 전용배선으로 할 것

③ 전력용변압기 1차측의 주차단기 2차측에서 분기하여 전용배선으로 할 것

④ 전력용변압기 2차측의 주차단기 1차측 또는 2차측에서 분기하여 전용배선으로 할 것

---
advice

비상콘센트 상용전원 회로배선이 고압 또는 특고압수전인 경우 전력용 변압기 2차측 주차단기 1차측 또는 2차측에서 분기하여 전용배선으로 하여야 한다.

상용전원회로의 배선은 저압수전인 경우에는 인입개폐기의 직후에서, 고압수전 또는 특고압수전인 경우에는 전력용변압기 2차측의 주차단기 1차측 또는 2차측에서 분기하여 전용배선으로 하여야 한다.

Answer **79.**① **80.**④

2019년 제4회 소방설비기사 [전기분야]

시험일정	시험유형	시험시간	시험과목
2019.09.21	필 기	120분	1 소방원론 2 소방전기일반 3 소방관계법규 4 소방전기시설의 구조 및 원리

수험번호		성 명	

1과목 소방원론

2015

01 BLEVE 현상을 설명한 것으로 가장 옳은 것은?

① 물이 뜨거운 기름표면 아래서 끓을 때 화재를 수반하지 않고 over flow 되는 현상

② 물이 연소유의 뜨거운 표면에 들어갈 때 발생되는 over flow 현상

③ 탱크 바닥에 물과 기름의 에멀젼이 섞여있을 때 물의 비등으로 인하여 급격하게 over flow 되는 현상

④ 탱크 주위 화재로 탱크 내 인화성 액체가 비등하고 가스부분의 압력이 상승하여 탱크가 파괴되고 폭발을 일으키는 현상

advice

① 프로스오버(froth over)에 대한 설명이다.
② 슬롭오버(slop over)에 대한 설명이다.
③ 보일오버(boil over)에 대한 설명이다.

2017 2015 2014

02 CF_3Br 소화약제의 명칭을 옳게 나타낸 것은?

① 할론 1011 ② 할론 1211
③ 할론 1301 ④ 할론 2402

advice

할론소화약제의 명명법
할론 X A B C D

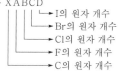

03 다음 중 인명구조기구에 속하지 않는 것은?

① 방열복
② 공기안전매트
③ 공기호흡기
④ 인공소생기

advice

공기안전매트는 피난기구에 해당한다.
인명구조기구 … 방열복, 공기호흡기, 인공소생기 등

Answer 01.④ 02.③ 03.②

²⁰¹⁷
04 에테르, 케톤, 에스테르, 알데히드, 카르복실산, 아민 등과 같은 가연성인 수용성 용매에 유효한 포소화약제는?

① 단백포   ② 수성막포

③ 불화단백포   ④ 내알코올포

advice

내알코올포 소화약제 … 물과 친화력이 있는 알코올과 같은 수용성 용매(극성 용매)의 화재에 보통의 포소화약제를 사용하면 수용성 용매가 포 속의 물을 탈취하여 포가 파괴되기 때문에 효과를 잃게 된다. 이와 같은 현상은 온도가 높아지면 더욱 뚜렷이 나타나는데 이 같은 단점을 보완하기 위하여 단백질의 가수분해물에 금속비누를 계면활성제 등으로 사용하여 유화, 분산시킨 포소화약제이다.

²⁰¹⁵ ²⁰¹⁴
05 특정소방대상물(소방안전관리대상물은 제외)의 관계인과 소방안전관리대상물의 소방안전관리자의 업무가 아닌 것은?

① 화기 취급의 감독
② 자체소방대의 운용
③ 소방 관련 시설의 유지 · 관리
④ 피난시설, 방화구획 및 방화시설의 유지 · 관리

advice

소방안전관리자의 업무
㉠ 당해 소방대상물에 관한 소방계획의 작성
㉡ 피난시설 및 방화시설의 유지, 관리
㉢ 자위소방대의 조직
㉣ 소방 훈련 및 교육
㉤ 소방시설, 그 밖의 소방 관련 시설의 유지관리
㉥ 화기 취급의 감독

²⁰¹⁵
06 불포화 섬유지나 석탄에 자연발화를 일으키는 원인은?

① 분해열   ② 산화열

③ 발효열   ④ 중합열

advice

자연발화의 형태(분류)
㉠ 분해열에 의한 자연발화 : 셀룰로이드, 니트로셀룰로오스
㉡ 산화열에 의한 자연발화 : 건성유, 고무분말, 원면, 석탄 등
㉢ 흡착열에 의한 자연발화 : 활성탄, 목탄분말 등
㉣ 미생물의 발열에 의한 자연발화 : 퇴비(퇴적물), 먼지 등
㉤ 기타 물질의 발열에 의한 자연발화 : 테레빈유의 발화점은 240℃로 자연발화하기 쉽다(아마인유의 발화점은 343℃).

²⁰¹⁷ ²⁰¹⁴
07 가연물의 제거와 가장 관련이 없는 소화방법은?

① 유류화재 시 유류공급 밸브를 잠근다.
② 산불화재 시 나무를 잘라 없앤다.
③ 팽창진주암을 사용하여 진화한다.
④ 가스화재 시 중간밸브를 잠근다.

advice

팽창진주암을 사용하는 경우 공기 중의 산소공급을 차단하는 질식소화에 해당한다.

08 프로판가스의 연소범위(vol%)에 가장 가까운 것은?

① 9.8 ~ 28.4   ② 2.5 ~ 81

③ 4.0 ~ 75   ④ 2.1 ~ 9.5

advice

포로판의 연소범위 … 2.1 ~ 9.5vol%

Answer   04.④   05.②   06.②   07.③   08.④

09 다음 중 인화점이 가장 낮은 물질은?

① 산화프로필렌 ② 이황화탄소
③ 메틸알코올   ④ 등유

advice

물질명	산화프로필렌	이황화탄소	메틸알코올	등유
인화점	−37℃	−30℃	11℃	39℃ 이상

10 화재강도(Fire Intensity)와 관계가 없는 것은?

① 가연물의 비표면적
② 발화원의 온도
③ 화재실의 구조
④ 가연물의 발열량

advice

화재강도의 주요소 … 가연물의 연소열, 가연물의 비표면적, 공기 공급, 화재실의 구조(벽, 천장, 바닥), 단열성 등

11 화재의 유형별 특성에 관한 설명으로 옳은 것은?

① A급 화재는 무색으로 표시하며, 감전의 위험이 있으므로 주수소화를 엄금한다.
② B급 화재는 황색으로 표시하며, 질식소화를 통해 화재를 진압한다.
③ C급 화재는 백색으로 표시하며, 가연성이 강한 금속의 화재이다.
④ D급 화재는 청색으로 표시하며, 연소 후에 재를 남긴다.

advice

B급 화재는 유류화재로서 질식소화를 통해 화재를 진압한다. 화재분류에 따른 색상기준은 화재안전기준에 없다.

12 다음 중 전산실, 통신기기실 등에서의 소화에 가장 적합한 것은?

① 스프링클러설비
② 옥내소화전설비
③ 분말소화설비
④ 할로겐화합물 및 불활성기체 소화설비

advice

④ 전기실, 변전실, 발전실, 통신기기실, 전산실 등에 설치한다.

13 화재 시 이산화탄소를 방출하여 산소농도를 13vol%로 낮추어 소화하기 위한 공기 중 이산화탄소의 농도는 약 몇 vol%인가?

① 9.5   ② 25.8
③ 38.1   ④ 61.5

advice

이산화탄소 최소소화농도(vol%)

$$= \frac{21 - 한계산소농도}{21} \times 100 = \frac{21 - 13}{21} \times 100$$

$$= 38.09 ≒ 38.1\, vol\%$$

14 할로겐화합물 청정소화약제는 일반적으로 열을 받으면 할로겐족이 분해되어 가연 물질의 연소 과정에서 발생하는 활성종과 화합하여 연소의 연쇄반응을 차단한다. 연쇄반응의 차단과 가장 거리가 먼 소화약제는?

① FC-3-1-10   ② HFC-125
③ IG-541   ④ FIC-13I1

advice

IG-541은 불활성가스 소화약제에 해당한다.

Answer 09.① 10.② 11.② 12.④ 13.③ 14.③

2017 2016 2015

15 방화벽의 구조 기준 중 다음 ( ) 안에 알맞은 것은?

> • 방화벽의 양쪽 끝과 윗쪽 끝을 건축물의 외벽면 및 지붕면으로부터 (㉠)m 이상 튀어나오게 할 것
> • 방화벽에 설치하는 출입문의 너비 및 높이는 각각 (㉡)m 이하로 하고, 해당 출입문에는 갑종방화문을 설치할 것

① ㉠ 0.3, ㉡ 2.5
② ㉠ 0.3, ㉡ 3.0
③ ㉠ 0.5, ㉡ 2.5
④ ㉠ 0.5, ㉡ 3.0

advice

방화벽 설치기준

대상건축물	구획단위	구획부분의 구조	설치기준
목조건축물 등 (주요 구조부가 내화구조 또는 불연재료가 아닌 것)	연면적 1,000m² 이내마다	• 자립할 수 있는 내화구조 • 개구부의 폭 및 높이는 2.5×2.5m 이하로 하고, 갑종방화문 설치	① 방화벽의 양단 및 상단은 외벽면이나 지붕면으로부터 50cm 이상 돌출시킬 것 ② 급수관, 배전관 기타 관의 관통부에는 시멘트모르타르, 불연재료로 충전할 것 ③ 환기, 난방, 냉방시설의 풍도에는 방화댐퍼 설치 ④ 개구부에 설치하는 갑종방화문은 항상 닫힌 상태를 유지하거나, 화재시 자동으로 닫히는 구조로 할 것

16 물의 소화력을 증대시키기 위하여 첨가하는 첨가제 중 물의 유실을 방지하고 건물, 임야 등의 입체 면에 오랫동안 잔류하게 하기 위한 것은?

① 증점제
② 강화액
③ 침투제
④ 유화제

advice

증점제 … 물의 점성을 높이기 위해서 첨가하는 첨가제를 말한다. 즉 물의 점성을 높여 쉽게 유동되지 않도록 한다.(예 나트륨 카르복시 메틸 셀룰로오스)

17 화재발생 시 인명피해 방지를 위한 건물로 적합한 것은?

① 피난설비가 없는 건물
② 특별피난계단의 구조로 된 건물
③ 피난기구가 관리되고 있지 않은 건물
④ 피난구 폐쇄 및 피난구유도등이 미비되어 있는 건물

advice

화재시 화재와 연기의 침입을 방지할 수 있는 피난계단을 특별피난계단이라 한다.

Ａnswer 15.③ 16.① 17.②

18 소화원리에 대한 설명으로 틀린 것은?

① 냉각소화 : 물의 증발잠열에 의해서 가연물의 온도를 저하시키는 소화방법

② 제거소화 : 가연성 가스의 분출화재 시 연료공급을 차단시키는 소화방법

③ 질식소화 : 포소화약제 또는 불연성가스를 이용해서 공기 중의 산소공급을 차단하여 소화하는 방법

④ 억제소화 : 불활성기체를 방출하여 연소범위 이하로 낮추어 소화하는 방법

advice

억제소화 … 연소가 지속되기 위해서는 활성기(free radical)에 의한 연쇄반응이 필수적이다. 이 연쇄반응을 차단하여 소화하는 방법을 억제소화 일명 부촉매소화, 화학소화라고 한다.

※ 희석소화 … 불활성기체를 방출하여 연소범위 이하로 낮추어 소화하는 방법

19 독성이 매우 높은 가스로서 석유제품, 유지(油脂) 등이 연소할 때 생성되는 알데히드 계통의 가스는?

① 시안화수소

② 암모니아

③ 포스겐

④ 아크롤레인

advice

아크롤레인(CH_2CHCHO : acrylolein) … 자극성 냄새를 가진 무색의 기체(또는 액체)로서 아크릴알데히드라고도 하는데 이는 점막을 침해한다. 아크롤레인은 석유 제품 및 유지류 등이 탈 때 생성되는데, 너무도 자극성이 크고 맹독성이어서 1ppm 정도의 농도만 되어도 견딜 수 없을 뿐만 아니라, 10ppm 이상의 농도에서는 거의 즉사한다.

20 화재의 지속시간 및 온도에 따라 목재건물과 내화건물을 비교했을 때, 목재건물의 화재성상으로 가장 적합한 것은?

① 저온장기형이다.

② 저온단기형이다.

③ 고온장기형이다.

④ 고온단기형이다.

advice

화재성상
㉠ 목조건축물 : 고온단기형(최고온도 : 1,300℃)
㉡ 내화건축물 : 저온장기형(최고온도 : 900~1,000℃)

2과목 소방전기일반

21 변음의 논리식 중 틀린 것은?

① $X + X = X$ ② $X \cdot X = X$

③ $X + \overline{X} = 1$ ④ $X \cdot \overline{X} = 1$

advice

부울대수 및 드로르간의 정리

동일법칙	$A + A = A$	$A \cdot A = A$
보원법칙	$A + \overline{A} = 1$	$A \cdot \overline{A} = 0$

22 다음과 같은 블록선도의 전체 전달함수는?

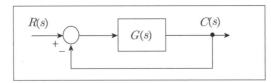

① $\dfrac{C(s)}{R(s)} = \dfrac{G(s)}{1 + G(s)}$

② $\dfrac{C(s)}{R(s)} = \dfrac{G(s)}{1 - G(s)}$

③ $\dfrac{C(s)}{R(s)} = 1 + G(s)$

④ $\dfrac{C(s)}{R(s)} = 1 - G(s)$

advice

$G(s) = \dfrac{G(s)}{1 - (-\,G(s))} = \dfrac{G(s)}{1 + G(s)}$

23 바리스터(varistor)의 용도는?

① 정전류 제어용

② 정전압 제어용

③ 과도한 전류로부터 회로보호

④ 과도한 전압으로부터 회로보호

advice

다이오드의 용도

㉠ 제너 다이오드 : 전원전압을 안정하게 유지하기 위한 목적

㉡ 터널 다이오드 : 신호 증폭작용, 신호 개폐작용, 신호 발진 작용

㉢ 발광다이오드 : 순방향으로 전압을 가했을 때 발광하는 반도체 소자

㉣ 포토다이오드 : 빛 에너지를 전기 에너지로 바꿔주는 소자

㉤ 서미스터 다이오드 : 부온도 특성을 가진 저항기의 일종으로서 열감지기, 온도보상용으로 사용

㉥ 바리스터 다이오드 : 낙뢰 및 개폐서지에 따른 서지(과도한 전압)의 회로보호용으로 사용

24 SCR(Silicon-Controlled Rectifier)에 대한 설명으로 틀린 것은?

① PNPN 소자이다.

② 스위치 반도체 소자이다.

③ 양방향 사이리스터이다.

④ 교류의 전력제어용으로 사용된다.

advice

사이리스터

㉠ 실리콘 PNPN 4층 구조(접합층 3개)

㉡ 전극은 A(anode), K(cathode), G(gate)로 구성되고, SCR에 흐르는 전류의 방향은 A→K로만 흐름(단방향)

㉢ 게이트의 신호에 의하여 통하는 스위치 반도체 소자

Ⓐnswer   21.④   22.①   23.④   24.③

25 변압기의 내부 보호에 사용되는 계전기는?

① 비율 차동 계전기
② 부족 전압 계전기
③ 역전류 계전기
④ 온도 계전기

advice

발전기와 변압기 보호기
㉠ 과전류 계전기 : 과부하시 과전류를 검출하는 계전기
㉡ 비율 차동 계전기 : 발전기나 변압기의 내부사고시 동작전류와 억제 전류의 차를 검출하는 계전기
㉢ 접지 계전기 : 지락사고시 지락전류를 검출하는 계전기
㉣ 온도 계전기 : 일정한 온도 상승 시 동작하는 계전기
㉤ 부족 전압 계전기 : 전압이 낮을 때 검출하는 계전기
㉥ 역전류 계전기 : 역전류시 검출하는 계전기

---

26 직류회로에서 도체를 균일한 체적으로 길이를 10배 늘리면 도체의 저항은 몇 배가 되는가?

① 10
② 20
③ 100
④ 1,000

advice

$R = \rho \dfrac{\ell}{S}$, $R \propto \ell$, 10ℓ일 때 저항은 10배

---

27 1W·s와 같은 것은?

① 1J
② 1kg · m
③ 1kWh
④ 860kcal

advice

$W = Pt\,[\mathrm{W \cdot s = J}]$
$W = 1[\mathrm{W}] \cdot 1[\mathrm{s}] = 1[\mathrm{J}]$

---

28 가동철편형 계기의 구조 형태가 아닌 것은?

① 흡인력
② 회전자장형
③ 반발형
④ 반발 흡인형

advice

가동철편형 계기의 구조형태 ··· 흡인형, 반발형, 반발 흡인형

---

29 교류 전압계의 지침이 지시하는 전압은 다음 중 어느 것인가?

① 실효값
② 평균값
③ 최대값
④ 순시값

advice

교류전압계의 지침이 지시하는 전압 ··· 실효값

---

30 내부저항이 200Ω이며 직류 120mA인 전류계를 6A까지 측정할 수 있는 전류계로 사용하고자 한다. 어떻게 하면 되겠는가?

① 24Ω의 저항을 전류계와 직렬로 연결한다.
② 12Ω의 저항을 전류계와 병렬로 연결한다.
③ 약 6.24Ω의 저항을 전류계와 직렬로 연결한다.
④ 약 4.08Ω의 저항을 전류계와 병렬로 연결한다.

advice

분류기
㉠ 개념 : 전류의 측정 범위를 넓히기 위해 전류계에 병렬로 달아주는 저항을 분류기 저항(Shunt Resistor)

Answer **25.**① **26.**① **27.**① **28.**② **29.**① **30.**④

ⓒ 분류기 설치측정

$$m = \frac{I}{I_o} = 1 + \left(\frac{r_o}{R}\right)$$

m : 분류비, r_o : 내부저항[Ω], R : 분류기 저항[Ω]

ⓒ 계산

$$m = 1 + \left(\frac{r_o}{R}\right)$$

$$\frac{6}{120 \times 10^{-3}} = 1 + \frac{200}{R}, \ R = 4.08[\Omega]$$

31 상순이 a, b, c인 경우 V_a, V_b, V_c를 3상 불평형 전압이라 하면 정상분 전압은?
(단, $\alpha = e^{j2\pi/3} = 1 \angle 120°$)

① $\frac{1}{3}(V_a + V_b + V_c)$

② $\frac{1}{3}(V_a + \alpha V_b + \alpha^2 V_c)$

③ $\frac{1}{3}(V_a + \alpha^2 V_b + \alpha V_c)$

④ $\frac{1}{3}(V_a + \alpha V_b + \alpha V_c)$

advice

불평형전압 해석

종류	공식
영상분	$V_0 = \frac{1}{3}(V_a + V_b + V_c)$
정상분	$V_1 = \frac{1}{3}(V_a + a V_b + a^2 V_c)$
역상분	$V_2 = \frac{1}{3}(V_a + a^2 V_b + a V_c)$

32 수신기에 내장된 축전지의 용량이 6Ah인 경우 0.4A의 부하전류로는 몇 시간 동안 사용할 수 있는가?

① 2.4시간   ② 15시간

③ 24시간   ④ 30시간

advice

축전지 용량 = 전류 × 시간, 6[Ah]

$$= 0.4[A] \times 시간, \ 시간 = \frac{6}{0.4} = 15[h]$$

33 변압기의 임피던스 전압을 구하기 위하여 행하는 시험은?

① 단락시험

② 유도저항시험

③ 무부하 통전시험

④ 무극성 시험

advice

변압기 시험

시험	내용
단락시험	변압기의 임피던스 전압시험
무부하 통전시험	철손 및 여자전류 측정시험

Ⓐnswer 31.② 32.② 33.①

34 어떤 회로에 $v(t)=150\sin\omega t\,[V]$의 전압을 가하니 $i(t)=6\sin(\omega t-30°)[A]$의 전류가 흘렀다. 이 회로의 소비전력(유효전력)은 약 몇 W인가?

① 390 ② 450

③ 780 ④ 900

advice

$$P=VI\cos\theta=\frac{150}{\sqrt{2}}\times\frac{6}{\sqrt{2}}\cos 30°=389.7[\mathrm{W}]≒390[\mathrm{W}]$$

35 배선의 절연저항은 어떤 측정기를 사용하여 측정하는가?

① 전압계 ② 전류계

③ 메거 ④ 서미스터

advice

측정장비

측정장비	내용
전압계	두 점 사이의 전위 차이를 측정하기 위하여 사용하는 기구
전류계	전기회로의 전류를 측정하는 도구
메거	절연저항 측정 장비
서미스터	온도변화에 대응하여 저항변화가 되는 반도체

36 50F의 콘덴서 2개를 직렬로 연결하면 합성 정전 용량은 몇 F인가?

① 25 ② 50

③ 100 ④ 1000

advice

$$C=\frac{C_1 C_2}{C_1+C_2}=\frac{50\times 50}{50+50}=25[\mathrm{F}]$$

37 반파 정류회로를 통하여 정현파를 정류하여 얻은 반파정류파의 최댓값이 1일 때 실효값과 평균값은?

① $\dfrac{1}{\sqrt{2}}$, $\dfrac{2}{\pi}$ ② $\dfrac{1}{2}$, $\dfrac{\pi}{2}$

③ $\dfrac{1}{\sqrt{2}}$, $\dfrac{\pi}{2\sqrt{2}}$ ④ $\dfrac{1}{2}$, $\dfrac{1}{\pi}$

advice

㉠ 반파정류회로 실효값 $V_s=\dfrac{V_m}{2}=\dfrac{1}{2}$

㉡ 반파정류회로 평균값 $V_{av}=\dfrac{V_m}{\pi}=\dfrac{1}{\pi}$

38 제연용으로 사용되는 3상 유도전동기를 $Y-\triangle$ 기동방식으로 하는 경우 기동을 위해 제어회로에서 사용되는 것과 거리가 먼 것은?

① 타이머 ② 영상변류기

③ 전자접촉기 ④ 열동계전기

advice

영상변류기는 누전경보기에서 누전전류를 검출하는 기기로 사용된다.

유도전동기 기동 제어회로에는 배선용 차단기(MCCB), 열동계전기(THR(TOR), 전자접촉기(MCY, MCM, MCD)) 및 한시계전기(타이머) 등이 사용된다.

39 제어요소의 구성으로 옳은 것은?

① 조절부와 조작부
② 비교부와 검출부
③ 설정부와 검출부
④ 설정부와 비교부

advice

제어계의 구성요소

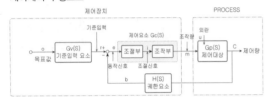

※ 제어요소의 구성 … 조절부와 조작부

40 논리식 $X \cdot (X + Y)$를 간략화 하면?

① X ② Y
③ $X + Y$ ④ $X \cdot Y$

advice

부울대수 및 드로르간의 정리

흡수법칙	$A + A \cdot B = A$	$A \cdot (A + B) = A$

※ 흡수법칙 … $X(X + Y) = X$

3과목 소방관계법규

41 소방기본법상 소방대의 구성원에 속하지 않는 자는?

① 소방공무원법에 따른 소방공무원
② 의용소방대 설치 및 운영에 관한 법률에 따른 의용소방대원
③ 위험물안전관리법에 따른 자체소방대원
④ 의무소방대설치법에 따라 임용된 의무소방원

advice

"소방대"란 화재를 진압하고 화재, 재난·재해, 그 밖의 위급한 상황에서 구조·구급 활동 등을 하기 위하여 다음의 사람으로 구성된 조직체를 말한다〈「소방기본법」 제2조 제5호〉.
가. 「소방공무원법」에 따른 <u>소방공무원</u>
나. 「의무소방대설치법」에 따라 임용된 <u>의무소방원</u>
다. 「의용소방대 설치 및 운영에 관한 법률」에 따른 <u>의용소방대원</u>

42 화재예방, 소방시설 설치·유지 및 안전관리에 관한 법령상 소방청장, 소방본부장 또는 소방서장은 관할구역에 있는 소방대상물에 대하여 소방특별조사를 실시할 수 있다. 소방특별조사 대상과 거리가 먼 것은? (단, 개인 주거에 대하여는 관계인의 승낙을 득한 경우이다.)

① 화재경계지구에 대한 소방특별조사 등 다른 법률에서 소방특별조사를 실시하도록 한 경우
② 관계인이 법령에 따라 실시하는 소방시설등, 방화시설, 피난시설 등에 대한 자체점검 등이 불성실하거나 불완전하다고 인정되는 경우
③ 화재가 발생할 우려가 없으나 소방대상물의 정기점검이 필요한 경우

Answer 39.① 40.① 41.③ 42.③

④ 국가적 행사 등 주요 행사가 개최되는 장소
에 대하여 소방안전관리 실태를 점검할 필요
가 있는 경우

advice

소방특별조사의 대상〈「화재예방, 소방시설 설치·유지 및 안
전관리에 관한 법률」 제4조 제2항〉… 소방특별조사는 다음의
어느 하나에 해당하는 경우에 실시한다.
1. 관계인이 이 법 또는 다른 법령에 따라 실시하는 소방시설
등, 방화시설, 피난시설 등에 대한 자체점검 등이 불성실
하거나 불완전하다고 인정되는 경우
2. 「소방기본법」에 따른 화재경계지구에 대한 소방특별조사
등 다른 법률에서 소방특별조사를 실시하도록 한 경우
3. 국가적 행사 등 주요 행사가 개최되는 장소 및 그 주변의
관계 지역에 대하여 소방안전관리 실태를 점검할 필요가
있는 경우
4. 화재가 자주 발생하였거나 발생할 우려가 뚜렷한 곳에 대
한 점검이 필요한 경우
5. 재난예측정보, 기상예보 등을 분석한 결과 소방대상물에
화재, 재난·재해의 발생 위험이 높다고 판단되는 경우
6. 제1호부터 제5호까지에서 규정한 경우 외에 화재, 재난·
재해, 그 밖의 긴급한 상황이 발생할 경우 인명 또는 재산
피해의 우려가 현저하다고 판단되는 경우

43 항공기격납고는 특정소방대상물 중 어느 시설에
해당되는가?

① 위험물 저장 및 처리 시설
② 항공기 및 자동차 관련 시설
③ 창고시설
④ 업무시설

advice

항공기 및 자동차 관련 시설〈「화재예방, 소방시설 설치·유지
및 안전관리에 관한 법률 시행령」 별표 2 참고〉
가. 항공기격납고
나. 차고, 주차용 건축물, 철골 조립식 주차시설(바닥면이 조
립식이 아닌 것을 포함) 및 기계장치에 의한 주차시설
다. 세차장

라. 폐차장
마. 자동차 검사장
바. 자동차 매매장
사. 자동차 정비공장
아. 운전학원·정비학원
자. 다음의 건축물을 제외한 건축물의 내부(「건축법 시행령」
에 따른 필로티와 건축물 지하를 포함)에 설치된 주차장
1) 「건축법 시행령」에 따른 단독주택
2) 「건축법 시행령」에 따른 공동주택 중 50세대 미만인
연립주택 또는 50세대 미만인 다세대주택
차. 「여객자동차 운수사업법」, 「화물자동차 운수사업법」 및 「
건설기계관리법」에 따른 차고 및 주기장(駐機場)

44 화재예방, 소방시설 설치·유지 및 안전관리에 관
한 법령상 소방시설 등의 자체점검 시 점검인력
배치기준 중 종합정밀점검에 대한 점검인력 1단위
가 하루 동안 점검할 수 있는 특정소방대상물의
연면적 기준으로 옳은 것은?

① 3,500m² ② 7,000m²
③ 10,000m² ④ 12,000m²

advice

점검한도 면적〈「화재예방, 소방시설 설치·유지 및 안전관리
에 관한 법률 시행규칙」 별표 2 참고〉… 점검인력 1단위가
하루 동안 점검할 수 있는 특정소방대상물의 연면적(이하 "점
검한도 면적"이라 한다)은 다음과 같다.
가. 종합정밀점검 : 10,000m²
나. 작동기능점검 : 12,000m²(소규모점검의 경우에는 3,500m²)

Ⓐnswer **43.**② **44.**③

2019년 제4회 소방설비기사 **637**

45 화재예방, 소방시설 설치 · 유지 및 안전관리에 관한 법령상 간이스프링클러설비를 설치하여야 하는 특정소방대상물의 기준으로 옳은 것은?

① 근린생활시설로 사용하는 부분의 바닥면적 합계가 1,000m² 이상인 것은 모든 층

② 교육연구시설 내에 있는 합숙소로서 연면적 500m² 이상인 것

③ 정신병원과 의료재활시설을 제외한 요양병원으로 사용되는 바닥면적의 합계가 300m² 이상 600m² 미만인 시설

④ 정신의료기관 또는 의료재활시설로 사용되는 바닥면적의 합계가 600m² 미만인 시설

advice

간이스프링클러를 설치해야 하는 특정소방대상물
〈「화재예방, 소방시설 설치 · 유지 및 안전관리에 관한 법률 시행령」 별표 5 참고〉

1) 근린생활시설 중 다음의 어느 하나에 해당하는 것
　가) 근린생활시설로 사용하는 부분의 바닥면적 합계가 1천 m² 이상인 것은 모든 층
　나) 의원, 치과의원 및 한의원으로서 입원실이 있는 시설

2) 교육연구시설 내에 합숙소로서 연면적 100m² 이상인 것

3) 의료시설 중 다음의 어느 하나에 해당하는 시설
　가) 종합병원, 병원, 치과병원, 한방병원 및 요양병원(정신 병원과 의료재활시설은 제외한다)으로 사용되는 바닥 면적의 합계가 600m² 미만인 시설
　나) 정신의료기관 또는 의료재활시설로 사용되는 바닥면적의 합계가 300m² 이상 600m² 미만인 시설
　다) 정신의료기관 또는 의료재활시설로 사용되는 바닥면적 의 합계가 300m² 미만이고, 창살(철재 · 플라스틱 또 는 목재 등으로 사람의 탈출 등을 막기 위하여 설치 한 것을 말하며, 화재 시 자동으로 열리는 구조로 되 어 있는 창살은 제외)이 설치된 시설

46 소방대상물의 방염 등과 관련하여 방염성능기준은 무엇으로 정하는가?

① 대통령령　　　　② 행정안전부령
③ 소방청훈령　　　④ 소방청예규

advice

소방대상물의 방염 등〈「화재예방, 소방시설 설치 · 유지 및 안 전관리에 관한 법률」 제12조〉

① 대통령령으로 정하는 특정소방대상물에 실내장식 등의 목 적으로 설치 또는 부착하는 물품으로서 대통령령으로 정하 는 물품은 방염성능기준 이상의 것으로 설치하여야 한다.

② 소방본부장이나 소방서장은 방염대상물품이 방염성능기준 에 미치지 못하거나 방염성능검사를 받지 아니한 것이면 소방대상물의 관계인에게 방염대상물품을 제거하도록 하 거나 방염성능검사를 받도록 하는 등 필요한 조치를 명할 수 있다.

③ 방염성능기준은 대통령령으로 정한다.

47 제6류 위험물에 속하지 않는 것은?

① 질산

② 과산화수소

③ 과염소산

④ 과염소산염류

advice

④ 과염소산염류는 제1류 위험물(산화성고체)이다.

※ 제6류 위험물(산화성액체) 및 지정수량

1. 과염소산	300kg
2. 과산화수소	300kg
3. 질산	300kg
4. 그 밖에 행정안전부령으로 정하는 것	300kg
5. 제1호 내지 제4호의 1에 해당하는 어느 하나 이상을 함유한 것	300kg

Answer　45.①　46.①　47.④

48 화재예방, 소방시설 설치·유지 및 안전관리에 관한 법령상 정당한 사유 없이 소방특별조사결과에 따른 조치명령을 위반한 자에 대한 벌칙으로 옳은 것은?

① 100만 원 이하의 벌금
② 300만 원 이하의 벌금
③ 1년 이하의 징역 또는 1천만 원 이하의 벌금
④ 3년 이하의 징역 또는 3천만 원 이하의 벌금

advice

벌칙〈「화재예방, 소방시설 설치·유지 및 안전관리에 관한 법률」제48조의2〉 … 다음의 어느 하나에 해당하는 자는 <u>3년 이하의 징역 또는 3천만 원 이하의 벌금</u>에 처한다.
1. <u>명령을 정당한 사유 없이 위반한 자</u>
2. 관리업의 등록을 하지 아니하고 영업을 한 자
3. 소방용품의 형식승인을 받지 아니하고 소방용품을 제조하거나 수입한 자
4. 제품검사를 받지 아니한 자
5. 형식승인을 받지 아니한 것, 형상 등을 임의로 변경한 것, 제품검사를 받지 아니하거나 합격표시를 하지 아니한 소방용품을 판매·진열하거나 소방시설공사에 사용한 자
6. 제품검사를 받지 아니하거나 합격표시를 하지 아니한 소방용품을 판매·진열하거나 소방시설공사에 사용한 자
7. 거짓이나 그 밖의 부정한 방법으로 전문기관으로 지정을 받은 자

49 위험물안전관리법령상 제조소등이 아닌 장소에서 지정수량 이상의 위험물을 취급할 수 있는 기준 중 다음 ( ) 안에 알맞은 것은?

> 시·도의 조례가 정하는 바에 따라 관할 소방서장의 승인을 받아 지정수량 이상의 위험물을 ( )일 이내의 기간 동안 임시로 저장 또는 취급하는 경우

① 15
② 30
③ 60
④ 90

advice

위험물의 저장 및 취급의 제한〈「위험물안전관리법」제5조 제1항, 제2항〉
① 지정수량 이상의 위험물을 저장소가 아닌 장소에서 저장하거나 제조소등이 아닌 장소에서 취급하여서는 아니된다.
② ①의 규정에 불구하고 다음의 어느 하나에 해당하는 경우에는 제조소등이 아닌 장소에서 지정수량 이상의 위험물을 취급할 수 있다. 이 경우 임시로 저장 또는 취급하는 장소에서의 저장 또는 취급의 기준과 임시로 저장 또는 취급하는 장소의 위치·구조 및 설비의 기준은 시·도의 조례로 정한다.
1. <u>시·도의 조례가 정하는 바에 따라 관할소방서장의 승인을 받아 지정수량 이상의 위험물을 90일 이내의 기간동안 임시로 저장 또는 취급하는 경우</u>
2. 군부대가 지정수량 이상의 위험물을 군사목적으로 임시로 저장 또는 취급하는 경우

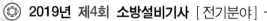

(2014)

50 다음 중 화재원인조사의 종류에 해당하지 않는 것은?

① 발화원인 조사
② 피난상황 조사
③ 인명피해 조사
④ 연소상황 조사

advice

화재조사의 종류 및 조사의 범위〈「소방기본법 시행규칙」 별표 5〉

1. 화재원인조사

종류	조사범위
가. 발화원인 조사	화재가 발생한 과정, 화재가 발생한 지점 및 불이 붙기 시작한 물질
나. 발견·통보 및 초기 소화상황 조사	화재의 발견·통보 및 초기소화 등 일련의 과정
다. 연소상황 조사	화재의 연소경로 및 확대원인 등의 상황
라. 피난상황 조사	피난경로, 피난상의 장애요인 등의 상황
마. 소방시설 등 조사	소방시설의 사용 또는 작동 등의 상황

2. 화재피해조사

종류	조사범위
가. 인명피해조사	(1) 소방활동중 발생한 사망자 및 부상자 (2) 그 밖에 화재로 인한 사망자 및 부상자
나. 재산피해조사	(1) 열에 의한 탄화, 용융, 파손 등의 피해 (2) 소화활동중 사용된 물로 인한 피해 (3) 그 밖에 연기, 물품반출, 화재로 인한 폭발 등에 의한 피해

(2015)

51 제조소등의 위치·구조 또는 설비의 변경 없이 당해 제조소 등에서 저장하거나 취급하는 위험물의 품명·수량 또는 지정수량의 배수를 변경하고자 할 때는 누구에게 신고해야 하는가?

① 국무총리
② 시·도지사
③ 관할소방서장
④ 행정안전부장관

advice

제조소등의 위치·구조 또는 설비의 변경없이 당해 제조소등에서 저장하거나 취급하는 위험물의 품명·수량 또는 지정수량의 배수를 변경하고자 하는 자는 변경하고자 하는 날의 1일 전까지 행정안전부령이 정하는 바에 따라 시·도지사에게 신고하여야 한다〈「위험물안전관리법」 제6조 제2항〉.

52 소방본부장 또는 소방서장은 화재경계지구 안의 관계인에 대하여 소방상 필요한 훈련 및 교육은 연 몇 회 이상 실시할 수 있는가?

① 1
② 2
③ 3
④ 4

advice

소방본부장 또는 소방서장은 화재경계지구 안의 관계인에 대하여 소방상 필요한 훈련 및 교육을 연 1회 이상 실시할 수 있다〈「소방기본법 시행령」 제4조 제3항〉.

(2014)

53 소방기본법령상 국고보조 대상사업의 범위 중 소방활동장비와 설비에 해당하지 않는 것은?

① 소방자동차
② 소방헬리콥터 및 소방정
③ 소화용수설비 및 피난구조설비
④ 방화복 등 소방활동에 필요한 소방장비

advice

국고보조 대상사업의 범위〈「소방기본법 시행령」 제2조 제1항〉

1. 다음의 소방활동장비와 설비의 구입 및 설치
   가. 소방자동차
   나. 소방헬리콥터 및 소방정
   다. 소방전용통신설비 및 전산설비
   라. 그 밖에 방화복 등 소방활동에 필요한 소방장비
2. 소방관서용 청사의 건축

Answer 50.③ 51.② 52.① 53.③

54 화재경계지구로 지정할 수 있는 대상이 아닌 것은?

① 시장지역
② 소방출동로가 있는 지역
③ 공장·창고가 밀집한 지역
④ 목조건물이 밀집한 지역

advice

화재경계지구의 지정 등〈「소방기본법」 제13조 제1항〉… 시·도지사는 다음의 어느 하나에 해당하는 지역 중 화재가 발생할 우려가 높거나 화재가 발생하는 경우 그로 인하여 피해가 클 것으로 예상되는 지역을 화재경계지구로 지정할 수 있다.
1. 시장지역
2. 공장·창고가 밀집한 지역
3. 목조건물이 밀집한 지역
4. 위험물의 저장 및 처리 시설이 밀집한 지역
5. 석유화학제품을 생산하는 공장이 있는 지역
6. 「산업입지 및 개발에 관한 법률」에 따른 산업단지
7. 소방시설·소방용수시설 또는 소방출동로가 없는 지역
8. 그 밖에 제1호부터 제7호까지에 준하는 지역으로서 소방청장·소방본부장 또는 소방서장이 화재경계지구로 지정할 필요가 있다고 인정하는 지역

55 위험물안전관리법령상 제조소등의 관계인은 위험물의 안전관리에 관한 직무를 수행하게 하기 위하여 제조소등마다 위험물의 취급에 관한 자격이 있는 자를 위험물안전관리자로 선임하여야 한다. 이 경우 제조소등의 관계인이 지켜야 할 기준으로 틀린 것은?

① 제조소등의 관계인은 안전관리자를 해임하거나 안전관리자가 퇴직한 때에는 해임하거나 퇴직한 날로부터 15일 이내에 다시 안전관리자를 선임하여야 한다.
② 제조소등의 관계인이 안전관리자를 선임한 경우에는 선임한 날로부터 14일 이내에 소방본부장 또는 소방서장에게 신고하여야 한다.
③ 제조소등의 관계인은 안전관리자가 여행·질병 그 밖의 사유로 인하여 일시적으로 직무를 수행할 수 없는 경우에는 국가기술자격법에 따른 위험물의 취급에 관한 자격취득자 또는 위험물안전에 관한 기본지식과 경험이 있는 자를 대리자로 지정하여 그 직무를 대행하게 하여야 한다. 이 경우 대행하는 기간은 30일을 초과할 수 없다.
④ 안전관리자는 위험물을 취급하는 작업을 하는 때에는 작업자에게 안전관리에 관한 필요한 지시를 하는 등 위험물의 취급에 관한 안전관리와 감독을 하여야 하고, 제조소등의 관계인은 안전관리자의 위험물 안전관리에 관한 의견을 존중하고 그 권고에 따라야 한다.

advice

위험물안전관리자〈「위험물안전관리법」 제15조 제1항, 제2항〉
① 제조소등 [허가를 받지 아니하는 제조소등과 이동탱크저장소(차량에 고정된 탱크에 위험물을 저장 또는 취급하는 저장소를 말한다)를 제외]의 관계인은 위험물의 안전관리에 관한 직무를 수행하게 하기 위하여 제조소등마다 대통령령이 정하는 위험물의 취급에 관한 자격이 있는 자를 위험물안전관리자로 선임하여야 한다. 다만, 제조소등에서 저장·취급하는 위험물이 「화학물질관리법」에 따른 유독물질에 해당하는 경우 등 대통령령이 정하는 경우에는 당해 제조소등을 설치한 자는 다른 법률에 의하여 안전관리 업무를 하는 자로 선임된 자 가운데 대통령령이 정하는 자를 안전관리자로 선임할 수 있다.
② 안전관리자를 선임한 제조소등의 관계인은 그 안전관리자를 해임하거나 안전관리자가 퇴직한 때에는 해임하거나 퇴직한 날부터 30일 이내에 다시 안전관리자를 선임하여야 한다.

4. 소방업무에 관하여 행정기관이 위탁하는 업무
5. 소방안전에 관한 국제협력
6. 그 밖에 회원에 대한 기술지원 등 정관으로 정하는 사항

56 다음 중 상주 공사감리를 하여야 할 대상의 기준으로 옳은 것은?

① 지하층을 포함한 층수가 16층 이상으로서 300세대 이상인 아파트에 대한 소방시설의 공사

② 지하층을 포함한 층수가 16층 이상으로서 500세대 이상인 아파트에 대한 소방시설의 공사

③ 지하층을 포함하지 않은 층수가 16층 이상으로서 300세대 이상인 아파트에 대한 소방시설의 공사

④ 지하층을 포함하지 않은 층수가 16층 이상으로서 500세대 이상인 아파트에 대한 소방시설의 공사

---

advice

상주 공사감리의 대상〈「소방시설공사업법 시행령」 별표 3 참고〉
1. 연면적 3만제곱미터 이상의 특정소방대상물(아파트는 제외)에 대한 소방시설의 공사
2. 지하층을 포함한 층수가 16층 이상으로서 500세대 이상인 아파트에 대한 소방시설의 공사

---

57 다음 중 한국소방안전원의 업무에 해당하지 않는 것은?

① 소방용 기계·기구의 형식승인

② 소방업무에 관하여 행정기관이 위탁하는 업무

③ 화재 예방과 안전관리의식 고취를 위한 대국민 홍보

④ 소방기술과 안전관리에 관한 교육, 조사·연구 및 각종 간행물 발간

---

advice

한국소방안전원의 업무〈「소방기본법」 제41조〉
1. 소방기술과 안전관리에 관한 교육 및 조사·연구
2. 소방기술과 안전관리에 관한 각종 간행물 발간
3. 화재 예방과 안전관리의식 고취를 위한 대국민 홍보

(2017)
58 다음 조건을 참고하여 숙박시설이 있는 특정소방대상물의 수용인원 산정 수로 옳은 것은?

> 침대가 있는 숙박시설로서 1인용 침대의 수는 20개이고, 2인용 침대의 수는 10개이며, 종업원 수는 3명이다.

① 33명 ② 40명
③ 43명 ④ 46명

---

advice

$20 + (2 \times 10) + 3 = 43$명

※ 수용인원의 산정〈「화재예방, 소방시설 설치·유지 및 안전관리에 관한 법률 시행령」 별표 4〉
1. 숙박시설이 있는 특정소방대상물
    가. <u>침대가 있는 숙박시설 : 해당 특정소방물의 종사자 수에 침대 수(2인용 침대는 2개로 산정한다)를 합한 수</u>
    나. 침대가 없는 숙박시설 : 해당 특정소방대상물의 종사자 수에 숙박시설 바닥면적의 합계를 $3m^2$로 나누어 얻은 수를 합한 수
2. 제1호 외의 특정소방대상물
    가. 강의실·교무실·상담실·실습실·휴게실 용도로 쓰이는 특정소방대상물 : 해당 용도로 사용하는 바닥면적의 합계를 $1.9m^2$로 나누어 얻은 수
    나. 강당, 문화 및 집회시설, 운동시설, 종교시설 : 해당 용도로 사용하는 바닥면적의 합계를 $4.6m^2$로 나누어 얻은 수(관람석이 있는 경우 고정식 의자를 설치한 부분은 그 부분의 의자 수로 하고, 긴 의자의 경우에는 의자의 정면너비를 0.45m로 나누어 얻은 수로 한다)
    다. 그 밖의 특정소방대상물 : 해당 용도로 사용하는 바닥면적의 합계를 $3m^2$로 나누어 얻은 수

A nswer 56.② 57.① 58.③

59 소방안전관리자 및 소방안전관리보조자에 대한 실무교육의 교육대상, 교육일정 등 실무교육에 필요한 계획을 수립하여 매년 누구의 승인을 얻어 교육을 실시하는가?

① 한국소방안전원장
② 소방본부장
③ 소방청장
④ 시 · 도지사

advice

소방안전관리자 및 소방안전관리보조자의 실무교육 등〈「화재예방, 소방시설 설치 · 유지 및 안전관리에 관한 법률 시행규칙」 제36조 제1항〉 … 안전원장은 소방안전관리자 및 소방안전관리보조자에 대한 실무교육의 교육대상, 교육일정 등 실무교육에 필요한 계획을 수립하여 매년 소방청장의 승인을 얻어 교육실시 30일 전까지 교육대상자에게 통보하여야 한다.

60 화재예방, 소방시설 설치 · 유지 및 안전관리에 관한 법령상 소방대상물의 개수 · 이전 · 제거, 사용의 금지 또는 제한, 사용폐쇄, 공사의 정지 또는 중지, 그 밖의 필요한 조치로 인하여 손실을 받은 자가 손실보상청구서에 첨부하여야 하는 서류로 틀린 것은?

① 손실보상합의서
② 손실을 증명할 수 있는 사진
③ 손실을 증명할 수 있는 증빙자료
④ 소방대상물의 관계인임을 증명할 수 있는 서류(건축물대장은 제외)

advice

손실보상 청구자가 제출하여야 하는 서류 등〈「화재예방, 소방시설 설치 · 유지 및 안전관리에 관한 법률 시행규칙」 제3조 제1항〉 … 명령으로 손실을 받은 자가 손실보상을 청구하고자 하는 때에는 손실보상청구서(전자문서로 된 청구서를 포함)에 다음의 서류(전자문서를 포함)를 첨부하여 특별시장 · 광역시장 · 특별자치시장 · 도지사 또는 특별자치도지사에게 제출하여야 한다. 이 경우 담당 공무원은 「전자정부법」에 따른 행정정보의 공동이용을 통하여 건축물대장(소방대상물의 관계인임을 증명할 수 있는 서류가 건축물대장인 경우만 해당)을 확인하여야 한다.

1. 소방대상물의 관계인임을 증명할 수 있는 서류(건축물대장은 제외)
2. 손실을 증명할 수 있는 사진 그 밖의 증빙자료

Answer **59.**③ **60.**①

4과목 소방전기시설의 구조 및 원리

61 자동화재탐지설비 및 시각경보장치의 화재안전기준(NFSC 203)에 따른 경계구역에 관한 기준이다. 다음 (　)에 들어갈 내용으로 옳은 것은?

> 하나의 경계구역의 면적은 (　㉮　)이하로 하고, 한변의 길이는 (　㉯　)이하로 하여야 한다.

① ㉮ 600m² ㉯ 50m

② ㉮ 600m² ㉯ 100m

③ ㉮ 1,200m² ㉯ 50m

④ ㉮ 1,200m² ㉯ 100m

advice

경계구역 설정기준 … 하나의 경계구역의 면적은 600m² 이하, 한 변의 길이 50m 이하일 것. 단, 주된 출입구에서 내부 전체가 보일 때는 한 변의 길이가 50m의 범위 내에서 1,000m² 이하로 할 수 있다.

62 차동식분포형감지기의 동작방식이 아닌 것은?

① 공기관식

② 열전대식

③ 열반도체식

④ 불꽃 자외선식

advice

차동식분포형감지기의 동작방식

① 공기관식

② 열전대식

③ 열반도체식

63 비상방송설비의 화재안전기준(NFSC 202)에 따라 다음 (　)의 ㉠, ㉡에 들어갈 내용으로 옳은 것은?

> 비상방송설비는 그 설비에 대한 감시상태를 (　㉠　)분간 지속한 후 유효하게 (　㉡　)분 이상 경보할 수 있는 축전지설비(수신기에 내장하는 경우를 포함한다.)를 설치하여야 한다.

① ㉠ 30, ㉡ 5

② ㉠ 30, ㉡ 10

③ ㉠ 60, ㉡ 5

④ ㉠ 60, ㉡ 10

advice

비상방송설비 전원 설치기준 … 비상방송설비에는 그 설비에 대한 감시상태를 60분 이상 지속한 후 유효하게 10분 이상 경보할 수 있는 축전지설비를 설치하여야 한다.

64 누전경보기의 형식승인 및 제품검사의 기술기준에 따라 누전경보기의 경보기구에 내장하는 음향장치는 사용전압의 몇 %인 전압에서 소리를 내어야 하는가?

① 40

② 60

③ 80

④ 100

advice

경보기구에 내장하는 음향장치 … 사용전압의 80%인 전압에서 소리를 내어야 한다.

Answer 61.① 62.④ 63.④ 64.③

65 자동화재속보설비의 속보기의 성능인증 및 제품검사의 기술기준에 따라 자동화재속보설비의 속보기의 외함에 합성수지를 사용할 경우 외함의 최소두께(mm)는?

① 1.2
② 3
③ 6.4
④ 7

advice

속보기의 외함의 두께
① 강판 외함 : 1.2mm 이상
② 합성수지 외함 : 3mm 이상

66 소방시설용 비상전원수전설비의 화재안전기준(NFSC 602)에 따라 일반전기사업자로부터 특고압 또는 고압으로 수전하는 비상전원 수전설비의 경우에 있어 소방회로배선과 일반회로배선을 몇 cm이상 떨어져 설치하는 경우 불연성 벽으로 구획하지 않을 수 있는가?

① 5
② 10
③ 15
④ 20

advice

특별고압 또는 저압으로 수전하는 경우 … 소방회로배선은 일반회로배선과 불연성 벽으로 구획할 것. 다만 소방회로배선과 일반회로배선을 15cm 이상 떨어져 설치한 경우는 그러하지 아니한다.

67 비상콘센트설비의 화재안전기준(NFSC 504)에 따라 비상콘센트설비의 전원회로(비상콘센트에 전력을 공급하는 회로를 말한다.)에 대한 전압과 공급용량으로 옳은 것은?

① 전압 : 단상교류 110V, 공급용량 : 1.5KVA
② 전압 : 단상교류 220V, 공급용량 : 1.5KVA
③ 전압 : 단상교류 110V, 공급용량 : 3KVA
④ 전압 : 단상교류 220V, 공급용량 : 3KVA

advice

비상콘센트설비의 전원회로

전원	전압	용량	플러그 접속기
단상	220V	1.5KVA	접지형 2극

68 비상콘센트설비의 화재안전기준(NFSC 504)에 따른 용어의 정의 중 옳은 것은?

① "저압"이란 직류는 750V이하, 교류는 600V이하인 것을 말한다.
② "저압"이란 직류는 700V이하, 교류는 600V이하인 것을 말한다.
③ "고압"이란 직류는 700V이하, 교류는 600V이하인 것을 말한다.
④ "고압"이란 직류는 750V이하, 교류는 600V이하인 것을 말한다.

advice

비상콘센트 전압의 정의

저압	직류는 750V 이하, 교류는 600V 이하
고압	직류는 750V를, 교류는 600V를 초과하고, 7kV 이하
특고압	7kV를 초과

Answer 65.② 66.③ 67.② 68.①

69 유도등 및 유도표지의 화재안전기준(NFSC 303)에 따른 통로유도등의 설치기준에 대한 설명으로 틀린 것은?

① 복도·거실 통로유도등은 구부러진 모퉁이 및 보행거리 20m마다 설치
② 복도·계단 통로유도등은 바닥으로부터 높이 1m이하의 위치에 설치
③ 통로유도등은 녹색바탕에 백색으로 피난방향을 표시한 등으로 할 것
④ 거실통로유도등은 바닥으로부터 높이 1.5m이상의 위치에 설치

advice

통로유도등은 백색바탕에 녹색으로 표시한다.
※ 통로유도등의 설치기준
　㉠ 복도통로유도등
　　•구부러진 모퉁이 및 보행거리 20m마다 설치할 것
　　•바닥으로부터 높이 1m 이하의 위치에 설치할 것
　㉡ 거실통로유도등
　　•구부러진 모퉁이 및 보행거리 20m마다 설치할 것
　　•바닥으로부터 높이 1.5m 이상의 위치에 설치할 것
　㉢ 계단통로유도등
　　•각층의 경사로 참 또는 계단참마다(1개층에 경사로 참 또는 계단참이 2 이상 있는 경우에는 2개의 계단참마다) 설치할 것
　　•바닥으로부터 높이 1m 이하의 위치에 설치할 것

70 유도등 및 유도표지의 화재안전기준(NFSC 303)에 따라 운동시설에 설치하지 아니할 수 있는 유도등은?

① 통로유도등
② 객석유도등
③ 대형피난구 유도등
④ 중형피난구 유도등

advice

유도등 및 유도표지의 종류 설치기준

설치장소	유도등 및 유도표지의 종류
•공연장·집회장·관람장·운동시설 •유흥주점 영업시설(카바레, 나이트클럽 등)	•대형피난구 유도등 •통로유도등 •객석유도등

71 자동화재탐지설비 및 시각경보장치의 안전기준(NFSC 203)에 따른 감지기의 설치기준으로 틀린 것은?

① 스포트형감지기는 45° 이상 경사되지 아니하도록 부착할 것
② 감지기(차동식분포형의 것을 제외한다.)는 실내로의 공기유입구로부터 1.5m 이상 떨어진 위치에 설치할 것
③ 보상식스포트형감지기는 정온점이 감지기 주위에 평상시 최고온도보다 10℃ 이상 높은 것으로 할 것
④ 정온식감지기는 주방·보일러실 등으로서 다량의 화기를 취급하는 장소에 설치하되 공칭작동온도가 최고주위온도보다 20℃ 이상 높은 것으로 설치할 것

advice

감지기 공통 설치기준
㉠ 실내로의 공기유입구로부터 1.5m 이상 떨어진 위치에 설치
㉡ 감지기는 천장 또는 반자의 옥내에 면하는 부분에 설치
㉢ 보상식스포트형감지기는 정온점이 감지기 주위 평상시 최고온도보다 20℃ 이상 높은 것으로 설치할 것
㉣ 정온식감지기는 주방, 보일러 등으로서 다량의 화기를 취급하는 장소에 설치하되 공칭작동온도가 최고주위온도보다 20℃ 이상 높은 것으로 할 것
㉤ 차동식, 정온식, 보상식 스포트형감지기는 바닥면적마다 1개 이상 설치
㉥ 스포트형감지기는 45° 이상 경사되지 않도록 부착

Answer **69.**③ **70.**④ **71.**③

72 무선통신보조설비의 화재안전기준(NFSC 505)에 따라 무선통신보조설비의 누설동축케이블의 설치기준으로 틀린 것은?

① 누설동축케이블은 불연 또는 난연성으로 할 것
② 누설동축케이블의 중간 부분에는 무반사 종단저항을 견고하게 설치할 것
③ 누설동축케이블 및 안테나는 고압의 전로로부터 1.5m이상 떨어진 위치에 설치할 것
④ 누설동축케이블과 이에 접속하는 안테나 또는 동축케이블과 이에 접속하는 안테나로 구성할 것

advice

무선통신보조설비 누설동축케이블 설치기준
㉠ 누설동축케이블과 이에 접속하는 안테나 또는 동축케이블과 이에 접속하는 안테나로 구성 할 것
㉡ 누설동축케이블은 불연 또는 난연성의 것으로서 습기에 따라 전기의 특성이 변질되지 아니하는 것으로 하고, 노출하여 설치한 경우에는 피난 및 통행에 장애가 없도록 할 것
㉢ 누설동축케이블 및 안테나는 고압의 전로로부터 1.5m 이상 떨어진 위치에 설치할 것.
㉣ 누설동축케이블의 끝부분에는 무반사 종단저항을 견고하게 설치할 것

73 누전경보기의 화재안전기준(NFSC 205)의 용어 정의에 따라 변류기로부터 검출된 신호를 수신하여 누전의 발생을 해당 특정소방대상물의 관계인에게 경보하여 주는 것은?

① 축전지
② 수신부
③ 경보기
④ 음향장치

advice

누전경보기 구성요소

구성요소	정의
영상변류기	지락(누설)전류를 검출하는 방식
증폭기	영상변류기의 신호를 증폭하여 수신부에 전달하는 장치
수신부	변류기에서 오는 신호를 수신하여 음향장치로 보내는 설비
음향장치(확성기)	수신부에서 오는 신호를 받아서 음향을 발하는 설비

74 비상조명등의 화재안전기준(NFSC 304)에 따라 비상조명등의 비상전원을 설치하는데 있어서 어떤 특정소방대상물의 경우에는 그 부분에서 피난층의 이르는 부분의 비상조명등을 60분 이상 유효하게 작동시킬 수 있는 용량으로 하여야 한다. 이 특정소방대상물에 해당하지 않는 것은?

① 무창층인 지하역사
② 무창층인 소매시장
③ 지하층인 관람시설
④ 지하층을 제외한 층수가 11층 이상의 층

advice

비상조명등 비상전원용량
㉠ 비상전원은 비상조명등을 20분 이상 유효하게 작동시킬 수 있는 용량으로 할 것
㉡ 다만, 다음의 특정소방대상물의 경우에는 그 부분에서 피난층에 이르는 부분의 비상조명등을 60분 이상 유효하게 작동시킬 수 있는 용량
• 지하층을 제외한 층수가 11층 이상의 층
• 지하층 또는 무창층으로서 용도가 도매시장·소매시장·여객자동차터미널·지하역사 또는 지하상가

Ⓐnswer 72.② 73.② 74.③

75 자동화재탐지설비 및 시각경보장치의 화재안전기준 (NFSC 203)에 따른 자동화재탐지설비의 수신기 설치기준에 관한 사항 중, 최소 몇 층 이상의 특정소방대상물에는 발신기와 전화통화가 가능한 수신기를 설치하여야 하는가?

① 3   ② 4
③ 5   ④ 7

advice

자동화재탐지설비의 수신기 설치기준
1. 해당 특정소방대상물의 경계구역을 각각 표시할 수 있는 회선수 이상의 수신기를 설치할 것
2. 4층 이상의 특정소방대상물에는 발신기와 전화통화가 가능한 수신기를 설치할 것
3. 해당 특정소방대상물에 가스누설탐지설비가 설치된 경우에는 가스누설탐지설비로부터 가스누설신호를 수신하여 가스누설경보를 할 수 있는 수신기를 설치할 것(가스누설탐지설비의 수신부를 별도로 설치한 경우에는 제외)

76 비상방송설비의 화재안전기준(NFSC505)에 따라 비상방송설비 음향장치의 정격전압이 220V인 경우 최소 몇 V이상에서 음향을 발할 수 있어야 하는가?

① 165   ② 176
③ 187   ④ 198

advice

비상방송설비 음향장치의 구조와 가능 기준
㉠ 정격전압의 80%의 전압에서 음향을 발할 수 있을 것
㉡ 자탐 설비와 연동하여 작동할 수 있는 것으로 할 것
$220V \times 80\% = 176[V]$

77 유도등 및 유도표지의 화재안전기준(NFSC 303)에 따라 광원점등방식 피난유도선의 설치기준으로 틀린 것은?

① 구획된 각 실로부터 주출입구 또는 비상구까지 설치할 것
② 피난유도 표시부는 바닥으로부터 높이 1m이하의 위치 또는 바닥면에 설치할 것
③ 피난유도 제어부는 조작 및 관리가 용이 하도록 바닥으로부터 0.8m이상 1.5m이하의 높이에 설치할 것
④ 피난유도 표시부는 50cm이내의 간격으로 연속되도록 설치하되 실내장식물 등으로 설치가 곤란할 경우 2m 이내로 설치할 것

advice

광원점등방식의 피난유도선
㉠ 구획된 각 실로부터 주출입구 또는 비상구까지 설치할 것
㉡ 피난유도 표시부는 바닥으로부터 높이 1m 이하의 위치 또는 바닥 면에 설치할 것
㉢ 피난유도 표시부는 50cm 이내의 간격으로 연속되도록 설치하되 실내장식물 등으로 설치가 곤란할 경우 1m 이내로 설치할 것
㉣ 수신기로부터의 화재신호 및 수동조작에 의하여 광원이 점등되도록 설치할 것
㉤ 비상전원이 상시 충전상태를 유지하도록 설치할 것
㉥ 바닥에 설치되는 피난유도 표시부는 매립하는 방식을 사용할 것
㉦ 피난유도 제어부는 조작 및 관리가 용이하도록 바닥으로부터 0.8m 이상 1.5m 이하의 높이에 설치할 것

Answer 75.② 76.② 77.④

78 예비전원의 성능인증 및 제품검사의 기술기준에 따라 다음의 (   )에 들어갈 내용으로 옳은 것은?

> 예비전원은 1/5C 이상 1C 이하의 전류로 역충전하는 경우 (   )시간 이내에 안전장치가 작동하여야 하며, 외관이 부풀어 오르거나 누액 등이 없어야 한다.

① 1
② 3
③ 5
④ 10

advice

예비전원 성능인증 및 제품검사 안전장치시험 … 예비전원은 1/5C 이상 1C 이하의 전류로 역충전하는 경우 5시간 이내에 안전 장치가 작동하여야 하며, 외관이 부풀어 오르거나 누액 등이 없어야 한다.

79 비상경보설비 및 단독경보형감지기의 화재안전기준(NFSC 201)에 따라 비상벨설비 또는 자동식사이렌설비의 지구음향장치는 특정소방대상물 층마다 설치하되, 해당 특정소방대상물의 각 부분으로부터 하나의 음향장치까지의 수평거리가 몇 m이하가 되도록 하여야 하는가?

① 15
② 25
③ 40
④ 50

advice

비상경보설비 및 단독경보형감지기 음향장치 설치기준 … 특정소방대상물의 층마다 설치하되 해당 특정소방대상물의 각 부분으로부터 하나의 음향장치까지는 수평거리가 25m 이하가 되도록 해야 한다.

80 무선통신보조설비의 화재안전기준(NFSC 505)에 따라 지하층으로서 특정소방대상물의 바닥부분 2면 이상이 지표면과 동일하거나 지표면으로부터의 깊이가 몇 m이하인 경우에는 해당 층에 한하여 무선통신보조설비를 설치하지 않을 수 있는가?

① 0.5
② 1.0
③ 1.5
④ 2.0

advice

무선통신보조설비 설치제외기준
㉠ 지하층으로서 특정소방대상물의 바닥부분 2면 이상이 지표면과 동일한 경우 해당층
㉡ 지표면으로부터의 깊이가 1m 이하인 경우의 해당층

Answer   78.③   79.②   80.②

MEMO

MEMO

MEMO

여러분을 응원합니다

수험서 전문출판사 **서원각**

목표를 위해 나아가는 수험생 여러분을 성심껏 돕기 위해서 서원각

에서는 최고의 수험서 개발에 심혈을 기울이고 있습 니다. 희망찬 미

래를 위해서 노력하는 모든 수험생 여러분을 응원합니다.

공무원 대비서   취업 대비서   군 관련 시리즈   자격증 시리즈   동영상 강의

서원각 동영상강의와
도전하라!

🎥 **www.sojungmedia.com**
홈페이지에 들어오신 후 서원각 알짜 강의, 샘플 강의를 들어보세요!

자 격 증	군 관 련 (부사관/장교)	공 무 원
건강운동관리사	육군부사관	소방공무원 소방학개론
사회복지사 1급	공군장교	소방공무원 생활영어
사회조사분석사 2급	공군 한국사	9급 기출해설(국어/영어/한국사)
임상심리사 2급	육군·해군 근현대사	9급 파워특강(행정학개론/교육학개론)
관광통역안내사		기술직 공무원(물리·화학·생물)
청소년상담사 3급		

BIG EVENT

시험 보느라 고생한 수험생 여러분들께 서원각이 쏜다! 쏜다!
네이버 카페 기업과 공사공단에 시험 후기를 남겨주신 모든 분들께 비타 500 기프티콘을 드립니다!

선물 받는 방법

① 네이버 카페 검색창에서 [기업과 공사공단]을 검색해주세요.

② 기업과 공사공단 필기시험 후기 게시판에 들어가 주세요.

③ 기업체 또는 공사·공단 필기시험에 대한 후기 글을 적어주세요.

자격증 BEST SELLER

매경TEST 출제예상문제

TESAT 종합본

청소년상담사 3급

임상심리사 2급 필기

유통관리사 2급 단기완성

직업상담사 1급 필기·실기

사회조사분석사 사회통계 2급

초보자 30일 완성 기업회계 3급

관광통역안내사 실전모의고사

국내여행안내사 기출문제

손해사정사1차 시험

건축기사 기출문제 정복하기

건강운동관리사

2급 스포츠지도사

택시운전 자격시험 실전문제

농산물품질관리사